Mein Leben

Band 1

Richard Wagner

Writat

Diese Ausgabe erschien im Jahr 2024

ISBN: 9789359944661

Herausgegeben von
Writat
E-Mail: info@writat.com

Inhalt

VORWORT

Der Inhalt dieser Bände wurde über mehrere Jahre hinweg direkt von meinem Diktat niedergeschrieben, und zwar von meiner Freundin und meiner Frau, die wollte, dass ich ihr meine Lebensgeschichte erzähle. Es war unser beider Wunsch, dass diese Einzelheiten meines Lebens unserer Familie und unseren aufrichtigen und treuen Freunden zugänglich sein sollten; und wir beschlossen daher, um einer möglichen Zerstörung des einen Manuskripts vorzubeugen, eine kleine Anzahl von Exemplaren auf eigene Kosten drucken zu lassen. Da der Wert dieser Autobiographie in ihrer ungeschminkten Wahrhaftigkeit besteht, die unter den gegebenen Umständen ihre einzige Rechtfertigung ist, mussten meine Aussagen mit genauen Namen und Daten versehen werden; daher konnte ihre Veröffentlichung erst einige Zeit nach meinem Tod in Frage kommen, falls bei unseren Nachkommen noch Interesse daran besteht, und diesbezüglich beabsichtige ich, in meinem Testament Anweisungen zu hinterlassen.

Wenn wir andererseits gewissen engen Freunden den Einblick in diese Papiere heute nicht verweigern, dann deshalb, weil wir auf ihr echtes Interesse am Inhalt vertrauen und davon überzeugt sind, dass sie ihr Wissen nicht an jemanden weitergeben werden, der ihre Ansichten in dieser Angelegenheit nicht teilt.

Richard Wagner

Richard Wagner im Jahr 1842 ,
nach dem Portrait von E. Kietz.

TEIL I
1813-1842

Ich wurde am 22. Mai 1813 in Leipzig in einem Zimmer im zweiten Stock des „Roten und weißen Löwen" geboren und zwei Tage später in der Thomaskirche auf den Namen Wilhelm Richard getauft.

Mein Vater, Friedrich Wagner, war zur Zeit meiner Geburt ein Beamter im Polizeidienst in Leipzig und hoffte, dort die Stelle eines Polizeipräsidenten zu bekommen, doch er starb im Oktober desselben Jahres. Sein Tod war teilweise auf die großen Anstrengungen zurückzuführen, die ihm die Polizeiarbeit während der Kriegswirren und der Völkerschlacht bei Leipzig auferlegte, und teilweise auf die Tatsache, dass er dem damals grassierenden Nervenfieber zum Opfer fiel. Was die Stellung seines Vaters im Leben betrifft, so erfuhr ich später, dass er eine kleine zivile Stelle als Mauteinnehmer am Ranstädter Tor innegehabt hatte, sich jedoch von denen in derselben Stellung dadurch unterschied, dass er seinen beiden Söhnen eine hervorragende Ausbildung zukommen ließ: Mein Vater Friedrich studierte Jura und der jüngere Sohn Adolph Theologie.

Mein Onkel hatte später einen nicht unerheblichen Einfluss auf meine Entwicklung; wir werden ihm an einem entscheidenden Wendepunkt meiner Jugendgeschichte wieder begegnen.

Mein Vater, den ich so früh verloren hatte, war, wie ich später erfuhr, ein großer Liebhaber der Poesie und der Literatur im Allgemeinen und besaß im Besonderen eine fast leidenschaftliche Zuneigung zum Drama, das damals bei den gebildeten Klassen sehr in Mode war. Meine Mutter erzählte mir unter anderem, dass er sie zur Uraufführung der *Braut von Messina nach Lauchstädt mitnahm* und dass er ihr auf der Promenade Schiller und Goethe zeigte und sie heftig tadelte, weil sie noch nie von diesen großen Männern gehört hatte. Er soll nicht ganz frei von einem galanten Interesse für Schauspielerinnen gewesen sein. Meine Mutter beklagte sich im Scherz, dass sie oft das Mittagessen auf ihn warten lassen müsse, während er einer gewissen berühmten Schauspielerin der Zeit den Hof machte. [1] Wenn sie ihn schalt, schwor er, er sei durch zu erledigende Papiere aufgehalten worden, und wies als Beweis für seine Behauptung auf seine Finger, die angeblich mit Tinte befleckt waren, sich bei näherer Betrachtung aber als völlig sauber herausstellten. Seine große Vorliebe für das Theater zeigte sich auch darin, dass er den Schauspieler Ludwig Geyer zu einem seiner engen Freunde erwählte. Obwohl seine Wahl dieses Freundes zweifellos hauptsächlich seiner Liebe zum Theater geschuldet war, führte er zugleich den edelsten aller Wohltäter in seine Familie ein; denn dieser bescheidene Künstler widmete, angetrieben von einem herzlichen Interesse am Schicksal der großen Familie seines Freundes, die so unerwartet mittellos zurückgelassen wurde, den Rest seines Lebens den Bemühungen, die Waisen zu ernähren und zu erziehen. Selbst wenn der Polizeibeamte seine Abende im Theater verbrachte, nahm der würdige Schauspieler im Allgemeinen seinen Platz im Familienkreis ein und musste anscheinend häufig meine Mutter besänftigen, die sich, zu Recht oder zu Unrecht, über die Leichtfertigkeit ihres Mannes beschwerte.

[1] Madame Hartwig.

Wie sehr sich der heimatlose, vom Leben bedrängte und hin- und hergeworfene Künstler danach sehnte, sich im Kreise seiner Familie heimisch zu fühlen, bewies die Tatsache, dass er ein Jahr nach dem Tod seines Freundes dessen Witwe heiratete und von da an den sieben zurückgebliebenen Kindern ein überaus liebevoller Vater wurde.

Bei diesem mühseligen Unterfangen wurde ihm eine unerwartete Verbesserung seiner Stellung zuteil, denn er erhielt ein einträgliches, angesehenes und dauerhaftes Engagement als Charakterdarsteller am neugegründeten Hoftheater in Dresden. Sein Talent für die Malerei, das ihm bereits geholfen hatte, seinen Lebensunterhalt zu verdienen, als er aus äußerster Armut gezwungen war, sein Universitätsstudium abzubrechen, kam ihm auch in seiner Position in Dresden zugute. Zwar beklagte er sich noch mehr als seine Kritiker darüber, dass er von einem regelmäßigen und systematischen Studium dieser Kunst abgehalten worden war, doch sicherte ihm seine außergewöhnliche Begabung, insbesondere für die Porträtmalerei, so wichtige Aufträge, dass er leider seine Kräfte durch seine doppelte Anstrengung als Maler und Schauspieler vorzeitig erschöpfte. Als er einmal nach München eingeladen wurde, um ein vorübergehendes Engagement am Hoftheater zu erfüllen, erhielt er auf die angesehene Empfehlung des sächsischen Hofes so dringende Aufträge vom bayerischen Hof für Porträts der königlichen Familie, dass er es für ratsam hielt, seinen Vertrag ganz aufzulösen. Er hatte auch eine Neigung zur Poesie. Neben Fragmenten – oft in sehr zierlichen Versen – schrieb er mehrere Komödien, von denen eine, *Der Bethlehemitische Kindermord* , in gereimten Alexandrinern oft aufgeführt wurde; sie wurde veröffentlicht und von Goethe aufs wärmste gelobt.

Dieser vortreffliche Mann, unter dessen Obhut unsere Familie nach Dresden zog, als ich zwei Jahre alt war, und von dem meine Mutter noch eine Tochter, Cecilia, bekam, kümmerte sich nun auch mit größter Sorgfalt und Zuneigung um meine Erziehung. Er wollte mich ganz und gar adoptieren, und so gab er mir, als ich in die erste Schule geschickt wurde, seinen eigenen Namen, so dass ich bis zu meinem vierzehnten Lebensjahr bei meinen Dresdener Schulkameraden als Richard Geyer bekannt war; und erst einige Jahre nach dem Tod meines Stiefvaters und nach der Rückkehr meiner Familie nach

Leipzig, der Heimat meiner eigenen Verwandten, nahm ich den Namen Wagner wieder an.

Die frühesten Erinnerungen meiner Kindheit sind mit meinem Stiefvater verbunden und gingen von ihm an das Theater über. Ich erinnere mich gut, dass er mich gern ein Talent für die Malerei entwickeln gesehen hätte, und sein Atelier mit der Staffelei und den Gemälden darauf beeindruckte mich. Ich erinnere mich insbesondere, dass ich mit kindlicher Liebe zur Nachahmung versuchte, ein Porträt des sächsischen Königs Friedrich August zu kopieren; aber als diese einfache Kleckserei einem ernsthaften Zeichenstudium weichen musste, konnte ich es nicht ertragen, möglicherweise weil mich die pedantische Technik meines Lehrers, eines Cousins von mir, der ziemlich langweilig war, entmutigte. Einmal in meiner frühen Kindheit wurde ich nach einer Kinderkrankheit so schwach, dass meine Mutter mir später erzählte, sie wünschte mir fast den Tod, denn es schien, als würde ich nie wieder gesund werden. Meine spätere gute Gesundheit überraschte meine Eltern jedoch anscheinend. Später erfuhr ich auch die edle Rolle, die mein ausgezeichneter Stiefvater bei dieser Gelegenheit spielte; Trotz der Sorgen und Probleme einer so großen Familie ließ er sich nie verzweifeln, sondern blieb die ganze Zeit über geduldig und gab nie die Hoffnung auf, mich sicher durchzubringen.

Meine Vorstellungskraft war zu dieser Zeit durch meine Bekanntschaft mit dem Theater tief geprägt. Ich kam nicht nur als kindlicher Zuschauer aus der geheimnisvollen Loge mit ihrem Zugang zur Bühne und durch Besuche der Garderobe mit ihren phantastischen Kostümen, Perücken und anderen Verkleidungen mit dem Theater in Berührung, sondern auch dadurch, dass ich selbst an den Aufführungen teilnahm. Nachdem es mich mit Furcht erfüllt hatte, meinen Vater in Tragödien wie *Die Waise und der Mörder, Die beiden Galeerensklaven die Rolle des Bösewichts spielen zu sehen* , wirkte ich gelegentlich in Komödien mit. Ich erinnere mich, dass ich in *Der Weinberg an der Elbe auftrat* , einem Stück, das eigens zur Begrüßung des Königs von Sachsen bei seiner Rückkehr aus der Gefangenschaft geschrieben wurde, mit Musik des Dirigenten CM von Weber. Darin spielte ich in einem *Tableau vivant* die Rolle eines Engels, eingenäht in Strumpfhosen mit Flügeln auf dem Rücken, in einer anmutigen Pose, die ich mühsam eingeübt hatte. Ich erinnere mich auch, dass ich bei dieser Gelegenheit eine große Torte mit Zuckerguss bekam, von der mir versichert wurde, dass der König sie für mich persönlich bestimmt hatte. Schließlich erinnere ich mich noch an eine Kinderrolle, in der ich in Kotzebues *Menschenhass und Reue* [2] einige Worte zu sagen hatte, was mir in der Schule eine Ausrede dafür lieferte, dass ich den Unterricht nicht gelernt hatte. Ich sagte, ich hätte zu viel zu tun, da ich eine wichtige Rolle in *Den Menschen außer der Reihe* [3] auswendig lernen müsse .

[2] „Menschenfeindlichkeit und Reue."

[3] „Der Mann aus der Reihe." Im Deutschen ist dies eine einfache phonetische Verfälschung von Kotzebues Titel, die einem Kind, das diesen Titel nur gehört, aber nicht gelesen hat, leicht einfallen könnte. – HERAUSGEBER.

Andererseits, um zu zeigen, wie ernst mein Vater meine Erziehung nahm, brachte er mich, als ich sechs Jahre alt war, zu einem Pfarrer auf dem Lande in Possendorf bei Dresden, wo ich mit anderen Jungen meines Standes eine solide und gesunde Ausbildung erhalten sollte. Abends erzählte uns der Pfarrer, der Wetzel hieß, die Geschichte von Robinson Crusoe und diskutierte mit uns auf höchst lehrreiche Weise darüber. Außerdem beeindruckte mich eine Biographie Mozarts, die laut vorgelesen wurde, sehr; und die Zeitungsberichte und Monatsberichte über die Ereignisse des griechischen Unabhängigkeitskrieges regten meine Phantasie tief an. Meine Liebe zu Griechenland, die mich später mit Begeisterung der Mythologie und Geschichte des alten Hellas zuwenden ließ, war also das natürliche Ergebnis des intensiven und schmerzlichen Interesses, das ich an den Ereignissen dieser Zeit nahm. In den darauffolgenden Jahren weckte die Geschichte des Kampfes der Griechen gegen die Perser immer wieder meine Eindrücke von diesem modernen Aufstand Griechenlands gegen die Türken.

Eines Tages, ich war kaum ein Jahr in diesem Landhaus, kam ein Bote aus der Stadt und bat den Pfarrer, mich zum Haus meiner Eltern nach Dresden zu bringen, da mein Vater im Sterben lag.

Wir legten die dreistündige Reise zu Fuß zurück. Da ich sehr erschöpft war, als ich ankam, verstand ich kaum, warum meine Mutter weinte. Am nächsten Tag wurde ich an das Krankenbett meines Vaters gebracht. Die extreme Schwäche, mit der er mit mir sprach, und all die Vorsichtsmaßnahmen, die bei der letzten verzweifelten Behandlung seiner Krankheit – akuter Hydrothorax – getroffen wurden, ließen die ganze Szene für mich wie einen Traum erscheinen, und ich glaube, ich war zu verängstigt und überrascht, um zu weinen.

Im Nebenzimmer bat mich meine Mutter, ihr zu zeigen, was ich auf dem Klavier spielen konnte, in der klugen Hoffnung, die Gedanken meines Vaters durch den Klang abzulenken. Ich spielte „Üb' immer Treu und Redlichkeit", und mein Vater sagte zu ihr: „Ist es möglich, dass er musikalisches Talent hat?"

In den frühen Morgenstunden des nächsten Tages kam meine Mutter in das große Nachtzimmer, stand abwechselnd neben jedem von uns und erzählte uns unter Schluchzen, dass unser Vater gestorben sei. Sie gab jedem von uns eine Botschaft mit seinem Segen. Zu mir sagte sie: „Er hoffte, etwas aus dir zu machen."

Am Nachmittag kam mein Schulmeister Wetzel, um mich aufs Land zurückzuholen. Wir gingen den ganzen Weg nach Possendorf zu Fuß und kamen bei Einbruch der Dunkelheit an. Unterwegs stellte ich ihm viele Fragen über die Sterne, und er gab mir die erste intelligente Idee dazu.

Eine Woche später kam der Bruder meines Stiefvaters aus Eisleben zur Beerdigung. Er versprach, die nunmehr wieder mittellose Familie im Rahmen seiner Möglichkeiten zu unterstützen und meine künftige Ausbildung zu finanzieren.

Ich nahm Abschied von meinen Gefährten und dem gutherzigen Pfarrer und besuchte Possendorf einige Jahre später zum Begräbnis. Ich kam erst viel später wieder dorthin, als ich ihn auf einem der Ausflüge, die ich oft machte, weit ins Land hinein besuchte, zu der Zeit, als ich das Orchester in Dresden dirigierte. Ich war sehr betrübt, das alte Pfarrhaus nicht mehr dort vorzufinden, sondern an seiner Stelle ein anspruchsvolleres modernes Gebäude, was mich so gegen den Ort aufbrachte, dass meine Ausflüge von da an immer in eine andere Richtung gingen.

Diesmal brachte mich mein Onkel im Wagen nach Dresden zurück. Ich fand meine Mutter und meine Schwester in tiefster Trauer und erinnere mich, wie ich zum ersten Mal mit einer in unserer Familie ungewöhnlichen Zärtlichkeit empfangen wurde. Und ich bemerkte, dass dieselbe Zärtlichkeit unseren Abschied kennzeichnete, als mich mein Onkel einige Tage später nach Eisleben mitnahm.

Dieser Onkel, der jüngere Bruder meines Stiefvaters, hatte sich dort als Goldschmied niedergelassen, und Julius, einer meiner älteren Brüder, war bereits bei ihm in die Lehre gegangen. Unsere alte Großmutter lebte auch bei diesem Junggesellensohn, und da es offensichtlich war, dass sie nicht mehr lange leben würde, wurde sie nicht über den Tod ihres ältesten Sohnes informiert, den ich ebenfalls für mich behalten sollte. Die Dienerin entfernte vorsichtig den Trauerflor von meinem Mantel und sagte mir, sie würde ihn aufbewahren, bis meine Großmutter starb, was wahrscheinlich bald der Fall sein würde.

Ich wurde jetzt oft aufgefordert, ihr von meinem Vater zu erzählen, und es war für mich keine große Schwierigkeit, das Geheimnis seines Todes zu bewahren, da ich es selbst kaum bemerkt hatte. Sie lebte in einem dunklen Hinterzimmer mit Blick auf einen schmalen Hof und hatte große Freude daran, die Rotkehlchen zu beobachten, die frei um sie herumflatterten und für die sie immer frische grüne Zweige neben dem Ofen bereithielt. Als einige dieser Rotkehlchen von der Katze getötet wurden, gelang es mir, andere in der Nachbarschaft für sie zu fangen, was sie sehr freute, und im Gegenzug hielt sie mich sauber und ordentlich. Ihr Tod trat, wie erwartet, bald ein, und der Trauerflor, der weggeräumt worden war, wurde nun offen in Eisleben getragen.

Das Hinterzimmer mit seinen Rotkehlchen und grünen Zweigen kannte mich nun nicht mehr, doch bald fühlte ich mich bei der Familie eines Seifensieders, der das Haus gehörte, heimisch und wurde bei ihnen wegen der Geschichten, die ich ihnen erzählte, beliebt.

Ich wurde auf eine Privatschule geschickt, die von einem Mann namens Weiss geleitet wurde, der bei mir einen Eindruck von Ernsthaftigkeit und Würde hinterließ.

Gegen Ende der fünfziger Jahre las ich mit großer Ergriffenheit in einer Musikzeitung den Bericht über ein Konzert in Eisleben, das aus Teilen des Tannhäuser bestand und bei dem mein ehemaliger Lehrer, der seinen jungen Schüler nicht vergessen hatte, anwesend gewesen war.

Die kleine Altstadt mit Luthers Haus und den zahllosen Andenken an seinen Aufenthalt dort ist mir in späteren Tagen oft in Träumen in Erinnerung gekommen. Ich habe immer wieder den Wunsch gehabt, sie wieder zu besuchen und die Klarheit meiner Erinnerungen zu überprüfen, aber seltsamerweise war es nie mein Schicksal, dies zu tun. Wir wohnten am Marktplatz, wo ich oft mit seltsamen Schauspielen unterhalten wurde, wie zum Beispiel mit den Darbietungen einer Akrobatentruppe, bei denen ein Mann auf einem von Turm zu Turm gespannten Seil über den Platz ging, eine Leistung, die mich lange Zeit mit einer Leidenschaft für solche waghalsigen Kunststücke weckte. Tatsächlich gelang es mir, mit Hilfe einer Balancierstange selbst ziemlich mühelos auf einem Seil zu gehen. Ich hatte das Seil aus zusammengedrehten Schnüren hergestellt und über den Hof gespannt, und selbst jetzt verspüre ich noch immer den Wunsch, meinen akrobatischen Instinkt zu befriedigen. Am meisten jedoch zog mich die Blaskapelle eines in Eisleben stationierten Husarenregiments an. Dort wurde oft ein bestimmtes Stück gespielt, das gerade herausgekommen war und für großes Aufsehen sorgte. Ich meine den „Jägerchor" aus dem Freischütz, der vor kurzem in der Berliner Oper aufgeführt worden war. Mein Onkel und mein Bruder fragten mich eifrig nach dem Komponisten, Weber, den ich wohl im Haus meiner Eltern in Dresden gesehen hatte, als er dort Dirigent des Orchesters war.

Etwa zur gleichen Zeit wurde der Jungfernkranz von einigen Freunden, die in unserer Nähe wohnten, eifrig gespielt und gesungen. Diese beiden Stücke heilten mich von meiner Schwäche für den Ypsilanti-Walzer, den ich bis dahin für die wunderbarste Komposition gehalten hatte.

Ich erinnere mich an häufige Rangeleien mit den Jungs aus der Stadt, die mich ständig wegen meiner „quadratischen" Mütze verspotteten. Und ich weiß auch noch, dass ich abenteuerliche Wanderungen entlang der felsigen Ufer der Unstrut sehr mochte.

Die späte Heirat meines Onkels und der Beginn seines neuen Zuhauses brachten eine deutliche Veränderung seiner Beziehung zu meiner Familie mit sich.

Nach Ablauf eines Jahres wurde ich von ihm nach Leipzig gebracht und dort für einige Tage den Wagners, den Verwandten meines Vaters, übergeben, die aus meinem Onkel Adolph und seiner Schwester Friederike Wagner bestanden. Dieser außerordentlich interessante Mann, dessen Einfluss auf mich später immer anregender wurde, trat nun zum ersten Mal mit seiner eigentümlichen Umgebung in mein Leben.

Er und meine Tante waren sehr eng mit Jeannette Thome befreundet, einer sonderbaren alten Jungfer, die mit ihnen ein großes Haus am Marktplatz teilte. Wenn ich mich nicht irre, hatte die sächsische Kurfürstenfamilie seit der Zeit Augusts des Starken die beiden Hauptgeschosse für ihre eigenen Zwecke gemietet und eingerichtet, wenn sie in Leipzig waren.

Soweit ich weiß, gehörte der zweite Stock tatsächlich Jeannette Thome, von der sie nur eine bescheidene Wohnung zum Hof bewohnte. Da der König die gemieteten Räume jedoch nur an wenigen Tagen im Jahr bewohnte, nutzten Jeannette und ihr Kreis normalerweise seine prächtigen Gemächer, und eines dieser Prunkgemächer wurde für mich zu einem Schlafzimmer umfunktioniert.

Auch die Dekoration und Ausstattung dieser Räume stammte aus der Zeit Augusts des Starken. Sie waren luxuriös mit schwerer Seide und reichen Rokokomöbeln ausgestattet, die alle vom Alter stark verschmutzt waren. Tatsächlich war ich entzückt von diesen großen, seltsamen Räumen mit Blick auf den geschäftigen Leipziger Marktplatz, wo ich vor allem die Studenten in der Menge beobachtete, die in ihrer altmodischen „Club"-Kleidung vorbeizogen und die ganze Breite der Straße füllten.

Es gab nur einen Teil der Zimmerdekoration, den ich überhaupt nicht mochte, und das waren die verschiedenen Porträts, besonders die von hochgeborenen Damen in Reifröcken, mit jugendlichen Gesichtern und gepudertem Haar. Sie erschienen mir wie Geister, die, wenn ich allein im Zimmer war, wieder zum Leben zu erwachen schienen und mich mit der allerschlimmsten Angst erfüllten. Allein in diesem abgelegenen Zimmer, in diesem altmodischen Prunkbett unter diesen unheimlichen Bildern zu schlafen, war für mich ein ständiger Schrecken. Es stimmt, ich versuchte, meine Angst vor meiner Tante zu verbergen, wenn sie mir abends mit ihrer Kerze das Licht ins Bett brachte, aber es verging keine Nacht, in der ich nicht

Opfer der schrecklichsten Geistervisionen wurde, vor denen ich mich fürchtete und die mich in Schweiß stürzten.

Die Persönlichkeit der drei Hauptbewohner dieses Stockwerks war hervorragend geeignet, die geisterhaften Eindrücke des Hauses in eine Realität umzusetzen, die an ein seltsames Märchen erinnerte.

Jeannette Thome war sehr klein und stämmig; sie trug eine blonde Titus-Perücke und schien das Bewusstsein ihrer verschwundenen Schönheit in sich zu tragen. Meine Tante, ihre treue Freundin und Vormundin, die ebenfalls eine alte Jungfer war, fiel durch ihre Größe und extreme Schlankheit auf. Die Eigenartigkeit ihres sonst sehr angenehmen Gesichts wurde durch ein äußerst spitzes Kinn noch verstärkt.

Mein Onkel Adolph hatte sich als sein ständiges Arbeitszimmer ein dunkles Zimmer im Hofe ausgesucht. Dort sah ich ihn zum ersten Mal, umgeben von einem großen Bücherwald und in einem schlichten Hauskostüm, dessen auffälligstes Merkmal eine hohe, spitze Filzmütze war, wie ich sie bei dem Clown gesehen hatte, der zur Seiltänzertruppe in Eisleben gehörte. Ein großer Wunsch nach Unabhängigkeit hatte ihn in diesen seltsamen Rückzugsort getrieben. Ursprünglich war er für die Kirche bestimmt gewesen, aber er gab diese bald auf, um sich ganz den philologischen Studien zu widmen. Da er aber die Tätigkeit als Professor und Lehrer in einer regulären Position überhaupt nicht mochte, versuchte er bald, seinen kargen Lebensunterhalt durch literarische Arbeit zu verdienen. Er hatte gewisse gesellschaftliche Begabungen und vor allem eine schöne Tenorstimme und scheint in seiner Jugend als Literat in einem ziemlich großen Freundeskreis in Leipzig willkommen gewesen zu sein.

Auf einer Reise nach Jena, auf der er und ein Begleiter in verschiedene musikalische und rednerische Vereinigungen eingetreten zu sein scheinen, besuchte er Schiller. Zu diesem Zweck war er mit einer Bitte der Direktion des Leipziger Theaters gekommen, die sich die Rechte an dem gerade fertiggestellten Wallenstein sichern wollte. Später erzählte er mir von dem magischen Eindruck, den Schiller mit seiner hohen, schlanken Gestalt und seinen unwiderstehlich anziehenden blauen Augen auf ihn gemacht hatte. Seine einzige Beschwerde war, dass er durch einen gut gemeinten Streich seines Freundes in eine äußerst schwierige Lage gebracht worden war; denn dieser hatte es geschafft, Schiller im Voraus einen kleinen Band mit Gedichten Adolf Wagners zu schicken.

Worten über seine Poesie ansprach , war aber überzeugt, dass der große Mann ihn nur aus Freundlichkeit ermutigte. Danach widmete er sich ganz den philologischen Studien – eine seiner bekanntesten Veröffentlichungen auf diesem Gebiet war sein Parnasso Italiano, den er Goethe in einem italienischen Gedicht widmete. Ich habe zwar Experten sagen hören, dass letzteres in ungewöhnlich pompösem Italienisch geschrieben war; aber Goethe schickte ihm einen Brief voller Lob sowie einen Silberbecher von seinem eigenen Haushaltsgeschirr. Der Eindruck, den ich als achtjähriger Junge von Adolf Wagner in der Umgebung seines eigenen Zuhauses hatte, war, dass er ein besonders rätselhafter Charakter war.

Ich musste den Einfluss dieser Umgebung bald verlassen und wurde zu meinen Leuten nach Dresden zurückgebracht. Inzwischen war meine Familie unter der Führung meiner trauernden Mutter gezwungen gewesen, sich so gut wie möglich unter den gegebenen Umständen niederzulassen. Mein ältester Bruder Albert, der ursprünglich Medizin studieren wollte, hatte auf Anraten von Weber, der seine schöne Tenorstimme sehr bewundert hatte, seine Theaterkarriere in Breslau begonnen. Meine zweite Schwester Louisa folgte bald seinem Beispiel und wurde Schauspielerin. Meine älteste Schwester Rosalie hatte ein ausgezeichnetes Engagement am Dresdner Hoftheater erhalten, und die jüngeren Mitglieder der Familie sahen alle zu ihr auf; denn sie war jetzt die Hauptstütze unserer armen, trauernden Mutter. Meine Familie bewohnte noch immer dasselbe komfortable Zuhause, das mein Vater für sie eingerichtet hatte. Einige der freien Zimmer wurden gelegentlich an Fremde vermietet, und Spohr war einer von denen, die einmal bei uns wohnten. Dank ihrer großen Energie und der Hilfe aus verschiedenen Quellen (unter denen die anhaltende Großzügigkeit des Gerichts aus Respekt vor dem Andenken meines verstorbenen Stiefvaters nicht vergessen werden darf) kam meine Mutter so gut mit ihrem Leben zurecht, dass nicht einmal meine Ausbildung darunter litt.

Nachdem entschieden worden war, dass meine Schwester Clara wegen ihrer außerordentlich schönen Stimme ebenfalls auf die Bühne gehen sollte, achtete meine Mutter sehr darauf, dass ich keinen Geschmack am Theater entwickelte. Sie machte sich immer wieder Vorwürfe, dass sie der Theaterlaufbahn meines ältesten Bruders zugestimmt hatte, und da mein zweiter Bruder keine größeren Talente zeigte als die, die ihm als Goldschmied nützlich waren, war es nun ihr größter Wunsch, einige Fortschritte bei der Erfüllung der Hoffnungen und Wünsche meines Stiefvaters zu sehen, „der hoffte, etwas aus mir zu machen". Nach Abschluss meines achten Lebensjahres wurde ich auf das Kreuzgymnasium in Dresden geschickt, wo ich studieren sollte! Dort wurde ich in die unterste Klasse eingestuft und begann meine Ausbildung unter den bescheidensten Bedingungen.

Meine Mutter bemerkte mit großem Interesse die kleinsten Anzeichen einer wachsenden Liebe und Begabung für meine Arbeit. Sie selbst, obwohl nicht sehr gebildet, hinterließ bei allen, die sie wirklich kennenlernten, stets einen bleibenden Eindruck und zeigte eine besondere Kombination aus praktischer häuslicher Effizienz und scharfer intellektueller Lebhaftigkeit.

Sie gab keinem ihrer Kinder jemals konkrete Informationen über ihre Vorfahren. Sie kam aus Weißenfels und gab zu, dass ihre Eltern dort Bäcker [4] gewesen waren . Sogar über ihren Mädchennamen sprach sie immer mit einer gewissen Verlegenheit und deutete an, dass er „Perthes“ sei, obwohl er, wie wir später feststellten, in Wirklichkeit „Bertz“ war. Seltsamerweise war sie in ein erstklassiges Internat in Leipzig gekommen, wo sie die Fürsorge und das Interesse eines „einflussreichen Freundes ihres Vaters“ genoss, den sie später als einen Weimarer Prinzen bezeichnete, der sehr freundlich zu ihrer Familie in Weißenfels gewesen war. Ihre Ausbildung in dieser Einrichtung scheint aufgrund des plötzlichen Todes dieses „Freundes“ unterbrochen worden zu sein. Sie lernte meinen Vater schon in jungen Jahren kennen und heiratete ihn in der ersten Blüte ihrer Jugend, obwohl er auch noch sehr jung war, obwohl er bereits eine Anstellung innehatte. Ihre Haupteigenschaften scheinen ein ausgeprägter Sinn für Humor und ein liebenswürdiges Wesen gewesen zu sein, so dass wir nicht annehmen müssen, dass es nur ein Pflichtgefühl gegenüber der Familie eines verstorbenen Kameraden war, das den bewundernswerten Ludwig Geyer später dazu veranlasste, sie zu heiraten, als sie nicht mehr jung war, sondern dass ihn eher eine aufrichtige und herzliche Zuneigung für die Witwe seines Freundes zu diesem Schritt trieb. Ein Porträt von ihr, das Geyer zu Lebzeiten meines Vaters malte, vermittelt einen sehr positiven Eindruck davon, wie sie gewesen sein muss. Schon aus der Zeit, in der ich mich noch ganz genau an sie erinnere, musste sie aufgrund einer leichten Kopferkrankung immer eine Kappe tragen, so dass ich sie nicht als junge und hübsche Mutter in Erinnerung habe. Ihre schwierige Position als Oberhaupt einer großen Familie (von der ich das siebte überlebende Mitglied war), die Schwierigkeit, die nötigen Mittel zu beschaffen, um sie zu ernähren, und mit sehr begrenzten Mitteln den Schein zu wahren, trugen nicht dazu bei, jene zärtliche Süße und Fürsorge zu entwickeln, die man normalerweise mit der Mutterschaft verbindet. Ich kann mich kaum daran erinnern, dass sie mich jemals gestreichelt hätte. Tatsächlich waren Liebesbekundungen in unserer Familie nicht üblich, obwohl unser Umgang stets von einer gewissen ungestümen, fast leidenschaftlichen und ausgelassenen Art geprägt war. Unter diesen Umständen erschien es mir natürlich als ein ziemlich großes Ereignis, als ich eines Nachts, unruhig vor Schläfrigkeit, mit tränennassen Augen zu ihr aufblickte, als sie mich ins Bett brachte, und sah, wie sie meinen Blick stolz und liebevoll erwiderte und mit einem damals anwesenden Besucher mit einer gewissen Zärtlichkeit über mich sprach.

[4] Nach neueren Informationen: Mühlenbesitzer.

Was mir an ihr besonders auffiel, war die seltsame Begeisterung und die fast pathetische Art, mit der sie vom Großen und Schönen in der Kunst sprach. Sie hätte mich jedoch nie glauben lassen, dass sie unter dieser Überschrift auch dramatische Kunst, sondern nur Poesie, Musik und Malerei einschloss. Deshalb drohte sie mir oft sogar mit ihrem Fluch, sollte ich jemals den Wunsch äußern, auf die Bühne zu gehen. Außerdem war sie sehr religiös. Mit großer Inbrunst hielt sie uns oft lange Predigten über Gott und die göttliche Eigenschaft des Menschen, wobei sie sich ab und zu plötzlich auf eine ziemlich komische Art und Weise senkte und sich unterbrach, um einen von uns zu tadeln. Nach dem Tod unseres Stiefvaters versammelte sie uns jeden Morgen um ihr Bett, und einer von uns las ein Kirchenlied oder einen Teil des Gottesdienstes aus dem Gebetbuch vor, bevor sie ihren Kaffee trank. Manchmal war die Auswahl des zu lesenden Teils nicht gerade passend, wie zum Beispiel, als meine Schwester Clara einmal gedankenlos das „Gebet für Kriegszeiten" las und es mit so viel Ausdruck vortrug, dass meine Mutter sie mit den Worten unterbrach: „Oh, hör auf! Du meine Güte! Ganz so schlimm ist es nicht. Im Augenblick ist ja kein Krieg!"

Trotz unserer beschränkten Mittel veranstalteten wir zuweilen lebhafte und – wie es meiner kindlichen Phantasie schien – geradezu glänzende Abendgesellschaften. Nach dem Tode meines Stiefvaters, der in seinen späteren Lebensjahren dank seiner Erfolge als Porträtmaler sein Einkommen auf eine für damalige Verhältnisse recht anständige Summe gesteigert hatte, blieben viele angenehme Bekannte von sehr guter gesellschaftlicher Stellung, die er in dieser Blütezeit gewonnen hatte, mit uns in freundschaftlichem Kontakt und gesellten sich gelegentlich zu unseren Abendgesellschaften. Zu diesen Gästen zählten auch die Mitglieder des Hoftheaters, die damals selbst sehr reizende und höchst unterhaltsame Gesellschaften veranstalteten, die, wie ich später bei meiner Rückkehr nach Dresden erfuhr, ganz aufgegeben worden waren.

Sehr reizvoll waren auch die Picknicks, die wir mit unseren Freunden an einigen der schönen Orte um Dresden herum organisierten, denn diese Ausflüge waren immer von einem gewissen künstlerischen Geist und allgemeiner Fröhlichkeit geprägt. Ich erinnere mich an einen solchen Ausflug, den wir nach Loschwitz organisierten, wo wir eine Art Zigeunerlager errichteten, in dem Carl Maria von Weber seine Rolle als Koch spielte. Zu Hause machten wir auch etwas Musik. Meine Schwester Rosalie spielte Klavier und Clara begann zu singen. Von den verschiedenen Theateraufführungen, die wir in jenen frühen Tagen organisierten, oft nach aufwendiger Vorbereitung, mit der Absicht, uns an den Geburtstagen unserer Älteren zu amüsieren, kann ich mich kaum an eine erinnern, abgesehen von einer Parodie auf das romantische Stück Sappho von Grillparzer, bei der ich als einer der Sänger in der Menge mitwirkte, die Phaons Triumphwagen vorausging. Ich versuchte, diese Erinnerungen durch ein schönes Puppenspiel wiederzubeleben, das ich unter den Sachen meines verstorbenen Stiefvaters fand und für das er selbst einige schöne Kulissen gemalt hatte. Ich hatte die Absicht, meine Leute mit einer brillanten Vorstellung auf dieser kleinen Bühne zu überraschen. Nachdem ich sehr ungeschickt mehrere Puppen hergestellt und sie mit einer dürftigen Garderobe aus Stoffresten ausgestattet hatte, die ich meinen Schwestern gestohlen hatte, begann ich, ein Ritterdrama zu komponieren, in dem ich meine Puppen proben wollte. Als ich die erste Szene entworfen hatte, entdeckten meine Schwestern zufällig das Manuskript und lachten es buchstäblich aus, und zu meinem großen Ärger ärgerten sie mich noch lange danach, indem sie einen bestimmten Satz wiederholten, den ich der Heldin in den Mund gelegt hatte, und der lautete: Ich hore schon den Ritter trapsen. Ich kehrte nun mit neuer Begeisterung zum Theater zurück, mit dem meine Familie schon zu dieser Zeit in engem Kontakt stand. Insbesondere Den Freischütz regte meine Fantasie sehr stark an, hauptsächlich wegen seines gespenstischen Themas. Die Gefühle des Schreckens und die Furcht vor Geistern bildeten einen ganz wichtigen Faktor in der Entwicklung meines Geistes. Von frühester Kindheit an übten gewisse geheimnisvolle und unheimliche Dinge einen enormen Einfluss auf mich aus. Wenn ich längere Zeit allein in einem Zimmer war, erinnere ich mich, dass ich, wenn ich leblose Gegenstände wie Möbelstücke anstarrte und meine Aufmerksamkeit auf sie konzentrierte, plötzlich vor Angst aufschrie, weil sie mir lebendig vorkamen. Selbst in den letzten Jahren meiner Kindheit verging keine Nacht, ohne dass ich aus einem gespenstischen Traum erwachte und die schrecklichsten Schreie ausstieß, die erst beim Klang einer menschlichen Stimme nachließen. Die strengste Rüge oder sogar Züchtigung schien mir in diesen Zeiten nicht mehr als eine segensreiche Erlösung. Keiner meiner Brüder oder Schwestern schlief irgendwo in meiner Nähe. Sie brachten mich so weit wie möglich von den anderen weg zum Schlafen, ohne zu bedenken, dass meine Hilferufe nur lauter und länger werden würden; aber schließlich gewöhnten sie sich sogar an diese nächtliche Störung.

Was mich im Zusammenhang mit dieser kindlichen Angst so stark zum Theater hinzog – womit ich auch die Bühne, die Räume hinter den Kulissen und die Garderoben meine – war nicht so sehr der Wunsch nach Unterhaltung und Vergnügen, wie er die heutigen Theaterbesucher antreibt, sondern das faszinierende Vergnügen, mich in einer völlig anderen Atmosphäre zu befinden, in einer Welt, die rein phantastisch und oft grauenhaft anziehend war. So schien mir eine Szene, selbst eine Kulisse, die einen Busch darstellte, oder ein Kostüm oder ein charakteristisches Teil davon, aus einer anderen Welt zu kommen und in gewisser Weise ebenso anziehend zu sein wie eine Erscheinung, und ich fühlte, dass der Kontakt damit als Hebel dienen könnte, um mich aus der trüben Realität des Alltags in diese entzückende Geisterregion zu erheben. Alles, was mit einer Theateraufführung zusammenhing, hatte für mich den Reiz des Mysteriösen, es bezauberte und faszinierte mich zugleich, und während ich mit Hilfe einiger Spielkameraden versuchte, die Aufführung des Freischütz zu imitieren, und mich energisch der Reproduktion der dazu nötigen Kostüme und Masken in meinem grotesken Malstil widmete, übte der elegantere Inhalt der Garderoben meiner Schwestern, mit deren Verschönerung ich die Familie oft beschäftigt gesehen hatte, einen subtilen Zauber auf meine Vorstellungskraft aus; ja, mein Herz begann wie wild zu klopfen, wenn ich nur eines ihrer Kleider berührte.

Obwohl es in unserer Familie, wie ich bereits erwähnte, nicht üblich war, Zuneigung nach außen zu zeigen, muss die Tatsache, dass ich in einem ausschließlich weiblichen Umfeld aufwuchs, zwangsläufig die Entwicklung der sensiblen Seite meiner Natur beeinflusst haben. Vielleicht war es gerade die Tatsache, dass mein unmittelbarer Kreis im Allgemeinen rau und ungestüm war, dass die entgegengesetzten Eigenschaften der Weiblichkeit, insbesondere solche, die mit der imaginären Welt des Theaters verbunden waren, in mir ein Gefühl so zärtlicher Sehnsucht hervorriefen.

Glücklicherweise wurden diese phantastischen Launen, die vom Grausamen ins Rührselige übergingen, durch ernstere Einflüsse ausgeglichen, die ich in der Schule durch meine Lehrer und Mitschüler erfuhr. Selbst dort war es vor allem das Unheimliche, das mein größtes Interesse erregte. Ich kann kaum beurteilen, ob ich das hatte, was man einen guten Lerngeist nennen würde. Ich glaube, dass ich im Allgemeinen das, was mir wirklich gefiel, bald ohne große Anstrengung begreifen konnte, während ich mich beim Studium von Fächern, die mir nicht gefielen, kaum anstrengte. Am ausgeprägtesten war diese Eigenschaft bei der Arithmetik und später bei der Mathematik. In keinem dieser Fächer gelang es mir jemals, meinen Geist ernsthaft auf die mir gestellten Aufgaben zu konzentrieren. Auch den Klassikern widmete ich nur so viel Aufmerksamkeit, wie unbedingt nötig war, um sie zu begreifen; denn ich war von dem Wunsch getrieben, sie mir selbst dramatisch wiederzugeben. In dieser Hinsicht hat mich Griechisch besonders angezogen, denn die Geschichten aus der griechischen Mythologie haben meine Fantasie so sehr gefangen genommen, dass ich mir vorzustellen versuchte, ihre Helden würden in ihrer Muttersprache zu mir sprechen, um mein Verlangen nach vollständiger Vertrautheit mit ihnen zu befriedigen. Unter diesen Umständen ist es leicht verständlich, dass mir die Grammatik der Sprache lediglich als lästiges Hindernis erschien und keineswegs als an sich interessantes Wissensgebiet.

Die Tatsache, dass ich die Sprachen nie sehr gründlich studiert habe, erklärt vielleicht am besten, warum ich mich später so schnell nicht mehr mit ihnen beschäftigte. Erst viel später begann mich dieses Studium wieder wirklich zu interessieren, und zwar erst, als ich seine physiologische und philosophische Seite zu verstehen lernte, wie sie unseren modernen Germanisten durch die Pionierarbeit von Jakob Grimm offenbart wurde. Als es dann zu spät war, mich gründlich einem Studium zu widmen, das ich endlich zu schätzen gelernt hatte, bedauerte ich, dass diese neuere Konzeption des Sprachenstudiums in meinen jüngeren Jahren an unseren Universitäten noch keine Akzeptanz gefunden hatte.

Dennoch gelang es mir durch meine philologischen Erfolge, die Aufmerksamkeit eines jungen Lehrers am Kreuz-Gymnasium, eines Magisters der Künste namens Sillig, zu erregen, der mir sehr hilfreich war. Er erlaubte mir oft, ihn zu besuchen und ihm meine Arbeiten, bestehend aus metrischen Übersetzungen und einigen Originalgedichten, zu zeigen, und er schien immer sehr zufrieden mit meinen Rezitationsbemühungen zu sein. Was er von mir hielt, kann man vielleicht am besten daran ermessen, dass er mich als etwa zwölfjährigen Jungen nicht nur „Hectors Abschied" aus der Ilias, sondern sogar Hamlets berühmten Monolog rezitieren ließ. Einmal, als ich in der vierten Klasse der Schule war, fiel einer meiner Mitschüler, ein Junge namens Starke, plötzlich tot um, und das tragische Ereignis erregte so viel Mitgefühl, dass nicht nur die ganze Schule zur Beerdigung kam, sondern der Direktor auch anordnete, dass zur Erinnerung an die Zeremonie ein Gedicht geschrieben und dieses Gedicht veröffentlicht werden sollte. Von den verschiedenen eingereichten Gedichten, darunter eines von mir, das ich in aller Eile vorbereitet hatte, schien dem Meister keines der Ehre würdig, die er versprochen hatte, und er kündigte daher seine Absicht an, unsere abgelehnten Versuche durch eine seiner eigenen Reden zu ersetzen. Sehr betrübt über diese Entscheidung suchte ich schnell Professor Sillig auf, um ihn zu drängen, sich für mein Gedicht einzusetzen. Daraufhin gingen wir es gemeinsam durch. Seine wohlgebauten und gut gereimten Verse, die in Strophen von acht Zeilen geschrieben waren, veranlassten ihn, das Ganze sorgfältig zu überarbeiten. Viele seiner Bilder waren bombastisch und gingen weit über die Vorstellungskraft eines Jungen meines Alters hinaus. Ich erinnere mich, dass ich in einem Teil ausführlich aus dem Monolog in Addisons Cato, den Cato kurz vor seinem Selbstmord gesprochen hatte, zitiert worden war. Ich war dieser Passage in einer englischen Grammatik begegnet, und sie hatte einen tiefen Eindruck auf mich gemacht. Die Worte: „Die Sterne werden verblassen, die Sonne selbst wird mit dem Alter schwächer und die Natur versinkt in Jahren", die jedenfalls ein direktes Plagiat waren, brachten Sillig zum Lachen – worüber ich mich ein wenig beleidigt fühlte. Ich war ihm jedoch sehr dankbar, denn dank der Sorgfalt und Schnelligkeit, mit der er mein Gedicht von diesen Extravaganzen befreite, wurde es schließlich vom Schulleiter angenommen, gedruckt und weit verbreitet.

Die Wirkung dieses Erfolgs war sowohl auf meine Schulkameraden als auch auf meine eigene Familie außergewöhnlich. Meine Mutter faltete andächtig und dankbar die Hände, und in meinen eigenen Gedanken schien meine

Berufung eine ganz ausgemachte Sache zu sein. Es war klar, dass ich dazu bestimmt war, Dichter zu werden. Professor Sillig wollte, dass ich ein großes Epos verfasse, und schlug als Thema „Die Schlacht am Parnassus" vor, wie sie von Pausanias beschrieben wird. Seine Gründe für diese Wahl basierten auf der von Pausanias erzählten Legende, nämlich dass im zweiten Jahrhundert v. Chr. die Musen vom Parnassus den vereinigten griechischen Armeen gegen die zerstörerische Invasion der Gallier halfen, indem sie bei diesen eine Panik auslösten. Ich begann mein Heldengedicht tatsächlich in Hexameterversen, kam aber nicht durch den ersten Gesang.

Da ich sprachlich nicht weit genug fortgeschritten war, um die griechischen Tragödien im Original gründlich zu verstehen, wurden meine eigenen Versuche, eine Tragödie in griechischer Form zu konstruieren, stark davon beeinflusst, dass ich ganz zufällig auf August Apels geschickte Nachahmung dieses Stils in seinen eindrucksvollen Gedichten „Polyidos" und „Aitolier" stieß. Als Thema wählte ich den Tod des Odysseus aus einer Fabel des Hyginus, wonach der betagte Held von seinem Sohn, dem Nachkommen seiner Ehe mit Kalypso, getötet wird. Aber auch mit dieser Arbeit kam ich nicht sehr weit, bevor ich sie aufgab.

Mein Geist war so auf diese Dinge fixiert, dass mich langweiligere Studien ganz natürlich nicht mehr interessierten. Nur noch die Mythologie, die Legenden und schließlich die Geschichte Griechenlands zogen mich an.

Ich war lebensfroh, fröhlich mit meinen Gefährten und immer zu einem Scherz oder Abenteuer bereit. Außerdem schloss ich ständig Freundschaften, die in ihrer Leidenschaft fast leidenschaftlich waren, mit dem einen oder anderen meiner Kameraden, und bei der Wahl meiner Gefährten ließ ich mich hauptsächlich davon beeinflussen, inwieweit meine neue Bekanntschaft meine exzentrische Fantasie ansprach. Mal waren es das Dichten und Verseschreiben, die meine Wahl eines Freundes bestimmten, mal das Theater, und dann und wann war es die Lust auf Streifzüge und Unfug.

Außerdem kam es mit meinem dreizehnten Lebensjahr zu einer großen Veränderung in unseren Familienangelegenheiten. Meine Schwester Rosalie, die zum Hauptunterhalt unseres Haushalts geworden war, erhielt ein lukratives Engagement am Theater in Prag, wohin Mutter und Kinder 1820 zogen und so das Haus Dresden ganz aufgaben. Ich blieb in Dresden zurück, damit ich das Kreuz-Gymnasium weiter besuchen konnte, bis ich bereit war, an die Universität zu gehen. Ich wurde daher in Kost und Logis zu einer Familie namens Böhme geschickt, deren Söhne ich in der Schule gekannt hatte und in deren Haus ich mich bereits ganz zu Hause fühlte. Mit meinem Aufenthalt in dieser etwas rauen, armen und nicht besonders gut erzogenen Familie begannen meine Jahre der Ausschweifung. Ich genoss weder die ruhige Abgeschiedenheit, die für die Arbeit notwendig war, noch den sanften, spirituellen Einfluss der Gesellschaft meiner Schwestern. Im Gegenteil, ich stürzte mich in ein geschäftiges, ruheloses Leben voller grobem Balgereien und Streitereien. Dennoch begann ich dort den Einfluss des zarten Geschlechts auf eine mir bis dahin unbekannte Weise zu spüren, da die erwachsenen Töchter der Familie und ihre Freundinnen oft die dürftigen und engen Räume des Hauses füllten. Tatsächlich stammen meine ersten Erinnerungen an die Liebe eines Jungen aus dieser Zeit. Ich erinnere mich an ein sehr schönes junges Mädchen, das, wenn ich mich nicht irre, Amalie Hoffmann hieß und eines Sonntags zu Besuch ins Haus kam. Sie war bezaubernd gekleidet, und ihr Anblick, als sie das Zimmer betrat, machte mich buchstäblich sprachlos vor Erstaunen. Bei anderen Gelegenheiten erinnere ich mich, dass ich vorgab, zu hilflos schläfrig zu sein, um mich zu bewegen, damit die Mädchen mich ins Bett tragen konnten, denn das war, wie sie dachten, das einzige Heilmittel für meinen Zustand. Und ich wiederholte dies, weil ich zu meiner Überraschung feststellte, dass ihre Aufmerksamkeit mich unter diesen Umständen in eine engere und erfreulichere Nähe zu ihnen brachte.

Das wichtigste Ereignis in diesem Jahr der Trennung von meiner Familie war jedoch ein kurzer Besuch, den ich ihnen in Prag abstattete. Mitten im Winter kam meine Mutter nach Dresden und nahm mich für eine Woche mit nach Prag. Ihre Art zu reisen war ganz eigenartig. Bis an ihr Lebensende zog sie die gefährlichere Reise in der Droschke der schnelleren Reise mit der Postkutsche vor, so dass wir drei ganze Tage in bitterer Kälte auf der Straße von Dresden nach Prag verbrachten. Die Reise über die böhmischen Berge schien oft mit den größten Gefahren verbunden zu sein, aber glücklicherweise überlebten wir unsere aufregenden Abenteuer und kamen schließlich in Prag an, wo ich plötzlich in eine völlig neue Umgebung eintauchte.

Der Gedanke, Sachsen zu verlassen und Böhmen und insbesondere Prag erneut zu besuchen, hatte schon lange eine romantische Anziehungskraft auf mich ausgeübt. Die fremde Nationalität, das gebrochene Deutsch der Menschen, die eigentümliche Kopfbedeckung der Frauen, die einheimischen Weine, die Harfenmädchen und Musiker und schließlich die allgegenwärtigen Zeichen des Katholizismus, seine zahlreichen Kapellen und Schreine, machten alle einen seltsam berauschenden Eindruck auf mich. Dies lag wahrscheinlich an meiner Vorliebe für alles Theatralische und Spektakuläre, im Gegensatz zu einfachen bürgerlichen Bräuchen. Vor allem aber prägten sich die antike Pracht und Schönheit der unvergleichlichen Stadt Prag unauslöschlich in meine Phantasie ein. Sogar in meinem eigenen familiären Umfeld fand ich Reize, die mir bisher fremd gewesen waren. So hatte meine Schwester Ottilie, die nur zwei Jahre älter war als ich, die ergebene Freundschaft einer Adelsfamilie gewonnen, der Grafen Pachta, von deren zwei Töchtern, Jenny und Auguste, die seit langem als die führenden Schönheiten Prags bekannt waren, eine liebevolle Zuneigung zu ihr entwickelt hatten. Solche Menschen und Verbindungen waren für mich etwas ganz Neues und Bezauberndes. Außerdem waren gewisse Prager Beau Esprits, unter ihnen W. Marsano, ein auffallend schöner und charmanter Mann, häufige Gäste in unserem Hause. Sie diskutierten oft und ernsthaft über die damals noch relativ neuen und für einiges Aufsehen gesorgten Erzählungen Hoffmanns. Zu dieser Zeit machte ich meine erste, wenn auch eher oberflächliche Bekanntschaft mit diesem romantischen Visionär und empfing so einen Reiz, der mich viele Jahre lang bis zur Verblendung beeinflusste und mir ganz eigentümliche Vorstellungen von der Welt vermittelte.

Im folgenden Frühjahr 1827 wiederholte ich diese Reise von Dresden nach Prag, diesmal jedoch zu Fuß und in Begleitung meines Freundes Rudolf Böhme. Unsere Reise war voller Abenteuer. In der ersten Nacht kamen wir bis auf eine Stunde an Teplitz heran und mussten am nächsten Tag in einem Wagen mitfahren, da wir uns die Füße wundgelaufen hatten; doch dieser brachte uns nur bis Lowositz, da unsere Mittel völlig erschöpft waren. Unter sengender Sonne, hungrig und halb ohnmächtig, wanderten wir auf Nebenwegen durch völlig unbekanntes Land, bis wir bei Sonnenuntergang zufällig die Hauptstraße erreichten, gerade als eine elegante Reisekutsche in Sicht kam. Ich demütigte meinen Stolz so weit, mich als Wandergeselle auszugeben und die vornehmen Reisenden um Almosen zu bitten, während sich mein Freund schüchtern im Straßengraben versteckte. Glücklicherweise beschlossen wir, für die Nacht in einem Gasthof Unterschlupf zu suchen, wo wir berieten, ob wir die soeben erhaltenen Almosen für ein Abendessen oder ein Bett ausgeben sollten. Wir entschieden uns für das Abendessen und schlugen vor, die Nacht unter freiem Himmel zu verbringen. Während wir uns erfrischten , trat ein seltsam aussehender Wanderer ein. Er trug eine schwarze Samtkappe, an der eine metallene Lyra wie eine Kokarde befestigt war, und auf seinem Rücken trug er eine Harfe. Sehr fröhlich legte er sein Instrument nieder, machte es sich bequem und rief nach einem guten Essen. Er hatte vor, die Nacht zu bleiben und am nächsten Tag seine Reise nach Prag fortzusetzen, wo er lebte und wohin er von Hannover zurückkehrte.

Meine gute Laune und mein Mut wurden durch das heitere Benehmen dieses lustigen Kerls angeregt, der ständig sein Lieblingsmotto „ non plus ultra" wiederholte. Wir knüpften bald Bekanntschaft, und als Gegenleistung für mein Vertrauen begegnete mir der Wanderspieler mit fast rührender Sympathie. Wir einigten uns darauf, dass wir am nächsten Tag unsere Reise gemeinsam zu Fuß fortsetzen würden. Er lieh mir zwei Zwanzigkreuzerstücke (etwa neun Pence) und erlaubte mir, meine Prager

Adresse in sein Taschenbuch zu schreiben. Ich freute mich sehr über diesen persönlichen Erfolg. Mein Harfenspieler wurde ausgelassen fröhlich; es wurde viel Czernosek-Wein getrunken; er sang und spielte wie ein Verrückter auf seiner Harfe und wiederholte ständig sein „non plus ultra", bis er schließlich, vom Wein überwältigt, auf das Stroh fiel, das auf dem Boden als unser gemeinsames Bett ausgebreitet war. Als die Sonne wieder hervorlugte, konnten wir ihn nicht wecken und mussten uns dazu entschließen, in der Frische des frühen Morgens ohne ihn aufzubrechen, in der festen Überzeugung, dass der kräftige Kerl uns im Laufe des Tages einholen würde. Aber es war vergeblich, dass wir auf der Straße und während unseres anschließenden Aufenthalts in Prag nach ihm Ausschau hielten. Tatsächlich tauchte der außergewöhnliche Kerl erst mehrere Wochen später bei meiner Mutter auf, nicht so sehr, um die Rückzahlung seines Darlehens einzufordern, sondern um sich nach dem Wohlergehen des jungen Freundes zu erkundigen, dem dieses Darlehen gewährt worden war.

Der Rest unserer Reise war sehr ermüdend, und die Freude, die ich empfand, als ich Prag endlich von einem Hügelgipfel aus erblickte, etwa eine Stunde entfernt, ist einfach unbeschreiblich. Als wir uns den Vororten näherten, wurden wir zum zweiten Mal von einem prächtigen Wagen empfangen, aus dem mir die beiden reizenden Freundinnen meiner Schwester Ottilie erstaunt zuriefen. Sie hatten mich sofort erkannt, trotz meines furchtbar sonnenverbrannten Gesichts, meiner blauen Leinenbluse und meiner leuchtend roten Baumwollmütze. Überwältigt von Scham und mit wie wild klopfendem Herzen brachte ich kaum ein Wort hervor und eilte zu meiner Mutter, um mich sofort um die Wiederherstellung meiner sonnenverbrannten Gesichtsfarbe zu kümmern. Dieser Aufgabe widmete ich zwei ganze Tage, während der ich mein Gesicht in Petersilienumschläge hüllte; erst dann suchte ich die Freuden der Gesellschaft. Als ich auf der Rückreise von derselben Bergkuppe aus noch einmal auf Prag zurückblickte, brach ich in Tränen aus, warf mich auf die Erde und ließ mich von meinem erstaunten Begleiter lange nicht dazu bewegen, die Reise fortzusetzen. Ich war den ganzen Weg niedergeschlagen, und ohne weitere Erlebnisse kamen wir heim in Dresden.

Im selben Jahr befriedigte ich meine Lust an langen Fußwanderungen erneut, indem ich mich einer zahlreichen Gruppe von Gymnasiasten anschloss, die aus Schülern mehrerer Klassen und unterschiedlichen Alters bestand und die beschlossen hatte, ihre Sommerferien auf einer Reise nach Leipzig zu verbringen. Diese Reise ragt auch aufgrund der starken Eindrücke, die sie hinterließ, aus den Erinnerungen meiner Jugend heraus. Das Charakteristische an unserer Gruppe war, dass wir alle die Studenten nachahmten, indem wir uns nach der bewährtesten Studentenmode aufführten und extravagant kleideten. Nachdem wir mit dem Marktboot bis

Meißen gefahren waren, führte unser Weg abseits der Hauptstraße durch Dörfer, die ich noch nicht kannte. Wir verbrachten die Nacht in der riesigen Scheune eines Dorfgasthofs und erlebten die wildesten Erlebnisse. Dort sahen wir ein großes Marionettentheater mit fast lebensgroßen Figuren. Unsere gesamte Gruppe ließ sich im Zuschauerraum nieder, wo ihre Anwesenheit den Direktoren, die nur mit einem Publikum aus Bauern gerechnet hatten, einige Sorgen bereitete. Das Stück war Genovefa. Die unaufhörlichen albernen Scherze und ständigen Einschübe und höhnischen Unterbrechungen, denen sich unsere Gruppe von angehenden Studenten hingab, erregten schließlich sogar den Zorn der Bauern, die gekommen waren, um zu weinen. Ich glaube, ich war der einzige aus unserer Gruppe, dem diese Unverschämtheiten weh taten, und trotz des unwillkürlichen Lachens über die Witze einiger meiner Kameraden verteidigte ich nicht nur das Stück selbst, sondern auch sein ursprüngliches, einfältiges Publikum. Ein beliebtes Schlagwort, das in dem Stück vorkommt, ist mir seitdem in Erinnerung geblieben. „Golo" weist den unvermeidlichen Kaspar an, den Pfalzgrafen, wenn er nach Hause kommt, „hinten zu kitzeln, dass er es vorne fühlt". Kaspar übermittelt Golos Befehl wörtlich dem Grafen, und dieser macht dem entlarvten Schurken mit den folgenden, mit größtem Pathos vorgebrachten Worten Vorwürfe: „O Golo, Golo! du hast dem Kaspar gesagt, er solle mich hinten kitzeln, damit ich es vorne spüre!'

Von Grimma aus fuhr unsere Gruppe in offenen Kutschen nach Leipzig, allerdings erst, nachdem wir alle äußeren Embleme des Studenten sorgfältig entfernt hatten, damit die einheimischen Studenten, denen wir wahrscheinlich begegnen würden, uns unsere Vermutung nicht hätten vorenthalten können.

Seit meinem ersten Besuch im Alter von acht Jahren war ich nur einmal nach Leipzig zurückgekehrt, und zwar für einen sehr kurzen Aufenthalt und unter ganz ähnlichen Umständen wie beim ersten Besuch. Jetzt erneuerte ich meine phantastischen Eindrücke vom Thome-Haus, aber diesmal freute ich mich aufgrund meiner fortgeschritteneren Bildung auf einen intelligenteren Umgang mit meinem Onkel Adolf. Eine Gelegenheit dazu bot sich bald, als ich mit freudigem Erstaunen erfuhr, dass ein Bücherschrank im großen Vorzimmer, der eine ansehnliche Büchersammlung enthielt, mein Eigentum war, ein Vermächtnis meines Vaters. Ich ging die Bücher mit meinem Onkel durch, wählte sofort eine Reihe lateinischer Autoren aus der schönen Zweibrücker Ausgabe sowie verschiedene ansprechend aussehende Gedicht- und Belletristikwerke aus und veranlasste, dass sie nach Dresden geschickt wurden. Während dieses Besuchs interessierte mich das Leben der Studenten sehr. Zu meinen Eindrücken vom Theater und von Prag kamen jetzt die der sogenannten großspurigen Studenten. In dieser Klasse hatte eine große Veränderung stattgefunden. Als ich als achtjähriger Junge zum ersten

Mal Studenten sah, hatten ihr langes Haar, ihre alte deutsche Tracht mit der schwarzen Samtmütze und dem vom nackten Hals zurückgeschlagenen Hemdkragen meine Faszination geweckt. Doch seit dieser Zeit waren die alten Studentenvereinigungen, die diese Mode vorgaben, angesichts der polizeilichen Verfolgung verschwunden. Auf der anderen Seite waren die nationalen Studentenclubs, die den Deutschen nicht weniger eigen waren, auffallend geworden. Diese Clubs übernahmen mehr oder weniger die Mode der Zeit, allerdings mit ein wenig Übertreibung. Ihre Kleidung war jedoch aufgrund ihrer malerischen Erscheinung und insbesondere der Verwendung der verschiedenen Clubfarben deutlich von der anderer Klassen zu unterscheiden. Der „Kommentar", dieses Kompendium pedantischer Verhaltensregeln zur Wahrung eines trotzigen und exklusiven Korpsgeistes im Gegensatz zu den bürgerlichen Klassen, hatte seine phantastische Seite, genau wie die philistrischsten Eigenheiten der Deutschen, wenn man sie nur gründlich genug untersucht. Für mich war es die Idee der Emanzipation vom Joch der Schule und der Familie. Der Wunsch, Student zu werden, fiel leider mit meiner wachsenden Abneigung gegen trockenere Studien und meiner immer stärker werdenden Vorliebe für die Pflege romantischer Poesie zusammen. Die Folgen davon zeigten sich bald in meinen entschlossenen Versuchen, etwas zu ändern.

Als ich Ostern 1827 konfirmiert wurde, hegte ich erhebliche Zweifel an dieser Zeremonie und spürte bereits, wie meine Ehrfurcht vor religiösen Bräuchen stark nachließ. Der Junge, der noch vor wenigen Jahren mit qualvollem Mitgefühl auf das Altarbild in der Kreuzkirche geblickt und sich mit ekstatischer Inbrunst danach gesehnt hatte, anstelle des Erlösers am Kreuz zu hängen, hatte seine Verehrung für den Geistlichen, dessen vorbereitende Konfirmationsklassen er besuchte, inzwischen so weit verloren, dass er bereit war, sich über ihn lustig zu machen und sich sogar seinen Kameraden anzuschließen, indem er einen Teil seines Klassengeldes einbehielt und das Geld für Süßigkeiten ausgab. Wie es um mich geistig stand, wurde mir, fast zu meinem Entsetzen, beim Abendmahlsgottesdienst offenbart, als ich mit meinen Mitkommunikanten in Prozession zum Altar schritt, begleitet von Orgel- und Chorklängen. Der Schauder, mit dem ich Brot und Wein empfing, hat sich so unauslöschlich in mein Gedächtnis eingeprägt, dass ich nie wieder an der Kommunion teilnahm, aus Angst, es aus Leichtfertigkeit zu tun. Dies zu vermeiden, fiel mir umso leichter, als die Teilnahme bei Protestanten nicht obligatorisch ist.

Ich ergriff jedoch bald die Gelegenheit, einen Bruch mit dem Kreuz-Gymnasium zu erzwingen, oder vielmehr, schuf sie mir, und zwang so meine Familie, mich nach Leipzig gehen zu lassen. Zur Verteidigung gegen die meiner Ansicht nach ungerechtfertigte Bestrafung, die mir der von mir sonst sehr hochgeschätzte Konrektor Baumgar ten-Crusius androh, bat ich um sofortige Entlassung aus der Schule, da ich plötzlich zu meiner Familie nach Leipzig gerufen worden sei. Ich hatte den Haushalt der Böhmes bereits vor drei Monaten verlassen und lebte nun allein in einer kleinen Dachkammer, wo mich die Witwe eines Hofgeschirrspülers bediente, die mir zu jeder Mahlzeit den vertrauten dünnen sächsischen Kaffee als fast meine einzige Nahrung servierte. In dieser Dachkammer tat ich kaum etwas anderes, als Verse zu schreiben. Hier entwarf ich auch die ersten Umrisse jener gewaltigen Tragödie, die meine Familie später mit solcher Bestürzung erfüllte. Die unregelmäßigen Gewohnheiten, die ich mir durch diese frühe häusliche Unabhängigkeit aneignete, veranlassten meine besorgte Mutter dazu, meinem Umzug nach Leipzig sehr bereitwillig zuzustimmen, zumal ein Teil unserer verstreuten Familie bereits dorthin ausgewandert war.

Meine Sehnsucht nach Leipzig, die ursprünglich durch die phantastischen Eindrücke, die ich dort gewonnen hatte, und später durch meine Begeisterung für das Studentenleben geweckt worden war, hatte sich in letzter Zeit noch weiter verstärkt. Meine Schwester Louise, damals ein etwa zweiundzwanzigjähriges Mädchen, hatte ich kaum gesehen, da sie kurz nach dem Tod unseres Stiefvaters ans Breslauer Theater gegangen war. Vor kurzem war sie für einige Tage in Dresden gewesen, auf dem Weg nach Leipzig, wo sie ein Engagement am dortigen Theater angenommen hatte. Diese Begegnung mit meiner fast unbekannten Schwester, ihre herzlichen Freudenbekundungen, mich wiederzusehen, sowie ihr munteres, heiteres Gemüt gewannen mein Herz. Mit ihr zu leben schien eine verlockende Aussicht, besonders da meine Mutter und Ottilie für eine Weile bei ihr waren. Zum ersten Mal hatte eine Schwester mich mit einer gewissen Zärtlichkeit behandelt. Als ich schließlich zu Weihnachten desselben Jahres (1827) in Leipzig ankam und dort meine Mutter mit Ottilie und Cäcilia (meiner Halbschwester) fand, wähnte ich mich im Himmel. Große Veränderungen hatten jedoch bereits stattgefunden. Louisa war mit einem angesehenen und wohlhabenden Buchhändler, Friedrich Brockhaus, verlobt. Diese Zusammenkunft der Verwandten der mittellosen Braut schien ihren bemerkenswert gutherzigen Verlobten nicht zu beunruhigen. Aber meine Schwester war vielleicht unruhig geworden, denn sie gab mir bald zu verstehen, dass sie es nicht ganz gut aufnahm. Ihr Wunsch, in die höheren Gesellschaftskreise des bürgerlichen Lebens einzutreten, führte natürlich zu einer deutlichen Veränderung ihres einst so vergnügten Benehmens, und ich wurde mir dessen allmählich so sehr bewusst, dass wir uns schließlich eine Zeit lang entfremdeten. Außerdem gab ich ihr leider guten Grund, mein Verhalten zu tadeln. Nachdem ich in Leipzig angekommen war, gab ich mein Studium und alle regulären Schularbeiten völlig auf, wahrscheinlich aufgrund des willkürlichen und pedantischen Systems, das an der dortigen Schule herrschte.

In Leipzig gab es zwei höhere Schulen, die Thomasschule und die modernere Nikolaischule. Die letztere genoss damals einen besseren Ruf als die erstere, und so musste ich dorthin. Aber der Lehrerrat, vor dem ich zu Neujahr (1828) meine Aufnahmeprüfung ablegte, hielt es für angebracht, die Würde ihrer Schule zu wahren, indem er mich zeitweise in die obere dritte Klasse einordnete, während ich am Kreuzgymnasium in Dresden die zweite Klasse besucht hatte. Mein Ekel, meinen Homer – aus dem ich bereits zwölf Lieder übersetzt hatte – beiseite legen und mich den leichteren griechischen Prosaschriftstellern zuwenden zu müssen, war unbeschreiblich. Es verletzte meine Gefühle so tief und beeinflusste mein Verhalten so sehr, dass ich mich nie mit einem Lehrer der Schule anfreundete. Die unfreundliche Behandlung, die ich erfuhr, machte mich noch hartnäckiger, und verschiedene andere Umstände in meiner Lage verstärkten dieses Gefühl nur noch. Während das Studentenleben, wie ich es Tag für Tag erlebte, mich immer mehr von seinem rebellischen Geist inspirierte, stieß ich unerwartet auf einen anderen Grund, die trockene Monotonie des Schulalltags zu verachten. Ich meine den Einfluss meines Onkels, Adolph Wagner, der, obwohl er sich dessen lange nicht bewusst war, einen großen Beitrag zur Formung des heranwachsenden Knaben leistete, der ich damals war.

Dass meine romantischen Neigungen nicht nur auf einem Hang zu oberflächlicher Unterhaltung beruhten, zeigte sich in meiner leidenschaftlichen Zuneigung zu diesem gelehrten Verwandten. In seinem Benehmen und in seiner Unterhaltung war er sicherlich sehr anziehend; die Vielseitigkeit seines Wissens, das nicht nur Philologie, sondern auch Philosophie und allgemeine poetische Literatur umfasste, machte den Umgang mit ihm zu einem höchst unterhaltsamen Zeitvertreib, wie alle, die ihn kannten, zugaben. Andererseits war die Tatsache, dass ihm die Gabe fehlte, mit gleichem Charme oder gleicher Klarheit zu schreiben, ein sonderbarer Mangel, der seinen Einfluss auf die literarische Welt ernsthaft minderte und ihn tatsächlich oft lächerlich erscheinen ließ, da er in einer schriftlichen Abhandlung die pompösesten und verwickeltsten Sätze von sich gab. Diese Schwäche konnte mich nicht beunruhigen, denn in der trüben Zeit meiner Jugend bewunderte ich jede literarische Extravaganz umso mehr, je unverständlicher sie war; außerdem hatte ich mehr Erfahrung mit seiner Unterhaltung als mit seinen Schriften. Er schien auch Freude daran zu finden, mit dem Jungen zu verkehren, der mit so viel Herz und Seele zuhören konnte. Doch leider vergaß er, vielleicht in der Leidenschaft seiner Vorträge, auf die er nicht wenig stolz war, dass ihr Inhalt wie auch ihre Form weit über meine jugendliche Auffassungsgabe hinausgingen. Ich kam täglich vorbei, um ihn auf seinem konstitutionellen Spaziergang außerhalb der Stadttore zu begleiten, und ich vermute, dass wir oft das Lächeln jener Passanten hervorriefen, die unsere tiefgründigen und oft ernsten Diskussionen belauschten. Die Themen umfassten im Allgemeinen alles

Ernsthafte und Erhabene im gesamten Bereich des Wissens. Ich interessierte mich mit größter Begeisterung für seine umfangreiche Bibliothek und probierte eifrig fast alle Zweige der Literatur aus, ohne mich wirklich in einem davon zu vertiefen.

Mein Onkel war erfreut, in mir einen sehr eifrigen Zuhörer für seine Rezitation klassischer Tragödien zu finden. Er hatte eine Übersetzung von Ödipus angefertigt und schmeichelte sich, seinem engen Freund Tieck zufolge, zu Recht damit, ein ausgezeichneter Leser zu sein.

Ich erinnere mich, wie er einmal an seinem Schreibtisch saß und mir eine griechische Tragödie vorlas, es ihn nicht störte, wenn ich fest einschlief, und er später vorgab, er habe es nicht bemerkt. Auch die freundliche und herzliche Gastfreundschaft seiner Frau bewog mich, meine Abende bei ihm zu verbringen. Seit meiner ersten Bekanntschaft mit ihm bei Jeannette Thome hatte sich das Leben meines Onkels sehr verändert. Die Wohnung, die er zusammen mit seiner Schwester Friederike im Hause seines Freundes gefunden hatte, schien ihm mit der Zeit lästige Pflichten mit sich zu bringen. Da ihm seine literarische Arbeit ein bescheidenes Einkommen sicherte, hielt er es schließlich für würdevoller, eine eigene Wohnung zu haben. Eine gleichaltrige Freundin, die Schwester des später berühmten Ästheten Wendt aus Leipzig, wurde von ihm zur Haushaltshilfe auserkoren. Ohne ein Wort zu Jeannette zu sagen, ging er statt seines üblichen Nachmittagsspaziergangs mit seiner auserwählten Braut zur Kirche und erledigte die Hochzeitszeremonie so schnell wie möglich. Erst bei seiner Rückkehr teilte er uns mit, dass er abreisen würde und seine Sachen noch am selben Tag entfernen lassen würde. Er schaffte es, der Bestürzung und vielleicht auch den Vorwürfen seines älteren Freundes mit ruhiger Gelassenheit zu begegnen, und bis an sein Lebensende setzte er seine regelmäßigen täglichen Besuche bei „Mam'selle Thome" fort, die manchmal schüchtern vorgab, zu schmollen. Nur die arme Friederike schien manchmal gezwungen zu sein, für die plötzliche Untreue ihres Bruders zu büßen.

Was mich an meinem Onkel am meisten anzog, war seine unverblümte Verachtung der modernen Pedanterie in Staat, Kirche und Schule, der er mit einigem Humor Luft machte. Trotz der großen Mäßigung seiner sonst so großen Lebensauffassung machte er auf mich doch den Eindruck eines durch und durch freigeistigen Menschen. Seine Verachtung der Schulpedantik war mir ein großes Vergnügen. Als ich einmal mit allen Lehrern der Nicolai-Schule in ernste Konflikte geraten war und der Rektor der Schule sich mit einer ernsten Beschwerde über mein Benehmen an meinen Onkel als den einzigen männlichen Vertreter meiner Familie gewandt hatte, fragte mich mein Onkel bei einem Stadtbummel mit ruhigem Lächeln, als spräche er zu einem Gleichaltrigen, was ich mit den Leuten in der Schule angestellt hätte. Ich erklärte ihm die ganze Angelegenheit und schilderte die Strafe, der ich unterworfen worden war und die mir ungerecht erschien. Er beruhigte mich, ermahnte mich zur Geduld und sagte, ich solle mich mit dem spanischen Sprichwort „ un rey no puede morir" trösten. Er erklärte, dass der Herrscher einer Schule zwangsläufig immer Recht haben müsse.

Er konnte natürlich nicht umhin, zu seinem Schrecken die Wirkung dieser Art von Gesprächen auf mich zu bemerken, die ich noch viel zu jung war, um sie zu verstehen. Obwohl es mich eines Tages, als ich Goethes Faust zu lesen beginnen wollte, ärgerte, ihn leise sagen zu hören, ich sei zu jung, um ihn zu verstehen, so hatten mich doch, meiner Meinung nach, seine anderen Gespräche über unsere eigenen großen Dichter und selbst über Shakespeare und Dante mit diesen erhabenen Gestalten so vertraut gemacht, dass ich nun seit einiger Zeit im Geheimen damit beschäftigt war, die große Tragödie auszuarbeiten, die ich bereits in Dresden konzipiert hatte. Seit meinen Schulproblemen hatte ich alle meine Kräfte, die eigentlich ausschließlich meinen Schulpflichten gewidmet sein sollten, der Erfüllung dieser Aufgabe gewidmet. Bei dieser geheimen Arbeit hatte ich nur eine Vertraute, meine Schwester Ottilie, die jetzt mit mir bei meiner Mutter lebte. Ich kann mich der Bedenken und Ängste erinnern, die die erste vertrauliche Mitteilung meines großen poetischen Unternehmens bei meiner guten Schwester auslöste; Dennoch ertrug sie liebevoll die Qualen, die ich ihr manchmal zufügte, indem ich ihr heimlich, aber nicht ohne Emotionen, Teile meiner Arbeit vortrug, während sie fortschritt. Einmal, als ich ihr eine der grausamsten Szenen vortrug, zog ein schweres Gewitter auf. Als der Blitz ganz in unserer Nähe zuckte und der Donner grollte, fühlte sich meine Schwester verpflichtet, mich anzuflehen, aufzuhören; aber sie erkannte bald, dass es hoffnungslos war, und ertrug es weiterhin mit rührender Hingabe.

Doch am Horizont meines Lebens braute sich ein noch größerer Sturm zusammen. Meine Vernachlässigung der Schule erreichte ein solches Ausmaß, dass sie zwangsläufig zu einem Bruch führen musste. Während meine liebe Mutter davon nichts ahnte, sah ich der Katastrophe eher mit Sehnsucht als mit Angst entgegen.

Um dieser Krise mit Würde zu begegnen, beschloss ich schließlich, meine Familie zu überraschen, indem ich ihnen das Geheimnis meiner nun vollendeten Tragödie enthüllte. Mein Onkel sollte sie über dieses große Ereignis informieren. Ich glaubte, ich könne auf seine herzliche Anerkennung meiner Berufung als großer Dichter zählen, da wir in allen anderen Fragen des Lebens, der Wissenschaft und der Kunst in tiefer Übereinstimmung waren. Ich schickte ihm daher mein umfangreiches Manuskript mit einem langen Brief, von dem ich glaubte, dass er ihm ungemein gefallen würde. Darin teilte ich ihm zunächst meine Vorstellungen hinsichtlich der St.-Nikolaus-Schule mit und dann meinen festen Entschluss,

von nun an nicht mehr zuzulassen, dass bloße Schulpedanterei meine freie
Entwicklung hemmt. Aber das Ereignis verlief ganz anders, als ich erwartet
hatte. Es war ein großer Schock für sie. Mein Onkel, der sich seiner
Indiskretheit durchaus bewusst war, besuchte meine Mutter und meinen
Schwager, um ihnen das Unglück zu melden, das die Familie ereilt hatte, und
machte sich Vorwürfe, dass sein Einfluss auf mich vielleicht nicht immer zu
meinem Besten gewesen war. Er schrieb mir einen ernsten Brief voller
Entmutigung, und bis heute kann ich nicht verstehen, warum er so wenig
Sinn für Humor zeigte, als er mein schlechtes Verhalten begriff. Zu meiner
Überraschung sagte er nur, er mache sich Vorwürfe, mich durch Gespräche,
die meinem Alter nicht angemessen waren, verdorben zu haben, aber er
unternahm keinen Versuch, mir meinen Irrtum gutmütig zu erklären.

Das Verbrechen dieses fünfzehnjährigen Jungen bestand, wie ich bereits
sagte, darin, eine große Tragödie mit dem Titel „Leubald und Adelaïde"
geschrieben zu haben.

Das Manuskript dieses Dramas ist leider verloren gegangen, aber ich kann es
noch immer deutlich vor meinem geistigen Auge sehen. Die Handschrift war
sehr gekünstelt, und die nach hinten geneigten, großen Buchstaben, mit
denen ich versucht hatte, ihm ein vornehmes Aussehen zu verleihen, waren
bereits von einem meiner Lehrer mit persischen Hieroglyphen verglichen
worden. In dieser Komposition hatte ich ein Drama konstruiert, in dem ich
mich weitgehend an Shakespeares Hamlet, König Lear und Macbeth sowie
Goethes Götz van Berlichingen orientierte. Die Handlung basierte
tatsächlich auf einer Abwandlung von Hamlet, mit dem Unterschied, dass
mein Held von der Erscheinung des Geistes seines Vaters, der unter
ähnlichen Umständen ermordet wurde und Rache fordert, so völlig
mitgerissen wird, dass er zu furchtbaren Gewalttaten getrieben wird; und mit
einer Reihe von Morden auf dem Gewissen wird er schließlich verrückt.
Leubald, dessen Charakter eine Mischung aus Hamlet und Harry Hotspur
ist, hatte dem Geist seines Vaters versprochen, das ganze Geschlecht von
Roderick, wie der skrupellose Mörder des besten aller Väter genannt wurde,
vom Erdboden zu tilgen. Nachdem er Roderick selbst im tödlichen Kampf
getötet hatte und anschließend alle seine Söhne und andere Verwandte, die
ihn unterstützten, gab es nur noch ein Hindernis, das Leubald davon abhielt,
seinen sehnlichsten Wunsch zu erfüllen, nämlich im Tod mit dem Schatten
seines Vaters vereint zu sein: Ein Kind von Roderick war noch am Leben.
Während des Sturms auf sein Schloss war die Tochter des Mörders von
einem treuen Freier, den sie jedoch verabscheute, in Sicherheit gebracht
worden. Ich hatte den unwiderstehlichen Drang, dieses Mädchen „Adelaïde"
zu nennen. Da ich schon in jungen Jahren ein großer Liebhaber alles wirklich
Deutschen war, kann ich mir den offenbar undeutschen Namen meiner
Heldin nur mit meiner Vernarrtheit in Beethovens Adelaïde erklären, deren

zarter Refrain mir als Sinnbild aller Liebesappelle erschien. Der Verlauf meines Dramas war nun gekennzeichnet durch die merkwürdigen Verzögerungen bei der Ausführung dieses letzten Rachemords, dessen Haupthindernis die plötzliche leidenschaftliche Liebe war, die zwischen Leubald und Adelaïde entstand. Es gelang mir, die Geburt und das Bekenntnis dieser Liebe durch außergewöhnliche Abenteuer darzustellen. Adelaïde wurde ihrem Liebhaber, der sie beherbergt hatte, noch einmal von einem Raubritter entführt. Nachdem Leubald daraufhin den Liebhaber und alle seine Verwandten geopfert hatte, eilte er nach der Räuberburg, weniger von Blutdurst als von Todessehnsucht getrieben. Deshalb bedauert er, dass er das Räuberschloss nicht sofort stürmen kann, denn es ist gut verteidigt, und außerdem bricht die Nacht herein, so dass er sein Zelt aufschlagen muss. Nach kurzem Toben sinkt er zum ersten Mal erschöpft zusammen, wird aber wie sein Vorbild Hamlet vom Geist seines Vaters angetrieben, seinen Racheschwur zu erfüllen, und gerät bei einem nächtlichen Angriff plötzlich selbst in die Gewalt des Feindes. In den unterirdischen Verliesen des Schlosses begegnet er zum ersten Mal Rodericks Tochter. Sie ist eine Gefangene wie er selbst und sinnt auf eine Flucht. Unter Umständen, in denen sie auf ihn den Eindruck einer himmlischen Erscheinung erweckt, erscheint sie vor ihm. Sie verlieben sich und fliehen gemeinsam in die Wildnis, wo sie erkennen, dass sie Todfeinde sind. Der beginnende Wahnsinn, der bei Leubald bereits zu spüren war, bricht nach dieser Entdeckung noch heftiger aus , und alles, was zu seiner Verstärkung beitragen kann, trägt der Geist seines Vaters bei, der sich ständig zwischen die Annäherungsversuche der Liebenden stellt. Aber dieser Geist ist nicht der einzige, der die versöhnliche Liebe zwischen Leubald und Adelaïde stört. Auch der Geist Rodericks erscheint, und nach der Methode Shakespeares in Richard III. gesellen sich zu ihm die Geister aller anderen Mitglieder von Adelaïdes Familie, die Leubald erschlagen hat. Von den unaufhörlichen Zudringlichkeiten dieser Geister versucht Leubald sich durch Zauberei zu befreien, und ruft einen Schurken namens Flamming zu Hilfe. Eine von Macbeths Hexen wird herbeigerufen, um die Geister zu vertreiben; da sie dies nicht wirksam tun kann, schickt der wütende Leubald sie ebenfalls zum Teufel; aber mit ihrem letzten Atemzug schickt sie die ganze Schar der Geister, die ihr dienen, zu den Geistern derer, die ihn bereits verfolgten. Leubald, der über alle Maßen gequält wird und nun dem Wahnsinn verfällt, wendet sich gegen seine Geliebte, die offenbar die Ursache all seines Elends ist. In seiner Wut ersticht er sie; dann, als er plötzlich Frieden findet, lässt er seinen Kopf in ihren Schoß sinken und nimmt ihre letzten Liebkosungen an, während ihr Lebensblut über seinen eigenen sterbenden Körper fließt.

Ich hatte nicht das kleinste Detail ausgelassen, das dieser Handlung die richtige Farbe geben konnte, und hatte all meine Kenntnisse der alten Rittergeschichten und meine Bekanntschaft mit Lear und Macbeth genutzt, um meinem Drama die lebendigsten Situationen zu verleihen. Aber einen der Hauptcharakteristika seiner poetischen Form übernahm ich aus der pathetischen, humorvollen und kraftvollen Sprache Shakespeares. Die Kühnheit meiner hochtrabenden und bombastischen Ausdrücke weckte bei meinem Onkel Adolf Beunruhigung und Erstaunen. Er konnte nicht verstehen, wie ich mit unfassbarer Übertreibung gerade die extravagantesten Redeformen auswählen und verwenden konnte, die bei Lear und Götz von Berlichingen zu finden waren. Trotzdem war ich mir, selbst nachdem mich alle mit ihren Klagen über meine verlorene Zeit und meine pervertierten Talente betäubt hatten, angesichts des Unglücks, das mich getroffen hatte, eines wunderbaren geheimen Trostes bewusst. Ich wusste, was niemand sonst wissen konnte, nämlich, dass mein Werk nur dann richtig beurteilt werden konnte, wenn es mit der Musik vertont war, die ich mir vorgenommen hatte, dafür zu schreiben, und mit deren Komposition ich sofort beginnen wollte.

Ich muss nun meine bisherige Stellung zur Musik darlegen. Dazu muss ich auf meine frühesten Versuche in der Kunst zurückgehen. In meiner Familie waren zwei meiner Schwestern musikalisch; die ältere, Rosalie, spielte Klavier, ohne jedoch ein ausgeprägtes Talent zu zeigen. Clara war begabter; neben einem großen musikalischen Gefühl und einem schönen, reichen Anschlag auf dem Klavier besaß sie eine besonders sympathische Stimme, deren Entwicklung so früh und bemerkenswert war, dass sie unter dem Unterricht ihres damals berühmten Gesangslehrers Mieksch bereits im sechzehnten Jahr für die Rolle einer Primadonna bereit zu sein schien und in Dresden in der italienischen Oper als „Cenerentola" in Rossinis gleichnamiger Oper debütierte. Nebenbei bemerkt, diese vorzeitige Entwicklung erwies sich als schädlich für Claras Stimme und als nachteilig für ihre gesamte Karriere. Wie gesagt, wurde die Musik in unserer Familie durch diese beiden Schwestern vertreten. Vor allem Claras Karriere war es zu verdanken, dass der Dirigent CM von Weber oft in unser Haus kam. Seine Besuche wurden durch die des großen Soprans Sassaroli abgelöst; und außer diesen beiden Vertretern der deutschen und italienischen Musik hatten wir auch Mieksch, ihren Gesangslehrer. Bei diesen Gelegenheiten hörte ich als Kind zum ersten Mal über deutsche und italienische Musik sprechen und erfuhr, dass jeder, der sich beim Hofe einschmeicheln wollte, eine Vorliebe für italienische Musik zeigen musste, eine Tatsache, die in unserem Familienrat zu sehr praktischen Ergebnissen führte. Claras Talent, als ihre Stimme noch gesund war, war Gegenstand eines Wettstreits zwischen den Vertretern der italienischen und deutschen Oper. Ich kann mich ganz genau erinnern, dass ich mich von Anfang an für die deutsche Oper ausgesprochen habe; meine Wahl wurde durch den gewaltigen Eindruck bestimmt, den die beiden Figuren Sassaroli und Weber auf mich gemacht hatten. Der italienische Sopran, ein riesiger dickbäuchiger Riese, entsetzte mich mit seiner hohen, weibischen Stimme, seiner erstaunlichen Redseligkeit und seinem unaufhörlichen, kreischenden Gelächter. Trotz seiner grenzenlosen Gutmütigkeit und Liebenswürdigkeit, insbesondere gegenüber meiner Familie, empfand ich eine unheimliche Abneigung gegen ihn. Wegen dieser schrecklichen Person kam mir der Klang des Italienischen, ob gesprochen oder gesungen, fast teuflisch vor; und als ich sie infolge des Unglücks meiner armen Schwester oft über italienische Intrigen und Kabalen sprechen hörte, entwickelte ich eine so starke Abneigung gegen alles, was mit dieser Nation zu tun hatte, dass ich mich noch in viel späteren Jahren von einem Impuls völliger Abscheu und Abscheu mitgerissen fühlte.

Die selteneren Besuche Webers dagegen schienen jene ersten sympathischen Eindrücke auf mich gemacht zu haben, die ich seitdem nie mehr verloren habe. Im Gegensatz zu Sassarolis abstoßender Gestalt erregte Webers wirklich kultivierte, zarte und intellektuelle Erscheinung meine ekstatische Bewunderung. Sein schmales Gesicht und seine fein geschnittenen Züge, seine lebhaften, wenn auch oft halb geschlossenen Augen fesselten und begeisterten mich; und selbst das schlimme Hinken, mit dem er ging und das ich oft von unseren Fenstern aus bemerkte, wenn der Meister von den anstrengenden Proben an unserem Haus vorbei nach Hause ging, prägte den großen Musiker in meiner Vorstellung als ein außergewöhnliches und fast übermenschliches Wesen. Als meine Mutter mich als neunjährigen Jungen ihm vorstellte und er mich fragte, was ich werden wollte, ob ich vielleicht Musiker werden wollte, sagte meine Mutter ihm, dass ich zwar ganz in Freischütz vernarrt sei, sie aber bisher nichts in mir gesehen habe, das auf musikalisches Talent hindeutete.

Dies war eine richtige Beobachtung meiner Mutter; nichts hatte einen so großen Eindruck auf mich gemacht wie die Musik des Freischütz, und ich suchte auf jede erdenkliche Weise eine Wiederholung der Eindrücke zu erreichen, die ich von ihr erhalten hatte, aber seltsamerweise am wenigsten durch das Studium der Musik selbst. Statt dessen begnügte ich mich damit, mir Stücke aus dem Freischütz von meinen Schwestern spielen zu lassen. Doch meine Leidenschaft dafür wurde allmählich so stark, dass ich mich erinnere, dass ich einen jungen Mann namens Spiess besonders mochte, vor allem, weil er die Ouvertüre zum Freischütz spielen konnte, worum ich ihn immer bat, wenn ich ihn traf. Vor allem die Einleitung zu dieser Ouvertüre war es, die mich schließlich dazu brachte, zu versuchen, dieses Stück auf meine eigene, eigentümliche Weise zu spielen, ohne jemals Klavierunterricht erhalten zu haben, denn seltsamerweise war ich das einzige Kind in unserer Familie, das keinen Musikunterricht hatte. Dies lag wahrscheinlich an der Sorge meiner Mutter, mich von jeglichen künstlerischen Interessen dieser Art fernzuhalten, falls sie in mir eine Sehnsucht nach dem Theater wecken könnten.

Als ich jedoch etwa zwölf Jahre alt war, engagierte meine Mutter einen Lehrer namens Humann für mich, von dem ich regelmäßigen Musikunterricht erhielt, wenn auch nur sehr mittelmäßigen. Sobald ich mir die Fingertechnik nur sehr unvollkommen angeeignet hatte, bat ich darum, Ouvertüren in Form von Duetten spielen zu dürfen, wobei ich mir Weber immer als mein ehrgeiziges Ziel vor Augen hielt. Als ich es schließlich so weit gebracht hatte, die Ouvertüre zu Freischütz selbst spielen zu können, wenn auch auf sehr fehlerhafte Weise, fühlte ich, dass das Ziel meines Studiums erreicht war, und ich hatte keine Lust, der Vervollkommnung meiner Technik weitere Aufmerksamkeit zu widmen.

Doch hatte ich so viel erreicht: Ich war in der Musik nicht mehr auf das Spiel anderer angewiesen; von nun an versuchte ich, alles, was ich wissen wollte, zu spielen, wenn auch sehr unvollkommen. Ich versuchte mich auch an Mozarts Don Juan, konnte aber keine Freude daran finden, hauptsächlich deshalb, weil der italienische Text in der Klavierbearbeitung die Musik in meinen Augen in ein frivoles Licht rückte und mir vieles darin trivial und unmännlich vorkam. (Ich kann mich erinnern, dass, als meine Schwester Zerlinens Ariette Batti, batti, ben Masetto sang, die Musik mich abstieß, weil sie so rührselig und weibisch erschien.)

Andererseits wurde meine Neigung zur Musik immer stärker und ich versuchte nun, mir meine Lieblingsstücke durch eigene Abschriften anzueignen. Ich kann mich noch an das Zögern erinnern, mit dem mir meine Mutter zum ersten Mal das Geld gab, um das Notenpapier zu kaufen, auf das ich Webers Lützows Jagd abschrieb, das mein erstes Musikstück war.

Die Musik war für mich noch eine Nebenbeschäftigung, als die Nachricht von Webers Tod und der Wunsch, seine Musik zu Oberon zu lernen, meine Begeisterung wieder entfachten. Diese erhielt neuen Auftrieb durch die Nachmittagskonzerte im Großen Garten zu Dresden, wo ich oft meine Lieblingsmusik von Zillmanns Stadtkapelle, wie ich fand, außerordentlich gut gespielt hörte. Die geheimnisvolle Freude, die ich empfand, wenn ich ein Orchester ganz in meiner Nähe spielen hörte, bleibt noch immer eine meiner angenehmsten Erinnerungen. Das bloße Stimmen der Instrumente versetzte mich in einen Zustand mystischer Erregung; selbst das Anschlagen der Quinten auf der Geige kam mir wie ein Gruß aus der Geisterwelt vor, der, nebenbei erwähnt, für mich eine sehr reale Bedeutung hatte. Als ich noch fast ein Baby war, war der Klang dieser Quinten, der mich immer begeistert hat, in meiner Vorstellung eng mit Gespenstern und Geistern verbunden. Ich erinnere mich, dass ich noch viel später im Leben nie ohne Schauder an dem kleinen Palast des Fürsten Anton am Ende der Ostraallee in Dresden vorbeigehen konnte; denn dort hatte ich zum ersten Mal den Klang einer Geige gehört, was mir später sehr häufig passierte. Er war ganz in meiner Nähe und schien in meinen Ohren von den Steinfiguren zu kommen, mit denen dieser Palast geschmückt ist und von denen einige mit Musikinstrumenten ausgestattet sind. Als ich meine Stelle als Musikkapitän in Dresden antrat und Morgenroth, dem Präsidenten des Konzertkomitees, einem älteren Herrn, der viele Jahre gegenüber jenem fürstlichen Palast lebte, meinen offiziellen Besuch abstatten musste, kam es mir merkwürdig vor, dass der Quintenspieler, der meine musikalische Fantasie als Junge so stark beeindruckt hatte, alles andere als ein übernatürliches Gespenst war. Und als ich das bekannte Bild sah, auf dem ein Skelett auf seiner Geige für einen alten Mann auf seinem Sterbebett spielt, prägte sich der geisterhafte Charakter dieser Noten mit besonderer Kraft in meine kindliche Vorstellungskraft ein. Als ich schließlich als junger Mann fast jeden Nachmittag dem Zillmann-Orchester im Großen Garten zuhörte, kann man sich vorstellen, mit welch ekstatischer Erregung ich die chaotische Klangvielfalt in mich aufnahm, die ich hörte, wenn das Orchester seine Stimmen einstimmte: das langgezogene A der Oboe, das wie ein Ruf der Toten klang, um die anderen Instrumente aufzurütteln, versetzte meine Nerven jedes Mal in fieberhafte Spannung, und das anschwellende C in der Ouvertüre zum Freischütz sagte mir, dass ich mit beiden Füßen in das magische Reich der Ehrfurcht eingetreten war. Jedem, der mich in diesem Moment beobachtet hatte, konnte kaum entgehen, in welchem Zustand ich mich befand, und das trotz der Tatsache, dass ich ein so schlechter Klavierspieler war.

Auch ein anderes Werk übte eine große Faszination auf mich aus, nämlich die Ouvertüre zu Fidelio in E-Dur, deren Einleitung mich tief berührte. Ich erkundigte mich bei meinen Schwestern nach Beethoven und erfuhr, dass die Nachricht von seinem Tode soeben eingetroffen war. Noch immer besessen von der furchtbaren Trauer, die Webers Tod verursacht hatte, erfüllte mich dieser neue Verlust durch das Ableben dieses großen Meisters der Melodie, der gerade erst in mein Leben getreten war, mit einer seltsamen Angst, die meiner kindlichen Furcht vor den gespenstischen Quinten auf der Violine fast glich. Nun war es Beethovens Musik, die ich gründlicher kennenlernen wollte; ich kam nach Leipzig und fand seine Musik zu Egmont auf dem Klavier bei meiner Schwester Louisa. Danach versuchte ich, an seine Sonaten zu gelangen. Endlich hörte ich bei einem Konzert im Gewandthaus zum ersten Mal eine der Symphonien des Meisters; es war die Symphonie in A-Dur. Die Wirkung auf mich war unbeschreiblich. Dazu kommt noch der Eindruck, den Beethovens Gesichtszüge auf mich machten, die ich auf den damals überall verbreiteten Lithographien sah, und die Tatsache, dass er taub war und ein ruhiges, zurückgezogenes Leben führte. Bald hatte ich das Bild von ihm in meinem Kopf als ein erhabenes und einzigartiges übernatürliches Wesen, mit dem sich niemand vergleichen konnte. Dieses Bild verband sich in meinem Gehirn mit dem von Shakespeare; in ekstatischen Träumen begegnete ich beiden, sah und sprach mit ihnen und war beim Erwachen in Tränen gebadet.

Zu dieser Zeit stieß ich auf Mozarts Requiem, das den Ausgangspunkt meiner enthusiastischen Beschäftigung mit den Werken dieses Meisters bildete. Sein zweites Finale zu Don Juan inspirierte mich, ihn in meine geistige Welt aufzunehmen.

Ich war jetzt erfüllt von dem Wunsch zu komponieren, wie ich es zuvor getan hatte, um Verse zu schreiben. In diesem Fall musste ich jedoch die Technik eines völlig anderen und komplizierten Themas beherrschen. Dies war mit größeren Schwierigkeiten verbunden, als ich sie beim Schreiben von Versen erlebt hatte, was mir ziemlich leicht fiel. Es waren diese Schwierigkeiten, die mich dazu brachten, eine Karriere einzuschlagen, die der eines Berufsmusikers ähnelte, dessen zukünftige Auszeichnung darin bestehen würde, die Titel eines Dirigenten und Opernautors zu erlangen.

Ich wollte nun Leubald und Adelaïde vertonen, ähnlich wie Beethoven Goethes Egmont; die verschiedenen Geister aus der Geisterwelt, die jeweils unterschiedliche Merkmale aufweisen sollten, sollten ihre eigene, unverwechselbare Färbung durch eine entsprechende musikalische Begleitung erhalten. Um mir die notwendige Kompositionstechnik schnell anzueignen, studierte ich Logiers Methode des Generalbasses, ein Werk, das mir in einer Musikleihbibliothek als geeignetes Lehrbuch empfohlen wurde, mit dem man diese Kunst leicht erlernen könne. Ich erinnere mich deutlich, dass die finanziellen Schwierigkeiten, die mich mein ganzes Leben lang quälten, zu dieser Zeit begannen. Ich lieh mir Logiers Buch über das wöchentliche Zahlungssystem aus, in der sehnlichen Hoffnung, es nur für ein paar Wochen von den Ersparnissen meines wöchentlichen Taschengeldes bezahlen zu müssen. Aber die Wochen wurden zu Monaten, und ich konnte immer noch nicht so gut komponieren, wie ich wollte. Herr Frederick Wieck, dessen Tochter später Robert Schumann heiratete, war zu dieser Zeit der Eigentümer dieser Leihbibliothek. Er schickte mir ständig lästige Mahnungen, mit denen ich an meine Schulden bei ihm erinnerte, und als meine Rechnung fast den Preis von Logiers Buch erreicht hatte, musste ich meiner Familie reinen Tisch machen, die dadurch nicht nur von meinen finanziellen Schwierigkeiten im Allgemeinen erfuhr, sondern auch von meinem jüngsten Ausflug ins Reich der Musik, von dem sie natürlich höchstens eine Wiederholung von „Leubald und Adelaïde" erwartete.

Zu Hause herrschte große Bestürzung; meine Mutter, meine Schwester und mein Schwager diskutierten mit besorgten Gesichtern darüber, wie meine Studien in Zukunft überwacht werden sollten, um zu verhindern, dass ich noch einmal Gelegenheit zu solchen Übertretungen hätte. Niemand kannte jedoch noch den wahren Stand der Dinge in der Schule, und sie hofften, ich würde in diesem Fall bald meinen Fehler erkennen, wie es bei meiner früheren Poesiebegeisterung der Fall war.

Aber es fanden auch andere Veränderungen in meinem Haus statt, die mich im Sommer 1829 einige Zeit allein in unserem Haus in Leipzig verbringen ließen, wo ich ganz mir selbst überlassen war. In dieser Zeit stieg meine Leidenschaft für die Musik in außerordentlichem Maße. Ich hatte heimlich Harmonielehre bei G. Müller genommen, dem späteren Organisten in Altenburg, einem ausgezeichneten Musiker des Leipziger Orchesters. Obwohl die Bezahlung dieser Stunden mich später auch zu Hause in Schwierigkeiten bringen sollte, konnte ich meinen Lehrer für die Verzögerung bei der Bezahlung seines Unterrichts nicht einmal dadurch entschädigen, dass ich ihm das Vergnügen bereitete, mich beim Lernen zu beobachten. Sein Unterricht und seine Übungen erfüllten mich bald mit dem größten Ekel, da mir alles so trocken vorkam. Für mich war die Musik ein Geist, ein edles und mystisches Ungeheuer, und jeder Versuch, sie zu regulieren, schien sie in meinen Augen zu erniedrigen. Ich erhielt viel angenehmere Unterweisungen darüber aus Hoffmanns Phantasiestucken als von meinem Leipziger Orchesterspieler; und nun kam die Zeit, in der ich wirklich in Hoffmanns künstlerischer Geister- und Gespensteratmosphäre lebte und atmete. Mit meinem Kopf voller Kreissler, Krespel und anderer musikalischer Gespenster meines Lieblingsautors bildete ich mir ein, endlich im wirklichen Leben ein Wesen gefunden zu haben, das ihnen ähnelte: Dieser ideale Musiker, in dem ich eine Zeitlang einen zweiten Kreissler entdeckt zu haben glaubte, war ein Mann namens Flachs. Er war ein großer, äußerst dünner Mann mit einem sehr schmalen Kopf und einer außergewöhnlichen Art zu gehen, sich zu bewegen und zu sprechen, den ich bei all jenen Freiluftkonzerten gesehen hatte, die meine wichtigste Quelle musikalischer Bildung bildeten. Er war immer bei den Orchestermitgliedern und sprach außerordentlich schnell, zuerst mit dem einen und dann mit dem anderen; denn sie alle kannten ihn und schienen ihn zu mögen. Dass sie sich über ihn lustig machten, erfuhr ich zu meiner großen Verwirrung erst viel später. Ich erinnere mich, diese seltsame Figur schon in meinen frühesten Tagen in Dresden bemerkt zu haben, und aus den Gesprächen, die ich belauschte, schloss ich, dass er tatsächlich allen Dresdner Musikern gut bekannt war. Dieser Umstand allein genügte, um mein großes Interesse an ihm zu wecken; aber was mich an ihm mehr als alles andere anzog, war die Art und Weise, wie er den verschiedenen Programmpunkten lauschte: er pflegte sonderbare, krampfhafte Kopfbewegungen zu machen und die Wangen wie bei einem Seufzer aufzublasen. Das alles betrachtete ich als Zeichen geistiger Ekstase. Außerdem bemerkte ich, dass er ganz allein war, keiner Gruppe angehörte und im Garten auf nichts anderes achtete als auf die Musik; weshalb mir die Identifizierung dieses merkwürdigen Wesens mit dem Dirigenten Kreissler ganz natürlich erschien. Ich war entschlossen, seine Bekanntschaft zu machen, und das gelang mir auch. Wer soll meine Freude beschreiben, als ich, als ich ihn das erste Mal in seiner Wohnung besuchte, unzählige Bündel von Partituren vorfand! Ich hatte bis dahin noch nie eine Partitur gesehen. Allerdings entdeckte ich zu meinem Bedauern, dass er weder von Beethoven, Mozart noch von Weber besaß; in der Tat nichts als Unmengen von Werken, Messen und Kantaten von mir gänzlich unbekannten Komponisten wie Staerkel, Stamitz, Steibelt usw. Doch konnte mir Flachs so viel Gutes über sie erzählen, dass der Respekt, den ich für Partituren im Allgemeinen empfand, mir half, mein Bedauern zu überwinden, nichts von meinen geliebten Meistern zu finden. Freilich erfuhr ich später, dass der arme Flachs nur durch gewissenlose Händler in den Besitz dieser Partituren gekommen war, die seine geistige Schwäche ausgenutzt und ihm diese wertlose Musik für viel Geld angedreht hatten. Immerhin waren es Partituren, und das genügte mir. Flachs und ich wurden sehr vertraut; man sah uns immer zusammen herumlaufen – ich, ein schlaksiger Junge von sechzehn Jahren, und diese seltsame, wackelige Flachsstange. Die Türen meines verlassenen Hauses wurden oft für diesen seltsamen Gast geöffnet, der sich von mir meine Kompositionen vorspielen ließ, während er Brot und Käse aß. Als Gegenleistung arrangierte er einmal eine meiner Melodien für Blasinstrumente, und zu meinem Erstaunen wurde sie tatsächlich von der Kapelle in Kintschys Schweizer Chalet angenommen und gespielt. Dass dieser Mann nicht die geringste Fähigkeit hatte, mir etwas beizubringen, kam mir nie in den Sinn; ich war so fest von seiner Originalität überzeugt, dass er sie nicht weiter beweisen musste, als indem er geduldig meinen begeisterten Ergüssen zuhörte. Als sich jedoch im Laufe der Zeit mehrere seiner eigenen Freunde uns anschlossen, konnte ich nicht umhin zu bemerken, dass der würdige Flachs von ihnen allen als schwachsinniger Narr angesehen wurde. Zuerst schmerzte mich das nur, aber unerwartet geschah ein seltsamer Vorfall, der mich zu der allgemeinen Meinung über ihn brachte. Flachs war ein Mann mit einigen Mitteln und war in die Fänge einer jungen Dame von zweifelhaftem Charakter geraten, von der er glaubte, sie sei tief in ihn verliebt. Eines Tages fand ich sein Haus ohne Vorwarnung vor und entdeckte zu meinem Erstaunen, dass Eifersucht die Ursache war. Die unerwartete Entdeckung dieser Verbindung, die ich zum ersten Mal in einem solchen Fall erlebte, erfüllte mich mit seltsamem Entsetzen. Mein Freund erschien mir plötzlich noch verrückter, als er wirklich war. Ich schämte mich so sehr für meine anhaltende Blindheit, dass ich eine Zeit lang keines der Gartenkonzerte mehr besuchte, aus Angst, meinem Schein-Kreissler zu begegnen.

Zu dieser Zeit hatte ich bereits meine erste Sonate in d-Moll komponiert. Außerdem hatte ich mit einem pastoralen Stück begonnen und es auf eine – wie ich sicher war – völlig beispiellose Weise ausgearbeitet.

Als Vorbild für Form und Handlung meines Werkes wählte ich Goethes Laune der Verliebten. Ich hatte das Libretto jedoch kaum entworfen, sondern gleichzeitig mit der Musik und der Instrumentierung ausgearbeitet, so dass ich, während ich eine Seite der Partitur schrieb, noch nicht einmal über die Worte für die nächste Seite nachgedacht hatte. Ich erinnere mich deutlich, dass ich nach dieser außergewöhnlichen Methode, obwohl ich nicht die geringsten Kenntnisse über das Schreiben für Instrumente erworben hatte, tatsächlich eine ziemlich lange Passage ausarbeitete, die sich schließlich in eine Szene für drei Frauenstimmen auflöste, gefolgt von der Arie für den Tenor. Meine Neigung zum Schreiben für das Orchester war so stark, dass ich mir eine Partitur von Don Juan besorgte und mich an die Arbeit machte, was ich damals für eine sehr sorgfältige Instrumentierung einer ziemlich langen Arie für Sopran hielt. Ich schrieb auch ein Quartett in D-Dur, nachdem ich mir den Alt für die Bratsche ausreichend angeeignet hatte, dessen Unkenntnis mir noch kurz zuvor große Schwierigkeiten bereitet hatte, als ich ein Quartett von Haydn studierte.

Mit diesen Werken im Gepäck begab ich mich im Sommer auf meine erste Musikerreise. Meine Schwester Clara, die mit dem Sänger Wolfram verheiratet war, hatte ein Engagement am Theater in Magdeburg, wohin ich, wie es mir typisch war, zu Fuß aufbrach.

Der kurze Aufenthalt bei meinen Verwandten verschaffte mir viele Erfahrungen des Musiklebens. Dort lernte ich eine neue Laune kennen, deren Einfluß auf mich ich nie vergessen konnte. Es war ein Dirigent namens Kühnlein, ein ganz außergewöhnlicher Mensch. Schon betagt, zart und leider dem Alkohol verfallen, beeindruckte dieser Mann doch durch etwas Auffallendes und Kräftiges in seinem Ausdruck. Seine Hauptmerkmale waren eine enthusiastische Verehrung Mozarts und eine leidenschaftliche Geringschätzung Webers. Er hatte nur ein Buch gelesen – Goethes Faust – und in diesem Werk gab es keine Seite, auf der er nicht irgendeine Stelle unterstrichen und irgendeine lobende Bemerkung über Mozart oder eine herabwürdigende über Weber gemacht hätte. Diesem Mann vertraute mein Schwager die Kompositionen an, die ich mitgebracht hatte, um seine Meinung über meine Fähigkeiten zu erfahren. Eines Abends, als wir gemütlich in einem Gasthof saßen, kam der alte Kühnlein herein und näherte sich uns in freundlicher, wenn auch ernster Weise.

Ich glaubte, in seinen Zügen Gutes zu lesen, aber als mein Schwager ihn fragte, was er von meiner Arbeit halte, antwortete er ruhig und gelassen: „Da ist nicht eine einzige gute Note drin!" Mein Schwager, der an Kühnleins Exzentrizität gewöhnt war, lachte laut, was mich etwas beruhigte. Es war unmöglich, aus Kühnlein einen Rat oder eine schlüssige Begründung seiner Meinung herauszubekommen; er erneuerte lediglich seine Beschimpfungen über Weber und machte einige Anspielungen auf Mozart, die mich dennoch tief beeindruckten, da Kühnleins Sprache immer sehr hitzig und emphatisch war.

Andererseits brachte mir dieser Besuch einen großen Schatz, der mich in eine ganz andere Richtung führte, als Kühnlein mir geraten hatte. Es war die Partitur von Beethovens großem Quartett in Es-Dur, das erst vor kurzem erschienen war und von dem mein Schwager mir eine Kopie anfertigen ließ. Um Erfahrungen reicher und im Besitz dieses Schatzes kehrte ich nach Leipzig zurück, in die Kinderstube meiner seltsamen musikalischen Studien. Aber meine Familie war inzwischen mit meiner Schwester Rosalie zurückgekehrt, und ich konnte ihnen nicht länger verheimlichen, dass meine Verbindung mit der Schule völlig aufgelöst war, denn man fand eine Notiz, dass ich die Schule seit sechs Monaten nicht mehr besucht hatte. Da eine Beschwerde des Rektors an meinen Onkel über mich nicht genügend Beachtung gefunden hatte, hatte die Schulbehörde offenbar keine weiteren Versuche unternommen, irgendeine Aufsicht über mich auszuüben, was ich durch meine völlige Abwesenheit tatsächlich völlig unmöglich gemacht hatte.

In der Familie wurde erneut Kriegsrat gehalten, um zu besprechen, was mit mir geschehen sollte. Da ich besonders auf meine Neigung zur Musik Wert legte, waren meine Verwandten der Meinung, ich müsse auf jeden Fall ein Instrument gründlich erlernen. Mein Schwager Brockhaus schlug vor, mich zu Hummel nach Weimar zu schicken, um mich dort zum Klavierspieler ausbilden zu lassen. Als ich jedoch lautstark protestierte, dass ich mit „Musik" „Komponieren" und nicht „Spielen" meinte, gaben sie nach und beschlossen, mich regelmäßig Harmonieunterricht bei Müller nehmen zu lassen, demselben Musiker, bei dem ich vor kurzem heimlich Unterricht genommen hatte und der noch nicht bezahlt worden war. Als Gegenleistung versprach ich mir, wieder gewissenhaft an der Nikolaischule zu arbeiten. Beides wurde mir bald zu viel. Ich konnte keine Kontrolle dulden, und das galt leider auch für meinen Musikunterricht. Das trockene Studium der Harmonielehre widerte mich immer mehr an, obwohl ich weiterhin Fantasien, Sonaten und Ouvertüren konzipierte und selbst ausarbeitete. Andererseits trieb mich der Ehrgeiz an, in der Schule zu zeigen, was ich konnte, wenn ich wollte. Als die Oberstufenschüler die Aufgabe bekamen, ein Gedicht zu schreiben, komponierte ich einen Chor in griechischer Sprache über den jüngsten Befreiungskrieg. Ich kann mir gut vorstellen, dass dieses griechische Gedicht ungefähr so viel Ähnlichkeit mit einer wirklichen griechischen Rede und Dichtung hatte wie die Sonaten und Ouvertüren, die ich damals zu komponieren pflegte, mit durch und durch professioneller Musik. Mein Versuch wurde verächtlich als eine Frechheit zurückgewiesen. Danach habe ich keine weiteren Erinnerungen an meine Schule. Mein weiterer Schulbesuch war ein reines Opfer meinerseits, das ich aus Rücksicht auf meine Familie brachte: Ich schenkte dem Unterrichtsstoff nicht die geringste Aufmerksamkeit, sondern beschäftigte mich heimlich die ganze Zeit mit der Lektüre eines Buches, das mich gerade interessierte.

Da mir auch mein Musikunterricht nichts nützte, setzte ich meinen eigenwilligen Selbsterziehungsprozess fort, indem ich die Partituren meiner geliebten Meister abschrieb und mir dabei eine saubere Handschrift aneignete, die in späteren Jahren oft bewundert wurde. Ich glaube, meine Abschriften der c-Moll-Sinfonie und der 9. Sinfonie von Beethoven sind noch heute als Andenken erhalten.

Beethovens Neunte Symphonie wurde zum mystischen Ziel all meiner seltsamen Gedanken und Wünsche in Bezug auf Musik. Ich wurde zuerst von der unter Musikern vorherrschenden Meinung angezogen, nicht nur in Leipzig, sondern auch anderswo, dass dieses Werk von Beethoven geschrieben worden sei, als er bereits halb verrückt war. Es galt als das Nonplusultra von allem, was phantastisch und unverständlich war, und das genügte völlig, um in mir den leidenschaftlichen Wunsch zu wecken, dieses mysteriöse Werk zu studieren. Schon beim ersten Blick auf die Partitur, deren Besitz ich mit so großer Mühe erlangte, fühlte ich mich unwiderstehlich von den lang ausgehaltenen reinen Quinten angezogen, mit denen die erste Phrase beginnt: Diese Akkorde, die, wie ich oben erzählte, eine so übernatürliche Rolle in meinen kindlichen Eindrücken von Musik gespielt hatten, schienen in diesem Fall den spirituellen Grundton meines eigenen Lebens zu bilden. Dies, dachte ich, müsse sicherlich das Geheimnis aller Geheimnisse enthalten, und dementsprechend war das Erste, was zu tun war, die Partitur durch mühsames Abschreiben zu meiner eigenen zu machen. Ich erinnere mich noch gut, dass einmal der plötzliche Anbruch der Morgendämmerung einen so unheimlichen Eindruck auf meine aufgeregten Nerven machte, dass ich mit einem Schrei ins Bett sprang, als hätte ich ein Gespenst gesehen. Die Sinfonie war damals noch nicht für Klavier arrangiert; sie hatte so wenig Anklang gefunden, dass der Verleger sich nicht geneigt fühlte, das Risiko einzugehen, sie zu veröffentlichen. Ich machte mich an die Arbeit und komponierte tatsächlich ein komplettes Klaviersolo, das ich mir selbst vorzuspielen versuchte. Ich schickte mein Werk an Schott, den Verleger der Partitur, in Mainz. Ich erhielt als Antwort einen Brief, in dem es hieß, „der Verleger habe sich noch nicht entschieden, die Neunte Sinfonie für Klavier herauszugeben, aber er würde meine mühevolle Arbeit gern behalten", und bot mir als Vergütung die Partitur der großen Missa Solemnis in D an, die ich mit großer Freude annahm.

Neben dieser Arbeit übte ich einige Zeit Violine, da mein Harmonielehrer ganz richtig der Ansicht war, daß einige Kenntnisse der praktischen Wirkung dieses Instruments für jeden, der die Absicht habe, für Orchester zu komponieren, unentbehrlich seien. Meine Mutter bezahlte nämlich dem

Violinisten Sipp (der noch 1865 im Leipziger Orchester spielte) für acht Taler eine Violine (ich weiß nicht, was aus ihr geworden ist), mit der ich wohl drei Monate lang in meinem winzigen Kämmerchen meine Mutter und meine Schwester durch Üben unsäglich quälte. Ich kam so weit, gewisse Variationen in Fis von Mayseder zu spielen, kam aber nur bis zur zweiten oder dritten. Danach habe ich keine Erinnerung mehr an dieses Üben, bei dem meine Familie glücklicherweise sehr gute Gründe hatte, mich nicht zu ermutigen.

Doch nun kam die Zeit, in der mich mein Interesse für das Theater wieder leidenschaftlich packte. In meiner Geburtsstadt war unter sehr guten Vorzeichen eine neue Truppe gegründet worden. Die Direktion des Dresdner Hoftheaters hatte für drei Jahre die Leitung des Leipziger Theaters übernommen. Meine Schwester Rosalie war Mitglied der Truppe, und durch sie konnte ich immer Zutritt zu den Aufführungen erhalten; und was in meiner Kindheit nur ein durch eine seltsame Neugier gewecktes Interesse gewesen war, wurde jetzt zu einer tieferen und bewussteren Leidenschaft.

Julius Cäsar, Macbeth, Hamlet, die Stücke Schillers und als Krönung Goethes Faust erregten und bewegten mich tief. Die Oper gab die Uraufführungen von Marschners Vampir und Templer und Juden. Die italienische Truppe kam aus Dresden und bezauberte das Leipziger Publikum durch ihre vollendete Beherrschung ihrer Kunst. Selbst ich war von der Begeisterung, die die Stadt überkam, fast hingerissen und vergaß die kindlichen Eindrücke, die Signor Sassaroli in mein Gedächtnis eingeprägt hatte, als ein anderes Wunder – das ebenfalls aus Dresden zu uns kam – plötzlich meinen künstlerischen Gefühlen eine neue Richtung gab und einen entscheidenden Einfluss auf mein ganzes Leben ausübte . Es war eine besondere Vorstellung von Wilhelmine Schröder-Devrient, die damals auf dem Höhepunkt ihrer künstlerischen Laufbahn stand, jung, schön und leidenschaftlich, und derengleichen ich nie wieder auf der Bühne gesehen habe. Sie trat in Fidelio auf.

Wenn ich auf mein ganzes Leben zurückblicke, kann ich kein Ereignis finden, das einen so tiefen Eindruck auf mich gemacht hat. Jeder, der sich an diese wunderbare Frau in dieser Zeit ihres Lebens erinnern kann, muss bis zu einem gewissen Grad die fast satanische Glut gespürt haben, die die tief menschliche Kunst dieser unvergleichlichen Schauspielerin in seine Adern strömte. Nach der Vorstellung eilte ich zum Haus einer Freundin und schrieb der Sängerin eine kurze Notiz, in der ich ihr kurz sagte, dass mein Leben von diesem Moment an seine wahre Bedeutung erlangt hatte und dass sie, wenn sie in Zukunft jemals meinen Namen in der Welt der Kunst gelobt hören sollte, daran denken sollte, dass sie mich an diesem Abend zu dem gemacht hatte, was ich damals zu werden schwor, dass es mein Schicksal war. Diese Notiz hinterließ ich in ihrem Hotel und rannte wie verrückt in die

Nacht hinaus. Im Jahr 1842, als ich nach Dresden ging, um mit Rienzi zu debütieren, stattete ich der gutherzigen Sängerin mehrere Besuche ab, die mich einmal überraschte, indem sie diesen Brief Wort für Wort wiederholte. Er schien auch auf sie Eindruck gemacht zu haben, da sie ihn tatsächlich aufbewahrt hatte.

An dieser Stelle fühle ich mich genötigt, zu gestehen, daß die große Verwirrung, die nun in meinem Leben und besonders in meinen Studien zu herrschen begann, auf die übermäßige Wirkung dieser künstlerischen Interpretation auf mich zurückzuführen war. Ich wußte nicht, wohin ich mich wenden oder wie ich es anstellen sollte, selbst etwas hervorzubringen, das mich in unmittelbare Verbindung mit dem erhaltenen Eindruck bringen könnte, während mir alles, was nicht damit in Verbindung gebracht werden konnte, so seicht und bedeutungslos erschien, daß ich mich unmöglich damit befassen konnte. Ich hätte gern ein Werk komponiert, das eines Schröder-Devrient würdig gewesen wäre; da dies aber ganz über meine Kräfte ging, ließ ich in meiner stürmischen Verzweiflung alle künstlerischen Anstrengungen fallen, und da auch meine Arbeit mich ganz und gar nicht zu fesseln vermochte, stürzte ich mich in der Gesellschaft seltsam gewählter Gefährten rücksichtslos in das Leben des Augenblicks und gab mich allerlei jugendlichen Exzessen hin.

Ich begab mich nun in alle Ausschweifungen des unreifen Mannesalters, deren äußere Hässlichkeit und innere Leere mich bis heute in Erstaunen versetzen. Mein Umgang mit Gleichaltrigen war immer das Ergebnis reinen Zufalls. Ich kann mich nicht erinnern, dass mich bei der Wahl meiner jungen Freunde eine besondere Neigung oder Anziehungskraft bestimmt hätte. Obwohl ich ehrlich sagen kann, dass ich nie in der Lage war, mich aus Neid von jemandem fernzuhalten, der besonders begabt war, kann ich meine Gleichgültigkeit bei der Wahl meiner Gefährten nur dadurch erklären, dass ich aus Unerfahrenheit in Bezug auf die Art von Gesellschaft, die mir von Vorteil wäre, nur jemanden haben wollte, der mich auf meinen Ausflügen begleitete und dem ich nach Herzenslust meine Gefühle mitteilen konnte, ohne mich darum zu kümmern, welche Wirkung dies auf ihn haben könnte. Das Ergebnis davon war, dass ich nach einer Reihe von Vertrauensbekundungen, auf die meine eigene Erregung die einzige Reaktion war, schließlich den Punkt erreichte, an dem ich mich umdrehte und meinen Freund ansah; zu meinem Erstaunen stellte ich im Allgemeinen fest, dass eine Antwort überhaupt nicht in Frage kam, und sobald ich mir in den Kopf setzte, etwas von ihm zu bekommen, und ihn drängte, sich mir anzuvertrauen, obwohl er wirklich nichts zu erzählen hatte, endete die Verbindung normalerweise und hinterließ keine Spuren in meinem Leben. In gewissem Sinne war meine seltsame Beziehung zu Flachs typisch für die große Mehrheit meiner Verbindungen im späteren Leben. Da daher nie ein dauerhaftes persönliches Band der Freundschaft den Weg in mein Leben fand, ist es leicht zu verstehen, wie die Freude an den Ausschweifungen des Studentenlebens zu einer Leidenschaft von einiger Dauer werden konnte, weil in diesem der individuelle Verkehr vollständig durch einen gemeinsamen Bekanntenkreis ersetzt wird. Inmitten von Raufereien und Schikanen der dümmsten Art blieb ich ganz allein, und es ist durchaus möglich, dass diese Frivolitäten einen schützenden Zaun um meine innerste Seele bildeten, die Zeit brauchte, um zu ihrer natürlichen Stärke zu wachsen und nicht durch zu frühes Erwachsenwerden geschwächt zu werden.

Mein Leben schien in alle Richtungen auseinanderzubrechen; ich musste die St.-Nikolaus-Schule Ostern 1830 verlassen, da ich bei den Lehrern zu sehr in Ungnade gefallen war, um von dort aus auf eine Beförderung an der Universität hoffen zu können. Es wurde nun beschlossen, dass ich sechs Monate privat studieren und dann an die St.-Thomas-Schule gehen sollte, wo ich in einer neuen Umgebung in kurzer Zeit die Universitätsreife erlangen konnte. Mein Onkel Adolf, mit dem ich meine Freundschaft ständig erneuerte und der mich auch in meiner Musik ermutigte und in dieser Hinsicht einen guten Einfluss auf mich ausübte, weckte in mir trotz der völligen Erniedrigung meines damaligen Lebens immer wieder ein neues Verlangen nach wissenschaftlichen Studien. Ich nahm Privatunterricht in Griechisch bei einem Gelehrten und las mit ihm Sophokles. Eine Zeitlang hoffte ich, dieser edle Dichter würde mich wieder dazu inspirieren, die Sprache wirklich zu beherrschen, aber die Hoffnung war vergeblich. Ich hatte nicht den richtigen Lehrer gewählt, und außerdem ging sein Wohnzimmer, in dem wir unsere Studien fortsetzten, auf eine Gerberei hinaus, deren abstoßender Geruch meine Nerven so stark beeinflusste, dass ich sowohl vor Sophokles als auch vor Griechisch einen gründlichen Ekel bekam. Mein Schwager Brockhaus, der mir die Möglichkeit geben wollte, etwas Taschengeld zu verdienen, beauftragte mich mit der Korrektur der Druckfahnen einer Neuausgabe von Beckers Universalgeschichte, die von Lobell überarbeitet wurde. Dies gab mir einen Grund, den oberflächlichen allgemeinen Unterricht in jedem Fach, der in der Schule erteilt wird, durch Selbststudium zu verbessern, und so erwarb ich das wertvolle Wissen, das ich in späteren Jahren in den meisten Wissensgebieten haben sollte, die im Unterricht so uninteressant gelehrt werden. Ich darf nicht vergessen zu erwähnen, dass die Anziehungskraft, die dieses erste genauere Studium der Geschichte auf mich ausübte, in gewissem Maße darauf zurückzuführen war, dass es mir acht Pence pro Blatt einbrachte, und ich befand mich so in einer der seltensten Situationen meines Lebens, tatsächlich Geld zu verdienen ; Dennoch würde ich mir selbst Unrecht tun, wenn ich nicht die lebhaften Eindrücke im Gedächtnis behielte, die ich jetzt zum ersten Mal empfing, als ich mich ernsthaft jenen Geschichtsperioden zuwandte, mit denen ich bis dahin nur sehr oberflächlich vertraut war. Aus meiner Schulzeit erinnere ich mich in diesem Zusammenhang nur daran, dass ich mich von der klassischen Periode der griechischen Geschichte angezogen fühlte; Marathon, Salamis und Thermopylen bildeten den Kanon all dessen, was mich an diesem Thema interessierte. Jetzt lernte ich zum ersten Mal das Mittelalter und die Französische Revolution in aller Intimität kennen, da meine Korrekturarbeit sich gerade auf die beiden Bände bezog, die diese beiden Perioden enthielten. Ich erinnere mich insbesondere, dass die Beschreibung der Revolution mich mit aufrichtigem Hass auf ihre Helden erfüllte; so wenig ich mit der bisherigen Geschichte Frankreichs vertraut war, war mein menschliches Mitgefühl entsetzt über die Grausamkeit der Menschen jener Zeit, und dieser rein menschliche Impuls blieb in mir so stark, dass ich mich erinnere, wie es mir noch vor kurzem einen echten Kampf kostete, der wahren politischen Bedeutung jener Gewalttaten Gewicht zu verleihen.

Wie groß war daher mein Erstaunen, als ich eines Tages durch die politischen Ereignisse der damaligen Zeit sozusagen eine persönliche Erfahrung mit den nationalen Umwälzungen machen konnte, mit denen ich während meiner Korrekturen aus der Ferne in Berührung gekommen war. Die Sonderausgaben der Leipziger Gazette brachten uns die Nachrichten von der Julirevolution in Paris. Der König von Frankreich war vom Thron gejagt worden; Lafayette, der mir eben noch wie ein Mythos vorgekommen war, ritt wieder durch eine jubelnde Menge in den Straßen von Paris; die Schweizergarde war wieder einmal in den Tuilerien niedergemetzelt worden, und ein neuer König wusste sich dem Volk nicht besser zu empfehlen, als sich zur Verkörperung der Republik zu erklären. Plötzlich zu wissen, dass er in einer Zeit lebte, in der solche Dinge geschahen, musste auf einen siebzehnjährigen Jungen eine erschreckende Wirkung haben. Von diesem Tag an begann für mich die Welt als historisches Phänomen, und natürlich waren meine Sympathien ganz auf der Seite der Revolution, die ich im Lichte eines heroischen, mit Sieg gekrönten Volkskampfes betrachtete, der frei war von dem Makel der schrecklichen Exzesse, die die erste Französische Revolution befleckten. Da ganz Europa, darunter auch einige deutsche Staaten, bald mehr oder weniger heftig in Aufruhr geriet, blieb ich einige Zeit in einem fieberhaften Zustand der Ungewissheit und richtete nun meine Aufmerksamkeit zunächst auf die Ursachen dieser Umwälzungen, die ich als Kämpfe der jungen und hoffnungsvollen gegen den alten und verkümmerten Teil der Menschheit betrachtete. Auch Sachsen blieb nicht unversehrt; in Dresden kam es zu regelrechten Straßenkämpfen, die sofort eine politische Veränderung in Form der Proklamation der Regentschaft des zukünftigen Königs Friedrich und der Gewährung einer Verfassung zur Folge hatten. Dieses Ereignis begeisterte mich so sehr, dass ich eine politische Ouvertüre komponierte, deren Vorspiel eine düstere Bedrückung schilderte, inmitten derer schließlich eine Melodie erklang, unter die ich, um meine Meinung deutlicher zu machen, die Worte „Friedrich und Freiheil" schrieb; diese

Melodie sollte sich allmählich und majestätisch zum vollkommensten Triumph steigern, den ich in Kürze bei einem der Leipziger Gartenkonzerte mit Erfolg aufgeführt sehen wollte .

Bevor ich jedoch meine politisch-musikalischen Vorstellungen weiter entwickeln konnte, brachen in Leipzig selbst Unruhen aus, die mich aus den Kunstbezirken riefen, um direkt am nationalen Leben teilzunehmen. Das nationale Leben in Leipzig bedeutete zu dieser Zeit nichts anderes als Antagonismus zwischen den Studenten und der Polizei, wobei letztere der Erzfeind war, an dem sich die jugendliche Liebe zur Freiheit ausließ. Einige Studenten waren bei einem Straßenkampf verhaftet worden und sollten nun gerettet werden. Die Studenten, die seit einigen Tagen unruhig waren, versammelten sich eines Abends auf dem Marktplatz und in den Clubs, musterten und bildeten einen Kreis um ihre Anführer. Das ganze Vorgehen war von einer gewissen gemessenen Feierlichkeit geprägt, die mich tief beeindruckte. Sie sangen Gaudeamus igitur, formierten sich zu einer Kolonne, nahmen aus der Menge alle jungen Männer auf, die mit ihnen sympathisierten, und marschierten ernst und entschlossen vom Marktplatz zu den Universitätsgebäuden, um die Zellen zu öffnen und die verhafteten Studenten freizulassen. Mein Herz klopfte, als ich mit ihnen zu dieser „Eroberung der Bastille" marschierte, aber es kam anders, als wir erwartet hatten. Denn im Hof des Paulinums wurde der feierliche Zug von Rektor Krug angehalten, der ihm mit entblößtem grauen Haupt entgegengekommen war. Seine Versicherung, die Gefangenen seien auf seine Bitte hin bereits freigelassen worden, wurde mit tosendem Jubel aufgenommen, und die Sache schien erledigt.

Aber die gespannte Erwartung einer Revolution war zu groß geworden, um nicht ein Opfer zu fordern. Plötzlich wurde eine Vorladung verbreitet, die uns in eine berüchtigte Gasse beorderte, um Volksjustiz an einem verhassten Beamten zu üben, der, so ging das Gerücht, ein gewisses Haus mit schlechtem Ruf in diesem Viertel widerrechtlich unter seinen Schutz genommen hatte. Als ich mit dem Ende der Menge den Ort erreichte, stellte ich fest, dass in das Haus eingebrochen worden war und alle möglichen Gewalttaten begangen worden waren. Ich erinnere mich mit Entsetzen an die berauschende Wirkung, die diese unbegründete Wut auf mich hatte, und kann nicht leugnen, dass ich ohne die geringste persönliche Provokation wie ein Besessener an dem rasenden Ansturm der Studenten teilnahm, die wie verrückt Möbel und Geschirr in Stücke zerschmetterten. Ich glaube nicht, dass das angebliche Motiv für diese Gewalttat, das freilich in einer Tatsache zu suchen war, die eine schwere Bedrohung für die öffentliche Moral darstellte, für mich irgendein Gewicht hatte; im Gegenteil, es war die geradezu teuflische Wut dieser Volksausbrüche, die auch mich wie einen Wahnsinnigen in ihren Strudel hineinzog.

Dass solche Wutausbrüche nicht so schnell abklingen, sondern nach gewissen Naturgesetzen erst dann ihren eigentlichen Abschluss finden, wenn sie bereits in Raserei ausgeartet sind, sollte ich am eigenen Leib erfahren. Kaum ertönte der Ruf, uns zu einem anderen Ort der gleichen Art zu begeben, als auch ich mich in der Flut befand, die sich dem anderen Ende der Stadt entgegen bewegte. Dort wiederholten sich die gleichen Taten und die lächerlichsten Ausschreitungen . Ich kann mich nicht erinnern, dass der Genuss alkoholischer Getränke zu meiner und meiner nächsten Gefährten Berauschung beigetragen hätte. Ich weiß nur, dass ich schließlich in den Zustand geriet, der gewöhnlich auf eine Ausschweifung folgt, und mich beim Erwachen am nächsten Morgen wie aus einem grauenhaften Alptraum durch eine Trophäe in Form eines zerfetzten roten Vorhangs, den ich als Zeichen meiner Tapferkeit mit nach Hause genommen hatte, davon überzeugen musste, dass ich tatsächlich an den Ereignissen der vergangenen Nacht beteiligt gewesen war. Es war für mich ein großer Trost, dass die Menschen im Allgemeinen und meine Familie im Besonderen dazu neigten, jugendliche Eskapaden mit Nachsicht zu betrachten; Ausbrüche dieser Art seitens der Jugend wurden als berechtigte Entrüstung über wirklich ernste Skandale angesehen, und ich brauchte keine Angst davor zu haben, meine Beteiligung an derartigen Exzessen einzugestehen.

Das gefährliche Beispiel, das die Studenten gegeben hatten, stachelte jedoch die unteren Klassen und den Pöbel in den folgenden Nächten zu ähnlichen Exzessen gegen Arbeitgeber und alle, die ihnen zuwider waren, an. Die Sache nahm sofort einen ernsteren Charakter an; Eigentum war bedroht, und ein Konflikt zwischen Arm und Reich stand vor unserer Tür. Da es in der Stadt keine Soldaten gab und die Polizei völlig desorganisiert war, wurden die Studenten zum Schutz gegen die unteren Schichten herangezogen. Jetzt begann die Stunde des Ruhms eines Studenten, wie ich sie mir nur in meinen Schuljungenträumen hätte wünschen können. Der Student wurde zum Schutzgott von Leipzig, der von den Behörden aufgefordert wurde, sich zu bewaffnen und zusammenzuschließen, um Eigentum zu verteidigen, und dieselben jungen Männer, die zwei Tage zuvor ihrer Zerstörungswut nachgegeben hatten, versammelten sich jetzt im Universitätshof. Die verbotenen Namen der Studentenclubs und -vereinigungen wurden aus den Mündern der Stadträte und Polizeipräsidenten gerufen, um seltsam ausgerüstete Studenten zusammenzurufen, die sich daraufhin in einfacher mittelalterlicher Kriegstracht über die ganze Stadt verteilten, die Wachträume an den Toren besetzten, Wache auf den Grundstücken verschiedener reicher Kaufleute stellten und, je nach Bedarf, bedroht wirkende Orte, insbesondere Gasthäuser, unter ihren ständigen Schutz stellten.

Obgleich ich unglücklicherweise noch kein Mitglied ihrer Vereinigung war, kam ich den Genüssen des akademischen Bürgertums durch halb freche, halb unterwürfige Werbung bei den von mir am meisten verehrten Führern der Studenten zuvor. Ich hatte das Glück, mich diesen „Hahn im Korb", wie man sie nannte, besonders zu empfehlen, und zwar durch meine Verwandtschaft zu Brockhaus, in dessen Park die Hauptmasse dieser Kämpfer eine Zeitlang lagerte. Mein Schwager gehörte zu den ernstlich Bedrohten, und nur durch wirklich große Geistesgegenwart und Zuversicht gelang es ihm, seine Druckerei und besonders seine Dampfpressen, die das Hauptziel der Angriffe waren, vor der Zerstörung zu retten. Um sein Eigentum vor weiteren Angriffen zu schützen, wurden auch Studentenabteilungen auf seinen Park abkommandiert; die vorzügliche Unterhaltung, die der großzügige Hausherr seinen heiteren Vormündern in seinem lieblichen Gartenhaus bot, lockte die erlesensten Studenten zu ihm. Mein Schwager wurde mehrere Wochen lang Tag und Nacht vor möglichen Angriffen der Bevölkerung bewacht, und bei dieser Gelegenheit feierte ich als Vermittler einer überschäumenden Gastfreundschaft inmitten der berühmtesten Mitglieder der Universität die wahren Saturnalien meines akademischen Ehrgeizes.

Noch länger wurde die Bewachung der Tore den Studenten anvertraut; der unerhörte Glanz, der mit diesem Posten verbunden wurde, zog neue Anwärter von nah und fern an diesen Ort. Jeden Tag luden riesige gecharterte Fahrzeuge ganze Scharen der kühnsten Gelehrtensöhne aus Halle, Jena, Göttingen und den entlegensten Gegenden am Halleschen Tor ab. Sie hielten sich dicht an den Torwächtern und betraten mehrere Wochen lang kein Wirtshaus oder eine andere Wohnung; sie lebten auf Kosten des Rates, bezogen von der Polizei Essens- und Getränkegutscheine und kannten nur eine Sorge: dass die Möglichkeit einer allgemeinen Beruhigung der Gemüter ihre angemessene Bewachung überflüssig machen würde. Ich versäumte leider keinen Tag und keine Nacht auf Wache, um meiner Familie die dringende Notwendigkeit meiner persönlichen Ausdauer einzuschärfen. Natürlich gaben die ruhigeren und wirklich fleißigeren Geister unter uns diese Pflichten bald auf, und nur die Blüte der Studentenschar blieb so standhaft, dass es für die Behörden schwierig wurde, sie von ihrer Aufgabe zu entbinden. Ich hielt bis zuletzt durch und schaffte es, für mein Alter die erstaunlichsten Freunde zu finden. Viele der Kühnsten blieben in Leipzig, selbst wenn es keinen Wachdienst zu erfüllen gab, und bevölkerten den Ort eine Zeit lang mit Verfechtern eines außerordentlich verzweifelten und ausschweifenden Typs, die wiederholt wegen Rauferei oder Schulden von verschiedenen Universitäten verbannt worden waren und die jetzt dank der außergewöhnlichen Umstände des Tages in Leipzig Zuflucht fanden, wo sie anfangs von der allgemeinen Begeisterung ihrer Kameraden mit offenen Armen empfangen worden waren.

Angesichts all dieser Phänomene fühlte ich mich, als wäre ich von den Folgen eines Erdbebens umgeben, das die gewohnte Ordnung der Dinge durcheinandergebracht hatte. Mein Schwager Friedrich Brockhaus, der die früheren Behörden des Ortes mit Recht wegen ihrer Unfähigkeit, Frieden und Ordnung aufrechtzuerhalten, verspotten konnte, wurde von der Strömung einer gewaltigen Oppositionsbewegung mitgerissen. Er hielt eine gewagte Rede im Rathaus vor dem ehrwürdigen Stadtrat, die ihm Popularität einbrachte, und er wurde zum zweiten Befehlshaber der neu gegründeten Leipziger Stadtwache ernannt. Diese Körperschaft verdrängte schließlich meine verehrten Schüler aus den Wachräumen der Stadttore, und wir hatten nicht länger das Recht, Reisende anzuhalten und ihre Pässe zu kontrollieren. Andererseits schmeichelte ich mir, dass ich meine neue Position als junger Bürger als gleichwertig mit der der französischen Nationalgarde betrachten könnte, und meinen Schwager Brockhaus als einen sächsischen Lafayette, was jedenfalls dazu beitrug, meine steile Erregung mit einem gesunden Stimulans zu versehen. Ich begann nun, die Zeitungen zu lesen und mich enthusiastisch für Politik zu interessieren; der gesellschaftliche Verkehr in der bürgerlichen Welt zog mich jedoch nicht so sehr an, dass ich meinen geliebten akademischen Kollegen untreu geworden wäre. Ich folgte ihnen treu von den Wachstuben in die gewöhnlichen Bars, wo sie sich nun ihrer Pracht als Männer der literarischen Welt entzogen.

Mein größter Ehrgeiz war, so schnell wie möglich einer von ihnen zu werden. Dies konnte jedoch nur erreicht werden, indem ich wieder eine Grammar School besuchte. St. Thomas, dessen Direktor ein gebrechlicher alter Mann war, war der Ort, an dem meine Wünsche am schnellsten erfüllt werden konnten.

Ich trat der Schule im Herbst 1830 einfach mit der Absicht bei, mich durch bloße Anwesenheit für die Abschlussprüfung zu qualifizieren. Das Wichtigste dabei war, dass es mir und Freunden der gleichen Neigung gelang, eine Scheinstudentenvereinigung namens Freshman's Club zu gründen. Sie wurde mit aller möglichen Pedanterie gegründet, die Institution des „Comment" wurde eingeführt, Fechtübungen und Schwertkämpfe wurden abgehalten und eine Eröffnungsversammlung, zu der mehrere prominente Studenten eingeladen waren und der ich als „Vice" in weißen Wildlederhosen und großen Springerstiefeln vorstand, gab mir einen Vorgeschmack auf die Freuden, die mich als vollwertiger Sohn der Musen erwarteten.

Die Rektoren der Thomaskirche waren jedoch nicht ganz so bereit, meinen Bestrebungen nachzukommen, ein Student zu werden. Am Ende des Halbjahres waren sie der Meinung, ich hätte mir keine Gedanken über ihre Institution gemacht, und nichts konnte sie davon überzeugen, dass ich mir durch den Erwerb von Wissen einen akademischen Bürgerstatus verdient hätte. Irgendeine Entscheidung war notwendig, und so teilte ich meiner

Familie mit, dass ich mich entschlossen hatte, nicht an der Universität zu studieren, um einen Beruf zu ergreifen, sondern Musiker zu werden. Nichts hinderte mich daran, mich als „Studiosus Musicae" zu immatrikulieren, und ohne mich also über die Pedanterie der Autoritäten der Thomaskirche zu ärgern, verließ ich trotzig diese Lehrstätte, von der ich nur wenig profitiert hatte, und meldete mich unverzüglich beim Rektor der Universität, dessen Bekanntschaft ich am Abend des Aufruhrs gemacht hatte, um mich als Musikstudent einschreiben zu lassen. Dies geschah ohne weiteres gegen Zahlung der üblichen Gebühren.

Ich hatte es sehr eilig, denn in einer Woche würden die Osterferien beginnen und die „Männer" würden aus Leipzig abreisen, und es wäre unmöglich, vor Ende der Ferien in einen Club aufgenommen zu werden, und all diese Wochen zu Hause in Leipzig zu bleiben, ohne das Recht zu haben, die begehrten Farben zu tragen, erschien mir als unerträgliche Qual. Direkt aus der Anwesenheit des Rektors rannte ich wie ein verwundetes Tier zur Fechtschule, um mich unter Vorlage meiner Immatrikulationskarte für die Aufnahme in den Sächsischen Club zu melden. Ich erreichte mein Ziel, ich durfte die Farben der Saxonia tragen, die damals in Mode waren und sehr gefragt waren, weil sie so viele entzückende Mitglieder in ihren Reihen zählte.

Das seltsamste Schicksal ereilte mich in diesen Osterferien, in denen ich tatsächlich der einzige verbliebene Vertreter des Sächsischen Klubs in Leipzig war. Anfangs bestand dieser Klub hauptsächlich aus Männern aus guter Familie sowie den besseren Klassen der Studentenwelt; sie alle waren Mitglieder hochgestellter und wohlhabender Familien in Sachsen im Allgemeinen und aus der Hauptstadt Dresden im Besonderen und verbrachten ihre Ferien in ihren jeweiligen Häusern. In Leipzig blieben während der Ferien nur jene wandernden Studenten, die kein Zuhause hatten und für die es in Wirklichkeit immer oder nie Ferienzeit war. Unter ihnen hatte sich ein eigener Klub von wagemutigen und verzweifelten jungen Schurken gebildet, die, wie gesagt, in der glorreichen Zeit, die ich beschrieben habe, in Leipzig eine letzte Zuflucht gefunden hatten. Ich hatte diese Draufgänger, die mir sehr gefielen, bereits persönlich kennengelernt, als sie das Brockhausgelände bewachten. Obwohl die reguläre Dauer eines Universitätsstudiums drei Jahre nicht überschritt, hatten die meisten dieser Männer ihre Universitäten sechs oder sieben Jahre lang nie verlassen.

Besonders fasziniert war ich von einem Mann namens Gebhardt, der mit außergewöhnlicher körperlicher Schönheit und Kraft ausgestattet war und dessen schlanke, heroische Gestalt alle seine Gefährten um Kopf und Schultern überragte. Wenn er Arm in Arm mit zwei seiner stärksten Kameraden die Straße entlangging, kam er plötzlich auf die Idee, seine Freunde mit einer leichten Armbewegung hoch in die Luft zu heben und so dahinzuflattern, als hätte er ein Paar menschliche Flügel. Wenn ein Taxi in schnellem Trab durch die Straßen fuhr, packte er mit einer Hand eine Speiche des Rades und zwang es, hochzuziehen. Niemand sagte ihm jemals, dass er dumm sei, weil sie Angst vor seiner Kraft hatten, daher wurden seine Grenzen kaum bemerkt. Seine furchterregende Kraft, verbunden mit einem gemäßigten Wesen, verlieh ihm eine majestätische Würde, die ihn über das Niveau eines gewöhnlichen Sterblichen stellte. Er war aus Mecklenburg nach Leipzig gekommen in Begleitung eines gewissen Degelow, der ebenso mächtig und geschickt, wenn auch keineswegs von so gigantischen Ausmaßen wie sein Freund war und dessen Hauptanziehungskraft in seiner großen Lebhaftigkeit und seinen lebhaften Gesichtszügen lag. Er hatte ein wildes und ausschweifendes Leben geführt, in dem Spiel, Alkohol, leidenschaftliche Liebesaffären und ständige und prompte Duelle für Abwechslung sorgten. Zeremonielle Höflichkeit, eine ironische und pedantische Kälte, die von kühnem Selbstvertrauen zeugte, gepaart mit einem sehr hitzigen Temperament bildeten die Hauptmerkmale dieser Persönlichkeit und der ihm verwandten Naturen. Degelows Wildheit und Leidenschaftlichkeit wurde durch den Besitz eines boshaften Humors, den er oft gegen sich selbst richtete, während er gegenüber anderen eine gewisse ritterliche Zärtlichkeit an den Tag legte, ein seltsam teuflischer Reiz verliehen.

Zu diesen beiden außergewöhnlichen Männern gesellten sich noch andere, die alle für ein rücksichtsloses Leben notwendigen Eigenschaften besaßen, zusammen mit echter und eigensinniger Tapferkeit. Einer von ihnen, Stelzer, ein echter Berserker aus dem Nibelungenlied , der den Spitznamen Lope trug, befand sich in seiner zwanzigsten Amtszeit. Während diese Männer offen und bewusst einer zur Zerstörung verurteilten Welt angehörten und all ihre Taten und Eskapaden nur durch die Hypothese erklärt werden konnten, dass sie alle glaubten, dass der unvermeidliche Untergang unmittelbar bevorstand, machte ich in ihrer Gesellschaft die Bekanntschaft eines gewissen Schröter, der mich besonders durch sein herzliches Wesen, seinen angenehmen hannoverschen Akzent und seinen raffinierten Witz anzog. Er war keiner der üblichen jungen Draufgänger, denen gegenüber er eine ruhige, beobachtende Haltung einnahm, während sie ihn alle mochten und sich freuten, ihn zu sehen. Ich schloss mit diesem Schröter einen echten Freund, obwohl er viel älter war als ich. Durch ihn lernte ich die Werke und Gedichte H. Heines kennen, und von ihm erwarb ich einen gewissen spitzen und kecken Witz, und ich war durchaus bereit, mich seinem angenehmen Einfluss zu unterwerfen, in der Hoffnung, mein äußeres Benehmen zu verbessern. Insbesondere suchte ich täglich seine Gesellschaft; nachmittags traf ich ihn gewöhnlich im Rosenthal oder in Kintschys Chalet, aber immer in Gegenwart jener wunderbaren Goten, die mich zugleich erschreckten und bewunderten.

Sie gehörten alle Universitätsclubs an, die mit dem Club, dem ich angehörte, auf feindseligem Fuß standen. Was diese Feindseligkeit zwischen den verschiedenen Clubs bedeutete, können nur diejenigen beurteilen, die mit dem damaligen Ton unter ihnen vertraut sind. Der bloße Anblick feindlicher Farben genügte, um diese sonst freundlichen und sanften Männer wütend zu machen, sofern sie auch nur den kleinsten Tropfen zu viel getrunken hatten. Jedenfalls sahen die alten Hasen, solange sie nüchtern waren, mit gutmütiger Selbstgefälligkeit auf einen schmächtigen jungen Kerl wie mich in den feindlichen Farben, der sich so freundlich unter ihnen bewegte. Diese Farben trug ich auf meine ganz eigene Art. Ich hatte die kurze Woche, in der mein Club noch in Leipzig war, dazu genutzt, in den Besitz einer prächtigen „sächsischen" Mütze zu gelangen, die reich mit Silber bestickt war und von einem Mann namens Müller getragen wurde, der später ein prominenter Polizist in Dresden war. Ich war von einem so heftigen Verlangen nach dieser Mütze ergriffen worden, dass ich es schaffte, sie ihm abzukaufen, da er Geld für die Heimreise brauchte. Trotz dieser merkwürdigen Mütze war ich, wie gesagt, in der Höhle dieser Raufbolde willkommen; dafür sorgte mein Freund Schröter. Erst als der Grog, das Hauptgetränk dieser wilden Geister, zu wirken begann, bemerkte ich neugierige Blicke und belauschte zweifelhafte Reden, deren Bedeutung mir durch den Schwindel, in den mich das verderbliche Getränk versetzte, eine Zeitlang verborgen blieb.

Da ich deshalb für längere Zeit in Streitigkeiten verwickelt sein musste, war es für mich eine große Genugtuung, dass mein erster Streit tatsächlich aus einem Vorfall hervorging, der mir mehr Ehre machte als jene von mir halb unbeachteten Pro- Berufe. Eines Tages kam Degelow in einer Weinstube, die wir oft besuchten, auf Schröter und mich zu und gestand uns ganz freundlich vertraulich seine Vorliebe für eine junge, sehr hübsche Schauspielerin, deren Talent Schröter in Abrede stellte. Degelow erwiderte, das könne so sein, aber er selbst halte die junge Dame für die achtbarste Frau im Theater. Ich fragte ihn sogleich, ob er den Ruf meiner Schwester für weniger gut halte. Nach der Auffassung der Studenten war es Degelow, der zweifellos nicht im entferntesten beleidigend sein wollte, unmöglich, mir eine andere Versicherung zu geben, als dass er meine Schwester gewiß nicht für minderwertig halte, aber dennoch an seiner Behauptung über die von ihm erwähnte junge Dame festhalten wolle. Daraufhin folgte ohne Verzögerung die übliche Herausforderung, die mit den Worten „Du bist ein Esel" begann, die in meinen eigenen Ohren fast lächerlich klangen, als ich sie zu diesem erfahrenen Draufgänger sagte.

Ich erinnere mich, dass auch Degelow vor Erstaunen nach Luft schnappte und Blitze aus seinen Augen zu zucken schienen; doch er beherrschte sich in Gegenwart meines Freundes und beachtete die üblichen Formalitäten einer Herausforderung und wählte Breitschwerter (krumme Sabel) als

Waffen für den Kampf. Das Ereignis erregte großes Aufsehen unter unseren Kameraden, doch sah ich weniger Grund als zuvor, meinen üblichen Umgang mit ihnen zu unterlassen. Nur wurde ich strenger hinsichtlich des Verhaltens der Draufgänger, und mehrere Tage lang verging kein Abend ohne eine Herausforderung zwischen mir und irgendeinem furchtbaren Schläger, bis mich schließlich Graf Solms, das einzige Mitglied meines Clubs, das bisher nach Leipzig zurückgekehrt war, wie einen engen Freund besuchte und sich erkundigte, was vorgefallen sei. Er lobte mein Verhalten, riet mir jedoch, meine Farben nicht zu tragen, bis unsere Kameraden aus den Ferien zurückkämen, und mich von der schlechten Gesellschaft fernzuhalten, in die ich geraten war. Glücklicherweise musste ich nicht lange warten; das Universitätsleben begann bald wieder, und der Fechtplatz war gefüllt. Die wenig beneidenswerte Position, in der ich, um es mit den Worten der Studenten auszudrücken, mit einem halben Dutzend der furchtbarsten Schwertkämpfer suspendiert war, brachte mir einen ruhmreichen Ruf unter den „Erstsemestern" und „Junioren" und sogar unter den älteren „Champions" der Sachsen ein.

Meine Sekundanten wurden ordnungsgemäß eingesetzt, die Termine für die verschiedenen anstehenden Duelle festgelegt und durch die Fürsorge meiner Vorgesetzten wurde mir die nötige Zeit gesichert, um mir eine gewisse Fechtfertigkeit anzueignen. Die Leichtherzigkeit, mit der ich dem Schicksal entgegensah, das mich in mindestens einer der bevorstehenden Begegnungen bedrohte, konnte ich damals selbst nicht verstehen; andererseits erscheint mir die Art und Weise, wie mich dieses Schicksal vor den Folgen meiner Unbesonnenheit bewahrte, bis heute wahrhaft wundersam und einer weiteren Beschreibung würdig.

Zu den Vorbereitungen für ein Duell gehörte es, durch die Teilnahme an mehreren dieser Begegnungen Erfahrungen mit diesen zu sammeln. Wir Neulinge erreichten dieses Ziel durch den sogenannten „Tragdienst", das heißt, wir wurden mit den Rapieren des Corps (wertvolle Ehrenwaffen der Vereinigung) betraut und mussten sie zuerst zum Schleifer und dann zum Schauplatz des Gefechts bringen, ein Vorgang, der mit einiger Gefahr verbunden war, da er heimlich durchgeführt werden musste, da Duellieren gesetzlich verboten war; im Gegenzug erhielten wir das Recht, den bevorstehenden Gefechten als Zuschauer beizuwohnen.

Als ich diese Ehre verdient hatte, wurde als Treffpunkt für das Duell, das ich beobachten sollte, das Billardzimmer eines Gasthofs in der Burgstraße gewählt; der Tisch war zur Seite geschoben worden, und darauf nahmen die autorisierten Zuschauer ihre Plätze ein. Unter ihnen stand ich mit klopfendem Herzen, um den gefährlichen Begegnungen zwischen diesen tapferen Champions zuzuschauen. Bei dieser Gelegenheit wurde mir die Geschichte eines meiner Freunde (eines Juden namens Levy, aber bekannt als Lippert) erzählt, der auf dieser Etage seinem Gegner so viel Boden verloren hatte, dass ihm die Tür geöffnet werden musste, und er fiel durch sie die Stufen hinunter auf die Straße, immer noch glaubend, er sei in das Duell verwickelt. Als mehrere Kämpfe beendet waren, kamen zwei Männer auf das „Spielfeld", Tempel, der Präsident der Markomanen, und ein gewisser Wohlfart, ein alter Hase, bereits im vierzehnten Halbjahr seines Studiums, mit dem ich auch für später eine Begegnung gebucht wurde. In solchen Fällen durfte niemand zusehen, damit die Schwachstellen des Duellanten nicht an seinen zukünftigen Gegner verraten wurden. Wohlfart wurde daher von meinen Vorgesetzten gefragt, ob er mich entfernen lassen wolle; worauf er mit ruhiger Verachtung antwortete: „Lassen Sie den kleinen Neuling in Gottes Namen dort liegen!" So wurde ich Augenzeuge der Kampfunfähigkeit eines Schwertkämpfers, der sich bei dieser Gelegenheit dennoch als so erfahren und geschickt erwies, dass ich mir über den Ausgang meiner zukünftigen Begegnung mit ihm durchaus Sorgen hätte machen können. Sein riesiger Gegner durchtrennte die Arterie seines rechten Arms, was den Kampf sofort beendete; der Chirurg erklärte, Wohlfart werde jahrelang kein Schwert mehr halten können, und unter diesen Umständen wurde mein geplantes Treffen mit ihm sofort abgesagt. Ich leugne nicht, dass dieser Vorfall meine Seele erheiterte.

Kurz darauf fand im Green Tap die erste allgemeine Versammlung unseres Clubs statt. Diese Versammlungen sind regelrechte Brutstätten für Duelle. Hier brachte ich mir eine neue Begegnung mit einem gewissen Tischer ein, erfuhr aber gleichzeitig, dass ich durch das Verschwinden meiner Gegner, die beide wegen Schulden geflohen waren und keine Spur hinterließen, zwei meiner furchtbarsten früheren Auseinandersetzungen dieser Art erspart geblieben war. Der einzige, von dem ich etwas hören konnte, war der schreckliche Stelzer mit dem Beinamen Lope. Dieser Kerl hatte den Durchzug polnischer Flüchtlinge, die zu dieser Zeit bereits über die Grenze getrieben worden waren und sich auf dem Weg durch Deutschland nach Frankreich befanden, ausgenutzt, um sich als unglückseliger Verfechter der Freiheit zu verkleiden, und fand anschließend seinen Weg zur Fremdenlegion in Algerien. Auf dem Heimweg von der Versammlung schlug Degelow, den ich in einigen Wochen treffen sollte, einen „Waffenstillstand" vor. Dies war ein Trick, der, wenn er angenommen wurde, wie in diesem Fall, es den zukünftigen Kämpfern ermöglichte, sich zu unterhalten und miteinander zu reden, was sonst streng verboten war. Wir gingen Arm in Arm zurück in die Stadt; mit ritterlicher Zärtlichkeit erklärte mein interessanter und furchterregender Gegner, er freue sich über die Aussicht, in ein paar Wochen mit mir die Klingen zu kreuzen; er betrachte es als Ehre und Vergnügen, da er mich mochte und mich für mein tapferes Verhalten respektierte. Selten hat mir ein persönlicher Erfolg mehr geschmeichelt. Wir umarmten uns und trennten uns unter Beteuerungen, die aufgrund einer gewissen Würde eine Bedeutung erlangten, die ich nie vergessen werde. Er teilte mir mit, dass er zuerst Jena besuchen müsse, wo er einen Duelltermin habe. Eine Woche später erreichte die Nachricht von seinem Tod Leipzig; er war im Duell in Jena tödlich verwundet worden.

Ich fühlte mich wie in einem Traum, aus dem ich durch die Meldung meiner Begegnung mit Tischer aufgeschreckt wurde. Obwohl er ein erstklassiger und kräftiger Kämpfer war, war er von unseren Häuptlingen für meinen ersten Waffengang ausgewählt worden, weil er ziemlich klein war. Obwohl ich kein großes Vertrauen in meine hastig erworbenen und wenig geübten Fechtkünste hatte, sah ich diesem meinem ersten Duell mit leichtem Herzen entgegen. Obwohl es gegen die Regeln war, dachte ich nie im Traum daran, den Behörden zu sagen, dass ich an einem leichten Ausschlag litt, den ich mir damals eingefangen hatte und der, wie man mir sagte, Wunden so gefährlich machte, dass, wenn er gemeldet würde, das Treffen verschoben werden musste, obwohl ich bescheiden genug war, auf Wunden vorbereitet zu sein. Ich wurde um zehn Uhr morgens gerufen und verließ das Haus mit einem Lächeln bei dem Gedanken, was meine Mutter und meine Schwestern sagen würden, wenn ich in ein paar Stunden in dem beunruhigenden Zustand zurückgebracht würde, den ich erwartete. Mein Häuptling, Herr v. Schönfeld, war ein angenehmer, ruhiger Mann, der im Marsch lebte. Als ich sein Haus erreichte, lehnte er sich mit seiner Pfeife im Mund aus dem Fenster und begrüßte mich mit den Worten: „Du kannst nach Hause gehen, mein Junge, es ist alles vorbei, Tischer ist im Krankenhaus." Als ich nach oben kam, fand ich mehrere „führende Männer" versammelt, von denen ich erfuhr, dass Tischer am Abend zuvor sehr betrunken gewesen war und sich infolgedessen der unerhörtesten Behandlung durch die Bewohner eines Hauses mit schlechtem Ruf ausgesetzt hatte. Er war schrecklich verletzt und wurde zunächst von der Polizei ins Krankenhaus gebracht. Dies bedeutete unweigerlich die Relegation und vor allem den Ausschluss aus der akademischen Vereinigung, der er angehörte.

Ich kann mich der Ereignisse nicht mehr genau erinnern, die die wenigen verbliebenen Feuerspucker, denen ich mich seit jener verhängnisvollen Ferienzeit verpflichtet hatte, aus Leipzig vertrieben; ich weiß nur, daß dieser Adjutant meines Studentenruhmes einem anderen wich. Wir feierten das „Neulingstreffen", zu dem alle, die es schaffen konnten, in einem langen Zuge mit einem Vierspänner durch die Stadt fuhren. Nachdem mich der Präsident des Klubs durch seine plötzliche und doch anhaltende Feierlichkeit tief bewegt hatte, empfand ich den Wunsch, als einer der Allerletzten von dem Ausflug nach Hause zu kommen. Ich blieb also drei Tage und drei Nächte fort und verbrachte die Zeit hauptsächlich mit Glücksspiel, einem Zeitvertreib, der mich von der ersten Nacht unseres Festes an in seine teuflischen Fallen lockte. Etwa ein halbes Dutzend der pfiffigsten

Klubmitglieder trafen sich zufällig im frühen Morgengrauen im „Lustigen Bauern" und bildeten sogleich den Kern eines Glücksspielklubs, der tagsüber durch aus der Stadt heimkehrende Neuzugänge verstärkt wurde. Mitglieder kamen, um zu sehen, ob wir noch dabei waren, Mitglieder gingen auch weg, aber ich hielt mit den ursprünglichen sechs Leuten Tage und Nächte durch, ohne zu schwächeln.

Der Wunsch, der mich zuerst dazu veranlaßte, an dem Spiel teilzunehmen, war der Wunsch, genug für meinen Punktestand (zwei Taler) zu gewinnen; dies gelang mir, und daraufhin keimte in mir die Hoffnung, durch meine Spielgewinne alle meine bis dahin angehäuften Schulden begleichen zu können. Wie ich gehofft hatte, nach Logiers Methode am schnellsten das Komponieren zu lernen, mich aber durch unerwartete Schwierigkeiten lange Zeit an meinem Vorhaben gehindert sah, so war auch mein Plan, meine finanzielle Lage schnell zu verbessern, zum Scheitern verurteilt. Zu gewinnen war keine so leichte Sache, und etwa drei Monate lang war ich der Spielwut so sehr verfallen, daß keine andere Leidenschaft den geringsten Einfluß auf mein Gemüt ausüben konnte.

Weder der Fechtboden (wo die Studentenkämpfe geübt wurden), noch das Bierhaus, noch der eigentliche Schauplatz der Kämpfe sahen mich jemals wieder. In meiner beklagenswerten Lage zerbrach ich mir den ganzen Tag den Kopf darüber, wie ich an das Geld kommen könnte, mit dem ich nachts spielen konnte. Vergeblich versuchte meine arme Mutter alles in ihrer Macht Stehende, um mich dazu zu bewegen, nicht so spät abends nach Hause zu kommen, obwohl sie keine Ahnung von der wahren Natur meiner Ausschweifungen hatte: Nachdem ich das Haus am Nachmittag verlassen hatte, kam ich erst im Morgengrauen des nächsten Tages zurück und erreichte mein Zimmer (das etwas von den anderen entfernt war), indem ich über das Tor kletterte, denn meine Mutter hatte sich geweigert, mir einen Haustürschlüssel zu geben.

In Verzweiflung über mein Unglück steigerte sich meine Spielsucht zu einer wahren Manie, und ich verspürte keine Lust mehr auf die Dinge, die mich einst ins Studentenleben gelockt hatten. Die Meinung meiner früheren Kameraden wurde mir völlig gleichgültig, ich mied sie gänzlich und verlor mich in den kleineren Spielhöllen Leipzigs, wo sich nur der allerletzte Studentenabschaum aufhielt. Da ich kein Gefühl für mich selbst hatte, ertrug ich sogar die Verachtung meiner Schwester Rosalie; weder sie noch meine Mutter würdigten den jungen Libertin, den sie nur selten sahen, totenbleich und erschöpft, kaum eines Blickes: meine immer größer werdende Verzweiflung ließ mich zuletzt zur Tollkühnheit greifen, als einziges Mittel, das feindliche Schicksal auf meine Seite zu ziehen. Plötzlich wurde mir klar, dass ich nur durch große Einsätze große Gewinne erzielen konnte. Zu diesem Zweck beschloss ich, die Pension meiner Mutter zu verwenden, von der ich Treuhänder einer ziemlich großen Summe war. In dieser Nacht verlor ich alles, was ich bei mir hatte, bis auf einen Taler. Die Aufregung, mit der ich diese letzte Münze auf eine Karte setzte, war ein in meinem jungen Leben bis dahin völlig ungewohntes Erlebnis. Da ich nichts gegessen hatte, musste ich wegen Krankheit wiederholt den Spieltisch verlassen. Mit diesem letzten Taler setzte ich mein Leben aufs Spiel, denn an eine Rückkehr nach Hause war natürlich nicht zu denken. Schon sah ich mich im Morgengrauen als verlorenen Sohn vor allem, was mir lieb war, durch Wald und Feld ins Ungewisse fliehen. Meine Verzweiflung hatte mich so sehr im Griff, dass ich, als meine Karte gewann, sofort alles Geld auf einen neuen Einsatz setzte und dieses Experiment wiederholte, bis ich einen ziemlich beträchtlichen Betrag gewonnen hatte. Von diesem Moment an wuchs mein Glück ständig. Ich gewann so viel Vertrauen, dass ich die riskantesten Einsätze riskierte. Denn plötzlich dämmerte mir, dass dies mein letzter Tag mit den Karten sein würde. Mein Glück wurde nun so offensichtlich, dass die Bank es für ratsam hielt, zu schließen. Ich hatte nicht nur das ganze verlorene Geld zurückgewonnen, sondern auch genug, um alle meine Schulden zu begleichen. Während des ganzen Vorgangs empfand ich heilige Gefühle: Ich hatte das Gefühl, als stünden Gott und seine Engel an meiner Seite und flüsterten mir warnende und tröstende Worte ins Ohr.

Noch einmal stieg ich in den frühen Morgenstunden über das Tor meines Hauses, um diesmal friedlich und fest zu schlafen und sehr spät gestärkt und wie neugeboren aufzuwachen.

Kein Schamgefühl hielt mich davon ab, meiner Mutter, der ich ihr Geld überreichte, die ganze Wahrheit über diese entscheidende Nacht zu erzählen. Ich bekannte freiwillig meine Sünde, ihre Rente in Anspruch genommen zu haben, und ließ dabei keine Einzelheiten aus. Sie faltete die Hände, dankte Gott für seine Gnade und betrachtete mich sofort als gerettet, da sie glaubte, dass es mir unmöglich sei, jemals wieder ein solches Verbrechen zu begehen.

Und, um die Wahrheit zu sagen, das Glücksspiel hatte von diesem Moment an jede Faszination für mich verloren. Die Welt, in der ich mich wie ein Verrückter bewegt hatte, schien plötzlich jegliches Interesse und jeglichen Reiz verloren zu haben. Meine Spielsucht hatte mich bereits gegenüber den üblichen Eitelkeiten der Studenten ziemlich gleichgültig gemacht, und als ich auch von dieser Leidenschaft befreit war, stand ich plötzlich einer völlig neuen Welt gegenüber.

Dieser Welt gehörte ich fortan an: Es war die Welt des echten und ernsthaften Musikstudiums, dem ich mich nun mit ganzem Herzen und ganzer Seele widmete.

Selbst während dieser wilden Zeit meines Lebens war meine musikalische Entwicklung nicht völlig zum Stillstand gekommen; im Gegenteil, es wurde täglich deutlicher, dass die Musik die einzige Richtung war, zu der meine geistigen Neigungen eine ausgeprägte Neigung hatten. Nur hatte ich die Gewohnheit des Musikstudiums völlig aufgegeben. Selbst jetzt scheint es unglaublich, dass ich in jenen Tagen Zeit fand, eine ziemlich große Menge an Kompositionen zu vollenden. Ich habe nur die schwache Erinnerung an eine Ouvertüre in C-Dur (6/8-Takt) und an eine Sonate in B-Dur, die als Duett arrangiert war; letztere gefiel meiner Schwester Ottilie, die sie mit mir spielte, so sehr, dass ich sie für Orchester arrangierte. Aber ein anderes Werk dieser Zeit, eine Ouvertüre in B-Dur, hinterließ aufgrund eines damit verbundenen Vorfalls einen unauslöschlichen Eindruck in meinem Gedächtnis. Diese Komposition war in der Tat das Ergebnis meines Studiums von Beethovens Neunter Symphonie, ungefähr in demselben Maße wie Leubald und Adelaïde das Ergebnis meines Studiums von Shakespeare war. Ich hatte mir besonders viel Mühe gegeben, die mystische Bedeutung des Orchesters herauszuarbeiten, das ich in drei deutlich verschiedene und entgegengesetzte Elemente aufteilte. Die Eigenart dieser Elemente wollte ich dem Notenleser durch eine auffällige Farbgebung auf den ersten Blick deutlich machen, und nur die Tatsache, dass ich keine grüne Tinte bekommen konnte, machte diese malerische Idee unmöglich. Ich verwendete nur schwarze Tinte für die Blechblasinstrumente, die Streichinstrumente sollten rote und die Bläser grüne Tinte haben. Diese außergewöhnliche Partitur gab ich Heinrich Dorn zur Durchsicht, der damals Musikdirektor des Leipziger Theaters war. Er war sehr jung und machte auf mich den Eindruck eines sehr klugen Musikers und geistreichen Mannes von Welt, den das Leipziger Publikum sehr schätzte.

Dennoch habe ich nie verstanden, wie er meiner Bitte nachkommen konnte, diese Ouvertüre aufzuführen.

Einige Zeit später war ich geneigt, mit anderen, die wussten, wie sehr er einen guten Scherz liebte, zu glauben, dass er sich einen kleinen Spaß gönnen wollte. Damals jedoch schwor er, dass er das Werk interessant fände, und behauptete, wenn es nur als bisher unbekanntes Werk Beethovens herausgebracht würde, würde das Publikum es mit Respekt, wenn auch ohne Verständnis aufnehmen.

Es war das Weihnachtsfest des schicksalsträchtigen Jahres 1830; wie üblich sollte am Weihnachtsabend keine Vorstellung im Theater stattfinden, sondern es war ein Konzert für die Armen veranstaltet worden, das nur wenig Zuspruch fand. Der erste Programmpunkt trug den aufregenden Titel „Neue Ouvertüre" – mehr nicht! Ich hatte die Probe mit einigem Unbehagen verstohlen verfolgt. Die Kühle, mit der Dorn mit der scheinbaren Verwirrung umging, die die Orchestermitglieder angesichts dieser geheimnisvollen Komposition an den Tag legten, beeindruckte mich sehr. Das Hauptthema des Allegros bestand aus vier Takten; nach jedem vierten

Takt war jedoch ein fünfter Takt eingefügt, der nichts mit der Melodie zu tun hatte und durch einen lauten Paukenschlag auf dem zweiten Schlag angekündigt wurde. Da dieser Paukenschlag allein auffiel, geriet der Trommler, der immer glaubte, einen Fehler zu machen, in Verwirrung und gab dem Akzent nicht die rechte Schärfe, wie es die Partitur vorschrieb. Mir, aus meiner verborgenen Ecke lauschend und über meine ursprüngliche Absicht erschrocken, mißfiel diese zufällig andere Wiedergabe nicht. Zu meinem aufrichtigen Ärger rief Dorn jedoch den Schlagzeuger nach vorn und bestand darauf, daß er die Akzente mit der vorgeschriebenen Schärfe spiele. Als ich nach der Probe dem musikalischen Leiter meine Bedenken über diese wichtige Tatsache mitteilte, konnte ich ihm keine mildere Interpretation des fatalen Paukenschlags zusichern; er beharrte darauf, daß das Ding auch so sehr gut klingen werde. Trotz dieser Versicherung wuchs meine Unruhe, und ich hatte nicht den Mut, mich meinen Freunden von vornherein als Autor der „Neuen Ouvertüre" vorzustellen.

Meine Schwester Ottilie, die schon die heimlichen Lesungen von Leubald und Adelaïde überstehen mußte, war die einzige, die bereit war, mit mir zu kommen, um mein Werk zu hören. Es war Heiligabend, und bei meinem Schwager Friedrich Brockhaus sollte es den üblichen Weihnachtsbaum, Geschenke usw. geben, und wir beide wollten natürlich dabei sein. Meine Schwester insbesondere, die dort wohnte, hatte viel mit den Vorbereitungen zu tun und konnte nur für kurze Zeit und nur mit großer Mühe weg; unsere liebenswürdige Verwandte ließ daher den Wagen für sie bereithalten, damit sie schneller zurückkommen konnte. Ich benutzte diese Gelegenheit, um meinen Eintritt in die musikalische Welt gleichsam festlich einzuweihen. Der Wagen hielt vor dem Theater. Ottilie begab sich in die Loge meines Schwagers, so daß ich mich um einen Platz im Parkett bemühen mußte. Ich hatte vergessen, eine Karte zu kaufen, und wurde von dem Mann an der Tür abgewiesen. Plötzlich wurde das Stimmen des Orchesters immer lauter und ich glaubte, den Beginn meiner Arbeit zu verpassen. In meiner Angst gab ich mich dem Mann an der Tür als Komponist der „Neuen Ouvertüre" zu erkennen und schaffte es so, ohne Eintrittskarte durchzukommen. Ich drängte mich bis in eine der ersten Reihen des Parketts und setzte mich in schrecklicher Angst hin.

Die Ouvertüre begann: Nachdem das Thema der „schwarzen" Blechblasinstrumente mit großem Nachdruck erklungen war, begann das „rote" Allegro-Thema, bei dem, wie ich schon erwähnte, jeder fünfte Takt durch den Paukenschlag aus der „schwarzen" Welt unterbrochen wurde. Welche Wirkung das anschließend einsetzende „grüne" Thema der Blasinstrumente auf die Zuhörer hatte und was sie sich bei der Vermischung von „schwarzen", „roten" und „grünen" Themen gedacht haben mussten, ist mir immer ein Rätsel geblieben, denn der fatale, brutal herausgehämmerte

Paukenschlag beraubte mich völlig meiner Sinne, zumal dieser lang anhaltende und immer wiederkehrende Effekt nun nicht nur die Aufmerksamkeit, sondern auch die Heiterkeit des Publikums zu erregen begann. Ich hörte meine Nachbarn die Rückwirkung dieses Effekts berechnen; da ich die absolute Richtigkeit ihrer Berechnung kannte, erlitt ich zehntausend Qualen und wurde fast bewusstlos. Endlich erwachte ich aus meinem Albtraum, als die Ouvertüre, der ich es versäumt hatte, einen meiner Meinung nach banalen Schluss zu geben, völlig unerwartet ins Stocken geriet.

Keine Phantome wie in Hoffmanns Erzählungen hätten den außergewöhnlichen Zustand herbeiführen können, in den ich geriet, als ich am Ende der Vorstellung das Erstaunen des Publikums bemerkte. Ich hörte keine Ausrufe der Missbilligung, kein Zischen, keine Bemerkungen, nicht einmal Gelächter; alles, was ich sah, war tiefes Erstaunen über ein so seltsames Ereignis, das sie, wie mich, wie ein schrecklicher Alptraum beeindruckte. Der schlimmste Moment kam jedoch, als ich das Parkett verlassen und meine Schwester nach Hause bringen musste. Aufzustehen und durch die Leute im Parkett zu gehen, war wirklich schrecklich. Nichts jedoch war vergleichbar mit dem Schmerz, dem Mann an der Tür von Angesicht zu Angesicht gegenüberzustehen; der seltsame Blick, den er mir zuwarf, verfolgte mich danach immer, und eine beträchtliche Zeit lang mied ich das Parkett des Leipziger Theaters.

Mein nächster Schritt bestand darin, meine Schwester zu finden, die die ganze traurige Erfahrung mit unendlichem Mitleid ertragen hatte; schweigend fuhren wir nach Hause, um an einem glanzvollen Familienfest teilzunehmen, das mit grimmiger Ironie einen Kontrast zur Düsterkeit meiner Fassungslosigkeit bildete.

Trotz allem versuchte ich, an mich zu glauben, und glaubte, Trost in meiner Ouvertüre zur Braut von Messina zu finden, die ich für ein besseres Werk hielt als das verhängnisvolle, das ich eben gehört hatte. An eine Wiedereinstellung war jedoch nicht zu denken, denn die Leipziger Theaterleitung hielt mich trotz Dorns Freundschaft lange Zeit für eine sehr zweifelhafte Person. Zwar versuchte ich mich noch an Skizzen zu Goethes Faust, von denen einige bis heute erhalten sind; aber bald gewann mein wildes Studentenleben wieder die Oberhand und ertränkte den letzten Rest ernsthafter musikalischer Beschäftigung in mir.

Ich begann mir jetzt einzubilden, dass ich, da ich Student geworden war, die Vorlesungen an der Universität besuchen sollte. Von Traugott Krug, der mir durch die Niederschlagung des Studentenaufstandes gut bekannt war, versuchte ich die Grundprinzipien der Philosophie zu lernen; eine einzige Unterrichtsstunde genügte, um mich dies aufgeben zu lassen. Zwei- oder dreimal besuchte ich jedoch die Vorlesungen über Ästhetik bei einem der jüngeren Professoren, einem Mann namens Weiss. Diese Beharrlichkeit war dem Interesse zu verdanken, das Weiss sofort in mir weckte. Als ich ihn im Haus meines Onkels Adolph kennenlernte, hatte Weiss gerade die Metaphysik des Aristoteles übersetzt und sie, wenn ich mich nicht irre, in kontroversem Geist Hegel gewidmet.

Bei dieser Gelegenheit hatte ich dem Gespräch dieser beiden Männer über Philosophie und Philosophen zugehört, das einen gewaltigen Eindruck auf mich machte. Ich erinnere mich, dass Weiss ein zerstreuter Mann war, der hastig und abrupt sprach; er hatte einen interessanten und nachdenklichen Ausdruck, der mich ungemein beeindruckte. Ich erinnere mich, wie er sich, als man ihm mangelnde Klarheit in seinem Schreiben und Stil vorwarf, damit rechtfertigte, dass die tiefen Probleme des menschlichen Geistes auf keinen Fall vom Pöbel gelöst werden könnten. Diese Maxime, die mir sehr plausibel erschien, akzeptierte ich sofort als Grundsatz für all meine zukünftigen Schriften. Ich erinnere mich, dass mein ältester Bruder Albert, an den ich einmal im Namen meiner Mutter schreiben musste, von meinem Brief und Stil so angewidert war, dass er sagte, er glaube, ich müsse verrückt werden.

Trotz meiner Hoffnung, dass Weiss' Vorlesungen mir viel nützen würden, war ich nicht in der Lage, sie weiter zu besuchen, da meine Wünsche mich damals zu allem anderen als dem Studium der Ästhetik trieben. Trotzdem veranlasste mich die Sorge meiner Mutter um mich zu diesem Zeitpunkt, wieder mit der Musik zu beginnen. Da Müller, der Lehrer, bei dem ich bis dahin studiert hatte , mir keine dauerhafte Liebe zum Studium einflößen konnte, musste ich herausfinden, ob ein anderer Lehrer mich nicht besser zu ernsthafter Arbeit anregen könnte.

Theodor Weinlich, der Chorleiter und Musikdirektor der Thomaskirche, bekleidete damals diesen wichtigen und alten Posten, den später Schicht und vor ihm kein Geringerer als Sebastian Bach innehatte. Er gehörte seiner Erziehung nach der alten italienischen Musikschule an und hatte in Bologna bei Pater Martini studiert. Er hatte sich in dieser Kunst durch seine Vokalkompositionen einen Namen gemacht, in denen seine feine Art, die Stimmen zu behandeln, sehr gelobt wurde. Er selbst erzählte mir eines Tages, dass ihm ein Leipziger Verleger ein sehr beträchtliches Honorar angeboten hatte, wenn er für seine Firma ein weiteres Buch mit Vokalübungen schreiben würde, ähnlich dem, das sich für seinen ersten Verleger als so profitabel erwiesen hatte. Weinlich sagte ihm, dass er im Moment keine derartigen Übungen fertig habe, bot ihm aber statt dessen eine neue Messe an, die der Verleger mit den Worten ablehnte: „Wer das Fleisch hat, der nage an den Knochen." Die Bescheidenheit, mit der Weinlich mir diese kleine Geschichte erzählte, zeigte, was für ein ausgezeichneter Mann er war. Da er in einem sehr schlechten und schwachen Gesundheitszustand war, als meine Mutter mich ihm vorstellte, lehnte er es zunächst ab, mich als Schüler anzunehmen. Doch nachdem er allen Überredungsversuchen widerstanden hatte, hatte er schließlich Mitleid mit meiner musikalischen Ausbildung, die, wie er bald anhand einer mitgebrachten Fuge feststellte, äußerst mangelhaft war. Er versprach mir daher, mich zu unterrichten, unter der Bedingung, dass ich sechs Monate lang alle Kompositionsversuche aufgeben und seinen Anweisungen genau folgen würde. Dem ersten Teil meines Versprechens blieb ich treu, dank des enormen Strudels der Ausschweifung, in den mich mein Leben als Student hineingezogen hatte.

Als ich mich jedoch längere Zeit mit nichts anderem als vierstimmigen Harmonieübungen in strenger Stilistik beschäftigen musste, war nicht nur der Schüler in mir, sondern auch der Komponist so vieler Ouvertüren und Sonaten zutiefst angewidert. Auch Weinlich hatte seine Beschwerden gegen mich und beschloss, mich aufzugeben.

In dieser Zeit geriet ich in die Krise meines Lebens, die zur Katastrophe jenes schrecklichen Abends im Spielcasino führte. Doch ein noch größerer Schlag als dieses furchtbare Erlebnis erwartete mich, als Weinlich beschloss, nichts mehr mit mir zu tun zu haben. Tief gedemütigt und elend bat ich den sanften alten Mann, den ich innig liebte, um Verzeihung und versprach ihm, von diesem Augenblick an mit unermüdlicher Energie zu arbeiten. Eines Morgens um sieben Uhr ließ Weinlich mich rufen, um mit der Skizze zu einer Fuge zu beginnen; er widmete mir den ganzen Morgen, verfolgte meine Arbeit Takt für Takt mit größter Aufmerksamkeit und gab mir seine wertvollen Ratschläge. Um zwölf Uhr entließ er mich mit der Anweisung, die Skizze zu vervollkommnen und zu vollenden, indem ich die restlichen Stimmen zu Hause ausfüllte.

Als ich ihm die fertige Fuge brachte, reichte er mir zum Vergleich seine eigene Bearbeitung desselben Themas. Diese gemeinsame Aufgabe des Fugenschreibens schuf zwischen mir und meinem gutmütigen Lehrer die zärtlichste aller Bindungen, denn von diesem Moment an genossen wir beide den Unterricht. Ich war erstaunt, wie schnell die Zeit verging. In acht Wochen hatte ich nicht nur eine Reihe der kompliziertesten Fugen durchgearbeitet, sondern auch alle möglichen schwierigen Entwicklungen im Kontrapunkt durchgearbeitet, als er mir eines Tages, als ich ihm eine äußerst kunstvolle Doppelfuge brachte, den Atem raubte, als er mir sagte, dass er mir danach nichts mehr beibringen könne.

Da ich keine großen Anstrengungen meinerseits bemerkte, fragte ich mich oft, ob ich wirklich ein gut ausgebildeter Musiker geworden war. Weinlich selbst schien dem, was er mir beigebracht hatte, nicht viel Bedeutung beizumessen: Er sagte: „Wahrscheinlich werden Sie nie Fugen oder Kanons schreiben; aber was Sie gemeistert haben, ist Unabhängigkeit: Sie können jetzt allein stehen und sich darauf verlassen, dass Sie eine gute Technik an den Fingerspitzen haben, wenn Sie sie brauchen."

Die Hauptwirkung seines Einflusses auf mich war sicherlich die wachsende Liebe zu Klarheit und Geläufigkeit, zu der er mich erzogen hatte. Die oben erwähnte Fuge hatte ich bereits für gewöhnliche Stimmen schreiben müssen; mein Gefühl für das Melodische und Vokale war auf diese Weise geweckt worden. Um mich streng unter seinem beruhigenden und freundlichen Einfluss zu halten, hatte er mir zugleich eine Sonate zu schreiben gegeben, die ich zum Beweis meiner Freundschaft zu ihm auf streng harmonischen und thematischen Linien aufbauen sollte, wozu er mir eine sehr frühe und kindliche Sonate von Pleyel als Vorbild empfahl.

Diejenigen, die meine Ouvertüre erst vor kurzem gehört haben, müssen sich tatsächlich gefragt haben, wie ich diese Sonate überhaupt schreiben konnte, die durch die Indiskretion der Herren Breitkopf und Härtel veröffentlicht wurde (um mich für meine Enthaltsamkeit zu belohnen, veranlasste Weinlich sie, diese schlechte Komposition zu veröffentlichen). Von diesem Moment an ließ er mir freie Hand. Zunächst durfte ich eine Fantasie für das Klavier (in fis-Moll) komponieren, die ich in einem ganz informellen Stil schrieb, indem ich die Melodie in Rezitativform behandelte; dies befriedigte mich sehr, weil es mir Lob von Weinlich einbrachte.

Bald darauf schrieb ich drei Ouvertüren, die allesamt seine volle Zustimmung fanden. Im darauffolgenden Winter (1831–1832) gelang es mir, die erste davon, in d-Moll, bei einem der Gewandhauskonzerte aufführen zu lassen.

Damals herrschte in dieser Institution ein sehr schlichter und heimeliger Ton. Die Instrumentalwerke wurden nicht von einem sogenannten Orchesterdirigenten dirigiert, sondern vom Orchesterführer einfach vorgespielt. Sobald der Gesang begann, nahm Pohlenz seinen Platz am Dirigentenpult ein; er gehörte zu den dicken und sympathischen Musikdirektoren und war beim Leipziger Publikum sehr beliebt. Er pflegte mit einem sehr wichtig aussehenden blauen Taktstock in der Hand auf die Bühne zu kommen.

Eines der merkwürdigsten Ereignisse jener Zeit war die jährliche Aufführung der Neunten Symphonie Beethovens; nachdem die ersten drei Sätze wie eine Haydn-Symphonie durchgespielt worden waren, so gut es das Orchester vermochte, setzte sich Pohlenz, statt ein Vokalquartett, eine Kantate oder eine italienische Arie dirigieren zu müssen, ans Pult, um dieses höchst komplizierte Instrumentalwerk mit seinem besonders rätselhaften und unzusammenhängenden Beginn zu dirigieren, eine der schwierigsten Aufgaben, die ein Dirigent überhaupt zu bewältigen hatte. Nie werde ich den Eindruck vergessen, den der ängstlich und sorgfältig gespielte 3/4-Takt bei der ersten Probe auf mich machte, und wie die wilden Schreie der Trompete (mit denen dieser Satz beginnt) eine höchst merkwürdige Klangverwirrung verursachten.

Offenbar hatte er dieses Tempo gewählt, um das Rezitativ der Kontrabässe irgendwie zu bewältigen; aber es war völlig hoffnungslos. Pohlenz war in Schweiß gebadet, das Rezitativ gelang nicht, und ich begann wirklich zu glauben, dass Beethoven Unsinn geschrieben haben musste; der Kontrabassist Temmler, ein treuer Veteran des Orchesters, überredete Pohlenz schließlich in ziemlich grober und energischer Sprache, den Taktstock niederzulegen, und auf diese Weise verlief das Rezitativ wirklich richtig. Trotzdem fühlte ich zu diesem Zeitpunkt, dass ich auf eine Weise, die ich kaum erklären kann, zu der bescheidenen Schlussfolgerung gelangt war, dass dieses außergewöhnliche Werk immer noch jenseits meines Verständnisses lag. Lange Zeit gab ich das Grübeln über diese Komposition auf und wandte meine Gedanken mit schlichter Sehnsucht einer klareren und ruhigeren musikalischen Form zu.

Durch mein Studium des Kontrapunkts hatte ich vor allem Mozarts leichte und fließende Behandlung der schwierigsten technischen Probleme zu schätzen gelernt, und insbesondere der letzte Satz seiner großen Symphonie in C-Dur diente mir als Vorbild für meine eigene Arbeit. Meine Ouvertüre in d-Moll, die deutlich den Einfluss von Beethovens Coriolanus-Ouvertüre zeigte, war vom Publikum positiv aufgenommen worden; meine Mutter begann wieder Vertrauen in mich zu haben, und ich begann sofort mit einer zweiten Ouvertüre (in C-Dur), die tatsächlich mit einem „Fugato" endete, das meinem neuen Modell mehr Ehre machte, als ich je zu erreichen gehofft hatte.

Auch diese Ouvertüre wurde bald darauf bei einem Konzert der Lieblingssängerin, Mlle. Palazzesi (von der Dresdner Italienischen Oper), aufgeführt. Zuvor hatte ich sie bereits bei einem Konzert einer privaten Musikgesellschaft namens „Euterpe" vorgestellt, bei dem ich sie selbst dirigiert hatte.

Ich erinnere mich noch an den seltsamen Eindruck, den eine Bemerkung meiner Mutter bei dieser Gelegenheit auf mich machte; tatsächlich hatte dieses Werk, das im kontrapunktischen Stil geschrieben war und ohne jede echte Leidenschaft oder Emotionalität, eine seltsame Wirkung auf sie ausgeübt. Sie machte ihrem Erstaunen Luft, indem sie die Egmont-Ouvertüre, die im selben Konzert gespielt wurde, wärmstens lobte und behauptete, dass „diese Art von Musik schließlich faszinierender sei als jede dumme Fuge."

Zu dieser Zeit schrieb ich auch (als mein drittes Werk) eine Ouvertüre zu Raupachs Drama König Enzio, in der Beethovens Einfluss noch stärker zum

Ausdruck kam. Meine Schwester Rosalie erreichte, dass sie vor dem Stück im Theater aufgeführt wurde; aus Vorsicht wurde sie beim ersten Mal nicht im Programm angekündigt. Dorn dirigierte sie, und da die Aufführung gut verlief und das Publikum keine Unzufriedenheit zeigte, wurde meine Ouvertüre während der Aufführung des oben erwähnten Dramas mehrmals mit meinem vollen Namen im Programm aufgeführt.

Danach versuchte ich mich an einer großen Sinfonie (in C-Dur); in diesem Werk zeigte ich, was ich gelernt hatte, indem ich den Einfluss meines Studiums von Beethoven und Mozart nutzte, um ein wirklich angenehmes und verständliches Werk zu schaffen, in dem die Fuge am Ende wieder aufkommt, während die Themen der verschiedenen Sätze so aufgebaut sind, dass sie nacheinander gespielt werden können.

Dennoch war das leidenschaftliche und kühne Element der Sinfonia Eroica deutlich zu erkennen, vor allem im ersten Satz. Der langsame Satz dagegen enthielt Erinnerungen an meine frühere musikalische Mystik. Eine Art wiederholter, fragender Ausruf der in die Quinte übergehenden kleinen Terz verband in meinem Geist dieses Werk (das ich mit größter Anstrengung um Klarheit vollendet hatte) mit meiner frühesten Periode kindlicher Sentimentalität.

Als ich im folgenden Jahr Friedrich Rochlitz, damals den Nestor der Leipziger Musikästheten und Präsidenten des Gewandhauses, besuchte, überredete ich ihn, mir eine Aufführung meines Werkes zu versprechen. Da er vor meinem Besuch meine Partitur zur Durchsicht erhalten hatte, war er ganz erstaunt, mich als sehr jungen Mann zu sehen, denn der Charakter meiner Musik hatte ihn darauf vorbereitet, einen viel älteren und erfahreneren Musiker zu sehen. Bevor diese Aufführung stattfand, geschahen viele Dinge, die ich zunächst erwähnen muss, da sie für mein Leben von großer Bedeutung waren.

Meine kurze und stürmische Studentenlaufbahn hatte in mir nicht nur jede Sehnsucht nach Weiterentwicklung, sondern auch jedes Interesse an intellektuellen und spirituellen Bestrebungen ertränkt. Obwohl ich mich, wie bereits erwähnt, nie völlig von der Musik entfremdet hatte, weckte mein wiedererwachtes Interesse an der Politik bei mir den ersten wirklichen Ekel vor meinem sinnlosen Studentenleben, der bald keine tieferen Spuren in meinem Gedächtnis hinterließ als die Erinnerung an einen schrecklichen Alptraum.

Der polnische Unabhängigkeitskrieg gegen die russische Vorherrschaft erfüllte mich mit wachsender Begeisterung. Die Siege, die die Polen im Mai 1831 für kurze Zeit errangen, erregten meine begeisterte Bewunderung: Es schien mir, als sei die Welt durch ein Wunder neu erschaffen worden. Im Gegensatz dazu ließen die Nachrichten von der Schlacht bei Ostrolenka es so aussehen, als sei das Ende der Welt gekommen. Zu meinem Erstaunen spotteten meine Saufkumpanen über mich, als ich einige dieser Ereignisse kommentierte; der schreckliche Mangel an Mitgefühl und Kameradschaft unter den Studenten fiel mir sehr auf. Jede Art von Begeisterung musste unterdrückt oder in pedantische Tapferkeit verwandelt werden, die sich in Form von Affektiertheit und Gleichgültigkeit äußerte. Sich mit absichtlicher Kaltblütigkeit zu betrinken, ohne auch nur einen Anflug von Humor, galt als fast ebenso mutige Leistung wie Duellieren. Erst viel später verstand ich den viel edleren Geist, der die unteren Klassen in Deutschland im Vergleich zum traurig degenerierten Zustand der Universitätsstudenten beseelte. Damals war ich furchtbar empört über die beleidigenden Bemerkungen, die ich mir einhandelte, als ich die Schlacht bei Ostrolenka beklagte.

Zu meiner Ehre sei gesagt, dass diese und ähnliche Eindrücke dazu beitrugen, dass ich meine niederen Umgangsformen aufgab. Während meiner Studien bei Weinlich gönnte ich mir nur ein bisschen Zerstreuung, nämlich den täglichen Abendbesuch bei Kintschy, dem Zuckerbäcker in der Klostergasse, wo ich leidenschaftlich die neuesten Zeitungen verschlang. Hier traf ich viele Männer, die die gleichen politischen Ansichten hatten wie ich, und besonders gern hörte ich den eifrigen politischen Diskussionen einiger der alten Männer zu, die dort verkehrten. Auch die literarischen Zeitschriften begannen mich zu interessieren; ich las viel, war aber in meiner Auswahl nicht sehr wählerisch. Trotzdem begann ich jetzt Intelligenz und Witz zu schätzen, während vorher nur das Groteske und das Phantastische mich angezogen hatten.

Mein Interesse am Ausgang des polnischen Krieges blieb jedoch überragend. Die Belagerung und Einnahme Warschaus empfand ich als persönliches Unglück. Meine Aufregung, als die Reste der polnischen Armee auf ihrem Weg nach Frankreich durch Leipzig kamen, war unbeschreiblich, und ich werde nie den Eindruck vergessen, den die erste Gruppe dieser unglücklichen Soldaten auf mich machte, als sie im Grünen Schild, einem Wirtshaus am Fleischmarkt, einquartiert wurden. So sehr mich das auch deprimierte, so weckte es doch bald meine Begeisterung, denn im Salon des Leipziger Gewandhauses, wo an diesem Abend Beethovens c-Moll-Sinfonie gespielt wurde, erregte eine Gruppe heroischer Gestalten, die wichtigsten Führer der polnischen Revolution, meine Bewunderung. Besonders angezogen fühlte ich mich von Graf Vincenz Tyszkiewitcz, einem Mann von außergewöhnlich kräftiger Statur und edlem Aussehen, der mich durch sein würdevolles und aristokratisches Auftreten und seine ruhige Selbstsicherheit beeindruckte – Eigenschaften, die ich noch nie zuvor erlebt hatte. Als ich einen Mann von solch königlicher Haltung in einem eng anliegenden Mantel und einer roten Samtmütze sah, erkannte ich sofort, wie dumm es war, die lächerlich verkleideten kleinen Helden unserer Studentenwelt jemals angebetet zu haben. Ich freute mich, diesen Herrn im Haus meines Schwagers Friedrich Brockhaus wiederzusehen, wo ich ihn oft sah.

Mein Schwager hatte das größte Mitleid und die größte Sympathie für die polnischen Rebellen und war Vorsitzender eines Komitees, dessen Aufgabe es war, ihre Interessen zu vertreten. Lange Zeit brachte er für ihre Sache viele persönliche Opfer.

Das Brockhaus-Haus wurde für mich jetzt ungeheuer attraktiv. Um Graf Vincenz Tyszkiewitcz, der der Leitstern dieser kleinen polnischen Welt blieb, versammelten sich viele andere reiche Exilanten, unter denen ich mich vor allem an einen Kavalleriekapitän namens Bansemer erinnere, einen Mann von grenzenloser Güte, aber eher leichtsinniger Natur; er besaß ein wunderbares Vierergespann, das er mit so halsbrecherischer Geschwindigkeit trieb, dass es den Leipzigern großen Ärger bereitete. Ein anderer wichtiger Mann, mit dem ich zu Abend gegessen habe, war General Bem, dessen Artillerie bei Ostrolenka so tapfer Widerstand geleistet hatte.

Viele andere Verbannte kamen durch dieses gastfreundliche Haus, von denen einige durch ihre melancholische, kriegerische Haltung beeindruckten, andere durch ihr kultiviertes Benehmen. Vincenz Tyszkiewitcz jedoch blieb mein Ideal eines wahren Mannes, und ich liebte ihn mit tiefer Verehrung. Auch er begann sich für mich zu interessieren; ich besuchte ihn fast jeden Tag und war manchmal bei einer Art Kriegsfest anwesend, von dem er sich oft zurückzog, um mir sein Herz über die Sorgen öffnen zu können, die ihn bedrückten. Er hatte tatsächlich absolut keine Nachrichten über den Verbleib seiner Frau und seines kleinen Sohnes erhalten, seit sie sich in Wolhynien getrennt hatten. Außerdem war er von einem großen Kummer überschattet, der alle mitfühlenden Naturen anzog. Meiner Schwester Louise hatte er das schreckliche Unglück anvertraut, das ihn einmal getroffen hatte. Er war schon einmal verheiratet gewesen, und als er mit seiner Frau in einem seiner einsamen Schlösser weilte, hatte er mitten in der Nacht eine geisterhafte Erscheinung am Fenster seines Schlafzimmers gesehen. Als er seinen Namen mehrmals gerufen hatte, hatte er zum Schutz vor möglichen Gefahren einen Revolver zur Hand genommen und seine eigene Frau erschossen, die auf die exzentrische Idee gekommen war, ihn zu ärgern, indem sie sich als Geist ausgab. Ich hatte das Vergnügen, seine Freude zu teilen, als ich hörte, dass seine Familie in Sicherheit war. Seine Frau kam mit ihrem schönen Jungen Janusz zu ihm nach Leipzig. Es tat mir leid, dass ich für diese Dame nicht dasselbe Mitgefühl empfinden konnte wie für ihren Mann; vielleicht war einer der Gründe meiner Abneigung die offensichtliche und auffällige Art, wie sie sich zurechtmachte, mit der die arme Frau wahrscheinlich zu verbergen versuchte, wie sehr ihre Schönheit unter der schrecklichen Belastung der vergangenen Ereignisse gelitten hatte. Sie kehrte bald nach Galizien zurück, um zu versuchen, so viel wie möglich von ihrem

Eigentum zu retten und auch, um ihrem Mann einen Pass der österreichischen Regierung zu besorgen, mit dem er ihr folgen konnte.

Dann kam der 3. Mai. 18 der noch in Leipzig verbliebenen Polen trafen sich zu einem festlichen Abendessen in einem Hotel außerhalb der Stadt; an diesem Tag sollte der erste Jahrestag des den Polen so liebgewordenen 3. Mai gefeiert werden. Nur die Chefs des Leipziger Polnischen Komitees erhielten Einladungen, und als besondere Gefälligkeit wurde auch ich eingeladen. Ich werde diesen Anlass nie vergessen. Das Abendessen wurde zu einer Orgie; den ganzen Abend über spielte eine Blaskapelle aus der Stadt polnische Volkslieder, und diese wurden von der ganzen Gesellschaft, angeführt von einem Litauer namens Zan, mal triumphierend, mal traurig gesungen. Besonders das schöne Lied vom 3. Mai löste einen regelrechten Aufruhr der Begeisterung aus. Tränen und Freudenschreie steigerten sich zu einem furchtbaren Tumult; die aufgeregten Männer gruppierten sich auf dem Gras und schworen in den extravagantesten Ausdrücken ewige Freundschaft, wobei das Wort ‚Oiczisna‘ (Vaterland) das Hauptthema lieferte, bis es in der letzten Nacht seinen Schleier über diese wilde Ausschweifung warf.

Dieser Abend diente mir später als Thema für eine Orchesterkomposition (in Form einer Ouvertüre) mit dem Titel Polonia; das Schicksal dieses Werks werde ich später erzählen. Der Pass meines Freundes Tyszkiewitcz war inzwischen angekommen, und er beschloss, über Brunn nach Galizien zurückzukehren, obwohl seine Freunde dies für sehr voreilig hielten. Ich wollte unbedingt etwas von der Welt sehen, und Tyszkiewitczs Angebot, mich mitzunehmen, veranlasste meine Mutter, meiner Reise nach Wien zuzustimmen, einem Ort, den ich schon lange besuchen wollte. Ich nahm die Partituren meiner drei bereits aufgeführten Ouvertüren und auch die meiner noch nicht aufgeführten großen Symphonie mit und verbrachte eine großartige Zeit mit meinem polnischen Gönner, der mich in seiner luxuriösen Reisekutsche bis in die Hauptstadt Mährens mitnahm. Während eines kurzen Aufenthaltes in Dresden gaben die Exilanten aller Stände unserem geliebten Grafen in Pirna ein freundliches Abschiedsessen, bei dem der Champagner in Strömen floss, während auf die Gesundheit des zukünftigen „Diktators von Polen“ getrunken wurde.

Endlich trennten wir uns in Brünn, von wo aus ich meine Reise nach Wien mit der Kutsche fortsetzte. Während des Nachmittags und der Nacht, die ich allein in Brünn verbringen musste, litt ich schreckliche Qualen aus Angst vor der Cholera, die, wie ich unerwartet hörte, an diesem Ort ausgebrochen war. Da war ich nun ganz allein an einem fremden Ort, mein treuer Freund war gerade abgereist, und als ich von der Epidemie hörte, war es mir, als hätte mich ein bösartiger Dämon in seine Schlinge gefangen, um mich zu vernichten. Ich verriet den Leuten im Hotel meine Angst nicht, aber als man mich in einen sehr einsamen Flügel des Hauses führte und mich allein in dieser Wildnis zurückließ, versteckte ich mich mit meinen Kleidern im Bett und durchlebte noch einmal alle Schrecken der Geistergeschichten, wie ich es in meiner Kindheit getan hatte. Die Cholera stand wie ein lebendiges Wesen vor mir; ich konnte sie sehen und berühren; sie lag in meinem Bett und umarmte mich. Meine Glieder wurden zu Eis, ich fühlte mich bis ins Mark gefroren. Ob ich wachte oder schlief, wusste ich nie; Ich weiß noch, wie erstaunt ich war, als ich aufwachte und mich rundum wohl und gesund fühlte.

Endlich kam ich in Wien an, wo ich der bis dorthin vorgedrungenen Epidemie entging. Es war Hochsommer des Jahres 1832. Dank der mir vermittelten Bekanntschaften fühlte ich mich in dieser lebhaften Stadt sehr wohl und verbrachte dort sechs Wochen. Da mein Aufenthalt jedoch keinen wirklich praktischen Zweck hatte, betrachtete meine Mutter die Kosten dieses kurzen Urlaubs als unnötige Extravaganz meinerseits. Ich besuchte die Theater, hörte Strauss, machte Ausflüge und hatte insgesamt eine sehr schöne Zeit. Ich fürchte, ich machte auch ein paar Schulden, die ich später abzahlte, als ich Dirigent des Dresdner Orchesters war. Ich hatte sehr angenehme Eindrücke vom Musik- und Theaterleben erhalten, und Wien blieb lange Zeit in meiner Erinnerung als der Höhepunkt jenes außerordentlich produktiven Geistes, der seinen Menschen eigen war. Am meisten gefielen mir die Vorstellungen im Theater an der Wien, wo ein groteskes Märchenstück mit dem Titel Die Abenteuer Fortunat's zu Wasser und zu Land aufgeführt wurde, in dem eine Droschke an die Küste des Schwarzen Meeres gerufen wurde und das einen gewaltigen Eindruck auf mich machte. Bezüglich der Musik war ich skeptisch. Ein junger Freund von mir nahm mich mit ungeheurem Stolz mit zu einer Aufführung von Glucks Iphigenie auf Tauris, die durch eine erstklassige Besetzung mit Wild, Staudigl und Binder noch attraktiver wurde: Ich muss gestehen, dass mich dieses Werk im Großen und Ganzen langweilte, aber ich wagte nicht, es zu sagen. Meine Vorstellungen von Gluck hatten durch die Lektüre von Hoffmanns bekannten Phantasien gigantische Ausmaße angenommen; meine Vorfreude auf dieses Werk, das ich noch nicht studiert hatte, ließ mich daher eine Behandlung voll überwältigender dramatischer Kraft erwarten. Es ist möglich, dass Schröder-Devrients Schauspiel in Fidelio mich gelehrt hatte, alles nach ihrem erhabenen Maßstab zu beurteilen.

Mit größter Mühe gelang es mir, eine Art Begeisterung für die große Szene zwischen Orest und den Furien zu entwickeln. Ich hoffte gegen jede Hoffnung, dass ich den Rest der Oper bewundern könnte. Ich begann jedoch den Wiener Geschmack zu verstehen, als ich sah, wie sehr die Oper Zampa beim Publikum sowohl im Kärntner Thor als auch in der Josephstadt beliebt wurde. Beide Theater wetteiferten heftig um die Produktion dieses populären Werks, und obwohl das Publikum verrückt nach Iphigenie schien, kam nichts ihrer Begeisterung für Zampa gleich. Kaum hatten sie das Josephstadt-Theater in größter Ekstase über Zampa verlassen, gingen sie in das Wirtshaus namens Strausslein. Hier wurden sie sofort von den Klängen ausgewählter Stücke aus Zampa begrüßt, die das Publikum in fieberhafte Aufregung versetzten. Ich werde nie das außergewöhnliche Spiel von Johann Strauss vergessen, der in alles, was er spielte, die gleiche Begeisterung legte und das Publikum sehr oft vor Freude fast außer sich brachte.

Zu Beginn eines neuen Walzers zitterte dieser Dämon des Wiener Musikgeistes wie eine pythische Priesterin auf dem Dreibein, und wahre Ekstasenschreie (die zweifellos eher seiner Musik als den Getränken zuzuschreiben waren, denen sich das Publikum hingegeben hatte) steigerten die Verehrung des Zaubergeigers in geradezu verwirrende Höhen der Raserei.

Die heiße Sommerluft Wiens war regelrecht durchdrungen von Zampa und Strauss. Eine sehr dürftige Studentenprobe am Konservatorium, bei der eine Messe von Cherubini aufgeführt wurde, erschien mir wie ein widerwilliges Almosen für das Studium der klassischen Musik. Bei derselben Probe versuchte einer der Professoren, dem ich vorgestellt wurde, die Studenten dazu zu bringen, meine Ouvertüre in d-Moll (die bereits in Leipzig aufgeführt wurde) zu spielen. Ich weiß nicht, was er oder die Studenten von diesem Versuch hielten; ich weiß nur, dass sie ihn bald aufgaben.

Im Großen und Ganzen war ich auf zweifelhafte musikalische Nebenpfade geraten; und ich zog mich nun von diesem ersten Bildungsbesuch in einem großen europäischen Kunstzentrum zurück, um mit der Postkutsche eine billige, aber lange und eintönige Rückreise nach Böhmen anzutreten. Mein nächster Schritt war ein Besuch im Haus des Grafen Pachta, an den ich aus meiner Kindheit angenehme Erinnerungen hatte. Sein Anwesen Pravonin lag etwa acht Meilen von Prag entfernt. Von dem alten Herrn und seinen schönen Töchtern auf die freundlichste Art empfangen, genoss ich seine wunderbare Gastfreundschaft bis in den späten Herbst hinein. Als damals neunzehnjähriger Jüngling mit einem schnell wachsenden Bart (auf den meine Schwestern die jungen Damen bereits per Brief vorbereitet hatten), musste die ständige und enge Vertrautheit mit so netten und hübschen Mädchen einen starken Eindruck auf meine Vorstellungskraft machen. Jenny, die ältere der beiden, war schlank, mit schwarzem Haar, blauen Augen und wunderbar edlen Gesichtszügen; die jüngere, Auguste, war etwas kleiner und stämmiger, mit einem prächtigen Teint, blondem Haar und braunen Augen. Die natürliche und schwesterliche Art, mit der die beiden Mädchen mich behandelten und mit mir sprachen, machte mich nicht blind für die Tatsache, dass ich mich in die eine oder die andere von ihnen verlieben musste. Es amüsierte sie, wie verlegen ich war, als ich versuchte, mich zwischen ihnen zu entscheiden, und deshalb neckten sie mich gewaltig.

Leider habe ich in Bezug auf die Töchter meines Gastgebers nicht vernünftig gehandelt: Trotz ihrer einfachen Erziehung gehörten sie einem sehr aristokratischen Haus an und schwankten daher zwischen der Hoffnung, Männer von herausragender Stellung in ihrer eigenen Sphäre zu heiraten, und der Notwendigkeit, Ehemänner aus der höheren Mittelschicht zu wählen, die es sich leisten konnten, ihnen ein angenehmes Leben zu ermöglichen. Die erschreckend schlechte, fast mittelalterliche Erziehung der österreichischen sogenannten Kavaliere ließ mich diese eher verachten; auch die Mädchen hatten unter demselben Mangel an angemessener Ausbildung gelitten. Ich bemerkte bald mit Abscheu, wie wenig sie von künstlerischen Dingen wussten und wie viel Wert sie auf oberflächliche Dinge legten. So sehr ich auch versuchte, sie für jene höheren Beschäftigungen zu interessieren, die für mich notwendig geworden waren, sie waren unfähig, sie zu schätzen. Ich plädierte für eine völlige Abkehr von den schlechten Bibliotheksromanen, die ihre einzige Lektüre darstellten, von den italienischen Opernarien, die Auguste sang, und nicht zuletzt von den pferdeartigen, faden Kavalieren, die Jenny und ihrer Schwester auf die roheste und anstößigste Weise den Hof machten. Mein Eifer in dieser Hinsicht führte bald zu großen Unannehmlichkeiten. Ich wurde hart und beleidigend, hielt ihnen Reden über die Französische Revolution und bat sie mit väterlichen Ermahnungen, „um Himmels willen", sich mit gut ausgebildeten Männern aus der Mittelklasse zufrieden zu geben und jene unverschämten Bewerber aufzugeben, die ihrem Ruf nur schaden könnten. Die Entrüstung, die meine freundlichen Ratschläge hervorriefen, musste ich oft mit den schärfsten Erwiderungen abwehren. Ich entschuldigte mich nie, sondern versuchte durch echte oder vorgetäuschte Eifersucht unsere Freundschaft wieder auf den alten Boden zu bringen. Auf diese Weise verabschiedete ich mich unentschlossen, halb verliebt und halb wütend an einem kalten Novembertag von diesen hübschen Kindern. Die ganze Familie traf ich bald in Prag wieder, wo ich einen längeren Aufenthalt verbrachte, ohne jedoch in der gräflichen Residenz zu übernachten.

Der Aufenthalt in Prag sollte für mich von großer musikalischer Bedeutung sein. Ich kannte den Direktor des Konservatoriums, Dionys Weber, der versprach, meine Symphonie dem Publikum vorzustellen; auch verbrachte ich viel Zeit mit einem Schauspieler namens Moritz, dem ich als alter Freund unserer Familie empfohlen worden war, und lernte dort den jungen Musiker Kittl kennen.

Moritz, der bemerkte, dass kein Tag verging, ohne dass ich wegen einer dringenden musikalischen Angelegenheit zum gefürchteten Leiter des Konservatoriums ging, schickte mich einmal mit einer improvisierten Parodie auf Schillers Burgschaft los:

Zu Dionys dem Direktor schlich
Wagner , die Partitur im Gewande ;
Ihn schlug der Schüler ins Schwarze: „Was wolltest du mit den Noten
sagen?" Entgegnete ihm schließlich: „
Die Stadt vom schlechten Geschmack befreien! Das sollst du in den
Rezensionen berüh " [5]

[5] Wagner schlich mit der Partitur in der Tasche zu Dionys, dem Direktor;
die Studenten nahmen ihn sogleich fest :
" Was
sagst du zu dieser Musik?" Da fragte ihn der zornige Tyrann :
"Um die Stadt zu befreien, aus zu schlechtem Geschmack! Dafür werden
die Kritiker dich leiden lassen.'

Ich hatte es wahrlich mit einer Art „Dionysius, dem Tyrannen" zu tun. Einem Mann, der Beethovens Genialität über seine Zweite Symphonie hinaus nicht anerkannte, einem Mann, der die Eroica als den Gipfel des schlechten Geschmacks des Meisters betrachtete, der nur Mozart lobte und neben ihm nur Lindpaintner duldete: ein solcher Mann war nicht leicht zu erreichen, und ich musste die Kunst lernen, Tyrannen für die eigenen Zwecke zu nutzen. Ich verstellte mich; ich gab vor, von der Neuheit seiner Ideen beeindruckt zu sein, widersprach ihm nie und verwies ihn, um die Ähnlichkeit unserer Standpunkte zu zeigen, auf die Schlussfuge meiner Ouvertüre und meiner Symphonie (beide in C-Dur), die ich nur durch das Studium Mozarts zu dem gemacht hatte, was sie waren. Meine Belohnung folgte bald: Dionys machte sich mit fast jugendlicher Energie an die Arbeit, meine Orchesterschöpfungen zu studieren.

Die Studenten des Konservatoriums waren gezwungen, meine neue Symphonie unter seinem trockenen und furchtbar lauten Dirigentenstab mit größter Genauigkeit zu üben. In Anwesenheit mehrerer meiner Freunde, unter denen sich auch der liebe alte Graf Pachta in seiner Eigenschaft als Präsident des Konservatoriumskomitees befand, führten wir tatsächlich eine Uraufführung des größten Werks auf, das ich bis dahin geschrieben hatte.

Während dieser musikalischen Erfolge setzte ich mein Liebesspiel im reizenden Hause des Grafen Pachta unter den merkwürdigsten Umständen fort. Ein Konditor namens Hascha war mein Rivale. Er war ein großer, schlanker junger Mann, der wie die meisten Böhmen die Musik als Hobby begonnen hatte; er spielte die Begleitung zu Augustes Liedern und verliebte sich natürlich in sie. Wie ich hasste er die häufigen Besuche der Kavaliere, die in dieser Stadt durchaus üblich zu sein schienen; aber während sich mein Missfallen in Humor äußerte, zeigte sich seines in düsterer Melancholie. Diese Stimmung ließ ihn in der Öffentlichkeit rüpelhaft auftreten: Als zum Beispiel eines Abends der Kronleuchter für den Empfang eines dieser

Herren angezündet werden sollte, stieß er absichtlich mit dem Kopf gegen dieses Ornament und zerbrach es. Die festliche Beleuchtung wurde dadurch unmöglich gemacht; die Gräfin war wütend und Hascha musste das Haus verlassen, um nie wieder zurückzukehren.

Ich erinnere mich noch gut, dass die ersten Liebesgefühle, die ich verspürte, sich als Eifersuchtsgefühle äußerten, die jedoch nichts mit wirklicher Liebe zu tun hatten: Dies geschah eines Abends, als ich das Haus besuchte. Die Gräfin hielt mich in einem Vorzimmer an ihrer Seite, während die Mädchen, schön gekleidet und fröhlich, im Empfangszimmer mit diesen verhassten jungen Edelmännern flirteten . Alles, was ich jemals in Hoffmanns Erzählungen über gewisse dämonische Intrigen gelesen hatte und was mir bis dahin unbekannt gewesen war, wurde nun zu wirklich greifbaren Tatsachen, und ich verließ Prag mit einer offensichtlich ungerechten und übertriebenen Meinung über diese Dinge und diese Menschen, durch die ich plötzlich in eine unbekannte Welt elementarer Leidenschaften hineingezogen worden war.

Andererseits hatte ich durch meinen Aufenthalt in Pravonin gewonnen: Ich hatte sowohl Gedichte als auch musikalische Kompositionen geschrieben. Mein musikalisches Werk war eine Vertonung von Glockentone, einem Gedicht meines Jugendfreundes Theodor Apel. Ich hatte bereits eine Arie für Sopran geschrieben, die im Winter zuvor bei einem der Theaterkonzerte aufgeführt worden war. Aber mein neues Werk war entschieden das erste Vokalstück, das ich mit echter Inspiration geschrieben hatte; allgemein gesprochen, verdankte es seine Charakteristik wohl dem Einfluss von Beethovens Liederkreis: Trotzdem hinterließ es bei mir den Eindruck, als sei es ganz ein Teil von mir selbst und durchdrungen von einer zarten Sentimentalität, die durch die Verträumtheit der Begleitung noch hervorgehoben wurde. Meine dichterischen Bemühungen gingen in Richtung einer Skizze eines tragisch-opernhaften Stoffes, die ich in Prag unter dem Titel Die Hochzeit vollständig vollendete. Ich schrieb es, ohne dass jemand davon wusste, und das war keine leichte Sache, da ich in meinem kühlen kleinen Hotelzimmer nicht schreiben konnte und deshalb ins Haus von Moritz gehen musste, wo ich normalerweise meine Morgen verbrachte. Ich erinnere mich, wie ich mein Manuskript schnell hinter dem Sofa versteckte, sobald ich die Schritte meines Gastgebers hörte.

Mit der Handlung dieses Werkes war eine außergewöhnliche Episode verbunden.

Schon vor Jahren war ich beim Durchlesen von Buschings Buch über Ritterlichkeit auf eine tragische Geschichte gestoßen, wie ich sie seither nie mehr gelesen habe. Eine Dame von edler Geburt war eines Nachts von einem Mann angegriffen worden, der insgeheim eine leidenschaftliche Liebe zu ihr hegte, und im Kampf um die Verteidigung ihrer Ehre wurde ihr übermenschliche Kraft verliehen, ihn in den darunterliegenden Hof zu schleudern. Das Geheimnis seines Todes blieb bis zum Tag seiner feierlichen Trauerfeier ungeklärt, als die Dame selbst, die ihnen beiwohnte und in feierlichem Gebet kniete, plötzlich nach vorn fiel und starb. Die geheimnisvolle Kraft dieser tiefgründigen und leidenschaftlichen Geschichte hinterließ einen unauslöschlichen Eindruck auf mich. Fasziniert außerdem von der eigentümlichen Behandlung ähnlicher Phänomene in Hoffmanns Erzählungen, entwarf ich einen Roman, in dem die musikalische Mystik, die ich noch immer so sehr liebte, eine wichtige Rolle spielte. Die Handlung sollte sich auf dem Anwesen eines reichen Mäzens der schönen Künste abspielen: Ein junges Paar wollte heiraten und hatte den Freund des Bräutigams, einen interessanten, aber melancholischen und geheimnisvollen jungen Mann, zu ihrer Hochzeit eingeladen. Eng mit der ganzen Angelegenheit verbunden war ein seltsamer alter Organist. Die mystischen Beziehungen, die sich allmählich zwischen dem alten Musiker, dem melancholischen jungen Mann und der Braut entwickelten, sollten sich aus der Entwirrung bestimmter komplizierter Ereignisse ergeben, in gewisser Weise ähnlich der oben erzählten mittelalterlichen Geschichte. Hier war die gleiche Idee: der junge Mann wurde auf mysteriöse Weise getötet, die Braut seines Freundes starb ebenso seltsam plötzlich und der alte Organist wurde tot auf seiner Bank aufgefunden, nachdem ein eindrucksvolles Requiem gespielt worden war, dessen letzter Akkord übermäßig in die Länge gezogen wurde, als würde er nie enden.

Ich habe diesen Roman nie beendet. Da ich aber das Libretto zu einer Oper schreiben wollte, griff ich das Thema in seiner ursprünglichen Form wieder auf und baute darauf (soweit es die Hauptzüge betrifft) die folgende dramatische Handlung auf:

Zwei große Häuser hatten in Feindschaft gelebt und beschlossen schließlich, die Familienfehde zu beenden. Der betagte Chef eines dieser Häuser lud den Sohn seines ehemaligen Feindes zur Hochzeit seiner Tochter mit einem seiner treuen Anhänger ein. Das Hochzeitsfest wird so als Gelegenheit zur Versöhnung der beiden Familien genutzt. Während die Gäste voller Misstrauen und Angst vor Verrat sind, verliebt sich ihr junger Chef heftig in die Braut seines neu gefundenen Verbündeten. Sein tragischer Blick berührt sie tief; die festliche Eskorte begleitet sie in die Brautkammer, wo sie ihren Geliebten erwarten soll; an ihr Turmfenster gelehnt, sieht sie dieselben leidenschaftlichen Augen auf sich gerichtet und erkennt, dass sie einer Tragödie gegenübersteht.

Als er in ihr Zimmer eindringt und sie mit rasender Leidenschaft umarmt, stößt sie ihn rückwärts zum Balkon und wirft ihn über die Brüstung in den Abgrund, von wo seine Gefährten seine verstümmelten Überreste herausziehen. Sie wappnen sich sofort gegen den mutmaßlichen Verrat und rufen nach Rache; Tumult und Verwirrung erfüllen den Hof: Das unterbrochene Hochzeitsfest droht in einer Nacht des Gemetzels zu enden. Dem ehrwürdigen Oberhaupt des Hauses gelingt es schließlich, die Katastrophe abzuwenden. Boten werden ausgesandt, um den Angehörigen des Opfers die Nachricht von dem mysteriösen Unglück zu überbringen: Die Leiche selbst soll das Mittel der Versöhnung sein, denn in Gegenwart der verschiedenen Generationen der verdächtigen Familie soll die Vorsehung selbst entscheiden, welches ihrer Mitglieder des Verrats schuldig war. Während der Vorbereitungen für die Trauerfeier zeigt die Braut Anzeichen nahenden Wahnsinns; sie flieht vor ihrem Bräutigam, weigert sich, sich mit ihm zu vereinen, und schließt sich in ihrem Turmgemach ein. Erst als in der Nacht die düstere, aber prachtvolle Zeremonie beginnt, erscheint sie an der Spitze ihrer Frauen, um der Beerdigung beizuwohnen, deren grausige Feierlichkeit durch die Nachricht vom Herannahen feindlicher Kräfte und dann durch den bewaffneten Angriff der Verwandten des Ermordeten unterbrochen wird. Als die Rächer des mutmaßlichen Verrats in die Kapelle eindringen und den Mörder auffordern, sich zu erklären, weist der entsetzte Gutsherr auf seine Tochter, die sich von ihrem Bräutigam abwendet und leblos neben dem Sarg ihres Opfers zusammenbricht. Dieses nächtliche Drama, das Erinnerungen an Leubald und Adelaïde (das Werk meiner fernen Kindheit) durchzieht, schrieb ich in der dunkelsten Stimmung, aber in einem ausgefeilteren und edleren Stil, wobei ich alle Lichteffekte und vor allem alle Opernverzierungen verschmähte. Dennoch gab es hier und da zarte Stellen, und Weinlich, dem ich nach meiner Rückkehr nach Leipzig bereits den Anfang meiner Arbeit gezeigt hatte, lobte mich für die Klarheit und gute Stimmqualität der Einleitung, die ich zum ersten Akt komponiert hatte; es war ein Adagio für ein Vokalseptett, in dem ich die Versöhnung der verfeindeten Familien, die Erregungen des Ehepaares und die finstere Leidenschaft des heimlichen Liebhabers zum Ausdruck zu bringen suchte. Mein Hauptziel war es dennoch, die Zustimmung meiner Schwester Rosalie zu gewinnen. Mein Gedicht fand jedoch keine Gunst in ihren Augen; sie vermisste alles, was ich absichtlich vermieden hatte, bestand auf der Ausschmückung und Entwicklung der einfachen Situation und wünschte sich im Allgemeinen mehr Heiterkeit. Ich fasste sofort meinen Entschluss: Ich nahm das Manuskript und vernichtete es ohne den geringsten Anflug von Missmut auf der Stelle. Diese Handlung hatte nicht das Geringste mit verletzter Eitelkeit zu tun. Sie war lediglich von meinem Wunsch motiviert, meiner Schwester ehrlich zu beweisen, wie wenig ich von meiner eigenen Arbeit hielt und wie sehr mir ihre Meinung am Herzen lag. Sie wurde von meiner Mutter und dem Rest unserer Familie sehr und liebevoll geschätzt, denn sie war deren Hauptverdienerin: Das hohe Gehalt, das sie als Schauspielerin verdiente, machte fast das gesamte Einkommen aus, von dem meine Mutter die Haushaltskosten bestreiten musste. Ihrem Beruf zuliebe genoss sie zu Hause viele Vorteile. Ihr Teil des Hauses war speziell so eingerichtet, dass sie allen nötigen Komfort und die nötige Ruhe für ihr Studium hatte; an Markttagen, wenn die anderen sich mit einfachster Kost zufrieden geben mussten, bekam sie dasselbe köstliche Essen wie gewöhnlich. Aber mehr als all diese Dinge hoben sie ihre bezaubernde Ernsthaftigkeit und ihre kultivierte Sprechweise über die jüngeren Kinder. Sie war rücksichtsvoll und sanft und beteiligte sich nie an unseren ziemlich lauten Gesprächen. Natürlich war ich das einzige Familienmitglied gewesen, das sowohl meiner Mutter als auch meiner mütterlichen Schwester die größten Sorgen bereitet hatte, und während meiner Studienzeit hatten die gespannten Beziehungen zwischen uns einen schrecklichen Eindruck auf mich gemacht. Als sie daher versuchten, wieder an mich zu glauben und wieder ein gewisses Interesse an meiner Arbeit zeigten, war ich voller Dankbarkeit und Glück. Der Gedanke, diese Schwester dazu zu bringen, meine Bestrebungen wohlwollend zu betrachten und sogar Großes von mir zu erwarten, war zu einem besonderen Ansporn für meinen Ehrgeiz geworden. Unter diesen Umständen entwickelte sich zwischen Rosalie und mir eine zärtliche und fast sentimentale Beziehung, die in ihrer Reinheit und Aufrichtigkeit mit der edelsten Form der Freundschaft zwischen Mann und Frau wetteifern konnte. Dies war hauptsächlich ihrer außergewöhnlichen Individualität zu verdanken. Sie hatte kein wirkliches Talent, zumindest nicht für die Schauspielerei, die oft als theatralisch und unnatürlich angesehen wurde. Trotzdem wurde sie aufgrund ihres bezaubernden Aussehens sowie ihrer reinen und würdevollen Weiblichkeit sehr geschätzt, und ich erinnere mich an viele Zeichen der Wertschätzung, die sie damals erhielt. Trotzdem schien keine dieser Annäherungsversuche jemals zu einer Heiratsaussicht zu führen, und Jahr für Jahr verging, ohne ihr Hoffnung auf eine geeignete Partie zu geben – eine Tatsache, die mir völlig unerklärlich erschien. Von Zeit zu Zeit glaubte ich zu bemerken, dass Rosalie unter diesem Zustand litt. Ich erinnere mich an einen Abend, als ich sie, als sie glaubte, allein zu sein, schluchzen und stöhnen hörte; Ich schlich mich unbemerkt davon, aber ihr Kummer machte einen solchen Eindruck auf mich, dass ich mir von diesem Augenblick an schwor, etwas Freude in ihr Leben zu bringen, vor allem indem ich mir einen Namen machte. Nicht ohne Grund hatte unser Stiefvater Geyer meiner sanften Schwester den Spitznamen „Geistchen" gegeben, denn wenn ihr Talent als Schauspielerin nicht groß war, so waren ihre Phantasie und ihre Liebe zur Kunst und zu allen hohen und edlen Dingen vielleicht allein deshalb umso größer. Aus ihrem Mund hatte ich zuerst Ausdrücke der Bewunderung und Freude über jene Themen gehört, die mir später lieb wurden, und sie bewegte sich in einem Kreis ernsthafter und interessanter Menschen, die die höheren Dinge des Lebens liebten, ohne dass diese Haltung jemals in Affektiertheit ausartete.

Nach meiner Rückkehr von der langen Reise wurde ich Heinrich Laube vorgestellt, den meine Schwester in den Kreis ihrer engen Freunde aufgenommen hatte. Es war zu der Zeit, als die Nachwirkungen der Julirevolution sich unter den jüngeren Intellektuellen Deutschlands bemerkbar machten, und unter ihnen war Laube einer der auffälligsten. Als junger Mann kam er aus Schlesien nach Leipzig, um in diesem Verlagszentrum Verbindungen zu knüpfen, die ihm in Paris, wohin er reiste, von Nutzen sein könnten, und von wo aus Börne auch durch seine Briefe bei uns Aufsehen erregte. Bei dieser Gelegenheit war Laube bei einer Aufführung des Theaterstücks „Die Macht der Umstände" von Ludwig Robert anwesend. Dies veranlaßte ihn, eine Kritik für das Leipziger Tageblatt zu schreiben, die durch ihren knappen und lebendigen Stil so viel Aufsehen erregte, daß man ihm neben anderen literarischen Arbeiten sofort die Stelle des Herausgebers der „eleganten Welt" anbot. In unserem Haus galt er als Genie; seine knappe und oft beißende Sprechweise, die jeden Versuch poetischen Ausdrucks auszuschließen schien, ließ ihn sowohl originell als auch gewagt erscheinen: sein Sinn für Gerechtigkeit, seine Aufrichtigkeit und furchtlose Offenheit ließen einen seinen Charakter respektieren, der in seiner Jugend durch große Widrigkeiten abgehärtet worden war. Auf mich hatte er eine sehr inspirierende Wirkung, und ich war sehr erstaunt, dass er so viel von mir hielt, dass er nach der Uraufführung meiner Symphonie eine schmeichelhafte Bemerkung über mein Talent in seiner Zeitung schrieb.

Diese Aufführung fand Anfang des Jahres 1833 in der Leipziger Schneider-Herberge statt. In diesem ehrwürdigen alten Saal hielt übrigens die Gesellschaft „Euterpe" ihre Konzerte ab! Der Raum war schmutzig, eng und schlecht beleuchtet, und hier wurde mein Werk zum ersten Mal dem Leipziger Publikum vorgestellt, und zwar durch ein Orchester, das es einfach schändlich interpretierte. Ich kann mir diesen Abend nur als einen grausigen Alptraum vorstellen; und mein Erstaunen war umso größer, als ich die wichtige Notiz sah, die Laube über die Aufführung schrieb. Voller Hoffnung sah ich daher einer Aufführung desselben Werkes im Gewandhauskonzert entgegen, das bald darauf folgte und in jeder Hinsicht glänzend verlief. Es wurde gut aufgenommen und in allen Zeitungen gut besprochen; von wirklicher Bosheit war nicht die geringste Spur zu sehen – im Gegenteil, mehrere Bemerkungen waren ermutigend, und Laube, der schnell berühmt geworden war, vertraute mir an, dass er mir ein Libretto für eine Oper anbieten würde, das er zuerst für Meyerbeer geschrieben hatte. Das verblüffte mich etwas, denn ich war nicht im Geringsten darauf vorbereitet, mich als Dichter auszugeben, und meine einzige Idee war, eine echte

Handlung für eine Oper zu schreiben. Über die genaue Art und Weise, in der ein solches Buch geschrieben werden musste, hatte ich jedoch bereits eine sehr klare und instinktive Vorstellung, und ich wurde in der Gewissheit meiner eigenen Gefühle in dieser Angelegenheit bestärkt, als Laube mir nun die Art seiner Handlung erklärte. Er sagte mir, dass er nichts Geringeres als Kosziusko in ein Libretto für eine große Oper umwandeln wollte! Wieder einmal hatte ich Bedenken, denn ich spürte sofort, dass Laube eine falsche Vorstellung vom Charakter eines dramatischen Themas hatte. Als ich nach der tatsächlichen Handlung des Stücks fragte, war Laube erstaunt, dass ich mehr erwartete als die Geschichte des polnischen Helden, dessen Leben voller Ereignisse war; jedenfalls fand er, es sei genug Handlung darin, um das unglückliche Schicksal eines ganzen Volkes zu schildern. Natürlich fehlte auch die übliche Heldin nicht; es war eine Polin, die ein Liebesverhältnis mit einem Russen hatte; und so waren auch einige sentimentale Situationen in der Handlung zu finden. Ohne einen Augenblick zu zögern versicherte ich meiner Schwester Rosalie, ich werde diese Geschichte nicht vertonen; sie war meiner Meinung und bat mich nur, meine Antwort an Laube zu verschieben. Meine Reise nach Würzburg war mir dabei eine große Hilfe, denn es war leichter, Laube meinen Entschluss zu schreiben, als ihn ihm persönlich mitzuteilen. Er nahm die leichte Abfuhr mit Anstand hin, aber er verzieh mir weder damals noch später, dass ich meine eigenen Worte schrieb!

Als er hörte, welches Thema ich seinem brillanten politischen Gedicht vorgezogen hatte, bemühte er sich nicht, seine Verachtung für meine Wahl zu verbergen. Ich hatte die Handlung einem dramatischen Märchen von Gozzi, La Donna Serpente, entlehnt und es Die Feen genannt. Die Namen meiner Helden wählte ich aus verschiedenen Gedichten Ossians und ähnlichen: Mein Prinz hieß Arindal; er wurde von einer Fee namens Ada geliebt, die ihn in ihren Bann zog und ihn im Märchenland fern von seinem Reich hielt, bis seine treuen Freunde ihn schließlich fanden und ihn zur Rückkehr bewegten, denn sein Land war im Niedergang begriffen und sogar seine Hauptstadt war in die Hände des Feindes gefallen. Die liebende Fee selbst schickt den Prinzen in sein Land zurück; denn das Orakel hat beschlossen, dass sie ihrem Geliebten die schwersten Aufgaben auferlegen soll. Nur indem er diese Aufgabe triumphierend erfüllt, kann er es ihr ermöglichen, die unsterbliche Welt der Feen zu verlassen, um als seine Frau das Schicksal ihres irdischen Geliebten zu teilen. In einem Moment tiefster Verzweiflung über den Zustand seines Landes erscheint ihm die Feenkönigin und zerstört absichtlich seinen Glauben an sie durch Taten der grausamsten und unerklärlichsten Art. Von tausend Ängsten in den Wahnsinn getrieben, beginnt Arindal sich einzubilden, dass er die ganze Zeit mit einer bösen Zauberin zu tun hatte, und versucht, dem tödlichen Zauber zu entgehen, indem er einen Fluch über Ada ausspricht. Wild vor Kummer sinkt die unglückliche Fee nieder und offenbart dem Liebhaber, der nun für immer für sie verloren ist, ihr gemeinsames Schicksal und sagt ihm, dass sie als Strafe dafür, dass sie dem Schicksalsbeschluss nicht gehorcht hat, dazu verdammt ist, in Stein verwandelt zu werden (in Gozzis Version wird sie zu einer Schlange). Unmittelbar danach zeigt sich, dass alle Katastrophen, die die Fee prophezeit hatte, nur Täuschungen waren: Der Sieg über den Feind sowie der wachsende Wohlstand und das Wohlergehen des Königreichs folgen nun in rascher Folge: Ada wird von den Parzen entführt, und Arindal, ein rasender Wahnsinniger, bleibt allein zurück. Die schrecklichen Leiden seines Wahnsinns befriedigen die Parzen jedoch nicht: Um ihn völlig zu ruinieren, erscheinen sie vor dem Reumütigen und laden ihn ein, ihnen in die Unterwelt zu folgen , unter dem Vorwand, ihm zu ermöglichen, Ada vom Zauber zu befreien. Durch die verräterischen Versprechungen der bösen Feen wächst Arindals Wahnsinn zu erhabener Begeisterung; und einer seiner Hausmagier, ein treuer Freund, hat ihn inzwischen mit magischen Waffen und Zaubersprüchen ausgestattet, und er folgt nun den Verräterinnen. Diese kommen aus ihrem Staunen nicht heraus, als sie sehen, wie Arindal ein Ungeheuer der Höllenregionen nach dem anderen besiegt: Erst als sie in die Gruft gelangen, in der sie ihm den Stein in Menschengestalt zeigen, gewinnen sie die Hoffnung zurück, den tapferen Prinzen zu besiegen, denn wenn er den Zauber, der Ada fesselt, nicht brechen kann, muss er ihr Schicksal teilen und dazu verdammt sein, für immer ein Stein zu bleiben. Arindal, der bis dahin den Dolch und den Schild benutzt hat, die ihm der freundliche Zauberer gegeben hat, bedient sich nun eines Instruments – einer Leier –, das er mitgebracht hat und dessen Bedeutung er noch nicht verstanden hat. Zu den Klängen dieses Instruments bringt er nun sein klagendes Stöhnen, seine Reue und seine überwältigende Sehnsucht nach seiner verzauberten Königin zum Ausdruck. Der Stein wird durch den Zauber seiner Liebe bewegt: Die Geliebte ist befreit. Das Märchenland mit all seinen Wundern öffnet seine Pforten und der Sterbliche erfährt, dass Ada aufgrund ihrer früheren Untreue das Recht verloren hat, auf Erden seine Frau zu werden, dass ihr Geliebter sich jedoch durch seine große Zauberkraft das Recht verdient hat, für immer an ihrer Seite im Märchenland zu leben.

Obwohl ich Die Hochzeit in dunkelster Stimmung und ohne opernhafte Ausschmückungen geschrieben hatte, malte ich dieses Thema mit der größten Farbe und Vielfalt. Im Gegensatz zu den Liebenden aus dem Märchenland schilderte ich ein gewöhnlicheres Paar und führte sogar ein drittes Paar ein, das der gröberen und komischeren Dienerschaft angehörte. Ich gab mir absichtlich keine Mühe mit der poetischen Diktion und den Versen. Meine Absicht war nicht, meine früheren Hoffnungen, mir einen Namen als Dichter zu machen, zu bestärken; ich war jetzt wirklich ein „Musiker" und ein „Komponist" und wollte ein anständiges Opernlibretto schreiben, einfach weil ich sicher war, dass niemand anders eines für mich schreiben konnte; der Grund dafür war, dass ein solches Buch etwas ganz Einzigartiges ist und weder von einem Dichter noch von einem bloßen Literaten geschrieben werden kann. Mit der Absicht, dieses Libretto zu vertonen, verließ ich Leipzig im Januar 1833, um in Würzburg bei meinem ältesten Bruder Albert zu bleiben, der zu dieser Zeit eine Anstellung am Theater hatte. Es schien mir nun notwendig, meine musikalischen Kenntnisse praktisch anzuwenden, und zu diesem Zweck hatte mir mein Bruder versprochen, mir zu einer Anstellung am kleinen Würzburger Theater zu verhelfen. Ich reiste mit der Post über Hof nach Bamberg und blieb in Bamberg einige Tage in der Gesellschaft eines jungen Mannes namens Schunke, der vom Hornisten zum Schauspieler geworden war. Mit größtem Interesse erfuhr ich die Geschichte von Caspar Hauser, der damals sehr bekannt war und auf den man mich (wenn ich mich nicht irre) aufmerksam machte. Außerdem bewunderte ich die eigentümlichen Kostüme der Marktfrauen, dachte mit großem Interesse an Hoffmanns Aufenthalt an diesem Ort und daran, wie dieser zum Schreiben seiner Erzählungen geführt hatte, und setzte meine Reise (nach Würzburg) mit einem Mann namens Hauderer fort, wobei ich den ganzen Weg über schrecklich unter der Kälte litt.

Mein Bruder Albert, den ich fast neu kannte, tat sein Möglichstes, damit ich mich in seinem nicht allzu luxuriösen Etablissement wie zu Hause fühlte. Er war erfreut, mich weniger verrückt zu finden, als er aufgrund eines Briefes erwartet hatte, mit dem ich ihn vor einiger Zeit erschreckt hatte, und es gelang ihm tatsächlich, mir eine außerordentliche Anstellung als Chorleiter am Theater zu verschaffen, für die ich eine monatliche Gage von zehn Gulden erhielt. Den Rest des Winters widmete ich dem ernsthaften Studium der Pflichten eines Musikdirektors: In kürzester Zeit musste ich mich mit zwei neuen großen Opern auseinandersetzen, nämlich Marschners Vampir und Meyerbeers Robert der Teufel, in denen der Chor eine bedeutende Rolle spielte. Anfangs fühlte ich mich absolut wie ein Anfänger und musste mit Camilla von Paer beginnen, deren Partitur mir völlig unbekannt war. Ich erinnere mich noch, dass ich das Gefühl hatte, etwas zu tun, wozu ich kein Recht hatte: Ich kam mir bei der Arbeit als völliger Amateur vor. Bald jedoch interessierte mich Marschners Partitur so sehr, dass mir die Arbeit lohnenswert erschien. Die Partitur von Robert war für mich eine große Enttäuschung: Von den Zeitungen hatte ich viel Originalität und Neuheit erwartet; in diesem durchsichtigen Werk konnte ich von beidem keine Spur finden, und eine Oper mit einem Finale wie dem des zweiten Akts kann nicht in einem Atemzug mit einem meiner Lieblingswerke genannt werden. Das einzige, was mich beeindruckte, war die überirdisch klingende Trompete, die im letzten Akt die Stimme des Geistes der Mutter darstellte.

Es war bemerkenswert, die ästhetische Demoralisierung zu beobachten, in die ich durch die tägliche Beschäftigung mit einem solchen Werk verfiel. Ich verlor allmählich meine Abneigung gegen diese seichte und äußerst uninteressante Komposition (eine Abneigung, die ich mit vielen deutschen Musikern teilte), als ich mich ihrer Interpretation immer mehr zuwandte; und so kam es, dass mich die Fadheit und Affektiertheit der alltäglichen Melodien nicht mehr beunruhigte, außer im Hinblick darauf, ob sie Beifall hervorrufen konnten oder nicht. Da außerdem meine zukünftige Karriere als Dirigent auf dem Spiel stand, sah mein Bruder, der sich sehr um mich sorgte, diesen Mangel an klassischer Hartnäckigkeit meinerseits wohlwollend, und so wurde allmählich der Boden für jenen Rückgang meines klassischen Geschmacks bereitet, der einige Zeit andauern sollte.

Dies geschah allerdings nicht, ohne daß ich zuvor meine große Unerfahrenheit in der leichteren Schreibweise unter Beweis gestellt hatte. Mein Bruder wollte in die Oper Straniera desselben Komponisten eine Cavatine aus Bellinis Piraten einbringen; die Partitur war nicht zu haben, und er übertrug mir die Instrumentation dieses Werkes. Aus der Klavierpartitur allein konnte ich die schwere und geräuschvolle Instrumentation der musikalisch so dünnen Ritornellen und Intermezzi nicht heraushören; der Komponist einer großen C-Dur- Sinfonie mit Schlußfuge konnte sich nur durch die Verwendung einiger in Terzen spielender Flöten und Klarinetten aus der Schwierigkeit helfen. Bei der Probe klang die Cavatine so furchtbar dünn und seicht, daß mir mein Bruder wegen der Verschwendung von Kopierkosten ernste Vorwürfe machte. Aber ich rächte mich: Der Tenor-Arie des Aubry in Marschners Vampir fügte ich ein Allegro hinzu, zu dem ich auch den Text schrieb.

Mein Werk war ein großartiger Erfolg und wurde sowohl vom Publikum als auch von meinem Bruder gelobt. In einem ähnlichen deutschen Stil schrieb ich im Laufe des Jahres 1833 die Musik zu meinen Feen. Mein Bruder und seine Frau verließen Würzburg nach Ostern, um mehreren Einladungen bei Freunden nachzukommen; ich blieb mit den Kindern zurück – drei kleinen Mädchen im zarten Alter –, was mich in die außergewöhnliche Lage eines verantwortlichen Vormunds versetzte, ein Amt, für das ich zu diesem Zeitpunkt meines Lebens nicht im Geringsten geeignet war. Meine Zeit war zwischen Arbeit und Vergnügen aufgeteilt, und infolgedessen vernachlässigte ich meine Schützlinge. Unter den Freunden, die ich dort fand, hatte Alexander Müller großen Einfluss auf mich; er war ein guter Musiker und Pianist, und ich hörte stundenlang seinen Improvisationen zu bestimmten Themen zu – eine Leistung, in der er so sehr hervorragte, dass ich unweigerlich beeindruckt war. Mit ihm und einigen anderen Freunden, zu denen auch Valentin Hamm gehörte, machte ich oft Ausflüge in die Umgebung, bei denen das bayerische Bier und der fränkische Wein zu fließen pflegten. Valentin Hamm war ein grotesker Mensch, der uns oft mit seinem vortrefflichen Violinspiel unterhielt; er hatte eine enorme Spannweite auf dem Klavier, denn er konnte ein Intervall von einer Duodezime erreichen. Der Letzte Hieb, ein auf angenehmer Höhe gelegener öffentlicher Biergarten, war täglicher Zeuge meiner Anfälle wilder und oft enthusiastischer Ausgelassenheit; nie kam ich in diesen lauen Sommernächten zu meinen Schützlingen zurück, ohne mich für Kunst und die Welt im Allgemeinen zu begeistern. Ich erinnere mich auch an einen bösen Streich, der mir immer ein Schandfleck geblieben ist. Unter meinen Freunden war ein blonder und sehr enthusiastischer Schwabe namens Fröhlich, mit dem ich meine Partitur der c-Moll-Sinfonie gegen seine eingetauscht hatte, die er eigenhändig abgeschrieben hatte. Dieser sehr sanfte, aber etwas reizbare junge Mann hatte eine so heftige Abneigung gegen einen gewissen Andre entwickelt, dessen boshaftes Gesicht ich ebenfalls verabscheute, dass er erklärte, dieser Mensch verderbe ihm seine Abende, bloß indem er mit ihm im selben Zimmer war. Das unglückliche Objekt seines Hasses versuchte dennoch, uns zu treffen, wann immer es konnte: es kam zu Reibereien, aber Andre bestand darauf, uns zu ärgern. Eines Abends verlor Fröhlich die Geduld. Nach einigen beleidigenden Erwiderungen versuchte er, ihn mit einem Stock von unserem Tisch zu vertreiben: Das Ergebnis war eine Schlägerei, an der Fröhlichs Freunde sich beteiligen mussten, obwohl sie alle dies mit etwas Widerwillen zu tun schienen. Auch mich ergriff ein wahnsinniges Verlangen, mich in die Schlägerei einzumischen. Mit den anderen half ich, unser armes Opfer herumzuschlagen, und ich hörte sogar das Geräusch eines schrecklichen Schlags, den ich Andre auf den Kopf versetzte, während er seine Augen verwirrt auf mich richtete.

Ich erzähle diesen Vorfall, um für eine Sünde zu büßen, die seitdem sehr schwer auf meinem Gewissen lastet. Ich kann dieses traurige Erlebnis nur mit einem meiner frühesten Kindheitstage vergleichen, nämlich dem Ertrinken einiger Welpen in einem flachen Teich hinter dem Haus meines Onkels in Eisleben. Noch heute kann ich nicht ohne Entsetzen an den langsamen Tod dieser armen kleinen Geschöpfe denken. Ich habe einige meiner gedankenlosen und rücksichtslosen Handlungen nie ganz vergessen; denn der Kummer anderer, insbesondere der von Tieren, hat mich immer so tief berührt, dass er mich mit einem Ekel vor dem Leben erfüllte.

Meine erste Liebesgeschichte steht in starkem Kontrast zu diesen Erinnerungen. Es war nur natürlich, dass eine der jungen Chordamen, mit denen ich täglich üben musste, meine Aufmerksamkeit zu erregen wusste. Therese Ringelmann, die Tochter eines Totengräbers, ließ mich dank ihrer schönen Sopranstimme glauben, dass ich eine große Sängerin aus ihr machen könnte. Nachdem ich ihr von diesem ehrgeizigen Plan erzählt hatte, legte sie viel Wert auf ihr Äußeres und kleidete sich elegant für die Proben, und eine Reihe weißer Perlen, die sie in ihr Haar wand, faszinierte mich besonders . Während der Sommerferien gab ich Therese regelmäßig Gesangsunterricht nach einer Methode, die mir seitdem immer ein Rätsel geblieben ist. Ich besuchte sie auch sehr oft in ihrem Haus, wo ich glücklicherweise nie ihren unangenehmen Vater traf, sondern immer ihre Mutter und ihre Schwestern. Wir trafen uns auch in den öffentlichen Gärten, aber falsche Eitelkeit hielt mich immer davon ab, meinen Freunden von unseren Beziehungen zu erzählen. Ich weiß nicht, ob die Schuld an ihrer niedrigen Geburt, ihrer mangelnden Bildung oder meinen eigenen Zweifeln an der Aufrichtigkeit meiner Zuneigung lag; Als man mich aber nicht nur aufgrund meiner Eifersucht zu reizen versuchte, sondern mich auch noch zu einer formellen Verlobung drängen wollte, endete diese Liebesaffäre still und leise.

Eine unendlich aufrichtigere Angelegenheit war meine Liebe zu Friederike Galvani, der Tochter eines Mechanikers, die zweifellos italienischer Herkunft war. Sie war sehr musikalisch und hatte eine schöne Stimme; mein Bruder hatte sie gefördert und ihr zu einem Debüt in seinem Theater verholfen, eine Prüfung, die sie glänzend bestand. Sie war eher klein, hatte aber große dunkle Augen und ein süßes Wesen. Der erste Oboist des Orchesters, ein guter Kerl und ein kluger Musiker, war ihr sehr ergeben. Er wurde als ihr Verlobter angesehen, aber aufgrund eines Vorfalls in seiner Vergangenheit durfte er ihr Elternhaus nicht besuchen, und die Hochzeit sollte noch lange nicht stattfinden. Als der Herbst meines Würzburger Jahres heranrückte, erhielt ich von Freunden eine Einladung zu einer ländlichen Hochzeit in der Nähe von Würzburg; der Oboist und seine Verlobte waren ebenfalls eingeladen. Es war eine lustige, wenn auch primitive Angelegenheit; wir tranken und tanzten, und ich versuchte mich sogar im Geigenspiel, aber ich muss es gründlich vergessen haben, denn selbst mit der zweiten Geige gelang es mir nicht, die anderen Musiker zufriedenzustellen. Aber mein Erfolg bei Friederike war umso größer; wir tanzten wie verrückt durch die vielen Bauernpaare, bis wir eines Augenblicks so aufgeregt wurden, dass wir alle Selbstbeherrschung verloren und uns umarmten, während ihr wirklicher Liebhaber die Tanzmusik spielte. Zum ersten Mal in meinem Leben begann ich ein schmeichelhaftes Gefühl der Selbstachtung zu empfinden, als Friederikes Verlobter, als er sah, wie wir beide flirteten, die Situation mit Anstand hinnahm, wenn auch nicht ohne eine gewisse Traurigkeit. Ich hatte nie die Chance gehabt zu glauben, dass ich auf ein junges Mädchen einen günstigen Eindruck machen könnte. Ich hielt mich nie für gutaussehend, noch hätte ich es jemals für möglich gehalten, dass ich die Aufmerksamkeit hübscher Mädchen erregen könnte.

Andererseits hatte ich mir im Umgang mit Männern meines Alters allmählich eine gewisse Selbstsicherheit angeeignet. Aufgrund meiner außergewöhnlichen Lebhaftigkeit und angeborenen Empfänglichkeit - Eigenschaften, die mir im Umgang mit Mitgliedern meines Kreises bewusst wurden - wurde mir allmählich bewusst, dass ich meine trägeren Gefährten mitreißen oder verwirren konnte.

Aus der stillen Selbstbeherrschung meines armen Oboisten, als er die leidenschaftlichen Annäherungsversuche seiner Braut an mich vernahm, gewann ich, wie gesagt, die erste Ahnung, daß ich nicht nur bei Männern, sondern auch bei Frauen etwas gelten könne. Der fränkische Wein trug zu immer größerer Verwirrung bei, und unter seinem Einfluß erklärte ich mich schließlich ganz offen als Friederikes Liebhaber. Noch in der Nacht, ja, als der Tag schon anbrach, fuhren wir gemeinsam im offenen Wagen nach Würzburg heim. Dies war die Krönung meines vergnüglichen Abenteuers; denn während alle anderen, zuletzt auch der eifersüchtige Oboist, angesichts des anbrechenden Tages ihren Rausch ausschliefen, sah ich, meine Wange an Friederikes Wange gelehnt, dem Gesang der Lerchen lauschend, der aufgehenden Sonne zu.

Am nächsten Tage hatten wir kaum eine Ahnung von dem, was geschehen war. Eine gewisse Scham, die nicht unpassend war, hielt uns voneinander fern; und doch gewann ich leicht Zutritt zu Friederikes Familie und war von da an täglich ein gern gesehener Gast, wenn ich mich für einige Stunden in unverhohlenem intimen Verkehr mit demselben häuslichen Kreise aufhielt, aus dem der unglückliche Verlobte ausgeschlossen blieb. Von dieser letzten Verbindung wurde nie ein Wort erwähnt; nie kam Friederike auch nur ein einziges Mal auf die Idee, eine Änderung der Verhältnisse herbeizuführen, und es schien niemandem in den Sinn zu kommen, dass ich sozusagen den Platz des Verlobten einnehmen sollte. Die vertrauensvolle Art, mit der ich von allen und besonders von dem Mädchen selbst empfangen wurde, war ganz ähnlich einem der großen Vorgänge der Natur, wie zum Beispiel, wenn der Frühling eintritt und der Winter still vorübergeht. Keiner von ihnen dachte je über die materiellen Folgen des Wechsels nach, und gerade darin liegt das Reizvollste und Schmeichelhafteste dieser ersten Jugendliebe, die nie in eine Haltung ausarten sollte, die Verdacht oder Besorgnis hätte erregen können. Diese Beziehungen endeten erst mit meiner Abreise aus Würzburg, die von einem rührenden und tränenreichen Abschied geprägt war.

Obwohl ich eine Zeitlang keinen Briefwechsel mit ihr führte, blieb die Erinnerung an diese Episode tief in meinem Gedächtnis haften. Zwei Jahre später besuchte ich Friederike auf einer schnellen Reise durch die Altstadt noch einmal: das arme Kind kam ganz beschämt auf mich zu. Ihr Oboist war noch immer ihr Liebhaber, und obwohl seine Stellung eine Heirat unmöglich machte, war die unglückliche junge Frau Mutter geworden. Seitdem habe ich nichts mehr von ihr gehört.

Inmitten all dieses Liebesverkehrs arbeitete ich eifrig an meiner Oper, und dank der liebevollen Anteilnahme meiner Schwester Rosalie konnte ich die nötige gute Laune für diese Aufgabe finden. Als zu Beginn des Sommers mein Verdienst als Dirigent zu Ende ging, sorgte dieselbe Schwester wieder treu dafür, mir reichlich Taschengeld zu geben, damit ich mich ganz der Vollendung meiner Arbeit widmen konnte, ohne mich um irgendetwas zu kümmern oder jemandem zur Last zu fallen. Viel später stieß ich auf einen Brief, den ich damals an Rosalie geschrieben hatte und der voll einer zärtlichen, fast anbetenden Liebe zu diesem edlen Geschöpf war.

Als der Winter herannahte, kam mein Bruder zurück und das Theater wurde wieder eröffnet. Die Wahrheit ist, ich wurde nicht wieder damit verbunden, erlangte aber eine noch bedeutendere Stellung in den Konzerten der Musikgesellschaft, in denen ich meine große Ouvertüre in C-Dur, meine Symphonie und schließlich auch Teile meiner neuen Oper aufführte. Eine Amateurin mit herrlicher Stimme, Mademoiselle Friedel, sang die große Arie aus Ada. Außerdem wurde ein Trio aufgeführt, das in einer seiner Passagen eine so bewegende Wirkung auf meinen Bruder hatte, der daran teilnahm, dass er zu seinem Erstaunen, wie er selbst zugab, darüber seinen Stichwortgeber völlig verlor.

Zu Weihnachten war meine Arbeit zu Ende, meine Partitur war mit der lobenswertesten Genauigkeit fertig geschrieben, und nun sollte ich zum Neujahr nach Leipzig zurückkehren, um meine Oper am dortigen Theater antreten zu lassen. Auf dem Heimweg besuchte ich Nürnberg, wo ich eine Woche bei meiner Schwester Clara und ihrem Mann blieb, die am dortigen Theater engagiert waren. Ich erinnere mich noch gut, wie glücklich und behaglich ich mich bei diesem angenehmen Besuch bei denselben Verwandten fühlte, die vor einigen Jahren, als ich bei ihnen in Magdeburg war, über meinen Entschluss, Musik als Beruf zu wählen, verärgert waren. Nun war ich ein wirklicher Musiker geworden, hatte eine große Oper geschrieben und schon vieles ohne Misserfolg herausgebracht. Das alles war eine große Freude für mich, während es für meine Verwandten nicht minder schmeichelhaft war, denen nicht entgehen konnte, dass sich das vermeintliche Unglück am Ende zu meinem Vorteil erwiesen hatte. Ich war gut gelaunt und ganz unbefangen, was nicht nur an der heiteren und geselligen Haushaltsführung meines Schwagers lag, sondern auch an dem angenehmen Wirtshausleben des Ortes. Viel zuversichtlicher und gehobener kehrte ich nach Leipzig zurück, wo ich meiner hocherfreuten Mutter und Schwester die drei dicken Bände meiner Partitur vorlegen konnte.

Gerade damals war meine Familie reicher, weil mein Bruder Julius von seinen langen Wanderschaften zurückgekehrt war. Er hatte eine ganze Weile in Paris als Goldschmied gearbeitet und sich nun in Leipzig als solcher niedergelassen. Auch er war wie die anderen begierig, etwas aus meiner Oper zu hören, was allerdings nicht so leicht war, da mir die Gabe, etwas dergleichen leicht und verständlich vorzutragen, völlig fehlte. Erst wenn ich mich in einen Zustand absoluter Ekstase hineinsteigern konnte, war es mir möglich, etwas mit einiger Wirkung vorzutragen. Rosalie wusste, dass ich ihr damit eine Art Liebeserklärung entlocken wollte; aber ich war mir nie sicher, ob die Umarmung und der schwesterliche Kuss, die ich nach dem Singen meiner großen Arie aus Ada erhielt, mir aus echter Erregung oder eher aus zärtlicher Zuneigung zuteil wurden. Andererseits war der Eifer, mit dem sie meine Oper dem Theaterdirektor Ringelhardt, dem Dirigenten und dem Direktor ans Herz legte, unverkennbar, und sie tat dies so erfolgreich, dass sie deren Zustimmung zur Aufführung erhielt, und zwar sehr schnell. Besonders interessant war für mich, dass die Direktoren sich sofort bemühten, die Kostümfrage für mein Drama zu klären; aber ich war erstaunt zu hören, dass die Wahl auf orientalische Kleidung fiel, während ich durch die von mir gewählten Namen eine nordische Figur für die Szenerie andeuten wollte. Aber gerade diese Namen fanden sie unpassend, da Feengestalten nicht im Norden, sondern nur im Osten vorkommen; und abgesehen davon hatte die Vorlage von Gozzi, die der Arbeit zugrunde lag, zweifellos einen orientalischen Charakter. Mit größter Empörung widersetzte ich mich dem unerträglichen Turban- und Kaftan-Kleidungsstil und befürwortete vehement die ritterliche Kleidung des frühen Mittelalters . Mit dem Dirigenten Stegmayer hatte ich mich dann über meine Partitur gründlich zu verständigen. Er war ein auffallender kleiner, dicker Mann mit blondem, krausem Haar und einem ausgesprochen heiteren Wesen; er war jedoch sehr schwer zur Vernunft zu bringen. Beim Weine kamen wir immer sehr schnell zu einer Einigung, aber sobald wir am Klavier saßen, musste ich mir die merkwürdigsten Einwände anhören, über deren Verlauf ich eine Zeitlang höchst verwundert war. Da die Sache durch dieses Schwanken sehr verzögert wurde, nahm ich nähere Verbindung mit dem Operndirektor Hauser auf, der damals von der Leipziger Bevölkerung als Sänger und Kunstmäzen sehr geschätzt wurde.

Auch mit diesem Manne machte ich die merkwürdigsten Erfahrungen: Er, der das Leipziger Publikum besonders durch seine Verkörperung des Barbiers und des Engländers in Fra Diavolo bezaubert hatte, entpuppte sich plötzlich in seinem eigenen Hause als der fanatischste Anhänger der altmodischsten Musik. Ich hörte mit Erstaunen die kaum verhüllte Verachtung, mit der er selbst Mozart behandelte, und das einzige, was er zu bedauern schien, war, dass wir keine Opern von Sebastian Bach hatten. Nachdem er mir erklärt hatte, dass dramatische Musik eigentlich noch nicht geschrieben worden sei und dass eigentlich nur Gluck die Begabung dafür gezeigt habe, ging er zu einer scheinbar erschöpfenden Untersuchung meiner eigenen Oper über, von der ich von ihm nur die Aufführungstauglichkeit hören wollte. Stattdessen schien er jedoch in jeder Nummer auf das Versagen meines Vorhabens hinzuweisen. Ich schwitzte Blut unter der beispiellosen Qual, die mir die Arbeit mit diesem Mann bereitete, und erzählte meiner Mutter und meiner Schwester von meiner schweren Depression. Alle diese Verzögerungen hatten bereits dazu geführt, dass die Aufführung meiner Oper zum ursprünglich festgelegten Zeitpunkt nicht mehr möglich war und nun wurde sie auf den August des laufenden Jahres (1834) verschoben.

Ein Vorfall, den ich nie vergessen werde, gab mir neuen Mut. Der alte Bierey, ein erfahrener und ausgezeichneter Musiker und zu seiner Zeit erfolgreicher Komponist, der sich vor allem durch seine langjährige Tätigkeit als Dirigent am Breslauer Theater ein vollkommenes praktisches Wissen in solchen Dingen angeeignet hatte, lebte damals in Leipzig und war ein guter Freund meines Volkes. Meine Mutter und meine Schwester baten ihn, seine Meinung über die Bühnentauglichkeit meiner Oper zu äußern, und ich legte ihm die Partitur vor. Ich kann nicht sagen, wie tief bewegt und beeindruckt ich war, als ich diesen alten Herrn eines Tages unter meinen Verwandten erscheinen sah und ihn mit echter Begeisterung erklären hörte, er könne einfach nicht verstehen, wie ein so junger Mann eine solche Partitur habe komponieren können. Seine Bemerkungen über die Größe, die er in meinem Talent erkannt hatte, waren wirklich unwiderstehlich und erstaunten mich geradezu. Auf die Frage, ob er das Werk für ansehnlich und wirkungsfähig halte, erklärte er, sein einziges Bedauern sei, nicht mehr an der Spitze eines Theaters zu stehen, denn wäre er es gewesen, hätte er sich außerordentlich glücklich geschätzt, einen Mann wie mich dauerhaft für sein Unternehmen zu gewinnen. Meine Familie freute sich riesig über diese Ankündigung und ihre Gefühle waren umso berechtigter, als sie alle wussten, dass Bierey keineswegs ein liebenswürdiger Romantiker war, sondern ein praktischer Musiker mit viel Lebenserfahrung.

Die Verzögerung wurde nun mit besserer Laune ertragen, und ich konnte lange Zeit hoffnungsvoll abwarten, was die Zukunft bringen würde. Unter anderem begann ich nun die Gesellschaft eines neuen Freundes in der Person Laubes zu genießen, der damals, obwohl ich seinen Kosziusko noch nicht vertont hatte, auf dem Höhepunkt seines Ruhmes stand. Der erste Teil seines Romans, das junge Europa, dessen Form eine Briefform war, war erschienen und wirkte auf mich höchst anregend, insbesondere in Verbindung mit all der jugendlichen Hoffnung, die damals in meinen Adern pulsierte. Obwohl seine Lehre im Wesentlichen nur eine Wiederholung derjenigen in Heinses Ardinghello war, wurden die Kräfte, die damals in jungen Brüsten aufwallten, voll und beredt zum Ausdruck gebracht. Der Leitgeist dieser Richtung wurde in der literarischen Kritik verfolgt, die sich hauptsächlich auf die vermeintliche oder tatsächliche Unfähigkeit der halbklassischen Insassen unserer verschiedenen literarischen Throne richtete. Ohne die geringste Gnade wurden die Pedanten , [6] zu denen auch

Tieck zählte, als reine Belastungen und Hindernisse für die Entstehung einer neuen Literatur behandelt. Was zu einer bemerkenswerten Abkehr meiner Gefühle gegenüber jenen deutschen Komponisten führte, die man bis dahin bewundert und geachtet hatte, war teilweise der Einfluss dieser kritischen Scharmützel und die verlockende Lebhaftigkeit ihres Tons; hauptsächlich aber der Eindruck, den ein neuer Besuch Schröder-Devrients in Leipzig machte, als ihre Darstellung des Borneo in Bellinis Romeo und Julia alle im Sturm eroberte. Die Wirkung dieser Darstellung war mit nichts zu vergleichen, was man bis dahin gesehen hatte. Die kühne, romantische Figur des jugendlichen Liebhabers vor dem Hintergrund einer so offensichtlich seichten und leeren Musik zu sehen, veranlasste einen jedenfalls, zweifelnd über die Ursache der großen Wirkungslosigkeit der soliden deutschen Musik nachzudenken, wie sie bis dahin auf das Drama angewendet worden war. Ohne mich im Augenblick zu sehr in diese Betrachtung zu vertiefen, ließ ich mich von der Strömung meiner jugendlichen Gefühle mitreißen, die dann in mir aufwallten, und wandte mich unwillkürlich der Aufgabe zu, all jenen grübelnden Ernst abzubauen, der mich in meinen früheren Jahren zu so pathetischem Mystizismus getrieben hatte.

[6] *Zöpfe* im deutschen Text. – ÜBERSETZER.

Was Pohlenz mit seinem Dirigat der Neunten Symphonie nicht geleistet hatte, was das Wiener Konservatorium, Dionys Weber und viele andere plumpe Aufführungen (die mich dazu gebracht hatten, klassische Musik als absolut farblos zu betrachten) nicht vollständig erreicht hatten, wurde durch den unbegreiflichen Charme der unklassischsten italienischen Musik erreicht, dank der wundervollen, mitreißenden und hinreißenden Verkörperung Romeos durch Schröder-Devrient. Welche Wirkung diese mächtigen und hinsichtlich ihrer Ursachen unbegreiflichen Wirkungen auf meine Meinung hatten, zeigte sich in der frivolen Art, in der ich eine kurze Kritik von Webers Euryanthe für die Elegante Zeitung zurechtlegen konnte. Diese Oper war kurz vor dem Auftritt Schröder-Devrients von der Leipziger Gesellschaft aufgeführt worden: kalte und farblose Darsteller, unter denen die Sängerin der Titelrolle, die in der Wildnis mit den weiten Ärmeln auftrat, die damals das Rosa der Mode waren, noch immer eine unangenehme Erinnerung ist. Sehr mühsam und ohne Schwung, aber einfach mit dem Ziel, den Anforderungen klassischer Regeln zu genügen, tat diese Gesellschaft ihr Möglichstes, um selbst die begeisterten Eindrücke von Webers Musik zu zerstreuen, die ich in meiner Jugend gewonnen hatte. Ich wusste nicht, was ich einem Kritikerkollegen Laubes antworten sollte, als er mich auf den mühsamen Charakter dieser Opernaufführung aufmerksam machte, sobald er sie mit der hinreißenden Wirkung jenes Romeo-Abends kontrastieren konnte. Hier sah ich mich mit einem Problem konfrontiert, dessen Lösung ich gerade zu diesem Zeitpunkt so leicht wie möglich nehmen wollte, und bewies meinen Mut, indem ich alle Vorurteile ablegte, und zwar kühn in der soeben erwähnten kurzen Kritik, in der ich Euryanthe einfach verhöhnte. So wie ich als Student meine Zeit der wilden Haferaussaat hinter mir hatte, so stürzte ich mich jetzt kühn in die gleichen Bahnen in der Entwicklung meines künstlerischen Geschmacks.

Es war Mai und schönes Frühlingswetter, und eine Vergnügungsreise, die ich jetzt mit einem Freunde in das gelobte Land meiner Jugendliebe, nach Böhmen, unternahm, sollte die ungezügelte „jungeuropäische" Stimmung in mir zur vollen Reife bringen. Dieser Freund war Theodor Apel. Ich kannte ihn schon lange und hatte mich immer besonders geschmeichelt gefühlt, dass ich seine herzliche Zuneigung gewonnen hatte; denn als Sohn des begnadeten Versmeisters und Nachahmers griechischer Dichtungsformen, August Apel, empfand ich für ihn jene bewundernde Ehrerbietung, die ich dem Abkömmling eines berühmten Mannes noch nie hatte entgegenbringen können. Da ich aus wohlhabender und guter Familie stammte, eröffnete mir seine Freundschaft Gelegenheiten, mit den gehobenen Verhältnissen in Berührung zu kommen, wie sie in meiner Lebenslage nicht häufig waren. Während meine Mutter zum Beispiel meinen Umgang mit dieser hochanständigen Familie mit großer Genugtuung betrachtete, war ich meinerseits über die Herzlichkeit, mit der ich in solchen Kreisen aufgenommen wurde, außerordentlich erfreut.

Apels innigster Wunsch war es, Dichter zu werden, und ich nahm an, daß er alles besaß, was zu einem solchen Berufe nöthig war; vor allem, was mir so wichtig schien, die völlige Freiheit, die ihm sein beträchtliches Vermögen sicherte, indem es ihn von jeder Notwendigkeit befreite, seinen Lebensunterhalt zu verdienen oder einen Beruf zu ergreifen, um seinen Lebensunterhalt zu verdienen. Seltsamerweise war seine Mutter, die nach dem Tode seines angesehenen Vaters einen Leipziger Advokaten geheiratet hatte, sehr besorgt um die Wahl seines Berufs und wünschte ihrem Sohn eine glänzende Laufbahn als Advokat, da sie seinen dichterischen Talenten gegenüber durchaus nicht geneigt war. Und ihren Versuchen, mich von ihrer Ansicht zu überzeugen, damit ich durch meinen Einfluß das Unglück eines zweiten Dichters in der Familie, in der Person des Sohnes, abwenden konnte, verdankte ich die besonders freundschaftlichen Beziehungen, die zwischen ihr und mir entstanden. Alles, was ihre Anregungen jedoch bewirkten, war, mich, mehr noch als meine eigene positive Meinung von seinem Talent es vermochte, in seinem Wunsche, Dichter zu werden, zu bestärken und ihn so in seiner rebellischen Haltung gegen seine Familie zu unterstützen.

Er war hierüber nicht unzufrieden. Da er auch Musik studierte und ganz gut komponierte, gelang es mir, mit ihm auf das intimste Verhältnis zu treten. Die Tatsache, daß er eben das Jahr, in dem ich in die tiefsten Tiefen des Studentenwahnsinns versunken war, in Heidelberg und nicht in Leipzig

studiert hatte, hatte ihn von jeder Beteiligung an meinen sonderbaren
Exzessen unbefleckt gehalten, und als wir uns nun im Frühjahr 1834 in
Leipzig wiedersahen, war das einzige, was uns noch gemeinsam war, der
ästhetische Lebenstrieb, den wir nun versuchsweise in die Richtung des
Lebensgenusses zu lenken suchten. Gerne hätten wir uns in lebhafte
Abenteuer gestürzt, wenn nur die Bedingungen unserer Umgebung und der
ganzen bürgerlichen Welt, in der wir lebten, solche Dinge irgendwie
zugelassen hätten . Trotz aller Eingebungen unseres Instinkts kamen wir
jedoch nicht weiter als zu der Planung dieses Ausflugs nach Böhmen.
Jedenfalls war es etwas, daß wir die Reise nicht mit der Post, sondern im
eigenen Wagen machten, und unser wahres Vergnügen blieb es, daß wir z.
B. in Teplitz täglich weite Fahrten in einem schönen Wagen machten. Wenn
wir abends auf der Wilhelmsburg Forellen verzehrt, guten Czernosek-Wein
mit Bilin-Wasser getrunken und uns gehörig über Hoffmann, Beethoven,
Shakespeare, Heinses Ardinghello und andere Dinge aufgeregt hatten und
dann, die Glieder bequem in unserem eleganten Wagen ausgestreckt, in der
Sommerdämmerung nach dem „König von Preußen" zurückfuhren, wo wir
das große Balkonzimmer im ersten Stock bezogen, so hatten wir das Gefühl,
den Tag wie junge Götter verbracht zu haben, und konnten uns vor lauter
Ausgelassenheit nichts Besseres vorstellen, als uns in den fürchterlichsten
Streitereien zu ergehen, die, besonders bei offenen Fenstern, auf dem Platz
vor dem Gasthofe eine Menge erschrockener Zuhörer anlockten.

Eines schönen Morgens schlich ich mich von meinem Freund fort, um allein
in der Schlackenburg zu frühstücken und auch die Gelegenheit zu nutzen,
den Plan einer neuen Opernkomposition in mein Notizbuch zu schreiben.
Zu diesem Zweck hatte ich mir das Thema von Shakespeares Maß für Maß
zu eigen gemacht, das ich, meiner momentanen Stimmung entsprechend,
bald ziemlich frei in ein Libretto mit dem Titel Liebesverbot umwandelte.
Das junge Europa und Ardinghello und die seltsame Gemütsverfassung, in
die ich gegenüber klassischer Opernmusik geraten war, lieferten mir den
Grundton meiner Konzeption, die sich insbesondere gegen die puritanische
Heuchelei richtete und so kühn dazu neigte, die „ungezügelte Sinnlichkeit"
zu verherrlichen. Ich achtete darauf, das ernste Shakespearesche Thema nur
in diesem Sinne zu verstehen. Ich sah nur den düsteren, prüden Vizekönig,
in dessen Herz die leidenschaftlichste Liebe zu der schönen Novizin brannte.
Während sie ihn anflehte, ihrem wegen unerlaubter Liebe zum Tode
verurteilten Bruder zu vergeben, entzündete sie zugleich das gefährlichste
Feuer in der Brust des sturen Puritaners, indem sie ihn mit der lieblichen
Wärme ihrer menschlichen Gefühle ansteckte.

Daß diese gewaltigen Züge in Shakespeares Schöpfung nur deshalb so reich
entwickelt sind, um sie am Ende um so schwerer auf der Waage der
Gerechtigkeit zu wiegen, kümmerte mich nicht: es ging mir nur darum, die

Sündhaftigkeit der Heuchelei und die Widernatürlichkeit einer so grausamen moralischen Kritik aufzudecken. So ließ ich Maß für Maß ganz fallen und ließ den Heuchler nur durch die rächende Macht der Liebe zur Rechenschaft ziehen. Ich verlegte das Thema aus der sagenhaften Stadt Wien in die Hauptstadt des sonnigen Sizilien, wo ein deutscher Vizekönig, empört über die unfassbar lockere Moral des Volkes, eine puritanische Reform durchzusetzen versucht und daran jämmerlich scheitert. Die Stumme von Portici hat wahrscheinlich zu diesem Thema beigetragen, ebenso gewisse Erinnerungen an die Sizilianische Vesper. Wenn ich daran denke, dass bei dieser Komposition zuletzt sogar der sanfte Sizilianer Bellini mitwirkte, muss ich freilich schmunzeln über das merkwürdige Potpourri, in dem sich hier die merkwürdigsten Missverständnisse formierten.

Dies blieb zunächst ein Entwurf. Studien aus dem Leben, die für meine Arbeit bestimmt waren, sollten erst auf dieser reizenden Reise nach Böhmen durchgeführt werden. Ich führte meinen Freund im Triumph nach Prag, in der Hoffnung, ihm dieselben Eindrücke zu vermitteln, die mich dort so tief bewegt hatten. Wir trafen meine schönen Freundinnen in der Stadt selbst; denn durch den Tod des alten Grafen Pachta hatten sich in der Familie materielle Veränderungen ergeben, und die überlebenden Töchter gingen nicht mehr nach Pravonin. Mein Benehmen war voller Anmaßung, und ich wollte damit wohl eine gewisse kapriziöse Rachegelüste für die Bitterkeit ausdrücken, mit der ich vor einigen Jahren aus diesem Kreise Abschied genommen hatte. Mein Freund wurde gut aufgenommen. Die veränderten Familienverhältnisse zwangen die reizenden Mädchen immer dringlicher, eine Entscheidung über ihre Zukunft zu treffen, und ein reicher Bürger, wenn auch nicht gerade selbst im Handel tätig, aber über genügend Mittel verfügend, schien der besorgten Mutter jedenfalls ein guter Ratgeber. Ohne dabei Böswilligkeit zu zeigen oder zu empfinden, äußerte ich meine Freude über die seltsame Verwirrung, die Theodors Einführung in die Familie verursachte, durch die lustigsten und wildesten Scherze; denn mein einziger Verkehr mit den Damen bestand nur aus Scherzen und freundschaftlichem Geplänkel. Sie konnten nicht verstehen, wie ich mich so merkwürdig verändert hatte. Es war nichts mehr von der Zanklust , der Belehrungswut und dem Bekehrungseifer in mir, die sie früher so ärgerlich gefunden hatten. Aber zugleich war kein vernünftiges Wort aus mir herauszubringen, und sie, die jetzt über viele Dinge ernsthaft reden wollten, konnten nichts als die wildesten Albernheiten aus mir herausbekommen. Da ich mir bei dieser Gelegenheit in meiner Rolle als entfesselter Vogel kühn manche Freiheit erlaubte, gegen die sie sich machtlos fühlten, wurde meine überschwängliche Stimmung umso mehr erregt, als mein Freund, der sich durch mein Beispiel verführen ließ, mich nachzuahmen suchte – was sie ihm sehr übel nahmen.

Nur einmal gab es einen Versuch, zwischen uns Ernsthaftigkeit zu zeigen: Ich saß am Klavier und hörte meiner Begleiterin zu, die den Damen erzählte, dass ich in einem Gespräch im Hotel Gelegenheit gehabt hatte, mich jemandem gegenüber sehr herzlich zu äußern, der anscheinend überrascht war, als er von den häuslichen und fleißigen Eigenschaften meiner Freundinnen hörte. Ich war tief bewegt, als ich aus den Bemerkungen meiner Begleiterin erfuhr, welche unangenehmen Erfahrungen die armen Dinger bereits durchgemacht hatten: denn was mir als eine sehr natürliche Handlung meinerseits erschien, schien sie mit unerwarteter Freude zu erfüllen. Jenny zum Beispiel kam auf mich zu und umarmte mich mit großer Wärme. Durch allgemeine Zustimmung wurde mir nun das Recht zugestanden, mich mit fast einstudierter Unhöflichkeit zu benehmen, und ich antwortete sogar auf Jennys herzlichen Ausbruch nur mit meinem üblichen Geplänkel.

In unserem damals so berühmten Hotel, dem „Schwarzen Roß", fand ich den Spielplatz, auf dem ich den im Hause Pachta noch nicht erschöpften Schalkgeist bis zur Verwegenheit treiben konnte. Aus dem zufälligsten Material an Tisch- und Reisegästen gelang es uns, eine Gesellschaft um uns zu sammeln, die wir bis tief in die Nacht hinein zu den undenkbarsten Torheiten führen durften. Zu alledem reizte mich vor allem die Persönlichkeit eines sehr schüchternen und untersetzten Geschäftsmannes aus Frankfurt an der Oder, der sich nach einem verwegenen Charakter sehnte, und dessen Anwesenheit mich schon allein durch die bemerkenswerte Gelegenheit anspornte, mit jemandem in Kontakt zu kommen, der in Frankfurt an der Oder zu Hause war. Wer weiß, wie es damals in Österreich zuging, kann sich eine Vorstellung von meiner Verwegenheit machen, wenn ich sage, daß ich einmal so weit ging, unser Symposion im Gastzimmer die Marseillaise bis in die Nacht hinein laut brüllen zu lassen. Als ich nach dieser Heldentat, während ich mich auszog, über die äußeren Fenstersimse von einem Zimmer im zweiten Stock ins andere kletterte, entsetzte ich natürlich alle, die nichts von der Liebe zu akrobatischen Kunststücken wussten, die ich schon in frühester Kindheit entwickelt hatte.

Wenn ich mich auch ohne Furcht solchen Gefahren ausgesetzt hatte, so wurde ich doch am nächsten Morgen durch eine Vorladung der Polizei ernüchtert. Als ich mich dann noch an das Singen der Marseillaise erinnerte, erfüllten mich die schlimmsten Ängste. Nachdem ich durch ein seltsames Missverständnis lange auf dem Bahnhof festgehalten worden war, kam es schließlich dazu, dass der zur Vernehmung abkommandierte Inspektor feststellte, dass die Zeit für eine ernsthafte Anhörung nicht mehr ausreichte, und ich zu meiner großen Erleichterung nach Beantwortung einiger harmloser Fragen über die beabsichtigte Dauer meines Aufenthaltes gehen durfte. Trotzdem hielten wir es für ratsam, der Versuchung, unter den ausgebreiteten Schwingen des Doppeladlers weitere Streiche zu treiben, nicht nachzugeben.

Auf Umwegen, auf die uns unsere unersättliche Sehnsucht nach Abenteuern führte, die sich in Wirklichkeit nur in unserer Phantasie abspielten und im Grunde nur bescheidene Ablenkungen auf der Straße darstellten, gelangten wir schließlich wieder nach Leipzig. Und mit dieser Heimkehr ging die eigentlich heitere Zeit meines Jünglingslebens endgültig zu Ende. War ich bis dahin nicht frei von schweren Irrtümern und Leidenschaften gewesen, so warf jetzt erst die Sorge ihren ersten Schatten auf meinen Weg.

Meine Familie hatte meine Rückkehr mit großer Spannung erwartet, um mir mitzuteilen, daß mir die Stelle des Dirigenten von der Magdeburger Theatergesellschaft angeboten worden sei. Diese Gesellschaft gastierte in diesem Sommermonat in einem Badeort namens Lauchstadt. Der Direktor konnte mit dem ihm zugesandten unfähigen Dirigenten nicht auskommen und hatte sich in seiner Not nach Leipzig gewandt, in der Hoffnung, dort bald Ersatz zu bekommen. Der Dirigent Stegmayer, der keine Lust hatte, meine Partitur Feen bei heißem Sommerwetter einzustudieren, wie er es versprochen hatte, empfahl mich sogleich für die Stelle und schüttelte damit wirklich einen sehr lästigen Quälgeist ab. Denn obwohl ich einerseits wirklich wünschte, mich frei und ohne Hemmungen dem Strom der Abenteuer hingeben zu können, die das Künstlerleben ausmachen, war doch durch die Lage meiner Verhältnisse ein Verlangen nach Unabhängigkeit, das nur durch eigenes Geldverdienen gewonnen werden konnte, in mir sehr verstärkt worden. Allerdings hatte ich das Gefühl, dass in Lauchstadt keine solide Grundlage für die Befriedigung dieses Wunsches geschaffen werden konnte; auch fiel es mir nicht leicht, die gegen die Produktion meiner Feen geschmiedete Verschwörung zu unterstützen. Ich beschloss daher, vorab einen Besuch dort zu machen, um mir die Lage anzuschauen.

Dieser kleine Badeort hatte zu Goethes und Schillers Zeiten einen sehr großen Ruf erworben, sein hölzernes Theater war nach dem Entwurf des ersteren erbaut worden, und die erste Aufführung der Braut von Messina hatte dort stattgefunden. Aber obwohl ich mir das alles wiederholte, machte mich der Ort doch ziemlich zweifelhaft. Ich fragte nach dem Haus des Theaterdirektors. Er war nicht da, aber ein kleiner schmutziger Junge, sein Sohn, wurde beauftragt, mich zum Theater zu bringen, um „Papa" zu finden. Papa begegnete uns jedoch auf dem Weg. Er war ein älterer Mann; er trug einen Schlafrock und auf dem Kopf eine Mütze. Seine Freude über meine Begrüßung wurde durch Klagen über eine ernste Unpässlichkeit unterbrochen, für die sein Sohn ihm aus einem nahe gelegenen Laden ein Stärkungsmittel holen sollte. Bevor er den Jungen zu diesem Auftrag schickte, drückte er ihm mit einer gewissen Prahlerei, die offensichtlich zu meinem Vorteil war, einen echten Silberpfennig in die Hand. Diese Person war Heinrich Bethmann, der überlebende Ehemann der berühmten Schauspielerin dieses Namens, der in der Blütezeit der deutschen Bühne gelebt hatte und die Gunst des Königs von Preußen gewonnen hatte; und zwar so nachhaltig, dass sie noch lange nach ihrem Tod auf ihren Gatten überging. Er bezog stets eine schöne Pension vom preußischen Hof und genoss dessen Unterstützung, ohne jemals durch sein unregelmäßiges und ausschweifendes Leben dessen Schutz verlieren zu können.

Zu der Zeit, von der ich spreche, war er durch die fortgesetzte Leitung des Theaters auf den tiefsten Punkt gesunken. Seine Sprache und sein Benehmen verrieten die süße Vornehmheit einer vergangenen Zeit, während alles, was er tat und alles an ihm von der schändlichsten Vernachlässigung zeugte. Er nahm mich mit in sein Haus, wo er mich seiner zweiten Frau vorstellte, die, an einem Fuß verkrüppelt, auf einem ungewöhnlichen Sofa lag, während ein älterer Bass, über dessen übermäßige Hingabe sich Bethmann bereits ganz offen bei mir beschwert hatte, seine Pfeife neben ihr rauchte. Von dort brachte mich der Direktor zu seinem Bühnenmanager, der im selben Haus wohnte .

Mit diesem, der gerade mit dem Theaterwärter, einem zahnlosen alten Skelett, eine Repertoire-Beratung durchführte, ließ er mich die notwendigen Vorbereitungen treffen. Sobald Bethmann gegangen war, zuckte Schmale, der Inspizient, lächelnd die Achseln und versicherte mir, das sei eben die Art des Regisseurs, alles auf sich zu nehmen und sich um nichts zu kümmern. Da saß er nun schon über eine Stunde und besprach mit Kroge, was am nächsten Sonntag gespielt werden sollte: Es war ja schön und gut, sein erster Don Juan, aber wie sollte er eine Probe durchführen, wenn die Merseburger Stadtmusikanten, die das Orchester bildeten, am Samstag nicht zur Probe kommen würden?

Die ganze Zeit lang griff Schmale durch das offene Fenster nach einem Kirschbaum, von dem er beharrlich die Früchte pflückte und aß, wobei er die Kerne mit einem unangenehmen Geräusch auswarf. Nun war es gerade dieser letzte Umstand, der mich zum Entschluss kommen ließ; denn seltsamerweise habe ich eine angeborene Abneigung gegen Obst. Ich teilte dem Inspizienten mit, er brauche sich um Don Juan für Sonntag überhaupt keine Sorgen zu machen, denn ich meinerseits, wenn man mit meinem ersten Auftritt bei dieser Vorstellung gerechnet hätte, müsse den Direktor ohnehin enttäuschen, da ich keine andere Wahl hätte, als sofort nach Leipzig zurückzukehren, wo ich meine Angelegenheiten zu ordnen hätte. Diese höfliche Art, meine absolute Ablehnung der Ernennung zu äußern — eine Schlussfolgerung, zu der ich mir schnell selbst gekommen war — zwang mich zu einer gewissen Verstellung und machte es notwendig, so zu tun, als ob ich wirklich einen anderen Grund hätte, nach Lauchstadt zu kommen. Diese

Vortäuschung an sich war völlig unnötig, da ich fest entschlossen war, nie wieder dorthin zurückzukehren.

Man bot mir seine Hilfe bei der Wohnungssuche an, und ein junger Schauspieler, den ich zufällig in Würzburg kennengelernt hatte, übernahm die Aufgabe, mir dabei zu helfen. Während er mich zu der besten Unterkunft brachte, die er kannte, sagte er mir, er würde mir bald die Freundlichkeit erweisen, mich zur Mitbewohnerin des hübschesten und nettesten Mädchens zu machen, das man damals im Ort finden konnte. Es war die Juniorchefin der Truppe, Mademoiselle Minna Planer, von der ich zweifellos schon gehört hatte.

Wie es der Zufall wollte, empfing uns die versprochene Dame an der Tür des betreffenden Hauses. Ihr Aussehen und ihr Benehmen bildeten den größtmöglichen Kontrast zu all den unangenehmen Eindrücken des Theaters, die ich an diesem schicksalshaften Morgen erhalten hatte. Die junge Schauspielerin sah sehr charmant und frisch aus, und ihr allgemeines Benehmen und ihre Bewegungen waren voll einer gewissen Majestät und ernsten Selbstsicherheit, die ihrem sonst so angenehmen Ausdruck eine angenehme und bezaubernde Würde verlieh. Ihre peinlich saubere und ordentliche Kleidung vervollständigte die verblüffende Wirkung der unerwarteten Begegnung. Nachdem ich ihr im Saal als neuer Dirigent vorgestellt worden war und sie den Fremden, der für einen solchen Titel so jung schien, erstaunt betrachtet hatte, empfahl sie mich freundlich der Hauswirtin und bat darum, dass man sich gut um mich kümmern möge; woraufhin sie stolz und gelassen über die Straße zu ihrer Probe ging.

Ich mietete sofort ein Zimmer, sagte Don Juan für Sonntag zu, bedauerte sehr, mein Gepäck nicht aus Leipzig mitgebracht zu haben, und beeilte mich, so schnell wie möglich dorthin zurückzukehren, um umso schneller nach Lauchstadt zurückzukehren. Die Würfel waren gefallen. Der Ernst des Lebens trat mir sofort in Form bedeutsamer Erlebnisse entgegen. In Leipzig musste ich mich heimlich von Laube verabschieden. Auf Veranlassung Preußens war er von sächsischem Boden abgewiesen worden, und er ahnte schon, was dieser Schritt bedeuten sollte. Die Zeit der unverhohlenen Reaktion gegen die liberale Bewegung der frühen dreißiger Jahre war angebrochen: Die Tatsache, dass Laube keinerlei politische Arbeit leistete, sondern sich nur einer literarischen Tätigkeit widmete und immer nur auf ästhetische Ziele zielte, machte uns das Vorgehen der Polizei zunächst völlig unverständlich. Die widerwärtige Zweideutigkeit, mit der die Leipziger Behörden alle seine Fragen nach dem Grund seiner Ausweisung beantworteten, ließ ihn bald die stärksten Vermutungen darüber aufkommen, was sie ihm gegenüber eigentlich im Schilde führten.

Da Leipzig als Schauplatz seiner literarischen Arbeit von unschätzbarem Wert war, war es ihm sehr wichtig, in seiner Nähe zu bleiben. Mein Freund Apel besaß ein schönes Anwesen auf preußischem Boden, nur wenige Stunden von Leipzig entfernt, und wir hatten den Wunsch, Laube dort gastfreundlich aufzunehmen. Mein Freund, der ohne Verletzung der gesetzlichen Bestimmungen in der Lage war, dem Verfolgten einen Zufluchtsort zu gewähren, stimmte unserem Wunsch sofort und mit großer Bereitschaft zu, gestand uns jedoch am nächsten Tag, nachdem er mit seiner Familie gesprochen hatte, dass er befürchtete, er könnte einige Unannehmlichkeiten erleiden, wenn er Laube bewirtete. Darauf lächelte dieser, und zwar auf eine Weise, die ich nie vergessen werde, obwohl ich im Laufe meines Lebens bemerkt habe, dass der Ausdruck, den ich damals in seinem Gesicht sah, einer war, der oft über meine eigenen Züge huschte. Er verabschiedete sich, und bald darauf erfuhren wir, dass er wegen neuerlicher Ermittlungen gegen ehemalige Burschenschaftsmitglieder verhaftet und ins Berliner Stadtgefängnis eingeliefert worden war. Ich hatte also zwei Erfahrungen gemacht, die mich wie Blei belasteten, packte meinen dürftigen Reisekoffer, verabschiedete mich von meiner Mutter und meiner Schwester und begann mit festem Herzen meine Laufbahn als Dirigent.

Um das kleine Zimmer unter Minnas Wohnung als meine neue Heimat betrachten zu können, war ich gezwungen, auch Bethmanns Theaterbetrieb zu nutzen . Tatsächlich wurde sofort eine Aufführung des Don Juan gegeben, denn der Direktor, der sich rühmte, ein Kenner der Kunst zu sein, hatte mir diese Oper als eine Oper vorgeschlagen, mit der ein aufstrebender junger Künstler aus gutem Hause sein Debüt geben sollte. Obwohl ich, abgesehen von einigen meiner Instrumentalkompositionen, noch nie dirigiert hatte, und schon gar nicht in der Oper, verliefen Probe und Aufführung einigermaßen gut. Nur ein- oder zweimal traten Unstimmigkeiten im Rezitativ der Donna Anna auf; doch zog mich dies nicht in irgendwelche Feindseligkeiten, und als ich unbefangen und ruhig meinen Platz zur Aufführung des Lumpaci Vagabundus einnahm, den ich sehr gründlich geprobt hatte, schien das Publikum im allgemeinen volles Vertrauen zu der Neuerwerbung des Theaters gewonnen zu haben.

Daß ich mich ohne Bitterkeit und sogar mit einiger Heiterkeit diesem unwürdigen Gebrauch meines musikalischen Talents unterwarf, lag weniger an meinem Geschmack in dieser, wie ich sie nannte, jungen Zeit, als vielmehr an meinem Umgang mit Minna Planer, die in diesem magischen Spiel als die verliebte Fee eingesetzt war. Tatsächlich erschien sie inmitten dieser Staubwolke aus Frivolität und Vulgarität immer sehr wie eine Fee, deren Gründe für ihren Abstieg in diesen schwindelerregenden Wirbel, der sie in Wahrheit weder mitreißen noch auch nur berühren konnte, ein absolutes Rätsel blieben. Denn während ich bei den Opernsängern nichts außer den bekannten Bühnenkarikaturen und Grimassen entdecken konnte, unterschied sich diese schöne Schauspielerin völlig von ihren Mitmenschen durch ihre ungekünstelte Nüchternheit und zierliche Bescheidenheit sowie durch das Fehlen aller theatralischen Vortäuschung und Gekünsteltheit. Es gab nur einen jungen Mann, den ich aufgrund ähnlicher Eigenschaften, die ich bei ihr erkannte, neben Minna stellen konnte. Dieser Bursche war Friedrich Schmitt, der gerade erst die Bühnenkarriere gewählt hatte, in der Hoffnung, in der Oper, zu der er sich als Besitzer einer ausgezeichneten Tenorstimme berufen fühlte, einen „Hit" zu landen. Auch er unterschied sich von den anderen in der Truppe, vor allem in der Ernsthaftigkeit, mit der er sein Studium und seine Arbeit im Allgemeinen pflegte: Die gefühlvolle, männliche Tonlage seiner Bruststimme, seine klare, edle Aussprache und intelligente Wiedergabe seiner Worte sind mir immer als Vorbild in Erinnerung geblieben. Da er völlig ohne schauspielerisches Talent war und ungeschickt und unbeholfen spielte, wurde sein Fortschritt bald gebremst, aber er blieb mir immer lieb als kluger und origineller Mann mit vertrauenswürdigem und aufrechtem Charakter – mein einziger Gefährte.

Aber der Umgang mit meiner freundlichen Mitbewohnerin wurde bald zu einer liebgewonnenen Gewohnheit, während sie die naiv-ungestümen Avancen des Schaffners von einundzwanzig Jahren mit einer gewissen nachsichtigen Verwunderung erwiderte, die, fern von aller Koketterie und Hintergedanken, bald einen vertrauten und freundschaftlichen Umgang mit ihr ermöglichte. Als ich eines Abends spät in mein Erdgeschoßzimmer zurückkehrte, indem ich durch das Fenster kletterte, da ich keinen Haustürschlüssel hatte, brachte das Geräusch meines Eintretens Minna zu ihrem Fenster, das gerade über meinem stand. Auf meinem Fenstersims stehend bat ich sie, mir zu gestatten, ihr noch einmal gute Nacht zu sagen . Sie hatte nicht die geringsten Einwände dagegen, erklärte aber, dies müsse vom Fenster aus geschehen, da sie ihre Tür immer von den Leuten im Haus verschlossen habe und niemand auf diese Weise hineinkomme. Sie erleichterte mir freundlicherweise den Händedruck, indem sie sich weit aus ihrem Fenster lehnte, so daß ich ihre Hand nehmen konnte, während ich auf meinem Sims stand. Als ich später einen Anfall von Rotlauf bekam, an dem ich oft litt, und mich mit meinem geschwollenen und furchtbar verzerrten Gesicht in meinem düsteren Zimmer vor der Welt versteckte, besuchte mich Minna wiederholt, pflegte mich und versicherte mir, dass meine verzerrten Züge nicht das Geringste ausmachten. Als ich wieder gesund war, besuchte ich sie und klagte über einen Ausschlag, der um meinen Mund herum zurückgeblieben war und der mir so unangenehm vorkam, dass ich mich entschuldigte, ihn ihr gezeigt zu haben. Auch darüber machte sie sich lustig. Dann schloss ich daraus, dass sie mir keinen Kuss geben würde, worauf sie mir sofort den praktischen Beweis lieferte, dass sie auch davor nicht zurückschreckte.

Dies alles geschah mit einer freundlichen Heiterkeit und Gelassenheit, die etwas fast Mütterliches an sich hatte, und war frei von jedem Anflug von Frivolität oder Herzlosigkeit. In wenigen Wochen musste die Truppe Lauchstadt verlassen, um nach Rudolstadt zu reisen und dort eine besondere Verpflichtung zu erfüllen. Ich war besonders darauf bedacht, diese damals beschwerliche Reise in Minnas Gesellschaft zu machen, und wenn es mir nur gelungen wäre, mein wohlverdientes Gehalt von Bethmann fristgerecht auszahlen zu lassen, so hätte der Erfüllung meines Wunsches nichts im Wege gestanden. Aber in dieser Angelegenheit stieß ich auf außerordentliche Schwierigkeiten, die sich im Laufe ereignisreicher Jahre chronisch zu den seltsamsten Leiden entwickelten. Schon in Lauchstadt hatte ich erfahren, dass es nur einen Mann gab, der sein volles Gehalt bezog, nämlich den Bass Kneisel, den ich neben dem Sofa der lahmen Frau des Direktors Pfeife rauchen sah. Man versicherte mir, wenn ich großen Wert darauf lege, von Zeit zu Zeit etwas von meinem Gehalt zu erhalten, so könne ich diese Gunst nur erlangen, indem ich Frau Bethmann den Hof mache. Diesmal zog ich es vor, meine Familie um Hilfe zu bitten, und reiste daher über Leipzig nach Rudolstadt, wo ich zum traurigen Erstaunen meiner Mutter meine Kasse mit den nötigen Vorräten auffüllen musste. Auf dem Weg nach Leipzig war ich mit Apel durch sein Anwesen gereist, nachdem er mich zu diesem Zweck aus Lauchstadt abgeholt hatte. Seine Ankunft blieb mir durch ein lautes Bankett in Erinnerung, das mein reicher Freund mir zu Ehren im Hotel gab. Bei dieser Gelegenheit gelang es mir und einem der anderen Gäste, einen riesigen, massiv gebauten Kachelofen, wie wir ihn in unserem Zimmer im Gasthof hatten, vollständig zu zerstören. Am nächsten Morgen konnte keiner von uns verstehen, wie es passiert war.

Auf dieser Reise nach Rudolstadt kam ich zuerst durch Weimar, wo ich an einem regnerischen Tag neugierig, aber ohne Emotionen, nach Goethes Haus schlenderte. Ich hatte mir etwas ganz anderes vorgestellt und glaubte, lebendigere Eindrücke vom aktiven Theaterleben Rudolstadts zu erfahren, zu dem ich mich stark hingezogen fühlte. Obwohl ich nicht selbst Dirigent werden sollte, da dieser Posten dem eigens für unsere Aufführungen engagierten Dirigenten des königlichen Orchesters anvertraut worden war, war ich doch so voll mit Proben für die vielen Opern und Musikkomödien, die das frivole Publikum des Fürstentums unterhalten sollten, dass ich keine Zeit für Ausflüge in die reizenden Gegenden dieses kleinen Landes fand. Außer diesen harten und schlecht bezahlten Arbeiten hielten mich während meines sechswöchigen Aufenthalts in Rudolstadt zwei Leidenschaften gefesselt. Dies waren erstens die Sehnsucht, das Libretto des Liebesverbots zu schreiben, und zweitens meine wachsende Zuneigung zu Minna. Allerdings entwarf ich um diese Zeit eine musikalische Komposition, eine Symphonie in E-Dur, deren ersten Satz (3/4-Takt) ich als eigenständiges Stück vollendete. Dieses Werk war in Stil und Gestaltung von Beethovens

Siebter und Achter Symphonie inspiriert, und ich hätte mich, soweit ich mich erinnern kann, nicht dafür zu schämen brauchen, wenn ich es hätte vollenden oder den vollendeten Teil behalten können. Aber ich war schon damals der Meinung, dass es unmöglich sei, auf dem Gebiet der Symphonie und nach Beethovens Methoden etwas Neues und wirklich Bemerkenswertes hervorzubringen. Die Oper hingegen, zu der ich mich innerlich hingezogen fühlte, obwohl ich kein wirkliches Vorbild hatte, das ich nachahmen wollte, bot sich mir in vielfältigen und verlockenden Formen als eine höchst faszinierende Kunstform dar. So vollendete ich unter mannigfaltigen und leidenschaftlichen Erregungen und in den wenigen Mußestunden, die mir noch verblieben, den größten Teil meines Operngedichtes, wobei ich mir sowohl hinsichtlich der Worte als auch der Verse unendlich mehr Mühe gab als beim Text meiner früheren Feen. Auch fand ich, daß ich in der Anordnung und teilweisen Erfindung der Situationen eine unvergleichlich größere Sicherheit besaß als bei der Abfassung jenes früheren Werkes.

Andererseits begann ich jetzt zum ersten Male die Sorgen und Nöte der Eifersucht eines Liebhabers zu empfinden. Eine mir unerklärliche Veränderung zeigte sich in Minnas bisher ungekünsteltem und sanftem Benehmen mir gegenüber. Es scheint, meine ungekünstelten Bitten um ihre Gunst, die ich damals nichts Ernstes meinte und in denen ein Mann von Welt nur den Überschwang einer jugendlichen und leicht zu befriedigenden Vernarrtheit gesehen hätte, hatten zu gewissen Bemerkungen und Kommentaren über die beliebte Schauspielerin Anlaß gegeben. Ich war erstaunt, zuerst aus ihrer zurückhaltenden Art und später aus ihrem eigenen Munde zu erfahren, daß sie sich genötigt fühlte, sich nach der Ernsthaftigkeit meiner Absichten zu erkundigen und ihre Folgen zu bedenken. Sie stand damals, wie ich bereits erfahren hatte, in sehr vertrautem Verkehr mit einem jungen Edelmann, dessen Bekanntschaft ich zuerst in Lauchstädt machte, wo er sie zu besuchen pflegte. Schon damals hatte ich erkannt, daß er ihr aufrichtig und herzlich zugetan war; Tatsächlich galt sie im Kreise ihrer Freunde als mit Herrn von O. verlobt, obwohl eine Heirat offensichtlich nicht in Frage kam, da der junge Liebhaber völlig mittellos war und er sich aufgrund der hohen Stellung seiner Familie sowohl seiner gesellschaftlichen Stellung als auch der Laufbahn, die er einschlagen würde, unbedingt einer Zweckheirat opfern musste. Während ihres Aufenthaltes in Rudolstadt scheint Minna gewisse Informationen über diesen Punkt gesammelt zu haben, die sie beunruhigten und deprimierten und sie daher eher geneigt machten, meinen ungestümen Werbeversuchen mit kühler Zurückhaltung zu begegnen.

Nach reiflicher Überlegung erkannte ich, dass Young Europe, Ardinghello und Liebesverbot in Rudolstadt auf keinen Fall aufgeführt werden konnten;

aber es war eine ganz andere Sache, wenn Fee Amorosa mit ihrer fröhlichen Theaterstimmung und ein Ehrlicher Bürger Kind einen anständigen Lebensunterhalt suchten. Daher ging ich, sehr entmutigt, dazu über, die extravaganteren Situationen meines Liebesverbots zu betonen, indem ich mit ein paar Kameraden in der nach Wurst duftenden Atmosphäre der Rudolstädter Vogelwiese randalierte. Zu dieser Zeit brachten mich meine Probleme wieder mehr oder weniger mit dem Laster des Glücksspiels in Berührung, obwohl es mich diesmal nur vorübergehend in der sehr harmlosen Form der Würfel- und Roulettetische auf dem offenen Marktplatz fesselte.

Wir freuten uns auf die Zeit, in der wir Rudolstadt verlassen würden, um die halbjährliche Wintersaison in der Hauptstadt Magdeburg zu verbringen, vor allem, weil ich dort meinen Platz an der Spitze des Orchesters wieder einnehmen und auf jeden Fall mit einer besseren Belohnung für meine musikalischen Bemühungen rechnen konnte. Doch bevor ich nach Magdeburg zurückkehren konnte, musste ich eine anstrengende Zeit in Bernburg überstehen, wo der Direktor Bethmann neben seinen anderen Verpflichtungen auch verschiedene Theateraufführungen versprochen hatte. Während unseres kurzen Aufenthalts in der Stadt musste ich die Aufführung mehrerer Opern mit einem bloßen Bruchteil der Truppe arrangieren, die wiederum vom königlichen Kapellmeister des Ortes dirigiert werden sollten. Doch zusätzlich zu diesen beruflichen Arbeiten musste ich ein so dürftiges, schlecht versorgtes und schrecklich absurdes Dasein ertragen, dass mir der elende Beruf eines Theaterkapitäns, wenn nicht für immer, so doch zumindest für den Augenblick, Ekel bereitete. Doch selbst dies überlebte ich, und Magdeburg sollte mich schließlich zum wahren Ruhm meines gewählten Berufs führen.

Das Gefühl, am Pult des Dirigenten zu sitzen, von dem aus noch vor wenigen Jahren der große Meister Kühnlein die verblüfften jungen Enthusiasten durch die gewichtige Weisheit seiner musikalischen Leitung so sehr bewegt hatte, war für mich nicht ohne Reiz, und tatsächlich gelang es mir sehr schnell, vollkommenes Vertrauen in die Leitung eines Orchesters zu gewinnen. Bei den hervorragenden Musikern des Orchesters war ich bald eine persona grata. Ihre herrliche Kombination in schwungvollen Ouvertüren, die ich, besonders gegen das Finale, meist mit unerhörter Geschwindigkeit vortrug, brachte uns allen oft den berauschenden Beifall des Publikums ein. Die Leistungen meines feurigen und oft überschwänglichen Eifers brachten mir die Anerkennung der Sänger ein und wurden vom Publikum mit begeisterter Anerkennung begrüßt. Da in Magdeburg, zumindest damals, die Kunst der Theaterkritik noch wenig entwickelt war, war diese allgemeine Zufriedenheit eine große Ermutigung, und am Ende der ersten drei Monate meiner Magdeburger

Dirigententätigkeit fühlte ich mich durch die schmeichelhafte und tröstende Gewissheit gestützt, einer der großen Stars der Oper zu sein. Unter diesen Umständen schlug Schmale, der Bühnenmanager, der seitdem mein guter Freund ist, eine besondere Galavorstellung für den Neujahrstag vor, von der er überzeugt war, dass sie ein Triumph werden würde. Ich sollte die notwendige Musik komponieren. Dies wurde sehr schnell erledigt; eine mitreißende Ouvertüre, mehrere Melodramen und Chöre wurden alle mit Begeisterung aufgenommen und brachten uns so reichlich Beifall, dass wir die Vorstellung mit großem Erfolg wiederholten, obwohl solche Wiederholungen nach dem eigentlichen Galatag völlig gegen den Brauch waren.

Mit dem neuen Jahr (1835) kam ein entscheidender Wendepunkt in meinem Leben. Nach dem Bruch zwischen Minna und mir in Rudolstadt hatten wir uns bis zu einem gewissen Grad verloren; aber unsere Freundschaft wurde bei unserem Wiedersehen in Magdeburg wieder aufgenommen; diesmal blieb sie jedoch kühl und absichtlich gleichgültig. Als sie ein Jahr zuvor zum ersten Mal in der Stadt erschien, hatte ihre Schönheit beträchtliche Aufmerksamkeit erregt, und ich erfuhr nun, dass sie das Objekt großer Aufmerksamkeit mehrerer junger Adliger war und sich von den Komplimenten, die ihre Besuche mit sich brachten, nicht unberührt gezeigt hatte. Obwohl ihr Ruf dank ihrer absoluten Diskretion und Selbstachtung über jeden Zweifel erhaben blieb, wurde mein Widerstand gegen solche Aufmerksamkeiten sehr stark, möglicherweise zum Teil aufgrund der Erinnerung an die Leiden, die ich in Pachtas Haus in Prag ertragen hatte. Obgleich Minna mir versicherte, das Benehmen dieser Herren sei viel diskreter und anständiger als das der bürgerlichen Theatergänger und besonders als das gewisser junger Dirigenten, gelang es ihr doch nie, die Bitterkeit und Beharrlichkeit zu besänftigen, mit der ich gegen ihre Annahme solcher Aufmerksamkeiten protestierte. So verbrachten wir drei unglückliche Monate in immer größerer Entfremdung, während ich zugleich in halb wahnsinniger Verzweiflung vorgab, die unerwünschtesten Gesellschafter zu mögen, und mich in jeder Hinsicht mit so unverhohlener Leichtfertigkeit benahm, daß Minna, wie sie mir später erzählte, von der tiefsten Besorgnis und Sorge um mich erfüllt wurde. Da nun auch die Damen der Operngesellschaft nicht zögerten, ihrem jugendlichen Dirigenten den Hof zu machen, und besonders eine junge Dame, deren Ruf nicht unbefleckt war, offen nach mir griff, scheint diese Besorgnis Minnas schließlich in einem endgültigen Entschluß gipfelt zu haben. Ich kam auf die Idee, die Elite unserer Operngesellschaft am Silvesterabend in meinem Zimmer mit Austern und Punsch zu bewirten. Die Ehepaare wurden eingeladen, und dann kam die Frage, ob Fräulein Planer einwilligen würde, an einem solchen Fest teilzunehmen. Sie nahm ganz unbefangen an und präsentierte sich, so adrett und schicklich gekleidet wie immer, in meiner Junggesellenwohnung, wo es bald ziemlich lebhaft wurde.

Ich hatte meinen Hauswirt bereits gewarnt, dass wir wahrscheinlich nicht sehr ruhig sein würden, und ihn hinsichtlich möglicher Schäden an seinen Möbeln beruhigt. Was der Champagner nicht schaffte, gelang schließlich dem Punsch; alle Hemmungen kleinlicher Konventionalität, die die Gesellschaft sonst zu wahren suchte, wurden beiseite geworfen und machten einem uneingeschränkten Benehmen Platz, gegen das niemand Einwände hatte. Und dann war es Minnas königliche Würde, die sie von all ihren Begleiterinnen unterschied. Sie verlor nie ihre Selbstachtung; und während niemand es wagte, sich auch nur die geringste Freiheit mit ihr herauszunehmen, erkannte doch jeder ganz deutlich die schlichte Aufrichtigkeit, mit der sie auf meine freundlichen und besorgten Aufmerksamkeiten reagierte. Es war ihnen nicht entgangen, dass die Verbindung zwischen uns nicht mit einer gewöhnlichen Liaison zu vergleichen war, und wir hatten die Genugtuung, zu sehen, wie die flatterhafte junge Dame, die sich so offen auf mich eingelassen hatte, bei dieser Entdeckung einen Anfall bekam.

Von da an stand ich mit Minna in bestem Einvernehmen. Ich glaube nicht, dass sie jemals irgendeine Art von Leidenschaft oder echter Liebe für mich empfunden hat oder dass sie dazu überhaupt fähig war, und ich kann ihre Gefühle für mich daher nur als von Herzen kommendes Wohlwollen und dem aufrichtigen Wunsch nach meinem Erfolg und Wohlstand beschreiben, inspiriert von der freundlichsten Sympathie und echter Freude und Bewunderung für meine Talente. All dies wurde schließlich zu einem Teil ihrer Natur. Sie hatte offensichtlich eine sehr positive Meinung von meinen Fähigkeiten, obwohl sie über die Schnelligkeit meines Erfolgs überrascht war. Meine exzentrische Natur, die sie durch ihre Sanftmut so gut zu unterstreichen wusste, spornte sie zu der ständigen Ausübung der Macht an, die ihrer eigenen Eitelkeit so schmeichelte, und ohne jemals selbst ein Verlangen oder eine Leidenschaft zu verraten, begegnete sie meinen ungestümen Annäherungsversuchen nie mit Kälte.

Am Magdeburger Theater hatte ich bereits die Bekanntschaft einer sehr interessanten Frau namens Frau Haas gemacht. Sie war Schauspielerin, nicht mehr in ihrer ersten Jugend, und spielte sogenannte „Anstandsdamenrollen". Diese Dame gewann mein Mitgefühl, indem sie mir erzählte, sie sei seit ihrer Jugend mit Laube befreundet gewesen, an dessen Schicksal sie sich noch immer herzlich und herzlich beteiligte. Sie war klug, aber alles andere als glücklich, und ein unscheinbares Äußeres, das mit den Jahren immer ungastlicher wurde, trug nicht dazu bei, sie glücklicher zu machen. Sie lebte in ärmlichen Verhältnissen, hatte ein Kind und schien sich mit bitterem Kummer an ihre besseren Tage zu erinnern. Mein erster Besuch bei ihr war nur, um mich nach Laubes Schicksal zu erkundigen, aber bald wurde ich ein häufiger und vertrauter Besucher. Da sie und Minna schnell enge Freunde wurden, verbrachten wir drei oft angenehme Abende im Gespräch miteinander. Als sich aber später eine gewisse Eifersucht der älteren Frau gegenüber der jüngeren zeigte, wurde unser vertrauliches Verhältnis mehr oder weniger gestört, denn es betrübte mich besonders, Minnas Talente und geistige Begabungen von der anderen kritisiert zu hören. Eines Abends hatte ich Minna versprochen, mit ihr und Frau Haas Tee zu trinken, aber ich hatte gedankenlos versprochen, vorher zu einer Whist-Party zu gehen. Diese Verabredung verlängerte ich absichtlich, so sehr sie mich auch ermüdete, in der bewussten Hoffnung, dass ihre Begleiterin – die mir bereits lästig geworden war – vor meiner Ankunft abgereist sein könnte. Das konnte ich nur erreichen, indem ich stark trank, so dass ich die sehr ungewöhnliche Erfahrung machte, von einer nüchternen Whist-Party in einem völlig benebelten Zustand aufzustehen, in den ich unmerklich geraten war und den ich nicht glauben wollte. Diese Ungläubigkeit verleitete mich dazu, meine Verabredung zum Tee einzuhalten, obwohl es schon so spät war. Zu meinem großen Ekel war die ältere Frau noch da, als ich ankam, und ihre Anwesenheit hatte sofort die Wirkung, meine Betrunkenheit zu einem heftigen Ausbruch zu bringen; denn sie schien über mein gewalttätiges und ungehöriges Benehmen erstaunt zu sein und machte mehrere als Scherz gemeinte Bemerkungen darüber, worauf ich sie aufs gröbste verspottete, so daß sie sofort in höchster Entrüstung das Haus verließ. Ich war noch vernünftig genug, um Minnas erstauntes Lachen über mein unerhörtes Benehmen zu bemerken. Sobald sie jedoch merkte, daß mein Zustand so war, daß ich ohne große Aufregung nicht weggehen konnte, faßte sie rasch einen Entschluß, der sie zwar einige Mühe gekostet haben mußte, aber mit der größten Ruhe und guten Laune ausführte. Sie tat alles für mich, was sie konnte, verschaffte mir die nötige Erleichterung, und als ich in einen tiefen Schlaf versank, überließ sie mir ohne Zögern ihr eigenes Bett. Darin schlief ich, bis mich das wunderbare Morgengrauen weckte. Als ich erkannte, wo ich war, wurde mir sofort klar und ich wurde immer überzeugter davon, daß der Sonnenaufgang dieses Morgens den Beginn einer unendlich bedeutsamen Periode meines Lebens markierte. Der Dämon der Sorge war schließlich in mein Leben getreten.

Ohne Scherze, ohne Heiterkeit oder Scherze irgendwelcher Art frühstückten wir ruhig und anständig miteinander, und zu einer Stunde, da wir uns angesichts der kompromittierenden Umstände des Vorabends ohne ungehörige Aufmerksamkeit auf den Weg machen konnten, brach ich mit Minna zu einem langen Spaziergang außerhalb der Stadttore auf. Dann trennten wir uns und befriedigten von diesem Tage an frei und offen unsere Wünsche als anerkanntes Liebespaar.

Die eigentümliche Richtung, die meine musikalischen Bestrebungen allmählich eingeschlagen hatten, erhielt immer neue Impulse nicht nur durch die Erfolge, sondern auch durch die Mißerfolge, die meine Bemühungen um diese Zeit betrafen. Die Ouvertüre zu meinen Feen führte ich mit sehr zufriedenstellendem Erfolg in einem Konzert der Logengesellschaft auf und erntete dadurch beträchtlichen Beifall. Dagegen trafen aus Leipzig Nachrichten ein, die das schäbige Verhalten der dortigen Theaterleitung hinsichtlich der versprochenen Aufführung dieser Oper bestätigten. Zu meinem Glück hatte ich aber bereits mit der Musik zu meinem Liebesverbot begonnen, eine Beschäftigung, die meine Gedanken so sehr in Anspruch nahm, daß ich jedes Interesse an dem früheren Werk verlor und mit stolzer Gleichgültigkeit von allen weiteren Bemühungen um dessen Aufführung in Leipzig absah. Der Erfolg der Ouvertüre allein entlohnte mich reichlich für die Komposition meiner ersten Oper.

Inzwischen habe ich trotz zahlreicher anderer Ablenkungen in den kurzen sechs Monaten dieser Magdeburger Theatersaison Zeit gefunden, neben anderen Arbeiten einen großen Teil meiner neuen Oper fertigzustellen. Ich wagte es, zwei Duette daraus bei einem im Theater gegebenen Konzert vorzustellen, und deren Aufnahme ermutigte mich, hoffnungsvoll mit dem Rest der Oper fortzufahren.

In der zweiten Hälfte dieser Saison sonnte sich mein Freund Apel begeistert im Glanz meiner musikalischen Leitung. Er hatte ein Drama geschrieben, Columbus, das ich unserer Direktion zur Aufführung empfahl. Dies war ein besonders leicht zu gewinnender Gefallen, da Apel sich freiwillig bereit erklärte, auf eigene Kosten eine neue Szene, die die Alhambra darstellte, malen zu lassen. Außerdem schlug er vor, viele willkommene Verbesserungen an den Bedingungen der in seinem Stück mitwirkenden Schauspieler vorzunehmen; denn aufgrund der anhaltenden Vorliebe der Direktorin für Kneisel, den Bass, hatten sie alle sehr unter der Unsicherheit über ihre Gage gelitten. Das Stück selbst schien mir viel Gutes zu enthalten. Es beschrieb die Schwierigkeiten und Kämpfe des großen Seefahrers, bevor er zu seiner ersten Entdeckungsreise in See stach. Das Drama endete mit der bedeutsamen Abfahrt seiner Schiffe aus dem Hafen von Palos, einer Episode, deren Folgen in aller Welt bekannt sind. Auf meinen Wunsch hin legte Apel sein Stück meinem Onkel Adolph vor, und selbst nach seiner kritischen Meinung war es bemerkenswert für seine lebhaften und charakteristischen Volksszenen. Dagegen erschien mir eine Liebesgeschichte, die er in die Handlung eingeflochten hatte, unnötig und langweilig. Außer einem kurzen Chor für einige aus Granada vertriebene Mauren, der bei ihrem Abschied aus der vertrauten Heimat gesungen werden sollte, und einem kurzen Orchesterstück zum Abschluß, hatte ich auch eine Ouvertüre für das Stück meines Freundes hingeworfen. Den ganzen Entwurf dazu skizzierte ich eines Abends bei Minna, während Apel frei war, mit ihr zu reden, so viel und so laut er wollte. Die Wirkung, die diese

Komposition erzielen sollte, beruhte auf einem ganz einfachen, aber in seiner Entwicklung überraschenden Grundgedanken. Leider arbeitete ich ihn etwas hastig aus. In nicht sehr sorgfältig gewählter Phrasierung sollte das Orchester den Ozean und, soweit möglich, das darauf befindliche Schiff darstellen. Ein gewaltsames, pathetisch sehnsüchtiges und strebendes Thema war der einzig verständliche Gedanke in dem Wirbel der umhüllenden Klänge. Als das Ganze wiederholt worden war, folgte ein plötzlicher Sprung zu einem anderen Thema in extremem Pianissimo, begleitet von den anschwellenden Schwingungen der ersten Violinen, das eine Fata Morgana darstellen sollte. Ich hatte drei Trompetenpaare in verschiedenen Tonarten besorgt, um dieses exquisite, allmählich aufkommende und verführerische Thema mit äußerster Feinheit der Schattierungen und Modulationsvielfalt wiederzugeben. Dies sollte das Land der Sehnsucht darstellen, auf das die Augen des Helden gerichtet sind und dessen Küsten sich ständig vor ihm zu erheben scheinen, nur um flüchtig in den Wellen zu versinken, bis sie schließlich tatsächlich über dem westlichen Horizont aufsteigen, die Krone all seiner Mühen und Suche, und allen Matrosen klar und unmissverständlich offenbart werden, ein riesiger Kontinent der Zukunft. Meine sechs Trompeten sollten sich nun in einer Tonart vereinen, damit das ihnen zugewiesene Thema in herrlichem Jubel widerhallen konnte. Da ich mit der Vortrefflichkeit der preußischen Regimentstrompeter vertraut war, konnte ich mich auf eine verblüffende Wirkung verlassen, insbesondere in dieser Schlusspassage. Meine Ouvertüre versetzte alle in Erstaunen und wurde mit stürmischem Beifall bedacht. Das Stück selbst wurde jedoch ohne Würde aufgeführt. Ein eingebildeter Komiker namens Ludwig Meyer verdarb die Titelrolle völlig, wofür er sich damit entschuldigte, dass er als Bühnenmeister nicht in der Lage gewesen sei, sich seine Texte einzuprägen. Trotzdem gelang es ihm, seine Garderobe auf Apels Kosten mit mehreren prächtigen Kostümen zu bereichern, die er als Kolumbus nacheinander trug. Jedenfalls hatte Apel noch erlebt, wie sein eigenes Stück tatsächlich aufgeführt wurde, und obwohl dies nie wiederholt wurde, bot es mir doch Gelegenheit, meine persönliche Popularität bei den Magdeburgern zu steigern, da die Ouvertüre auf besonderen Wunsch mehrmals bei Konzerten wiederholt wurde.

Das Hauptereignis dieser Theatersaison ereignete sich jedoch gegen Ende. Ich bewog Frau Schröder-Devrient, die sich in Leipzig aufhielt, zu einigen besonderen Aufführungen zu uns zu kommen, wobei ich zweimal die große Genugtuung und anregende Erfahrung hatte, die Opern, in denen sie sang, selbst zu dirigieren und so in unmittelbare künstlerische Zusammenarbeit mit ihr zu treten. Sie trat als Desdemona und Romeo auf. Besonders in der letzteren Rolle übertraf sie sich selbst und entzündete eine neue Flamme in meiner Brust. Dieser Besuch brachte uns auch in engere persönliche Verbindung. Sie zeigte sich mir gegenüber so freundlich und sympathisch, dass sie sich sogar freiwillig bereit erklärte, mir ihre Dienste bei einem

Konzert zur Verfügung zu stellen, das ich zu meinem eigenen Nutzen geben wollte, obwohl dies ihre Rückkehr nach kurzer Abwesenheit erforderlich machen würde. Unter so günstigen Umständen konnte ich von meinem Konzert nur die bestmöglichen Ergebnisse erwarten, und in meiner damaligen Situation war sein Ertrag für mich von entscheidender Bedeutung. Mein spärliches Gehalt von der Magdeburger Operngesellschaft war völlig illusorisch geworden, da es nur in kleinen und unregelmäßigen Raten ausgezahlt wurde, so dass ich nur eine Möglichkeit sah, meine täglichen Ausgaben zu bestreiten. Dazu gehörten häufige Unterhaltungen eines großen Freundeskreises, bestehend aus Sängern und Schauspielern, und die Situation wurde durch eine nicht geringe Zahl von Schulden unangenehm verschärft. Zwar kannte ich deren genaue Höhe nicht, aber ich rechnete damit, dass ich zumindest eine vorteilhafte, wenn auch unbestimmte Schätzung der Summe vornehmen konnte, die mein Konzert einbringen würde, wodurch sich die beiden unbekannten Beträge gegenseitig ausgleichen könnten. Daher tröstete ich meine Gläubiger mit der Geschichte dieser fabelhaften Einnahmen, die sie alle am Tag nach dem Konzert vollständig bezahlen sollten. Ich ging sogar so weit, sie einzuladen, zu kommen und sich das Geld in dem Hotel abholen zu lassen, in das ich am Ende der Saison gezogen war.

Und tatsächlich war es nicht unvernünftig, dass ich mit den höchsten Einnahmen rechnete, die man sich vorstellen konnte, wenn ich von einer so großen und beliebten Sängerin unterstützt wurde, die zudem eigens für diese Veranstaltung nach Magdeburg zurückkehrte. Ich handelte daher mit rücksichtsloser Verschwendung, was die Kosten anging, und stürzte mich in alle möglichen musikalischen Extravaganzen, wie zum Beispiel die Verpflichtung eines ausgezeichneten und viel größeren Orchesters und die Organisation zahlreicher Proben. Leider wollte jedoch niemand glauben, dass eine so berühmte Schauspielerin, deren Zeit so kostbar war, wirklich wiederkommen würde, um einem kleinen Magdeburger Dirigenten zu gefallen. Meine pompöse Ankündigung ihres Auftritts wurde fast allgemein als betrügerisches Manöver angesehen, und die Leute nahmen Anstoß an den hohen Sitzplatzpreisen. Das Ergebnis war, dass der Saal nur sehr spärlich gefüllt war, eine Tatsache, die mich wegen meiner großzügigen Gönnerin besonders betrübte. An ihrem Versprechen hatte ich nie gezweifelt. Pünktlich am vereinbarten Tag erschien sie wieder, um mich zu unterstützen, und machte nun die schmerzliche und ungewohnte Erfahrung, vor einem kleinen Publikum aufzutreten. Glücklicherweise behandelte sie die Sache mit großer Laune (was, wie ich später erfuhr, von anderen Motiven herrührte, die nicht mich persönlich betrafen). Unter mehreren Stücken sang sie Beethovens Adelaïde aufs vorzüglichste, wobei ich sie zu meinem eigenen Erstaunen am Klavier begleitete. Aber leider widerfuhr meinem Konzert aufgrund unserer unglücklichen Auswahl der Stücke ein anderes und unerwarteteres Unglück. Aufgrund des übermäßigen Nachhalls im Salon des Hotels „The City of London" war der Lärm unerträglich. Meine Columbus-Ouvertüre mit ihren sechs Trompeten hatte das Publikum am frühen Abend mit Schrecken erfüllt; und nun kam am Ende Beethovens Schlacht bei Vittoria, für die ich in enthusiastischer Erwartung unbegrenzter Einnahmen für jeden erdenklichen Orchesterluxus gesorgt hatte. Das Abfeuern von Kanonen und Musketen wurde sowohl auf französischer als auch auf englischer Seite mit äußerster Sorgfalt mittels speziell konstruierter und kostspieliger Apparate organisiert; während Trompeten und Signalhörner doppelt und dreifach eingesetzt worden waren. Dann begann eine Schlacht, wie sie selten grausamer in einem Konzertsaal ausgetragen wurde. Das Orchester stürzte sich sozusagen mit einer so überwältigenden zahlenmäßigen Überlegenheit auf das spärliche Publikum, dass dieses schnell jeden Gedanken an Widerstand aufgab und buchstäblich die Flucht ergriff. Frau Schröder-Devrient hatte freundlicherweise einen Platz in der ersten Reihe eingenommen, um das Konzert bis zum Ende mitzuhören. So sehr sie auch an solche Schrecken gewöhnt war, so konnte sie dies doch nicht ertragen, selbst aus Freundschaft mit mir. Als die Engländer daher einen neuen verzweifelten Angriff auf die französische Stellung starteten, ergriff sie fast händeringend die Flucht. Ihre Aktion wurde zum Signal für eine panische Massenpanik. Alle stürmten hinaus, und Wellingtons Sieg wurde schließlich in einem vertraulichen Ausbruch nur zwischen mir und dem Orchester gefeiert. So endete dieses wunderbare Musikfest. Schröder-Devrient ging sofort fort, zutiefst bedauernd über den Misserfolg ihrer gut gemeinten Anstrengung, und überließ mich freundlicherweise meinem Schicksal. Nachdem ich Trost in den Armen meiner trauernden Liebsten gesucht und versucht hatte, mich für den morgigen Kampf zu stärken, der wahrscheinlich nicht mit einer siegreichen Symphonie enden würde, kehrte ich am nächsten Morgen ins Hotel zurück. Ich stellte fest, dass ich meine Zimmer nur erreichen konnte, indem ich Spießruten zwischen langen Reihen von Männern und Frauen in Doppelreihe durchlief, die alle speziell dorthin eingeladen worden waren, um ihre jeweiligen Angelegenheiten zu regeln. Ich behielt mir das Recht vor, einzelne meiner Besucher für ein gesondertes Gespräch auszuwählen, und führte zunächst den zweiten Trompeter des Orchesters herein, dessen Aufgabe es gewesen war, sich um das Bargeld und die Noten zu kümmern. Aus seinem Bericht erfuhr ich, dass ich aufgrund der hohen Gagen, die ich dem Orchester in meinem großzügigen Enthusiasmus versprochen hatte, noch ein paar Schilling und Sixpence mehr aus eigener Tasche bezahlen musste, um allein diese Kosten zu decken. Als dies geklärt war, war die Lage der Dinge klar. Die nächste Person, die ich hereinlud, war Mme. Gottschalk, eine vertrauenswürdige Jüdin, mit der ich mich über die gegenwärtige Krise einigen wollte. Sie erkannte sofort, dass in diesem Fall mehr als die übliche Hilfe erforderlich war, zweifelte aber nicht daran, dass ich sie von meinen reichen Verbindungen in Leipzig erhalten würde. Sie unternahm es daher, die anderen Gläubiger mit beruhigenden Zusicherungen zu beschwichtigen, und schimpfte oder tat zumindest so, als ob sie schimpfte. So gelang es uns schließlich, wenn auch nicht ohne einige Schwierigkeiten, den Korridor vor meiner Tür wieder passierbar zu machen.

Die Theatersaison war nun vorüber, unsere Truppe stand kurz vor der Auflösung, und ich selbst war meiner Anstellung enthoben. Aber der unglückliche Direktor unseres Theaters war inzwischen von einem Zustand chronischen Bankrotts in einen akuten übergegangen. Er bezahlte mit Papiergeld, das heißt mit ganzen Logenkartenbögen für Aufführungen, deren Stattfinden er garantierte. Durch große Geschicklichkeit gelang es Minna, sogar aus diesen merkwürdigen Schatzpapieren einen gewissen Gewinn zu ziehen. Sie lebte zu dieser Zeit äußerst sparsam und sparsam. Da die Theatertruppe außerdem weiterhin ihre Bemühungen für ihre Mitglieder fortsetzte – nur die Operntruppe war aufgelöst worden –, blieb sie am Theater. Als ich daher meine obligatorische Rückkehr nach Leipzig antrat, verabschiedete sie mich mit herzlichen Glückwünschen für unser baldiges Wiedersehen und versprach, die nächsten Ferien bei ihren Eltern in Dresden zu verbringen, bei welcher Gelegenheit sie auch mich in Leipzig besuchen wollte.

So kam es, daß ich Anfang Mai noch einmal zu meinen Eltern heimkehrte, um nach diesem mißlungenen ersten Versuch bürgerlicher Selbständigkeit endlich die Schuldenlast zu tilgen, die meine Bemühungen in Magdeburg auf mir lasteten. Ein intelligenter brauner Pudel begleitete mich treu und wurde meiner Familie als einziger sichtbarer Besitz, den ich erworben hatte, zu Nahrung und Unterhaltung anvertraut. Trotzdem gelang es meiner Mutter und Rosalie, auf der bloßen Tatsache, daß ich ein Orchester dirigieren konnte, gute Hoffnungen für meine künftige Laufbahn zu gründen. Mir dagegen war der Gedanke, wieder in mein früheres Leben mit meiner Familie zurückzukehren, sehr beunruhigend. Besonders mein Verhältnis zu Minna spornte mich an, meine unterbrochene Laufbahn so bald wie möglich wieder aufzunehmen. Die große Veränderung, die in dieser Hinsicht mit mir vorgegangen war, wurde deutlicher als je zuvor, als Minna auf ihrer Heimreise einige Tage mit mir in Leipzig verbrachte. Ihre vertraute und freundliche Gegenwart verkündete, daß meine Tage elterlicher Abhängigkeit vorüber waren. Wir besprachen die Erneuerung meines Magdeburger Engagements, und ich versprach ihr einen baldigen Besuch in Dresden. Ich erhielt von meiner Mutter und meiner Schwester die Erlaubnis, sie eines Abends zum Tee einzuladen , und auf diese Weise stellte ich sie meiner Familie vor. Rosalie sah sofort, wie es um mich stand, nutzte die Entdeckung aber nicht weiter, als mich mit meiner Verliebtheit zu necken. Ihr erschien die Affäre nicht gefährlich; für mich jedoch war die Sache ganz anders, denn diese liebeskranke Zuneigung entsprach vollkommen meinem unabhängigen Geist und meinem Ehrgeiz, mir einen Platz in der Welt der Kunst zu erobern.

Meine Abneigung gegen Leipzig selbst wurde noch verstärkt durch eine Veränderung, die sich dort zu dieser Zeit auf dem Gebiet der Musik vollzog. Zur selben Zeit, als ich in Magdeburg versuchte, mir durch gedankenlose Unterwerfung unter den frivolen Zeitgeschmack einen Ruf als Dirigent zu erarbeiten, dirigierte Mendelssohn-Bartholdy die Gewandhauskonzerte und leitete damit eine bedeutsame Epoche für sich und den Musikgeschmack Leipzigs ein. Sein Einfluss hatte der einfachen Unbefangenheit, mit der das Leipziger Publikum bis dahin die Produktionen seiner geselligen Abonnementkonzerte beurteilt hatte, ein Ende bereitet. Durch den Einfluss meines guten alten Freundes Pohlenz, der noch nicht ganz aufs Abstellgleis gelegt war, gelang es mir, meine Columbus-Ouvertüre bei einem Benefizkonzert der jungen Lieblingssängerin Livia Gerhart aufzuführen. Zu meinem Erstaunen stellte ich jedoch fest, dass der Geschmack des Leipziger Musikpublikums eine andere Richtung eingeschlagen hatte, die nicht einmal meine begeistert beklatschte Ouvertüre mit ihrer brillanten Kombination von sechs Trompeten beeinflussen konnte. Dieses Erlebnis vertiefte meine Abneigung gegen alles, was auch nur annähernd einem klassischen Ton entsprach, und ich war in dieser Empfindung ganz auf einer Linie mit dem biederen Pohlenz, der gutmütig über den Untergang der guten alten Zeiten seufzte.

Die Vorbereitungen für ein Musikfestival in Dessau unter der Leitung von Friedrich Schneider boten mir eine willkommene Gelegenheit, Leipzig zu verlassen. Für diese Reise, die zu Fuß in sieben Stunden zurückgelegt werden konnte, musste ich mir einen Pass für acht Tage besorgen. Dieses Dokument sollte in meinem Leben noch viele Jahre lang eine wichtige Rolle spielen; denn bei mehreren Gelegenheiten und in verschiedenen europäischen Ländern war es das einzige Papier, das ich besaß, um meine Identität nachzuweisen. Tatsächlich gelang es mir aufgrund meiner Wehrdienstverweigerung in Sachsen nie wieder, einen regulären Pass zu erhalten, bis ich zum Musikkapitän in Dresden ernannt wurde. Ich hatte aus dieser Gelegenheit kaum künstlerische Freude oder Nutzen irgendeiner Art; im Gegenteil, sie gab meinem Hass auf die klassische Musik neuen Auftrieb. Ich hörte Beethovens Sinfonie in c-Moll unter der Leitung eines Mannes, dessen Physiognomie, die der eines betrunkenen Satyrs ähnelte, mich mit unüberwindlichem Ekel erfüllte. Trotz einer endlosen Reihe von Kontrabässen, mit denen ein Dirigent bei Musikfestivals normalerweise kokettiert, war seine Darbietung so ausdruckslos und albern, dass ich mich angewidert von einem beunruhigenden und abstoßenden Problem abwandte und alle Versuche unterließ, die unüberwindbare Kluft zu erklären, die, wie ich wieder einmal erkannte, zwischen meiner eigenen lebhaften und phantasievollen Vorstellung dieses Werks und den einzigen lebendigen Aufführungen davon, die ich je gehört hatte, gähnte. Aber für den Augenblick wurden meine gequälten Geister aufgeheitert und beruhigt, als ich das klassische Oratorium Absalom des Schneider hörte, das als absolute Burleske vorgetragen wurde.

In Dessau hatte Minna ihr Debüt auf der Bühne gegeben, und dort hörte ich, wie frivole junge Männer in dem Ton über sie sprachen, der in solchen Kreisen bei Gesprächen über junge und schöne Schauspielerinnen üblich ist. Mein Eifer, diesem Geschwätz zu widersprechen und die Klatschtanten zu verwirren, offenbarte mir deutlicher als je zuvor die Stärke der Leidenschaft, die mich zu ihr hinzog.

Ich kehrte also ohne Besuch bei meinen Verwandten nach Leipzig zurück und besorgte mir dort die Mittel zu einer sofortigen Reise nach Dresden. Unterwegs (die Reise wurde noch mit der Eilkutsche durchgeführt) begegnete ich Minna, die in Begleitung einer ihrer Schwestern schon auf dem Rückweg nach Magdeburg war. Ich besorgte mir sogleich eine Postkarte für die Rückreise nach Leipzig und machte mich tatsächlich mit meinem lieben Mädchen dorthin auf; aber als wir die nächste Station erreichten, gelang es mir, sie zu überreden, mit mir nach Dresden zurückzukehren. Zu diesem Zeitpunkt war die Postkutsche schon weit vor uns, und wir mussten mit einer Sonderpostkutsche reisen. Dieses lebhafte Hin und Her schien die beiden Mädchen zu überraschen und in freudige Stimmung zu versetzen. Die Extravaganz meines Benehmens hatte sie offenbar in Abenteuererwartung versetzt, und es war nun meine Pflicht, diese Erwartung zu erfüllen. Ich besorgte mir von einer Dresdener Bekannten das nötige Bargeld und führte meine beiden Freundinnen durch die sächsischen Alpen, wo wir einige recht vergnügte Tage unschuldiger und jugendlicher Fröhlichkeit verbrachten. Nur einmal wurde dies durch einen vorübergehenden Eifersuchtsanfall meinerseits gestört, zu dem es zwar keinen Anlass gab, der sich aber in meinem Herzen aus nervöser Zukunftsangst und aus den bereits gewonnenen Erfahrungen mit der Frauenwelt nährte. Doch trotz dieses Makels bleibt unser Ausflug in meiner Erinnerung als die süßeste und fast einzige Erinnerung an ungetrübtes Glück in meinem ganzen Jünglingsleben. Besonders sticht ein Abend hervor, an dem wir bei herrlichem Sommerwetter fast die ganze Nacht im Schander Bade zusammensaßen. Ja, meine spätere lange und sorgenvolle, mit den schmerzlichsten und bittersten Wechselfällen verwobene Verbindung mit Minna ist mir oft wie eine beharrlich verlängerte Sühne für den kurzen und harmlosen Genuß jener wenigen Tage erschienen.

Nachdem ich Minna nach Leipzig begleitet hatte, von wo aus sie ihre Reise nach Magdeburg fortsetzte, stellte ich mich meiner Familie vor, erzählte ihnen jedoch nichts von meinem Ausflug nach Dresden. Ich spannte nun meine Kräfte, als stünde mir ein seltsames und tiefes Pflichtgefühl im Herzen, auf die Aufgabe, Vorkehrungen zu treffen, die mich schnell wieder an die Seite meiner Liebsten zurückbringen würden. Zu diesem Zweck musste mit Direktor Bethmann ein neues Engagement für die kommende Wintersaison ausgehandelt werden. Da ich den Abschluss unseres Vertrags in Leipzig nicht abwarten konnte, nutzte ich Laubes Anwesenheit im Bad in Kösen bei Naumburg, um ihm einen Besuch abzustatten. Laube war erst vor kurzem aus dem Berliner Stadtgefängnis entlassen worden, nach einer quälenden Inquisition von fast einem Jahr. Als er auf Ehrenwort gelobte, das Land nicht zu verlassen, bis das Urteil gefällt sei, durfte er sich nach Kösen zurückziehen, von wo aus er uns eines Abends einen heimlichen Besuch in Leipzig abstattete. Ich kann mich noch an sein trauriges Aussehen erinnern. Er schien hoffnungslos resigniert, obwohl er fröhlich über all seine früheren Träume von besseren Dingen sprach; und aufgrund meiner eigenen Sorgen damals über den kritischen Zustand meiner Angelegenheiten bleibt dieser Eindruck eine meiner traurigsten und schmerzhaftesten Erinnerungen. Während ich in Kösen war, zeigte ich ihm viele der Verse für mein Liebesverbot, und obwohl er kalt über meine Anmaßung sprach, mein eigenes Libretto schreiben zu wollen, war ich durch seine Wertschätzung meiner Arbeit ein wenig ermutigt.

Inzwischen wartete ich ungeduldig auf Briefe aus Magdeburg. Nicht, daß ich an der Erneuerung meiner Verlobung zweifelte; im Gegenteil, ich hatte allen Grund, mich für eine gute Verstärkung für Bethmann zu halten; aber ich fühlte, daß nichts, was mich Minna näher bringen sollte, schnell genug gehen konnte. Sobald ich die nötigen Nachrichten erhielt, eilte ich fort, um an Ort und Stelle alle nötigen Vorkehrungen zu treffen, um der kommenden Magdeburger Opernsaison einen glänzenden Erfolg zu sichern.

Durch die unermüdliche Großzügigkeit des Königs von Preußen war unserem ewig bankrotten Theaterdirektor eine neue und letzte Hilfe zuteil geworden. Seine Majestät hatte einem Komitee aus vermögenden Magdeburger Bürgern eine nicht unbeträchtliche Summe als Subvention für das Theater unter Bethmanns Leitung zugewiesen. Was dies bedeutete und mit welcher Hochachtung ich daraufhin den künstlerischen Verhältnissen Magdeburgs gegenüberstand, kann man sich am besten vorstellen, wenn man sich die verwahrloste und verlassene Umgebung vor Augen führt, in der solche Provinztheater gewöhnlich ihr Dasein fristen. Ich erbot mich sofort, eine weite Reise auf mich zu nehmen, um gute Opernsänger zu suchen. Ich sagte, ich würde die Mittel dazu auf eigene Gefahr finden, und die einzige Garantie, die ich von der Direktion für eine eventuelle Rückerstattung verlangte, war, dass sie mir den Erlös einer künftigen Benefizvorstellung zusprechen würde. Dieses Angebot wurde gern angenommen, und in pompösen Tönen erteilte mir der Direktor die nötigen Vollmachten und gab mir außerdem seinen Abschiedssegen. Während dieser kurzen Zeitspanne lebte ich noch einmal in inniger Gemeinschaft mit Minna – die nun ihre Mutter bei sich hatte – und verabschiedete mich dann erneut von ihr, um mein abenteuerliches Unternehmen zu beginnen.

Als ich jedoch in Leipzig ankam, fiel es mir nicht leicht, die Mittel für die Kosten meiner geplanten Reise aufzutreiben, mit denen ich in Magdeburg so zuversichtlich gerechnet hatte. Der Glanz des königlichen Schutzes Preußens für unser Theaterunternehmen, den ich meinem guten Schwager Brockhaus in den lebhaftesten Farben schilderte, vermochte ihn nicht zu blenden, und erst mit großer Mühe und Demütigung konnte ich mein Entdeckungsschiff schließlich unter Kontrolle bringen.

Natürlich zog es mich zunächst in mein altes Wunderland Böhmen. Dort machte ich nur einen kurzen Abstecher nach Prag und eilte, ohne meine reizenden Freundinnen zu besuchen, weiter, um zunächst die Operngesellschaft zu testen, die in dieser Saison in Karlsbad spielte. Voller Ungeduld, so viele Talente wie möglich zu entdecken, um meine Mittel nicht sinnlos zu erschöpfen, besuchte ich eine Aufführung von La Dame Blanche und hoffte aufrichtig, die ganze Aufführung erstklassig zu finden. Aber erst viel später wurde mir klar, wie miserabel die Qualität all dieser Sänger war. Ich wählte einen von ihnen aus, einen Bass namens Graf, der Gaveston sang. Als er zu gegebener Zeit in Magdeburg debütierte, erregte er so viel begründete Unzufriedenheit, dass ich kein Wort fand, um auf den Spott zu antworten, den ich durch diese Anschaffung erfuhr.

Doch der geringe Erfolg, der mit dem eigentlichen Ziel meiner Reise verbunden war, wurde durch die Freuden der Reise selbst aufgewogen. Die Fahrt durch Eger, über das Fichtelgebirge und die Einfahrt in Bayreuth, herrlich beleuchtet von der untergehenden Sonne, sind mir bis heute in schöner Erinnerung geblieben.

Mein nächstes Ziel war Nürnberg, wo meine Schwester Clara und ihr Mann tätig waren und von wo ich mit guten Informationen über den Zweck meiner Suche rechnen konnte. Besonders angenehm war es, im Haus meiner Schwester gastfreundlich aufgenommen zu werden, wo ich hoffte, meine etwas erschöpften Reisemöglichkeiten wieder aufzufrischen. Dabei rechnete ich vor allem mit dem Verkauf einer Schnupftabakdose, die mir ein Freund geschenkt hatte und von der ich aus geheimen Gründen annahm, sie sei aus Platin. Dazu kam noch ein goldener Siegelring, den mir mein Freund Apel für die Komposition der Ouvertüre zu seinem Columbus geschenkt hatte. Der Wert der Schnupftabakdose erwies sich leider als völlig imaginär; aber durch das Verpfänden dieser beiden Juwelen, der einzigen, die mir noch geblieben waren, hoffte ich, mir das Nötigste für die Weiterreise nach

Frankfurt zu verschaffen. Auf diesen Ort und die Rheingegend lenkten mich die gesammelten Informationen. Vor meiner Abreise überredete ich meine Schwester und meinen Schwager, Engagements in Magdeburg anzunehmen; Aber es fehlten mir noch ein erster Tenor und eine Sopranistin, die ich bis dahin überhaupt nicht entdeckt hatte.

Mein Aufenthalt in Nürnberg wurde durch eine erneute Begegnung mit Schröder-Devrient, die gerade zu dieser Zeit ein kurzes Engagement in dieser Stadt wahrnahm, auf das angenehmste verlängert. Das Wiedersehen mit ihr war wie das Auflösen der Wolken, die seit unserer letzten Begegnung meinen künstlerischen Horizont verdunkelt hatten.

Das Nürnberger Opernhaus hatte ein sehr beschränktes Repertoire. Außer Fidelio konnten sie nichts anderes als Die Schweizerfamilie aufführen, worüber sich diese große Sängerin beklagte, da dies eine ihrer ersten Rollen in früher Jugend war, für die sie kaum noch geeignet war und die sie außerdem bis zum Überdruss gespielt hatte. Auch ich sah der Aufführung der Schweizerfamilie mit Bedenken und sogar mit Angst entgegen, denn ich fürchtete, diese zahme Oper und die altmodisch sentimentale Rolle der Emmeline könnten den großartigen Eindruck schwächen, den das Publikum und ich bis zu diesem Moment von dem Werk dieser erhabenen Künstlerin gewonnen hatten. Stellen Sie sich daher vor, wie tief bewegt und erstaunt ich am Abend der Aufführung war, als ich feststellte, dass ich gerade in dieser Rolle zum ersten Mal das wahrhaft transzendentale Genie dieser außergewöhnlichen Frau erkannte. Daß etwas so Großes wie ihre Deutung des Charakters des Schweizermädchens nicht als Denkmal für alle Zeiten der Nachwelt überliefert werden konnte, kann man nur als eines der erhabensten Opfer ansehen, das die dramatische Kunst fordert, und als eine ihrer höchsten Äußerungen. Wenn also solche Erscheinungen auftreten, können wir sie nicht hoch genug verehren und sie nicht als zu heilig betrachten.

Abgesehen von all diesen neuen Erfahrungen, die für mein ganzes Leben und meine künstlerische Entwicklung von so großem Wert sein sollten, hinterließen die Eindrücke, die ich in Nürnberg erhielt, obwohl sie zunächst scheinbar trivial waren, so unauslöschliche Spuren in meinem Gedächtnis, dass sie später in mir wieder auflebten, wenn auch in ganz anderer und neuartiger Form.

Mein Schwager Wolfram war ein großer Liebling der Nürnberger Theaterwelt; er war witzig und gesellig und machte sich als solcher in Theaterkreisen sehr beliebt. Von dem Geiste ausschweifender Fröhlichkeit, der sich an diesen Abenden im Wirtshause zeigte, an denen ich auch teilnahm, erhielt ich bei dieser Gelegenheit ganz besonders erfreuliche Beweise. Ein Zimmermeister namens Lauermann, ein kleiner, untersetzter Mann, nicht mehr jung, von komischem Aussehen und nur mit dem rohesten Dialekt begabt, wurde mir in einem der von unseren Freunden besuchten Wirtshäuser als einer jener Kuriositäten gezeigt, die unwillkürlich am meisten zur Belustigung der örtlichen Witzbolde beitrugen. Lauermann, so scheint es, bildete sich ein, ein ausgezeichneter Sänger zu sein, und zeigte infolge dieser Annahme nur Interesse für diejenigen, in denen er ein ähnliches Talent zu erkennen glaubte. Obwohl er durch diese sonderbare Eigenart zum Ziel ständiger Scherze und höhnischer Verhöhnung wurde, versäumte er es nicht, jeden Abend unter seinen lachlustigen Verfolgern zu erscheinen. So oft war er durch ihren Spott ausgelacht und verletzt worden, dass es sehr schwierig wurde, ihn zu einer Entfaltung seiner künstlerischen Fähigkeiten zu bewegen, und dies konnte schließlich nur durch kunstvoll ersonnene Fallen erreicht werden, die so gelegt waren, dass sie seine Eitelkeit ansprachen. Meine Ankunft als unbekannter Fremder wurde für ein Manöver dieser Art ausgenutzt. Wie gering man von dem Urteil des unglücklichen Meistersängers hielt, zeigte sich, als mein Schwager mich ihm zu meinem großen Erstaunen als den großen italienischen Sänger Lablache vorstellte. Zu seiner Ehre muss ich gestehen, dass Lauermann mich lange Zeit mit ungläubigem Misstrauen musterte und mit vorsichtigem Argwohn mein jugendliches Aussehen, insbesondere aber den offensichtlichen Tenorcharakter meiner Stimme kommentierte. Doch die ganze Kunst dieser Wirtshausgenossen und ihr größtes Vergnügen bestand darin, diesen armen Enthusiasten das Unglaubliche glauben zu lassen, und sie scheuten dafür weder Zeit noch Mühe .

Meinem Schwager gelang es, dem Zimmermann zu glauben, dass ich, während ich für meine Auftritte sagenhafte Summen erhielt, mich durch einen merkwürdigen Akt der Verstellung und durch Besuche in öffentlichen Gasthäusern aus der Öffentlichkeit zurückziehen wollte; und dass außerdem, wenn es zu einem Treffen zwischen „Lauermann" und „Lablache" käme, das einzig wirkliche Interesse darin bestehen könne, Lauermann und nicht Lablache zu hören, da ersterer nichts von letzterem lernen könne, sondern nur Lablache von ihm. Der Konflikt zwischen Ungläubigkeit auf der einen Seite und heftig erregter Eitelkeit auf der anderen Seite war so merkwürdig, dass der arme Zimmermann mir schließlich wirklich sympathisch wurde. Ich begann, die mir zugewiesene Rolle mit aller Kunstfertigkeit zu spielen, die ich aufbringen konnte, und nach ein paar Stunden, die durch die seltsamsten Mätzchen aufgelockert wurden, erreichten wir endlich unser Ziel. Der wundersame Sterbliche, dessen blitzende Augen mich schon lange in höchster Erregung anstarrten, bewegte seine Muskeln auf die eigentümlich phantastische Weise, die wir mit einem musikmachenden Automaten zu assoziieren pflegen, dessen Mechanismus ordnungsgemäß aufgezogen wurde: seine Lippen zitterten, seine Zähne knirschten, seine Augen rollten krampfhaft, bis schließlich mit heiserer, öliger Stimme eine ungewöhnlich triviale Straßenballade ausbrach. Ihre Darbietung, begleitet von einer regelmäßigen Bewegung seiner ausgestreckten Daumen hinter den Ohren, und während der sein fettes Gesicht in hellster Röte glühte, wurde unglücklicherweise von allen Anwesenden mit wildem Gelächter begrüßt, das den unglücklichen Herrn zu rasendem Zorn reizte. Mit einstudierter Grausamkeit wurde dieser Zorn von denen, die ihm bis dahin schamlos geschmeichelt hatten, mit dem extravagantesten Spott begrüßt, bis der arme Schlingel schließlich vor Wut schäumte.

Als er unter dem Hagel der Flüche seiner berüchtigten Freunde das Wirtshaus verließ, bewog mich ein Impuls echten Mitleids, ihm zu folgen, um ihn um Verzeihung zu bitten und ihn irgendwie zu besänftigen, eine Aufgabe, die umso schwieriger war, als er besonders erbittert gegen mich war, da ich der letzte seiner Feinde war und seine sehnliche Hoffnung, den echten Lablache zu hören, so tief getäuscht hatte. Trotzdem gelang es mir, ihn auf der Schwelle aufzuhalten, und nun schmiedete die aufrührerische Gesellschaft im Stillen eine außergewöhnliche Verschwörung, um Lauermann zu veranlassen, noch am selben Abend wieder zu singen. Wie sie das schafften, kann ich mich ebenso wenig erinnern wie an die Wirkung der Spirituosen, die ich zu mir nahm. Jedenfalls vermute ich, dass der Alkohol schließlich das Mittel gewesen sein muss, Lauermann zu bezwingen, so wie er auch meine eigenen Erinnerungen an die wunderbaren Ereignisse jenes langen Abends im Wirtshaus äußerst vage machte. Nachdem Lauermann zum zweiten Mal denselben Spott erlitten hatte, fühlte sich die ganze Gesellschaft verpflichtet, den Unglücklichen nach Hause zu begleiten. Sie brachten ihn in einem Schubkarren, den sie vor dem Haus fanden, dorthin, und in diesem gelangte er triumphierend zu seiner eigenen Tür, in einer jener wunderbaren engen Gassen, die der Altstadt eigen sind. Frau Lauermann, die aus dem Schlaf geweckt wurde, um ihren Mann zu empfangen, ermöglichte uns durch ihren Schwall von Flüchen, uns eine Vorstellung von der Art ihrer ehelichen und häuslichen Beziehungen zu machen. Auch das Spotten über die stimmlichen Talente ihres Mannes war bei ihr ein vertrautes Thema; aber dazu fügte sie jetzt die schrecklichsten Vorwürfe für die nichtsnutzigen Schurken hinzu, die ihn, indem sie ihn in diesem Wahn bestärkten, davon abhielten, seinem Gewerbe gewinnbringend nachzugehen, und ihn sogar zu Szenen wie der gegenwärtigen verleiteten. Daraufhin machte sich der Stolz des leidenden Meistersängers wieder geltend; denn während seine Frau ihm mühsam half, die Treppe hinaufzusteigen, sprach er ihr das Recht, über seine stimmlichen Gaben zu richten, barsch ab und befahl ihr streng, zu schweigen. Aber selbst jetzt war dieses wunderbare Nachtabenteuer noch lange nicht vorbei. Der ganze Schwarm bewegte sich wieder in Richtung des Gasthofes. Vor dem Haus aber fanden wir eine Menge Leute versammelt, darunter mehrere Arbeiter, denen gegenüber die Türen wegen der polizeilichen Sperrstundenvorschriften verschlossen waren. Die Stammgäste des Hauses, die zu unserer Gesellschaft gehörten und mit dem Wirt in alter Freundschaft verbunden waren, meinten aber, es sei dennoch erlaubt und möglich, Einlaß zu verlangen. Dem Wirt war es unangenehm, seine Tür vor Freunden verriegeln zu müssen, deren Stimmen er erkannte; doch galt es, die Neuankömmlinge daran zu hindern, mit ihnen hineinzudrängen. Aus dieser Situation entstand eine gewaltige Verwirrung, die durch Geschrei und Lärm und ein unerklärliches Anwachsen der Zahl der Streitenden bald einen wahrhaft dämonischen Charakter annahm. Es war mir, als ob in wenigen Augenblicken die ganze Stadt in Aufruhr ausbrechen würde, und ich glaubte, wieder einmal Zeuge einer Revolution zu werden, deren eigentlichen Ursprung niemand begreifen konnte. Dann hörte ich plötzlich jemanden fallen, und wie durch Zauberei zerstreute sich die ganze Menge in alle Richtungen. Einer der Stammgäste, der einen alten Nürnberger Boxtrick kannte, wollte dem endlosen Aufruhr ein Ende setzen und sich seinen Weg durch die Menge nach Hause bahnen. Er schlug einem der lautesten Schreier mit der Faust zwischen die Augen und legte ihn bewusstlos zu Boden, ohne ihn jedoch ernsthaft zu verletzen. Und das war es, was die ganze Menge so schnell auflöste. Nach kaum mehr als einer Minute des heftigsten Aufruhrs von Hunderten von Menschenstimmen konnten mein Schwager und ich Arm in Arm durch die mondbeschienenen Straßen schlendern, leise scherzend und lachend auf dem Heimweg; und dann teilte er mir zu meinem Erstaunen und meiner Erleichterung mit, dass er an diese Art von Leben jeden Abend gewöhnt sei.

Schließlich wurde es jedoch notwendig, mich ernsthaft mit dem Zweck meiner Reise zu befassen. Nur im Vorbeigehen legte ich für einen Tag in Würzburg an. Ich erinnere mich an nichts von dem Treffen mit meinen Verwandten und Bekannten außer dem bereits erwähnten traurigen Besuch bei Friederike Galvani. Als ich Frankfurt erreichte, musste ich sofort in einem anständigen Hotel Unterschlupf suchen, um dort das Ergebnis meiner Bitten um Subventionen bei der Direktion des Magdeburger Theaters abzuwarten. Meine Hoffnungen, die wahren Stars unseres Opernunternehmens zu gewinnen, basierten auf einer Saison in Wiesbaden, wo, wie man mir sagte, eine gute Operngesellschaft kurz vor der Auflösung stand. Es fiel mir äußerst schwer, die kurze Reise dorthin zu arrangieren; dennoch gelang es mir, einer Probe von Robert der Teufel beizuwohnen, bei der sich der Tenor Freimüller hervortat. Ich sprach ihn sofort an und fand ihn bereit, meine Vorschläge für Magdeburg in Betracht zu ziehen. Wir schlossen die notwendige Vereinbarung, und dann kehrte ich in aller Eile zu meinem Hauptquartier, dem Weidenbusch-Hotel in Frankfurt, zurück. Dort musste ich eine weitere Woche voller Angst verbringen, während der ich vergeblich auf die Ankunft der notwendigen Reisekosten aus Magdeburg wartete. Um die Zeit totzuschlagen, griff ich unter anderem auf ein großes rotes Notizbuch zurück, das ich in meinem Reisekoffer mit mir herumtrug und in das ich mit genauen Angaben zu Daten usw. Notizen für meine zukünftige Biographie eintrug – dasselbe Buch, das jetzt vor mir liegt, um mein Gedächtnis aufzufrischen, und das ich seitdem in verschiedenen Perioden meines Lebens immer wieder ergänzt habe, ohne Lücken zu hinterlassen. Durch die Nachlässigkeit der Magdeburger Direktoren wurde meine ohnehin schon ernste Lage buchstäblich verzweifelt, als ich in Frankfurt eine Akquisition tätigte, die mir fast mehr Freude bereitete, als ich ertragen konnte. Ich war bei einer Aufführung der Zauberflöte unter der Leitung von Guhr anwesend gewesen, der damals als „genialer Dirigent" wunderbar bekannt war, und war angenehm überrascht von der wirklich hervorragenden Qualität der Truppe. Es war natürlich sinnlos, daran zu denken, einen der führenden Stars in mein Netz zu locken; Andererseits sah ich deutlich genug, dass das junge Fräulein Limbach, das die Rolle des „ersten Knaben" sang, ein begehrenswertes Talent besaß. Sie nahm mein Engagementangebot an und schien tatsächlich so sehr darauf erpicht zu sein, ihr Frankfurter Engagement loszuwerden, dass sie beschloss, sich heimlich davonzuschleichen. Sie enthüllte mir ihre Pläne und bat mich, ihr bei der Durchführung zu helfen; denn da die Direktoren von der Sache Wind bekommen könnten, war keine Zeit zu verlieren. Jedenfalls nahm die junge Dame an, dass ich über reichlich Kredit verfügte, der mir vom Magdeburger Theaterkomitee, dessen Lob ich so eifrig gesungen hatte, für meine offizielle Geschäftsreise zur Verfügung gestellt wurde. Aber ich war bereits gezwungen gewesen, meine spärliche Reiseausrüstung zu verpfänden, um meine eigene Abreise zu finanzieren. Bis zu diesem Punkt hatte ich den Wirt überredet, aber jetzt fand er ihn keineswegs geneigt, mir die zusätzlichen Mittel vorzustrecken, die für die Entführung einer jungen Sängerin erforderlich waren. Um das schlechte Verhalten meiner Direktoren zu vertuschen, war ich gezwungen, eine Unglücksgeschichte zu erfinden und die erstaunte und empörte junge Dame zurückzulassen. Von Herzen beschämt über dieses Abenteuer reiste ich durch Regen und Sturm über Leipzig, wo ich meinen braunen Pudel abholte, und erreichte Magdeburg, wo ich am 1. September meine Arbeit als musikalischer Direktor wieder aufnahm.

Der Erfolg meiner geschäftlichen Arbeiten machte mir nur wenig Freude. Der Direktor wies zwar triumphierend nach, daß er fünf ganze goldene Louis an meine Adresse in Frankfurt geschickt, und daß mein Tenor und die junge Sängerin auch mit ordentlichen Verträgen, aber nicht mit den verlangten Fährgeldern und Vorschüssen versehen worden waren. Keiner von beiden kam, nur der Basso Graf traf mit pedantischer Pünktlichkeit aus Karlsbad ein und reizte sogleich die Hänseleien unserer Theaterwitzbolde. Er sang bei einer Probe der Schweizerfamilie mit einem so schulmeisterlichen Gebrabbel, daß ich ganz die Fassung verlor. Die Ankunft meines trefflichen Schwagers Wolfram mit meiner Schwester Clara war für das Musikalische mehr von Vorteil als für die große Oper und machte mir obendrein beträchtliche Schwierigkeiten; denn sie waren ehrliche Leute und an ein anständiges Leben gewöhnt, und so erkannten sie bald, daß trotz des königlichen Schutzes der Zustand des Theaters, wie es unter einer so gewissenlosen Leitung wie der Bethmanns natürlich war, sehr unsicher war, und erkannten mit Schrecken, daß sie ihre Familienstellung ernstlich kompromittiert hatten. Mein Mut hatte schon begonnen zu sinken, als uns ein glücklicher Zufall eine junge Frau, Frau Pollert (geb. Zeibig), brachte, die mit ihrem Mann, einem Schauspieler, durch Magdeburg reiste, um dort ein besonderes Engagement zu erfüllen; sie war mit einer schönen Stimme begabt, eine talentierte Sängerin und für die Hauptrollen gut geeignet. Die Not hatte die Direktoren endlich zum Handeln getrieben, und in letzter Minute ließen sie den Tenor Freimüller kommen. Aber ich war besonders erfreut, als die Liebe, die zwischen ihm und dem jungen Limbach in Frankfurt entstanden war, es dem unternehmungslustigen Tenor ermöglichte, diese Sängerin, gegen die ich mich so miserabel verhalten hatte, mit sich zu ziehen. Beide kamen strahlend vor Freude an. Zusammen mit ihnen engagierten wir Frau Pollert. Pollert, die trotz ihrer Anmaßung beim Publikum Anklang fand. Auch ein gut ausgebildeter und musikalisch tüchtiger Bariton, Herr Krug, späterer Dirigent eines Karlsruher Chores, war entdeckt worden, so daß ich auf einmal an der Spitze einer wirklich guten Operngesellschaft stand, in die der Basso Graf nur mit großer Mühe, indem er möglichst im Hintergrund gehalten wurde, einzufügen war. Es gelang uns bald mit einer Reihe von Opernaufführungen, die keineswegs gewöhnlich waren, und unser Repertoire umfaßte alles, was dieser Art je für das Theater geschrieben worden war. Besonders gefiel mir die Aufführung von Spohrs Jessonda, die wahrlich nicht ohne Erhabenheit war und uns in der Achtung aller kultivierten Musikfreunde hoch erhob. Unermüdlich bemühte ich mich, Mittel zu finden, um unsere Aufführungen über das übliche Niveau der Vortrefflichkeit zu heben, das mit den dürftigen Mitteln der Provinztheater vereinbar war. Ich geriet bei dem Direktor Bethmann immer wieder in Ungnade, indem ich mein Orchester verstärkte, was er bezahlen mußte; aber andererseits gewann ich sein volles Wohlwollen, indem ich den Chor und die Theatermusik verstärkte, was ihn nichts kostete und unseren Aufführungen einen solchen Glanz verlieh, dass die Abonnements und das Publikum enorm zunahmen. So sicherte ich mir beispielsweise die Regimentskapelle und auch die Militärsänger, die in der preußischen Armee bewundernswert organisiert sind und die bei unseren Aufführungen mitwirkten, als Gegenleistung für ihre Angehörigen Freikarten für die Galerie. So gelang es mir, die besonders starke Orchesterbegleitung, die die Partitur von Bellinis Norma verlangte, mit größter Vollständigkeit zu liefern, und ich konnte für den eindrucksvollen Unisono-Teil des Männerchors bei der Einleitung dieses Werks eine Gruppe von Männerstimmen bereitstellen, wie sie selbst die größten Theater selten vorweisen konnten. In späteren Jahren konnte ich

Auber, den ich oft bei einem Eis in Tortonis Café in Paris traf, versichern, dass ich in seinem „Lestocq" die Rolle des meuternden Soldaten, der zu einer Verschwörung verführt wird, mit absolut voller Stimmenzahl wiedergeben konnte, eine Tatsache, für die er mir mit Erstaunen und Entzücken dankte.

Unter solchen ermutigenden Umständen schritt die Komposition meines Liebesverbots rasch der Vollendung entgegen. Ich beabsichtigte, dieses Stück für die Benefizvorstellung aufzuführen, die mir zur Deckung meiner Ausgaben versprochen worden war, und arbeitete hart in der Hoffnung, meinen Ruf zu verbessern und gleichzeitig etwas nicht weniger Wünschenswertes zu erreichen, nämlich die Verbesserung meiner finanziellen Lage. Sogar die wenigen Stunden, die ich mir von der Arbeit abschmuggeln konnte, um sie an Minnas Seite zu verbringen, widmete ich mit beispiellosem Eifer der Vollendung meiner Partitur. Mein Fleiß rührte sogar Minnas Mutter, die unsere Liebesgeschichte mit einigem Unbehagen betrachtete. Sie war über den Sommer zu Besuch bei ihrer Tochter geblieben und hatte das Haus für sie geführt. Durch ihre Einmischung war eine neue und dringende Sorge in unsere Beziehungen eingetreten, die nach einer ernsthaften Regelung drängte. Es war natürlich, dass wir anfingen, darüber nachzudenken, wohin das alles führen würde. Ich muss gestehen, dass der Gedanke an eine Heirat mich, besonders im Hinblick auf meine Jugend, mit Schrecken erfüllte, und ohne dass ich wirklich darüber nachdachte oder das Für und Wider ernsthaft abwägte, hielt mich ein naives und instinktives Gefühl davon ab, die Möglichkeit eines Schrittes überhaupt in Betracht zu ziehen, der so schwerwiegende Folgen für mein ganzes Leben haben würde. Außerdem waren unsere bescheidenen Verhältnisse in einem so beunruhigenden und unsicheren Zustand, dass selbst Minna erklärte, ihr sei eine Verbesserung dieser Verhältnisse wichtiger als eine Heirat mit mir. Aber sie musste auch an sich selbst denken, und zwar sofort, denn es ergaben sich Schwierigkeiten hinsichtlich ihrer eigenen Stellung am Magdeburger Theater. Dort hatte sie eine Rivalin auf ihrem eigenen Gebiet kennengelernt, und da der Mann dieser Frau Oberinspektor wurde und somit die höchste Macht innehatte, wurde sie zu einer Quelle großer Gefahr. Als Minna nun in diesem Augenblick günstige Angebote von den Direktoren des Königsstädter Theaters in Berlin erhielt, das damals glänzende Geschäfte machte, ergriff sie die Gelegenheit, ihre Verbindung mit dem Magdeburger Theater abzubrechen, und stürzte mich damit, den sie offenbar nicht in Betracht zog, in tiefe Verzweiflung. Ich konnte Minna nicht daran hindern, nach Berlin zu gehen, um dort ein besonderes Engagement zu erfüllen, obwohl dies nicht mit ihrer Vereinbarung übereinstimmte, und so reiste sie ab und ließ mich zurück, überwältigt von Kummer und Zweifel über den Sinn ihres Verhaltens. Schließlich schrieb ich ihr, rasend vor Leidenschaft, und drängte sie, zurückzukehren, und um sie besser zu bewegen und ihr Schicksal nicht von meinem zu trennen, machte ich ihr in streng förmlicher Weise einen

Heiratsantrag und deutete die Hoffnung auf eine baldige Heirat an. Etwa zur selben Zeit ging auch mein Schwager Wolfram, der sich mit dem Direktor Bethmann gestritten und seinen Vertrag mit ihm gekündigt hatte, an das Königsstädter Theater, um ein besonderes Engagement zu erfüllen. Meine gute Schwester Clara, die eine Zeitlang in den etwas unerfreulichen Verhältnissen Magdeburgs zurückgeblieben war, bemerkte bald die ängstliche und beunruhigte Stimmung, in die ihr sonst so heiterer Bruder sich rasch verzehrte. Eines Tages hielt sie es für ratsam, mir einen Brief ihres Mannes mit Nachrichten aus Berlin, insbesondere über Minna, zu zeigen, in dem er meine Leidenschaft für dieses Mädchen, das sich meiner gegenüber ganz unwürdig verhalte, aufrichtig beklagte. Da sie in seinem Hotel logierte, konnte er feststellen, dass nicht nur die Gesellschaft, mit der sie sich verkehrte, sondern auch ihr eigenes Benehmen völlig skandalös waren. Der außerordentliche Eindruck, den diese schreckliche Mitteilung auf mich machte, bewog mich, die Zurückhaltung aufzugeben, die ich meinen Verwandten gegenüber bisher in Bezug auf meine Liebesbeziehungen gezeigt hatte. Ich schrieb meinem Schwager in Berlin, teilte ihm mit, wie es um mich stand, dass meine Pläne sehr von Minna abhingen und wie außerordentlich wichtig es für mich sei, von ihm die unzweifelhafte Wahrheit über sie zu erfahren, über die er so böse Berichte geschickt hatte. Von meinem sonst so trockenen und scherzhaften Schwager erhielt ich eine Antwort, die mir das Herz wieder überfließen ließ. Er gestand, er habe Minna zu voreilig angeklagt, und bedauerte, sich durch leeres Geschwätz zu einer Anklage verleiten zu lassen, die sich bei näherer Untersuchung als ganz grundlos und ungerecht erwiesen habe; er erklärte ferner, er sei bei näherer Bekanntschaft und Unterhaltung mit ihr so fest von der Echtheit und Redlichkeit ihres Charakters überzeugt worden, daß er von ganzem Herzen hoffe, ich werde mich zu einer Heirat mit ihr durchringen können. Und nun tobte ein Sturm in meinem Herzen. Ich flehte Minna an, sofort zurückzukehren, und war froh, zu erfahren, daß sie ihrerseits nicht geneigt sei, ihr Engagement am Berliner Theater zu erneuern, da sie das dortige Leben inzwischen näher kennengelernt und zu frivol gefunden habe. Es blieb mir also nur noch übrig, ihr die Wiederaufnahme ihres Magdeburger Engagements zu ermöglichen. Zu diesem Zweck griff ich daher in einer Sitzung des Theaterkomitees den Direktor und seinen verhaßten Inspizienten mit solcher Energie an und verteidigte Minna gegen das von ihnen beiden begangene Unrecht mit solcher Leidenschaft und Inbrunst, daß die übrigen Mitglieder, erstaunt über das offene Bekenntnis meiner Zuneigung, meinen Wünschen ohne weiteres nachgaben. Und nun machte ich mich mit Extrapost in tiefer Nacht und bei furchtbarem Winterwetter auf den Weg, um meiner heimgekehrten Liebsten entgegenzukommen. Ich begrüßte sie unter Tränen der tiefsten Freude und führte sie im Triumph in ihre behagliche, mir schon so lieb gewordene Magdeburger Heimat zurück.

Inzwischen, als unsere beiden Leben, die so eine Zeit lang getrennt waren, immer enger zusammenrückten, beendete ich die Partitur meines Liebesverbots etwa zu Neujahr 1836. Für die Entwicklung meiner Zukunftspläne war ich nicht wenig vom Erfolg dieses Werkes abhängig, und Minna selbst schien nicht abgeneigt, meinen Hoffnungen in dieser Hinsicht nachzugeben. Wir hatten Grund, besorgt zu sein, wie sich die Dinge zu Beginn des Frühlings für uns entwickeln würden, denn diese Jahreszeit ist immer eine schlechte, um solch prekäre Theaterunternehmungen zu beginnen. Trotz königlicher Unterstützung und der Beteiligung des Theaterkomitees an der allgemeinen Leitung des Theaters änderte sich der Zustand des ewigen Bankrotts unseres ehrenwerten Direktors nicht, und es schien, als ob sein Theaterunternehmen in keiner Form mehr viel länger bestehen könnte. Trotzdem sollte die Aufführung meiner Oper mit Hilfe der wirklich erstklassigen Sängertruppe, die mir zur Verfügung stand, eine völlige Veränderung meiner unbefriedigenden Umstände bedeuten. Um die Reisekosten wieder einzutreiben, die ich im vergangenen Sommer aufgewendet hatte, hatte ich Anspruch auf eine Benefizvorstellung. Ich legte dies natürlich für die Aufführung meines eigenen Werkes fest und tat mein Möglichstes, damit diese Gunst, die mir die Direktoren erwiesen, für sie so gering wie möglich ausfiel. Da sie dennoch gezwungen waren, einige Ausgaben für die Produktion der neuen Oper zu tätigen, stimmte ich zu, dass ihnen der Erlös der ersten Aufführung überlassen werden sollte, während ich nur den der zweiten Aufführung beanspruchen sollte. Ich hielt es nicht für ganz unbefriedigend, dass der Zeitpunkt für die Proben bis zum Ende der Saison verschoben wurde, denn es war vernünftig anzunehmen, dass unsere Truppe, die oft mit ungewöhnlichem Applaus begrüßt wurde, bei ihren Abschlussvorstellungen besondere Aufmerksamkeit und Gunst vom Publikum erhalten würde. Leider erreichten wir jedoch entgegen unseren Erwartungen nie den eigentlichen Abschluss dieser Saison, der für Ende April festgelegt worden war; denn bereits im März reichten die beliebtesten Mitglieder der Truppe aufgrund von Unregelmäßigkeiten bei der Auszahlung der Gehälter ihre Kündigungen bei der Direktion ein, da sie anderswo bessere Beschäftigung gefunden hatten, und der Direktor, der nicht in der Lage war, das nötige Geld aufzutreiben, musste sich dem Unvermeidlichen beugen. Nun sank allerdings meine Stimmung, denn es schien mehr als zweifelhaft, ob mein Liebesverbot überhaupt jemals aufgeführt werden würde. Ich verdankte es ganz der herzlichen Zuneigung, die alle Mitglieder der Oper für mich persönlich empfanden , dass die Sänger nicht nur einwilligten, bis Ende März zu bleiben, sondern auch die Mühe des Einstudierens und Probens meiner Oper auf sich zu nehmen, eine Aufgabe, die angesichts der sehr begrenzten Zeit äußerst mühsam zu werden versprach. Für den Fall, dass wir zwei Vorstellungen geben mussten, war die Zeit, die uns zur Verfügung stand, so knapp, dass wir für alle Proben nur zehn Tage Zeit hatten. Und da es sich nicht um eine leichte Komödie oder Farce, sondern um eine große Oper handelte, die trotz des trivialen Charakters ihrer Musik zahlreiche und kraftvolle konzertante Passagen enthielt, hätte das Unterfangen fast als tollkühn angesehen werden können. Dennoch baute ich meine Hoffnungen auf die außerordentlichen Anstrengungen, die die Sänger so bereitwillig unternahmen, um mir zu gefallen; denn sie studierten ununterbrochen, morgens, mittags und abends. Da es aber trotz alledem völlig unmöglich war, bei jedem dieser gestressten Darsteller Perfektion zu erreichen, insbesondere in Bezug auf die Worte, rechnete ich weiter damit, dass mein eigenes erworbenes Können als Dirigent das endgültige Erfolgswunder bewirken würde . Die besondere Fähigkeit, die ich besaß, den Sängern zu helfen und sie trotz vieler Unsicherheiten scheinbar reibungslos weiterlaufen zu lassen, zeigte sich deutlich bei unseren Orchesterproben, bei denen ich durch ständiges Antreiben, lautes Singen mit den Darstellern und energische Anweisungen zu den erforderlichen Maßnahmen das Ganze so reibungslos zum Laufen brachte, dass es durchaus möglich schien, dass die Aufführung doch noch ein einigermaßen erfolgreich sein könnte. Leider hatten wir nicht bedacht, dass sich all diese drastischen Methoden zur Bewegung der dramatischen und musikalischen Maschinerie vor Publikum auf die Bewegungen meines Taktstocks und meinen Gesichtsausdruck beschränken würden. Tatsächlich waren die Sänger und insbesondere die Männer so außerordentlich unsicher, dass ihre Verlegenheit von Anfang bis Ende die Wirksamkeit jeder ihrer Rollen beeinträchtigte. Freimüller, der Tenor, dessen Gedächtnis sehr mangelhaft war, versuchte, den lebhaften und emotionalen Charakter seiner schlecht erlernten Rolle des verrückten Luzio durch Routinearbeit, die er bei Fra Diavolo und Zampa gelernt hatte, und vor allem mit Hilfe einer enorm dicken, bunten und flatternden Federbüschel zu flicken. Da die Regisseure es daher nicht schafften, das Textbuch rechtzeitig zu drucken, konnte man es dem Publikum nicht verdenken, dass es über die Hauptzüge der Geschichte im Unklaren war, da es nur die gesungenen Worte als Orientierung hatte. Mit Ausnahme einiger von den Sängerinnen gespielter Teile, die positiv aufgenommen wurden, blieb die gesamte Aufführung, die ich weitgehend auf kühne, energische Handlungen und Sprache gestützt hatte, nur ein musikalisches Schattenspiel, zu dem das Orchester seine eigenen unerklärlichen Ergüsse beisteuerte, manchmal mit übertriebenem Lärm. Als bezeichnend für die Behandlung meiner Klangfarbe möchte ich erwähnen, dass der Kapellmeister einer preußischen Militärkapelle, der übrigens mit der Aufführung sehr zufrieden war, es für seine Pflicht hielt, mir einige wohlgemeinte Hinweise für meine künftige Anleitung hinsichtlich der Handhabung der türkischen Trommel zu geben. Bevor ich die weitere Geschichte dieses wunderbaren Werkes meiner Jugend erzähle, will ich kurz innehalten, um seinen Charakter und insbesondere seine poetischen Elemente zu beschreiben.

Shakespeares Stück, das ich die ganze Zeit über als Grundlage meiner Geschichte im Kopf behielt, war folgendermaßen ausgearbeitet:

Ein namenloser König von Sizilien verlässt, wie ich vermute, sein Land, um nach Neapel zu reisen, und übergibt dem ernannten Regenten – den ich einfach Friedrich nenne, um ihn so deutsch wie möglich erscheinen zu lassen – die volle Autorität, die gesamte königliche Macht auszuüben, um eine vollständige Reform der gesellschaftlichen Gepflogenheiten seiner Hauptstadt herbeizuführen, die den Unmut des Rates hervorgerufen hatte. Zu Beginn des Stücks sehen wir, wie die Bediensteten der öffentlichen Autorität damit beschäftigt sind, die Vergnügungsstätten in einem Vorort von Palermo entweder zu schließen oder niederzureißen und die Insassen, darunter Wirte und Bedienstete, als Gefangene wegzuführen. Die Bevölkerung widersetzt sich diesem ersten Schritt, und es kommt zu heftigen Raufereien. Im dichtesten Gedränge verliest der Anführer der Sbirri, Brighella (basso-bu ffo), nach einem einleitenden Trommelwirbel, der zum Schweigen auffordert, die Proklamation des Regenten, wonach die soeben durchgeführten Handlungen darauf gerichtet sein sollen, einen höheren moralischen Ton in den Sitten und Gebräuchen des Volkes zu etablieren. Diese Ankündigung wird von einem allgemeinen Ausbruch von Verachtung und einem spöttischen Chor begleitet. Luzio, ein junger Edelmann und jugendlicher Taugenichts (Tenor), scheint geneigt, sich als Anführer des Pöbels in den Vordergrund zu drängen, und findet sofort eine Gelegenheit, eine aktivere Rolle für die Sache des unterdrückten Volkes zu spielen, als er entdeckt, dass sein Freund Claudio (ebenfalls ein Tenor) ins Gefängnis geführt wird. Von ihm erfährt er, dass er gemäß einem muffigen alten Gesetz, das Friedrich ausgegraben hat, für eine gewisse Liebesaffäre, in die er verwickelt ist, die Todesstrafe erleiden soll. Seine Geliebte, mit der die Ehe aufgrund der Feindschaft ihrer Eltern verhindert worden war, hat ihm ein Kind geboren. Friedrichs puritanischer Eifer verbündet sich mit dem Hass der Eltern; er befürchtet das Schlimmste und sieht keinen anderen Ausweg als Gnade, vorausgesetzt, dass seine Schwester Isabella durch ihre Bitten das harte Herz des Regenten erweichen kann. Claudio fleht seinen Freund an, Isabella sofort im Kloster der Schwestern der Heiligen Elisabeth aufzusuchen, in das sie vor kurzem als Novizin eingetreten ist. Dort, in den stillen Mauern des Klosters, begegnen wir dieser Schwester zum ersten Mal im vertraulichen Verkehr mit ihrer Freundin Marianne, ebenfalls Novizin. Marianne offenbart ihrer Freundin, von der sie lange getrennt war, das unglückliche Schicksal, das sie an diesen Ort geführt hat. Unter Gelübden ewiger Treue war sie zu einer geheimen Liaison mit einem Mann von hohem Rang überredet worden. Doch schließlich, als sie sich in äußerster Not nicht nur verlassen, sondern auch von ihrem Verräter bedroht sah, entdeckte sie, dass es sich bei ihm um den mächtigsten Mann im Staat handelte, niemand anderen als den Regenten des Königs selbst. Isabellas Empörung macht sich in leidenschaftlichen Worten Luft und wird nur durch ihren Entschluss besänftigt, einer Welt zu entfliehen, in der ein so abscheuliches Verbrechen ungestraft bleiben kann. – Als Luzio ihr nun das Schicksal ihres eigenen Bruders mitteilt, verwandelt sich ihr Ekel über das Fehlverhalten ihres Bruders sofort in Verachtung für die Niedertracht des heuchlerischen Regenten, der es wagt, das vergleichsweise lässliche Vergehen ihres Bruders, das zumindest nicht durch Verrat befleckt war, so grausam zu bestrafen. Ihr heftiger Ausbruch offenbart sie Luzio unvorsichtigerweise in einem verführerischen Licht; von plötzlicher Liebe hingerissen, drängt er sie, das Kloster für immer zu verlassen und seine Hand anzunehmen. Sie schafft es, seine Kühnheit zu zügeln, beschließt aber sofort, sich von ihm zum Gerichtshof des Regenten begleiten zu lassen. – Hier wird die Gerichtsszene vorbereitet, und ich leite sie mit einer burlesken Anhörung mehrerer Personen ein, die vom Sbirro-Hauptmann wegen Verstößen gegen die Moral angeklagt werden. Der Ernst der Lage wird noch deutlicher, als Friedrichs düstere Gestalt durch die hereinstürmende und unruhige Menge schreitet und Stille gebietet, und er selbst die Anhörung von Claudios Fall auf die strengste Art und Weise übernimmt. Der unerbittliche Richter ist bereits im Begriff, das Urteil zu verkünden, als Isabella hereinkommt und vor allen um ein privates Gespräch mit dem Regenten bittet. In diesem Gespräch verhält sie sich mit edler Mäßigung gegenüber dem gefürchteten, aber verachteten Mann vor ihr und appelliert zunächst nur an seine Milde und Gnade. Seine Unterbrechungen dienen lediglich dazu, ihre Leidenschaft anzufachen: Sie spricht mit schmelzender Stimme von der Straftat ihres Bruders und fleht um Vergebung für ein so menschliches und keineswegs unverzeihliches Verbrechen. Als sie die Wirkung ihres bewegenden Appells erkennt, setzt sie mit wachsendem Eifer ihre Bemühungen fort, das harte und gefühllose Herz des Richters zu beschwören, das sicherlich nicht unberührt geblieben sein kann von Gefühlen wie jenen, die ihren Bruder bewegt hatten, und sie ruft seine Erinnerung daran an, um ihre verzweifelte Bitte um Mitleid zu unterstützen. Endlich ist das Eis seines Herzens gebrochen. Friedrich, tief bewegt von Isabellas Schönheit, kann sich nicht länger zurückhalten und verspricht, ihrer Bitte um den Preis ihrer eigenen Liebe stattzugeben. Kaum ist sie sich der unerwarteten Wirkung ihrer Worte bewusst, als sie, voller Empörung über solch eine unglaubliche Schurkerei, den Leuten durch Türen und Fenster zuruft, hereinzukommen, um den Heuchler vor der Welt zu entlarven. Die Menge strömt bereits lärmend in den Gerichtssaal, als es Friedrich mit einigen bedeutsamen Hinweisen und rasender Energie gelingt, Isabella die Unmöglichkeit ihres Plans klarzumachen. Er würde ihre Anschuldigung einfach abstreiten, kühn behaupten, sein Angebot sei nur gemacht worden, um sie zu testen, und man würde ihm zweifellos bereitwillig glauben, sobald es nur noch darum ginge, den Vorwurf zu widerlegen, er habe ihr leichtfertig Liebe gemacht. Isabella, beschämt und verwirrt, erkennt den Wahnsinn ihres ersten Schrittes und knirscht in stiller Verzweiflung mit den Zähnen. Während Friedrich dann dem Volk noch einmal seinen strengen Entschluss verkündet und das Urteil über den Gefangenen verkündet, kommt Isabella plötzlich, angetrieben von der schmerzlichen Erinnerung an Mariannes Schicksal, der Gedanke, dass sie das, was sie nicht mit offenen Mitteln erreichen konnte, möglicherweise durch List erlangen könnte. Dieser Gedanke genügt, um ihren Kummer zu zerstreuen und sie mit äußerster Fröhlichkeit zu erfüllen. Sie wendet sich an ihren trauernden Bruder, ihre aufgeregten Freunde und die verwirrte Menge und versichert ihnen allen, dass sie bereit ist, ihnen das amüsanteste aller Abenteuer zu bieten. Sie erklärt, die Karnevalsfeierlichkeiten, die der Regent soeben streng verboten hat, sollen dieses Jahr mit ungewöhnlicher Freiheit gefeiert werden; denn dieser gefürchtete Herrscher gibt sich nur so grausam, um sie umso angenehmer zu überraschen, indem er selbst fröhlich an allem teilnimmt, was er soeben verboten hat. Alle glauben, sie sei verrückt geworden, und besonders Friedrich tadelt ihre unbegreifliche Torheit mit leidenschaftlicher Strenge. Doch genügen wenige Worte ihrerseits, um den Regenten selbst in Ekstase zu versetzen; denn flüsternd verspricht sie, ihm seinen Wunsch zu erfüllen und ihm in der nächsten Nacht eine Botschaft zu schicken, die sein Glück sicherstellen soll. – Und so endet der erste Akt in einem Wirbel der Aufregung.

Die Natur des hastig geschmiedeten Plans der Heldin erfahren wir zu Beginn des zweiten Aktes, in dem sie ihren Bruder in seiner Zelle besucht, um herauszufinden, ob er der Rettung würdig ist. Sie enthüllt Friedrichs schändlichen Vorschlag und fragt ihn, ob er sein Leben auf Kosten der Schande seiner Schwester retten wolle. Dann folgt Claudios Wut und seine leidenschaftliche Erklärung seiner Bereitschaft zu sterben; woraufhin er sich von seiner Schwester verabschiedet, zumindest für dieses Leben, und sie zur Überbringerin der zärtlichsten Botschaften an das liebe Mädchen macht, das er zurücklässt. Danach versinkt der unglückliche Mann in eine sanftere Stimmung und verfällt von einem Zustand der Melancholie in einen der Schwäche. Isabella, die bereits entschlossen war, ihm seine Rettung mitzuteilen, zögert bestürzt, als sie ihn auf diese Weise von den Höhen edler Begeisterung zu einem gemurmelten Bekenntnis einer nach wie vor starken Liebe zum Leben und sogar zu einer stammelnden Frage fallen sieht, ob der vorgeschlagene Preis für seine Rettung überhaupt unmöglich sei. Angewidert springt sie auf, stößt den unwürdigen Mann von sich und erklärt, dass er zu der Schande seines Todes noch ihre herzlichste Verachtung hinzugefügt habe. Nachdem sie ihn wieder seinem Kerkermeister übergeben hat, schlägt ihre Stimmung schnell wieder in eine ausgelassene Fröhlichkeit um. Zwar beschließt sie, den Unentschlossenen zu bestrafen, indem sie ihn eine Zeit lang im Ungewissen über sein Schicksal lässt; aber sie bleibt bei ihrem Entschluss, die Welt von dem abscheulichen Verführer zu befreien, der es wagte, seinen Mitmenschen Gesetze zu diktieren. Sie sagt Marianne, dass sie ihren Platz bei dem nächtlichen Rendezvous einnehmen muss, bei dem Friedrich so verräterisch erwartete, sie (Isabella) zu treffen, und schickt Friedrich eine Einladung zu diesem Treffen. Um letzteren noch tiefer ins Verderben zu verwickeln, verlangt sie, dass er verkleidet und maskiert kommen muss, und legt das Rendezvous in einem jener Vergnügungsorte fest, die er gerade verboten hat. Dem tollkühnen Luzio, den sie ebenfalls für seinen frechen Vorschlag gegenüber einer Novizin bestrafen will, erzählt sie die Geschichte von Friedrichs Antrag und ihrer angeblichen Absicht, aus reiner Notwendigkeit seinen Wünschen nachzukommen. Dies tut sie auf eine so unbegreiflich unbeschwerte Weise, dass der sonst so leichtsinnige Mann, zuerst sprachlos vor Staunen, schließlich in einen Anfall verzweifelter Wut verfällt. Er schwört, dass er, selbst wenn die edle Jungfrau selbst solche Schande ertragen könne, mit allen Mitteln versuchen werde, sie abzuwenden, und lieber ganz Palermo in Brand und Aufruhr versetzen würde, als dies zuzulassen. Und tatsächlich arrangiert er es so, dass sich am festgesetzten Abend alle seine Freunde und Bekannten am Ende des Corso versammeln, als ob der verbotene Karnevalszug eröffnet würde. Bei Einbruch der Nacht, als die Dinge wild und lustig zu werden beginnen, erscheint Luzio und singt ein ausgefallenes Karnevalslied mit dem Refrain:

Wer sich uns nicht zum ausgelassenen Spaß anschließt,
wird einen Dolch in der Brust tragen;

mit diesen Mitteln versucht er, die Menge zu einem blutigen Aufstand aufzustacheln. Als eine Bande von Sbirri unter Brighellas Führung heranrückt, um die fröhliche Menge zu zerstreuen, scheint das rebellische Vorhaben kurz vor der Vollendung zu stehen. Doch vorerst gibt Luzio lieber nach und zerstreut sich in der Nachbarschaft, da er zuerst den wahren Anführer ihres Vorhabens gewinnen muss: denn hier war der Ort, den Isabella ihm boshafterweise als Ort ihres angeblichen Treffens mit dem Regenten verraten hatte. Dem letzteren lauert Luzio also auf. Als er ihn in einer aufwendigen Verkleidung erkennt, versperrt er ihm den Weg, und als Friedrich sich gewaltsam losreißt, ist er im Begriff, ihm mit Geschrei und gezogenem Schwert zu folgen, als er auf ein Zeichen Isabellas, die sich in einigen Büschen versteckt, selbst angehalten und weggeführt wird. Isabella rückt dann vor, frohlockend bei dem Gedanken, die betrogene Marianne ihrem treulosen Gatten zurückgegeben zu haben. Sie glaubt, die versprochene Begnadigung ihres Bruders in der Hand zu halten, und ist gerade im Begriff, jeden Gedanken an weitere Rache aufzugeben, als sie beim Aufbrechen des Siegels im Licht einer Taschenlampe zu ihrem größten

Entsetzen erkennt, dass das Papier nur einen noch strengeren Hinrichtungsbefehl enthält, den ihr, da sie ihrem Bruder die Tatsache seiner Begnadigung nicht mitteilen wollte, durch den bestochenen Kerkermeister nur der Zufall in die Hände gegeben hatte. Nach einem harten Kampf mit der stürmischen Leidenschaft der Liebe und in der Erkenntnis seiner Hilflosigkeit gegenüber diesem Feind seines Friedens hat Friedrich tatsächlich bereits beschlossen, seinem Untergang ins Auge zu blicken, wenn auch als Verbrecher, so doch als Mann der Ehre. Eine Stunde an Isabellas Brust und dann – sein eigener Tod durch dasselbe Gesetz, dessen unerbittliche Strenge auch Claudios Leben fordern wird. Isabella, die in diesem Verhalten nur einen weiteren Beweis der Niedertracht des Heuchlers erkennt, bricht erneut in einen Sturm qualvoller Verzweiflung aus. Auf ihren Ruf nach sofortiger Erhebung gegen den schurkischen Tyrannen sammelt sich das Volk und bildet eine bunt gemischte, leidenschaftliche Menge. Luzio, der ebenfalls zurückkehrt, rät dem Volk mit beißender Bitterkeit, der Wut der Frau keine Beachtung zu schenken; er weist darauf hin, dass sie sie nur austrickst, wie sie ihn schon betrogen hat – denn er glaubt noch immer an ihre schamlose Untreue. Neue Verwirrung; zunehmende Verzweiflung Isabellas; plötzlich aus dem Hintergrund der burleske Hilferuf Brighellas, der, selbst von Eifersucht geplagt, aus Versehen den maskierten Regenten verhaftet und so zu dessen Entdeckung geführt hat. Friedrich wird erkannt, und auch Marianne, zitternd an seiner Brust, wird enttarnt. Erstaunen, Empörung! Überall brechen Freudenschreie aus; die nötigen Erklärungen werden rasch gegeben, und Friedrich verlangt mürrisch, vor den Richterstuhl des heimkehrenden Königs gestellt zu werden. Claudio, der von der jubelnden Bevölkerung aus dem Gefängnis entlassen wird, teilt ihm mit, dass das Todesurteil für Liebesverbrechen nicht für alle Zeiten bestimmt ist; Boten treffen ein, um die unerwartete Ankunft des Königs im Hafen anzukündigen; man beschließt, in einer maskierten Prozession dem geliebten Prinzen entgegenzumarschieren und ihm freudig zu huldigen, da alle davon überzeugt sind, dass er sich herzlich freuen wird, wenn er sieht, wie schlecht der düstere Puritanismus Deutschlands zu seinem heißblütigen Sizilien passt. Von ihm heißt es:

Ihre fröhlichen Feste gefallen ihm mehr
als düstere Gesetze oder juristisches Wissen.

Friedrich muss mit seiner frisch verlobten Frau Marianne den Zug anführen, gefolgt von Luzio und der Novizin, die dem Kloster für immer verloren ist.

Diese geistreichen und in vieler Hinsicht kühn erdachten Szenen hatte ich in passende Sprache und sorgfältig geschriebene Verse gekleidet, was Laube schon aufgefallen war. Die Polizei nahm zunächst Anstoß an dem Titel des Werkes, der, hätte ich ihn nicht geändert, zum völligen Scheitern meiner Aufführungspläne geführt hätte. Es war die Woche vor Ostern, und dem

Theater war es deshalb verboten, in dieser Zeit lustige oder wenigstens frivole Stücke aufzuführen. Glücklicherweise zeigte der Magistrat, mit dem ich in dieser Angelegenheit zu verhandeln hatte, keine Neigung, das Libretto selbst zu prüfen, und als ich ihm versicherte, dass es nach einem sehr ernsten Stück Shakespeares modelliert sei, begnügte sich die Behörde damit, nur den etwas auffallenden Titel zu ändern. Die Novize van Palermo, so der neue Titel, hatte nichts Verdächtiges an sich und wurde daher ohne weitere Bedenken als richtig anerkannt. Ganz anders erging es mir in Leipzig, wo ich dieses Werk an Stelle meiner Feen aufzuführen versuchte, als diese zurückgezogen wurde. Der Regisseur Ringelhardt, den ich für meine Sache gewinnen wollte, indem ich seiner Tochter, die damals ihr Operndebüt gab, die Rolle der Marianne zuwies, lehnte mein Werk mit der anscheinend sehr vernünftigen Begründung ab, dass ihm die Tendenz des Themas missfiel. Er versicherte mir, dass er selbst, selbst wenn die Leipziger Magistrate der Aufführung zugestimmt hätten – eine Tatsache, an der er aufgrund seiner hohen Wertschätzung für diese Körperschaft ernsthafte Zweifel hegte –, als gewissenhafter Vater seiner Tochter die Mitwirkung an der Aufführung sicherlich nicht gestatten könne.

Seltsamerweise litt ich bei der Aufführung meiner Oper in Magdeburg nicht unter der verdächtigen Natur des Librettos; denn wie gesagt, dank der unverständlichen Art der Aufführung blieb die Geschichte dem Publikum ein völliges Rätsel. Dieser Umstand und die Tatsache, dass aufgrund ihrer Tendenz kein Widerspruch erhoben worden war, machten eine zweite Aufführung möglich, und da es niemanden zu interessieren schien, wurden auch keine Einwände erhoben. Da ich überzeugt war, dass meine Oper keinen Eindruck gemacht und das Publikum völlig unschlüssig über ihren Wert gelassen hatte, rechnete ich damit, dass wir angesichts der Abschiedsvorstellung unserer Operngesellschaft gute, um nicht zu sagen hohe Einnahmen erzielen würden. Daher zögerte ich nicht, den „vollen" Eintrittspreis zu verlangen. Ich kann nicht richtig beurteilen, ob bis zum Beginn der Ouvertüre Leute im Zuschauerraum Platz genommen hatten; aber etwa eine Viertelstunde vor der für den Beginn angesetzten Zeit sah ich nur Frau ... Gottschalk und ihr Mann und, merkwürdigerweise, ein polnischer Jude in voller Montur, saßen im Parkett. Trotzdem hoffte ich noch auf eine Vergrößerung des Publikums, als plötzlich hinter den Kulissen der unglaublichste Tumult entstand. Herr Pollert, der Mann meiner Primadonna (die Isabella spielte), attackierte Schreiber, den zweiten Tenor, einen sehr jungen und schönen Mann, der die Rolle des Claudio spielte und gegen den der gekränkte Mann seit einiger Zeit einen heimlichen, aus Eifersucht geborenen Groll hegte . Es schien, als hätte sich der Mann der Sängerin, der mit mir hinter der Kulisse das Theater besichtigt hatte, vom Stil des Publikums überzeugt und beschlossen, dass die ersehnte Stunde gekommen sei, in der er, ohne den Opernbetrieb zu schädigen, am Liebhaber seiner Frau Rache nehmen könne. Claudio wurde von ihm so schwer misshandelt, dass der Unglückliche mit blutüberströmtem Gesicht in die Garderobe flüchten musste. Isabella erfuhr dies und eilte verzweifelt zu ihrem wütenden Gatten, wo sie von ihm so heftig geschlagen wurde, dass sie Krämpfe bekam. Die Verwirrung, die nun in der Gesellschaft entstand, kannte bald keine Grenzen mehr: man ergriff Partei in dem Streit, und es fehlte nicht viel, bis er in eine allgemeine Schlägerei ausartete, da jedermann diesen unglücklichen Abend als besonders günstig zur Begleichung alter Rechnungen und vermeintlicher Beleidigungen zu betrachten schien. Soviel war klar, dass das Paar, das unter den Auswirkungen von Herrn Pollerts ehelichem Groll litt, an diesem Abend nicht auftreten konnte. Der Direktor wurde vor die Kulisse geschickt, um dem kleinen und seltsam gemischten Publikum im Theater mitzuteilen, dass die Aufführung aufgrund unvorhergesehener Umstände nicht stattfinden würde.

Damit endete meine zunächst so vielversprechende und unter großen Opfern begonnene Dirigenten- und Komponistenlaufbahn in Magdeburg. Die Heiterkeit der Kunst wich nun ganz der Härte des Lebens. Meine Stellung gab Anlass zum Nachdenken, und die Aussichten waren nicht heiter. Alle Hoffnungen, die ich und Minna auf den Erfolg meiner Arbeit gesetzt hatten, waren gänzlich zerstört. Meine Gläubiger, durch die Erwartung der zu erwartenden Ernte besänftigt, verloren den Glauben an meine Begabung und rechneten nur noch darauf, mich körperlich in ihren Besitz zu bringen, was sie durch eine schleunige Einleitung eines Gerichtsverfahrens zu erreichen suchten. Da ich nun bei jeder Heimkehr eine Vorladung an meiner Tür fand, wurde mir meine kleine Wohnung im Breiten Weg unerträglich; ich mied es, dorthin zu gehen, zumal mein brauner Pudel, der bisher diese Zuflucht belebt hatte, spurlos verschwunden war. Dies sah ich als ein schlechtes Zeichen für meinen völligen Untergang an.

Minna war mir in dieser Zeit mit ihrer wahrhaft tröstenden Zuversicht und Festigkeit ein Fels der Stärke und das Einzige, worauf ich mich noch stützen konnte. Sie war immer einfallsreich und hatte zunächst für ihre eigene Zukunft vorgesorgt und war im Begriff, einen nicht ungünstigen Vertrag mit der Theaterdirektion in Königsberg in Preußen zu unterzeichnen. Es galt nun, mir eine Anstellung als Kapellmeister an derselben Stelle zu verschaffen; diese Stelle war bereits besetzt. Der Königsberger Direktor aber, der aus unserer Korrespondenz entnahm, Minnas Annahme der Anstellung sei von der Möglichkeit meiner Anstellung an derselben Theaterstätte abhängig, stellte mir eine sich nähernde Vakanz in Aussicht und erklärte sich bereit, diese durch mich besetzen zu lassen. Auf Grund dieser Zusicherung wurde beschlossen, Minna solle nach Königsberg weiterreisen und mir dort die Möglichkeit zur Ankunft geben.

Bevor diese Pläne verwirklicht werden konnten, hatten wir noch eine Zeit schrecklicher und heftiger Angst, die ich nie vergessen werde, in den Mauern Magdeburgs zu verbringen. Zwar machte ich in Leipzig noch einmal einen persönlichen Versuch, meine Lage zu verbessern, und schloss bei dieser Gelegenheit mit dem Theaterdirektor die oben erwähnten Abmachungen über meine neue Oper ab. Aber ich erkannte bald, dass ein Verbleiben in meiner Vaterstadt und in der beunruhigenden Nähe meiner Familie, von der ich rastlos weg wollte, nicht in Frage kam. Meine Erregbarkeit und Niedergeschlagenheit wurden von meinen Verwandten bemerkt. Meine Mutter bat mich, was immer ich auch sonst tun würde, mich auf keinen Fall in so jungen Jahren zur Heirat drängen zu lassen. Darauf antwortete ich nicht. Als ich mich verabschiedete, begleitete mich Rosalie bis zum oberen Ende der Treppe. Ich sprach davon, zurückzukehren, sobald ich einige wichtige geschäftliche Angelegenheiten erledigt hätte, und wollte ihr eilig Lebewohl sagen; sie ergriff meine Hand, blickte mir ins Gesicht und rief: „Gott allein weiß, wann ich dich wiedersehe!" Das traf mich tief ins Herz und ich hatte ein schlechtes Gewissen. Dass sie damit ihre Vorahnung ihres frühen Todes ausdrückte, wurde mir erst klar, als ich knapp zwei Jahre später, ohne sie je wiedergesehen zu haben, die Nachricht von ihrem plötzlichen Tod erhielt.

Ich verbrachte noch einige Wochen mit Minna in strengster Zurückgezogenheit in Magdeburg; sie bemühte sich nach Kräften, mir die Verlegenheit meiner Lage zu erleichtern. Angesichts unserer bevorstehenden Trennung und der Länge unserer Trennung wich ich kaum von ihrer Seite; unsere einzige Erholung waren gemeinsame Spaziergänge in der Umgebung der Stadt. Beängstigende Vorahnungen lasteten auf uns; die Maisonne, die die traurigen Straßen Magdeburgs wie zum Spott über unsere trostlose Lage erhellte, war eines Tages trüber, als ich sie seither je gesehen habe, und erfüllte mich mit wahrer Furcht. Auf dem Heimweg von einem dieser Spaziergänge, als wir uns der Brücke über die Elbe näherten, sahen wir einen Mann, der sich von der Elbe ins Wasser stürzte. Wir liefen zum Ufer, riefen um Hilfe und überredeten einen Müller, dessen Mühle am Fluss lag, dem Ertrinkenden, der von der Strömung in seine Richtung getrieben wurde, eine Harke hinzuhalten. Mit unbeschreiblicher Angst warteten wir auf den entscheidenden Augenblick, sahen den sinkenden Mann die Hände nach der Harke ausstrecken, aber er verfehlte sie und verschwand im selben Augenblick unter der Mühle, um nie wieder gesehen zu werden. Am Morgen, als ich Minna zur Postkutsche begleitete, um ihr einen traurigen Abschied zu nehmen, strömte die ganze Bevölkerung aus einem der Tore der Stadt auf ein großes Feld zu, um der Hinrichtung eines Mannes beizuwohnen, der zum Tode durch Rädern „von unten" verurteilt war. [7] Der Täter war ein Soldat, der in einem Anfall von Eifersucht seine Geliebte ermordet hatte. Als ich später am Tag im Gasthof zu meinem letzten Abendessen Platz nahm, hörte ich, wie die grauenhaften Einzelheiten der preußischen Hinrichtungsmethode von allen Seiten diskutiert wurden. Ein junger Amtsträger, der ein großer Musikliebhaber war, erzählte uns von einem Gespräch, das er mit dem aus Halle geholten Henker geführt und mit dem er über die humanste Methode gesprochen hatte, den Tod des Opfers zu beschleunigen; als er uns von ihm erzählte, erinnerte er sich mit Schaudern an die elegante Kleidung und die Manieren dieser unheilvollen Person.

[7] *Durch das Rod van unten* . Die Radstrafe wurde üblicherweise Mördern, Brandstiftern, Straßenräubern und Kirchenräubern auferlegt. Es gab zwei Methoden, dies zu bewirken: (1) „von oben nach unten" , wobei der Verurteilte sofort getötet wurde, da ihm von Anfang an das Genick gebrochen wurde; und (2) „von unten nach oben" , was die oben erwähnte Methode ist, bei der alle Gliedmaßen des Opfers gebrochen wurden, bevor sein Körper tatsächlich durch die Speichen des Rades gedreht wurde. – Herausgeber

Dies waren die letzten Eindrücke, die ich vom Schauplatz meiner ersten künstlerischen Bemühungen und meiner Versuche, meinen Lebensunterhalt selbst zu verdienen, mitnahm. Seitdem sind mir diese Eindrücke oft mit besonderer Beharrlichkeit in den Sinn gekommen, wenn ich Orte verließ, an denen ich Wohlstand erwartet hatte und von denen ich wusste, dass ich nie dorthin zurückkehren würde. Ich hatte immer dieselben Gefühle, wenn ich einen Ort verließ, an dem ich in der Hoffnung geblieben war, meine Lage zu verbessern.

So kam ich am 18. Mai 1836 zum ersten Mal nach Berlin und lernte die Eigenheiten dieser anspruchsvollen königlichen Hauptstadt kennen. Da meine Lage unsicher war, suchte ich eine bescheidene Unterkunft beim Kronprinzen in der Königstraße, wo Minna einige Monate zuvor gewohnt hatte. Einen Freund, auf den ich mich verlassen konnte, fand ich, als ich Laube wiedertraf, der, während er auf sein Urteil wartete, in Berlin mit privaten und literarischen Arbeiten beschäftigt war. Er interessierte sich sehr für das Schicksal meines Werkes Liebesverbot und riet mir, meine gegenwärtige Lage zu nutzen, um die Aufführung dieser Oper im Königstädter Theater zu erreichen. Dieses Theater stand unter der Leitung eines der merkwürdigsten Wesen Berlins: Er hieß Cerf und war vom König von Preußen zum Kommissionsrat ernannt worden. Zur Begründung der Gunstbeweise, die ihm vom Königshaus erwiesen wurden, wurden viele nicht sehr erbauliche Gründe vorgebracht. Durch diese königliche Schirmherrschaft war es ihm gelungen, die Privilegien, die das Vorstadttheater bereits genoss, erheblich auszuweiten. Der Niedergang der großen Oper am Theatre Royal hatte die im Königstädter Theater mit großem Erfolg aufgeführte Operette in die Gunst des Publikums gebracht. Der vom Erfolg aufgeblasene Direktor litt offen unter der Wahnvorstellung, der richtige Mann am richtigen Ort zu sein, und gab sich voll und ganz mit denen einverstanden, die erklärten, man könne nur von einfachen und ungebildeten Leuten eine erfolgreiche Leitung eines Theaters erwarten, und hielt auf die amüsanteste Weise an seiner seligen und grenzenlosen Unwissenheit fest. Er verließ sich ausschließlich auf seine eigene Einsicht und nahm gegenüber den offiziell ernannten Künstlern seines Theaters eine völlig diktatorische Haltung ein und erlaubte sich, mit ihnen nach seinen Vorlieben und Abneigungen zu verfahren. Mir schien diese Vorgehensweise begünstigt zu sein: Schon bei meinem ersten Besuch äußerte Cerf seine Zufriedenheit mit mir, wollte mich aber als „Tenor" einsetzen. Er erhob keinerlei Einwände gegen meine Bitte, meine Oper aufzuführen, sondern versprach im Gegenteil, sie sofort auf die Bühne zu bringen. Er schien besonders darauf bedacht, mich zum Dirigenten des Orchesters zu ernennen. Da er im Begriff war, sein Opernensemble zu wechseln, sah er voraus, dass sein gegenwärtiger Dirigent, Glaser, der Komponist von Adlershorst, seine Pläne durchkreuzen würde, indem er die Rolle der älteren Sänger übernahm. Er war daher bestrebt, mich an sein Theater zu binden, damit er jemanden an seiner Seite hätte, der den neuen Sängern wohlgesinnt wäre.

Das alles klang so plausibel, dass man es mir kaum verdenken konnte, dass ich glaubte, das Rad des Schicksals habe sich für mich günstig gewendet, und dass ich angesichts dieser rosigen Aussichten ein Gefühl der Unbeschwertheit empfand. Ich hatte mir kaum die wenigen Änderungen in meinem Lebensstil erlaubt, die diese verbesserten Umstände zu rechtfertigen schienen, als mir klar wurde, dass meine Hoffnungen auf Sand gebaut waren. Ich war von wahrer Furcht erfüllt, als mir bald klar wurde, wie nahe Cerf daran gewesen war, mich zu betrügen, nur, wie es schien, zu seinem eigenen Vergnügen. Nach der Art der Despoten hatte er seine Gefälligkeiten persönlich und autokratisch gewährt; den Widerruf und die Annullierung seiner Versprechen ließ er mir jedoch durch seine Diener und Sekretäre mitteilen, wodurch sein seltsames Verhalten mir gegenüber in das Licht der unvermeidlichen Folgen seiner Abhängigkeit von der Beamtenschaft gerückt wurde.

Da Cerf mich loswerden wollte, ohne mir auch nur eine Entschädigung anzubieten, war ich gezwungen, zu versuchen, über alles, was zwischen uns definitiv vereinbart worden war, eine Einigung zu erzielen, und zwar mit genau den Leuten, vor denen er mich zuvor gewarnt und mich auf seine Seite ziehen wollte. Dirigent, Bühnenmanager, Sekretär usw. mussten mir klarmachen, dass meine Wünsche nicht erfüllt werden konnten und dass der Direktor mir keinerlei Entschädigung für die Zeit schuldete, die er mich hatte verschwenden lassen, während ich auf die Erfüllung seiner Versprechen wartete. Diese unangenehme Erfahrung ist mir seither eine Quelle des Schmerzes.

Infolge all dessen war meine Lage sehr viel schlechter als zuvor. Minna schrieb mir häufig aus Königsberg, aber sie hatte mir nichts Ermutigendes über meine Hoffnungen in dieser Richtung zu sagen. Der Direktor des dortigen Theaters schien nicht in der Lage zu sein, mit seinem Dirigenten zu einem klaren Einvernehmen zu kommen, ein Umstand, den ich später verstehen konnte, der mir damals jedoch unerklärlich erschien und meine Chance, die begehrte Stelle zu erhalten, äußerst gering erscheinen ließ. Es schien jedoch sicher, dass die Stelle im Herbst frei sein würde, und da ich ziellos in Berlin umhertrieb und einen Augenblick lang nicht daran denken wollte, nach Leipzig zurückzukehren, klammerte ich mich an diese schwache Hoffnung und schwebte in meiner Vorstellung über den Berliner Treibsand in die Sicherheit des Hafens an der Ostsee.

Dies gelang mir jedoch erst, nachdem ich schwere und ernste innere Konflikte überwunden hatte, die mir mein Verhältnis zu Minna bereitete. Ein unbegreiflicher Zug im Charakter dieser sonst so einfältig wirkenden Frau hatte mein junges Herz in Aufruhr versetzt. Ein gutmütiger, wohlhabender Kaufmann jüdischer Herkunft, namens Schwabe, der bis dahin in Magdeburg ansässig gewesen war, machte mir in Berlin freundschaftliche Avancen, und ich entdeckte bald, daß seine Sympathie hauptsächlich auf dem leidenschaftlichen Interesse beruhte, das er für Minna empfand. Später wurde mir klar, daß zwischen diesem Mann und Minna eine innige Beziehung bestanden hatte, die an sich kaum als Treuebruch mir gegenüber angesehen werden konnte, da sie in einer entschiedenen Zurückweisung der Werbung meiner Nebenbuhlerin zu meinen Gunsten endete. Aber die Tatsache, daß diese Episode so geheim gehalten worden war, daß ich vorher nicht die leiseste Ahnung davon gehabt hatte, und auch der Verdacht, den ich nicht loswerden konnte, daß Minnas behagliche Verhältnisse zum Teil der Freundschaft dieses Mannes zu verdanken waren, erfüllten mich mit düsteren Befürchtungen. Aber wie gesagt, obwohl ich keinen wirklichen Grund fand, mich über Untreue zu beklagen, war ich verwirrt und beunruhigt und trieb mich schließlich zu dem halb verzweifelten Entschluß, mein Gleichgewicht in dieser Hinsicht wiederzuerlangen, indem ich Minna ganz in meinen Besitz brachte. Es schien mir, als ob meine Stabilität als Bürger ebenso wie mein beruflicher Erfolg durch eine anerkannte Verbindung mit Minna gesichert wären. Die zwei Jahre, die ich in der Welt des Theaters verbracht hatte, hatten mich in der Tat in einem beständigen Zustand der Verwirrung gehalten, dessen ich mir im tiefsten Innern auf das schmerzlichste bewußt war. Ich erkannte vage, daß ich auf dem falschen Weg war; Ich sehnte mich nach Frieden und Ruhe und hoffte, diese am wirksamsten durch eine Heirat zu finden und so dem Zustand ein Ende zu bereiten, der mir so viel Kummer bereitet hatte.

Es war nicht überraschend, dass Laube an meinem unordentlichen, leidenschaftlichen und verwahrlosten Aussehen bemerkte, dass etwas Ungewöhnliches mit mir nicht stimmte. Nur in seiner Gesellschaft, die ich immer als tröstlich empfand, gewann ich die einzigen Eindrücke von Berlin, die mich in gewisser Weise für meine Missgeschicke entschädigten. Die wichtigste künstlerische Erfahrung machte ich durch die Aufführung von Ferdinand Cortez unter der Leitung von Spontini selbst, deren Geist mich mehr erstaunte als alles, was ich je zuvor gehört hatte. Obwohl mich die eigentliche Inszenierung, insbesondere hinsichtlich der Hauptpersonen, die als Ganzes nicht zur Blüte der Berliner Oper gezählt werden konnten, kalt ließ und obwohl die Wirkung nie einen Grad erreichte, der auch nur entfernt mit der von Schröder-Devrient auf mich zu vergleichen gewesen wäre, war mir doch die außergewöhnliche Präzision, das Feuer und die reich organisierte Darstellung des Ganzen neu. Ich gewann eine neue Einsicht in die besondere Würde großer Theateraufführungen, die in ihren einzelnen Teilen durch wohlbetonten Rhythmus auf den höchsten Gipfel der Kunst gebracht werden konnten. Dieser außerordentlich deutliche Eindruck prägte mich tief und vor allem auch meine Auffassung des Rienzi, so dass man sagen kann, dass Berlin in künstlerischer Hinsicht meine Entwicklung stark geprägt hat.

Vorläufig aber galt es mir, mich aus meiner äußerst hilflosen Lage zu befreien. Ich war entschlossen, meine Schritte nach Königsberg zu lenken, und teilte Laube meinen Entschluß und die darauf gegründeten Hoffnungen mit. Dieser vortreffliche Freund legte ohne weiteres Nachfragen Wert darauf, seine Kräfte zu mobilisieren, um mich aus meiner gegenwärtigen Verzweiflung zu befreien und mir zu helfen, mein nächstes Ziel zu erreichen, was ihm mit Hilfe mehrerer seiner Freunde auch gelang. Als er sich von mir verabschiedete, warnte mich Laube mit mitfühlender Voraussicht, mich, sollte ich meine angestrebte Laufbahn als Dirigent erreichen, nicht in die Seichtheit des Bühnenlebens verstricken zu lassen, und riet mir, nach ermüdenden Proben statt zu meinem Liebsten ein ernstes Buch zur Hand zu nehmen, damit meine größeren Talente nicht unkultiviert blieben. Ich sagte ihm nicht, daß ich durch einen frühen und entschiedenen Schritt in diese Richtung mich wirksam vor den Gefahren der Theaterintrigen schützen wollte. Am 7. Juli trat ich daher die für diesen Zeitpunkt äußerst beschwerliche und ermüdende Reise in die weit entfernte Stadt Königsberg an.

Es war mir, als ob ich die Welt verließe, als ich Tag für Tag durch die Wüstengebiete reiste. Dann folgte ein trauriger und demütigender Eindruck von Königsberg, wo ich in einer der ärmsten Vorstädte, Tragheim, in der

Nähe des Theaters und in einer Gasse, wie man sie in einem Dorf erwarten würde, das hässliche Haus fand, in dem Minna wohnte. Die freundliche und ruhige Freundlichkeit, die ihr eigen war, gab mir jedoch bald das Gefühl, zu Hause zu sein. Sie war im Theater beliebt und wurde von den Direktoren und Schauspielern respektiert, eine Tatsache, die für ihren Verlobten, die Rolle, die ich nun offen übernehmen sollte, ein gutes Zeichen zu sein schien.

Obwohl noch keine besondere Aussicht auf die Stelle bestand, zu der ich gekommen war, waren wir doch übereingekommen, daß ich noch eine Weile durchhalten könne und die Sache sich schließlich schon regeln werde. Dies war auch die Ansicht des exzentrischen Königsberger Bürgers Abraham Möller, der dem Theater ergeben war und sich für Minna und schließlich auch für mich sehr freundschaftlich interessierte. Dieser schon weit vorgerückte Mann gehörte zu dem Typus von Theaterfreunden, der heute in Deutschland wahrscheinlich ganz ausgestorben ist, von dem aber die Schauspielergeschichte früherer Zeiten so viel überliefert hat. Man konnte keine Stunde in der Gesellschaft dieses Mannes verbringen, der einst die tollkühnsten Spekulationen getrieben hatte, ohne sich seine in lebhaftesten Worten geschilderten Schilderungen des Ruhmes der Bühne früherer Zeiten anhören zu müssen. Als vermögender Mann hatte er einst die Bekanntschaft fast aller großen Schauspieler und Schauspielerinnen seiner Zeit gemacht und sogar ihre Freundschaft zu gewinnen gewußt. Durch zu große Freigebigkeit geriet er leider in eine Notlage und war nun gezwungen, sich die Mittel zur Befriedigung seiner Theatergier und seines Wunsches, die ihm angehörenden Personen zu schützen, durch allerlei merkwürdige Geschäfte zu verschaffen, bei denen er, ohne ein wirkliches Risiko einzugehen, etwas zu gewinnen glaubte. Er konnte dem Theater daher nur einen sehr bescheidenen Unterhalt zukommen lassen, der aber seinem heruntergekommenen Zustand durchaus angemessen war.

Dieser seltsame Mann, vor dem der Theaterdirektor Anton Hubsch eine gewisse Ehrfurcht hatte, unternahm es, mir meine Anstellung zu verschaffen. Der einzige Umstand, der gegen mich sprach, war die Tatsache, dass Louis Schubert, der berühmte Musiker, den ich von frühester Zeit als ersten Violoncellisten des Magdeburger Orchesters kannte, aus Riga, wo das Theater eine Zeitlang geschlossen war und wo er seine Frau zurückgelassen hatte, nach Königsberg gekommen war, um hier die Stelle des musikalischen Leiters zu besetzen, bis das neue Theater in Riga eröffnet wurde und er zurückkehren konnte. Die Wiedereröffnung des Rigaer Theaters, die bereits für Ostern dieses Jahres angesetzt worden war, war verschoben worden, und er war nun bestrebt, Königsberg nicht zu verlassen. Da Schubert ein durch und durch Meister seiner Kunst war und seine Entscheidung, zu bleiben oder zu gehen, ganz von Umständen abhing, auf die er keinen Einfluss hatte, befand sich der Theaterdirektor in der verlegenen Lage, jemanden finden zu müssen, der bereit war, mit der Übernahme seiner Stelle zu warten, bis Schuberts Geschäft ihn fortrief. Ein junger Dirigent, der um jeden Preis in Königsberg bleiben wollte, war daher als Reserve und Ersatz für den Notfall nur herzlich willkommen. Der Direktor erklärte sich sogar bereit, mir bis zum endgültigen Antritt meines Amtes ein kleines Honorar zu zahlen.

Schubert dagegen war außer sich vor Wut über meine Ankunft; seine baldige Rückkehr nach Riga war nicht mehr nötig, da die Wiedereröffnung des dortigen Theaters auf unbestimmte Zeit verschoben worden war. Außerdem hatte er ein besonderes Interesse daran, in Königsberg zu bleiben, da er dort eine Leidenschaft für die Primadonna entwickelt hatte, die sein Verlangen, zu seiner Frau zurückzukehren, erheblich minderte. So klammerte er sich im letzten Augenblick mit aller Kraft an seinen Königsberger Posten, betrachtete mich als seinen Todfeind und versuchte, von seinem Selbsterhaltungstrieb getrieben, mit allen Mitteln, mir meinen Aufenthalt in Königsberg und die ohnehin schon qualvolle Lage, in der ich seine Abreise erwartete, zur Hölle zu machen.

Während ich in Magdeburg mit Musikern und Sängern aufs freundlichste verkehrt und vom Publikum die größte Rücksichtnahme erfahren hatte, sah ich mich hier von allen Seiten gegen die peinlichste Feindseligkeit zu verteidigen. Diese Feindseligkeit mir gegenüber, die sich bald bemerkbar machte, trug in nicht geringem Maße dazu bei, dass ich mich fühlte, als ob ich mit meiner Ankunft in Königsberg ins Exil gegangen wäre. Trotz meiner Begeisterung war mir klar, dass meine Heirat mit Minna unter den gegebenen Umständen ein riskantes Unterfangen sein würde. Anfang August fuhr die Gesellschaft für einige Zeit nach Memel, um dort die Sommersaison zu eröffnen, und ich folgte Minna einige Tage später. Wir legten den größten Teil des Weges auf dem Seeweg zurück und überquerten das Kurische Haff bei schlechtem Wetter und Gegenwind auf einem Segelschiff – eine der melancholischsten Überfahrten, die ich je erlebt habe. Als wir den schmalen Sandstreifen passierten, der diese Bucht von der Ostsee trennt, zeigte man mir das Schloss Runsitten, wo Hoffmann den Schauplatz einer seiner grausamsten Erzählungen (Das Majorat) schuf. Daß ich ausgerechnet in dieser trostlosen Gegend nach so langer Zeit wieder mit den phantastischen Eindrücken meiner Jugend in Berührung kam, hatte eine eigentümliche und niederdrückende Wirkung auf mein Gemüt. Der unglückliche Aufenthalt in Memel, die beklagenswerte Rolle, die ich dort spielte, kurz alles trug dazu bei, daß ich meinen einzigen Trost in Minna fand, die schließlich die Ursache war, daß ich mich in diese unangenehme Lage gebracht hatte. Unser Freund Abraham folgte uns aus Königsberg und tat allerlei merkwürdige Dinge, um meine Interessen zu fördern, und war offenbar darauf bedacht, den Direktor und den Dirigenten gegeneinander aufzubringen. Eines Tages erklärte Schubert sich tatsächlich infolge eines Streits mit Hubsch am Vorabend zu unwohl, um einer Probe der Euryanthe beizuwohnen, um den Direktor zu zwingen, mich plötzlich zu sich zu rufen und seinen Platz einzunehmen. Dabei hoffte mein Rivale boshaft, dass ich, da ich völlig unvorbereitet war, diese schwierige, selten gespielte Oper zu dirigieren, meine Unfähigkeit auf eine Weise offenbaren würde, die seinen feindseligen Absichten am ehesten entgegenkam. Obwohl ich nie wirklich eine Partitur der Euryanthe vor mir hatte, wurde sein Wunsch so wenig erfüllt, dass er sich entschied, für die Aufführung gesund zu werden, um sie selbst zu dirigieren, was er nicht getan hätte, wenn es notwendig gewesen wäre, die Aufführung wegen meiner Unfähigkeit abzusagen. In dieser elenden Lage, innerlich gequält, dem strengen Klima ausgesetzt, das mir selbst an Sommerabenden entsetzlich kalt vorkam, und nur damit beschäftigt, die schmerzhaftesten Leiden des Lebens abzuwehren, war meine Zeit, soweit es um jeden beruflichen Aufstieg ging, völlig verloren. Endlich, nach unserer Rückkehr nach Königsberg und insbesondere unter Möllers Vormundschaft, wurde die Frage, was zu tun sei, ernsthafter erwogen. Schließlich wurde Minna und mir durch den Einfluss meines Schwagers Wolfram und seiner Frau, die dorthin gegangen waren, ein recht gutes Engagement in Danzig angeboten.

Möller ergriff diese Gelegenheit, um den Direktor Hubsch, der Minna nicht verlieren wollte, zu bewegen, einen Vertrag zu unterzeichnen, der uns beide einschloß und in dem es hieß, daß ich unter allen Umständen vom nächsten Osterfest an offiziell als Dirigent an seinem Theater angestellt werden sollte. Außerdem wurde für unsere Hochzeit eine Benefizvorstellung versprochen, für die wir Die Stumme von Portici auswählten und die ich persönlich dirigieren sollte. Denn, wie Möller bemerkte, es war unbedingt notwendig, daß wir heirateten und das Ereignis gebührend feierten; es gab kein Entrinnen. Minna erhob keine Einwände, und alle meine bisherigen Bemühungen und Entschlüsse schienen zu beweisen, daß mein einziger Wunsch darin bestand, im Hafen der Ehe vor Anker zu gehen. Trotzdem tobte in mir zu dieser Zeit ein seltsamer Konflikt. Ich war mit Minnas Leben und Charakter so vertraut geworden, daß ich den großen Unterschied zwischen unseren beiden Naturen so deutlich erkannte, wie der wichtige Schritt, den ich tun wollte, es erforderte; aber mein Urteilsvermögen war noch nicht hinreichend ausgereift.

Meine zukünftige Frau war das Kind armer Eltern, die aus Oederan im Erzgebirge in Sachsen stammten. Ihr Vater war kein gewöhnlicher Mann; er besaß eine enorme Vitalität, zeigte aber im Alter Anzeichen einer gewissen Geistesschwäche. In jungen Jahren war er Trompeter in Sachsen gewesen und hatte in dieser Eigenschaft an einem Feldzug gegen die Franzosen teilgenommen und war auch bei der Schlacht bei Wagram dabei gewesen. Später wurde er Mechaniker und begann das Handwerk der Herstellung von Karden zum Kardieren von Wolle, und da er eine Verbesserung des

Herstellungsprozesses erfand, soll er damit eine Zeitlang ein sehr gutes Geschäft gemacht haben. Ein reicher Fabrikant aus Chemnitz gab ihm einmal einen großen Auftrag, der Ende des Jahres ausgeliefert werden sollte: Die Kinder, deren biegsame Finger sich bereits in dieser Hinsicht als nützlich erwiesen hatten, mussten Tag und Nacht hart arbeiten, und dafür versprach ihnen der Vater ein besonders frohes Weihnachtsfest, da er eine große Summe Geldes erwartete. Als jedoch die ersehnte Zeit kam, erhielt er die Nachricht vom Bankrott seines Kunden. Die bereits gelieferten Waren gingen verloren, und das verbliebene Material war nicht mehr zu verkaufen. Die Familie konnte sich aus der Verwirrung, in die sie dieses Unglück gestürzt hatte, nie mehr erholen; sie ging nach Dresden, wo der Vater eine einträgliche Anstellung als gelernter Mechaniker, vor allem in der Klavierherstellung, zu finden hoffte, für die er Einzelteile lieferte. Er brachte auch eine große Menge des feinen Drahtes mit, der zur Kartenherstellung bestimmt war und den er mit Gewinn verkaufen wollte. Die zehnjährige Minna wurde beauftragt, einzelne Partien davon an die Hutmacherinnen zur Blumenherstellung zu verkaufen. Sie zog mit einem schweren Korb voll Draht los und hatte eine solche Überredungsgabe, dass sie den ganzen Vorrat bald zu ihrem besten Nutzen veräußerte. Von da an erwachte in ihr der Wunsch, ihrer verarmten Familie tätig zu dienen und so bald wie möglich ihren eigenen Lebensunterhalt zu verdienen, um den Eltern nicht zur Last zu fallen . Als sie heranwuchs und sich zu einer auffallend schönen Frau entwickelte, erregte sie schon in sehr jungen Jahren die Aufmerksamkeit der Männer. Ein gewisser Herr von Einsiedel verliebte sich leidenschaftlich in sie und nutzte die unerfahrene junge Frau aus, wenn sie unvorbereitet war. Ihre Familie war in größte Bestürzung versetzt, und nur ihre Mutter und ihre ältere Schwester konnten von der schrecklichen Lage berichten, in der sich Minna befand. Ihr Vater, dessen Zorn die schlimmsten Folgen zu befürchten hatte, erfuhr nie, dass seine kaum siebzehnjährige Tochter Mutter geworden war und unter lebensbedrohlichen Umständen ein Mädchen geboren hatte. Minna, die von ihrem Verführer keine Wiedergutmachung erhalten konnte, fühlte sich nun doppelt berufen, ihren Lebensunterhalt selbst zu verdienen und das väterliche Haus zu verlassen. Durch den Einfluss von Freunden war sie mit einer Laientheatergesellschaft in Kontakt gekommen; als sie in einer dort gegebenen Vorstellung mitwirkte, erregte sie die Aufmerksamkeit der Mitglieder des königlichen Hoftheaters und insbesondere die Aufmerksamkeit des anwesenden Direktors des Dessauer Hoftheaters, der ihr sofort ein Engagement anbot. Sie ergriff diesen Ausweg aus ihrer schwierigen Lage gern, da er ihr die Möglichkeit einer glänzenden Bühnenkarriere eröffnete und sie eines Tages in der Lage sein würde, reichlich für ihre Familie zu sorgen. Sie hatte nicht die geringste Leidenschaft für die Bühne und da sie völlig frei von Leichtsinn oder Koketterie war, sah sie in einer Theaterkarriere lediglich die Möglichkeit, schnell und möglicherweise sogar reich zu leben. Ohne jegliche künstlerische Ausbildung bedeutete das Theater für sie lediglich die Gesellschaft von Schauspielern und Schauspielerinnen. Ob es ihr gefiel oder nicht, schien in ihren Augen nur insoweit von Bedeutung, als es ihre Verwirklichung einer angenehmen Unabhängigkeit betraf. Alle ihr zur Verfügung stehenden Mittel zu nutzen, um dieses Ziel zu erreichen, schien ihr ebenso notwendig, wie es für einen Händler notwendig ist, seine Waren optimal zu präsentieren.

Die Freundschaft des Direktors, des Direktors und der Lieblingsmitglieder des Theaters hielt sie für unverzichtbar, während sie jene Stammgäste des Theaters, die durch ihre Kritik oder ihren Geschmack das Publikum beeinflussten und so auch bei der Direktion Gewicht hatten, als Wesen erkannte, von denen die Erfüllung ihrer sehnlichsten Wünsche abhing. Sich diese niemals zu Feinden zu machen, erschien ihr so natürlich und so notwendig, dass sie bereit war, um ihre Popularität aufrechtzuerhalten, sogar ihre Selbstachtung zu opfern. Auf diese Weise hatte sie sich einen gewissen, eigentümlichen Verhaltenskodex geschaffen , der sie einerseits dazu veranlasste, Skandale zu vermeiden, andererseits aber auch Entschuldigungen dafür fand, sich selbst in Szene zu setzen, solange sie selbst wusste, dass sie nichts Unrechtes tat. So entstand eine Mischung von Widersprüchen, deren fragwürdigen Sinn sie nicht begreifen konnte. Es war ihr offensichtlich unmöglich, nicht jeden echten Sinn für Feingefühl zu verlieren; Sie zeigte jedoch einen Sinn für die Angemessenheit der Dinge, der sie darauf achten ließ, was als angemessen galt, obwohl sie nicht verstehen konnte, dass bloße Äußerlichkeiten ein Hohn waren, wenn sie nur dazu dienten, den Mangel an echtem Feingefühl zu verdecken . Da sie keinen Idealismus hatte, hatte sie kein künstlerisches Gefühl; auch besaß sie kein Talent für die Schauspielerei, und ihre Fähigkeit, zu gefallen, verdankte sie ausschließlich ihrem bezaubernden Aussehen. Ob sie mit der Zeit durch Routine eine gute Schauspielerin geworden wäre, kann ich nicht sagen. Die seltsame Macht, die sie von Anfang an auf mich ausübte, lag keineswegs daran, dass ich sie in irgendeiner Weise als Verkörperung meines Ideals betrachtete; im Gegenteil, sie zog mich durch die Nüchternheit und Ernsthaftigkeit ihres Charakters an, die das ergänzten, was ich in meinem eigenen vermisste, und mir die Unterstützung boten, die ich auf meinen Wanderungen nach dem Ideal, von dem ich wusste, dass ich es brauchte, brauchte.

Ich hatte mich bald daran gewöhnt, meine Sehnsucht nach dem Ideal vor Minna nie zu verraten; da ich mir selbst darüber keine Rechenschaft ablegen konnte, ging ich dem Thema stets mit Lachen und Scherz aus dem Weg; aber um so natürlicher war es für mich, wenn in mir Befürchtungen aufkamen, sie besitze wirklich die Eigenschaften, denen ich ihre Überlegenheit über mich zuschrieb. Ihre seltsame Duldung gewisser Vertraulichkeiten und selbst

Zudringlichkeiten der Theaterbesucher, selbst gegen ihre Person gerichtet, verletzte mich sehr; und als ich ihr dies vorwarf, trieb sie mich zur Verzweiflung, als hätte ich sie beleidigt. Ganz zufällig stieß ich auf Schwabes Briefe und gewann dadurch einen erstaunlichen Einblick in ihre intimen Beziehungen zu diesem Mann, von denen sie mich in Unkenntnis gelassen und mich während meines Aufenthaltes in Berlin die ersten Erkenntnisse gewinnen ließ. Meine ganze latente Eifersucht, alle meine innersten Zweifel an Minnas Charakter machten sich in meinem plötzlichen Entschluß Luft, das Mädchen sofort zu verlassen. Es kam zu einer heftigen Szene zwischen uns, die typisch für alle unsere späteren Auseinandersetzungen war. Offenbar war ich zu weit gegangen, als ich eine Frau, die nicht leidenschaftlich in mich verliebt war, so behandelte, als hätte ich ein wirkliches Recht auf sie; denn sie hatte ja nur meiner Aufdringlichkeit nachgegeben und gehörte mir in keiner Weise. Zu meiner Verwunderung brauchte Minna mich nur daran zu erinnern, daß sie, weltlich gesehen, sehr gute Angebote ausgeschlagen hatte, um der Ungestümheit eines mittellosen jungen Mannes nachzugeben, dessen Talent noch keiner wirklichen Prüfung unterzogen worden war und dem sie dennoch Sympathie und Güte entgegengebracht hatte.

Am wenigsten konnte sie mir die rasende Heftigkeit verzeihen, mit der ich sprach, und durch die sie sich so beleidigt fühlte, daß ich, als ich meine Exzesse erkannte, nichts anderes tun konnte, als sie zu beschwichtigen, indem ich zugab, im Unrecht zu sein, und sie um Verzeihung bat. So endete diese und alle folgenden Szenen äußerlich, wenigstens immer zu ihrem Vorteil. Aber der Friede war für immer untergraben, und durch die häufige Wiederkehr solcher Zwistigkeiten erfuhr Minnas Charakter eine beträchtliche Veränderung. Wie sie später durch meine ihr unbegreifliche Auffassung von Kunst und ihren Maßen verwirrt worden war und ihre Vorstellungen über alles, was damit zusammenhing, durcheinandergebracht hatte, so verwirrte sie jetzt immer mehr meine größere Zartheit in bezug auf die Moral, die ganz anders war als die ihre, zumal ich in vielen anderen Dingen eine Meinungsfreiheit an den Tag legte, die sie weder verstehen noch billigen konnte.

In ihrem sonst so ruhigen Gemüte regte sich daher ein Gefühl leidenschaftlichen Grolls. Es war nicht verwunderlich, daß dieser Groll im Laufe der Jahre zunahm und sich in einer Weise äußerte, die typisch für ein Mädchen aus der unteren Mittelschicht war, bei dem bloße oberflächliche Eleganz jede wahre Bildung ersetzt hatte. Die eigentliche Qual unseres späteren Zusammenlebens lag darin, daß ich durch ihre Gewalttätigkeit den letzten Halt verloren hatte, den ich bis dahin in ihrem außergewöhnlich süßen Wesen gefunden hatte. Damals erfüllte mich nur eine dunkle Vorahnung des schicksalshaften Schrittes, den ich mit meiner Heirat mit ihr tat. Ihre angenehmen und besänftigenden Eigenschaften wirkten noch so wohltuend auf mich, daß ich mit der mir angeborenen Leichtfertigkeit und der Hartnäckigkeit, mit der ich jedem Widerstand begegnete, die innere Stimme, die mir dunkel Unheil vorhersagte, zum Schweigen brachte.

Seit meiner Reise nach Königsberg hatte ich jede Verbindung mit meiner Familie, das heißt mit meiner Mutter und Rosalie, abgebrochen und niemandem von meinem Entschluß erzählt. Unter der kühnen Führung meines alten Freundes Möller überwand ich alle rechtlichen Schwierigkeiten, die unserer Verbindung im Wege standen. Nach dem preußischen Gesetz bedarf ein volljähriger Mann nicht mehr der Einwilligung seiner Eltern zu seiner Heirat; da ich aber nach derselben Bestimmung noch nicht volljährig war, berief ich mich auf das sächsische Recht, dem ich durch Geburt angehörte und nach dessen Bestimmungen ich bereits mit einundzwanzig Jahren volljährig geworden war. Unsere Aufgebote mußten an dem Ort veröffentlicht werden, wo wir seit einem Jahr wohnten, und diese Formalität wurde in Magdeburg ohne weitere Einwände erledigt. Da Minnas Eltern ihre Einwilligung gegeben hatten, blieb nur noch ein gemeinsames Aufsuchen des Pfarrers der Gemeinde Tragheim, um alles in Ordnung zu bringen. Dies war ein recht merkwürdiger Besuch. Es fand am Morgen vor der Vorstellung statt, die zu unserem Wohle gegeben werden sollte und für die Minna die pantomimische Rolle der Fenella ausgewählt hatte; ihr Kostüm war noch nicht fertig, und es gab noch viel zu tun. Das regnerische, kalte Novemberwetter machte uns unzufrieden, als wir, zu unserem Ärger, unangemessen lange im Saal des Pfarrhauses stehen gelassen wurden. Dann kam es zu einem Streit zwischen uns, der schnell zu so bitteren Beschimpfungen führte, dass wir gerade im Begriff waren, uns zu trennen und jeder unserer Wege zu gehen, als der Geistliche die Tür öffnete. Nicht wenig verlegen, uns beim Streiten überrascht zu haben, bat er uns herein. Wir mussten jedoch gute Miene zum bösen Spiel machen, und die Absurdität der Situation kitzelte unseren Sinn für Humor so sehr, dass wir lachten; der Pfarrer war besänftigt, und die Hochzeit wurde für elf Uhr am nächsten Morgen angesetzt.

Eine weitere Quelle der Verärgerung, die oft zu heftigen Streitigkeiten zwischen uns führte, war die Einrichtung unseres zukünftigen Heims, in dessen innerer Behaglichkeit und Schönheit ich eine Garantie für Glück zu finden hoffte. Die sparsamen Vorstellungen meiner Braut erfüllten mich mit Ungeduld. Ich war entschlossen, den Beginn einer Reihe von wohlhabenden Jahren, die ich vor mir sah, mit einem entsprechend komfortablen Heim zu feiern. Möbel, Haushaltsgegenstände und alle Notwendigkeiten wurden auf Kredit gekauft und in Raten bezahlt. Von einer Mitgift, einem Hochzeitskleid oder anderen Dingen, die im Allgemeinen für eine gut begründete Einrichtung als unverzichtbar gelten, war natürlich keine Rede.

Unsere Trauzeugen und Gäste stammten aus der Schauspielertruppe, die durch ihr Engagement am Königsberger Theater zufällig zusammengekommen war. Mein Freund Möller schenkte uns eine silberne Zuckerdose, die durch einen silbernen Kuchenkorb eines anderen Bühnenfreundes ergänzt wurde, eines eigenartigen und, soweit ich mich erinnern kann, ziemlich interessanten jungen Mannes namens Ernst Castell. Die Benefizvorstellung der Stummen von Portici, die ich mit großer Begeisterung dirigierte, verlief gut und brachte uns die erwartete Summe ein. Nachdem wir den Rest des Tages vor unserer Hochzeit, da wir nach der Rückkehr aus dem Theater müde waren, sehr ruhig verbracht hatten, bezog ich zum ersten Mal in unserem neuen Heim Wohnung. Da ich das für diesen Anlass geschmückte Brautbett nicht benutzen wollte, legte ich mich, ohne auch nur genügend zuzudecken, auf ein hartes Sofa und fror tapfer, während ich das Glück des nächsten Tages erwartete. Am nächsten Morgen war ich angenehm aufgeregt, als Minnas Sachen, in Kisten und Körben verpackt, eintrafen. Auch das Wetter hatte sich ganz aufgeklart, und die Sonne schien hell; nur unser Wohnzimmer wollte nicht recht warm werden, was mir für einige Zeit Minnas Vorwürfe wegen meiner angeblichen Nachlässigkeit, nicht für die Heizung gesorgt zu haben, einbrachte. Endlich zog ich meinen neuen Anzug an, einen dunkelblauen Gehrock mit Goldknöpfen. Die Kutsche fuhr vor, und ich machte mich auf den Weg, um meine Braut abzuholen. Der klare Himmel hatte uns alle in gute Laune versetzt, und in bester Laune begegnete ich Minna, die ein prächtiges, von mir ausgesuchtes Kleid trug. Sie begrüßte mich mit aufrichtiger Herzlichkeit und Freude strahlte aus ihren Augen, und da wir das schöne Wetter als gutes Omen betrachteten, machten wir uns auf den Weg zu einer Hochzeit, die uns jetzt höchst fröhlich erschien. Wir genossen die Genugtuung, die Kirche so überfüllt zu sehen, als ob eine brillante Theateraufführung gegeben würde; es war eine ziemlich schwierige Angelegenheit, den Weg zum Altar zu finden, wo eine Gruppe, die nicht weniger weltlich war als die anderen, bestehend aus unseren Trauzeugen, in all ihrer Theatertracht, versammelt war, um uns zu empfangen. Unter all den Anwesenden war kein einziger echter Freund, denn selbst unser seltsamer alter Freund Möller fehlte, weil man für ihn keine passende Partnerin gefunden hatte. Ich war keinen einzigen Augenblick unempfindlich gegenüber der schaurigen Frivolität der Gemeinde, die der ganzen Zeremonie ihren Ton zu verleihen schien. Wie im Traum lauschte ich der Hochzeitsrede des Pfarrers, der, wie man mir später erzählte, an der Entstehung des Geistes der Bigotterie beteiligt gewesen war, der damals in Königsberg so weit verbreitet war und einen so beunruhigenden Einfluss auf die Bevölkerung ausübte.

Einige Tage später wurde mir gesagt, es sei in der Stadt das Gerücht verbreitet, ich hätte den Pfarrer wegen einiger grober Beleidigungen in seiner Predigt verklagt; ich verstand nicht recht, was gemeint war, nahm aber an, die übertriebene Meldung rühre von einer Stelle in seiner Ansprache her, die ich in meiner Aufregung missverstanden hatte. Der Prediger, der von den dunklen Tagen sprach, die uns bevorstünden, bat uns, uns an einen unbekannten Freund zu wenden, und ich blickte fragend auf, um weitere Einzelheiten über diesen geheimnisvollen und einflussreichen Gönner zu erfahren, der eine so seltsame Art der Ankündigung wählte. Vorwurfsvoll und mit eigentümlichem Nachdruck sprach der Pfarrer dann den Namen dieses unbekannten Freundes aus: Jesus. Nun war ich dadurch keineswegs beleidigt, wie man sich vorstellte, sondern einfach enttäuscht; zugleich dachte ich, dass derartige Ermahnungen bei Hochzeitsansprachen wohl üblich seien.

Im Großen und Ganzen war ich jedoch während dieser Zeremonie, die für mich wie ein Fremdkörper war, so geistesabwesend, dass Minna mich heftig anstupsen musste, damit ich ihrem Beispiel folgte, als der Pfarrer uns das geschlossene Gebetbuch hinhielt, damit wir unsere Eheringe darauf legen konnten.

In diesem Augenblick sah ich, so klar wie in einer Vision, wie mein ganzes Wesen in zwei sich kreuzende Strömungen geteilt war, die mich in verschiedene Richtungen zogen; die obere war der Sonne zugewandt und trug mich wie einen Träumer vorwärts, während die untere meine Natur gefangen hielt, einer unerklärlichen Angst ausgeliefert. Die außerordentliche Leichtfertigkeit, mit der ich die Überzeugung verjagte, die sich mir immer wieder aufdrängte, dass ich eine doppelte Sünde beging, war hinreichend erklärt durch die wirklich echte Zuneigung, mit der ich das junge Mädchen ansah, dessen wahrhaft außergewöhnlicher Charakter (so selten in der Umgebung, in die sie gebracht worden war) sie dazu brachte, sich so an einen jungen Mann zu binden, ohne jeglichen Lebensunterhalt. Es war elf Uhr morgens am 24. November 1836, und ich war dreiundzwanzigeinhalb.

Auf dem Heimweg von der Kirche und danach überwog meine gute Laune alle meine Zweifel.

Minna übernahm sofort die Aufgabe, ihre Gäste zu empfangen und zu bewirten. Die Tafel war gedeckt, und ein reiches Festmahl, an dem auch Abraham Möller, der tatkräftige Förderer unserer Vermählung, teilnahm, obwohl er durch seinen Ausschluß von der kirchlichen Zeremonie etwas verärgert war, entschädigte für die Kälte des Zimmers, das sich zum großen Kummer der jungen Wirtin lange Zeit nicht erwärmen wollte.

Alles verlief wie gewohnt ereignislos. Trotzdem behielt ich meine gute Laune bis zum nächsten Morgen, als ich mich beim Amtsgericht einfinden musste, um die Forderungen meiner Gläubiger zu erfüllen, die mir von Magdeburg nach Königsburg übermittelt worden waren .

Mein Freund Möller, den ich zu meiner Verteidigung engagiert hatte, hatte mir törichterweise geraten, den Forderungen meiner Gläubiger nachzukommen, indem ich mich nach preußischem Recht auf Unmündigkeit berief, jedenfalls so lange, bis tatsächliche Hilfe zur Begleichung der Forderungen in Anspruch genommen werden könne.

Der Richter, dem ich diese Bitte wie mir geraten wurde vortrug, war erstaunt, da er wahrscheinlich von meiner Hochzeit am Vortag wusste, die nur nach Vorlage eines Dokuments über meine Volljährigkeit hätte stattfinden können. Natürlich verschaffte mir dieses Manöver nur eine kurze Atempause, und die Probleme, die mich noch lange Zeit danach plagten, hatten ihren Ursprung am ersten Tag meiner Hochzeit.

Während der Zeit, in der ich keine Anstellung am Theater hatte, musste ich verschiedene Demütigungen erleiden. Trotzdem hielt ich es für klug, meine Freizeit für meine Kunst zu nutzen, und ich stellte einige Stücke fertig, darunter eine große Ouvertüre zu Rule Britannia.

Noch in Berlin hatte ich die im Zusammenhang mit dem polnischen Festival bereits erwähnte Ouvertüre Polonia geschrieben. Rule Britannia war ein weiterer, gezielter Schritt in Richtung Masseneffekt; zum Abschluss sollte dem bereits überfüllten Orchester eine starke Militärkapelle hinzugefügt werden, und ich hatte vor, das Ganze im Sommer bei den Musikfestspielen in Königsberg aufführen zu lassen.

Diesen beiden Ouvertüren fügte ich noch eine Ergänzung hinzu, eine Ouvertüre mit dem Titel Napoleon. Der Punkt, dem ich meine größte Aufmerksamkeit widmete, war die Auswahl der Mittel zur Erzielung bestimmter Effekte, und ich überlegte mir genau, ob ich den vernichtenden Schicksalsschlag, der den französischen Kaiser in Russland traf, durch einen Schlag auf die Tomtom ausdrücken sollte oder nicht. Ich glaube, es waren vor allem meine Skrupel hinsichtlich der Einführung dieses Schlags, die mich gerade damals daran hinderten, meinen Plan auszuführen.

Andererseits führten die Schlussfolgerungen, die ich aus dem Misserfolg von „Liebesverbot“ gezogen hatte, zu einer Opernskizze, in der die Anforderungen an Chor und Sängerstab eher im Verhältnis zur bekannten Kapazität des örtlichen Ensembles stehen sollten, da mir nur dieses kleine Theater zur Verfügung stand.

Eine urige Geschichte aus Tausendundeiner Nacht bot die Vorlage für ein leichtes Werk dieser Art, dessen Titel, wenn ich mich recht erinnere, „Mannerlist großer als Frauenlist“ lautete.

Ich habe die Geschichte aus Bagdad in eine moderne Umgebung übertragen. Ein junger Goldschmied verletzt den Stolz einer jungen Frau, indem er das obige Motto auf das Schild über seinem Laden setzt; tief verschleiert tritt sie in seinen Laden und bittet ihn, da er so viel Geschmack in seiner Arbeit beweise, seine Meinung über ihre eigenen körperlichen Reize zu äußern; er beginnt mit ihren Füßen und Händen, und schließlich, als sie seine Verwirrung bemerkt, nimmt sie den Schleier vom Gesicht. Der Juwelier ist hingerissen von ihrer Schönheit, woraufhin sie sich bei ihm beschwert, dass ihr Vater, der sie immer streng abgeschirmt gehalten hat, sie allen ihren Verehrern als hässliches Monster beschreibt, wobei er, so glaubt sie, nur ihre Mitgift behalten will. Der junge Mann schwört, dass er sich von diesen dummen Einwänden nicht abschrecken lassen wird, sollte der Vater sie gegen seine Bewerbung erheben. Gesagt, getan. Die Tochter dieses eigenartigen alten Herrn wird dem ahnungslosen Juwelier versprochen und zu ihrem Bräutigam gebracht, sobald dieser den Vertrag unterzeichnet hat. Da sieht er, dass der Vater tatsächlich die Wahrheit gesagt hat und die echte Tochter eine wahre Vogelscheuche ist. Die schöne Dame kehrt zum Bräutigam zurück, um sich über seine Verzweiflung zu freuen, und verspricht, ihn aus seiner schrecklichen Ehe zu erlösen, wenn er das Motto von seinem Schild entfernt. An dieser Stelle wich ich vom Original ab und fuhr wie folgt fort: Der wütende Juwelier ist im Begriff, sein unglückliches Schild herunterzureißen, als ihn eine seltsame Erscheinung davon abhält. Er sieht auf der Straße einen Bärenführer, der sein plumpes Tier tanzen lässt, und der unglückliche Liebhaber erkennt in ihm auf den ersten Blick seinen eigenen Vater, von dem ihn ein schweres Schicksal getrennt hat.

Er unterdrückt jede Regung, denn blitzartig kommt ihm ein Plan, wie er diese Entdeckung ausnützen kann, um sich aus der verhassten Ehe mit der Tochter des stolzen alten Aristokraten zu befreien.

Er beauftragt den Bärenführer, noch am Abend in den Garten zu kommen, wo im Beisein der geladenen Gäste die feierliche Verlobung stattfinden soll.

Anschließend erklärt er seinem jungen Feind, dass er das Schild vorerst stehen lassen möchte, da er immer noch hofft, die Wahrheit des Mottos beweisen zu können.

Nachdem der Ehevertrag, in dem sich der junge Mann allerlei fiktive Adelstitel anmaßt, der versammelten Gesellschaft (die sich etwa aus der Elite der adligen Einwanderer zur Zeit der Französischen Revolution zusammensetzte) vorgelesen worden ist, ertönt plötzlich die Pfeife des Bärenführers, der mit seinem tänzelnden Tier in den Garten kommt. Die erstaunte Gesellschaft, die über diese triviale Abwechslung verärgert ist, wird empört, als der Bräutigam, der seinen Gefühlen freien Lauf lässt, sich unter Freudentränen in die Arme des Bärenführers wirft und ihn laut als seinen lange vermissten Vater bezeichnet. Die Bestürzung der Gesellschaft wird jedoch noch größer, als der Bär selbst den Mann umarmt, den sie für einen Mann von adeliger Geburt hielten, denn das Tier ist kein geringerer Mensch als sein leiblicher Bruder, der nach dem Tod des echten Bären dessen Fell angelegt hatte, wodurch das verarmte Paar weiterhin seinen Lebensunterhalt auf die einzige ihnen verbleibende Weise verdienen konnte. Die öffentliche Enthüllung der niederen Herkunft des Bräutigams führt sofort zur Auflösung der Ehe, und die junge Frau gibt zu, vom Mann überlistet worden zu sein , und bietet dem freigelassenen Juwelier ihre Hand als Entschädigung an.

Diesem unscheinbaren Thema gab ich den Titel „Glückliche Bärenfamilie" und versah es mit einem Dialog, der später Holteis höchste Zustimmung fand.

Ich wollte gerade mit der Musik dafür in einem neuen, leichten französischen Stil beginnen, aber der Ernst meiner Lage, der sich immer mehr verschärfte, verhinderte weitere Fortschritte meiner Arbeit.

In dieser Hinsicht war mein gespanntes Verhältnis zum Dirigenten des Theaters immer noch eine Quelle ständiger Schwierigkeiten. Da ich weder Gelegenheit noch Mittel hatte, mich zu verteidigen, musste ich es mir gefallen lassen, von meinem Rivalen, der das Feld weiterhin beherrschte, von allen Seiten verleumdet und verdächtigt zu werden. Ziel war es, mir die Vorstellung abzuschwören, meine Stelle als musikalischer Dirigent anzutreten, für die der Vertrag für Ostern unterzeichnet worden war. Obwohl ich mein Selbstvertrauen nicht verlor, litt ich doch sehr unter der Demütigung und der deprimierenden Wirkung dieser anhaltenden Spannung.

Als schließlich Anfang April der Zeitpunkt kam, wo der Dirigent Schubert zurücktrat und ich die ganze Leitung übernahm, hatte er die traurige Genugtuung, zu wissen, daß nicht nur der Ruf der Oper durch den Weggang der Primadonna arg geschwächt war, sondern auch berechtigte Zweifel an der Fortführung des Theaters bestanden. Dieser Fastenmonat, der in Deutschland für alle derartigen Theaterunternehmungen eine so schlechte Zeit war, dezimierte mit dem übrigen auch das Königsberger Publikum. Der Direktor gab sich die größte Mühe, die Lücken im Personal der Oper durch vorübergehende Anwerbung fremder Leute und durch Neuzugänge zu füllen, und dabei kam mir meine Persönlichkeit und unermüdliche Tätigkeit wirklich zugute; ich setzte meine ganze Kraft ein, um das zerfetzte Schiff des Theaters, an dem ich jetzt zum erstenmal beteiligt war, durch Rat und Tat wieder auf die Beine zu bringen.

Lange Zeit musste ich versuchen, die gewalttätigsten Behandlungen einer Clique von Studenten, unter denen sich mein Vorgänger Feinde gegen mich erweckt hatte, ruhig zu ertragen und durch die unbeirrbare Sicherheit meines Dirigierens den anfänglichen Widerstand des Orchesters, der sich gegen mich gestellt hatte, zu überwinden.

Nachdem ich mir mühsam die Grundlage für meine persönliche Wertschätzung geschaffen hatte, musste ich nun einsehen, dass die Geschäftsmethoden des Direktors Hubsch bereits zu große Opfer erfordert hatten, um dem Theater zu ermöglichen, sich gegen die Ungünstigkeiten der Saison durchzusetzen, und im Mai gestand er mir, dass er an den Punkt gekommen sei, an dem er das Theater schließen müsse.

Indem ich all meine Beredsamkeit aufbot und Vorschläge machte, die einen glücklichen Ausgang versprachen, konnte ich ihn zum Durchhalten bewegen; dies war jedoch nur möglich, indem ich die Loyalität seiner Firma forderte, die aufgefordert wurde, für eine gewisse Zeit auf einen Teil ihrer Gehälter zu verzichten. Dies erregte allgemeine Bitterkeit bei den Uneingeweihten, und ich befand mich in der merkwürdigen Lage, den Direktor in einem günstigen Licht gegenüber denjenigen darstellen zu müssen, die von diesen Maßnahmen hart getroffen wurden, während ich selbst und meine Position derart betroffen waren, dass meine Situation durch die Anhäufung unerträglicher Schwierigkeiten, die ihre Wurzeln in meiner Vergangenheit hatten, täglich unerträglicher wurde.

Aber wenn ich auch jetzt nicht den Mut verlor, so war doch diese Wendung des Schicksals für Minna, die als meine Frau alles dessen beraubt war, was sie zu erwarten berechtigt war, ganz unerträglich. Der verborgene Krebs unseres Ehelebens, der mir schon vor unserer Heirat die furchtbarsten Ängste bereitet und zu heftigen Szenen geführt hatte, erreichte unter diesen traurigen Umständen seine volle Entfaltung. Je weniger ich durch Arbeit und Ausnutzung meiner Talente den Lebensstandard aufrechterhalten konnte, der unserer Stellung gebührte, desto mehr hielt es Minna zu meiner unerträglichen Schande für notwendig, diese Last durch Ausnutzung ihrer persönlichen Popularität auf sich zu nehmen. Die Entdeckung ähnlicher Herablassungen – wie ich sie zu nennen pflegte – von Minna hatte wiederholt zu empörenden Szenen geführt, und nur ihre eigentümliche Auffassung ihrer beruflichen Stellung und der damit verbundenen Nöte hatte eine wohlwollende Auslegung möglich gemacht.

Ich war absolut nicht in der Lage, meiner jungen Frau meinen Standpunkt zu vermitteln oder ihr meine eigenen verletzten Gefühle bei diesen Gelegenheiten klarzumachen, während die ungezügelte Heftigkeit meiner Worte und meines Verhaltens ein für alle Mal ein Verständnis unmöglich machte. Diese Szenen versetzten meine Frau häufig in so beängstigende Krämpfe, dass mir, wie man sich leicht vorstellen kann, nur die Genugtuung blieb, sie wieder versöhnt zu haben. Sicher war, dass unsere gegenseitige Haltung für uns beide immer unverständlicher und unerklärlicher wurde.

Diese Streitereien, die nun häufiger und quälender wurden, trugen vielleicht viel dazu bei, die Stärke der Zuneigung, die Minna mir entgegenbringen konnte, zu schwächen, aber ich hatte keine Ahnung, dass sie nur auf eine günstige Gelegenheit wartete, um zu einem verzweifelten Entschluss zu kommen.

Für die Stelle des Tenors in unserer Truppe hatte ich Friedrich Schmitt nach Königsberg berufen, einen Freund aus meinem ersten Magdeburger Jahr, auf den bereits angespielt wurde. Er war mir aufrichtig ergeben und half mir nach Kräften, die Gefahren zu überwinden, die den Erfolg des Theaters wie auch meine eigene Stellung bedrohten.

Die Notwendigkeit, mit der Öffentlichkeit auf freundschaftlichem Fuß zu stehen, machte mich viel weniger zurückhaltend und vorsichtig beim Knüpfen neuer Bekanntschaften , insbesondere in seiner Gesellschaft.

Ein reicher Kaufmann namens Dietrich hatte sich vor kurzem zum Mäzen des Theaters und insbesondere der Frauen gemacht. Aus gebührender Ehrerbietung gegenüber den Männern, mit denen sie in Verbindung standen, lud er die besten dieser Damen zum Abendessen in sein Haus ein und gab sich bei diesen Gelegenheiten als wohlhabender Engländer aus, was für deutsche Kaufleute, insbesondere in den Industriestädten des Nordens, das Idealbild darstellte.

Ich hatte meinen Unmut über die Annahme der Einladung, die man uns allen zugesandt hatte, zunächst einfach deshalb zum Ausdruck gebracht, weil mir sein Aussehen zuwider war. Minna hielt das für sehr ungerecht. Jedenfalls war ich entschieden dagegen, unsere Bekanntschaft mit diesem Mann fortzusetzen, und obwohl Minna nicht darauf bestand, ihn zu empfangen, war mein Verhalten gegenüber dem Eindringling die Ursache für wütende Szenen zwischen uns.

Eines Tages hielt es Friedrich Schmitt für seine Pflicht, mich zu informieren, daß dieser Herr Dietrich bei einem öffentlichen Abendessen in einer Weise von mir gesprochen hatte, die jedermann zu der Annahme verleitete, er habe eine verdächtige Beziehung zu meiner Frau. Ich fühlte mich verpflichtet, Minna zu verdächtigen, sie habe dem Burschen auf mir unbekannte Weise von meinem Verhalten ihr gegenüber und von unserer prekären Lage erzählt.

In Begleitung von Schmitt stellte ich diesen gefährlichen Menschen in seinem Haus zur Rede. Zunächst kam es nur zu den üblichen Dementis. Später jedoch schickte er Minna geheime Mitteilungen über das Gespräch und verschaffte ihr damit einen angeblich neuen Vorwurf gegen mich, nämlich meine rücksichtslose Behandlung ihr gegenüber.

Unsere Beziehungen erreichten nun eine kritische Phase und über bestimmte Punkte bewahrten wir Stillschweigen.

Zur gleichen Zeit – es war gegen Ende Mai 1837 – hatten die geschäftlichen Angelegenheiten des Theaters die oben erwähnte Krise erreicht, als die Direktion gezwungen war, auf die aufopfernde Zusammenarbeit des Personals zurückzugreifen, um die Fortsetzung des Unternehmens zu gewährleisten. Wie ich bereits sagte, war meine eigene Lage am Ende eines für mein Wohlergehen so katastrophalen Jahres dadurch ernsthaft beeinträchtigt; dennoch schien es für mich keine Alternative zu geben, als diese Schwierigkeiten geduldig zu ertragen, und im Vertrauen auf den treuen Friedrich Schmitt, aber ohne Minna zu beachten, begann ich die notwendigen Schritte zu unternehmen, um meinen Posten in Königsberg zu sichern. Dies sowie die mühsame Rolle, die ich in den Geschäften des Theaters übernahm, hielten mich so beschäftigt und so oft von zu Hause fern, dass ich Minnas Schweigen und Zurückhaltung keine besondere Aufmerksamkeit schenken konnte.

Am Morgen des 31. Mai verabschiedete ich mich von Minna, da ich damit rechnete, durch Proben und geschäftliche Angelegenheiten bis zum späten Nachmittag aufgehalten zu werden. Mit meiner vollen Zustimmung hatte sie es seit einiger Zeit gewohnt, ihre Tochter Nathalie, die von allen als ihre jüngste Schwester angesehen wurde, bei sich zu haben.

Als ich ihnen meinen üblichen, ruhigen Abschied wünschen wollte, eilten die beiden Frauen mir zur Tür nach und umarmten mich leidenschaftlich, während Minna und ihre Tochter in Tränen ausbrachen. Ich war erschrocken und fragte nach dem Grund dieser Aufregung, konnte aber keine Antwort von ihnen bekommen und war genötigt, sie allein zu lassen und über ihr sonderbares Benehmen, von dessen Grund ich nicht einmal die leiseste Ahnung hatte, nachzudenken.

Erschöpft von den Strapazen und Sorgen, todmüde, bleich und hungrig kam ich am späten Nachmittag nach Hause und war überrascht, den Tisch nicht gedeckt vorzufinden und Minna nicht zu Hause, da mir das Zimmermädchen erzählte, sie sei noch nicht von ihrem Spaziergang mit Nathalie zurückgekommen.

Ich wartete geduldig und sank erschöpft an den Arbeitstisch, den ich geistesabwesend öffnete. Zu meinem größten Erstaunen war er leer. Voller Entsetzen sprang ich auf und ging zum Kleiderschrank. Dort wurde mir sofort klar, dass Minna das Haus verlassen hatte; ihre Abreise war so geschickt geplant, dass nicht einmal das Dienstmädchen davon etwas bemerkte.

Mit Todesangst stürzte ich aus dem Haus, um den Grund für Minnas Verschwinden zu ermitteln.

Der alte Möller fand durch seinen praktischen Scharfsinn sehr bald heraus, dass Dietrich, sein persönlicher Feind, am Morgen mit dem Sonderwagen Königsberg in Richtung Berlin verlassen hatte.

Diese schreckliche Tatsache starrte mir direkt ins Gesicht.

Ich musste nun versuchen, die Flüchtigen einzuholen. Mit verschwenderischem Geldeinsatz wäre dies vielleicht möglich gewesen, aber die Mittel fehlten und mussten zum Teil mühsam zusammengetragen werden.

Auf Möllers Rat nahm ich für alle Fälle die Geschenke zur Silberhochzeit mit und reiste nach Ablauf einiger schrecklicher Stunden mit meinem betrübten alten Freund ebenfalls mit einer Sonderkutsche ab. Wir hofften, die vor kurzem abgefahrene normale Postkutsche noch einholen zu können, da es wahrscheinlich war, daß Minna auch in dieser, in sicherer Entfernung von Königsberg, ihre Reise fortsetzen würde.

Dies erwies sich als unmöglich, und als wir am nächsten Morgen bei Tagesanbruch in Elbing ankamen, mussten wir feststellen, dass unser Geld durch die verschwenderische Benutzung des Expressbusses aufgebraucht war, und mussten umkehren; außerdem stellten wir fest, dass wir selbst bei Benutzung des normalen Busses die Zuckerdose und die Kuchenform verpfänden müssten.

Diese Rückreise nach Königsberg bleibt zu Recht eine der traurigsten Erinnerungen meiner Jugend. Natürlich kam mir nicht im Traum ein, an diesem Ort zu bleiben; ich dachte nur daran, wie ich am besten wegkommen könnte. Eingezwängt zwischen den Klagen meiner Magdeburger Gläubiger und der Königsberger Kaufleute, die von mir die Ratenzahlung meiner Haushaltsrechnungen forderten, konnte meine Abreise nur im Geheimen erfolgen. Aus eben diesem Grund war es auch notwendig, Geld aufzutreiben, vor allem für die lange Reise von Königsberg nach Dresden, wohin ich auf der Suche nach meiner Frau gehen wollte, und diese Dinge hielten mich zwei lange und schreckliche Tage lang auf.

Von Minna erhielt ich keinerlei Nachrichten; von Möller erfuhr ich, dass sie nach Dresden gefahren war und Dietrich sie nur ein kurzes Stück begleitet hatte, unter dem Vorwand, ihr freundschaftlich zu helfen.

Es gelang mir, mich davon zu überzeugen, daß sie eigentlich nur einer Lage entfliehen wollte, die sie mit Verzweiflung erfüllte, zu diesem Zwecke die Hilfe eines ihr sympathischen Mannes in Anspruch genommen hatte und für den Augenblick Ruhe und Zuflucht bei ihren Eltern suchte. Meine anfängliche Empörung über den Vorfall ließ so weit nach, daß ich allmählich mehr Mitgefühl für ihre Verzweiflung empfand und mir Vorwürfe sowohl über mein Benehmen als auch über mein Unglück machte.

Während der mühsamen Reise über Berlin nach Dresden, die ich schließlich am 3. Juni antrat, wurde ich von der Richtigkeit dieser Ansicht so überzeugt, dass ich, als ich Minna schließlich in der bescheidenen Wohnung ihrer Eltern fand, eigentlich nichts anderes als Reue und tief empfundenes Mitgefühl zum Ausdruck bringen konnte.

Es war ganz richtig, daß Minna sich von mir schlecht behandelt fühlte und erklärte, sie sei nur durch das Grübeln über unsere unmögliche Lage, für die ich ihr gegenüber blind und taub war, zu diesem verzweifelten Schritt gezwungen worden. Ihre Eltern waren nicht erfreut, mich zu sehen; der schmerzlich erregte Zustand ihrer Tochter schien ihr genügend Rechtfertigung für ihre Klagen gegen mich zu bieten. Ob meine eigenen Leiden, mein hastiges Streben und der herzliche Ausdruck meines Kummers einen günstigen Eindruck auf sie machten, kann ich wirklich kaum sagen, da ihr Benehmen mir gegenüber sehr verwirrt und gewissermaßen unverständlich war. Immerhin war sie beeindruckt, als ich ihr sagte, daß ich eine gute Aussicht auf die Stelle eines Musikdirigenten in Riga hätte, wo ein neues Theater unter den günstigsten Bedingungen eröffnet werden sollte. Ich fühlte, daß ich jetzt nicht auf neue Beschlüsse über die Regelung unserer künftigen Beziehungen drängen, sondern um so ernsthafter danach streben müsse, eine bessere Grundlage dafür zu schaffen. Daher fuhr ich, nachdem ich mit meiner Frau eine furchtbare Woche unter den schmerzlichsten Bedingungen verbracht hatte, nach Berlin, um dort meinen Vertrag mit dem neuen Direktor des Rigaer Theaters zu unterzeichnen. Ich erhielt die Anstellung zu ziemlich günstigen Bedingungen, die es mir ermöglichten, meinen Haushalt so zu führen, dass Minna sich ganz vom Theater zurückziehen konnte. Auf diese Weise war sie in der Lage, mir alle Demütigungen und Sorgen zu ersparen.

Als ich nach Dresden zurückkehrte, fand ich Minna bereit, meinen Plänen ein offenes Ohr zu schenken, und es gelang mir, sie zu bewegen, ihr für uns sehr beengtes Elternhaus zu verlassen und sich auf dem Lande in Blasewitz bei Dresden niederzulassen, um unseren Umzug nach Riga abzuwarten. Wir fanden bescheidene Unterkunft in einem Gasthof an der Elbe, auf dessen Hof ich als Kind oft gespielt hatte. Hier schien sich Minnas Gemütszustand wirklich zu bessern. Sie hatte mich gebeten, sie nicht zu sehr zu bedrängen, und ich schonte sie so weit wie möglich. Nach einigen Wochen glaubte ich, die Zeit der Unruhe als beendet betrachten zu können, war aber überrascht, die Lage ohne ersichtlichen Grund wieder schlimmer werden zu sehen. Minna erzählte mir nun von einigen günstigen Angeboten, die sie von verschiedenen Theatern erhalten hatte, und überraschte mich eines Tages mit der Ankündigung, sie wolle mit einer Freundin und ihrer Familie eine kleine Vergnügungsreise unternehmen. Da ich mich genötigt fühlte, ihr keine Beschränkungen aufzuerlegen, erhob ich gegen die Durchführung dieses

Vorhabens, das eine Woche Trennung mit sich brachte, keine Einwände, begleitete sie aber selbst zu ihren Eltern zurück und versprach, ihre Rückkehr in Blasewitz ruhig abzuwarten. Einige Tage darauf kam ihre älteste Schwester zu mir und bat mich um die schriftliche Erlaubnis, einen Pass für meine Frau auszustellen. Dies beunruhigte mich und ich ging nach Dresden, um ihre Eltern zu fragen, was ihre Tochter vorhabe. Dort wurde ich zu meiner Überraschung sehr unfreundlich empfangen; man machte mir grobe Vorwürfe wegen meines Benehmens gegen Minna, die ich nicht einmal ernähren könne, und als ich nur mit der Bitte um Auskunft über den Verbleib meiner Frau und ihre Zukunftspläne antwortete, wurde ich mit unwahrscheinlichen Behauptungen abgespeist. Von den schärfsten Ahnungen gequält und ohne zu verstehen, was geschehen war, ging ich ins Dorf zurück, wo ich einen Brief aus Königsberg, von Möller, fand, der mir Licht in mein ganzes Elend brachte. Herr Dietrich war nach Dresden gefahren, und man nannte mir den Namen des Hotels, in dem er wohnte. Die schreckliche Erhellung, die diese Nachricht über Minnas Verhalten warf, zeigte mir blitzartig, was zu tun war. Ich eilte in die Stadt, um im erwähnten Hotel die nötigen Nachforschungen anzustellen, und fand heraus, dass der fragliche Mann dort gewesen war, aber wieder weggezogen war. Er war verschwunden, und Minna auch! Ich wusste jetzt genug, um die Schicksalsgöttin zu fragen, warum sie mir in so jungen Jahren diese schreckliche Erfahrung geschickt hatte, die, wie es mir schien, mein ganzes Leben vergiftet hatte.

Trost für meinen grenzenlosen Kummer suchte ich in der Gesellschaft meiner Schwester Ottilie und ihres Mannes Hermann Brockhaus, eines vortrefflichen Mannes, mit dem sie seit einigen Jahren verheiratet war. Sie wohnten damals in ihrer hübschen Sommervilla im lieblichen Großen Garten bei Dresden. Ich hatte sie gleich bei meinem ersten Besuch in Dresden aufgesucht, aber da ich damals noch nicht die geringste Ahnung hatte, wie sich die Dinge entwickeln würden, hatte ich ihnen nichts erzählt und sie nur wenig gesehen. Nun war ich bewogen, mein hartnäckiges Schweigen zu brechen und ihnen die Ursache meines Elends ohne viel Vorbehalte zu offenbaren.

Zum ersten Mal war ich in der Lage, die Vorteile des familiären Umgangs und der direkten und uneigennützigen Vertrautheit zwischen Blutsverwandten dankbar zu schätzen. Erklärungen waren kaum nötig, und als Bruder und Schwester waren wir jetzt genauso eng miteinander verbunden wie als Kinder. Wir gelangten zu einem völligen Verständnis, ohne erklären zu müssen, was wir meinten; ich war unglücklich, sie war glücklich; Trost und Hilfe folgten ganz von selbst.

Dies war die Schwester, der ich einst im Gewitter Leubald und Adelaïde vorgelesen hatte; die Schwester, die voller Erstaunen und Mitgefühl jener ereignisreichen Aufführung meiner ersten Ouvertüre am Weihnachtsabend gelauscht hatte, und die, wie ich nun erfuhr, mit einem der freundlichsten aller Männer verheiratet war, Hermann Brockhaus, der sich bald einen Ruf als Experte für orientalische Sprachen erwarb. Er war der jüngste Bruder meines älteren Schwagers Friedrich Brockhaus. Ihre Verbindung war mit zwei Kindern gesegnet; ihre wohlhabenden Verhältnisse ermöglichten ein sorgenfreies Leben, und als ich meine tägliche Pilgerfahrt von Blasewitz zum berühmten Großen Garten unternahm, war es, als trete ich aus der Wüste ins Paradies, wenn ich ihr Haus (eine der beliebten Villen) betrat, in dem Wissen, dass ich in diesem glücklichen Familienkreis stets willkommen sein würde. Nicht nur wurde mein Geist durch den Umgang mit meiner Schwester beruhigt und genährt, sondern auch meine schöpferischen Instinkte, die lange geschlummert hatten, wurden durch die Gesellschaft meines brillanten und gelehrten Schwagers neu angeregt. Ohne dass es mich dabei verletzt hätte, wurde mir klar, dass meine frühe Heirat, so entschuldbar sie auch gewesen sein mag, doch ein Fehler war, der wiedergutgemacht werden musste, und mein Geist gewann genügend Elastizität zurück, um einige Skizzen anzufertigen, die diesmal nicht nur den Anforderungen des Theaters, wie ich es kannte, entsprachen. Während der letzten elenden Tage, die ich mit Minna in Blasewitz verbracht hatte, hatte ich Bulwer Lyttons Roman Rienzi gelesen; während meiner Genesung im Schoß meiner mitfühlenden Familie arbeitete ich nun unter der Inspiration dieses Buches den Plan für eine große Oper aus. Obwohl ich vorläufig gezwungen war, in die Grenzen eines kleinen Theaters zurückzukehren, versuchte ich von nun an, meinen Wirkungsbereich zu erweitern. Ich schickte meine Ouvertüre Rule Britannia an die Philharmonic Society in London und versuchte, mit Scribe in Paris über eine Vertonung von H. Königs Roman Die Hohe Braut in Verbindung zu treten, den ich skizziert hatte.

So verbrachte ich den Rest dieses Sommers, an den ich mich immer gern erinnere. Ende August musste ich nach Riga aufbrechen, um meine neue Stelle anzutreten . Obwohl ich wusste, dass meine Schwester Rosalie kurz zuvor den Mann ihrer Wahl, Professor Oswald Marbach aus Leipzig, geheiratet hatte, mied ich diese Stadt, wahrscheinlich in der törichten Vorstellung, mir jede Demütigung zu ersparen, und fuhr geradewegs nach Berlin, wo ich noch einige zusätzliche Anweisungen von meinem künftigen Direktor entgegennehmen und auch meinen Pass besorgen musste. Dort lernte ich eine jüngere Schwester von Minna kennen, Amalie Planer, eine Sängerin mit schöner Stimme, die für kurze Zeit unserer Operngesellschaft in Magdeburg beigetreten war. Mein Bericht über Minna überwältigte dieses überaus gutherzige Mädchen völlig. Wir gingen zusammen in eine Aufführung der Fidelia, bei der sie, wie ich, in Tränen und Schluchzen ausbrach. Erfrischt durch den sympathischen Eindruck, den ich erhalten hatte, reiste ich über Schwerin, wo ich in meiner Hoffnung, Spuren von

Minna zu finden, enttäuscht wurde, nach Lübeck, um dort auf ein Handelsschiff nach Riga zu warten. Wir hatten uns nach Travemünde aufgemacht, als ein ungünstiger Wind aufkam und unsere Abfahrt um eine Woche verzögerte: Ich musste diese unangenehme Zeit in einer elenden Schiffsschenke verbringen. Auf mich allein gestellt versuchte ich unter anderem, Till Eulenspiegel zu lesen, und dieses populäre Buch brachte mich zum ersten Mal auf die Idee einer echten deutschen komischen Oper. Lange später, als ich die Texte für meinen Jungen Siegfried verfasste, erinnere ich mich an viele lebhafte Erinnerungen an diesen melancholischen Aufenthalt in Travemünde und an meine Lektüre von Till Eulenspiegel. Nach einer viertägigen Reise erreichten wir endlich den Hafen von Bolderaa. Ich war mir eines besonderen Nervenkitzels bewusst, als ich mit russischen Beamten in Kontakt kam, die ich seit meiner Kindheit, als ich mit den Polen sympathisierte, instinktiv verabscheut hatte. Es kam mir so vor, als ob die Hafenpolizei meine Begeisterung für die Polen in meinem Gesicht lesen und mich sofort nach Sibirien schicken würde. Umso angenehmer überrascht war ich, als ich in Riga ankam und mich von dem vertrauten deutschen Element umgeben sah, das vor allem alles durchdrang, was mit dem Theater zu tun hatte.

Nach meinen unglücklichen Erfahrungen mit den Verhältnissen kleiner deutscher Bühnen hatte die Art und Weise, wie dieses neu eröffnete Theater geführt wurde, zunächst eine beruhigende Wirkung auf mich. Eine Reihe wohlhabender Theaterbesucher und reicher Geschäftsleute hatte einen Verein gegründet, um durch freiwillige Spenden genügend Geld aufzutreiben, um der Art von Management, die sie als ideal betrachteten, eine solide Grundlage zu geben. Als Direktor ernannten sie Karl von Holtei, einen recht populären Dramatiker, der in der Theaterwelt einen gewissen Ruf genoss. Die Vorstellungen dieses Mannes von der Bühne repräsentierten eine besondere Tendenz, die damals im Niedergang begriffen war. Er besaß neben seinen bemerkenswerten gesellschaftlichen Talenten eine außergewöhnliche Bekanntschaft mit allen wichtigen Leuten, die in den letzten zwanzig Jahren mit dem Theater zu tun hatten, und gehörte einem Verein namens „Die liebenswürdigen Libertins" an. Dabei handelte es sich um eine Gruppe junger Möchtegern-Schlaumeier, die die Bühne als einen vom Publikum lizenzierten Spielplatz für die Vorführung ihrer verrückten Streiche betrachteten, von dem sich die Mittelklasse fernhielt, während die kultivierten Leute unter diesen hoffnungslosen Bedingungen zunehmend jedes Interesse am Theater verloren.

Holteis Frau war früher eine beliebte Schauspielerin am Königstädter Theater in Berlin gewesen, und hier, zu der Zeit, als Henriette Sontag das Theater auf den Höhepunkt seines Ruhms führte, hatte sich Holteis Stil entwickelt. Die dortige Inszenierung seines Melodrams Leonore (basierend auf Burgers Ballade) hatte ihm insbesondere einen weiten Ruf als Bühnenautor eingebracht, außerdem inszenierte er einige Liederspiele, von denen eines mit dem Titel Der Alte Feldherr ziemlich populär wurde. Seine Einladung nach Riga war besonders willkommen, da sie sein Verlangen befriedigen sollte, sich ganz im Bühnenleben zu verlieren; er hoffte, an diesem abgelegenen Ort seiner Leidenschaft ohne Hemmungen nachgehen zu können. Seine besondere Vertrautheit im Umgang, sein unerschöpflicher Vorrat an amüsantem Smalltalk und seine lockere Art, Geschäfte zu machen, verschafften ihm einen bemerkenswerten Einfluss auf die Geschäftsleute von Riga, die sich nichts Besseres wünschten als die Unterhaltung, die er ihnen bieten konnte. Sie stellten ihm großzügig alle notwendigen Mittel zur Verfügung und behandelten ihn in jeder Hinsicht mit vollem Vertrauen. Unter seiner Schirmherrschaft war meine eigene Anstellung sehr leicht gesichert. Von mürrischen alten Pedanten wollte er nichts wissen, er bevorzugte junge Männer allein aufgrund ihrer Jugend. Was mich selbst betraf, genügte es ihm zu wissen, dass ich einer Familie angehörte, die er kannte und mochte, und als er außerdem von meiner glühenden Hingabe an moderne italienische und französische Musik im Besonderen hörte, entschied er, dass ich der richtige Mann für ihn war. Er ließ die ganze Sammlung von Opernpartituren von Bellini, Donizetti, Adam und Auber abschreiben, und ich sollte sie den guten Leuten von Riga so schnell wie möglich zukommen lassen.

Bei meinem ersten Besuch in Holtei traf ich einen alten Leipziger Bekannten, Heinrich Dorn, meinen früheren Mentor, der jetzt eine feste Anstellung als Chorleiter der Kirche und Musiklehrer an den Schulen innehatte. Er war erfreut, seinen neugierigen Schüler in einen praktischen Operndirigenten mit unabhängiger Position verwandelt zu sehen, und nicht weniger überrascht, den exzentrischen Beethoven-Verehrer in einen glühenden Verfechter von Bellini und Adam verwandelt zu sehen. Er nahm mich mit nach Hause in seine Sommerresidenz, die nach der Rigaer Ausdrucksweise „auf den Feldern" gebaut war, das heißt wörtlich auf dem Sand. Während ich ihm von meinen Erlebnissen berichtete, wurde mir das seltsam verlassene Aussehen des Ortes bewusst. Ich fühlte mich verängstigt und heimatlos, und mein anfängliches Unbehagen entwickelte sich allmählich zu einer leidenschaftlichen Sehnsucht, all dem Trubel des Theaterlebens zu entfliehen, der mich in solch unwirtliche Regionen gelockt hatte. Diese unbehagliche Stimmung vertrieb rasch jene Leichtfertigkeit, die mich in Magdeburg auf das Niveau der schäbigsten Theatergesellschaft herabgezogen und mir den Musikgeschmack verdorben hatte. Sie enthielt auch die Keime einer neuen Tendenz, die sich während meiner Tätigkeit in Riga entwickelte, mich immer mehr vom Theater abbrach und dadurch dem Direktor Holtei alle die Verdrusse einbrachte, die eine Enttäuschung unvermeidlich mit sich bringt.

Eine Zeitlang hatte ich jedoch keine Schwierigkeiten, aus einem schlechten Geschäft das Beste zu machen. Wir mussten das Theater eröffnen, bevor die Truppe komplett war. Um dies zu ermöglichen, führten wir eine Aufführung einer kleinen komischen Oper von C. Blum auf, die Marie, Max und Michel hieß. Für dieses Werk komponierte ich eine zusätzliche Melodie für ein Lied, das Holtei für den Basssänger Gunther geschrieben hatte. Es bestand aus einer sentimentalen Einleitung und einem lustigen militärischen Rondo und wurde sehr geschätzt. Später führte ich ein weiteres Lied in die Schweizerfamilie ein, das von einem anderen Basssänger, Scheibler, gesungen werden sollte. Es hatte einen religiösen Charakter und gefiel nicht nur dem Publikum, sondern auch mir selbst und zeigte Anzeichen der Umwälzungen, die sich allmählich in meiner musikalischen Entwicklung vollzogen. Mir wurde die Komposition einer Melodie für eine Nationalhymne anvertraut, die Brakel zu Ehren des Geburtstags des Zaren Nikolaus geschrieben hatte. Ich versuchte, ihm so weit wie möglich die richtige Färbung für einen despotischen patriarchalischen Monarchen zu geben, und erlangte erneut einigen Ruhm, denn es wurde an diesem Tag mehrere Jahre hintereinander gesungen. Holtei versuchte mich zu überreden, eine heitere, lustige komische Oper oder vielmehr ein musikalisches Stück zu schreiben, das von unserer Truppe so, wie es war, aufgeführt werden sollte. Ich suchte das Libretto meiner „Glücklichen Bärenfamilie" heraus und fand, dass Holtei ihm sehr wohlgesinnt war (wie ich an anderer Stelle erwähnt habe); als ich jedoch die wenigen Noten ausgrub, die ich bereits dafür komponiert hatte, überkam mich ein Ekel vor dieser Art des Schreibens; woraufhin ich das Buch meinem tollpatschigen, gutmütigen Freund Lobmann, meiner rechten Hand im Orchester, schenkte und von diesem Tag an nie wieder daran dachte. Es gelang mir jedoch, mit der Arbeit am Libretto von Rienzi zu beginnen, das ich in Blasewitz skizziert hatte. Ich habe es unter allen Gesichtspunkten entwickelt, und zwar in einem so extravaganten Maßstab, dass ich mit diesem Werk bewusst jede Möglichkeit ausschloss, durch die Umstände in Versuchung geführt zu werden, es anderswo als auf einer der größten Bühnen Europas aufzuführen.

Während aber dadurch mein Bestreben, allen kleinlichen Entwürdigungen des Bühnenlebens zu entfliehen, noch bestärkt wurde, traten doch neue Verwicklungen auf, die mich immer mehr in Mitleidenschaft zogen und meinen Zielen immer mehr entgegenstanden. Die von Holtei engagierte Primadonna hatte uns im Stich gelassen, und wir waren daher ohne Sängerin für die große Oper. Unter diesen Umständen ging Holtei freudig auf meinen Vorschlag ein, Amalie, Minnas Schwester (die gern ein Engagement annahm, das sie in meine Nähe brachte), zu bitten, sofort nach Riga zu kommen. In ihrer Antwort an mich aus Dresden, wo sie damals lebte, teilte sie mir mit, Minnas Rückkehr zu ihren Eltern und ihren gegenwärtigen, durch eine schwere Krankheit bedingten elenden Zustand. Ich nahm diese Nachricht natürlich sehr kühl auf, denn was ich über Minna gehört hatte, seit sie mich zum letzten Mal verlassen hatte, hatte mich gezwungen, meinen alten Freund in Königsberg zu ermächtigen, die Scheidung zu veranlassen. Sicher war, daß Minna einige Zeit mit dem unglückseligen Herrn Dietrich in einem Hamburger Hotel gewohnt und die Geschichte unserer Trennung so rückhaltlos verbreitet hatte, daß namentlich die Theaterwelt in für mich geradezu beleidigender Weise darüber sprach. Ich teilte dies Amalie einfach mit und bat sie, mir weitere Nachrichten von ihrer Schwester zu ersparen.

Daraufhin wandte sich Minna selbst an mich und schrieb mir einen geradezu herzzerreißenden Brief, in dem sie ihre Untreue offen bekannte. Sie erklärte, sie sei aus Verzweiflung dazu getrieben worden, aber die große Not, die sie sich damit eingebrockt hatte, habe ihr eine Lehre erteilt und sie wünsche jetzt nur noch, wieder auf den rechten Weg zurückzukehren. Alles in allem kam ich zu dem Schluss, dass sie sich über die Gestalt ihres Verführers getäuscht hatte und die Kenntnis ihrer schrecklichen Lage sie sowohl moralisch als auch physisch in einen höchst beklagenswerten Zustand versetzt hatte, in dem sie sich, nun krank und elend, wieder an mich wandte, um ihre Schuld zu bekennen, mich um Vergebung zu bitten und mir trotz allem zu versichern, dass sie sich nun ihrer Liebe zu mir voll bewusst geworden sei. Nie zuvor hatte ich solche Gefühle von Minna gehört, und ich sollte sie auch nie wieder von ihr hören, außer bei einer rührenden Gelegenheit viele Jahre später, als ähnliche Ergüsse mich auf dieselbe Weise bewegten und berührten wie dieser besondere Brief. Ich antwortete ihr, dass wir nie wieder über die Vorkommnisse sprechen würden, für die ich die Hauptschuld auf mich nahm, und ich kann stolz darauf sein, diesen Entschluss aufs Wort umgesetzt zu haben.

Als die Verlobung ihrer Schwester zufriedenstellend geregelt war, lud ich Minna sofort ein, mit ihr nach Riga zu kommen. Beide nahmen meine Einladung gerne an und kamen am 19. Oktober, als bereits Winterwetter eingesetzt hatte, von Dresden kommend in meinem neuen Zuhause an. Mit großem Bedauern sah ich, dass Minnas Gesundheit wirklich gelitten hatte, und tat daher alles, was in meiner Macht stand, um ihr alle häuslichen Bequemlichkeiten und Ruhe zu verschaffen, die sie brauchte. Dies war schwierig, denn mein bescheidenes Dirigenteneinkommen war alles, was mir zur Verfügung stand, und wir waren beide fest entschlossen, Minna nicht wieder auf die Bühne gehen zu lassen. Andererseits brachte die Durchführung dieses Entschlusses angesichts der damit verbundenen finanziellen Unannehmlichkeiten seltsame Komplikationen mit sich, deren Natur mir erst später klar wurde, als überraschende Entwicklungen den wahren moralischen Charakter des Direktors Holtei enthüllten. Vorläufig musste ich die Leute glauben lassen, ich sei eifersüchtig auf meine Frau. Ich ertrug geduldig die allgemeine Überzeugung, ich hätte gute Gründe dazu, und freute mich unterdessen über die Wiederherstellung unseres friedlichen Ehelebens und besonders über den Anblick unseres bescheidenen Heims, das wir so bequem machten, wie es unsere Mittel erlaubten, und bei dessen Pflege Minnas häusliche Talente besonders zum Vorschein kamen. Da wir noch kinderlos waren und uns in der Regel eines Hundes bedienen mußten, um dem häuslichen Herd Leben einzuhauchen, kamen wir einmal auf die exzentrische Idee, unser Glück mit einem jungen Wolf zu versuchen, den wir als winziges Junges ins Haus brachten. Als wir jedoch fanden, daß dieses Experiment die Bequemlichkeit unseres häuslichen Lebens nicht erhöhte, gaben wir ihn nach einigen Wochen wieder auf. Besser erging es uns mit Schwester Amalie, denn sie machte mit ihrer Gutmütigkeit und einfachen, häuslichen Art die zeitweilige Abwesenheit der Kinder wett. Die beiden Schwestern, die beide keine wirkliche Erziehung genossen hatten, kehrten oft spielerisch in die Lebensweise ihrer Kindheit zurück. Beim Singen der Kinderduette gelang es Minna, obwohl sie keine musikalische Ausbildung genossen hatte, immer sehr geschickt, die zweiten Stimmen zu singen, und als wir anschließend beim Abendessen saßen und russischen Salat, gesalzenen Lachs aus der Dwina oder frischen russischen Kaviar aßen, waren wir alle drei weit weg in unserer nördlichen Heimat sehr heiter und glücklich.

Amalies schöne Stimme und ihr wahres Gesangstalent verschafften ihr zunächst eine sehr günstige Aufnahme beim Publikum, was uns allen sehr zugute kam. Da sie jedoch sehr klein war und keine große schauspielerische Begabung besaß, war ihr Talent sehr beschränkt, und da sie bald von erfolgreicheren Konkurrenten übertroffen wurde, war es für sie ein wahrer Glücksfall, dass sich ein junger Offizier der russischen Armee, damals Hauptmann, heute General Carl von Meek, Hals über Kopf in das einfache Mädchen verliebte und sie ein Jahr später heiratete. Das Unglück dieser Verlobung war jedoch, dass sie viele Schwierigkeiten mit sich brachte und die ersten Schatten auf unsere Dreierbeziehung warf. Denn nach einiger Zeit stritten sich die beiden Schwestern heftig, und ich machte die sehr unangenehme Erfahrung, ein ganzes Jahr lang im selben Haus mit zwei Verwandten zu leben, die sich weder sahen noch miteinander sprachen.

Den Winter Anfang 1838 verbrachten wir in einer sehr kleinen, schäbigen Wohnung in der Altstadt; erst im Frühjahr zogen wir in ein angenehmeres Haus in der gesündesten Petersburger Vorstadt, wo wir trotz des erwähnten schwesterlichen Bruchs ein ziemlich heiteres und fröhliches Leben führten, da wir oft viele unserer Freunde und Bekannten auf einfache, aber angenehme Weise bewirten konnten. Außer den Bühnenleuten kannte ich einige Leute in der Stadt, und wir empfingen und besuchten die Familie des Musikdirektors Dorn, mit dem ich eine recht vertraute Beziehung aufbaute. Aber es war der zweite Musikdirektor, Franz Lobmann, ein sehr würdiger, wenn auch nicht sehr begabter Mann, der mir die treueste Gefolgschaft aufbaute. In weiteren Kreisen pflegte ich jedoch nicht viele Bekanntschaften, und ihre Zahl wurde immer geringer, je stärker die beherrschende Leidenschaft meines Lebens wurde; so dass ich, als ich später Riga verließ, nachdem ich fast zwei Jahre dort verbracht hatte, fast als Fremder und mit der gleichen Gleichgültigkeit fortging, wie ich Magdeburg und Königsberg verlassen hatte. Was meinen Abschied jedoch besonders erbitterte, war eine Reihe von Erlebnissen besonders unangenehmer Natur, die mich zu dem festen Entschluss veranlassten, mich von der Notwendigkeit, mit Leuten wie denen, denen ich bei meinen früheren Versuchen, mir eine Stellung am Theater zu verschaffen, begegnet war, völlig abzuschotten.

Doch wurde mir das alles erst allmählich richtig bewußt. Zunächst fühlte ich mich unter der sicheren Führung meines wiedererlangten Eheglücks, das in seinen ersten Tagen eine Zeitlang so gestört gewesen war, deutlich wohler als zuvor in meiner ganzen beruflichen Tätigkeit. Die Tatsache, daß die materielle Lage des Theaterunternehmens gesichert war, übte einen gesunden Einfluß auf die Aufführungen aus. Das Theater selbst war auf engstem Raum zusammengepfercht; auf der winzigen Bühne war für szenische Darstellungen ebenso wenig Platz wie im beengten Orchester für reiche musikalische Effekte. Nach beiden Seiten waren die strengsten Beschränkungen auferlegt, und doch gelang es mir, ein Orchester, das eigentlich nur für ein Streichquartett, zwei erste und zwei zweite Violinen, zwei Bratschen und ein Cello berechnet war, beträchtlich zu verstärken. Diese erfolgreichen Anstrengungen waren die erste Ursache der späteren Abneigung Holteis gegen mich. Danach gelang es uns, eine gute Konzertmusik für die Oper zu bekommen. Das gründliche Studium von Mehuls Oper Joseph in Ägypten empfand ich als sehr anregend. Sein edler und schlichter Stil, zusammen mit der berührenden Wirkung der Musik, die einen geradezu mitreißt, trugen viel zu einer positiven Veränderung meines Geschmacks bei, der bis dahin durch meine Verbindung mit dem Theater verzerrt war.

Es war sehr erfreulich, meinen früheren ernsthaften Geschmack durch wirklich gute Theateraufführungen wieder geweckt zu fühlen. Besonders erinnere ich mich an eine Aufführung von König Lear, die ich mit größtem Interesse verfolgte, nicht nur bei den Aufführungen selbst, sondern auch bei allen Proben. Doch diese erzieherischen Eindrücke führten dazu, dass ich mit meiner Arbeit am Theater immer unzufriedener wurde. Einerseits wurden mir die Mitglieder der Truppe allmählich unsympathischer, andererseits wurde ich mit der Leitung immer unzufriedener. Was das Personal des Theaters betraf, entdeckte ich sehr bald die Hohlheit, Eitelkeit und den unverschämten Egoismus dieser unkultivierten und undisziplinierten Klasse von Menschen, denn ich hatte jetzt meine frühere Vorliebe für das Bohemien-Leben verloren, das mich in Magdeburg so angezogen hatte. Es dauerte nicht lange, bis es nur noch wenige Mitglieder unserer Truppe gab, mit denen ich mich nicht aufgrund des einen oder anderen dieser Nachteile gestritten hatte. Meine traurigste Erfahrung aber war, daß ich bei solchen Auseinandersetzungen, in die mich eigentlich nur mein Eifer für den künstlerischen Erfolg der Aufführungen als Ganzes hineintrieb, von dem Direktor Holtei nicht nur keine Unterstützung erhielt, sondern ihn mir geradezu zum Feind machte. Er erklärte sogar öffentlich, unser Theater sei für seinen Geschmack zu respektabel geworden, und versuchte mich zu überzeugen, daß ein spießiges Ensemble keine guten Theateraufführungen geben könne.

Seiner Meinung nach war die Vorstellung von der Würde der Bühnenkunst pedantischer Unsinn, und er hielt leichtes ernst-komisches Varieté für die einzige Aufführungsart, die in Betracht gezogen werden sollte. Ernste Opern und reichhaltige Musikensembles waren ihm eine besondere Abneigung, und meine Forderungen danach ärgerten ihn so sehr, dass er ihnen nur mit Verachtung und empörten Ablehnungen begegnete. Zu meinem Entsetzen sollte ich mir im Lauf der Zeit auch der seltsamen Verbindung zwischen dieser künstlerischen Vorliebe und seinem Geschmack auf dem Gebiet der Moral bewusst werden. Im Augenblick war ich von der Erklärung seiner künstlerischen Antipathien so abgestoßen, dass meine Abneigung gegen das Theater als Beruf immer mehr in mir wuchs. Ich erfreute mich jedoch noch an einigen guten Aufführungen, die ich unter günstigen Umständen im größeren Theater in Mitau erleben konnte, wohin die Truppe im Frühsommer eine Zeit lang ging. Doch gerade als ich dort war und die meiste Zeit mit der Lektüre der Romane Bulwer Lyttons verbrachte, fasste ich insgeheim den Entschluss, mich nach Kräften von jeder Verbindung mit dem einzigen Zweig der Bühnenkunst zu lösen, der mir bis dahin offen gestanden hatte.

Die Komposition meines Rienzi, dessen Text ich in den ersten Tagen meines Aufenthalts in Riga fertiggestellt hatte, sollte mir den Übergang in die herrliche Welt ermöglichen, nach der ich mich so sehr gesehnt hatte. Die Vollendung meiner „Glücklichen Bärenfamilie" hatte ich aus dem einfachen Grund beiseite gelegt, weil der leichtere Charakter dieses Stücks mich mehr in Kontakt mit eben jenen Theaterleuten gebracht hätte, die ich am meisten verachtete. Mein größter Trost war nun, Rienzi unter so völliger Missachtung der dort für seine Aufführung verfügbaren Mittel vorzubereiten, dass mein Wunsch, ihn aufzuführen, mich aus den engen Grenzen dieses winzigen Theaterkreises herausdrängen und eine neue Verbindung mit einem der größeren Theater suchen musste. Nach unserer Rückkehr aus Mitau, im Hochsommer 1838, machte ich mich an die Arbeit an dieser Komposition und weckte dabei einen Zustand der Begeisterung, der in Anbetracht meiner Lage nichts weniger als verzweifelte Draufgängerei war. Alle, denen ich meinen Plan anvertraute, erkannten bei der bloßen Erwähnung meines Themas sofort, dass ich mich anschickte, meine gegenwärtige Stellung aufzugeben, in der es für mich keine Möglichkeit gab, meine Arbeit zu verrichten, und dass ich als leichtsinnig und nur für die Anstalt geeignet angesehen wurde.

Allen meinen Bekannten erschien mein Vorgehen dumm und rücksichtslos. Selbst der frühere Förderer meiner eigentümlichen Leipziger Ouvertüre hielt sie für undurchführbar und exzentrisch, da ich der Oper wieder den Rücken gekehrt hatte. Er äußerte diese Meinung sehr freimütig in der Neuen Zeitschrift für Musik in einem Bericht über ein Konzert, das ich gegen Ende des vorigen Winters gegeben hatte, und verspottete offen die vorhin erwähnte Magdeburger Columbus-Ouvertüre und die Rule Britannia-Ouvertüre. Ich selbst hatte an der Aufführung dieser beiden Ouvertüren kein Vergnügen gehabt, da mir meine in beiden Ouvertüren stark ausgeprägte Vorliebe für Kornette wieder einen üblen Streich spielte, da ich offenbar zu viel von unseren Rigaer Musikern erwartet hatte und bei der Aufführung allerlei Enttäuschungen zu ertragen hatte. Als völligen Gegensatz zu meiner extravaganten Rienzi-Vertonung hatte sich derselbe Dirigent, H. Dorn, an die Arbeit gemacht, eine Oper zu schreiben, bei der er die Verhältnisse des Rigaer Theaters auf das Genaueste berücksichtigte. Der Schoffe van Paris, eine historische Operette aus der Zeit der Belagerung von Paris durch Jeanne d'Arc, wurde von uns zur vollsten Zufriedenheit des Komponisten einstudiert und aufgeführt. Der Erfolg dieses Werkes war für mich jedoch kein Grund, von meinem Vorhaben, meinen Rienzi zu vollenden, abzusehen, und ich war insgeheim erfreut, diesem Erfolg ohne die geringste Spur von Neid entgegensehen zu können. Obwohl ich kein Gefühl der Rivalität verspürte, gab ich nach und nach den Verkehr mit den Rigaer Künstlern auf, beschränkte mich hauptsächlich auf die Erfüllung der mir übertragenen Pflichten und arbeitete an den ersten beiden Akten meiner großen Oper, ohne mich im geringsten darum zu kümmern, ob ich jemals so weit kommen würde, sie aufgeführt zu sehen.

Die ernsten und bitteren Erlebnisse, die ich so früh im Leben gehabt hatte, hatten viel dazu beigetragen, mich jener tief ernsten Seite meines Wesens zuzuführen, die sich in meiner frühesten Jugend gezeigt hatte. Die Wirkung dieser bitteren Erlebnisse sollte nun noch durch andere traurige Eindrücke verstärkt werden. Nicht lange nach Minnas Rückkehr erhielt ich aus der Heimat die Nachricht vom Tode meiner Schwester Rosalie. Es war das erste Mal in meinem Leben, dass ich den Tod einer mir nahestehenden Person erlebte. Der Tod dieser Schwester empfand ich als einen äußerst grausamen und bedeutsamen Schicksalsschlag; aus Liebe und Ehrfurcht vor ihr hatte ich mich so entschieden von meinen jugendlichen Exzessen abgewandt, und um ihre Anteilnahme zu gewinnen, hatte ich meinen ersten großen Werken besondere Aufmerksamkeit und Sorgfalt gewidmet. Als die Leidenschaften und Sorgen des Lebens mich überkamen und mich aus meiner Heimat vertrieben, war sie es, die tief in mein schmerzlich getroffenes Herz hineingelesen und mir bei meiner Abreise aus Leipzig jenen besorgten Abschied genommen hatte. Als meine Familie zum Zeitpunkt meines Verschwindens die Nachricht von meiner vorsätzlichen Heirat und der sich daraus ergebenden misslichen Lage erhielt, war sie es, die - wie mir meine Mutter später erzählte - nie ihren Glauben an mich verlor, sondern stets die Hoffnung hegte, dass ich eines Tages meine Fähigkeiten voll entfalten und mein Leben wirklich erfolgreich gestalten würde.

Jetzt, bei der Nachricht ihres Todes und erleuchtet durch die Erinnerung an jenen einen eindrucksvollen Abschied, wurde mir wie durch einen Blitz klar, wie ungeheuer wertvoll meine Beziehungen zu dieser Schwester für mich gewesen waren, und das Ausmaß ihres Einflusses wurde mir erst später klar, als meine Mutter nach meinen ersten durchschlagenden Erfolgen unter Tränen beklagte, dass Rosalie diese nicht mehr erlebt hatte. Es tat mir wirklich gut, wieder mit meiner Familie in Verbindung zu stehen. Meine Mutter und meine Schwestern hatten auf die eine oder andere Weise von meinem Tun erfahren, und ich war tief gerührt, in den Briefen, die ich jetzt von ihnen erhielt, keine Vorwürfe über mein eigensinniges und anscheinend herzloses Verhalten zu hören, sondern nur Mitgefühl und herzliche Fürsorge. Meine Familie hatte auch positive Berichte über die guten Eigenschaften meiner Frau erhalten, worüber ich besonders froh war, da mir so die Schwierigkeiten erspart blieben, ihr fragwürdiges Verhalten mir gegenüber zu verteidigen, das ich mit Mühe hätte entschuldigen müssen. Dies brachte eine heilsame Ruhe in meine Seele, die noch vor kurzem von den schlimmsten Ängsten befallen gewesen war. Alles, was mich mit so leidenschaftlicher Eile zu einer unvorsichtigen und vorzeitigen Heirat getrieben hatte , alles, was mich infolgedessen so verderblich belastet hatte, schien nun zur Ruhe gekommen und dem Frieden Platz gemacht. Und obwohl die gewöhnlichen Sorgen des Lebens noch viele Jahre lang auf mir lasteten, oft in der ärgerlichsten und lästigsten Form, waren doch die Ängste, die meine glühenden Jugendwünsche begleiteten, in gewisser Weise gedämpft und ruhig. Von da an bis zur Erlangung meiner beruflichen Unabhängigkeit konnten alle meine Lebenskämpfe ganz auf jenes idealere Ziel gerichtet sein, das von der Zeit der Zeugung meines Rienzi an mein einziger Lebensleitfaden sein sollte.

Den wahren Charakter meines Lebens in Riga erfuhr ich erst später aus der Äußerung eines Einwohners, der erstaunt war, vom Erfolg eines Mannes zu erfahren, von dessen Bedeutung man während seines zweijährigen Aufenthalts in der kleinen Hauptstadt Livlands nichts gewusst hatte. Völlig auf mich selbst gestellt, war ich für alle ein Fremder. Wie ich bereits erwähnte, hielt ich mich von allen Theaterleuten fern, da ich sie immer mehr verabscheute, und als ich Ende März 1839, am Ende meines zweiten Winters dort, von der Direktion entlassen wurde, überraschte mich dieser Vorfall zwar aus anderen Gründen, aber ich fühlte mich mit dieser erzwungenen Veränderung meines Lebens völlig abgefunden. Die Gründe, die zu dieser Entlassung führten, waren jedoch von solcher Art, dass ich sie nur als eine der unangenehmsten Erfahrungen meines Lebens betrachten konnte. Einmal, als ich gefährlich krank dalag, erfuhr ich von Holteis wahren Gefühlen mir gegenüber. Ich hatte mir im tiefsten Winter bei einer Theaterprobe eine schwere Erkältung eingefangen, die sofort einen ernsten Charakter annahm, da meine Nerven durch die ständige Belästigung und ärgerliche Sorge, die durch die verächtliche Art der Theaterleitung verursacht wurde, in einem Zustand ständiger Nervenreizung waren. Es war gerade zu der Zeit, als unsere Truppe in Mitau eine Sondervorstellung der Oper Norma geben sollte. Holtei bestand darauf, dass ich von meinem Krankenbett aufstand, um diese winterliche Reise anzutreten und mich so der Gefahr aussetzte, meine Erkältung im eisigen Theater von Mitau ernsthaft zu verschlimmern. Typhus war die Folge, und das zog mich so sehr nieder, dass Holtei, der von meinem Zustand hörte, im Theater bemerkt haben soll, dass ich wahrscheinlich nie wieder dirigieren würde und dass ich im Grunde genommen „auf dem letzten Loch pfeife". Einem hervorragenden homöopathischen Arzt, Dr. Prutzer, verdanke ich meine Genesung und mein Leben. Nicht lange danach verließ Holtei unser Theater und Riga für immer; die dortige Beschäftigung mit den „allzu anständigen Verhältnissen", wie er sich ausdrückte, war ihm unerträglich geworden. Dazu aber waren in seinem durch den Tod seiner Frau stark beeinträchtigten Privatleben Umstände eingetreten, die ihn einen völligen Bruch mit Riga für höchst wünschenswert erscheinen ließen. Zu meinem Erstaunen wurde mir aber jetzt erst bewußt, daß auch ich unbewußt unter den von ihm selbst herbeigeführten Leiden zu leiden hatte. Als mir Holteis Nachfolger in der Direktion, der Sänger Joseph Hoffmann, mitteilte, sein Vorgänger habe seine Übernahme der Stelle davon abhängig gemacht, daß er für die bisherige Stelle dieselbe Verpflichtung eingehen müsse, die Holtei mit dem Dirigenten Dorn eingegangen sei, und meine Wiedereinstellung deshalb unmöglich gemacht sei, begegnete meine Frau meiner Verwunderung über diese Nachricht mit der ihr seit längerer Zeit wohlbekannten Begründung, nämlich Holteis besonderer Abneigung gegen uns beide. Als ich später von Minna von dem Vorfall erfuhr – sie hatte es mir die ganze Zeit absichtlich verschwiegen, um keine bösen Gefühle zwischen mir und meinem Direktor zu erregen –, wurde die ganze Angelegenheit in ein schauriges Licht gerückt. Ich erinnerte mich noch genau, wie Holtei mich bald nach Minnas Ankunft in Riga besonders gedrängt hatte, das Engagement meiner Frau am Theater nicht zu verhindern. Ich bat ihn, die Sache in aller Ruhe mit ihr zu besprechen, damit er sehe, dass Minnas Widerwillen auf gegenseitigem Einverständnis und nicht auf Eifersucht meinerseits beruhte. Ich hatte ihm absichtlich die Zeit, in der ich am Theater zu Proben engagiert war, für die notwendigen Gespräche mit meiner Frau überlassen. Am Ende dieser Treffen hatte ich Minna bei meiner Rückkehr oft in einem sehr aufgeregten Zustand gefunden, und schließlich hatte sie nachdrücklich erklärt, dass sie das Engagement, das Holtei ihr anbot, unter keinen Umständen annehmen würde. Ich hatte auch in Minnas Verhalten mir gegenüber eine seltsame Besorgnis bemerkt, warum ich nicht abgeneigt war, mich von Holtei überreden zu lassen. Nachdem die Katastrophe eingetreten war, erfuhr ich, daß Holtei diese Zusammenkünfte tatsächlich dazu benutzt hatte, meiner Frau ungehörige Avancen zu machen, deren Natur ich erst nach näherer Bekanntschaft mit den Eigenheiten dieses Mannes und nach dem Hören anderer Fälle ähnlicher Art mit Mühe begriff. Ich erfuhr dann, daß Holtei es für einen Vorteil hielt, in Verbindung mit hübschen Frauen ins Gespräch zu kommen, um so die Aufmerksamkeit der Öffentlichkeit von noch anstößigerem Verhalten abzulenken. Danach war Minna überaus empört über Holtei, der, als sein eigener Antrag abgewiesen wurde, als Vermittler für einen anderen Bewerber auftrat, in dessen Namen er behauptete, er werde nicht schlechter von ihr denken, wenn sie ihn, einen grauhaarigen und mittellosen Mann, zurückgewiesen habe, während er gleichzeitig Brandenburg, einen sehr reichen und schönen jungen Kaufmann, umwerben wollte. Seine heftige Empörung über diese doppelte Zurückweisung, seine Demütigung, seine wahre Natur umsonst offenbart zu haben, scheint nach Minnas Beobachtungen zu urteilen überaus groß gewesen zu sein. Jetzt verstand ich nur zu gut, dass seine häufigen und zutiefst verächtlichen Ausfälle gegenüber angesehenen Schauspielern und Schauspielerinnen nicht bloß schwungvolle Übertreibungen gewesen waren, sondern dass er sich wahrscheinlich oft darüber hatte beschweren müssen, dass er deswegen gründlich beschämt worden war.

Die Tatsache, dass das Spielen solch verbrecherischer Rollen, wie er sie mit meiner Frau im Auge hatte, die immer stärkere Aufmerksamkeit der Außenwelt nicht von seinen lasterhaften und ausschweifenden Gewohnheiten ablenken konnte, scheint ihm nicht entgangen zu sein; denn die Leute hinter den Kulissen sagten mir freimütig, dass er sich aus Angst vor sehr unangenehmen Enthüllungen plötzlich entschlossen hatte, seine Stelle in Riga ganz aufzugeben. Sogar in viel späteren Jahren hörte ich von Holteis bitterer Abneigung gegen mich, einer Abneigung, die sich unter anderem in seiner Verurteilung von Die Musik der Zukunft [8] und ihrer Tendenz, die Einfachheit reiner Gefühle zu gefährden, zeigte . [Ich] habe bereits erwähnt, dass er während der letzten Zeit, in der wir zusammen in Riga waren, so viel persönliche Feindseligkeit gegen mich zeigte, dass er seine Feindseligkeit auf jede erdenkliche Weise an mir ausließ. Bis zu diesem

Zeitpunkt war ich geneigt gewesen, es den unterschiedlichen Ansichten unserer beiden Künstler zuzuschreiben.

[8] *„Zukunftsmusik"* ist eine Broschüre aus den Jahren 1860–61, die einige von Wagners künstlerischen Zielen und Bestrebungen offenbart. – HERAUSGEBER.

Zu meinem Entsetzen wurde mir jetzt klar, daß allein persönliche Erwägungen der Grund für all das waren, und ich errötete, als ich erkannte, daß ich durch mein früheres uneingeschränktes Vertrauen zu einem Mann, den ich für absolut ehrlich hielt, meine Menschenkenntnis auf so schwache Grundlagen gestellt hatte. Noch größer war aber meine Enttäuschung, als ich den wahren Charakter meines Freundes H. Dorn entdeckte. Während der ganzen Zeit unseres Umgangs in Riga war er, der mich früher mehr wie einen gutmütigen älteren Bruder behandelt hatte, mein engster Vertrauter geworden. Wir sahen und besuchten uns fast täglich, sehr häufig in unseren jeweiligen Wohnungen. Ich hatte kein einziges Geheimnis vor ihm, und die Aufführung seines Schoffe van Paris unter meiner Leitung war ebenso erfolgreich, als ob sie unter seiner eigenen stattgefunden hätte. Als ich nun hörte, daß ihm meine Stelle übertragen worden war, fühlte ich mich verpflichtet, ihn danach zu fragen, um zu erfahren, ob er sich in meinen Absichten hinsichtlich der Stellung, die ich bisher innehatte, geirrt hatte. Aus seinem Antwortbriefe konnte ich aber deutlich erkennen, daß Dorn Holteis Abneigung gegen mich wirklich ausgenutzt hatte, um ihm vor seiner Abreise eine für seinen Nachfolger verbindliche und zugleich zu seinem (Dorns) eigenen Vorteil gereichende Vereinbarung abzuringen. Als mein Freund hätte er wissen müssen, daß ihm diese Vereinbarung nur im Falle meines Rücktritts von meiner Stelle in Riga zugute kommen konnte, denn in unseren vertraulichen Gesprächen, die bis zum Ende andauerten, vermied er es stets sorgfältig, die Möglichkeit meines Weggehens oder Bleibens zu berühren. Ja, er erklärte, Holtei habe ihm ausdrücklich gesagt, er werde mich auf keinen Fall wieder engagieren, da ich mit den Sängern nicht zurechtkäme. Er fügte hinzu, man könne es ihm nachher nicht übelnehmen, wenn er, der durch den Erfolg seines „Schoffe von Paris" mit neuer Begeisterung für das Theater erfüllt worden sei, die ihm gebotene Chance ergriffen und zu seinem Vorteil genutzt hätte. Außerdem hatte er aus meinen vertraulichen Mitteilungen entnommen, dass ich mich in einer sehr misslichen Lage befand und dass ich mich aufgrund meines von Anfang an von Holtei gekürzten geringen Gehalts wegen der Forderungen meiner Gläubiger in Königsberg und Magdeburg in einer sehr prekären Lage befand. Es stellte sich heraus, dass diese Leute einen Anwalt, einen Freund Dorns, gegen mich eingesetzt hatten und daher zu dem Schluss gekommen waren, dass ich nicht in Riga bleiben könne. Daher hatte er, selbst als mein Freund, ein gutes Gewissen, als er Holteis Vorschlag annahm.

Um ihn nicht in dem selbstgefälligen Genusse dieser Selbsttäuschung zu lassen, machte ich ihm deutlich, dass ihm nicht unbekannt sein könne, dass mir für das dritte Jahr meines Vertrags ein höheres Gehalt versprochen worden sei, und dass ich durch die Einrichtung der Orchesterkonzerte, die bereits einen günstigen Anfang gemacht hatte, nun den Weg sehe, mich von jenen alten Schulden zu befreien, nachdem ich die Schwierigkeiten des Umzugs und der Niederlassung bereits überwunden hatte. Ich fragte ihn auch, wie er handeln würde, wenn ich es in meinem eigenen Interesse sähe, meinen Posten zu behalten, und ihn auffordern würde, seinen Vertrag mit Holtei aufzulösen, der in der Tat nach seiner Abreise aus Riga seinen angeblichen Grund für meine Entlassung zurückgezogen hatte. Darauf erhielt ich keine Antwort und habe bis heute keine erhalten; dagegen war ich erstaunt, als Dorn 1865 unangemeldet mein Haus in München betrat, und als ich ihn zu seiner Freude erkannte, trat er mit einer Geste auf mich zu, die deutlich seine Absicht zeigte, mich zu umarmen. Obwohl es mir gelang, dem auszuweichen, erkannte ich doch bald, wie schwierig es sein würde, ihn davon abzuhalten, mich mit der vertrauten Form „Du" anzureden, da der Versuch, dies zu tun, Erklärungen erforderlich gemacht hätte, die all meine Sorgen in diesem Moment nur unnötig verstärkt hätten; denn es war die Zeit, in der mein Tristan aufgeführt wurde.

Ein solcher Mann war Heinrich Dorn. Obwohl er sich nach dem Misserfolg von drei Opern angewidert vom Theater zurückgezogen hatte, um sich ausschließlich der kommerziellen Seite der Musik zu widmen, verhalf ihm der Erfolg seiner Oper Der Schoffe von Paris in Riga zu einem festen Platz unter den dramatischen Musikern Deutschlands. Doch zu dieser Position wurde er erst aus der Vergessenheit gezerrt, über die Brücke der Untreue gegenüber seinem Freund und durch die Hilfe der Tugend in der Person des Direktors Holtei, dank eines großmütigen Versehens von Franz Liszt. Die Vorliebe König Friedrich Wilhelms IV. für Kirchenszenen trug dazu bei, ihm schließlich seine wichtige Position am größten lyrischen Theater Deutschlands, der Königlichen Oper Berlin, zu sichern. Denn er wurde weit weniger von seiner Hingabe an die dramatische Muse als von seinem Wunsch getrieben, eine gute Position in einer wichtigen deutschen Stadt zu erlangen, als er, wie bereits angedeutet, auf Liszts Empfehlung hin zum Musikdirektor des Kölner Doms ernannt wurde. Bei einem Fest anlässlich des Dombaus gelang es ihm, als Musiker so stark auf die religiösen Gefühle des preußischen Monarchen einzuwirken, dass er zum ehrenwerten Posten eines Musikdirigenten am Königlichen Theater ernannt wurde, in welcher Funktion er lange Zeit gemeinsam mit Wilhelm Taubert der deutschen dramatischen Musik Ehre erwies.

Ich muss J. Hoffmann, der von da an Direktor des Rigaer Theaters war, zugute halten, dass er den an mir verübten Verrat sehr empfand. Er sagte mir, sein Vertrag mit Dorn binde ihn nur für ein Jahr und sobald die zwölf Monate verstrichen seien, wolle er mit mir eine neue Vereinbarung treffen. Sobald dies bekannt wurde, boten mir meine Gönner in Riga Unterrichtsaufträge und die Organisation verschiedener Konzerte an, um mich für das Jahresgehalt zu entschädigen, das ich durch die Abwesenheit von meiner Arbeit als Dirigent verlieren würde. Obwohl ich mich über diese Angebote sehr freute, überwältigte mich, wie ich bereits erwähnte, die Sehnsucht, mich von der Art des Theaterlebens, das ich bis dahin geführt hatte, zu lösen, so sehr, dass ich diese Gelegenheit, meinen bisherigen Beruf aufzugeben und einen völlig neuen zu ergreifen, entschlossen ergriff. Nicht ohne Schlauheit nutzte ich die Empörung meiner Frau über den Verrat, den ich erlitten hatte, aus, um sie für meinen exzentrischen Plan, nach Paris zu gehen, zu gewinnen. Schon bei der Konzeption des Rienzi hatte ich von den prächtigsten Theaterbedingungen geträumt, aber jetzt wollte ich, ohne Zwischenstationen zu machen, ins Innerste der europäischen großen Oper vordringen. Noch in Magdeburg hatte ich H. König's Roman Die Hohe Braut zum Stoff einer großen Oper in fünf Akten und im luxuriösesten französischen Stil gemacht. Nachdem der ins Französische übersetzte Bühnenentwurf dieser Oper vollständig ausgearbeitet war, schickte ich ihn von Königsberg aus an Scribe in Paris. Mit diesem Manuskript schickte ich einen Brief an den berühmten Operndichter, in dem ich ihm vorschlug, meine Handlung zu verwenden, unter der Bedingung, dass er mir die Komposition der Musik für die Pariser Oper sicherte. Um ihn von meiner Fähigkeit zu überzeugen, Pariser Opernmusik zu komponieren, schickte ich ihm auch die Partitur meines Liebesverbots. Zugleich schrieb ich an Meyerbeer, teilte ihm meine Pläne mit und bat ihn, mich zu unterstützen. Ich war keineswegs entmutigt, keine Antwort zu erhalten, denn ich war zufrieden, zu wissen, daß ich nun endlich „mit Paris in Verbindung stand". Als ich also meine gewagte Reise von Riga antrat, schien ich ein verhältnismäßig ernstes Ziel vor Augen zu haben, und meine Pariser Pläne schienen mir nicht mehr völlig in der Luft zu liegen. Außerdem hörte ich jetzt, daß meine jüngste Schwester Cäcilia sich mit einem gewissen Eduard Avenarius, einem Angestellten der Buchhandlung Brockhaus, verlobt hatte und die Leitung ihrer Pariser Filiale übernommen hatte. Ich wandte mich an ihn, um Neuigkeiten von Scribe zu erfahren und um eine Antwort auf die Bitte, die ich vor einigen Jahren an diesen Herrn gerichtet hatte. Avenarius besuchte Scribe und erhielt von ihm eine Empfangsbestätigung meiner früheren Mitteilung. Scribe zeigte auch, daß er sich an das Thema selbst einigermaßen erinnerte; denn er sagte, soweit er sich erinnern könne, habe in dem Stück eine Harfenspielerin vorgekommen, die von ihrem Bruder mißhandelt worden sei. Daß ihm nur diese bloß nebensächliche Sache im Gedächtnis geblieben war, ließ mich zu dem Schluß kommen, daß er seine Bekanntschaft mit dem Stück nicht über den ersten Akt hinaus ausgedehnt hatte, in dem die fragliche Sache vorkommt. Als ich außerdem hörte, daß er zu meiner Partitur nichts zu sagen hatte, als daß er sich Teile davon von einem Schüler des Konservatoriums vorspielen ließ, konnte ich mir wirklich nicht einbilden, daß er in feste und bewußte Beziehungen zu mir getreten sei. Und doch hatte ich in einem Brief von ihm an Avenarius, den dieser mir zuschickte, handgreifliche Beweise dafür, daß Scribe sich wirklich mit meiner Arbeit beschäftigt hatte und daß ich tatsächlich mit ihm in Verbindung stand, und dieser Brief Scribes machte auf meine Frau, die keineswegs zu Optimismus neigte, einen solchen Eindruck, daß sie ihre Befürchtungen hinsichtlich des Pariser Abenteuers allmählich überwand. Endlich wurde festgelegt und beschlossen, dass wir nach Ablauf meines zweiten Vertragsjahres in Riga (also im kommenden Sommer 1839) direkt von Riga nach Paris reisen sollten, damit ich dort mein Glück als Opernkomponist versuchen könnte.

Die Aufführung meines Rienzi begann nun größere Bedeutung zu gewinnen. Die Komposition des zweiten Aktes war vor Beginn fertig, und ich webte in diesen ein heroisches Ballett von extravagantem Ausmaß ein. Es war nun dringend geboten, mir rasch die Kenntnisse des Französischen anzueignen, einer Sprache, die ich während meiner klassischen Studien am Gymnasium verächtlich beiseite gelegt hatte. Da mir nur vier Wochen zur Verfügung standen, um die verlorene Zeit nachzuholen, engagierte ich einen ausgezeichneten Französischlehrer. Da ich aber bald erkannte, dass ich in so kurzer Zeit nur wenig erreichen konnte, nutzte ich die Stunden des Unterrichts, um von ihm unter dem Vorwand des Unterrichts eine idiomatische Übersetzung meines Rienzi-Librettos zu erhalten. Diese schrieb ich mit roter Tinte auf die fertigen Teile der Partitur, um nach meiner Ankunft in Paris meine halbfertige Oper sofort französischen Kunstrichtern vorlegen zu können.

Alles schien nun für meine Abreise sorgfältig vorbereitet zu sein, und es blieb nur noch übrig, die notwendigen Mittel für mein Unternehmen aufzutreiben. Aber in dieser Hinsicht waren die Aussichten schlecht. Der Verkauf unserer bescheidenen Wohnungseinrichtung, der Erlös eines Benefizkonzerts und meine dürftigen Ersparnisse reichten nur aus, um die aufdringlichen Forderungen meiner Gläubiger in Magdeburg und Königsberg zu befriedigen. Ich wusste, dass, wenn ich mein ganzes Geld für diesen Zweck einsetzen würde, kein Pfennig übrig bliebe. Es musste ein Ausweg aus der Klemme gefunden werden, und das schlug uns unser alter Königsberger Freund Abraham Möller in seiner gewohnt leichtfertigen und obskuren Art vor. Gerade in diesem kritischen Moment stattete er uns einen zweiten Besuch in Riga ab. Ich machte ihn mit den Schwierigkeiten unserer Lage vertraut und mit allen Hindernissen, die meinem Entschluss, nach Paris zu gehen, im Wege standen. In seiner gewohnt lakonischen Art riet er mir, alle meine Ersparnisse für unsere Reise aufzubewahren und mit meinen Gläubigern abzurechnen, wenn meine Erfolge in Paris die nötigen Mittel bereitgestellt hätten. Um uns bei der Durchführung dieses Plans zu helfen, bot er an, uns in seiner Kutsche mit Höchstgeschwindigkeit über die russische Grenze zu einem ostpreußischen Hafen zu bringen. Wir müssten die russische Grenze ohne Pässe überqueren, da diese bereits von unseren ausländischen Gläubigern beschlagnahmt worden waren. Er versicherte uns, dass es ganz einfach sein würde, diese sehr gefährliche Expedition durchzuführen, und erklärte, dass er einen Freund auf einem preußischen Anwesen in der Nähe der Grenze habe, der uns sehr wirksam helfen würde. Mein Eifer, um jeden Preis aus meinen bisherigen Umständen zu entkommen und mit aller möglichen Geschwindigkeit das weite Feld zu betreten, auf dem ich hoffte, sehr bald meinen Ehrgeiz zu verwirklichen , machte mich blind für alle Unannehmlichkeiten, die die Durchführung seines Vorschlags mit sich bringen würde. Direktor Hoffmann, der sich verpflichtet fühlte, mir nach besten Kräften zu dienen, erleichterte mir meine Abreise, indem er mir erlaubte, einige Monate vor Ablauf meines Engagements abzureisen. Nachdem wir den Opernteil der Mitauer Theatersaison bis zum Monat Juni weiter geleitet hatten, reisten wir heimlich in einem von Möller gemieteten Spezialwagen ab und standen unter seinem Schutz. Das Ziel unserer Reise war Paris, doch bis wir diese Stadt erreichten, warteten noch viele ungeahnte Strapazen auf uns.

Das Gefühl der Zufriedenheit, das unsere Reise durch das fruchtbare Kurland im üppigen Monat Juli unwillkürlich in mir weckte, und die süße Illusion, mich nun endlich von einem verhassten Dasein losgesagt zu haben, um einen neuen, grenzenlosen Weg des Glücks zu beschreiten, wurde von Anfang an durch die elenden Unannehmlichkeiten getrübt, die die Anwesenheit eines riesigen Neufundländers namens Robber mit sich brachte. Dieses schöne Geschöpf, ursprünglich das Eigentum eines Rigaer Kaufmanns, hatte sich entgegen der Natur seiner Rasse innig an mich geklammert. Nachdem ich Riga verlassen hatte und während meines langen Aufenthalts in Mitau belagerte Robber unaufhörlich mein leeres Haus und berührte durch seine Treue die Herzen meines Hauswirts und der Nachbarn so sehr, dass sie mir den Hund durch den Kutschenführer nach Mitau schickten, wo ich ihn mit aufrichtiger Ergötzung begrüßte und schwor, dass ich mich trotz aller Schwierigkeiten nie wieder von ihm trennen würde. Was auch immer geschehen mochte, der Hund musste mit uns nach Paris. Und doch erwies es sich als fast unmöglich, ihn in die Kutsche zu bekommen. Alle meine Bemühungen, ihm einen Platz im oder neben dem Wagen zu verschaffen, waren vergebens, und zu meinem großen Kummer musste ich zusehen, wie das riesige nordische Tier mit seinem zottigen Fell den ganzen Tag in der sengenden Sonne neben dem Wagen galoppierte. Schließlich hatte ich Mitleid mit seiner Erschöpfung und konnte den Anblick nicht länger ertragen. So kam ich auf einen höchst raffinierten Plan, das große Tier mit in den Wagen zu nehmen, wo es, obwohl er bis zum Bersten voll war, gerade noch Platz fand.

Am Abend des zweiten Tages erreichten wir die russisch-preußische Grenze. Möllers offensichtliche Besorgnis, ob wir sie sicher überqueren könnten, zeigte uns deutlich, dass die Sache nicht ungefährlich war. Sein guter Freund von der anderen Seite kam wie vereinbart mit einer kleinen Kutsche und fuhr Minna, mich und Robber in diesem Gefährt auf Wegen bis zu einem bestimmten Punkt, von wo aus er uns zu Fuß zu einem Haus von äußerst verdächtigem Äußeren führte, wo er uns einem Führer übergab und uns zurückließ. Dort mussten wir bis zum Sonnenuntergang warten und hatten genügend Zeit, um zu erkennen, dass wir uns in einer Schmugglerkneipe befanden, die sich allmählich bis zum Ersticken mit polnischen Juden von höchst abstoßendem Aussehen füllte.

Schließlich wurden wir aufgefordert, unserem Führer zu folgen. Ein paar hundert Fuß entfernt, am Hang eines Hügels, lag der Graben, der sich entlang der gesamten russischen Grenze erstreckte und ständig und in sehr engen Abständen von Kosaken bewacht wurde. Unsere Chance bestand darin, die wenigen Augenblicke nach der Ablösung der Wache zu nutzen, während der die Wachen anderweitig beschäftigt waren. Wir mussten daher mit voller Geschwindigkeit den Hügel hinunterlaufen, durch den Graben krabbeln und dann weiter eilen, bis wir außerhalb der Reichweite der Gewehre der Soldaten waren; denn im Falle einer Entdeckung hätten die Kosaken sogar auf der anderen Seite des Grabens auf uns geschossen. Trotz meiner fast leidenschaftlichen Sorge um Minna hatte ich das intelligente Verhalten von Robber mit besonderem Vergnügen beobachtet, der, als sei er sich der Gefahr bewusst, still dicht an unserer Seite blieb und meine Befürchtung, er würde uns während unserer gefährlichen Überfahrt Schwierigkeiten bereiten, völlig zerstreute. Schließlich erschien unser treuer Gefährte wieder und war so erfreut, dass er uns alle in die Arme schloss. Dann setzte er uns wieder in seine Kutsche und fuhr mit uns zum Gasthof des preußischen Grenzdorfes, wo mein Freund Möller, ganz krank vor Angst, schluchzend und jubelnd aus dem Bett sprang, um uns zu begrüßen.

Erst jetzt wurde mir klar, in welche Gefahr ich nicht nur mich, sondern auch meine arme Minna gebracht hatte, und welche Torheit ich begangen hatte, weil ich die schrecklichen Schwierigkeiten, die mit dem heimlichen Überschreiten der Grenze verbunden waren, nicht kannte - Schwierigkeiten, von denen Möller mich dummerweise im Unklaren gelassen hatte.

Es gelang mir einfach nicht, meiner armen, erschöpften Frau zu vermitteln, wie sehr ich die ganze Angelegenheit bedauerte.

Und doch waren die Schwierigkeiten, die wir gerade überwunden hatten, nur das Vorspiel zu den Katastrophen, die diese abenteuerliche Reise, die mein Leben so entscheidend beeinflusste, mit sich brachte. Am nächsten Tag, als wir mit neuem Mut durch die reiche Ebene von Tilsit nach Arnau bei Königsberg fuhren, beschlossen wir, als nächste Etappe unserer Reise vom preußischen Hafen Pillau mit einem Segelschiff nach London weiterzufahren. Unser Hauptgrund dafür war die Rücksicht auf den Hund, den wir dabei hatten. Es war der einfachste Weg, ihn mitzunehmen. Ihn mit der Kutsche von Königsberg nach Paris zu bringen, kam nicht in Frage, und Eisenbahnen waren unbekannt. Aber ein weiterer Grund war unser Budget; das gesamte Ergebnis meiner verzweifelten Bemühungen belief sich auf nicht ganz hundert Dukaten, die nicht nur die Reise nach Paris, sondern auch unsere Ausgaben dort abdecken sollten, bis ich etwas verdient hätte. Daher fuhren wir nach ein paar Tagen Ruhe im Gasthof in Arnau, wieder in Begleitung von Möller, in einem der gewöhnlichen lokalen Fuhrwerke, das nicht viel besser war als ein Wagen, nach der kleinen Hafenstadt Pillau. Um Königsberg zu vermeiden, fuhren wir durch kleinere Dörfer und über schlechte Straßen. Selbst diese kurze Strecke war nicht ohne Unfall zu bewältigen. Das schwerfällige Gefährt kippte auf einem Bauernhof um, und Minna war durch den Unfall infolge eines inneren Schocks so schwer erkrankt, dass ich sie – mit größter Mühe, da sie völlig hilflos war – zu einem Bauernhaus schleppen musste. Die Leute waren mürrisch und schmutzig, und die Nacht, die wir dort verbrachten, war für die arme Leidende eine schmerzhafte. Bis zur Abfahrt des Pillauer Schiffes kam es zu einer Verzögerung von mehreren Tagen, die jedoch als Ruhepause für Minnas Genesung willkommen war. Da uns der Kapitän schließlich ohne Pass mitnehmen wollte, war unser Einsteigen mit außerordentlichen Schwierigkeiten verbunden. Wir mussten es schaffen, noch vor Tagesanbruch in einem kleinen Boot an der Hafenwache vorbei zu unserem Schiff zu gelangen. Als wir an Bord waren, hatten wir noch die mühselige Aufgabe, Robber unauffällig die steile Seite des Schiffes hinaufzuziehen und uns dann sofort unter Deck zu verstecken, um der Aufmerksamkeit der Beamten zu entgehen, die das Schiff vor seiner Abfahrt besuchten. Der Anker wurde gelichtet, und als das Land allmählich aus unserem Blickfeld verschwand, glaubten wir endlich, frei atmen und uns wohlfühlen zu können.

Wir befanden uns an Bord eines Handelsschiffes der kleinsten Art. Es hieß Thetis; im Bug war eine Büste der Nymphe aufgestellt, und die Mannschaft bestand aus sieben Mann, einschließlich des Kapitäns. Bei gutem Wetter, wie es im Sommer zu erwarten war, wurde die Reise nach London auf acht Tage geschätzt. Bevor wir jedoch die Ostsee verlassen hatten, wurden wir durch eine anhaltende Flaute aufgehalten. Ich nutzte die Zeit, um meine Französischkenntnisse durch das Studium des Romans La Derniere Aldini von George Sand zu verbessern. Wir hatten auch etwas Unterhaltung im

Umgang mit der Mannschaft. Es gab einen älteren und besonders schweigsamen Seemann namens Koske, den wir aufmerksam beobachteten, weil Robber, der sonst so freundlich war, eine unversöhnliche Abneigung gegen ihn entwickelt hatte. Seltsamerweise sollte diese Tatsache unsere Probleme in der Stunde der Gefahr noch verstärken. Nach sieben Tagen Fahrt waren wir nicht weiter als bis Kopenhagen, wo wir, ohne das Schiff zu verlassen, die Gelegenheit nutzten, unsere sehr karge Kost an Bord durch verschiedene Einkäufe von Lebensmitteln und Getränken erträglicher zu machen. Gut gelaunt segelten wir an dem schönen Schlosse von Elsinore vorbei, dessen Anblick mich sofort an meine Jugendeindrücke von Hamlet erinnerte. Wir segelten ganz ahnungslos durch das Kattegat nach Skagerrak, als der Wind, der anfangs nur ungünstig war und uns zu mühsamem Wenden gezwungen hatte, am zweiten Tag in einen heftigen Sturm umschlug. Vierundzwanzig Stunden lang hatten wir unter für uns ganz neuen Umständen dagegen anzukämpfen. In der quälend engen Kajüte des Kapitäns, in der einer von uns keine richtige Koje hatte, waren wir der Seekrankheit und endlosen Ängsten ausgesetzt. Leider war das Branntweinfaß, an dem sich die Mannschaft während ihrer anstrengenden Arbeit stärkte, in eine Vertiefung unter dem Sitz eingelassen, auf dem ich ausgestreckt lag. Nun war es zufällig Koske, der am häufigsten auf der Suche nach der Erfrischung kam, die mir so lästig war, und dies, obwohl er jedes Mal Robber in einem tödlichen Kampf gegenübertreten musste. Der Hund stürzte sich jedes Mal, wenn er die schmalen Stufen herunterstieg, mit neuer Wut auf ihn. Ich war also gezwungen, Anstrengungen zu unternehmen, die meinen Zustand in meinem Zustand völliger Erschöpfung durch die Seekrankheit jedes Mal kritischer machten. Schließlich, am 27. Juli, wurde der Kapitän durch die Heftigkeit des Westwindes gezwungen, einen Hafen an der norwegischen Küste zu suchen. Und wie erleichtert war ich, als ich diese weitreichende Felsenküste erblickte, auf die wir mit solcher Geschwindigkeit zugetrieben wurden! Ein norwegischer Lotse kam uns in einem kleinen Boot entgegen und übernahm mit erfahrener Hand die Kontrolle über die Thetis, woraufhin ich in kürzester Zeit einen der wunderbarsten und schönsten Eindrücke meines Lebens haben sollte. Was ich für eine durchgehende Reihe von Klippen gehalten hatte, entpuppte sich bei unserer Annäherung als eine Reihe einzelner Felsen, die aus dem Meer ragten. Als wir an ihnen vorbeigesegelt waren, bemerkten wir, dass wir nicht nur vorn und an den Seiten, sondern auch hinter uns von diesen Riffen umgeben waren, die sich hinter uns so dicht aneinanderschlossen, dass sie eine einzige Felskette zu bilden schienen. Gleichzeitig wurde der Hurrikan durch die Felsen hinter uns so gebrochen, dass das Meer immer ruhiger wurde, je weiter wir durch dieses sich ständig verändernde Labyrinth vorspringender Felsen segelten, bis das Schiff schließlich vollkommen ruhig und ruhig fuhr, als wir eine dieser langen Seestraßen betraten, die durch eine riesige Schlucht führen – so erschienen mir die norwegischen Fjorde.

Ein Gefühl unbeschreiblicher Zufriedenheit überkam mich, als die gewaltigen Granitwände den Ruf der Mannschaft widerhallten, als sie den Anker warfen und die Segel einrollten. Der scharfe Rhythmus dieses Rufs klammerte sich an mich wie ein Omen guter Laune und wurde bald zum Thema des Seemannsliedes in meinem „Fliegenden Holländer". Die Idee dieser Oper war schon damals allgegenwärtig in meinem Kopf und nahm nun unter dem Einfluss meiner jüngsten Eindrücke eine deutlich poetische und musikalische Farbe an. Nun ging unser nächster Schritt an Land. Ich erfuhr, dass das kleine Fischerdorf, in dem wir landeten, Sandwike hieß und nur wenige Meilen von der viel größeren Stadt Arendal entfernt lag. Wir durften im gastfreundlichen Haus eines gewissen Schiffskapitäns übernachten, der sich damals auf See befand, und hier konnten wir die Ruhe finden, die wir so sehr brauchten, da uns die unverminderte Gewalt des Windes im Freien zwei Tage dort festhielt. Am 31. Juli bestand der Kapitän darauf, abzureisen, trotz der Warnung des Lotsen. Wir waren seit einigen Stunden an Bord der Thetis und aßen gerade zum ersten Mal in unserem Leben einen Hummer, als der Kapitän und die Matrosen anfingen, den Lotsen heftig zu beschimpfen. Ich konnte sehen, wie er am Steuer stand, starr vor Angst, und versuchte, einem Riff auszuweichen, das kaum über dem Wasser zu sehen war und auf das unser Schiff zusteuerte. Wir waren entsetzt über diesen heftigen Tumult, denn wir dachten natürlich, wir wären in äußerster Gefahr. Das Schiff erhielt tatsächlich einen heftigen Stoß, der meiner lebhaften Vorstellung nach wie das ganze Schiff auseinanderbrach. Glücklicherweise stellte sich jedoch heraus, dass nur die Seite unseres Schiffes das Riff berührt hatte und keine unmittelbare Gefahr bestand. Trotzdem hielt es der Kapitän für notwendig, einen Hafen anzusteuern, um das Schiff untersuchen zu lassen, und wir kehrten an die Küste zurück und ankerten an einer anderen Stelle. Der Kapitän bot uns dann an, uns in einem kleinen Boot mit zwei Matrosen nach Tromsond zu bringen, einer bedeutenden Stadt, die einige Stunden entfernt lag, wo er die Hafenbeamten einladen musste, um sein Schiff zu untersuchen. Dies war wieder einmal ein sehr reizvoller und eindrucksvoller Ausflug. Besonders der Anblick eines Fjords, der sich weit ins Landesinnere erstreckte, wirkte auf meine Vorstellungskraft wie eine unbekannte, furchteinflößende Wüste. Dieser Eindruck wurde während eines langen Spaziergangs von Tromsond hinauf zum Plateau noch verstärkt durch die schrecklich deprimierende Wirkung der Heidelandschaft, die ohne Bäume oder Sträucher nur mit spärlichem Moos bedeckt war, sich bis zum Horizont erstreckte und unmerklich in den düsteren Himmel überging. Es war schon lange dunkel, als wir mit unserem kleinen Boot von dieser Reise zurückkehrten, und meine Frau war sehr besorgt. Am nächsten Morgen (1. August) konnten wir, beruhigt über den

Zustand des Schiffes und mit günstigem Wind, ohne weitere Hindernisse in See stechen.

Nach vier Tagen ruhiger Fahrt kam ein starker Nordwind auf, der uns mit ungewöhnlicher Geschwindigkeit in die richtige Richtung trieb. Wir glaubten schon fast am Ende unserer Reise, als am 6. August der Wind drehte und der Sturm mit unerhörter Gewalt zu toben begann. Am 7., einem Mittwoch, um halb drei nachmittags, glaubten wir uns in unmittelbarer Todesgefahr. Es war nicht die schreckliche Kraft, mit der das Schiff auf und ab geschleudert wurde, ganz der Willkür dieses Seeungeheuers ausgeliefert, das bald als unergründlicher Abgrund, bald als steiler Berggipfel erschien, die mich mit Todesangst erfüllte; meine Vorahnung einer schrecklichen Krise wurde durch die Verzagtheit der Mannschaft geweckt, deren bösartige Blicke uns abergläubisch als Ursache der drohenden Katastrophe zu bezeichnen schienen. In Unkenntnis des nichtigen Grundes für die Geheimhaltung unserer Reise kam ihnen vielleicht der Gedanke, dass unser Fluchtbedürfnis aus verdächtigen oder gar kriminellen Umständen entstanden sei. Der Kapitän selbst schien in seiner äußersten Not zu bedauern, uns an Bord genommen zu haben; denn wir hatten ihm offenbar Unglück auf dieser vertrauten Überfahrt gebracht, die normalerweise schnell und unkompliziert war, besonders im Sommer. In diesem Augenblick tobte neben dem Sturm auf dem Wasser auch ein heftiges Gewitter über uns, und Minna äußerte den innigen Wunsch, lieber mit mir vom Blitz getroffen zu werden, als lebendig in der furchtbaren Flut zu versinken. Sie bat mich sogar, sie an mich zu fesseln, damit wir beim Untergehen nicht getrennt würden. Eine weitere Nacht verbrachten wir inmitten dieser unaufhörlichen Schrecken, die nur durch unsere äußerste Erschöpfung gemildert werden konnten.

Am nächsten Tag hatte sich der Sturm gelegt; der Wind war noch immer ungünstig, aber mild. Der Kapitän versuchte nun, mit Hilfe seiner astronomischen Instrumente unsere Richtung zu bestimmen. Er beklagte sich über den Himmel, der seit so vielen Tagen bedeckt gewesen sei, schwor, er würde viel für einen einzigen Blick auf die Sonne oder die Sterne geben, und verbarg nicht sein Unbehagen, unseren Standort nicht mit Sicherheit angeben zu können. Er tröstete sich jedoch damit, einem Schiff zu folgen, das einige Knoten vor uns in derselben Richtung segelte und dessen Bewegungen er durch das Teleskop genau beobachtete. Plötzlich sprang er in großer Angst auf und gab den energischen Befehl, unseren Kurs zu ändern. Er hatte gesehen, wie das Schiff vor uns auf eine Sandbank gelaufen war, von der es sich, wie er behauptete, nicht mehr befreien konnte; denn er erkannte nun, dass wir uns dem gefährlichsten Teil des Sandbankgürtels näherten, der die holländische Küste in beträchtlicher Entfernung säumte. Durch sehr geschicktes Segeln gelang es uns, den entgegengesetzten Kurs in Richtung der englischen Küste zu halten, die wir tatsächlich am Abend des

9. August in der Nähe von Southwold erblickten. Ich fühlte, wie neues Leben in mich einzog, als ich in weiter Ferne die englischen Lotsen sah, die um unser Schiff wetteiferten. Da an der englischen Küste der Wettbewerb unter den Lotsen frei ist, kommen sie so weit wie möglich hinaus, um ankommende Schiffe zu treffen, selbst wenn das Risiko sehr groß ist.

Der Sieger in unserem Fall war ein kräftiger, grauhaariger Mann, dem es nach vielem vergeblichen Kampf mit den tobenden Wellen, die sein leichtes Boot bei jedem Versuch von unserem Schiff wegwarfen, endlich gelang, die Thetis zu entern. (Unser armes, kaum benutztes Boot trug noch immer den Namen, obwohl die hölzerne Galionsfigur unserer Schutznymphe bei unserem ersten Sturm im Cattegat ins Meer geschleudert worden war – ein unheilvolles Ereignis in den Augen der Mannschaft.) Wir waren erfüllt von frommer Dankbarkeit, als dieser ruhige englische Seemann, dessen Hände von seinen wiederholten Versuchen, das ihm beim Anflug zugeworfene Seil zu fangen, zerrissen und blutig waren, das Ruder übernahm. Seine ganze Persönlichkeit machte auf uns einen sehr angenehmen Eindruck und er schien uns die absolute Garantie für eine baldige Erlösung von unseren schrecklichen Leiden. Wir freuten uns jedoch zu früh, denn wir hatten noch die gefährliche Passage durch die Sandbänke vor der englischen Küste vor uns, wo, wie man mir versicherte, jedes Jahr durchschnittlich fast vierhundert Schiffe Schiffbruch erleiden. Wir befanden uns volle vierundzwanzig Stunden (vom Abend des 10. bis zum 11. August) zwischen diesen Sandbänken und kämpften gegen einen Weststurm, der unser Vorankommen so stark behinderte, dass wir die Themsemündung erst am Abend des 12. August erreichten. Meine Frau war bis dahin durch die unzähligen Gefahrensignale, die hauptsächlich aus kleinen, leuchtend rot gestrichenen und wegen des Nebels mit Glocken versehenen Wachschiffen bestanden, so nervös geworden, dass sie vor Aufregung, nach ihnen Ausschau zu halten und sie den Matrosen anzuzeigen, weder Tag noch Nacht die Augen schließen konnte. Ich hingegen empfand diese Herolde menschlicher Nähe und Rettung als so tröstlich, dass ich mir trotz Minnas Vorwürfen einen langen, erholsamen Schlaf gönnte. Jetzt, da wir in der Themsemündung vor Anker lagen und auf den Tagesanbruch warteten, war ich bester Laune; Ich zog mich an, wusch mich und rasierte mich sogar an Deck in der Nähe des Mastes, während Minna und die ganze erschöpfte Mannschaft in tiefen Schlaf gehüllt waren. Und mit wachsendem Interesse beobachtete ich die wachsenden Lebenszeichen in dieser berühmten Flussmündung. Unser Wunsch nach völliger Befreiung von unserer verhassten Gefangenschaft veranlasste uns, nachdem wir ein Stück weit hinaufgesegelt waren, unsere Ankunft in London zu beschleunigen, indem wir in Gravesend an Bord eines vorbeifahrenden Dampfers gingen. Als wir uns der Hauptstadt näherten, wuchs unser Erstaunen über die Anzahl der Schiffe aller Art, die den Fluss, die Häuser, die Straßen, die berühmten Docks und andere maritime Bauten, die die Ufer säumten, füllten. Als wir schließlich die London Bridge erreichten, dieses unglaublich überfüllte Zentrum der größten Stadt der Welt, und nach unserer schrecklichen dreiwöchigen Reise den Fuß an Land setzten, überkam uns ein angenehmes Schwindelgefühl, als unsere Beine uns taumelnd durch den ohrenbetäubenden Lärm trugen. Robber schien ähnlich betroffen zu sein, denn er raste wie ein Verrückter um die Ecken und drohte jede Minute verloren zu gehen. Doch bald fanden wir in einem Taxi Sicherheit, das uns auf Empfehlung unseres Kapitäns zur Horseshoe Tavern in der Nähe des Towers brachte, und hier mussten wir unsere Pläne für die Eroberung dieser riesigen Metropole schmieden.

Die Gegend, in der wir uns befanden, war so, dass wir beschlossen, sie so schnell wie möglich zu verlassen. Ein sehr freundlicher kleiner buckliger Jude aus Hamburg empfahl uns eine bessere Unterkunft im West End, und ich erinnere mich lebhaft an unsere Fahrt dorthin in einem der damals üblichen winzigen, schmalen Taxis, die eine volle Stunde dauerte. Sie waren für zwei Personen ausgelegt, die einander gegenübersitzen mussten, und deshalb mussten wir unseren großen Hund quer von Fenster zu Fenster legen. Die Aussicht, die wir von unserem skurrilen Winkel aus hatten, übertraf alles, was wir uns vorgestellt hatten, und wir erreichten unsere Pension in der Old Compton Street, angenehm angeregt durch das Leben und die überwältigende Größe der Großstadt. Obwohl ich im Alter von zwölf Jahren eine Übersetzung eines Monologs aus Shakespeares Romeo und Julia angefertigt hatte, stellte ich fest, dass meine Englischkenntnisse völlig unzureichend waren, als es darum ging, mich mit der Wirtin des King's Arms zu unterhalten. Aber die gesellschaftliche Stellung der guten Dame als Witwe eines Kapitäns ließ sie glauben, sie könne mit mir Französisch sprechen, und ihre Versuche ließen mich darüber nachdenken, wer von uns diese Sprache am wenigsten beherrschte. Und dann ereignete sich ein höchst beunruhigender Vorfall – wir verpassten Robber, der an der Tür weggelaufen sein musste, anstatt uns ins Haus zu folgen. Unser Kummer darüber, unseren guten Hund verloren zu haben, nachdem wir ihn mit so viel Mühe den ganzen Weg hierher gebracht hatten, beschäftigte uns ausschließlich während der ersten zwei Stunden, die wir in diesem neuen Zuhause an Land verbrachten. Wir hielten ständig am Fenster Ausschau, bis wir plötzlich Robber freudig erkannten, der unbekümmert aus einer Seitenstraße auf das Haus zuschlenderte. Später erfuhren wir, dass unser Schulschwänzer auf der Suche nach Abenteuern bis zur Oxford Street gewandert war, und ich habe seine erstaunliche Rückkehr in ein Haus, das er nicht einmal betreten hatte, immer als starken Beweis für die absolute Sicherheit der tierischen Instinkte in Sachen Erinnerung betrachtet.

Wir hatten jetzt Zeit, die ermüdenden Nachwirkungen der Reise zu spüren. Das ständige Schwanken des Bodens und unsere unbeholfenen

Bemühungen, nicht zu fallen, fanden wir ziemlich unterhaltsam; aber als wir uns unsere wohlverdiente Ruhe in dem riesigen englischen Doppelbett gönnten und feststellten, dass auch dieses auf und ab wippte, wurde es völlig unerträglich. Jedes Mal, wenn wir die Augen schlossen, sanken wir in furchtbare Abgründe und sprangen wieder auf und schrien um Hilfe. Es schien, als würde diese schreckliche Reise bis ans Ende unseres Lebens andauern. Dazu kam, dass wir uns elend krank fühlten; denn nach dem scheußlichen Essen an Bord waren wir nur zu bereit gewesen, mit weniger Diskretion als vielmehr Genuss schmackhaftere Kost zu uns zu nehmen.

Wir waren von all diesen Strapazen so erschöpft, dass wir vergaßen, uns mit der entscheidenden Frage zu befassen – dem wahrscheinlichen Ergebnis in barem Geld . Tatsächlich waren die Wunder der großen Stadt so faszinierend, dass wir uns in einem Taxi auf den Weg machten, als ob wir auf einer Vergnügungsreise wären, um einem Plan zu folgen, den ich auf meiner Karte von London skizziert hatte. In unserem Staunen und Entzücken über das, was wir sahen, vergaßen wir völlig, was wir durchgemacht hatten. So kostspielig unser einwöchiger Aufenthalt auch war, hielt ich ihn für gerechtfertigt, da Minna erstens Ruhe brauchte und zweitens die ausgezeichnete Gelegenheit bot, Bekanntschaften in der Musikwelt zu schließen. Bei meinem letzten Besuch in Dresden hatte ich „Rule Britannia“, die in Königsberg komponierte Ouvertüre, an Sir John Smart, den Präsidenten der Philharmonic Society, geschickt. Er hatte es zwar nie anerkannt, aber ich fühlte mich umso verpflichteter, ihn deswegen zur Rede zu stellen. Ich verbrachte daher einige Tage damit, herauszufinden, wo er wohnte, und überlegte in der Zwischenzeit, in welcher Sprache ich mich verständigen müsste, aber als Ergebnis meiner Nachforschungen stellte ich fest, dass Smart überhaupt nicht in London war. Als nächstes redete ich mir ein, dass es eine gute Sache wäre, Bulwer Lytton aufzusuchen und mich über die Opernaufführung seines Romans Rienzi zu verständigen, den ich dramatisiert hatte. Nachdem man mir auf dem Kontinent gesagt hatte, dass Bulwer Mitglied des Parlaments sei, ging ich nach einigen Tagen ins Haus, um mich vor Ort zu erkundigen. Meine völlige Unkenntnis der englischen Sprache kam mir hier zugute, und ich wurde mit unerwarteter Rücksicht behandelt; denn da keiner der niederen Beamten in diesem riesigen Gebäude verstand, was ich wollte, wurde ich Schritt für Schritt zu einem hohen Würdenträger nach dem anderen geschickt, bis ich schließlich einem vornehm aussehenden Mann vorgestellt wurde, der aus einer großen Halle kam, als wir vorbeikamen, als völlig unverständliche Person. (Minna war die ganze Zeit bei mir; nur Robber war im King's Arms zurückgeblieben.) Er fragte mich sehr höflich auf Französisch, was ich wolle, und schien positiv beeindruckt, als ich nach dem berühmten Autor fragte. Er musste mir jedoch mitteilen, dass er nicht in London sei. Ich fragte weiter, ob ich nicht zu einer Debatte zugelassen werden könne, aber man sagte mir, dass man, da die alten

Houses of Parliament niedergebrannt waren, provisorische Räumlichkeiten benutzte, in denen der Platz so begrenzt war, dass nur wenige bevorzugte Besucher Eintrittskarten bekommen konnten. Aber auf mein nachdrücklicheres Drängen gab er nach und öffnete kurz darauf eine Tür, die direkt zu den Sitzen der Fremden im House of Lords führte. Daraus ließ sich wohl vernünftigerweise schließen, dass unser Freund ein Lord in Person war. Ich war sehr daran interessiert, den Premierminister, Lord Melbourne, und Brougham zu sehen und zu hören (der sich meiner Meinung nach sehr aktiv an den Verhandlungen beteiligte und Melbourne, wie mir schien, mehrmals aufforderte) sowie den Herzog von Wellington, der in seinem grauen Biberhut, mit den tief in den Hosentaschen vergrabenen Händen, so bequem wirkte und seine Rede in einem so umgangssprachlichen Ton hielt, dass ich meine übermäßige Ehrfurcht verlor. Er hatte auch eine merkwürdige Art, seine besonderen Schwerpunkte durch Schütteln seines ganzen Körpers zu betonen. Ich war auch sehr an Lord Lyndhurst interessiert, Broughams besonderem Feind, und war erstaunt, als Brougham mehrmals herüberkam, um sich kühl neben ihn zu setzen, anscheinend in der Absicht, sogar seinen Gegner aufzufordern. Wie ich später aus den Zeitungen erfuhr, handelte es sich um die Diskussion von Maßnahmen, die gegen die portugiesische Regierung ergriffen werden sollten, um die Verabschiedung des Anti-Sklaverei-Gesetzes sicherzustellen. Der Bischof von London, der bei dieser Gelegenheit einer der Redner war, war der einzige dieser Herren, dessen Stimme und Benehmen mir steif oder unnatürlich vorkamen, aber möglicherweise war ich auch voreingenommen, weil ich Pfarrern im Allgemeinen keine Abneigung entgegenbringe.

Nach diesem erfreulichen Abenteuer glaubte ich, die Attraktionen Londons für den Augenblick erschöpft zu haben, denn obwohl ich keinen Zutritt zum Unterhaus erhielt, zeigte mir mein unermüdlicher Freund, den ich beim Ausgehen wieder traf, den Raum, in dem das Unterhaus tagte, erklärte mir so viel wie nötig und ließ mich den Wollsack des Sprechers und seine Keule sehen, die unter dem Tisch versteckt lag. Er gab mir auch so ausführliche Einzelheiten zu verschiedenen Dingen, dass ich das Gefühl hatte, alles zu wissen, was es über die Hauptstadt Großbritanniens zu wissen gab. Ich hatte nicht die geringste Absicht, in die italienische Oper zu gehen, möglicherweise, weil ich mir die Preise zu ruinös vorstellte. Wir erkundeten gründlich alle Hauptstraßen und ermüdeten uns dabei oft selbst; wir schauderten durch einen grauenhaften Londoner Sonntag und endeten mit einer Zugfahrt (unserer allerersten) nach Gravesend Park in Begleitung des Kapitäns der Thetis. Am 20. August setzten wir mit dem Dampfer nach Frankreich über und kamen am selben Abend in Boulogne-sur-Mer an, wo wir uns mit dem innigen Wunsch, nie wieder aufs Meer zu fahren, vom Meer verabschiedeten.

Wir waren beide insgeheim davon überzeugt, dass wir in Paris Enttäuschungen erleben würden, und das war zum Teil der Grund, warum wir beschlossen, einige Wochen in oder in der Nähe von Boulogne zu verbringen. Es war ohnehin noch zu früh in der Saison, um die verschiedenen wichtigen Leute, die ich zu treffen vorhatte, in der Stadt anzutreffen; andererseits schien es mir ein sehr glücklicher Umstand zu sein, dass Meyerbeer zufällig in Boulogne war. Außerdem musste ich die Instrumentierung eines Teils des zweiten Aktes von Rienzi fertigstellen und war entschlossen, bei meiner Ankunft in der teuren französischen Hauptstadt mindestens die Hälfte des Werks fertig zu haben. Wir machten uns daher auf die Suche nach einer günstigeren Unterkunft in der Umgebung von Boulogne. Wir begannen mit der unmittelbaren Nachbarschaft und endeten mit zwei praktisch unmöblierten Zimmern im Einfamilienhaus eines ländlichen Weinhändlers, das an der Hauptstraße nach Paris, eine halbe Stunde von Boulogne entfernt, lag. Als nächstes besorgten wir spärliche, aber ausreichende Möbel, und Minna zeichnete sich besonders dadurch aus, dass sie unseren Verstand in diese Angelegenheit einfließen ließ. Außer einem Bett und zwei Stühlen gruben wir einen Tisch aus, der, nachdem ich meine Rienzi-Papiere weggeräumt hatte, für unsere Mahlzeiten diente, die wir an unserer eigenen Feuerstelle zubereiten mussten.

Während wir hier waren, machte ich meinen ersten Besuch bei Meyerbeer. Ich hatte oft in den Zeitungen von seiner sprichwörtlichen Liebenswürdigkeit gelesen und hegte keinen Groll gegen ihn, weil er meinen Brief nicht beantwortete. Meine positive Meinung sollte jedoch bald durch seinen freundlichen Empfang bestätigt werden. Der Eindruck, den er machte, war in jeder Hinsicht gut, besonders was sein Äußeres betraf. Die Jahre hatten seinen Zügen noch nicht jenen schlaffen Ausdruck verliehen, der früher oder später die meisten jüdischen Gesichter entstellt, und die schöne Form seiner Brauen um die Augen herum gab ihm einen Gesichtsausdruck, der Vertrauen einflößte. Er schien nicht im Geringsten geneigt, meine Absicht, in Paris mein Glück als Opernkomponist zu versuchen, herabzusetzen; er ließ sich von mir mein Libretto zu Rienzi vorlesen und hörte wirklich bis zum Ende des dritten Aktes zu. Die beiden Akte, die fertig waren, behielt er mit dem Hinweis, er wolle sie durchsehen, und versicherte mir bei meinem nächsten Besuch, sein aufrichtiges Interesse an meiner Arbeit. Wie dem auch sei, es ärgerte mich ein wenig, dass er immer wieder auf meine genaue Handschrift zurückgriff, eine Leistung, die er für besonders sächsisch hielt. Er versprach mir Empfehlungsschreiben an Duponchel, den Direktor des Opernhauses, und an Habeneck, den Dirigenten. Ich fühlte nun, dass ich allen Grund hatte, mein Glück zu preisen, das mich nach vielen Wechselfällen gerade an diesen besonderen Ort in Frankreich geführt hatte. Welches bessere Glück hätte mir zuteil werden können, als in so kurzer Zeit das wohlwollende Interesse des berühmtesten Komponisten der französischen Oper zu gewinnen! Meyerbeer brachte mich zu Moscheles, der damals in Boulogne war, und auch zu Fräulein Blahedka, einer berühmten Virtuosin, deren Namen ich seit vielen Jahren kannte. Ich verbrachte einige informelle musikalische Abende in beiden Häusern und kam so in engen Kontakt mit musikalischen Berühmtheiten, eine Erfahrung, die für mich völlig neu war.

Ich hatte meinem zukünftigen Schwager Avernarius in Paris geschrieben und ihn gebeten, eine geeignete Unterkunft für uns zu finden, und am 16. September traten wir mit der Postkutsche die Reise dorthin an. Meine Bemühungen, Robber auf das Oberdeck zu hieven, waren mit den üblichen Schwierigkeiten verbunden.

Mein erster Eindruck von Paris war enttäuschend, da ich große Erwartungen an diese Stadt hegte; nach London kam sie mir eng und beengt vor. Die berühmten Boulevards hatte ich mir beispielsweise viel weiter vorgestellt und ärgerte mich wirklich, als uns der riesige Reisebus in der Rue de la Juissienne absetzte, bei dem Gedanken, dass ich in einer so elenden kleinen Gasse zum ersten Mal Pariser Boden betreten sollte. Auch die Rue Richelieu, wo mein Schwager seinen Buchladen hatte, erschien mir nach den Straßen im Londoner West End nicht imposant. Was die für mich reservierte Chambre garnie in der Rue de la Tonnellerie anging, einer der schmalen Seitenstraßen, die die Rue St. Honoré mit dem Marche des Innocents verbinden, fühlte ich mich geradezu erniedrigt, dort meinen Wohnsitz nehmen zu müssen . Ich brauchte allen Trost, den eine Inschrift unter einer Büste Molieres bieten konnte, die lautete: maison ou naquit Moliere, um mir nach dem schäbigen Eindruck, den das Haus zunächst auf mich gemacht hatte, wieder Mut zu machen. Das Zimmer, das im vierten Stock für uns vorbereitet worden war, war klein, aber freundlich, anständig möbliert und preiswert. Von den Fenstern aus konnten wir das schreckliche Treiben auf dem Markt unten sehen, das immer beunruhigender wurde, je mehr wir es beobachteten, und ich fragte mich, was wir in einem solchen Viertel machten.

Kurz darauf musste Avenarius nach Leipzig, um seine Braut, meine jüngste Schwester Cecilia, nach der Hochzeit in dieser Stadt nach Hause zu holen. Vor seiner Abreise stellte er mir seinen einzigen musikalischen Bekannten vor, einen Deutschen namens EG Anders, der eine Anstellung in der Musikabteilung der Bibliothèque Royale innehatte und uns sofort in Molieres Haus aufsuchte. Er war, wie ich bald herausfand, ein Mann von sehr ungewöhnlichem Charakter, und so wenig er mir auch helfen konnte, hinterließ er doch einen ergreifenden und unauslöschlichen Eindruck in meiner Erinnerung. Er war ein Junggeselle in den fünfziger Jahren, dessen Rückschläge ihn in die traurige Notwendigkeit getrieben hatten, seinen Lebensunterhalt in Paris ganz ohne Hilfe zu verdienen. Er hatte auf die außergewöhnlichen bibliographischen Kenntnisse zurückgegriffen, die er sich in den Tagen seines Wohlstands, insbesondere in Bezug auf Musik, als Hobby angeeignet hatte. Seinen wirklichen Namen verriet er mir nie, da er das Geheimnis dieses Namens ebenso wie seines Unglücks bis nach seinem Tod bewahren wollte. Vorläufig erzählte er mir nur, dass er Anders hieß, von edler Abstammung war und Besitztümer am Rhein besessen hatte, aber durch den schändlichen Verrat seiner Leichtgläubigkeit und Gutmütigkeit alles verloren hatte. Das einzige, was er retten konnte, war seine sehr ansehnliche Bibliothek, deren Umfang ich selbst abschätzen konnte. Sie füllte jede Wand seiner kleinen Wohnung. Sogar hier in Paris klagte er bald über erbitterte Feinde; denn trotz seiner Einführung bei einflussreichen Leuten hatte er immer noch die untergeordnete Stellung eines Bibliotheksangestellten inne. Trotz seiner langen Dienstzeit dort und seiner großen Gelehrsamkeit musste er zusehen, wie wirklich unwissende Leute über seinen Kopf hinweg befördert wurden. Später erfuhr ich, dass der wahre Grund in seinen ungeschäftsmäßigen Methoden und der Verweichlichung lag, die aus der zarten Erziehung seiner Kindheit resultierte und ihn unfähig machte, die für seine Arbeit nötige Energie zu entwickeln. Mit einem jämmerlichen Hungerlohn von fünfzehnhundert Francs im Jahr führte er ein mühsames Leben voller Sorgen. Da er nichts anderes im Blick hatte als ein einsames Alter und die Möglichkeit, in einem Krankenhaus zu sterben, schien es, als ob unsere Gesellschaft ihm neues Leben einhauchte; denn obwohl wir von Armut geplagt waren, blickten wir kühn und hoffnungsvoll in die Zukunft. Meine Lebhaftigkeit und unbezwingbare Energie erfüllten ihn mit Hoffnungen auf meinen Erfolg, und von diesem Zeitpunkt an nahm er auf äußerst zärtliche und selbstlose Weise an der Förderung meiner Interessen teil. Obwohl er Mitarbeiter der von Moritz Schlesinger herausgegebenen Gazette Musicale war, war es ihm nie gelungen, seinen Einfluss dort auch nur im geringsten Maße geltend zu machen. Er besaß nicht die Vielseitigkeit eines Journalisten, und die Herausgeber vertrauten ihm kaum etwas an, außer der Vorbereitung bibliographischer Notizen. Seltsamerweise musste ich mit diesem weltfremden und am wenigsten einfallsreichen Mann meinen Plan zur Eroberung von Paris besprechen, das heißt des musikalischen Paris, das aus den fragwürdigsten Charakteren besteht, die man sich nur vorstellen kann. Das Ergebnis war praktisch immer dasselbe; wir ermutigten uns lediglich gegenseitig in der Hoffnung, dass ein unvorhergesehener Glücksfall meiner Sache helfen würde.

Um uns bei diesen Diskussionen zu unterstützen, rief Anders seinen Freund und Mitbewohner Lehrs, einen Philologen, zu Hilfe, mit dem sich bald eine der schönsten Freundschaften meines Lebens entwickeln sollte. Lehrs war der jüngere Bruder eines berühmten Gelehrten in Königsberg. Er war vor einigen Jahren von dort nach Paris gegangen, um sich durch seine philologische Arbeit eine unabhängige Stellung zu verschaffen. Dies zog er trotz der damit verbundenen Schwierigkeiten einer Stelle als Lehrer mit einem Gehalt vor, das nur in Deutschland als für die Bedürfnisse eines Gelehrten ausreichend angesehen werden konnte. Bald erhielt er Arbeit von dem Buchhändler Didot als stellvertretender Herausgeber einer großen Ausgabe griechischer Klassiker, aber der Herausgeber machte sich seine Armut zunutze und war viel mehr um den Erfolg seines Unternehmens besorgt als um das Leben seines armen Mitarbeiters. Lehrs hatte daher ständig mit der Armut zu kämpfen, aber er behielt ein ausgeglichenes Gemüt und erwies sich in jeder Hinsicht als Musterbeispiel an Uneigennützigkeit und Selbstaufopferung. Anfangs betrachtete er mich nur als einen Mann, der Rat brauchte, und nebenbei als einen Leidensgenossen in Paris; denn er hatte keine Musikkenntnisse und kein besonderes Interesse daran. Wir wurden bald so vertraut, dass ich ihn fast jeden Abend mit Anders zu Besuch kommen ließ, wobei Lehrs seinem Freund, dessen unsicherer Gang ihn zwang, einen Regenschirm und einen Spazierstock als Krücken zu benutzen, äußerst nützlich war. Er war auch nervös, wenn er überfüllte Straßen überquerte, und besonders nachts; außerdem ließ er Lehrs immer gerne vor sich über meine Schwelle treten, um Robber abzulenken, vor dem er sichtlich Angst hatte. Unser sonst gutmütiger Hund wurde diesem Besucher gegenüber geradezu misstrauisch und nahm ihm gegenüber bald dieselbe aggressive Haltung an, die er dem Matrosen Koske an Bord der Thetis gegenüber gezeigt hatte. Die beiden Männer lebten in einem Hotel garni in der Rue de Seine. Sie beklagten sich sehr über ihre Vermieterin, die so viel von ihrem Einkommen an sich riss, dass sie ganz in ihrer Gewalt waren. Anders hatte jahrelang versucht, seine Unabhängigkeit zu behaupten, indem er sie verließ, ohne seinen Plan ausführen zu können. Schon bald legten wir gegenseitig jede Verschleierung unserer derzeitigen finanziellen Lage ab, sodass unsere gemeinsamen Probleme uns, obwohl wir in beiden Haushalten tatsächlich getrennt lebten, die Vertrautheit einer vereinten Familie verliehen.

Die verschiedenen Möglichkeiten, wie ich in Paris Anerkennung finden könnte, bildeten damals das Hauptthema unserer Diskussionen. Unsere Hoffnungen konzentrierten sich zunächst auf Meyerbeers versprochene Empfehlungsschreiben. Duponchel, der Direktor der Oper, sah mich tatsächlich in seinem Büro, wo er, ein Monokel vor sein rechtes Auge klemmend, Meyerbeers Brief las, ohne die geringste Emotion zu verraten, da er zweifellos schon viele Male zuvor ähnliche Briefe des Komponisten geöffnet hatte. Ich ging weg und hörte nie wieder ein Wort von ihm. Der ältere Dirigent Habeneck hingegen interessierte sich nicht nur höflich für meine Arbeit und kam meiner Bitte nach, etwas von mir bei einer der Orchesterproben im Konservatorium spielen zu lassen, sobald er Zeit dazu hätte. Leider hatte ich kein kurzes Instrumentalstück, das mir geeignet erschien, außer meiner seltsamen Columbus-Ouvertüre, die ich für die wirkungsvollste von allem hielt, was aus meiner Feder stammte. Es wurde bei seiner Aufführung im Theater in Magdeburg mit großem Beifall aufgenommen, wobei die tapferen Trompeter der preußischen Garnison mitwirkten. Ich gab Habeneck die Partitur und die Stimmen und konnte unserem Komitee zu Hause berichten, dass ich nun ein Unternehmen in Gang hatte.

Ich gab den Versuch auf, Scribe zu treffen, nur weil wir uns schon einmal korrespondiert hatten, denn meine Freunde hatten mir aufgrund ihrer eigenen Erfahrungen klar gemacht, dass es nicht in Frage käme, von diesem außerordentlich beschäftigten Autor zu erwarten, dass er sich ernsthaft mit einem jungen und unbekannten Musiker beschäftigt. Anders konnte mich jedoch einem anderen Bekannten vorstellen, einem gewissen M. Dumersan. Dieser grauhaarige Herr hatte einige hundert Vaudeville-Stücke geschrieben und wäre froh gewesen, eines davon vor seinem Tod als Oper in größerem Maßstab aufgeführt zu sehen. Er hatte keine Ahnung, wie er als Autor auftreten sollte, und war durchaus bereit, die Übersetzung eines bestehenden Librettos in französische Verse zu übernehmen. Wir vertrauten ihm daher das Schreiben meines Liebesverbots an, im Hinblick auf eine Aufführung im Theatre de la Renaissance, wie es damals hieß. (Es war das dritte bestehende Theater für lyrisches Drama, die Aufführungen fanden in der neuen Salle Ventadour statt, die nach ihrer Zerstörung durch einen Brand wiederaufgebaut worden war.) Unter der Voraussetzung, dass es sich um eine wörtliche Übersetzung handeln sollte, setzte er die drei Nummern meiner Oper, für die ich mir ein Publikum erhoffte, sofort in schöne französische Verse um. Außerdem bat er mich, einen Chor für ein Vaudeville mit dem Titel La Descente de la Courtille zu komponieren, das während des Karnevals im Varietes aufgeführt werden sollte.

Dies war eine zweite Chance. Meine Freunde rieten mir nun dringend, kleine Lieder zu schreiben, die ich beliebten Sängern für Konzertzwecke anbieten könnte. Sowohl Lehrs als auch Anders lieferten Texte dafür. Anders brachte ein sehr unschuldiges „Dors, mon enfant" mit, das von einem jungen Dichter aus seiner Bekanntschaft geschrieben worden war; dies war das erste Stück, das ich auf einen französischen Text komponierte. Es war so erfolgreich, dass meine Frau, die im Bett lag, mir zurief, es sei himmlisch, um einen in den Schlaf zu wiegen, als ich es mehrere Male leise auf dem Klavier probiert hatte. Ich vertonte auch „L'Attente" aus Hugos „Orientales" und Ronsards Lied „Mignonne". Ich habe keinen Grund, mich dieser kleinen Stücke zu schämen, die ich später 1841 als musikalische Beilage zu „Europa" (Lewalds Veröffentlichung) veröffentlichte.

Als nächstes kam ich auf die Idee, eine große Bassarie mit Chor zu schreiben, die Lablache in seine Rolle als Orovist in Bellinis Norma einführen sollte. Lehrs musste einen italienischen politischen Flüchtling aufspüren, um ihm den Text zu entlocken. Dies geschah, und ich produzierte eine wirkungsvolle Komposition à la Bellini (die noch immer in meinen Manuskripten vorhanden ist) und machte mich sofort auf den Weg, um sie Lablache anzubieten.

Der freundliche Mohr, der mich im Vorzimmer des großen Sängers empfing, bestand darauf, mich ohne Voranmeldung direkt in die Gegenwart seines Herrn zu lassen. Da ich mit einigen Schwierigkeiten gerechnet hatte, wenn ich mich einer solchen Berühmtheit nähern würde, hatte ich meine Bitte schriftlich niedergelegt, da ich dachte, dies sei einfacher, als es mündlich zu erklären.

Das freundliche Benehmen des schwarzen Dieners bereitete mir ein sehr unangenehmes Gefühl; ich vertraute ihm meine Partitur und meinen Brief an, damit er sie Lablache übergebe, ohne seine freundliche Verwunderung über meine Ablehnung seiner wiederholten Einladung, in das Zimmer seines Herrn zu gehen und mich zu unterhalten, zu beachten, und verließ eilig das Haus, um in ein paar Tagen meine Antwort abzurufen. Als ich zurückkam, empfing mich Lablache sehr freundlich und versicherte mir, dass meine Arie ausgezeichnet sei, es jedoch unmöglich sei, sie in Bellinis Oper einzuführen, da diese bereits so oft aufgeführt worden sei. Mein Rückfall in den Stil Bellinis, dessen ich mich durch das Schreiben dieser Arie schuldig gemacht hatte, war daher für mich nutzlos, und ich wurde bald von der Fruchtlosigkeit meiner Bemühungen in dieser Richtung überzeugt. Ich sah ein, dass ich persönliche Einführungen bei verschiedenen Sängern benötigen würde, um die Aufführung einer meiner anderen Kompositionen sicherzustellen.

Als Meyerbeer schließlich in Paris ankam, war ich daher hocherfreut. Er war nicht im Geringsten überrascht über den mangelnden Erfolg seiner Empfehlungsschreiben; im Gegenteil, er nutzte diese Gelegenheit, um mir klarzumachen, wie schwierig es war, in Paris voranzukommen, und wie notwendig es für mich war, nach weniger anspruchsvoller Arbeit Ausschau zu halten. Zu diesem Zweck stellte er mich Maurice Schlesinger vor, überließ mich der Gnade dieser monströsen Person und kehrte nach Deutschland zurück.

Schlesinger wusste zunächst nicht, was er mit mir anfangen sollte; die Bekanntschaften, die ich durch ihn gemacht hatte (deren wichtigster der Geiger Panofka war), führten zu nichts, und ich kehrte daher zu meinem Beirat in der Heimat zurück, durch dessen Vermittlung ich kürzlich den Auftrag erhalten hatte, die Musik zu den „Zwei Grenadieren" von Heine, übersetzt von einem Pariser Professor, zu komponieren. Ich schrieb dieses Lied für Bariton und war mit dem Ergebnis sehr zufrieden; auf Anders Rat suchte ich nun Sänger für meine neuen Kompositionen zu finden. Mme

Pauline Viardot, die ich zuerst aufsuchte, ging meine Lieder mit mir durch. Sie war sehr liebenswürdig und lobte sie, sah aber nicht ein, warum SIE sie singen sollte. Dasselbe erlebte ich mit einer Mme Widmann, einer Grand Contralto, die mein „Dors, mon enfant" mit großem Gefühl sang; trotzdem hatte sie für meine Komposition keine weitere Verwendung. Ein gewisser M. Dupont, dritter Tenor an der Grande Opéra, versuchte sich an meiner Vertonung des Gedichts von Ronsard, erklärte jedoch, die Sprache, in der es geschrieben war, sei dem Pariser Publikum nicht mehr schmackhaft. M. Geraldy, ein beliebter Konzertsänger und Lehrer, der mir erlaubte, ihn häufig zu besuchen und zu sehen, sagte mir, die „Zwei Grenadiere" seien unmöglich, aus dem einfachen Grund, dass die Begleitung am Ende des Liedes, die ich der Marseillaise nachempfunden hatte, nur in den Straßen von Paris zur Begleitung von Kanonen und Schüssen gesungen werden könne. Habeneck war der einzige, der sein Versprechen einhielt, meine Columbus-Ouvertüre bei einer der Proben zum Nutzen von Anders und mir zu dirigieren. Da es jedoch nicht in Frage kam, dieses Werk auch nur bei einem der berühmten Konservatoriumskonzerte aufzuführen, sah ich deutlich, dass der alte Herr nur von Freundlichkeit und dem Wunsch, mich zu ermutigen, bewegt war. Weiter konnte es nicht führen, und ich selbst war überzeugt, daß diese äußerst oberflächliche Arbeit meiner Jugend dem Orchester nur einen falschen Eindruck von meinem Talent vermitteln konnte. Zu meiner Überraschung machten diese Proben jedoch auch in anderer Hinsicht einen so unerwarteten Eindruck auf mich, daß sie in der Krise meiner künstlerischen Entwicklung entscheidenden Einfluß ausübten. Dies lag daran, daß ich wiederholt Beethovens Neunte Symphonie hörte, die durch unermüdliches Üben von diesem berühmten Orchester so wunderbar interpretiert wurde, daß das Bild, das ich in den enthusiastischen Tagen meiner Jugend davon im Kopf gehabt hatte, jetzt in leuchtenden Farben fast greifbar vor mir stand, ungetrübt, als wäre es nie durch das Leipziger Orchester ausgelöscht worden, das es unter Pohlenz' Leitung abgeschlachtet hatte. Wo ich früher nur mystische Konstellationen und wunderliche, bedeutungslose Gestalten gesehen hatte, fand ich jetzt aus unzähligen Quellen einen Strom der rührendsten und himmlischsten Melodien, die mein Herz erfreuten.

Die ganze Zeit der Verschlechterung meines Musikgeschmacks, die praktisch auf eben jene verwirrenden Vorstellungen über Beethoven zurückzuführen war und sich durch meine Bekanntschaft mit diesem furchtbaren Theater noch weiter verschlechtert hatte – alle diese falschen Ansichten versanken jetzt wie in einem Abgrund aus Scham und Reue.

Diese innere Wandlung war durch viele schmerzliche Erlebnisse der letzten Jahre allmählich vorbereitet worden. Die Wiedererlangung meiner alten Kraft und meines alten Lebensmutes verdankte ich dem tiefen Eindruck, den die Aufführung der Neunten Symphonie auf mich gemacht hatte, in einer Art und Weise, die ich mir nie hätte träumen lassen. Dieses wichtige Ereignis in meinem Leben kann nur mit der Erschütterung verglichen werden, die in mir auslöste, als ich als sechzehnjähriger Jugendlicher Schröder-Devrient in Fidelio spielen sah.

Die unmittelbare Folge davon war mein intensives Verlangen, etwas zu komponieren, das mir ein ähnliches Gefühl der Befriedigung verschaffen würde, und dieser Wunsch wuchs im Verhältnis zu meiner Angst vor meiner unglücklichen Lage in Paris, die mich fast am Erfolg verzweifeln ließ.

In dieser Stimmung entwarf ich eine Ouvertüre zu Faust, die nach meinem ursprünglichen Plan nur den ersten Teil einer ganzen Faust-Symphonie bilden sollte, da ich bereits die Idee des „Gretchens" für den zweiten Satz im Kopf hatte. Dies ist dieselbe Komposition, die ich fünfzehn Jahre später in mehreren Teilen neu schrieb; ich hatte sie völlig vergessen und verdankte ihre Rekonstruktion dem Rat von Liszt, der mir viele wertvolle Hinweise gab. Diese Komposition wurde unter dem Titel „Eine Faust-Ouvertüre" viele Male aufgeführt und hat große Anerkennung gefunden. Zu der Zeit, von der ich spreche, hoffte ich, dass das Orchester des Konservatoriums bereit gewesen wäre, das Werk anzuhören, aber man sagte mir, sie meinten, sie hätten genug für mich getan und hofften, mich für einige Zeit los zu sein.

Da ich überall gescheitert war, wandte ich mich nun an Meyerbeer, um weitere Bekanntschaften zu machen, insbesondere mit Sängern. Ich war sehr überrascht, als Meyerbeer mich auf meine Bitte hin einem gewissen M. Gouin vorstellte, einem Postbeamten und Meyerbeers einzigem Agenten in Paris, den er beauftragte, sein Möglichstes für mich zu tun. Meyerbeer wollte mich insbesondere mit M. Antenor Joly bekannt machen, dem Direktor des Theatre de la Renaissance, des bereits erwähnten Musiktheaters. M. Gouin versprach mir mit fast verdächtiger Leichtfertigkeit, meine Oper Liebesverbot aufzuführen, die jetzt nur noch übersetzt werden musste. Es ging darum, einige Nummern meiner Oper bei einer Sonderaudienz vor dem Komitee des Theaters vorzusingen. Als ich vorschlug, dass einige Sänger dieses Theaters drei der bereits von Dumersan übersetzten Nummern singen sollten, lehnte man mein Angebot mit der Begründung ab, dass alle diese Künstler viel zu beschäftigt seien. Aber Gouin sah einen Ausweg aus der Schwierigkeit; auf Empfehlung von Maître Meyerbeer konnte er mehrere Sänger für unsere Sache gewinnen, die Meyerbeer verpflichtet waren: Mme. Dorus-Gras, eine wahre Primadonna der Grand Opera, Mme. Widmann und M. Dupont (die beiden Letztgenannten hatten sich zuvor geweigert, mir zu helfen) versprachen nun, bei dieser Audienz für mich zu singen.

So viel habe ich also in sechs Monaten erreicht. Es war nun fast Ostern des Jahres 1840. Ermutigt durch Gouins Verhandlungen, die Hoffnung zu geben schienen, beschloss ich, aus dem obskuren Quartier des Innocents in einen Teil von Paris zu ziehen, der näher am musikalischen Zentrum lag; und Lehrs tollkühner Rat ermutigte mich dabei.

Was dieser Wechsel für mich bedeutete, werden meine Leser erfahren, wenn sie hören, unter welchen Umständen wir während unseres Aufenthaltes in Paris unser Dasein fristeten.

Obwohl wir so billig wie möglich lebten und in einem sehr kleinen Restaurant für einen Franc pro Person speisten, war es unmöglich zu verhindern, dass der Rest unseres Geldes dahinschmolz. Unser Freund Möller hatte uns zu verstehen gegeben, dass wir ihn fragen könnten, wenn wir in Not wären, da er das erste Geld, das aus einem erfolgreichen Geschäftsabschluss hereinkam, für uns beiseite legen würde. Es blieb uns nichts anderes übrig, als uns an ihn um Geld zu wenden; in der Zwischenzeit verpfändeten wir alle Schmuckstücke, die wir besaßen und die von Wert waren. Da ich zu schüchtern war, nach einem Pfandhaus zu fragen, suchte ich das französische Äquivalent im Wörterbuch nach, um einen solchen Ort erkennen zu können, wenn ich ihn sah. In meinem kleinen Taschenwörterbuch konnte ich kein anderes Wort als „Lombard" finden. Als ich auf einen Stadtplan von Paris schaute, fand ich inmitten eines unentwirrbaren Straßenlabyrinths eine sehr kleine Gasse namens Rue des Lombards. Dorthin machte ich mich auf den Weg, aber meine Expedition war erfolglos. Oft las ich im Licht der durchsichtigen Laternen die Inschrift „Mont de Piété" und wurde sehr neugierig, was sie bedeuten sollte, und als ich zu Hause meinen Ratgeber nach diesem „Berg der Frömmigkeit" [9] befragte , wurde mir zu meiner großen Freude gesagt, dass ich gerade dort Rettung finden würde. Zu diesem „Mont de Piété" trugen wir nun alles, was wir an Silber besaßen, nämlich unsere Hochzeitsgeschenke. Dann folgten die Schmuckstücke meiner Frau und der Rest ihrer ehemaligen Theatergarderobe, darunter ein wunderschönes silberbesticktes blaues Kleid mit Hofschleppe, das einst Eigentum der Herzogin von Dessau war. Noch immer hörten wir nichts von unserem Freund Möller und mussten von Tag zu Tag auf die dringend benötigte Hilfe aus Königsberg warten, und schließlich verpfändeten wir eines dunklen Tages unsere Eheringe. Als alle Hoffnung auf Hilfe vergeblich schien, hörte ich, dass die Pfandscheine selbst einen gewissen Wert hatten, da sie an Käufer verkauft werden konnten, die dadurch das Recht erhielten, die verpfändeten Gegenstände einzulösen. Ich musste sogar dazu greifen, und so ging zum Beispiel das blaue Hofkleid für immer verloren. Möller schrieb nie wieder. Als er mich später zur Zeit meiner Dirigentenstelle in Dresden besuchte, gab er zu, dass er wegen der demütigenden und abfälligen Bemerkungen, die wir nach unserer Trennung über ihn gemacht haben sollen, verbittert gegen mich gewesen sei und beschlossen hatte, nichts mehr mit uns zu tun zu haben. Wir waren von unserer Unschuld in der Sache überzeugt und sehr betrübt, durch reine Verleumdung die Chance auf solche Hilfe in unserer großen Not verloren zu haben.

[9] Dies ist die korrekte Übersetzung der im Original verwendeten Worte *Berg der Frömmigkeit. — Herausgeber.*

Zu Beginn unserer finanziellen Schwierigkeiten erlitten wir einen Verlust, den wir trotz des Kummers, den er uns bereitete, als Fügung des Schicksals betrachteten. Es handelte sich um unseren schönen Hund, den wir mit unendlichen Mühen nach Paris gebracht hatten. Da er ein sehr wertvolles und viel Aufmerksamkeit erregendes Tier war, war er wahrscheinlich gestohlen worden. Trotz des schrecklichen Verkehrs in Paris hatte er immer den Weg nach Hause gefunden, und zwar auf dieselbe geschickte Art und Weise, wie er die Schwierigkeiten der Londoner Straßen gemeistert hatte. Ganz zu Beginn unseres Aufenthalts in Paris war er oft allein in die Gärten des Palais Royal gegangen, wo er viele seiner Freunde traf, und war nach einer glänzenden Schwimm- und Apportiervorführung vor einem Publikum von Gossenkindern gesund und munter zurückgekehrt. Am Quai du Pont-neuf bat er uns gewöhnlich, ihn baden zu lassen; dort pflegte er eine große Menge von Zuschauern um sich zu ziehen, die sich so laut über die Art und Weise freuten, wie er nach verschiedenen Kleidungsstücken, Werkzeugen usw. tauchte und sie an Land brachte, dass die Polizei uns bat, der Behinderung ein Ende zu setzen. Eines Morgens ließ ich ihn wie gewöhnlich einen kleinen Auslauf machen; er kam nie zurück, und trotz unserer größten Bemühungen, ihn wiederzufinden, war keine Spur von ihm zu finden. Dieser Verlust erschien vielen unserer Freunde als Glücksfall, denn sie konnten nicht verstehen, wie es uns möglich war, ein so großes Tier zu füttern, wenn wir selbst nicht genug zu essen hatten. Ungefähr zu dieser Zeit, im zweiten Monat unseres Aufenthalts in Paris, kam meine Schwester Louisa aus Leipzig herüber, um sich ihrem Mann Friedrich Brockhaus in Paris anzuschließen, wo er schon seit einiger Zeit auf sie gewartet hatte. Sie beabsichtigten, zusammen nach Italien zu fahren, und Louisa nutzte diese Gelegenheit, um in Paris allerlei teure Dinge zu kaufen. Ich erwartete nicht, dass sie wegen unseres törichten Umzugs nach Paris und des damit verbundenen Elends Mitleid mit uns empfinden würden, oder dass sie sich verpflichtet fühlen würden, uns in irgendeiner Weise zu helfen; aber obwohl wir nicht versuchten, unsere Lage zu verbergen, zogen wir keinen Nutzen aus dem Besuch unserer reichen Verwandten. Minna war sogar so freundlich, meiner Schwester bei ihren Luxuseinkäufen zu helfen, und wir waren sehr darauf bedacht, sie nicht glauben zu lassen, wir wollten ihr Mitleid erregen. Im Gegenzug stellte mir meine Schwester einen außergewöhnlichen Freund vor, der sich für mich sehr interessieren sollte. Es war der junge Maler Ernst Kietz aus Dresden; er war ein außergewöhnlich gutherziger und ungekünstelter junger Mann, dessen Talent für die Porträtmalerei (in einer Art farbigem Pastellstil) ihn in seiner eigenen Stadt so beliebt gemacht hatte, dass er sich durch seinen finanziellen Erfolg veranlasst sah, für einige Zeit nach Paris zu gehen, um sein Kunststudium abzuschließen. Er arbeitete nun seit etwa einem Jahr in Delaroches Atelier. Er hatte ein merkwürdiges und fast kindliches Wesen, und sein Mangel an ernsthafter Bildung, verbunden mit einer gewissen Charakterschwäche, hatte ihn dazu gebracht, eine Laufbahn zu wählen, in der er trotz all seines Talents hoffnungslos scheitern musste. Ich hatte jede Gelegenheit, dies zu erkennen, da ich viel von ihm sah. Damals jedoch waren die aufrichtige Hingabe und Freundlichkeit dieses jungen Mannes sowohl mir als auch meiner Frau, die sich oft einsam fühlten, sehr willkommen, und seine Freundschaft war eine echte Hilfe in unseren dunkelsten Stunden der Not. Er wurde beinahe ein Familienmitglied und gesellte sich jeden Abend zu unserem häuslichen Kreis, was einen seltsamen Kontrast zu dem nervösen alten Anders und den ernst dreinblickenden Lehrs darstellte. Seine Gutmütigkeit und seine drolligen Bemerkungen machten ihn bald für uns unentbehrlich; er amüsierte uns ungemein mit seinem Französisch, in das er sich mit größter Zuversicht hineinstürzte, obwohl er nicht zwei aufeinanderfolgende Sätze richtig bilden konnte, obwohl er zwanzig Jahre in Paris gelebt hatte. Mit Delaroche studierte er Ölmalerei und hatte offensichtlich beträchtliches Talent in dieser Richtung, obwohl es der Fels war, auf dem er strandete. Das Mischen der Farben auf seiner Palette und insbesondere das Reinigen seiner Pinsel nahmen so viel Zeit in Anspruch, dass er selten zum eigentlichen Malen kam. Da die Tage mitten im Winter sehr kurz waren, hatte er nie Zeit, zu arbeiten, nachdem er Palette und Pinsel gewaschen hatte, und soweit ich mich erinnern kann, hat er kein einziges Porträt vollendet. Fremde, denen er vorgestellt worden war und die ihm den Auftrag gegeben hatten, ihre Porträts zu malen, mussten Paris verlassen, ohne sie auch nur halb fertig gesehen zu haben, und schließlich beschwerte er sich sogar, weil einige seiner Modelle starben, bevor ihre Porträts fertig waren. Sein Vermieter, bei dem er ständig Mietschulden hatte, war der einzige, dem es gelang, vom Maler ein Porträt seiner hässlichen Person zu bekommen, und soweit ich weiß, ist dies das einzige vollendete Porträt von Kietz, das es gibt. Andererseits war er sehr geschickt darin, kleine Skizzen von jedem Thema anzufertigen, das uns durch unsere Unterhaltung am Abend einfiel, und in diesen zeigte er sowohl Originalität als auch Feinheit in der Ausführung. Im Winter desselben Jahres vollendete er ein gutes Bleistiftporträt von mir, das er zwei Jahre später, als er mich besser kannte, überarbeitete und in seiner jetzigen Form vollendete. Es gefiel ihm, mich in der Haltung zu zeichnen, die ich oft bei unseren abendlichen Plaudereien annahm, wenn ich in heiterer Stimmung war. Es verging kein Abend, an dem es mir nicht gelang, die Niedergeschlagenheit, die mir meine vergeblichen Bemühungen und die vielen Sorgen des Tages bereitet hatten, abzuschütteln und meine natürliche Heiterkeit wiederzuerlangen, und Kietz war bestrebt, mich der Welt als einen Mann darzustellen, der trotz der schweren Zeiten, die er durchstehen musste, an seinen Erfolg glaubte und lächelnd über die Sorgen des Lebens hinausging. Noch vor Ende des Jahres 1839 traf auch meine jüngste Schwester Cecilia mit ihrem Mann Eduard Avenarius in Paris ein. Es war ganz natürlich, dass sie sich bei dem Gedanken, uns in unseren äußerst beschränkten Verhältnissen in Paris zu treffen, in Verlegenheit fühlte, zumal ihr Mann nicht sehr wohlhabend war. Statt sie häufig zu besuchen, zogen wir es daher vor, zu warten, bis sie zu uns kamen, was übrigens sehr lange dauerte. Sehr erfreulich war dagegen die Wiederaufnahme unserer Bekanntschaft mit Heinrich Laube, der Anfang 1840 mit seiner jungen Frau Iduna (geb. Budaus) nach Paris gekommen war. Sie war die Witwe eines wohlhabenden Leipziger Arztes, und Laube hatte sie seit unserem letzten Besuch in Berlin unter ganz außergewöhnlichen Umständen geheiratet; sie hatten vor, sich ein paar Monate in Paris zu vergnügen. Während der langen Zeit seiner Haft, in der er auf seinen Prozess wartete, war diese junge Dame von seinem Unglück so berührt, dass sie, ohne viel über ihn zu wissen, großes Mitgefühl und Interesse für seinen Fall gezeigt hatte. Laubes Urteil wurde bald nach meiner Abreise aus Berlin verkündet; es war unerwartet milde und bestand aus nur einem Jahr Gefängnis im Stadtgefängnis. Er durfte diese Strafe im Gefängnis von Muskau in Schlesien absitzen, wo er den Vorteil hatte, in der Nähe seines Freundes, Fürst Pückler, zu sein, der in seiner amtlichen Eigenschaft und aufgrund seines Einflusses beim Gefängnisdirektor dem Gefangenen sogar den Trost des persönlichen Umgangs gewähren durfte.

Die junge Witwe beschloß, ihn zu Beginn seiner Haftzeit zu heiraten, um ihm in Muskau mit ihrer liebevollen Hilfe nahe sein zu können. Den alten Freund in so angenehmen Verhältnissen wiederzusehen, war für mich schon eine Freude; auch empfand ich die lebhafteste Befriedigung, als ich feststellte, daß sich an seiner früheren Sympathie nichts geändert hatte. Wir trafen uns häufig; auch unsere Frauen wurden Freundinnen, und Laube war der erste, der in seiner wohlwollend-humorvollen Art unsere Torheit, nach Paris zu ziehen, billigte.

In seinem Haus lernte ich Heinrich Heine kennen, und beide scherzten gut gelaunt über meine außergewöhnliche Lage und brachten sogar mich zum Lachen. Laube fühlte sich gezwungen, ernsthaft mit mir über meine Erfolgserwartungen in Paris zu sprechen, da er sah, dass ich meine auf so trivialen Hoffnungen beruhende Lage mit einem Humor behandelte, der ihn sogar gegen sein besseres Wissen bezauberte. Er versuchte zu überlegen, wie er mir helfen könnte, ohne meine Zukunft zu beeinträchtigen. Zu diesem Zweck wollte er, dass ich eine mehr oder weniger plausible Skizze meiner Zukunftspläne anfertigte, damit er mir bei seinem bevorstehenden Besuch in unserem Heimatland etwas Hilfe verschaffen könnte. Zufällig hatte ich gerade zu dieser Zeit ein äußerst vielversprechendes Abkommen mit der Leitung des Theaters de la Renaissance geschlossen. Ich schien damit Fuß gefasst zu haben, und ich glaubte, mit Sicherheit behaupten zu können, dass ich, wenn mir der Lebensunterhalt für sechs Monate garantiert wäre, innerhalb dieser Zeit nichts versäumen könnte, etwas zu erreichen. Laube versprach, dies zu tun, und hielt sein Wort. Er veranlasste einen seiner vermögenden Freunde in Leipzig und, diesem Beispiel folgend, auch meine wohlhabenden Verwandten, mir für sechs Monate die nötigen Mittel zur Verfügung zu stellen, die mir in monatlichen Raten über Avenarius ausgezahlt werden sollten.

Wir beschlossen daher, wie gesagt, unsere möblierten Wohnungen aufzugeben und uns eine Wohnung in der Rue du Helder zu nehmen. Meine vorsichtige, umsichtige Frau hatte unter der nachlässigen und unsicheren Art, in der ich bisher mit unseren dürftigen Mitteln umgegangen war, sehr gelitten und erklärte mir, als sie nun die Verantwortung übernahm, sie wisse es, billiger zu wirtschaften, als wir es durch das Wohnen in möblierten Zimmern und Restaurants könnten. Der Erfolg rechtfertigte den Schritt; der Ernst der Sache lag darin, daß wir ohne eigene Möbel in den Haushalt einziehen mußten und alles, was zum Haushalt nötig war, erst beschafft werden mußte, ohne daß uns die Mittel dazu fehlten. Lehrs, der mit den Eigenheiten des Pariser Lebens gut vertraut war, konnte uns hier beraten. Seiner Meinung nach war der einzige Ausgleich für die bisherigen Erfahrungen ein Erfolg, der meinem Wagemut entsprach. Da ich nicht über die Mittel verfügte, um in Paris lange Jahre geduldig auf den Erfolg zu warten, mußte ich entweder auf außerordentliches Glück hoffen oder alle Hoffnungen sofort aufgeben. Der ersehnte Erfolg mußte innerhalb eines Jahres kommen, sonst wäre ich ruiniert. Ich mußte also alles wagen, wie es meinem Namen gebührte , denn in meinem Fall war er nicht geneigt , 'Wagner' [10] von Fuhrwerk abzuleiten . Meine Miete von zwölfhundert Francs sollte ich in vierteljährlichen Raten bezahlen; für die Möbel und Einrichtungsgegenstände empfahl er mir durch seine Vermieterin einen Schreiner, der alles Notwendige für eine anscheinend vernünftige Summe lieferte, die ebenfalls in Raten zu zahlen war, was alles sehr einfach schien. Lehrs behauptete, ich würde in Paris nichts nützen, wenn ich der Welt nicht zeigte, daß ich Vertrauen in mich selbst hatte. Meine Probeaudienz stand bevor; ich war mir des Théâtre de la Renaissance sicher, und Dumersan war sehr darauf erpicht, eine vollständige Übersetzung meines Liebesverbots ins Französische anzufertigen. Also beschlossen wir, das Risiko einzugehen. Am 15. April zogen wir zum Erstaunen des Concierge des Hauses in der Rue du Helder mit äußerst wenig Gepäck in unsere komfortablen neuen Wohnungen ein.

[10] „Wagner" bedeutet im Deutschen jemand, der es wagt, auch ein
Fuhrwerk; und „Fuhrwerk" bedeutet Kutsche. – Herausgeber.

Der allererste Besuch, den ich in den Räumen erhielt, die ich mit so großen
Erwartungen gemietet hatte, kam von Anders, der mir die Nachricht
überbrachte, dass das Théâtre de la Renaissance gerade Konkurs angemeldet
und geschlossen worden sei. Diese Nachricht, die mich wie ein
Donnerschlag traf, schien mehr als nur ein gewöhnlicher Pechschlag zu
bedeuten; sie offenbarte mir wie ein Blitz die völlige Leere meiner
Aussichten. Meine Freunde äußerten offen die Meinung, dass Meyerbeer, als
er mich von der Grand Opera in dieses Theater schickte, wahrscheinlich alle
Umstände kannte. Ich verfolgte den Gedankengang, zu dem diese
Vermutung führen könnte, nicht weiter, da ich Grund genug zur Bitterkeit
hatte, als ich darüber nachdachte, was ich mit den Räumen anfangen sollte,
in denen ich so gut untergebracht war.

Da meine Sänger nun die für die Probeaudienz bestimmten Teile von
Liebesverbot geprobt hatten, war ich bestrebt, sie zumindest vor einigen
einflussreichen Personen aufführen zu lassen. M. Edouard Monnaie, der
nach Duponchels Rücktritt zum vorläufigen Direktor der Grand Opera
ernannt worden war, war umso weniger geneigt, abzulehnen, als die Sänger,
die mitwirken sollten, der Institution angehörten, der er vorstand; außerdem
war seine Anwesenheit bei der Audienz nicht verpflichtet. Ich machte mir
auch die Mühe, Scribe zu bitten, ihn einzuladen, und er nahm die Einladung
mit der freundlichsten Bereitwilligkeit an. Schließlich wurden meine drei
Stücke vor diesen beiden Herren im Green Room der Grand Opera
aufgeführt, und ich spielte die Klavierbegleitung. Sie erklärten die Musik für
bezaubernd, und Scribe erklärte sich bereit, das Libretto für mich zu
arrangieren, sobald die Direktoren der Oper beschlossen hätten, das Stück
anzunehmen; alles, was M. Monnaie auf dieses Angebot zu antworten hatte,
war, dass es ihnen derzeit unmöglich sei, dies zu tun. Mir war klar, dass dies
nur höfliche Ausdrücke waren; Ich habe sie gebeten, mir ein wenig
Höflichkeit zu erweisen, aber ich fand es jedenfalls sehr nett von ihnen und
besonders herablassend von Scribe, dass sie so weit gingen, zu meinen, ich
hätte ein wenig Höflichkeit verdient.

Aber im Grunde meines Herzens schämte ich mich wirklich, mich wieder
ernsthaft mit jenem oberflächlichen Frühwerk beschäftigt zu haben, aus dem
ich diese drei Stücke entnommen hatte. Natürlich hatte ich das nur getan,
weil ich glaubte, in Paris schneller Erfolg zu haben, wenn ich mich dem
frivolen Geschmack des Künstlers anpasste. Meine seit langem wachsende
Abneigung gegen diesen Geschmack fiel mit der Aufgabe aller Hoffnungen
auf Erfolg in Paris zusammen. Ich befand mich in einer äußerst traurigen
Lage, da sich meine Umstände so entwickelt hatten, dass ich es nicht wagte,
diese wichtige Veränderung meiner Gefühle irgendjemandem gegenüber zu

äußern, besonders nicht meiner armen Frau. Aber wenn ich weiterhin das Beste aus einem schlechten Geschäft machte, machte ich mir keine Illusionen mehr über die Möglichkeit eines Erfolgs in Paris. Angesichts unerhörten Elends schauderte ich vor dem lächelnden Anblick, den Paris im hellen Sonnenschein des Mai bot. Es war der Beginn der Flautezeit für jegliche Art künstlerischer Unternehmungen in Paris, und von jeder Tür, an die ich mit geheuchelter Hoffnung klopfte, wurde ich mit der erbärmlich eintönigen Phrase „Monsieur est a la campagne" abgewiesen.

Auf unseren langen Spaziergängen, wenn wir uns inmitten des heiteren Treibens wie völlige Fremde vorkamen, erzählte ich meiner Frau von den südamerikanischen Freistaaten, weit weg von all diesem unheimlichen Leben, wo Oper und Musik unbekannt waren und man sich durch Fleiß leicht die Grundlagen für einen vernünftigen Lebensunterhalt sichern konnte. Ich erzählte Minna, die völlig im Dunkeln darüber war, was ich meinte, von einem Buch, das ich gerade gelesen hatte, Zschokkes Die Gründung von Maryland, in dem ich einen sehr verführerischen Bericht über das Gefühl der Erleichterung fand, das die europäischen Siedler nach ihren früheren Leiden und Verfolgungen empfanden. Sie, die praktisch veranlagt war, wies mich immer auf die Notwendigkeit hin, Mittel für unseren weiteren Lebensunterhalt in Paris zu beschaffen, wofür sie sich alle möglichen Sparmaßnahmen ausgedacht hatte.

Ich für meinen Teil skizzierte den Plan des Gedichts meines „Fliegenden Holländers", den ich ständig vor Augen hatte, um in Paris ein Debüt geben zu können. Ich stellte den Stoff für einen einzigen Akt zusammen, wobei ich davon ausging, dass ich ihn auf diese Weise auf die einfachen dramatischen Entwicklungen zwischen den Hauptpersonen beschränken konnte, ohne mich mit den lästigen Opernbeilagen herumschlagen zu müssen. Aus praktischer Sicht glaubte ich, dass ich auf eine bessere Aussicht auf die Annahme meines geplanten Werks zählen konnte, wenn es in der Form einer einaktigen Oper aufgeführt wurde, wie sie häufig als Auftakt zu einem Ballett in der Grande Opéra aufgeführt wurde. Ich schrieb darüber an Meyerbeer in Berlin und bat ihn um seine Hilfe. Ich nahm auch die Komposition von „Rienzi" wieder auf, deren Vollendung ich nun meine ständige Aufmerksamkeit widmete.

Inzwischen wurde unsere Lage immer düsterer; ich war bald gezwungen, die von Laube erhaltenen Subventionen vorzuschießen, verlor dadurch aber allmählich die Sympathie meines Schwagers Avenarius, dem unser Aufenthalt in Paris unverständlich war.

Eines Morgens , als wir uns ängstlich über die Möglichkeit berieten, unsere Miete für das erste Quartal zu erhöhen, erschien ein Bote mit einem an mich adressierten Paket aus London; ich dachte, es sei ein Eingreifen der

Vorsehung und brach das Siegel auf. Im selben Moment wurde mir ein Quittungsbuch zur Unterschrift vor die Nase gehalten, in dem ich sofort sah, dass ich sieben Franc für den Transport zu zahlen hatte. Ich erkannte außerdem, dass das Paket meine Ouvertüre Rule Britannia enthielt, die mir von der London Philharmonic Society zurückgeschickt worden war. In meiner Wut sagte ich dem Boten, dass ich das Paket nicht annehmen würde, woraufhin er aufs Heftigste protestierte, da ich es bereits geöffnet hatte. Es war sinnlos; ich besaß keine sieben Franc und sagte ihm, er hätte die Rechnung für den Transport vorlegen sollen, bevor ich das Paket geöffnet hätte. Also ließ ich ihn das einzige Exemplar meiner Ouvertüre an die Firma von Laffitte und Gaillard zurückgeben, damit sie damit machen konnten, was sie wollten, und ich wollte nie fragen, was aus diesem Manuskript geworden war.

Plötzlich ersann Kietz einen Ausweg aus dieser Not. Er war von einer alten Leipziger Dame, Fräulein Leplay, einer reichen und sehr geizigen Jungfer, beauftragt worden, für sie und seine Stiefmutter, mit der sie zu reisen beabsichtigte, eine billige Unterkunft in Paris zu finden. Da unsere Wohnung zwar nicht geräumig, aber doch größer war, als wir eigentlich brauchten, und uns sehr bald zu einer lästigen Last geworden war, so zögerten wir keinen Augenblick, ihr den größten Teil derselben für die Zeit ihres Aufenthaltes in Paris zu überlassen, der etwa zwei Monate dauern sollte. Außerdem versorgte meine Frau die Gäste mit Frühstück, als ob sie in möblierten Wohnungen wären, und betrachtete mit großem Stolz die paar Pfennige, die sie auf diese Weise verdiente. Obgleich uns diese erstaunliche Jungfernhaftigkeit schon mühsam genug erschien, half uns die getroffene Vereinbarung doch einigermaßen, die angespannte Zeit zu überbrücken, und ich konnte trotz dieser Desorganisation unserer Haushaltsangelegenheiten in verhältnismäßiger Ruhe an meinem Rienzi weiterarbeiten.

Dies wurde schwieriger nach Fräulein Leplays Abreise, als wir eines unserer Zimmer an einen deutschen Handelsreisenden vermieteten, der in seinen Mußestunden eifrig Flöte spielte. Sein Name war Brix, er war ein bescheidener, anständiger Kerl und war uns von dem Maler Pecht empfohlen worden, dessen Bekanntschaft wir vor kurzem gemacht hatten. Kietz hatte ihn uns vorgestellt, der bei ihm in Delaroches Atelier studiert hatte. Er war in jeder Hinsicht das genaue Gegenteil von Kietz und offensichtlich mit weniger Talent ausgestattet, doch rang er mit einer ganz ungewöhnlichen Sorgfalt und Ernsthaftigkeit mit der Aufgabe, sich die Kunst der Ölmalerei in kürzester Zeit unter schwierigen Umständen anzueignen. Er war außerdem gut gebildet und nahm eifrig Informationen auf und war sehr aufrichtig, ernsthaft und vertrauenswürdig. Ohne den gleichen Grad an Vertrautheit mit uns zu erreichen wie unsere drei ältern Freunde, war er dennoch einer der wenigen, die uns in unseren

Schwierigkeiten weiterhin beistanden und gewöhnlich fast jeden Abend in unserer Gesellschaft verbrachten.

Eines Tages erhielt ich einen neuen, überraschenden Beweis für Laubes anhaltende Fürsorge um unser Wohl. Der Sekretär eines gewissen Grafen Kuscelew besuchte uns und teilte uns nach einigen Erkundigungen über unsere Angelegenheiten, deren Stand er von Laube in Karlsbad erfahren hatte, in knapper und freundlicher Weise mit, dass sein Gönner uns von Nutzen sein wolle und zu diesem Zweck meine Bekanntschaft machen wolle. Tatsächlich schlug er vor, in Paris eine kleine Operettentruppe zu engagieren, die ihm auf seine russischen Ländereien folgen sollte. Er suchte daher nach einem Musikdirektor mit genügend Erfahrung, um bei der Rekrutierung der Mitglieder in Paris behilflich zu sein. Ich ging gern in das Hotel, in dem der Graf wohnte, und fand dort einen älteren Herrn von offenem und angenehmem Benehmen, der meinen kleinen französischen Kompositionen bereitwillig zuhörte. Da er ein scharfsinniger Leser der menschlichen Natur war, sah er auf den ersten Blick, dass ich nicht der richtige Mann für ihn war, und obwohl er mir die höflichste Aufmerksamkeit schenkte, ging er nicht weiter auf das Opernvorhaben ein. Aber noch am selben Tag schickte er mir, begleitet von einem freundlichen Brief, zehn goldene Napoleons als Bezahlung für meine Dienste. Welche Dienste das waren, wusste ich nicht. Ich schrieb ihm daraufhin und bat ihn um genauere Einzelheiten seiner Wünsche und bat ihn, eine Komposition in Auftrag zu geben, deren Honorar er vermutlich im Voraus geschickt hatte. Da ich keine Antwort erhielt, versuchte ich mehr als einmal, mich erneut an ihn zu wenden, aber vergebens. Aus anderen Quellen erfuhr ich später, dass Graf Kuscelew nur die Oper von Adam kannte. Was die Operntruppe anging, die nach seinem Geschmack engagiert werden sollte, so wünschte er sich eigentlich eher einen kleinen Harem als eine Künstlertruppe.

Mit dem Musikverleger Schlesinger hatte ich mich bisher nicht einigen können. Er war nicht zu überreden, meine französischen Liederchen zu veröffentlichen. Um mich aber in dieser Hinsicht bekannt zu machen, beschloß ich, meine Zwei Grenadiere auf meine Kosten von ihm stechen zu lassen. Kietz sollte ein prachtvolles Titelblatt dafür lithographieren. Schlesinger berechnete mir schließlich fünfzig Franc für die Herstellungskosten. Die Geschichte dieser Veröffentlichung ist von Anfang bis Ende merkwürdig; das Werk trug Schlesingers Namen, und da ich alle Kosten getragen hatte, sollte der Erlös natürlich auf meine Rechnung gehen. Ich mußte mich später auf das Wort des Verlegers verlassen, daß kein einziges Exemplar verkauft worden war. Als ich mir später in Dresden durch meinen Rienzi schnell einen Namen gemacht hatte, hielt es der Mainzer Verleger Schott, der fast ausschließlich mit aus dem Französischen übersetzten Werken handelte, für ratsam, eine deutsche Ausgabe der Zwei

Grenadiere herauszubringen. Unter den Text der französischen Übersetzung ließ er das deutsche Original von Heine drucken; aber da das französische Gedicht eine sehr freie Paraphrase in einem ganz anderen Versmaß als das Original war, passten Heines Worte so schlecht zu meiner Komposition, dass ich wütend über die Beleidigung meines Werkes war und es für notwendig hielt, gegen Schotts Veröffentlichung als völlig unautorisierten Nachdruck zu protestieren. Schott drohte mir daraufhin mit einer Verleumdungsklage, da er sagte, dass seine Ausgabe gemäß seiner Vereinbarung kein Nachdruck, sondern ein Abdruck sei. Um weiteren Ärger zu vermeiden, sah ich mich veranlasst, ihm eine Entschuldigung zu schicken, in Anbetracht der von ihm getroffenen Unterscheidung, die ich nicht verstand.

Als ich 1848 bei Schlesingers Nachfolger in Paris (M. Brandus) nach dem Schicksal meines kleinen Werkes fragte, erfuhr ich von ihm, dass eine Neuauflage erschienen sei, doch lehnte er es ab, mich auf die Frage nach meinen Rechten einzulassen. Da ich kein Exemplar mit meinem eigenen Geld kaufen wollte, musste ich bis heute ohne mein Eigentum auskommen. Inwieweit in späteren Jahren andere von ähnlichen Transaktionen im Zusammenhang mit der Veröffentlichung meiner Werke profitierten, wird sich zu gegebener Zeit zeigen.

Im Moment ging es darum, Schlesinger für die vereinbarten fünfzig Francs zu entschädigen, und er schlug vor, dass ich dies tun sollte, indem ich Artikel für seine Gazette Musicale schreibe.

Da ich die französische Sprache für literarische Zwecke nicht gut genug beherrschte, musste mein Artikel übersetzt werden, und die Hälfte des Honorars ging an den Übersetzer. Ich tröstete mich jedoch mit dem Gedanken, dass ich für die Arbeit immer noch sechzig Franc pro Blatt erhalten würde. Als ich mich dem wütenden Verleger zur Bezahlung vorstellte, erfuhr ich bald, was mit einem Blatt gemeint war. Es wurde mit einem abscheulichen Eiseninstrument gemessen, auf dem die Zeilen der Spalten mit Zahlen markiert waren; dieses wurde auf den Artikel gelegt, und nach sorgfältiger Subtraktion der für Titel und Unterschrift gelassenen Leerzeichen wurden die Zeilen addiert. Nachdem dieser Vorgang abgeschlossen war, stellte sich heraus, dass das, was ich für ein Blatt gehalten hatte, nur ein halbes Blatt war.

So weit, so gut. Ich begann, Artikel für Schlesingers wunderbare Zeitung zu schreiben. Der erste war ein langer Aufsatz, De la musique allemande, in dem ich mit der damals für mich typischen enthusiastischen Übertreibung meine Wertschätzung für die Aufrichtigkeit und Ernsthaftigkeit der deutschen Musik zum Ausdruck brachte. Dieser Artikel veranlasste meinen Freund Anders zu der Bemerkung, dass die Lage in Deutschland tatsächlich großartig sein müsse, wenn die Bedingungen wirklich so seien, wie ich sie beschrieb. Ich genoss die für mich überraschende Genugtuung, diesen Artikel später auf Italienisch in einer Mailänder Musikzeitschrift abgedruckt zu sehen, wo ich mich zu meiner Belustigung als Dottissimo Musico Tedesco bezeichnet sah, ein Fehler, der heutzutage unmöglich wäre. Mein Aufsatz wurde positiv aufgenommen, und Schlesinger bat mich, einen Artikel zu schreiben, in dem ich die Bearbeitung von Pergolesis Stabat Mater durch den russischen General Lwoff lobe, was ich so oberflächlich wie möglich tat. Aus eigenem Antrieb schrieb ich dann einen Aufsatz in noch liebenswürdigerem Ton mit dem Titel Du metier du virtuose et de l'independance de la composition.

In der Zwischenzeit wurde ich mitten im Sommer von Meyerbeers Ankunft überrascht, der zufällig für zwei Wochen nach Paris kam. Er war sehr sympathisch und zuvorkommend. Als ich ihm von meiner Idee erzählte, als Auftakt eine einaktige Oper zu schreiben, und ihn bat, mich bei M. Leon Pillet einzuführen, dem kürzlich ernannten Direktor der Grand Opera, führte er mich sofort zu ihm und stellte mich ihm vor. Doch leider hatte ich die unangenehme Überraschung, aus dem ernsten Gespräch zwischen diesen beiden Herren über meine Zukunft zu erfahren, dass Meyerbeer der Meinung war, ich sollte mich besser dazu entschließen, einen Akt für das Ballett in Zusammenarbeit mit einem anderen Musiker zu komponieren. Natürlich konnte ich einen solchen Gedanken keinen Augenblick lang hegen. Es gelang mir jedoch, M. Pillet meine kurze Skizze des Themas Der Fliegende Holländer zu übergeben .

Die Dinge waren so weit gekommen, als Meyerbeer Paris erneut verließ, diesmal für eine längere Abwesenheit.

Da ich längere Zeit nichts von M. Pillet hörte, begann ich nun fleißig an der Komposition meines Rienzi zu arbeiten, musste diese Arbeit jedoch zu meinem großen Leidwesen oft unterbrechen, um gewisse platte Schreibarbeiten für Schlesinger zu übernehmen.

Da meine Beiträge zur Gazette Musicale sich als so wenig lukrativ erwiesen, beauftragte mich Schlesinger eines Tages, eine Methode für das Cornet a pistons auszuarbeiten. Als ich ihm von meiner Verlegenheit erzählte, da ich nicht wüsste, wie ich mit dem Thema umgehen sollte, schickte er mir als Antwort fünf verschiedene veröffentlichte „Methoden" für das Cornet a pistons, damals das beliebteste Amateurinstrument unter der jüngeren männlichen Bevölkerung von Paris. Ich musste lediglich eine neue sechste Methode aus diesen fünf entwickeln, da Schlesinger lediglich eine eigene Ausgabe veröffentlichen wollte. Ich zerbrach mir den Kopf darüber, wie ich anfangen sollte, als Schlesinger, der gerade eine neue vollständige Methode erhalten hatte, mich von der lästigen Aufgabe entband. Ich wurde jedoch angewiesen, vierzehn „Suiten" für das Cornet a pistons zu schreiben – das heißt Arien aus Opern, die für dieses Instrument arrangiert wurden. Um mir Material für diese Arbeit zu liefern, schickte mir Schlesinger nicht weniger als sechzig vollständige Opern, die für Klavier arrangiert wurden. Ich suchte in ihnen nach geeigneten Melodien für meine „Suiten", markierte die Seiten in den Bänden mit Papierstreifen und ordnete sie in einer merkwürdig aussehenden Struktur um meinen Arbeitstisch an, damit ich die größtmögliche Vielfalt des melodischen Materials in Reichweite hatte. Als ich jedoch mitten in dieser Arbeit war, erzählte mir Schlesinger zu meiner großen Erleichterung und zur Bestürzung meiner armen Frau, dass M. Schlitz, der erste Kornettspieler in Paris, der meine „Etüden" vor ihrer Gravur durchgesehen hatte, erklärt hatte, ich wüsste absolut nichts über das Instrument und hätte im Allgemeinen zu hohe Tonarten gewählt, die die Pariser niemals verwenden könnten. Der Teil der Arbeit, den ich bereits erledigt hatte, wurde jedoch akzeptiert, da Schlitz sich bereit erklärte, ihn zu korrigieren, jedoch unter der Bedingung, dass ich mein Honorar mit ihm teilen sollte. Der Rest der Arbeit wurde mir dann abgenommen, und die sechzig Klavierarrangements gingen zurück in den merkwürdigen Laden in der Rue Richelieu.

So war meine Kasse wieder in einer traurigen Lage. Die bedrückende Armut meiner Heimat wurde von Tag zu Tag offensichtlicher, und doch war ich nun frei, Rienzi den letzten Schliff zu geben, und am 19. November hatte ich diese umfangreichste meiner Opern fertiggestellt. Ich hatte vor einiger Zeit beschlossen, die Uraufführung dieses Werks dem Dresdner Hoftheater anzubieten, damit ich im Falle eines Erfolgs meine Verbindung mit Deutschland wiederherstellen könnte. Ich hatte mich für Dresden entschieden, da ich wusste, dass ich dort in Tichatschek den geeignetsten Tenor für die Hauptrolle haben würde. Ich rechnete auch mit meiner Bekanntschaft mit Schröder-Devrient, die immer nett zu mir gewesen war und die sich, obwohl ihre Bemühungen erfolglos blieben, aus Rücksicht auf meine Familie große Mühe gegeben hatte, meine Feen am Dresdner Hoftheater einzuführen. In dem Sekretär des Theaters, Hofrat Winkler (genannt Theodor Hell), hatte ich auch einen alten Freund meiner Familie, außerdem war mir der Dirigent Reissiger vorgestellt worden, mit dem ich und mein Freund Apel früher bei unserer Reise nach Böhmen einen angenehmen Abend verbracht hatten. An alle diese Leute richtete ich nun die respektvollsten und beredtesten Bitten, schrieb ein offizielles Schreiben an den Direktor, Herrn von Lüttichau, sowie eine förmliche Bittschrift an den König von Sachsen und ließ alles zur Absendung fertig machen.

Inzwischen hatte ich nicht versäumt, die genauen Tempi meiner Oper mit einem Metronom anzugeben. Da ich keins besaß, musste ich mir eines leihen und ging eines Morgens hinaus, um das Instrument seinem Besitzer zurückzugeben, wobei ich es unter meinem dünnen Mantel trug. Der Tag, an dem dies geschah, war einer der seltsamsten meines Lebens, da er mir auf wirklich grausame Weise das ganze Elend meiner damaligen Lage vor Augen führte. Außer der Tatsache, dass ich nicht wusste, wo ich die paar Francs herbekommen sollte, mit denen Minna unseren spärlichen Haushaltsbedarf decken sollte, waren auch einige der Wechsel fällig geworden, die ich, wie es damals in Paris üblich war, zur Einrichtung unserer Wohnungen unterschrieben hatte. In der Hoffnung, von der einen oder anderen Seite Hilfe zu erhalten, versuchte ich zunächst, diese Wechsel von den Inhabern verlängern zu lassen. Da solche Dokumente durch viele Hände gehen, musste ich alle Inhaber in der ganzen Stadt aufsuchen. An diesem Tag sollte ich einen Käsehändler besänftigen, der eine Wohnung im fünften Stock der Cité bewohnte. Ich hatte auch vor, Heinrich, den Bruder meines Schwagers Brockhaus, um Hilfe zu bitten, da er sich damals in Paris aufhielt, und ich wollte bei Schlesinger vorbeischauen, um das Geld aufzutreiben, damit ich meine Partitur noch am selben Tag mit der normalen Post verschicken konnte.

Da ich auch das Metronom abliefern musste, verließ ich Minna frühmorgens nach einem traurigen Abschied. Sie wusste aus Erfahrung, dass sie mich, da ich auf einer Geldbeschaffungsexpedition war, erst spät in der Nacht wiedersehen würde. Die Straßen waren in dichten Nebel gehüllt, und das erste, was ich beim Verlassen des Hauses erkannte, war mein Hund Robber, der uns vor einem Jahr gestohlen worden war. Zuerst dachte ich, es sei ein Geist, aber ich rief ihn scharf und mit schriller Stimme an. Das Tier schien mich zu erkennen und näherte sich mir vorsichtig, aber meine plötzliche Bewegung auf ihn zu mit ausgestreckten Armen schien nur Erinnerungen an die wenigen Züchtigungen wachzurufen, die ich ihm während der letzten Zeit unserer Verbindung törichterweise zugefügt hatte, und diese Erinnerung überwog alle anderen. Er zog sich schüchtern von mir zurück, und als ich ihm mit einiger Begierde folgte, rannte er los, nur um seine Geschwindigkeit zu beschleunigen, als er merkte, dass er verfolgt wurde. Ich war immer überzeugter, dass er mich erkannt hatte, denn er blickte immer ängstlich zurück, wenn er eine Ecke erreichte; aber als er sah, dass ich ihn wie ein Wahnsinniger jagte, machte er sich jedes Mal mit neuer Energie wieder auf den Weg. So folgte ich ihm durch ein Labyrinth von Straßen, die im dichten Nebel kaum zu erkennen waren, bis ich ihn schließlich ganz aus den Augen verlor und nie wieder sah. Es war in der Nähe der Kirche St. Roch, und ich, schweißnass und völlig atemlos, trug immer noch das Metronom. Eine Weile stand ich reglos da, starrte in den Nebel und fragte mich, was das geisterhafte Wiederauftauchen des Begleiters meiner Reiseabenteuer an diesem Tag bedeuten könnte! Die Tatsache, dass er mit der Angst eines wilden Tieres vor seinem alten Herrn geflohen war, erfüllte mein Herz mit einer seltsamen Bitterkeit und erschien mir als schreckliches

Omen. Traurig erschüttert machte ich mich mit zitternden Gliedern wieder auf den Weg zu meinem ermüdenden Auftrag.

Heinrich Brockhaus sagte mir, er könne mir nicht helfen, und ich verließ ihn. Ich schämte mich zutiefst, bemühte mich aber nach Kräften, den Schmerz meiner Lage zu verbergen. Meine anderen Unternehmungen erwiesen sich als ebenso hoffnungslos, und nachdem ich stundenlang bei Schlesinger warten musste und den sehr belanglosen Gesprächen meines Arbeitgebers mit seinen Besuchern lauschen musste – Gespräche, die er absichtlich in die Länge zu ziehen schien –, tauchte ich lange nach Einbruch der Dunkelheit wieder unter den Fenstern meines Hauses auf, völlig erfolglos. Ich sah Minna, die besorgt aus einem der Fenster schaute. Sie hatte mein Unglück halb erwartet und es inzwischen geschafft, sich von unserem Untermieter und Kostgänger, dem Flötenspieler Brix, eine kleine Summe zu leihen, den wir geduldig ertrugen, obwohl es für uns einige Unannehmlichkeiten bedeutete, da er ein gutmütiger Kerl war. So konnte sie mir wenigstens eine angenehme Mahlzeit anbieten. Weitere Hilfe sollte mir später zuteil werden, wenn auch unter großen Opfern meinerseits, und zwar durch den Erfolg einer von Donizettis Opern, La Favorita, ein sehr schlechtes Werk des italienischen Meisters, das jedoch vom bereits so degenerierten Pariser Publikum mit großer Begeisterung aufgenommen wurde. Diese Oper, deren Erfolg hauptsächlich auf zwei lebhafte kleine Lieder zurückzuführen war, war von Schlesinger erworben worden, der mit Halevys letzten Opern große Verluste gemacht hatte.

Er nutzte meine hilflose Lage aus, die ihm durchaus bewusst war, stürmte eines Morgens in unser Zimmer, strahlte über das ganze Gesicht und war vergnügt gut gelaunt, ließ sich Feder und Tinte geben und begann, die enormen Honorare zu berechnen, die er für mich vereinbart hatte! Er schrieb auf: „La Favorita, vollständiges Arrangement für Pianoforte, Arrangement ohne Worte für Solo; dito für Duett; vollständiges Arrangement für Quartett; dasselbe für zwei Violinen; dito für ein Kornett und einen Kolben. Gesamthonorar 1100 Fr. Sofortiger Vorschuss in bar 500 Fr.. " Ich sah sofort, wie viel Mühe diese Arbeit mit sich bringen würde, aber ich zögerte keinen Augenblick, sie anzunehmen.

Merkwürdigerweise kam zufällig meine Schwester Cecilia Avenarius zu uns, als ich diese fünfhundert Francs in harten, glänzenden Fünf-Francs-Stücken nach Hause brachte und sie zu unserer Erbauung auf dem Tisch stapelte. Der Anblick dieses Überflusses schien eine gute Wirkung auf sie zu machen, da sie bisher eher zurückhaltend gewesen war, uns zu besuchen; und von da an sahen wir sie häufiger und wurden oft sonntags zum Essen eingeladen. Ich aber hatte keine Lust mehr auf irgendwelche Vergnügungen. Meine vergangenen Erfahrungen hatten mich so tief beeindruckt, dass ich mich entschloss, diese demütigende, wenn auch gewinnbringende Aufgabe mit unermüdlicher Energie zu erledigen, als wäre sie eine mir auferlegte Buße zur Sühne meiner vergangenen Sünden. Um Brennstoff zu sparen, beschränkten wir uns auf die Nutzung des Schlafzimmers, das wir als Salon, Esszimmer und Arbeitszimmer sowie als Schlafsaal nutzten. Von meinem Bett bis zu meinem Arbeitstisch war es nur ein Schritt; Um am Esstisch Platz zu nehmen, brauchte ich nur meinen Stuhl umzudrehen, und ich verließ meinen Platz erst spät abends, wenn ich wieder zu Bett gehen wollte. Jeden vierten Tag gönnte ich mir einen kurzen Spaziergang. Dieser Bußprozess dauerte fast den ganzen Winter und legte den Grundstein für jene Magenbeschwerden, die mir für den Rest meines Lebens mehr oder weniger zu schaffen machten.

Als Gegenleistung für die minutiöse und fast endlose Arbeit, die Partitur von Donizettis Oper zu korrigieren, gelang es mir, von Schlesinger dreihundert Francs zu bekommen, da er sonst niemanden dafür finden konnte. Außerdem musste ich mir die Zeit nehmen, die Orchesterstimmen meiner Ouvertüre zu Faust abzuschreiben, die ich noch immer am Konservatorium hören wollte; und um die Depression zu überwinden, die diese demütigende Beschäftigung mit sich brachte, schrieb ich eine Kurzgeschichte, Eine Pilgerfahrt zu Beethoven, die in der Gazette Musicale unter dem Titel Une Visite a Beethoven erschien. Schlesinger erzählte mir offen, dass dieses kleine Werk eine ziemliche Sensation ausgelöst und mit sehr ausgeprägter Zustimmung aufgenommen worden sei; tatsächlich wurde es ganz oder teilweise in einer ganzen Reihe von Kaminzeitschriften abgedruckt.

Er überredete mich, noch mehr von dieser Art zu schreiben, und in einer Fortsetzung mit dem Titel Das Ende eines Musikers in Paris (Un Musicien etranger a Paris) rächte ich mich für all das Unglück, das ich ertragen musste. Schlesinger war mit diesem Werk nicht ganz so zufrieden wie mit meinem ersten Versuch, aber es erhielt rührende Zeichen der Zustimmung von seinem armen Assistenten, während Heinrich Heine es mit den Worten lobte: „Hoffmann wäre nicht in der Lage gewesen, so etwas zu schreiben.“ Sogar Berlioz war davon gerührt und sprach in einem seiner Artikel im Journal des Debats sehr positiv über die Geschichte. Er gab mir auch Zeichen seiner Sympathie, wenn auch nur während eines Gesprächs, nach dem Erscheinen eines weiteren meiner musikalischen Artikel mit dem Titel Über die Ouvertüre (Über Ouvertüren), hauptsächlich, weil ich mein Prinzip veranschaulicht hatte, indem ich auf Glucks Ouvertüre zu Iphigenie in Aulis als Vorbild für Kompositionen dieser Art verwies.

Durch diese Zeichen der Sympathie ermutigt, war ich bestrebt, Berlioz näher kennenzulernen. Ich war ihm einige Zeit zuvor in Schlesingers Büro vorgestellt worden, wo wir uns gelegentlich trafen. Ich hatte ihm eine Kopie meiner Zwei Grenadiere geschenkt, konnte jedoch nie mehr von ihm über seine wirkliche Meinung erfahren, als die Tatsache, dass er, da er nur ein wenig auf der Gitarre klimpern konnte, nicht in der Lage war, die Musik meiner Komposition auf dem Klavier für sich selbst zu spielen. Im vergangenen Winter hatte ich oft seine großen Instrumentalstücke unter seiner eigenen Leitung gespielt gehört und war sehr beeindruckt davon gewesen. In diesem Winter (1839–40) dirigierte er drei Aufführungen seiner neuen Symphonie Romeo und Julia, bei einer davon war ich anwesend.

All dies war allerdings eine ganz neue Welt für mich, und ich wollte sie mir unbefangen aneignen. Die Größe und Meisterhaftigkeit des Orchesterparts überwältigte mich zunächst fast. Sie überstieg alles, was ich mir hätte vorstellen können. Die phantastische Kühnheit, die scharfe Präzision, mit der die kühnsten Kombinationen – in ihrer Klarheit geradezu greifbar – auf mich wirkten, drängte meine eigenen Vorstellungen von der Poesie der Musik mit brutaler Gewalt in die tiefsten Tiefen meiner Seele zurück. Ich war einfach ganz Ohr für Dinge, von denen ich bis dahin nicht einmal geträumt hatte und die ich zu verwirklichen versuchen musste. Freilich fand ich in seinem „Romeo und Julia", einem Werk, das durch seine Länge und Kombinationsform viel verlor, vieles Leere und Seichte, und dies war mir umso schmerzlicher, als ich mich andererseits von vielen wirklich bezaubernden Stellen überwältigt fühlte, die alle meine Einwände völlig überwanden.

Im selben Winter produzierte Berlioz seine Sinfonie Fantastique und seinen Harald ('Harold en Italie'). Auch diese Werke beeindruckten mich sehr; besonders gefielen mir die in die erstgenannte Sinfonie eingeflochtenen musikalischen Genrebilder, während Harald mich in fast jeder Hinsicht begeisterte .

Es war jedoch das neueste Werk dieses wunderbaren Meisters, seine Trauer-Symphonie für die Opfer der Juli-Revolution (Grande Symphonie Funebre et Triomphale), die er im Sommer 1840 zum Jahrestag der Trauerfeierlichkeiten für die Julihelden geschickt für große Militärkapellen komponiert hatte und die er unter der Säule des Place de la Bastille dirigierte, die mich schließlich von der Größe und dem Unternehmungsgeist dieses unvergleichlichen Künstlers überzeugt hatte. Doch während ich dieses Genie bewunderte, das in seinen Methoden absolut einzigartig war, konnte ich ein gewisses, eigentümliches Gefühl der Angst nie ganz abschütteln. Seine Werke hinterließen bei mir das Gefühl von etwas Seltsamem, von etwas, mit dem ich nie vertraut werden würde, und ich war oft verblüfft über die seltsame Tatsache, dass ich, obwohl ich von seinen Kompositionen hingerissen war, gleichzeitig abgestoßen und sogar ermüdet war. Erst viel später gelang es mir, dieses Problem, das jahrelang einen so schmerzhaften Zauber auf mich ausübte, klar zu erfassen und zu lösen.

Tatsächlich kam ich mir damals neben Berlioz fast wie ein kleiner Schuljunge vor. Deshalb war ich wirklich verlegen, als Schlesinger, der den Erfolg meiner Kurzgeschichte ausnutzen wollte, mir sagte, er wolle unbedingt einige meiner Orchesterkompositionen bei einem vom Herausgeber der Gazette Musicale organisierten Konzert aufführen. Mir war klar, dass keines meiner verfügbaren Werke für einen solchen Anlass geeignet wäre. Ich war nicht ganz überzeugt von meiner Faust-Ouvertüre wegen ihres zephyrartigen Schlusses, der, wie ich annahm, nur von einem Publikum gewürdigt werden konnte, das bereits mit meinen Methoden vertraut war. Als ich außerdem erfuhr, dass ich nur ein zweitklassiges Orchester haben würde – das Valentino aus dem Casino, Rue St. Honore – und dass es außerdem nur eine Probe geben konnte, bestand meine einzige Alternative darin, ganz abzulehnen oder einen weiteren Versuch mit meiner Columbus-Ouvertüre zu wagen, dem Werk, das ich in meinen frühen Tagen in Magdeburg komponiert hatte. Ich entschied mich für den letzteren Weg.

Als ich die Partitur dieser Komposition bei Ilabeneck abholen wollte, der sie im Archiv des Konservatoriums aufbewahrte, warnte er mich etwas trocken, aber nicht ohne Freundlichkeit, vor der Gefahr, dieses Werk dem Pariser Publikum vorzustellen, da es, um seine eigenen Worte zu verwenden, zu „vage" sei. Ein großer Einwand war die Schwierigkeit, fähige Musiker für die benötigten sechs Kornette zu finden, da die Musik für dieses Instrument, das in Deutschland so gekonnt gespielt wird, in Paris kaum oder nie zufriedenstellend ausgeführt werden konnte. Herr Schlitz, der Korrektor meiner „Suiten" für Cornet a piston, bot seine Hilfe an. Ich war gezwungen, meine sechs Kornette auf vier zu reduzieren, und er sagte mir, dass nur zwei davon zuverlässig seien.

Tatsächlich waren die Versuche, bei der Probe genau jene Passagen zu spielen, von denen die Wirkung meines Werkes hauptsächlich abhing, sehr entmutigend. Nicht ein einziges Mal wurden die leisen hohen Töne gespielt, ohne dass sie zu tief oder ganz falsch waren. Da ich das Werk außerdem nicht selbst dirigieren durfte, musste ich mich auf einen Dirigenten verlassen, der, wie ich wohl wusste, völlig davon überzeugt war, dass meine Komposition der größte Blödsinn war – eine Meinung, die anscheinend vom ganzen Orchester geteilt wurde. Berlioz, der bei der Probe anwesend war, blieb die ganze Zeit über still. Er ermutigte mich nicht, riet mir aber auch nicht davon ab. Er sagte hinterher lediglich mit einem müden Lächeln, „dass es sehr schwierig war, in Paris voranzukommen."

Am Abend der Aufführung (4. Februar 1841) schien mir das Publikum, das größtenteils aus Abonnenten der Gazette Musicale bestand und dem daher meine literarischen Erfolge nicht unbekannt waren, ziemlich wohlgesonnen zu sein. Später erzählte man mir, dass meine Ouvertüre, so ermüdend sie auch gewesen sein mag, sicherlich Beifall gefunden hätte, wenn diese unglücklichen Kornettspieler nicht durch ihr fortwährendes Versagen bei der Herstellung der wirkungsvollen Passagen das Publikum fast bis zur Feindseligkeit erregt hätten; denn die Pariser legen in der Regel nur Wert auf die kunstvollen Teile einer Aufführung, wie zum Beispiel die fehlerlose Herstellung schwieriger Töne. Ich war mir meines völligen Versagens klar bewusst. Nach diesem Unglück existierte Paris für mich nicht mehr, und ich brauchte nur noch in mein elendes Schlafzimmer zurückzukehren und meine Arbeit als Arrangeur von Donizettis Opern wieder aufzunehmen.

So groß war meine Weltabstinenz, dass ich mich wie ein Büßer nicht mehr rasierte und mir zum Ärger meiner Frau zum ersten und einzigen Mal in meinem Leben einen ziemlich langen Bart wachsen ließ. Ich versuchte alles geduldig zu ertragen, und das einzige, was mich wirklich zur Verzweiflung zu treiben drohte, war ein Pianist im Nebenzimmer, der den ganzen Tag Liszts Fantasie über Lucia di Lammermoor übte. Ich musste dieser Folter ein Ende bereiten, und um ihm eine Vorstellung davon zu geben, was er uns antat, stellte ich eines Tages unser eigenes Klavier, das schrecklich verstimmt war, dicht an die Trennwand. Dann spielte Brix mit seiner Piccoloflöte die Klavier- und Violin- (oder Flöten-)Bearbeitung der Favorita-Ouvertüre, die ich gerade fertiggestellt hatte, während ich ihn am Klavier begleitete. Die Wirkung auf unseren Nachbarn, einen jungen Klavierlehrer, muss entsetzlich gewesen sein. Der Concierge teilte mir am nächsten Tag mit, dass der arme Kerl gehen würde, und das tat mir schließlich ziemlich leid.

Die Frau unseres Concierge hatte mit uns eine Art Abmachung getroffen. Anfangs hatten wir gelegentlich ihre Dienste in Anspruch genommen, vor allem in der Küche, auch zum Bürsten der Kleider, Stiefelputzen usw.; aber selbst der geringe Aufwand, der damit verbunden war, wurde uns schließlich zu hoch, und nachdem wir auf ihre Dienste verzichtet hatten, musste Minna die Demütigung ertragen, die ganze Hausarbeit, selbst die niederste, selbst zu erledigen. Da wir dies Brix gegenüber nicht erwähnen wollten, musste Minna nicht nur das Kochen und Abwaschen übernehmen, sondern auch die Stiefel unseres Untermieters putzen. Was uns jedoch am meisten beschäftigte, war der Gedanke, was der Concierge und seine Frau von uns denken würden; aber wir irrten uns, denn sie respektierten uns nur noch mehr, obwohl wir natürlich eine gewisse Vertraulichkeit manchmal nicht vermeiden konnten. Ab und zu unterhielt sich der Mann daher mit mir über Politik. Als die Quadrupelallianz gegen Frankreich geschlossen war und die Lage unter Thiers' Ministerium als sehr kritisch angesehen wurde, versuchte mein Concierge mich eines Tages mit den Worten zu beruhigen: „Monsieur, es sind vier Männer in Europa, die sich dagegen wenden: König Louis-Philippe, Kaiser von Österreich, Kaiser von Russland, König von Preußen. eh gut, diese Vier sind C...; und wir haben den Krieg nicht beendet.'

Abends fehlte es mir sehr selten an Unterhaltung; aber die wenigen treuen Freunde, die mich besuchten, mussten es ertragen, dass ich bis spät in die Nacht Musik kritzelte. Einmal bereiteten sie mir eine rührende Überraschung in Form einer kleinen Party vor, die sie für Silvester (1840) veranstalteten. Lehrs kam in der Abenddämmerung, klingelte und brachte eine Kalbskeule mit; Kietz brachte Rum, Zucker und eine Zitrone; Pecht lieferte eine Gans und Anders zwei Flaschen Champagner, die er von einem Musikinstrumentenbauer als Gegenleistung für einen schmeichelhaften Artikel über seine Klaviere erhalten hatte. Flaschen aus diesem Vorrat wurden nur zu ganz großen Anlässen hervorgeholt. Ich warf also bald die verfluchte Favorita beiseite und beteiligte mich begeistert an dem Spaß.

Wir mussten alle bei den Vorbereitungen helfen, das Feuer im Salon anzünden, meiner Frau in der Küche zur Hand gehen und beim Lebensmittelhändler das Nötige besorgen. Das Abendessen entwickelte sich zu einer dithyrambischen Orgie. Als der Champagner getrunken war und der Punsch seine Wirkung zu entfalten begann, hielt ich eine feurige Rede, die die Gesellschaft so in Aufruhr versetzte, dass es schien, als würde sie kein Ende nehmen. Ich wurde so aufgeregt, dass ich zuerst auf einen Stuhl stieg und dann, um die Wirkung zu steigern, schließlich auf den Tisch stand, um von dort aus das verrückteste Evangelium der Lebensverachtung zusammen mit einer Lobrede auf die südamerikanischen Freistaaten zu predigen. Meine entzückten Zuhörer brachen schließlich in solche Schluchzer und Gelächter aus und waren so überwältigt, dass wir ihnen allen für die Nacht Unterschlupf gewähren mussten – ihr Zustand machte es ihnen unmöglich, sicher nach Hause zu gelangen. Am Neujahrstag (1841) war ich wieder mit meiner Favorita beschäftigt.

Ich erinnere mich noch an ein ähnliches, wenn auch weit weniger ausgelassenes Fest anlässlich eines Besuchs des berühmten Violinisten Vieux-temps, eines alten Schulkameraden von Kietz. Wir hatten das große Vergnügen, dem jungen Virtuosen, der damals in Paris sehr gefeiert wurde, einen ganzen Abend lang bezaubernd zuzuhören – eine Darbietung, die meinem kleinen Salon einen ungewöhnlichen Hauch von „Mode" verlieh. Kietz belohnte ihn für seine Freundlichkeit, indem er ihn auf seinen Schultern zu seinem nahe gelegenen Hotel trug.

Anfang dieses Jahres wurden wir von einem Fehler hart getroffen, den ich aufgrund meiner Unkenntnis der Pariser Gepflogenheiten beging. Es schien uns ganz selbstverständlich, dass wir bis zum entsprechenden Quartalstag warten sollten, um unserer Vermieterin zu kündigen. Also suchte ich die Eigentümerin des Hauses auf, eine reiche junge Witwe, die in einem ihrer eigenen Häuser im Marais-Viertel lebte. Sie empfing mich, schien aber sehr verlegen und sagte, sie würde mit ihrem Makler über die Angelegenheit sprechen, und verwies mich schließlich an ihn. Am nächsten Tag wurde mir per Brief mitgeteilt, dass meine Kündigung gültig gewesen wäre, wenn sie zwei Tage früher erfolgt wäre. Durch dieses Versäumnis hatte ich mich gemäß der Vereinbarung für ein weiteres Jahr Miete haftbar gemacht. Entsetzt über diese Nachricht ging ich zum Makler selbst, und nachdem ich lange warten musste – tatsächlich ließen sie mich überhaupt nicht hinein – fand ich einen älteren Herrn, der anscheinend durch eine sehr schmerzhafte Krankheit verkrüppelt war und regungslos vor mir lag. Ich erklärte ihm offen meine Lage und bat ihn inständig, mich von meinem Vertrag zu entbinden, aber er sagte mir nur, dass der Fehler bei mir und nicht bei ihm liege, dass ich einen Tag zu spät gekündigt hätte und dass ich deshalb die Miete für das nächste Jahr aufbringen müsse. Mein Concierge, dem ich die Geschichte dieses Vorfalls mit einiger Erregung erzählte, versuchte mich zu beruhigen, indem er sagte: „Ich muss Ihnen das sagen, aber sehen Sie, Monsieur, dieser Mann wird das Wasser nicht mit dem Wasser in der Flasche spülen."

Dieses völlig unvorhergesehene Unglück zerstörte unsere letzten Hoffnungen, aus unserer katastrophalen Lage herauszukommen. Wir trösteten uns eine Zeitlang mit der Hoffnung, einen anderen Untermieter zu finden, aber das Schicksal war wieder einmal gegen uns. Ostern kam, das neue Semester begann, und unsere Aussichten waren so hoffnungslos wie zuvor. Schließlich empfahl uns unser Concierge einer Familie, die bereit war, uns für ein paar Monate unsere gesamte Wohnung samt Möbeln abzunehmen. Wir nahmen dieses Angebot gern an, denn es sicherte uns zumindest die Zahlung der Miete für das folgende Quartal. Wir dachten, wenn wir nur von diesem unglücklichen Ort wegkommen könnten, würden wir einen Weg finden, ihn ganz loszuwerden. Wir beschlossen daher, uns eine billige Sommerresidenz in der Umgebung von Paris zu suchen.

Meudon war uns als preiswerter Sommerurlaubsort empfohlen worden, und wir wählten eine Wohnung in der Avenue, die Meudon mit dem Nachbardorf Bellevue verbindet. Wir überließen unserem Concierge die volle Kontrolle über unsere Zimmer in der Rue du Helder und richteten uns so gut wie möglich in unserer neuen vorübergehenden Bleibe ein. Der alte Brix, der gutmütige Flötist, musste wieder bei uns übernachten, denn aufgrund der Tatsache, dass seine üblichen Einnahmen verspätet waren, wäre er in große Schwierigkeiten geraten, wenn wir ihm keine Unterkunft gewährt hätten. Der Umzug unserer spärlichen Besitztümer fand am 29. April statt und war letztlich nichts weiter als eine Flucht vor dem Unmöglichen ins Ungewisse, denn wie wir im folgenden Sommer leben würden, hatten wir nicht die leiseste Ahnung. Schlesinger hatte keine Arbeit für mich, und es gab keine anderen Quellen.

Die einzige Hilfe, auf die wir hoffen konnten, schien in journalistischer Arbeit zu liegen, die mir, obwohl sie ziemlich uneinträglich war, immerhin Gelegenheit zu ein wenig Erfolg gegeben hatte. Im vergangenen Winter hatte ich für die Gazette Musicale einen langen Artikel über Webers Freischütz geschrieben. Er sollte den Weg für die bevorstehende Uraufführung dieser Oper bereiten, nachdem sie mit Rezitativen aus der Feder Berlioz' versehen worden war. Dieser war offenbar alles andere als erfreut über meinen Artikel. In dem Artikel konnte ich nicht umhin, auf Berlioz' absurde Idee hinzuweisen, dieses altmodische Musikwerk durch Zugabe von Zutaten aufzupolieren, die seinen ursprünglichen Charakter verdarben, nur um ihm ein Aussehen zu verleihen, das dem luxuriösen Repertoire des Opernhauses entsprach. Die Tatsache, dass das Ergebnis meine Vorhersagen völlig rechtfertigte, trug nicht im Geringsten dazu bei, die Missstimmung zu verringern, die ich bei allen an der Produktion Beteiligten hervorgerufen hatte; aber ich hatte die Genugtuung zu hören, dass die berühmte George Sand meinen Artikel zur Kenntnis genommen hatte. Sie begann die Einleitung zu einer legendären Geschichte aus dem französischen Provinzleben mit der Zurückweisung gewisser Zweifel an der Fähigkeit der Franzosen, das mystische, fabelhafte Element zu verstehen, das, wie ich gezeigt hatte, in „Freischütz" auf so meisterhafte Weise dargestellt werde, und verwies auf meinen Artikel, in dem die Merkmale dieser Oper klar erläutert würden.

Eine andere journalistische Gelegenheit ergab sich aus meinen Bemühungen, die Aufnahme meines Rienzi in das Dresdner Hoftheater zu erreichen. Der bereits erwähnte Sekretär dieses Theaters, Herr Winkler, berichtete regelmäßig über die Fortschritte; als Redakteur der damals etwas im Niedergang begriffenen Abendzeitung benützte er jedoch die Gelegenheit, die sich uns durch unsere Verhandlungen bot, um mich um häufige und unentgeltliche Beiträge zu bitten. Die Folge war, daß ich ihm jedesmal, wenn ich etwas über das Schicksal meiner Oper wissen wollte, einen Artikel für seine Zeitung beilegen mußte. Da nun diese Verhandlungen mit dem Hoftheater sehr lange dauerten und eine große Zahl von Beiträgen meinerseits erforderten, geriet ich oft in die merkwürdigsten Verlegenheiten, einfach dadurch, daß ich nun wieder seit einiger Zeit in meinem Zimmer gefangen war und daher nichts von den Vorgängen in Paris wußte.

Ich hatte ernsthafte Gründe, mich so aus dem künstlerischen und gesellschaftlichen Leben von Paris zurückzuziehen. Meine eigenen schmerzlichen Erfahrungen und mein Ekel vor all der Verhöhnung dieser Art von Leben, die einst so anziehend für mich und doch so fremd meiner Erziehung war, hatten mich schnell von allem, was damit zusammenhing, weggetrieben. Es stimmt, dass mich zum Beispiel die Inszenierung der Hugenotten, die ich damals zum ersten Mal hörte, sehr geblendet hat. Ihre wunderschöne Orchesterausführung und die äußerst sorgfältige und wirkungsvolle Inszenierung gaben mir eine großartige Vorstellung von den großen Möglichkeiten solch perfekter und bestimmter künstlerischer Mittel.

Aber seltsamerweise fühlte ich mich nie geneigt, dieselbe Oper noch einmal zu hören. Ich wurde der extravaganten Darbietung der Sänger bald überdrüssig und amüsierte meine Freunde oft außerordentlich, indem ich die neuesten Pariser Methoden und die vulgären Übertreibungen nachahmte, von denen die Aufführungen wimmelten. Auch jene Komponisten, die Erfolg haben wollten, indem sie den damals in Mode befindlichen Stil übernahmen, konnten nicht umhin, meine sarkastische Kritik auf sich zu ziehen. Der letzte Rest an Hochachtung, den ich noch für das „erste lyrische Theater der Welt" zu bewahren versuchte, wurde schließlich jäh zerstört, als ich sah, wie ein so leeres, ganz und gar unfranzösisches Werk wie Donizettis „Favorita" an diesem Theater eine so lange und bedeutende Aufführungsreihe erlangen konnte.

Während meines gesamten Aufenthalts in Paris bin ich, glaube ich, nicht öfter als viermal in die Oper gegangen. Die kalten Aufführungen in der Opéra Comique und die minderwertige Qualität der dort gespielten Musik hatten mich von Anfang an abgestoßen; und der gleiche Mangel an Begeisterung, den die Sänger an den Tag legten, trieb mich auch von der italienischen Oper weg. Die oft sehr berühmten Namen dieser Künstler, die jahrelang dieselben vier Opern sangen, konnten mich nicht für den völligen Mangel an Sentimentalität entschädigen, der ihre Aufführung kennzeichnete, die so anders war als die von Schröder-Devrient, die ich so sehr genoss. Ich sah deutlich, dass alles bergab ging, und doch hegte ich weder die Hoffnung noch den Wunsch, diesen Zustand des Niedergangs durch eine Periode neueren und frischeren Lebens ablösen zu sehen. Ich zog die kleinen Theater vor, in denen französisches Talent in seinem wahren Licht gezeigt wurde; und doch war ich infolge meiner eigenen Sehnsüchte zu sehr darauf bedacht, in ihnen Verwandtschaftspunkte zu finden, die mein Mitgefühl erregen würden, als dass ich jene besonderen Vorzüge in ihnen hätte erkennen können, die mich zufällig überhaupt nicht interessierten. Außerdem waren meine eigenen Probleme von Anfang an so belastend gewesen und das Bewusstsein des Scheiterns meiner Pariser Pläne war so grausam offensichtlich geworden, dass ich entweder aus Gleichgültigkeit oder aus Ärger alle Einladungen ins Theater ablehnte. Immer wieder gab ich, sehr zu Minnas Bedauern, Karten für Aufführungen zurück, in denen Rachel im Théâtre Francais auftreten sollte, und sah dieses berühmte Theater tatsächlich nur einmal, als ich einige Zeit später geschäftlich für meinen Dresdner Gönner dorthin musste, der noch einige Artikel brauchte.

Ich bediente mich der schändlichsten Mittel, um die Spalten der Abendzeitung zu füllen; ich reihte einfach aneinander, was ich abends zufällig von Anders und Lehrs hörte. Da aber auch sie keine sehr aufregenden Erlebnisse hatten, erzählten sie mir einfach alles, was sie aus Zeitungen und Tischgesprächen aufgeschnappt hatten, und ich versuchte dies mit möglichst viel Pikantem wiederzugeben, im Einklang mit dem journalistischen Stil, den Heine geschaffen hatte und der damals der letzte Schrei war. Meine einzige Befürchtung war, dass der alte Hofrat Winkler eines Tages das Geheimnis meiner umfassenden Kenntnisse von Paris entdecken könnte. Unter anderem schickte ich seiner ablehnenden Zeitung einen langen Bericht über die Aufführung des Freischütz. Er war daran besonders interessiert, da er der Vormund von Webers Kindern war; und als er mir in einem seiner Briefe versicherte, er werde nicht ruhen, bis er die endgültige Zusicherung erhalten habe, dass Rienzi angenommen worden sei, schickte ich ihm mit meinem überschwänglichsten Dank das deutsche Manuskript meiner „Beethoven"-Geschichte für seine Zeitung. Die Ausgabe dieser Gazette von 1841, die damals von Arnold herausgegeben wurde, heute jedoch nicht mehr existiert, enthält den einzigen Druck dieses Manuskripts.

Meine gelegentliche journalistische Arbeit wurde noch verstärkt, als mich Lewald, der Herausgeber der literarischen Monatszeitschrift „Europa", bat, etwas für ihn zu schreiben. Dieser Mann war der erste, der meinen Namen von Zeit zu Zeit in der Öffentlichkeit erwähnte. Da er seiner eleganten und weit verbreiteten Zeitschrift musikalische Beilagen zu veröffentlichen pflegte, schickte ich ihm zwei meiner Kompositionen aus Königsberg zur Veröffentlichung. Eine davon war die Musik, die ich zu einem melancholischen Gedicht von Scheuerlin mit dem Titel „Der Knabe und der Tannenbaum" vertont hatte (ein Werk, auf das ich noch heute stolz bin), und mein schönes „Carnevalslied" aus „Liebesverbot".

Als ich meine kleinen französischen Kompositionen veröffentlichen wollte – Dors, mon enfant und die Musik zu Hugos Attente und Ronsards Mignonne – schickte mir Lewald nicht nur ein kleines Honorar – das erste, das ich je für eine Komposition erhalten hatte –, sondern gab mir auch einige lange Artikel über meine Pariser Eindrücke in Auftrag, die ich, wie er mich bat, möglichst unterhaltsam zu schreiben. Für seine Zeitung schrieb ich Pariser Amusements und Pariser Fatalitaten, in denen ich in einem humorvollen Stil à la Heine all meinen enttäuschenden Erfahrungen in Paris und all meiner Verachtung für das Leben der Pariser Einwohner Luft machte. Im zweiten Artikel beschrieb ich die Existenz eines gewissen Hermann Pfau, eines seltsamen Taugenichts, mit dem ich während meiner frühen Leipziger Tage näher bekannt geworden war, als es wünschenswert war. Dieser Mann war seit Beginn des vergangenen Winters wie ein Landstreicher in Paris umhergeirrt, und das magere Einkommen, das ich mit Arrangements von La Favorita erzielte, wurde oft teilweise dafür verwendet, diesem völlig heruntergekommenen Kerl zu helfen. Daher war es nur fair, dass ich einige Francs des Geldes, das ich in Paris für ihn ausgegeben hatte, zurückbekam, indem ich seine Abenteuer in Lewalds Zeitungen irgendwie beschrieb.

Als ich mit Leon Pillet, dem Direktor der Oper, in Kontakt kam, nahm meine literarische Arbeit eine andere Richtung. Nach zahlreichen Anfragen erfuhr ich schließlich, dass ihm mein Entwurf des „Fliegenden Holländers" gefallen hatte. Er teilte mir dies mit und bat mich, ihm den Stoff zu verkaufen, da er vertraglich verpflichtet war, verschiedene Komponisten mit Stoffen für Operetten zu versorgen. Ich versuchte Pillet mündlich und schriftlich klarzumachen, dass er kaum erwarten könne, dass der Stoff anders als von mir angemessen behandelt würde, da dieser Entwurf tatsächlich meine eigene Idee war und er ihn erst durch meine Vorlage erfahren hatte. Aber es war alles vergebens. Er musste ganz offen zugeben, dass die Erwartungen, die ich hinsichtlich des Ergebnisses von Meyerbeers Empfehlung an ihn gehegt hatte, nicht in Erfüllung gehen würden. Er sagte, es sei für die nächsten sieben Jahre keine Aussicht auf einen Kompositionsauftrag, auch nicht für eine Operette, für mich, da seine bereits bestehenden Verträge über diesen Zeitraum hinausgingen. Er bat mich, vernünftig zu sein und ihm den Entwurf für eine kleine Summe zu verkaufen, damit er die Musik von einem von ihm ausgewählten Autor schreiben lassen könne. Und er fügte hinzu, wenn ich mein Glück immer noch in der Oper versuchen wolle, möge ich besser den „Ballettmeister" aufsuchen, da er vielleicht Musik für einen bestimmten Tanz brauche. Als er sah, dass ich diesen Vorschlag verächtlich ablehnte, überließ er mich mir selbst.

Nach endlosen und erfolglosen Versuchen, die Sache zu regeln, bat ich schließlich Edouard Monnaie, den Kommissar der Königlichen Theater, der nicht nur ein Freund von mir, sondern auch Herausgeber der Gazette Musicale war, als Vermittler zu fungieren. Er gestand offen, dass er Pillets Vorliebe für meine Handlung, die er ebenfalls kannte, nicht verstehen könne; aber da Pillet sie zu mögen schien – obwohl er sie wahrscheinlich verlieren würde – riet er mir, alles dafür anzunehmen, da Monsieur Paul Faucher, ein Schwager von Victor Hugo, ein Angebot erhalten hatte, das Schema für ein ähnliches Libretto auszuarbeiten. Dieser Herr hatte außerdem erklärt, dass meine Handlung nichts Neues sei, da die Geschichte des Vaisseau Fantome in Frankreich wohlbekannt sei. Ich sah nun, wo ich stand, und in einem Gespräch mit Pillet, bei dem M. Faucher anwesend war, sagte ich, ich würde zu einer Einigung kommen. Pillet schätzte meinen Plot großzügig auf fünfhundert Francs und ich erhielt diesen Betrag von der Theaterkasse, der später von den Urheberrechten des künftigen Dichters abgezogen werden sollte.

Unser Sommersitz in der Avenue de Meudon nahm nun einen ganz bestimmten Charakter an. Diese fünfhundert Francs mussten mir helfen, Text und Musik meines Fliegenden Holländers für Deutschland auszuarbeiten, während ich den französischen Vaisseau Fantome seinem Schicksal überließ.

Meine Lage, die sich immer weiter verschlechtert hatte, besserte sich durch die Beilegung dieser Angelegenheit ein wenig. Mai und Juni waren vorüber, und während dieser Monate waren unsere Sorgen immer ernster geworden. Die schöne Jahreszeit, die anregende Landluft und das Gefühl der Freiheit, das mir durch die Befreiung von der schlecht bezahlten musikalischen Schreiberarbeit, die ich den ganzen Winter über hatte verrichten müssen, zuteil wurde, übten ihre wohltuende Wirkung auf mich aus, und ich wurde inspiriert, eine kleine Erzählung mit dem Titel Ein glücklicher Abend zu schreiben. Sie wurde übersetzt und ins Französische in der Gazette Musicale veröffentlicht. Bald jedoch machte sich unser Mangel an Geld mit einer Härte bemerkbar, die sehr entmutigend war. Wir spürten dies umso deutlicher, als meine Schwester Cecilia und ihr Mann unserem Beispiel folgten und in eine Wohnung ganz in unserer Nähe zogen. Obwohl sie nicht reich waren, waren sie doch einigermaßen wohlhabend. Sie besuchten uns jeden Tag, aber wir hielten es nie für wünschenswert, sie wissen zu lassen, wie schrecklich knapp bei Kasse wir waren. Eines Tages erreichte es einen Höhepunkt. Da ich absolut kein Geld hatte, machte ich mich eines Morgens früh auf den Weg nach Paris – denn ich hatte nicht einmal genug Geld, um die Bahnfahrt dorthin zu bezahlen – und beschloss, den ganzen Tag umherzuwandern und von Straße zu Straße zu stapfen, sogar bis spät in den Nachmittag, in der Hoffnung, ein Fünffrankenstück aufzutreiben. Aber mein Auftrag erwies sich als völlig vergeblich, und ich musste den ganzen Weg zurück nach Meudon laufen, völlig mittellos.

Als ich der mir entgegenkommenden Minna von meinem Mißerfolg erzählte, teilte sie mir in Verzweiflung mit, daß auch der schon erwähnte Hermann Pfau in der jämmerlichsten Lage und in wirklicher Not zu uns gekommen sei und sie ihm das letzte Brot, das der Bäcker am Morgen geliefert hatte, habe geben müssen. Die einzige Hoffnung, die jetzt noch blieb, war, daß wenigstens mein Mieter Brix, der durch ein sonderbares Schicksal nun unser Unglücksgefährte war, einigermaßen erfolgreich von der am Morgen ebenfalls unternommenen Expedition nach Paris zurückkehren würde. Endlich kehrte auch er schweißgebadet und erschöpft nach Hause zurück, getrieben von der Gier nach einer Mahlzeit, die er in der Stadt nicht hatte bekommen können, da er keinen der Bekannten, die er besuchte, antraf. Er bat kläglich um ein Stück Brot. Diese Steigerung der Lage flößte meiner Frau endlich heroische Entschlossenheit ein; denn sie fühlte sich verpflichtet, sich anzustrengen, um wenigstens den Hunger ihrer Männer zu stillen. Zum erstenmal während ihres Aufenthaltes auf französischem Boden überredete sie den Bäcker, den Metzger und den Weinhändler durch glaubhafte Argumente, sie ohne sofortige Barzahlung mit den zum Leben notwendigen Dingen zu versorgen, und Minnas Augen strahlten, als sie uns eine Stunde später ein vorzügliches Mahl vorsetzen konnte, bei dem wir übrigens von der Familie Avenarius überrascht wurden, die sichtlich erleichtert war, uns so gut versorgt vorzufinden.

Diese äußerste Not wurde Anfang Juli vorübergehend durch den Verkauf meines Vaisseau Fantome gelindert, was meinen endgültigen Verzicht auf meinen Erfolg in Paris bedeutete. Solange die fünfhundert Francs reichten, hatte ich eine Ruhepause, um meine Arbeit fortzusetzen. Das erste, wofür ich mein Geld ausgab, war die Miete eines Klaviers, das mir seit Monaten völlig entgangen war. Meine Hauptabsicht dabei war, meinen Glauben an mich selbst als Musiker wiederzubeleben, da ich seit dem Herbst des Vorjahres meine Talente nur als Journalist und Opernbearbeiter ausgeübt hatte. Das Libretto des Fliegenden Holländers, das ich während der letzten Notzeit in aller Eile geschrieben hatte, erregte bei Lehrs beträchtliches Interesse; er erklärte tatsächlich, ich würde nie etwas Besseres schreiben, und der Fliegende Holländer würde mein Don Juan sein; jetzt müsse ich nur noch die Musik dafür finden. Da ich gegen Ende des vergangenen Winters noch die Hoffnung hegte, dieses Thema für die französische Oper behandeln zu dürfen, hatte ich bereits einige Texte und Musik der lyrischen Teile fertiggestellt und das Libretto von Emile Deschamps übersetzen lassen, um es für eine Probeaufführung aufzuarbeiten, die leider nie stattfand. Diese Teile waren die Ballade von Senta, das Lied der norwegischen Seeleute und das „Gespensterlied" der Besatzung des „Fliegenden Holländers". Seitdem wurde ich so heftig von der Musik losgerissen, dass ich, als das Klavier in meinem ländlichen Zufluchtsort ankam, es einen ganzen Tag lang nicht zu berühren wagte. Ich hatte schreckliche Angst, ich könnte entdecken, dass meine Inspiration mich verlassen hatte – als mir plötzlich die Idee kam, ich hätte vergessen, das Lied des Steuermanns im ersten Akt aufzuschreiben, obwohl ich mich tatsächlich nicht daran erinnern konnte, es überhaupt komponiert zu haben, da ich in Wirklichkeit gerade erst den Text geschrieben hatte. Es gelang mir und ich war mit dem Ergebnis zufrieden. Dasselbe geschah mit dem „Spinnereilied", und als ich diese beiden Stücke niedergeschrieben hatte und bei weiterer Überlegung nicht umhin konnte, mir einzugestehen, dass sie in Wirklichkeit erst in diesem Moment in meinem Kopf Gestalt angenommen hatten, war ich ganz außer mir vor Freude über die Entdeckung. In sieben Wochen war die gesamte Musik des „Fliegenden Holländers" bis auf die Orchestrierung fertig.

Daraufhin erwachte in unserem Kreise eine allgemeine Lebensfreude; meine überschwängliche gute Laune versetzte alle in Erstaunen, und besonders meine Verwandten von Avenarius glaubten, es müsse mir wirklich gut gehen, da ich eine so gute Gesellschaft war. Ich nahm meine langen Spaziergänge in den Wäldern von Meudon wieder auf und willigte sogar oft ein, Minna beim Pilzesammeln zu helfen, die für sie leider den Hauptreiz unseres Waldes bildeten , obwohl es unseren Wirt mit Schrecken erfüllte, wenn er uns mit unserer Beute zurückkehren sah, da er überzeugt war, wir würden vergiftet werden, wenn wir sie äßen.

Mein Schicksal, das mich fast immer in seltsame Abenteuer führte, führte mich hier erneut mit der exzentrischsten Persönlichkeit zusammen, die man nicht nur in der Gegend von Meudon, sondern sogar in Paris finden konnte. Es war Monsieur Jadin, der, obwohl er alt genug war, um sich an ein Treffen mit Madame de Pompadour in Versailles erinnern zu können, immer noch unglaublich kräftig war. Es schien sein Ziel zu sein, die Welt ständig im Unklaren über sein wahres Alter zu lassen; er machte alles für sich selbst mit seinen eigenen Händen, sogar eine Menge Perücken in allen möglichen Farbtönen, von jugendlichem Flachsbraun bis zum ehrwürdigsten Weiß mit dazwischenliegenden Grautönen; diese trug er abwechselnd, je nach Lust und Laune. Er versuchte sich in allem, und ich war erfreut, dass er eine besondere Vorliebe für die Malerei hatte. Dass alle Wände seiner Räume mit den kindlichsten Karikaturen des Tierlebens behangen waren und er sogar die Außenseiten seiner Jalousien mit den lächerlichsten Gemälden verziert hatte, beunruhigte mich nicht im Geringsten; im Gegenteil, es bestätigte mich in meiner Annahme, dass er sich nicht mit Musik beschäftigte, bis ich zu meinem Entsetzen entdeckte, dass die seltsam misstönenden Töne einer Harfe, die aus unbekannter Gegend immer wieder an mein Ohr drangen, in Wirklichkeit aus seinem Keller kamen, wo er zwei selbst gebaute Cembali hatte. Er teilte mir mit, dass er das Spielen darauf leider lange Zeit vernachlässigt habe, jetzt aber wieder eifrig damit anfangen wolle, um mir Freude zu bereiten. Es gelang mir, ihn davon abzubringen, indem ich ihm versicherte, dass der Arzt mir das Harfenhören verboten habe, da es meinen Nerven schade. Seine Gestalt, wie ich ihn zum letzten Mal sah, bleibt in meinem Gedächtnis wie eine Erscheinung aus der Welt der Hoffmannschen Märchen. Im Spätherbst, als wir nach Paris zurückkehrten, bat er uns, in unserem Möbelwagen ein riesiges Ofenrohr mitzunehmen, das er uns in Kürze abzunehmen versprach. An einem sehr kalten Tag erschien Jadin tatsächlich in unserem neuen Wohnsitz in Paris, in einem höchst absurden Kostüm, das er selbst hergestellt hatte, bestehend aus sehr dünnen hellgelben Hosen, einem sehr kurzen blassgrünen Frack mit auffallend langen Schößen, hervorstehenden Spitzenhemdrüschen und Manschetten, einer sehr blonden Perücke und einem Hut, der so klein war, dass er ständig herunterfiel; außerdem trug er eine Menge Modeschmuck – und das alles in der unverhohlenen Annahme, dass er im eleganten Paris nicht so einfach gekleidet herumlaufen könne wie auf dem Land. Er war wegen des Ofenrohrs gekommen; wir fragten ihn, wo die Männer seien, die es tragen sollten; als Antwort lächelte er nur und drückte sein Erstaunen über unsere Hilflosigkeit aus; und nahm daraufhin das riesige Ofenrohr unter den Arm und lehnte unsere Hilfe strikt ab, als wir ihm anboten, es die Treppe hinunterzutragen, obwohl er für diese Tätigkeit trotz seiner gerühmten

Geschicklichkeit eine ganze halbe Stunde benötigte. Alle im Haus versammelten sich, um diesem Abtransport beizuwohnen, aber er ließ sich keineswegs aus der Ruhe bringen und schaffte es, das Rohr durch die Haustür zu schieben, und trippelte dann anmutig damit über den Bürgersteig und verschwand aus unserem Blickfeld.

Während dieser kurzen, aber ereignisreichen Zeit, in der ich meinen innersten Gedanken freien Lauf lassen konnte, gönnte ich mir den Trost rein künstlerischer Schöpfungen. Ich kann nur sagen, dass ich am Ende dieser Zeit solche Fortschritte gemacht hatte, dass ich mit heiterer Gelassenheit der viel längeren Zeit der Sorgen und Nöte entgegensehen konnte, die ich für mich in Aussicht fühlte. Diese trat auch richtig ein, denn ich hatte gerade die letzte Szene vollendet, als ich merkte, dass meine fünfhundert Francs zu Ende gingen und der Rest nicht ausreichte, um mir die nötige Ruhe und Sorglosigkeit für die Komposition der Ouvertüre zu verschaffen; ich musste diese verschieben, bis mein Glück wieder eine günstige Wendung nehmen würde, und in der Zwischenzeit war ich gezwungen, mich mit allerlei Anstrengungen um den bloßen Lebensunterhalt zu bemühen, die mir weder Muße noch Seelenfrieden ließen. Der Concierge aus der Rue du Helder brachte uns die Nachricht, dass die geheimnisvolle Familie, der wir unsere Zimmer vermietet hatten, ausgezogen war und dass wir nun wieder für die Miete aufkommen mussten. Ich musste ihm sagen, dass ich mich unter keinen Umständen mehr um die Zimmer kümmern würde und dass der Vermieter seine Kosten durch den Verkauf der Möbel, die wir dort zurückgelassen hatten, wieder hereinholen könnte. Dies geschah mit sehr hohen Verlusten, und die Möbel, von denen der größte Teil noch nicht bezahlt war, wurden geopfert, um die Miete einer Wohnung zu bezahlen, die wir nicht mehr bewohnten.

Unter dem Druck der furchtbarsten Entbehrungen bemühte ich mich noch, genügend Muße für die Ausarbeitung der Instrumentation der Partitur des Fliegenden Holländers zu finden. Das rauhe Herbstwetter setzte ungewöhnlich früh ein; alle Menschen verließen ihre Landhäuser und gingen nach Paris, darunter auch die Familie Avenarius. Wir konnten jedoch nicht im Traum daran denken, denn wir konnten nicht einmal die Mittel für die Reise aufbringen. Als Herr Jadin seine Verwunderung darüber ausdrückte, tat ich so, als sei ich mit der Arbeit so beschäftigt, dass ich sie nicht unterbrechen könne, obwohl ich die Kälte, die durch die dünnen Wände des Hauses drang, sehr stark empfand.

So wartete ich auf die Hilfe von Ernst Castel, einem meiner alten Königsberger Freunde, einem wohlhabenden jungen Kaufmann, der uns kurz zuvor in Meudon besucht und uns in Paris zu einem luxuriösen Mahl eingeladen hatte, wobei er uns zugleich versprochen hatte, unsere Notdurft so bald wie möglich durch einen Vorschuss zu lindern, was, wie wir wussten, für ihn ein Leichtes war.

Um uns aufzumuntern, kam Kietz eines Tages mit einer großen Mappe und einem Kissen unter dem Arm zu uns herüber. Er wollte uns amüsieren, indem er an einer großen Karikatur arbeitete, die mich und meine unglücklichen Erlebnisse in Paris darstellte. Das Kissen sollte es ihm ermöglichen, sich nach seiner Arbeit auf unserem harten Sofa auszuruhen, da ihm aufgefallen war, dass es am Kopfende keine Kissen gab. Da er wusste, dass wir Schwierigkeiten hatten, an Brennmaterial zu kommen, brachte er einige Flaschen Rum mit, um uns an kalten Abenden mit Punsch zu „wärmen“. Unter diesen Umständen las ich ihm und meiner Frau Hoffmanns Erzählungen vor.

Endlich erhielt ich Nachrichten aus Königsberg, aber sie öffneten mir nur die Augen dafür, dass der heitere junge Hund sein Versprechen nicht ernst gemeint hatte. Wir sahen nun fast verzweifelt dem kalten Nebel des nahenden Winters entgegen, aber Kietz erklärte, es sei seine Aufgabe, Hilfe zu suchen, packte seine Mappe zusammen, legte sie sich zusammen mit dem Kissen unter den Arm und reiste nach Paris ab. Am nächsten Tag kehrte er mit zweihundert Francs zurück, die er sich durch großzügige Selbstaufopferung beschafft hatte. Wir machten uns sofort auf den Weg nach Paris und bezogen eine kleine Wohnung in der Nähe unserer Freunde, im hinteren Teil der Rue Jacob Nr. 14. Ich hörte später, dass sie kurz nach unserer Abreise von Proudhon bewohnt wurde.

Am 30. Oktober kehrten wir in die Stadt zurück. Unser Haus war äußerst klein und kalt, und besonders die Kälte war sehr schädlich für unsere Gesundheit. Wir richteten es mit dem Wenigen, das wir aus dem Wrack der Rue du Holder gerettet hatten, nur spärlich ein und warteten auf die Ergebnisse meiner Bemühungen, meine Werke in Deutschland anzunehmen und aufzuführen. Die erste Notwendigkeit bestand darin, mir um jeden Preis Ruhe und Frieden für die kurze Zeit zu verschaffen, die ich der Ouvertüre des Fliegenden Holländers widmen musste; ich sagte Kietz, er müsse das Geld für meine Haushaltsausgaben beschaffen, bis dieses Werk beendet und die Partitur der Oper abgeschickt sei. Mit Hilfe eines pedantischen Onkels, der lange in Paris gelebt hatte und auch Maler war, gelang es ihm, mir die notwendige Unterstützung in Raten von jeweils fünf oder zehn Francs zukommen zu lassen. Während dieser Zeit zeigte ich oft mit heiterem Stolz auf meine Stiefel, die zu bloßen Travestieschuhen wurden, da die Sohlen schließlich ganz verschwanden.

Solange ich am Holländer arbeitete und Kietz sich um mich kümmerte, spielte das keine Rolle, denn ich ging nie aus; als ich aber Anfang Dezember meine fertige Partitur an die Direktion des Berliner Hoftheaters abgeschickt hatte, ließ sich die Bitterkeit der Lage nicht mehr verbergen. Ich musste mich zusammenreißen und selbst Hilfe suchen.

Was dies in Paris bedeutete, erfuhr ich gerade zu dieser Zeit aus dem unglücklichen Schicksal des ehrenwerten Lehrs. Getrieben von einer Not, wie ich sie selbst etwa zur selben Zeit ein Jahr zuvor hatte überwinden müssen, war er an einem glühend heißen Tag im vergangenen Sommer gezwungen gewesen, atemlos die verschiedenen Viertel der Stadt abzusuchen, um Zahlungsaufschub für von ihm angenommene und fällig gewordene Wechsel zu erwirken. Er töricht nahm einen eisgekühlten Drink zu sich, von dem er hoffte, er würde ihn in seinem beklagenswerten Zustand erfrischen, aber er verlor sofort seine Stimme, und von diesem Tag an litt er unter einer Heiserkeit, die mit erschreckender Geschwindigkeit die zweifellos in ihm verborgenen Keime der Schwindsucht reifen ließ und diese unheilbare Krankheit entwickelte. Monatelang war er immer schwächer geworden und erfüllte uns schließlich mit der finstersten Angst: Er allein glaubte, die vermeintliche Erkältung würde geheilt werden, wenn er sein Zimmer eine Zeit lang besser heizen könnte. Eines Tages suchte ich ihn in seiner Unterkunft auf und fand ihn in dem eiskalten Zimmer zusammengekauert an seinem Schreibtisch vor. Er klagte über die Schwierigkeiten seiner Arbeit für Didot, was umso bedrückender war, als sein Arbeitgeber ihn wegen der Vorschüsse, die er ihm gewährt hatte, bedrängte.

Er erklärte, wenn er in diesen traurigen Stunden nicht den Trost gehabt hätte, zu wissen, dass ich meinen Holländer wenigstens fertiggestellt hatte und dem kleinen Freundeskreis damit eine Aussicht auf Erfolg eröffnet wurde, wäre sein Kummer wirklich schwer zu ertragen gewesen. Trotz meiner eigenen großen Schwierigkeiten bat ich ihn, unser Feuer und unsere Arbeit in meinem Zimmer zu teilen. Er lächelte über meinen Mut, anderen zu helfen, zumal meine Wohnung kaum Platz genug für mich und meine Frau bot. Eines Abends kam er jedoch zu uns und zeigte mir schweigend einen Brief, den er von Villemain, dem damaligen Bildungsminister, erhalten hatte, in dem dieser in den wärmsten Worten sein großes Bedauern darüber ausdrückte, erst jetzt erfahren zu haben, dass ein so ausgezeichneter Gelehrter, dessen fähige und umfangreiche Mitarbeit an Didots Ausgabe der griechischen Klassiker ihn zum Teilnehmer an einem Werk gemacht hatte, das der Ruhm der Nation war, bei so schlechter Gesundheit und in so beengten Verhältnissen sei. Leider reichte die Summe der öffentlichen Gelder, die ihm damals für die Literaturförderung zur Verfügung standen, nur aus, um ihm einen Betrag von fünfhundert Franc anzubieten. Er fügte seiner Bitte bei, das Geld als Anerkennung seiner Verdienste seitens der französischen Regierung anzunehmen. Zudem fügte er hinzu, dass er ernsthaft darüber nachdenken wolle, wie er seine Lage wesentlich verbessern könne.

Dies erfüllte uns mit äußerster Dankbarkeit für den armen Lehrs, und wir betrachteten den Vorfall fast als ein Wunder. Wir konnten jedoch nicht umhin anzunehmen, dass M. Villemain von Didot beeinflusst worden war, der von seinem eigenen schlechten Gewissen wegen seiner verabscheuungswürdigen Ausbeutung von Lehrs und von der Aussicht, sich auf diese Weise von der Verantwortung zu befreien, ihm zu helfen, motiviert worden war. Gleichzeitig kamen wir aus ähnlichen Fällen, die uns bekannt waren und die durch meine eigene spätere Erfahrung vollständig bestätigt wurden, zu dem Schluss, dass ein so sofortiges und rücksichtsvolles Mitgefühl seitens eines Ministers in Deutschland unmöglich gewesen wäre. Lehrs hätte jetzt ein Feuer zum Arbeiten, aber leider konnten unsere Befürchtungen hinsichtlich seiner nachlassenden Gesundheit nicht zerstreut werden. Als wir Paris im folgenden Frühjahr verließen, war es die Gewissheit, unseren lieben Freund nie wiederzusehen, die unseren Abschied so schmerzlich machte.

Zu meiner großen Not war ich wieder einmal dem Ärgernis ausgesetzt, zahlreiche unbezahlte Artikel für die Abendzeitung schreiben zu müssen, da mein Gönner, Hofrath Winkler, mir noch immer keinen befriedigenden Bericht über das Schicksal meines Rienzi in Dresden geben konnte. Unter diesen Umständen musste ich es als etwas Gutes betrachten, dass Halevys neueste Oper endlich ein Erfolg wurde. Schlesinger kam strahlend vor Freude über den Erfolg von La Reine de Chypre zu uns und versprach mir ewige Glückseligkeit für die Klavierpartitur und verschiedene andere Arrangements, die ich von diesem neuesten Hit auf dem Gebiet der Oper angefertigt hatte. So musste ich wieder einmal die Strafe für die Komposition meines eigenen Fliegenden Holländers zahlen, indem ich mich hinsetzen und Arrangements von Halevys Oper schreiben musste. Doch lastete diese Aufgabe nicht mehr so schwer auf mir. Abgesehen von der begründeten Hoffnung, endlich aus meinem Pariser Exil zurückgerufen zu werden und so, wie ich dachte, diesen letzten Kampf gegen die Armut als den entscheidenden betrachten zu können, war die Bearbeitung von Halevys Partitur ein weitaus interessanteres Stück Pfuscharbeit als die schändliche Arbeit, die ich für Donizettis Favorita aufgewendet hatte.

Ich besuchte die Grand Opéra erneut, für lange Zeit zum letzten Mal, um mir diese Reine de Chypre anzuhören. Es gab tatsächlich viel, worüber ich lächeln konnte. Meine Augen waren nicht länger verschlossen gegenüber der extremen Schwäche dieser Art von Werk und der Karikatur, die oft durch die Art und Weise ihrer Aufführung erzeugt wurde. Ich freute mich aufrichtig, Halevys bessere Seite wiederzusehen. Ich hatte ihn seit der Zeit seines La Juive sehr gemocht und hatte eine sehr hohe Meinung von seinem meisterhaften Talent.

Auf Schlesingers Bitte hin erklärte ich mich auch bereit, für seine Zeitung einen langen Artikel über Halevys neuestes Werk zu schreiben. Darin legte ich besonders Wert auf meine Hoffnung, dass die französische Schule die Vorteile, die sie durch das Studium des deutschen Stils erlangt hatte, nicht wieder durch einen Rückfall in die oberflächlichsten italienischen Methoden verlieren möge. Bei dieser Gelegenheit wagte ich es, zur Ermutigung der französischen Schule auf die besondere Bedeutung Aubers und insbesondere seiner Stumme von Portici hinzuweisen und andererseits auf die überladenen Melodien Rossinis aufmerksam zu machen, die oft Solfè-Übungen ähnelten. Beim Durchlesen des Korrekturexemplars meines Artikels sah ich, dass diese Passage über Rossini ausgelassen worden war, und M. Edouard Monnaie gestand mir gegenüber, dass er sich in seiner Eigenschaft als Herausgeber einer Musikzeitung verpflichtet gefühlt hatte, sie zu unterdrücken. Er war der Ansicht, dass ich, wenn ich eine negative Kritik über den Komponisten vorbringen wollte, diese leicht in jeder anderen Zeitung veröffentlichen lassen könnte, jedoch nicht in einer, die sich den Interessen der Musik widmete, einfach weil eine solche Passage dort nicht gedruckt werden könne, ohne absurd zu erscheinen. Es ärgerte ihn auch, dass ich so hochmütig über Auber gesprochen hatte, aber er ließ es dabei bewenden. Ich musste mir aus dieser Richtung viel anhören, was mich für immer über den Verfall der Opernmusik im Besonderen und des künstlerischen Geschmacks im Allgemeinen unter den heutigen Franzosen aufklärte.

Ich schrieb auch einen längeren Artikel über dieselbe Oper für meinen lieben Freund Winkler in Dresden, der noch zögerte, meinen Rienzi anzunehmen. Dabei machte ich mich absichtlich über ein Missgeschick lustig, das dem Dirigenten Lachner widerfahren war. Küstner, der damals Theaterdirektor in München war, ließ, um seinem Freund eine zweite Chance zu geben, von St. Georges in Paris ein Libretto für ihn schreiben, damit seinem Schützling durch seine väterliche Fürsorge die höchste Glückseligkeit, von der ein deutscher Komponist träumen konnte, zugesichert werden konnte. Nun, es stellte sich heraus, dass Halevys Reine de Chypre, als es erschien, dasselbe Thema behandelte wie Lachners vermutliches Originalwerk, das in der Zwischenzeit komponiert worden war. Es war sehr unwichtig, dass das Libretto wirklich gut war, der Wert des Geschäfts lag darin, dass es durch Lachners Musik verherrlicht werden sollte. Es stellte sich jedoch heraus, dass St. Georges das nach München gesandte Buch tatsächlich in gewissem Umfang geändert hatte, allerdings nur durch Weglassen einiger interessanter Einzelheiten. Die Wut des Münchner Direktors war groß, woraufhin St. Georges sein Erstaunen darüber zum Ausdruck brachte, dass dieser sich vorstellen konnte, er würde ein ausschließlich für die deutsche Bühne bestimmtes Libretto zu dem von seinem deutschen Kunden gebotenen armseligen Preis liefern. Da ich mir meine eigene Meinung über die Beschaffung französischer Opernlibrettos gebildet hatte und mich nichts auf der Welt dazu bewegt hätte, selbst das wirkungsvollste Werk von Scribe oder St. Georges zu vertonen, freute mich dieser Vorfall ungemein, und in bester Laune ließ ich mich zum Nutzen der Leser der Abendzeitung, zu denen hoffentlich nicht mein zukünftiger „Freund" Lachner gehörte, auf diesen Punkt ein.

Außerdem brachte mich meine Arbeit an Halevys Oper (Reine de Chypre) in engeren Kontakt mit diesem Komponisten und verschaffte mir so manche anregende Unterhaltung mit diesem besonders gutherzigen und eigentlich bescheidenen Mann, dessen Talent leider allzu bald nachließ. Schlesinger war sogar über seine unverbesserliche Faulheit erzürnt. Halevy, der meine Klavierpartitur durchgesehen hatte, erwog mehrere Änderungen, um es einfacher zu machen, führte sie aber nicht aus: Schlesinger konnte die Korrekturabzüge nicht zurückbekommen; die Veröffentlichung verzögerte sich daher, und er fürchtete, die Popularität der Oper würde vorüber sein, bevor das Werk für das Publikum fertig war. Er drängte mich, Halevy sehr früh am Morgen in seinen Räumen festzuhalten und ihn zu zwingen, in meiner Gesellschaft mit den Änderungen zu beginnen.

Als ich das erste Mal gegen zehn Uhr morgens zu ihm nach Hause kam, fand ich ihn gerade aus dem Bett, und er teilte mir mit, dass er wirklich zuerst frühstücken müsse. Ich nahm seine Einladung an und setzte mich mit ihm zu einem etwas luxuriösen Mahl; meine Unterhaltung schien ihm zu gefallen, aber Freunde kamen herein, und schließlich war auch Schlesinger unter ihnen, die in Wut ausbrachen, weil sie ihn nicht bei der Arbeit an den Korrekturen fanden, die er für so wichtig hielt. Halevy jedoch blieb völlig ungerührt. In bester Laune beklagte er sich lediglich über seinen jüngsten Erfolg, weil er nie mehr Ruhe gehabt habe als in letzter Zeit, als seine Opern fast ausnahmslos Misserfolge gewesen seien und er nach der ersten Aufführung nichts mehr mit ihnen zu tun gehabt habe. Außerdem tat er so, als verstehe er nicht, warum gerade diese Reine de Chypre ein Erfolg gewesen sein sollte; er erklärte, Schlesinger habe sie absichtlich inszeniert, um ihn zu beunruhigen. Als er ein paar Worte auf Deutsch mit mir sprach, war einer der Besucher erstaunt, woraufhin Schlesinger sagte, alle Juden könnten Deutsch sprechen. Daraufhin wurde Schlesinger gefragt, ob er auch Jude sei. Er antwortete, dass er es gewesen sei, aber seiner Frau zuliebe Christ geworden sei. Diese Redefreiheit war für mich eine angenehme Überraschung, denn in Deutschland vermieden wir in solchen Fällen immer sorgfältig den Punkt, da es der betreffenden Person gegenüber unhöflich sei. Da wir aber nie zur Korrektur der Beweise kamen, ließ Schlesinger mich versprechen, Halevy keine Ruhe zu lassen, bis wir sie erledigt hätten.

Das Geheimnis seiner Gleichgültigkeit gegenüber dem Erfolg wurde mir im Laufe des weiteren Gesprächs klar, als ich erfuhr, dass er im Begriff war, eine reiche Heirat einzugehen. Zunächst war ich geneigt zu glauben, dass Halevy einfach ein Mann war, dessen jugendliches Talent nur dazu angeregt wurde, einen großen Erfolg zu erzielen, um reich zu werden; in seinem Fall war dies jedoch nicht der einzige Grund, da er in Bezug auf seine eigene Begabung sehr bescheiden war und keine große Meinung von den Werken jener glücklicheren Komponisten hatte, die damals für die französische Bühne schrieben. Bei ihm begegnete mir also zum ersten Mal das offen ausgesprochene Eingeständnis des Unglaubens an den Wert all unserer modernen Schöpfungen auf diesem zweifelhaften Gebiet der Kunst. Ich bin seitdem zu dem Schluss gekommen, dass diese oft mit viel weniger Bescheidenheit ausgedrückte Ungläubigkeit die Beteiligung aller Juden an unseren künstlerischen Belangen rechtfertigt. Nur einmal sprach Halevy mit mir mit wirklicher Aufrichtigkeit, als er mir bei meiner verspäteten Abreise nach Deutschland den Erfolg wünschte, den seine Meinung nach meine Werke verdienten.

Im Jahre 1860 sah ich ihn wieder. Ich hatte erfahren, dass er, während die Pariser Kritiker die Konzerte, die ich damals gab, aufs schärfste verurteilten, seine Zustimmung ausgedrückt hatte, und das veranlasste mich, ihn im Palais de l'Institut aufzusuchen, dessen ständiger Sekretär er seit einiger Zeit war. Er schien besonders begierig, aus meinem eigenen Mund zu erfahren, was meine neue Theorie über die Musik wirklich sei, über die er so wilde Gerüchte gehört hatte. Er selbst, sagte er, habe in meiner Musik nie etwas anderes als Musik gefunden, aber mit dem Unterschied, dass meine im Allgemeinen sehr gut erschienen sei. Dies gab Anlass zu einer lebhaften Diskussion meinerseits, der er gut gelaunt zustimmte und mir erneut viel Erfolg in Paris wünschte. Diesmal tat er dies jedoch mit weniger Überzeugung als damals, als er mich nach Deutschland verabschiedete, was ich darauf zurückführte, dass er daran zweifelte, ob ich in Paris Erfolg haben könnte. Von diesem letzten Besuch nahm ich ein deprimierendes Gefühl der moralischen und ästhetischen Entkräftung mit, die einen der letzten großen französischen Musiker befallen hatte. Andererseits konnte ich mich des Gefühls nicht erwehren, dass alle, die man als Halevys Nachfolger bezeichnen konnte, von einer Tendenz zur heuchlerischen oder geradezu unverschämten Ausbeutung der allgemeinen Entartung geprägt waren.

Während dieser Zeit ständiger Schreibarbeit waren meine Gedanken ganz auf meine Rückkehr nach Deutschland gerichtet, das sich mir jetzt in einem ganz neuen und idealen Licht präsentierte. Ich bemühte mich auf verschiedene Weise, alles zu erreichen, was mir an dem Projekt am attraktivsten erschien oder was meine Seele mit Sehnsucht erfüllte. Mein Umgang mit Lehrs hatte im Großen und Ganzen meine frühere Neigung, mich ernsthaft mit meinen Themen auseinanderzusetzen, entscheidend angespornt, eine Neigung, die durch den engeren Kontakt mit dem Theater ausgeglichen worden war. Dieser Wunsch bot jetzt eine Grundlage für ein eingehenderes Studium philosophischer Fragen. Ich war manchmal erstaunt, als ich hörte, wie selbst der ernste und tugendhafte Lehrs offen und ganz selbstverständlich ernste Zweifel an unserem individuellen Weiterleben nach dem Tod äußerte. Er erklärte, dass dieser Zweifel, wenn auch nur stillschweigend, bei vielen großen Männern der eigentliche Ansporn zu edlen Taten gewesen sei. Die natürliche Folge eines solchen Glaubens dämmerte mir schnell, ohne mich jedoch ernsthaft zu beunruhigen. Im Gegenteil, es war ein faszinierender Anreiz für mich, dass sich mir dadurch grenzenlose Bereiche der Meditation und Erkenntnis erschlossen, die ich bis dahin nur mit unbeschwerter Leichtigkeit überflogen hatte.

Bei meinen neuerlichen Versuchen, die griechischen Klassiker im Original zu studieren, erhielt ich von Lehrs keine Ermutigung. Er riet mir davon ab, indem er mir gut gemeinte Trost einredete, ich sei nur einmal geboren und mit der Musik in mir würde ich lernen, diesen Wissenszweig ohne Hilfe von Grammatik und Lexikon zu verstehen; wenn Griechisch aber mit wirklicher Freude studiert werden sollte, wäre es kein Spaß und würde nicht daran leiden, in den Hintergrund gedrängt zu werden.

Andererseits fühlte ich mich stark dazu hingezogen, die deutsche Geschichte näher kennenzulernen, als ich es in der Schule gelernt hatte. Als Ausgangspunkt hatte ich Raumers „Geschichte der Staufer" zur Hand. Alle großen Gestalten dieses Buches lebten lebendig vor meinen Augen. Besonders fesselte mich die Persönlichkeit des begabten Kaisers Friedrich II., dessen Schicksale mein Mitgefühl so sehr erregten, dass ich vergeblich nach einer angemessenen künstlerischen Umrahmung für sie suchte. Das Schicksal seines Sohnes Manfred dagegen rief in mir ein ebenso begründetes, aber leichter zu bekämpfendes Gefühl der Opposition hervor.

Ich entwarf also ein großes dramatisches Gedicht in fünf Akten, das sich auch perfekt für eine musikalische Gestaltung eignen sollte. Mein Impuls, die Geschichte mit einer zentralen Figur von romantischer Bedeutung auszuschmücken, wurde durch die Tatsache ausgelöst, dass Manfred in Luceria von den Sarazenen begeistert aufgenommen wurde, die ihn unterstützten und ihn von Sieg zu Sieg trugen, bis er seinen endgültigen Triumph erreichte, und dies trotz der Tatsache, dass er von allen Seiten verraten, von der Kirche verbannt und auf seiner Flucht durch Apulien und die Abruzzen von all seinen Anhängern verlassen worden war.

Schon damals freute es mich , im deutschen Geist die Fähigkeit zu entdecken, über die engen Grenzen der Nationalität hinaus alle rein menschlichen Eigenschaften zu schätzen, wie fremdartig sie auch dargestellt sein mochten. Denn darin erkannte ich, wie nahe er dem griechischen Geist ist. In Friedrich II. sah ich diese Eigenschaft in voller Blüte. Ein blonder Deutscher alter schwäbischer Herkunft, Erbe des normannischen Königreichs Sizilien und Neapel, der der italienischen Sprache ihre erste Entwicklung verlieh und eine Grundlage für die Evolution von Wissen und Kunst legte, wo bis dahin allein kirchlicher Fanatismus und feudale Brutalität um die Macht gekämpft hatten, ein Monarch, der an seinem Hof die Dichter und Weisen der östlichen Länder versammelte und sich mit den lebendigen Erzeugnissen arabischer und persischer Anmut und Geistes umgab – dieser Mann wurde, wie ich sah, von der römischen Geistlichkeit an den ungläubigen Feind verraten, und doch beendete er seinen Kreuzzug zu ihrer bitteren Enttäuschung durch einen Friedenspakt mit dem Sultan, von dem er den Christen in Palästina Privilegien gewährte, wie sie selbst der blutigste Sieg kaum hätte sichern können.

In diesem wunderbaren Kaiser, der schließlich unter dem Bann derselben Kirche hoffnungslos und vergeblich gegen die wilde Bigotterie seiner Zeit kämpfte, sah ich das deutsche Ideal in seiner höchsten Verkörperung. Mein Gedicht handelte vom Schicksal seines Lieblingssohnes Manfred. Nach dem Tod eines älteren Bruders war Friedrichs Reich völlig in Stücke gefallen, und der junge Manfred blieb unter päpstlicher Oberhoheit im nominellen Besitz des Throns von Apulien zurück. Wir finden ihn in Capua, in einer Umgebung und umgeben von einem Hof, in dem der Geist seines großen Vaters in einem Zustand fast weibischer Degeneration weiterlebt. In seiner Verzweiflung, die kaiserliche Macht der Hohenstaufen jemals wiederherzustellen, versucht er, seine Traurigkeit in Romanen und Liedern zu vergessen. Jetzt erscheint eine junge Sarazenin auf der Bildfläche, die gerade aus dem Osten eingetroffen ist und den verzweifelten Sohn beschwört, sein kaiserliches Erbe zu bewahren, indem sie sich auf das Bündnis zwischen Ost und West beruft, das Manfreds edler Vater geschlossen hat. Sie spielt die Rolle einer inspirierten Prophetin, und obwohl der Prinz schnell von Liebe zu ihr erfüllt wird, gelingt es ihr, ihn auf respektvoller Distanz zu halten. Durch eine geschickt geplante Flucht entreißt sie ihn nicht nur der Verfolgung durch rebellische apulische Adlige, sondern auch dem päpstlichen Bann, der ihn vom Thron zu stoßen droht. Nur von einigen wenigen treuen Gefolgsleuten begleitet, führt sie ihn durch Bergfestungen, wo der erschöpfte Sohn eines Nachts den Geist Friedrichs II. erblickt, der in feudaler Aufmachung durch die Abruzzen zieht und ihm winkt, nach Luceria weiterzureisen.

In dieses Gebiet im Kirchenstaat hatte Friedrich durch einen friedlichen Vertrag die Überreste seiner sarazenischen Gefolgsleute verpflanzt, die zuvor in den Bergen Siziliens schreckliche Verwüstungen angerichtet hatten. Zum großen Ärger des Papstes hatte er ihnen die Stadt als Eigentum überlassen und sich so eine Schar treuer Verbündeter im Herzen eines stets heimtückischen und feindseligen Landes gesichert.

Fatima, wie meine Heldin heißt, hat durch Vermittlung treuer Freunde an diesem Ort einen Empfang für Manfred vorbereitet. Als der päpstliche Statthalter durch eine Revolution vertrieben wurde, schlüpft er durch das Tor in die Stadt, wird von der gesamten Bevölkerung als Sohn ihres geliebten Kaisers erkannt und unter wildester Begeisterung an ihre Spitze gestellt, um sie gegen die Feinde ihres verstorbenen Wohltäters zu führen. Während Manfred in seiner Rückeroberung des gesamten Königreichs Apulien von Sieg zu Sieg marschiert, bleibt der tragische Mittelpunkt meiner Handlung noch immer die unausgesprochene Sehnsucht des liebeskranken Siegers nach der wunderbaren Heldin.

Sie ist das Kind der Liebe des großen Kaisers zu einer edlen Sarazenin. Ihre Mutter hatte sie auf ihrem Sterbebett zu Manfred geschickt und prophezeit, dass sie Wunder zu seiner Ehre vollbringen würde, sofern sie seiner Leidenschaft niemals nachgab. Ob Fatima wissen sollte, dass sie seine Schwester war, ließ ich bei der Ausarbeitung meiner Handlung offen. In der Zwischenzeit achtet sie darauf, sich ihm nur in kritischen Momenten zu zeigen und dann immer so, dass sie unnahbar bleibt. Als sie schließlich Zeugin der Vollendung ihrer Aufgabe bei seiner Krönung in Neapel wird, beschließt sie, ihrem Gelübde gehorchend, sich heimlich von dem neu gesalbten König zu entfernen, damit sie in der Einsamkeit ihres fernen Zuhauses über den Erfolg ihres Unternehmens nachdenken kann.

Der Sarazene Nurreddin, ein Gefährte ihrer Jugend, dem sie vor allem die Rettung Manfreds verdankte, soll ihr einziger Fluchtgefährte sein. Diesem Mann, der sie mit leidenschaftlicher Leidenschaft liebt, war sie als Kind versprochen. Vor ihrer heimlichen Abreise stattet sie dem schlafenden König einen letzten Besuch ab. Dies weckt die rasende Eifersucht ihres Geliebten, der ihre Tat als Beweis der Untreue seiner Braut auslegt. Der letzte Abschiedsblick, den Fatima dem jungen Monarchen nach seiner Krönung aus der Ferne zuwirft, entflammt den eifersüchtigen Geliebten zur sofortigen Rache für die vermeintliche Beleidigung seiner Ehre. Er schlägt die Prophetin zu Boden, worauf sie ihm lächelnd dafür dankt, dass er sie aus einem unerträglichen Dasein errettet hat. Beim Anblick ihres Körpers erkennt Manfred, dass er von nun an für immer vom Glück verlassen ist.

Dieses Thema hatte ich mit vielen prachtvollen Szenen und verwickelten Situationen ausgeschmückt, so daß ich es nach der Ausarbeitung als ein recht passendes, interessantes und wirkungsvolles Ganzes betrachten konnte, besonders im Vergleich mit anderen bekannten Stoffen ähnlicher Art. Doch konnte ich mich nie zu der Begeisterung dafür aufraffen, deren ernsthafte Bearbeitung ich mir zuwenden wollte, zumal mich jetzt ein anderes Thema in seinen Bann zog. Eine mir zufällig in die Hände gefallene Broschüre über den Venusberg hatte mich dazu angeregt.

Hatte mich bisher alles, was ich als wesenhaft deutsch betrachtete, mit immer größerer Kraft angezogen und mich zu eifriger Beschäftigung mit ihm gezwungen, so fand ich es hier plötzlich in den einfachen Umrissen einer Legende vor, die auf der alten und wohlbekannten Ballade „Tannhäuser" basierte. Zwar waren mir die Elemente dieser Geschichte bereits aus Tiecks Version in seinem Phantasus bekannt. Aber seine Auffassung des Themas hatte mich in die phantastischen Regionen zurückgeworfen, die Hoffmann früher in meinem Kopf geschaffen hatte, und ich wäre sicherlich nie versucht gewesen, aus seiner ausgefeilten Geschichte das Gerüst eines dramatischen Werks herauszuarbeiten. Der Punkt in dieser populären Broschüre, der für mich so viel Gewicht hatte, war, dass sie „Tannhäuser", wenn auch nur durch eine flüchtige Anspielung, mit „Der Krieg des Minnesängers auf der Wartburg" in Verbindung brachte. Auch hierüber wusste ich einiges aus Hoffmanns Bericht in seinen Serapionsbrüdern. Ich fühlte aber, daß der Verfasser die alte Sage nur entstellt aufgegriffen hatte, und suchte daher die wahre Seite dieser reizvollen Geschichte näher kennenzulernen. Da brachte mir Lehrs den Jahresbericht der Sitzungen der Königsberger Deutschen Gesellschaft, in dem Lukas den „Wartburgwettstreit" recht ausführlich kritisierte. Hier fand ich auch den Originaltext. Obwohl ich von der wirklichen Umgebung nur wenig für meine Zwecke verwerten konnte, war das darin vermittelte Bild vom Deutschland des Mittelalters so suggestiv, daß ich fand, daß ich vorher nicht die geringste Vorstellung davon gehabt hatte, wie es aussah.

Als Fortsetzung des Wartburg-Gedichts fand ich im selben Exemplar auch eine kritische Studie, „Lohengrin", die den Hauptinhalt dieses weit verbreiteten Epos in allen Einzelheiten wiedergab.

Damit öffnete sich mir eine ganz neue Welt, und wenn ich auch noch nicht die Form gefunden hatte, in der ich mit Lohengrin fertig werden konnte, so lebte doch dieses Bild unvergänglich in mir. Als ich mich daher später näher mit den Einzelheiten dieser Sage beschäftigte, konnte ich mir die Gestalt des Helden mit einer Deutlichkeit vorstellen, wie ich sie mir damals vom Tannhäuser vorstellte.

Unter diesen Einflüssen wuchs mein Wunsch nach einer baldigen Rückkehr nach Deutschland immer mehr, denn dort hoffte ich, mir eine neue Heimat zu erarbeiten, in der ich Muße für schöpferische Arbeit finden könnte. Aber an eine Beschäftigung mit solch dankbaren Aufgaben war noch nicht einmal zu denken. Die schäbigen Notwendigkeiten des Lebens banden mich noch an Paris. Während dieser Beschäftigung fand ich Gelegenheit, mich auf eine meinen Wünschen entsprechendere Weise zu betätigen. Als junger Mann hatte ich in Prag die Bekanntschaft eines jüdischen Musikers und Komponisten namens Dessauer gemacht, eines Mannes, der nicht ohne Talent war, der es tatsächlich zu einem gewissen Ruf brachte, in seinem Umfeld aber vor allem wegen seiner Hypochondrie bekannt war. Dieser Mann, der sich jetzt in blühenden Verhältnissen befand, wurde von Schlesinger so sehr gefördert, dass dieser ihm ernsthaft anbot, ihm zu einem Auftrag für die Grande Opera zu verhelfen. Dessauer war auf mein Gedicht vom Fliegenden Holländer gestoßen und bestand nun darauf, dass ich ihm eine ähnliche Handlung vorschlug, da M. Leon Pillets Vaisseau Fantome bereits M. Dietsch, dem musikalischen Leiter des Briefes, zur Vertonung übergeben worden war. Von diesem Dirigenten erhielt Dessauer die Zusage eines ähnlichen Auftrags und bot mir nun zweihundert Francs, wenn ich ihm eine ähnliche Handlung vorschlug, die seinem hypochondrischen Temperament entsprach.

Um diesem Wunsch nachzukommen, durchforstete ich mein Gehirn nach Erinnerungen an Hoffmann und beschloss schnell, seine Bergwerke von Falun zu bearbeiten. Die Gestaltung dieses faszinierenden und wunderbaren Stoffes gelang so bewundernswert, wie ich es mir nur wünschen konnte. Dessauer war auch überzeugt, dass es sich lohnte, das Thema zu vertonen. Umso größer war sein Entsetzen, als Pillet unseren Plan mit der Begründung ablehnte, die Inszenierung sei zu schwierig und insbesondere der zweite Akt würde unüberwindliche Hindernisse für das Ballett mit sich bringen, das jedes Mal aufgeführt werden müsse. Stattdessen wünschte Dessauer, ich solle ihm ein Oratorium über „Maria Magdalena" komponieren. Da er an dem Tag, als er diesen Wunsch äußerte, an akuter Melancholie zu leiden schien, so sehr, dass er erklärte, er habe an diesem Morgen seinen eigenen Kopf neben seinem Bett liegen sehen, dachte ich, es sei gut, seine Bitte nicht abzuschlagen. Ich bat ihn daher, mir Zeit zu geben, und ich muss leider sagen, dass ich sie mir seit diesem Tag weiterhin nehme .

Unter solchen Zerstreuungen ging dieser Winter endlich zu Ende, und meine Aussichten, nach Deutschland zu kommen, wurden allmählich hoffnungsvoller, wenn auch langsam, was meine Geduld auf eine harte Probe stellte. Ich hatte über Rienzi einen ständigen Briefwechsel mit Dresden geführt, und in dem ehrenwerten Chorleiter Fischer fand ich endlich einen ehrlichen Mann, der mir wohlgesinnt war. Er schickte mir zuverlässige und beruhigende Berichte über den Stand meiner Angelegenheiten.

Nachdem ich Anfang Januar 1842 die Nachricht von einer erneuten Verzögerung erhalten hatte, hörte ich schließlich, dass das Werk Ende Februar zur Aufführung bereit sein würde. Dies beunruhigte mich sehr, da ich befürchtete, die Reise bis zu diesem Datum nicht antreten zu können. Aber auch diese Nachricht wurde bald widerlegt, und der ehrliche Fischer teilte mir mit, dass meine Oper auf den Herbst desselben Jahres verschoben werden musste. Mir war völlig klar, dass sie niemals aufgeführt werden würde, wenn ich nicht persönlich in Dresden anwesend sein könnte. Als mir schließlich im März Graf Redern, der Direktor des königlichen Theaters in Berlin, mitteilte, dass mein „Fliegender Holländer" für die dortige Oper angenommen worden sei, glaubte ich, genügend Grund zu haben, um jeden Preis so schnell wie möglich nach Deutschland zurückzukehren.

Über die Ansichten deutscher Intendanten zu diesem Werk hatte ich schon verschiedene Erfahrungen gemacht. Gestützt auf den Inhalt, der dem Intendanten der Pariser Oper so gut gefallen hatte, hatte ich das Libretto zunächst meinem alten Bekannten Ringelhardt, dem Direktor des Leipziger Theaters, zugesandt. Dieser Mann aber hegte seit meinem Liebesverbot eine unverhohlene Abneigung gegen mich. Da er diesmal gegen eine Leichtfertigkeit meines Stoffes nichts einzuwenden hatte, bemängelte er nun dessen düstere Feierlichkeit und verweigerte die Annahme. Da ich den damaligen Intendanten des Münchner Hoftheaters, Rat Küstner, bei seinen Vorbereitungen für La Reine de Chypre in Paris kennengelernt hatte, schickte ich ihm nun den Text des Holländers mit einer ähnlichen Bitte. Auch er schickte ihn zurück mit der Versicherung, er passe weder zu den deutschen Bühnenverhältnissen noch zum Geschmack des deutschen Publikums. Da er für München ein französisches Libretto bestellt hatte, wusste ich, was er meinte. Als die Partitur fertig war, schickte ich sie mit einem Brief für den Grafen Redern an Meyerbeer nach Berlin und bat ihn, da er mir in Paris trotz seines Wunsches nichts habe helfen können, so freundlich zu sein, seinen Einfluss in Berlin zugunsten meiner Komposition geltend zu machen. Ich war wirklich erstaunt über die wirklich prompte Annahme meines Werkes zwei Monate später, die von sehr erfreulichen Versicherungen des Grafen begleitet war, und freute mich, darin einen Beweis für Meyerbeers aufrichtiges und energisches Eingreifen zu meinen Gunsten zu sehen. Seltsamerweise musste ich bei meiner bald darauf folgenden Rückkehr nach Deutschland erfahren, dass Graf Redern sich längst von der Leitung des Berliner Opernhauses zurückgezogen hatte und Küstner aus München bereits zu seinem Nachfolger ernannt worden war; die Folge davon war, dass Graf Rederns Zustimmung, obwohl sehr höflich, keineswegs ernst genommen werden konnte, da ihre Verwirklichung nicht von ihm, sondern von seinem Nachfolger abhing. Was das Ergebnis war, bleibt abzuwarten.

Ein Umstand, der mir schließlich die lang ersehnte und durch meine guten Aussichten nunmehr gerechtfertigte Rückkehr nach Deutschland erleichterte, war das erst spät erwachte Interesse der reichen Mitglieder meiner Familie an meiner Lage. Wenn Didot seine eigenen Gründe gehabt hatte, sich an den Minister Villemain um Unterstützung für Lehrs zu wenden, so kam auch Avenarius, mein Schwager in Paris, als er hörte, wie ich gegen die Armut kämpfte, eines Tages auf die Idee, mich durch die Bitte an meine Schwester Louise mit einer ganz unerwarteten Hilfe zu überraschen. Am 26. Dezember des sich dem Ende zuneigenden Jahres 1841 ging ich mit einer Gans unter dem Arm nach Hause zu Minna, und im Schnabel des Vogels fanden wir einen Fünfhundert-Francs-Schein. Diesen Schein hatte mir Avenarius geschenkt, als meine Schwester Louise in meinem Namen bei einem ihrer Freunde, einem reichen Kaufmann namens Schletter, eine Bitte gestellt hatte. Diese willkommene Ergänzung unserer äußerst knappen Mittel hätte vielleicht nicht ausgereicht, um mich in außerordentlich gute Laune zu versetzen, wenn ich nicht deutlich die Aussicht gesehen hätte, meiner Stellung in Paris ganz zu entfliehen. Da die führenden deutschen Manager nun der Aufführung zweier meiner Kompositionen zugestimmt hatten, glaubte ich, meinem Schwager Friedrich Brockhaus ernsthafte Vorwürfe machen zu können, der mich im Jahr zuvor, als ich mich in großer Not an ihn wandte, mit der Begründung abgewiesen hatte, er „missbillige meinen Beruf". Diesmal könnte es mir besser gelingen, die Mittel für meine Rückkehr zu beschaffen. Ich täuschte mich nicht, und als die Zeit gekommen war, wurden mir aus dieser Quelle die notwendigen Reisekosten zur Verfügung gestellt.

Mit diesen Aussichten und meiner so verbesserten Lage verbrachte ich die zweite Hälfte des Winters 1841/42 in bester Laune und unterhielt den kleinen Freundeskreis, den ich durch meine Beziehung zu Avenarius um mich versammelt hatte, ständig. Minna und ich verbrachten unsere Abende häufig mit dieser und anderen Familien, unter denen ich mich an einen gewissen Herrn Kuhne, den Direktor einer Privatschule, und seine Frau in angenehmer Erinnerung erinnere. Ich trug so viel zum Erfolg ihrer kleinen Soireen bei und war immer so bereit, Tänze auf dem Klavier zu improvisieren, zu denen sie tanzen konnten, dass ich bald Gefahr lief, eine fast lästige Popularität zu genießen.

Endlich schlug die Stunde meiner Erlösung; der Tag kam, an dem ich, wie ich inbrünstig hoffte, Paris für immer den Rücken kehren konnte. Es war der 7. April, und Paris war bereits von den ersten üppigen Knospen des Frühlings erfüllt. Vor unseren Fenstern, die den ganzen Winter auf einen öden und verlassenen Garten hinausgeblickt hatten, sprossen die Bäume und die Vögel sangen. Unsere Ergriffenheit beim Abschied von unseren lieben Freunden Anders, Lehrs und Kietz war jedoch groß, fast überwältigend. Der erste schien bereits zu einem frühen Tod verurteilt, denn sein Gesundheitszustand war äußerst schlecht und er war in fortgeschrittenem Alter. Über Lehrs' Zustand konnte, wie ich bereits sagte, kein Zweifel mehr bestehen, und es war schrecklich, nach einer so kurzen Erfahrung wie den zweieinhalb Jahren, die ich in Paris verbracht hatte, die Verwüstungen zu

sehen, die die Not unter guten, edlen und manchmal sogar angesehenen
Männern angerichtet hatte. Kietz, um dessen Zukunft ich mich weniger aus
gesundheitlichen als aus moralischen Gründen sorgte, rührte uns noch
einmal durch seine grenzenlose, fast kindliche Gutmütigkeit. Da er zum
Beispiel meinte, mein Geld könnte für die Reise nicht reichen, zwang er mich
trotz aller Widerstände, noch ein Fünffrankenstück anzunehmen, was
ungefähr alles war, was ihm im Augenblick von seinem eigenen Vermögen
noch übrig war; auch stopfte er mir ein Päckchen guten französischen
Schnupftabaks in die Tasche der Kutsche, in der wir endlich durch die
Boulevards bis zu den Schranken rumpelten, die wir passierten, diesmal aber
nicht sehen konnten, weil unsere Augen von Tränen geblendet waren.

TEIL II
1842-1850

Die Reise von Paris nach Dresden dauerte damals fünf Tage und Nächte. An der deutschen Grenze, bei Forbach, erwartete uns stürmisches Wetter und Schnee, eine Begrüßung, die uns nach dem Frühling, den wir in Paris bereits genossen hatten, unwirtlich erschien. Und tatsächlich fanden wir auf unserer Weiterreise durch unser Heimatland vieles, was uns entmutigte, und ich konnte nicht umhin zu denken, dass die Franzosen, die bei ihrer Abreise aus Deutschland freier atmeten, als sie französischen Boden erreichten, ihre Mäntel aufknöpften, als ob sie vom Winter in den Sommer übergingen, doch gar nicht so dumm waren, da wir unsererseits nun gezwungen waren, uns vor diesem auffälligen Temperaturwechsel zu schützen, indem wir sehr darauf achteten, ausreichend Kleidung anzuziehen. Die Unfreundlichkeit der Elemente wurde zur reinsten Folter, als wir später zwischen Frankfurt und Leipzig in den Strom der Besucher der Großen Ostermesse hineingerissen wurden.

Der Druck auf die Postkutschen war so groß, dass wir zwei Tage und eine Nacht lang bei unaufhörlichem Sturm, Schnee und Regen ständig von einem erbärmlichen „Ersatz" zum anderen wechselten, wodurch unsere Reise zu einem Abenteuer wurde, das fast der gleichen Art war wie unsere letzte Seereise.

Einen einsamen Lichtblick bot uns der Blick auf die Wartburg, die wir in der einzigen sonnenbeschienenen Stunde dieser Reise passierten. Der Anblick dieser von der Fuldaer Seite aus weithin sichtbaren Bergfestung berührte mich tief. Einen benachbarten Höhenrücken weiter taufte ich sogleich den Horselberg und malte mir, während wir durch das Tal fuhren, die Szenerie für den dritten Akt meines Tannhäuser aus. Diese Szene blieb mir so lebhaft im Gedächtnis, dass ich noch lange nachher dem Pariser Bühnenmaler Desplechin genaue Einzelheiten mitteilen konnte, als er unter meiner Anleitung die Szenerie ausarbeitete. War mir schon die Bedeutung der Tatsache, dass ich meine erste Reise durch das sagenumwobene deutsche Rheinland auf der Heimreise von Paris unternommen hatte, ein noch unheilvollerer Zufall, dass ich gerade in diesem Augenblick die an historischen und mythischen Assoziationen so reiche Wartburg zum ersten Mal erblickte. Der Anblick erwärmte mein Herz so sehr gegen Wind und Wetter, Juden und Leipziger Messe, dass ich schließlich am 12. April 1842 heil und gesund mit meiner armen, geschlagenen, halb erfrorenen Frau in eben jener Stadt Dresden ankam, die ich zuletzt anlässlich meiner traurigen Trennung von meiner Minna und meiner Abreise in mein nördliches Exil gesehen hatte.

Wir stiegen im Gasthof „Stadt Gotha" ab. Die Stadt, in der ich so bedeutsame Jahre meiner Kindheit und Jugend verbracht hatte, erschien mir kalt und tot unter dem Einfluss des wilden, düsteren Wetters. Ja, alles, was mich an meine Jugend erinnern konnte, schien dort tot. Kein gastfreundliches Haus nahm uns auf. Wir fanden die Eltern meiner Frau in engen und schäbigen Unterkünften in sehr beengten Verhältnissen und waren gezwungen, uns sofort nach einer kleinen Bleibe umzusehen. Diese fanden wir in der Töpfergasse für einundzwanzig Mark im Monat. Nachdem ich die notwendigen geschäftlichen Besuche im Zusammenhang mit Rienzi abgestattet und Vorkehrungen für Minna während meiner kurzen Abwesenheit getroffen hatte, machte ich mich am 15. April direkt auf den Weg nach Leipzig, wo ich meine Mutter und meine Familie zum ersten Mal seit sechs Jahren wiedersah.

In dieser für mein eigenes Leben so ereignisreichen Zeit hatte meine Mutter durch Rosalies Tod eine große Veränderung ihrer häuslichen Stellung erfahren. Sie lebte in einer angenehmen, geräumigen Wohnung in der Nähe der Familie Brockhaus, wo sie von allen häuslichen Sorgen befreit war, denen sie wegen ihrer großen Familie so viele Jahre lang mit sorgenvollen Gedanken gewidmet hatte. Ihre geschäftige Energie, die fast in Härte gemündet war, war ganz einer natürlichen Heiterkeit und dem Interesse am Familienwohl ihrer verheirateten Töchter gewichen. Die selige Ruhe dieses glücklichen Alters verdankte sie vor allem der liebevollen Fürsorge ihres Schwiegersohns Friedrich Brockhaus, dem ich für seine Güte meinen herzlichsten Dank aussprach. Sie war überaus erstaunt und erfreut, mich unerwartet ihr Zimmer betreten zu sehen. Jede Bitterkeit, die je zwischen uns bestanden hatte, war völlig verschwunden, und ihre einzige Klage war, dass sie mich nicht in ihrem Haus unterbringen konnte, anstatt meines Bruders Julius, des unglücklichen Goldschmieds, der keine der Eigenschaften besaß, die ihn zu einem geeigneten Gesellschafter für sie gemacht hätten. Sie war voller Hoffnung für den Erfolg meines Vorhabens und fühlte sich in dieser Zuversicht gestärkt durch die günstige Prophezeiung, die unsere liebe Rosalie kurz vor ihrem traurigen Tod über mich gemacht hatte.

Vorläufig blieb ich jedoch nur einige Tage in Leipzig, da ich zunächst nach Berlin reisen musste, um mit dem Grafen Redern die Aufführung des „Fliegenden Holländers" endgültig zu vereinbaren. Wie ich bereits bemerkte, sollte ich hier sofort erfahren, dass der Graf im Begriff war, von der Direktion zurückzutreten, und er mich daher für alle weiteren Entscheidungen an den neuen Direktor Küstner verwies, der noch nicht in Berlin eingetroffen war. Ich erkannte nun plötzlich, was dieser merkwürdige Umstand bedeutete, und wusste, dass ich, was die Berliner Verhandlungen anging, ebenso gut in Paris hätte bleiben können. Dieser Eindruck wurde im

Wesentlichen durch einen Besuch bei Meyerbeer bestätigt, der, wie ich erfuhr, meine Ankunft in Berlin für übereilt hielt. Trotzdem benahm er sich freundlich und freundlich und bedauerte nur, dass er im Begriff war, „abzureisen", ein Zustand, in dem ich ihn jedes Mal vorfand, wenn ich ihn wieder in Berlin besuchte.

Mendelssohn war zu dieser Zeit ebenfalls in der Hauptstadt, da er zum Generalmusikdirektor des Königs von Preußen ernannt worden war. Ich suchte ihn ebenfalls auf, da ich ihm zuvor in Leipzig vorgestellt worden war. Er teilte mir mit, dass er nicht glaube, dass seine Arbeit in Berlin Erfolg haben werde, und dass er lieber nach Leipzig zurückkehren würde. Ich erkundigte mich nicht nach dem Schicksal der Partitur meiner großen Sinfonie, die früher in Leipzig aufgeführt worden war und die ich ihm vor so vielen Jahren mehr oder weniger aufgedrängt hatte. Andererseits verriet er mir gegenüber keinerlei Anzeichen einer Erinnerung an dieses seltsame Angebot. Inmitten der verschwenderischen Annehmlichkeiten seines Heims kam er mir kalt vor, doch war es nicht so sehr, dass er mich abstieß, als dass ich vor ihm zurückschreckte. Ich besuchte auch Rellstab, für den ich ein Empfehlungsschreiben von seinem treuen Verleger, meinem Schwager Brockhaus, hatte. Hier begegnete mir nicht so sehr selbstgefällige Gelassenheit; ich fühlte mich zweifellos mehr abgestoßen von der Tatsache, dass er keinerlei Neigung zeigte, sich für meine Angelegenheiten zu interessieren.

In Berlin wurde ich sehr niedergeschlagen. Ich hätte mir fast gewünscht, Kommissar Cerf wieder zurück zu haben. So elend die Zeit gewesen war, die ich vor Jahren hier verbracht hatte, so hatte ich damals doch einen Mann kennengelernt, der mich trotz aller Unhöflichkeit seines Äußeren mit echter Freundlichkeit und Rücksicht behandelt hatte. Vergeblich versuchte ich, mich an das Berlin zu erinnern, durch dessen Straßen ich mit der ganzen Leidenschaft der Jugend an der Seite von Laube gegangen war. Nach meiner Bekanntschaft mit London und noch mehr mit Paris deprimierte mich diese Stadt mit ihren schmutzigen Orten und ihren Ansprüchen auf Größe zutiefst, und ich hoffte, dass ich, sollte mein Leben nicht von Glück gekrönt sein, es wenigstens in Paris statt in Berlin verbringen könnte.

Nach meiner Rückkehr von dieser völlig fruchtlosen Expedition ging ich zunächst für einige Tage nach Leipzig, wo ich diesmal bei meinem Schwager Hermann Brockhaus wohnte, der jetzt Professor für Orientalische Sprachen an der Universität war. Seine Familie war durch die Geburt zweier Töchter gewachsen, und die Atmosphäre ungestörter Zufriedenheit, erhellt durch geistige Aktivität und ein ruhiges, aber lebhaftes Interesse an allen Dingen, die mit den höheren Aspekten des Lebens zu tun hatten, berührte meine heimatlose und vagabundierende Seele sehr. Eines Abends, nachdem meine Schwester sich um ihre Kinder gekümmert hatte, die sie sehr gut erzogen hatte, und sie mit sanften Worten zu Bett geschickt hatte, versammelten wir uns in der großen, reich ausgestatteten Bibliothek zu unserem Abendessen und einem langen vertraulichen Gespräch. Hier brach ich in einen heftigen Weinanfall aus, und es schien, als ob die zärtliche Schwester, die mich vor fünf Jahren während der bittersten Not meines frühen Ehelebens in Dresden gekannt hatte, mich jetzt wirklich verstand. Auf ausdrückliche Anregung meines Schwagers Hermann bot mir meine Familie ein Darlehen an, um mir zu helfen, die Zeit bis zur Aufführung meines Rienzi in Dresden zu überbrücken. Sie sagten, sie betrachteten dies bloß als Pflicht und versicherten mir, ich brauche es ohne Zögern anzunehmen. Es handelte sich um eine Summe von sechshundert Mark, die mir sechs Monate lang in monatlichen Raten ausgezahlt werden sollte. Da ich keine Aussicht hatte, auf eine andere Einnahmequelle zählen zu können, war durchaus damit zu rechnen, dass Minnas Führungstalent auf eine harte Probe gestellt werden würde, wenn wir damit durchkommen wollten; es war jedoch möglich, und ich konnte mit einem großen Gefühl der Erleichterung nach Dresden zurückkehren.

Während meines Aufenthaltes bei meinen Verwandten spielte und sang ich ihnen zum ersten Mal den „Fliegenden Holländer" und schien mit meiner Darbietung beträchtliches Interesse zu erregen, denn als meine Schwester Louisa später die Oper in Dresden hörte, beklagte sie sich, dass die Wirkung, die meine Darbietung vorher hervorgerufen hatte, bei ihr nicht mehr stark anhielt. Ich suchte auch meinen alten Freund Apel wieder auf. Der arme Mann war stockblind geworden, aber er überraschte mich durch seine Fröhlichkeit und Zufriedenheit und nahm mir damit ein für alle Mal jeden Grund, ihn zu bemitleiden. Da er erklärte, er kenne den blauen Mantel, den ich trug, sehr gut, obwohl es eigentlich ein brauner war, hielt ich es für das Beste, nicht darüber zu streiten, und verließ Leipzig in einem Zustand des Erstaunens, alle dort so glücklich und zufrieden vorzufinden.

Als ich am 26. April in Dresden ankam, hatte ich Gelegenheit, mich intensiver mit meinem Schicksal auseinanderzusetzen. Hier wurde ich durch den engeren Umgang mit den Menschen, auf die ich mich für eine erfolgreiche Aufführung des Rienzi verlassen musste, belebt. Es ist wahr, dass die Ergebnisse meiner Gespräche mit Lüttichau, dem Generaldirektor, und Reissiger, dem musikalischen Dirigenten, mich kalt und ungläubig zurückließen. Beide waren aufrichtig erstaunt über meine Ankunft in Dresden; dasselbe könnte sogar von meinem häufigen Brieffreund und Förderer, Hofrath Winkler, gesagt werden, der es ebenfalls vorgezogen hätte, wenn ich in Paris geblieben wäre. Aber wie ich es sowohl früher als auch nachher ständig erfahren habe, kam Hilfe und Ermutigung immer aus den bescheideneren und nie aus den erhabeneren Schichten des Lebens.

So war auch in diesem Falle die überaus herzliche Aufnahme, die mir der alte Chordirektor Wilhelm Fischer bereitete, mein erstes angenehmes Gefühl. Ich hatte ihn vorher nicht gekannt, aber er war der einzige Mensch, der sich die Mühe gemacht hatte, meine Partitur aufmerksam zu lesen, und der nicht nur ernste Hoffnungen auf den Erfolg meiner Oper hegte, sondern auch energisch für ihre Aufnahme und Aufführung gewirkt hatte. Sobald ich sein Zimmer betrat und ihm meinen Namen nannte, stürzte er sich mit lautem Geschrei auf mich, und im Nu war ich in eine Atmosphäre der Hoffnung versetzt. Außer diesem Mann fand ich in dem Schauspieler Ferdinand Heine und seiner Familie eine weitere sichere Grundlage für eine herzliche und in der Tat tief verwurzelte Freundschaft. Ich kannte ihn freilich schon von Kindheit an, denn damals war er einer der wenigen jungen Menschen, die mein Stiefvater Geyer gern um sich hatte. Neben einem ziemlich ausgeprägten zeichnerischen Talent waren es vor allem seine angenehmen geselligen Begabungen, die ihm den Eintritt in unseren engeren Familienkreis verschafft hatten. Da er sehr klein und schmächtig war, gab ihm mein Stiefvater den Spitznamen DavidCHEN, und unter diesem Namen nahm er mit großer Freundlichkeit und guter Laune an unseren kleinen Festen teil, vor allem aber an unseren freundschaftlichen Ausflügen ins Nachbarland, an denen, wie ich gleich an anderer Stelle erwähnte, sogar Carl Maria von Weber teilnahm. Er gehörte der guten alten Schule an und war ein nützliches, wenn auch nicht hervorragendes Mitglied der Dresdner Bühne geworden. Er besaß alle Kenntnisse und Fähigkeiten eines guten Bühnenmeisters, konnte sich aber nie dazu durchringen, das Komitee zu dieser Anstellung zu bewegen. Erst als Kostümbildner fand er weitere Möglichkeiten für seine Begabung, und in dieser Eigenschaft wurde er in die Beratungen über die Inszenierung des Rienzi einbezogen.

So kam es, daß er Gelegenheit hatte, sich mit der Arbeit eines inzwischen erwachsenen Mitgliedes derselben Familie zu beschäftigen, mit der er in seiner Jugend so schöne Tage verbracht hatte. Er begrüßte mich sofort als Kind des Hauses, und wir zwei Heimatlosen fanden in der Erinnerung an diese längst verlorene Heimat die erste gemeinsame Grundlage unserer Freundschaft. Unsere Abende verbrachten wir gewöhnlich mit dem alten Fischer bei Heine, wo wir uns unter hoffnungsvollen Gesprächen an Kartoffeln und Heringen gütlich taten, aus denen die Mahlzeit hauptsächlich bestand. Schröder-Devrient war in den Ferien; Tichatschek, der ebenfalls im Begriff war abzureisen, konnte ich gerade noch sehen, und mit ihm ging ich rasch einen Teil seiner Rolle im Rienzi durch. Sein lebhaftes und lebhaftes Wesen, seine herrliche Stimme und sein großes musikalisches Talent verliehen seiner ermutigenden Beteuerung, daß ihm die Rolle des Rienzi Freude mache, besonderes Gewicht. Heine erzählte mir auch, daß allein die Aussicht auf viele neue Kostüme und vor allem auf neue silberne Rüstungen bei Tichatschek die lebhafteste Lust geweckt habe, diese Rolle zu spielen, so daß ich mich unter allen Umständen auf ihn verlassen könne. So konnte ich mich sofort mit größerer Aufmerksamkeit den Vorbereitungen für die Proben widmen, die im Spätsommer beginnen sollten, wenn die Hauptsänger aus den Ferien zurückgekehrt waren.

Ich musste mich besonders anstrengen, meinen Freund Fischer durch meine Bereitschaft zu beschwichtigen, die überlange Partitur zu kürzen. Seine Absichten dabei waren so ehrlich, dass ich mich gern mit ihm zu dieser mühsamen Aufgabe setzte. Ich spielte und sang dem erstaunten Mann meine Partitur auf einem alten Flügel im Proberaum des Hoftheaters mit so rasender Heftigkeit vor, dass es ihm zwar nichts ausmachte, wenn das Instrument zu Schaden kam, er aber um meine Brust besorgt wurde. Endlich hörte er unter herzhaftem Gelächter auf, über das Streichen von Stellen zu streiten, denn gerade dort, wo er etwas wegzulassen meinte, bewies ich ihm mit stürmischer Beredsamkeit, dass gerade hier die Hauptsache liege. Er stürzte sich mit mir Hals über Kopf in das ungeheure Klangchaos, gegen das er nichts einzuwenden hatte, außer der Anzeige seiner Uhr, deren Richtigkeit ich schließlich auch bezweifelte. Als Trost warf ich ihm scherzhaft die große Pantomime und den größten Teil des Balletts im zweiten Akt zu, wodurch wir meiner Meinung nach eine ganze halbe Stunde einsparen konnten. So wurde das ganze Ungeheuer Gott sei Dank schließlich den Schreibern übergeben, die eine Reinschrift anfertigten, und der Rest blieb der Zeit überlassen.

Wir besprachen nun, was wir im Sommer tun sollten, und ich entschloß mich zu einem mehrmonatigen Aufenthalt in Toplitz, dem Schauplatz meiner ersten Jugendflüge, dessen schöne Luft und Bäder, wie ich hoffte, auch Minnas Gesundheit nützen würden. Doch bevor wir diesen Vorsatz in die Tat umsetzen konnten, mußte ich noch mehrere Besuche in Leipzig machen, um das Schicksal meines Holländers zu regeln. Am 5. Mai begab ich mich dorthin, um mit Küstner, dem neuen Direktor der Berliner Oper, zu sprechen, der, wie man mir sagte, soeben dort eingetroffen war. Er befand sich nun in der verzwickten Lage, in Berlin dieselbe Oper aufzuführen, die er zuvor in München abgelehnt hatte, da sie von seinem Amtsvorgänger angenommen worden war. Er versprach mir, zu überlegen, welche Schritte er in dieser Notlage unternehmen würde. Um das Ergebnis von Küstners Überlegungen zu erfahren, beschloß ich, ihn am 2. Juni aufzusuchen, und zwar diesmal in Berlin selbst. Doch in Leipzig fand ich einen Brief, in dem er mich bat, noch ein wenig geduldig auf sein endgültiges Urteil zu warten. Ich nutzte die Gelegenheit, in der Nähe von Halle zu sein, um meinem ältesten Bruder Albert einen Besuch abzustatten. Ich war sehr betrübt und niedergeschlagen, als ich den armen Kerl, dem ich größte Ausdauer und ein ganz bemerkenswertes Talent für dramatischen Gesang zuschreiben muss, in den unwürdigen und schäbigen Verhältnissen leben sah, die das Hallesche

Theater ihm und seiner Familie bot. Die Erkenntnis der Zustände, in die ich selbst einmal fast versunken wäre, erfüllte mich jetzt mit unbeschreiblichem Abscheu. Noch erschütternder war es, meinen Bruder von diesem Zustand in einem Ton sprechen zu hören, der leider nur zu deutlich die hoffnungslose Unterwerfung zeigte, mit der er sich bereits mit seinen Schrecken abgefunden hatte. Der einzige Trost, den ich finden konnte, war die Persönlichkeit und das kindliche Wesen seiner damals fünfzehnjährigen Stieftochter Johanna, die mir Spohrs Rose, wie bist du so schon mit großem Ausdruck und einer Stimme von außerordentlicher Schönheit vorsang.

Dann kehrte ich nach Dresden zurück und unternahm endlich bei herrlichem Wetter mit Minna und einer ihrer Schwestern die angenehme Reise nach Toplitz, wo wir am 9. Juni ankamen, wo wir in einem Gasthof zweiter Klasse, der Eiche, in Schönau Quartier einnahmen. Hier gesellte sich bald meine Mutter zu uns, die diesmal ihren alljährlichen Besuch in den warmen Bädern um so gerner machte, da sie mich dort anzutreffen wußte. War sie wegen meiner vorzeitigen Verheiratung mit ihr früher ein Vorurteil gegen Minna gehabt, so verwandelte sich dieses bei näherer Bekanntschaft mit ihren häuslichen Gaben bald in Achtung, und sie lernte die Gefährtin meiner traurigen Pariser Tage bald lieben. Wenn auch die Launen meiner Mutter nicht wenig Rücksichtnahme forderten, so entzückte mich doch besonders die erstaunliche Lebhaftigkeit ihrer fast kindlichen Phantasie, eine Fähigkeit, die sie sich so sehr bewahrte, daß sie sich eines Morgens beklagte, meine Erzählung der Tannhäuser-Sage am Abend zuvor habe ihr eine ganze Nacht angenehmer, aber höchst ermüdender Schlaflosigkeit beschert.

Durch flehende Briefe an Schletter, einen reichen Kunstmäzen in Leipzig, gelang es mir, für den in Paris in Not zurückgebliebenen Kietz etwas zu tun und Minna ärztlich zu behandeln. Auch meine eigene klägliche finanzielle Lage konnte ich einigermaßen verbessern. Kaum waren diese Aufgaben erledigt, so brach ich in meiner alten Knabenart zu einer mehrtägigen Wanderung durch die böhmischen Berge auf, um in den angenehmen Erinnerungen einer solchen Reise meinen Venusbergplan im Geiste auszuarbeiten. Dabei gefiel mir eine Einquartierung in Aussig am romantischen Schreckenstein , wo ich mehrere Tage die kleine Gaststube bewohnte, in der man mir nachts Stroh zum Schlafen auslegte. Ich fand Erholung in täglichen Besteigungen des Wostrai, des höchsten Gipfels in der Gegend, und die phantastische Einsamkeit belebte meinen jugendlichen Geist so sehr, dass ich eine ganze Mondnacht lang, nur in eine Decke gehüllt, auf den Ruinen des Schreckensteins umherkletterte, um selbst für den fehlenden Geist zu sorgen, und mich an der Hoffnung erfreute, einen vorbeikommenden Wanderer zu erschrecken.

Hier fertigte ich in meinem Taschenbuch den detaillierten Plan einer dreiaktigen Oper auf dem Venusberg an und führte anschließend die Komposition dieses Werkes streng nach der damals angefertigten Skizze aus.

Als ich eines Tages den Wostrai hinaufstieg, war ich erstaunt, als ich um die Ecke eines Tals bog und eine fröhliche Tanzmelodie hörte, die ein Ziegenhirte auf einem Felsen pfiff. Ich hatte sofort das Gefühl, im Chor der Pilger zu stehen, die im Tal am Ziegenhirten vorbeizogen. Aber ich konnte mich später nicht an die Melodie des Ziegenhirten erinnern und musste mir daher auf die übliche Weise selbst aus der Patsche helfen.

Bereichert durch diese Beute kehrte ich in wunderbar heiterer Stimmung und bei robuster Gesundheit nach Toplitz zurück, doch als ich die interessante Nachricht erhielt, dass Tichatschek und Schröder-Devrient im Begriff waren, zurückzukehren, sah ich mich gezwungen, noch einmal nach Dresden aufzubrechen. Ich tat diesen Schritt nicht so sehr, um keine der frühen Proben von Rienzi zu verpassen, sondern weil ich verhindern wollte, dass die Direktion den Rienzi durch etwas anderes ersetzte. Ich ließ Minna für einige Zeit bei meiner Mutter und kam am 18. Juli in Dresden an.

Ich mietete eine kleine Wohnung in einem seltsamen, inzwischen abgerissenen Haus gegenüber der Maximiliansallee und kam in ziemlich lebhaften Verkehr mit unseren Opernstars, die gerade zurückgekehrt waren. Meine alte Begeisterung für Schröder-Devrient erwachte wieder, als ich sie wieder häufiger in der Oper sah. Seltsam war die Wirkung, die sie auf mich machte, als ich sie zum ersten Mal in Grétrys Blaubart hörte, denn ich musste daran denken, dass dies die erste Oper war, die ich je gesehen hatte . Ich war als fünfjähriger Junge (ebenfalls in Dresden) dorthin mitgenommen worden und hatte noch immer meine wundersamen ersten Eindrücke davon. Alle meine frühesten Kindheitserinnerungen wurden wieder lebendig, und ich erinnerte mich daran, wie oft und mit welcher Betonung ich selbst Blaubarts Lied „Ha, die Falsche! Die Thure offen!" zur Belustigung des ganzen Hauses gesungen hatte, mit einem selbst gemachten Papierhelm auf dem Kopf. Mein Freund Heine erinnerte sich noch gut daran.

Im übrigen machten die Opernaufführungen keinen sehr positiven Eindruck auf mich; besonders fehlte mir der rauschende Klang des voll ausgestatteten Pariser Streichorchesters. Auch fiel mir auf, daß man bei der Eröffnung des schönen neuen Theaters ganz vergessen hatte, die Zahl dieser Instrumente dem vergrößerten Raum entsprechend zu erhöhen . Darin, wie auch in der allgemeinen, in vieler Hinsicht materiell mangelhaften Ausstattung der Bühne, machte sich auf mich eine gewisse Gemeinheit der deutschen Theaterkunst bemerkbar, die sich am deutlichsten bei der Wiedergabe des Pariser Opernrepertoires, oft mit miserablen Textübersetzungen, bemerkbar machte. War meine Unzufriedenheit mit dieser Behandlung der Oper schon in Paris groß gewesen, so kehrte das Gefühl, das mich einst von den deutschen Theatern dorthin trieb, jetzt mit verdoppelter Kraft zurück. Ich fühlte mich tatsächlich wieder erniedrigt und hegte in meiner Brust eine so tiefe Verachtung, dass ich eine Zeitlang den Gedanken, einen dauerhaften Vertrag zu unterschreiben, selbst bei einem der modernsten deutschen Opernhäuser, kaum ertragen konnte. Voller Trauer fragte ich mich jedoch, welche Schritte ich unternehmen könnte, um in dieser seltsamen Welt zwischen Ekel und Verlangen die Stellung zu halten.

Nur die Sympathie, die der Umgang mit außergewöhnlich begabten Menschen mir einflößte, ließ mich meine Bedenken überwinden. Dies gilt vor allem für mein großes Ideal, Schröder-Devrient, an deren künstlerischen Triumphen ich einst sehnlichst interessiert gewesen war. Allerdings waren viele Jahre vergangen, seit ich meine ersten jugendlichen Eindrücke von ihr gewonnen hatte. Was ihr Äußeres anbelangt, so war das Urteil, das Berlioz im folgenden Winter während seines Aufenthaltes in Dresden nach Paris schickte, insofern richtig, als ihre etwas „mütterliche" Beleibtheit für jugendliche Rollen ungeeignet war, besonders in männlicher Kleidung, die, wie im Rienzi, die Vorstellungskraft zu sehr beanspruchte. Ihre Stimme, die ihrer Qualität nach nie ein besonders gutes Medium für Gesang gewesen war, brachte sie oft in Schwierigkeiten, und insbesondere war sie gezwungen, beim Singen den Takt ein wenig in die Länge zu ziehen. Doch waren es weniger diese materiellen Hindernisse, die ihre Leistungen beeinträchtigten, als vielmehr die Tatsache, dass ihr Repertoire aus einer begrenzten Zahl von Hauptrollen bestand, die sie so häufig gesungen hatte, dass sich eine gewisse Monotonie in der bewussten Wirkungskalkulation oft zu einer Manieriertheit entwickelte, die aufgrund ihres Hangs zur Übertreibung manchmal geradezu schmerzhaft war.

Obwohl mir diese Mängel nicht entgehen konnten, war ich doch mehr als jeder andere besonders befähigt, über solche kleinen Schwächen hinwegzusehen und die unvergleichliche Größe ihrer Darbietungen mit Begeisterung zu erkennen. Tatsächlich bedurfte es nur des Reizes der Erregung, den das außergewöhnlich ereignisreiche Leben dieser Schauspielerin noch immer bot, um die schöpferische Kraft ihrer Blütezeit vollständig wiederherzustellen, eine Tatsache, von der ich später eindrucksvolle Beweise erhalten sollte. Aber ich war ernsthaft beunruhigt und deprimiert, als ich sah, wie stark die zersetzende Wirkung des Theaterlebens auf den Charakter dieser Sängerin war, die ursprünglich mit so großen und edlen Eigenschaften ausgestattet war. Aus dem Mund, durch den mich die inspirierten musikalischen Äußerungen der großen Schauspielerin erreichten, musste ich zu anderen Zeiten sehr ähnliche Sprache hören, wie sie sich, mit nur wenigen Ausnahmen, fast alle Heldinnen der Bühne hingeben. Der Besitz einer von Natur aus schönen Stimme oder auch nur bloße körperliche Vorteile, die ihre Rivalinnen in der Gunst des Publikums auf die gleiche Stufe wie sie selbst stellen könnten, waren mehr, als sie ertragen konnte; und sie war so weit davon entfernt, die würdevolle Ergebung zu erlangen, die eines großen Künstlers würdig wäre, dass ihre Eifersucht mit den Jahren bis zu einem schmerzhaften Ausmaß zunahm. Ich bemerkte dies umso mehr, als ich Grund hatte, darunter zu leiden. Eine Tatsache, die mir jedoch noch mehr Kummer bereitete, war, dass sie die Musik nicht leicht begriff und das Einstudieren einer neuen Partie mit Schwierigkeiten verbunden war, die dem Komponisten, der sie sein Werk beherrschen lassen musste, viele schmerzhafte Stunden bedeuteten. Ihre Schwierigkeiten beim Einlernen neuer Partien, insbesondere der des Adriano in Rienzi, brachten Enttäuschungen für sie mit sich, die mir viel Kummer bereiteten.

Wenn ich bei ihr mit einer großen, sensiblen Natur sehr zärtlich umgehen musste, so hatte ich es dagegen mit Tichatschek, seiner kindlichen Beschränktheit und oberflächlichen, aber außerordentlich glänzenden Begabung, sehr leicht. Er machte sich nicht die Mühe, seine Partien auswendig zu lernen, da er so musikalisch war, dass er die schwierigste Musik vom Blatt singen konnte, und hielt jedes weitere Studium für überflüssig, während bei den meisten anderen Sängern die Arbeit darin bestand, sich die Partitur anzueignen. Singte er also bei den Proben eine Partie oft genug durch, um sie sich einzuprägen, so ergab sich der Rest, das heißt alles, was mit Stimmkunst und dramatischer Darbietung zu tun hatte, von selbst. Auf diese Weise merkte er sich etwaige Schreibfehler im Text, und zwar mit so unverbesserlicher Hartnäckigkeit, dass er die falschen Worte mit genau demselben Ausdruck aussprach, als ob sie richtig wären. Einwendungen oder Hinweise auf den Sinn winkte er gutmütig mit der Bemerkung ab: „Ach, das wird bald gut." Und tatsächlich gab ich mich sehr bald damit ab und gab es ganz auf, zu versuchen, den Sänger dazu zu bewegen, seinen Verstand bei der Interpretation der Heldenrolle einzusetzen, wofür ich durch die unbeschwerte Begeisterung, mit der er sich in seine sympathische Rolle stürzte, und die unwiderstehliche Wirkung seiner brillanten Stimme sehr angenehm entschädigt wurde.

Mit Ausnahme dieser beiden Schauspieler, die die Hauptrollen spielten, stand mir nur sehr mäßiges Material zur Verfügung. Aber es gab reichlich guten Willen, und ich griff auf einen raffinierten Trick zurück, um den Dirigenten Reissiger zu häufigen Klavierproben zu bewegen. Er hatte sich bei mir darüber beschwert, wie schwierig es für ihn gewesen sei, ein gut geschriebenes Libretto zu bekommen, und fand es sehr vernünftig von mir, mir angewöhnt zu haben, mein eigenes zu schreiben. In seiner Jugend hatte er dies leider selbst versäumt, und doch fehlte ihm nichts anderes, um ein erfolgreicher Dramatiker zu werden. Ich muss gestehen, dass er „eine Menge

Melodie" besaß; aber diese, fügte er hinzu, schien nicht auszureichen, um die Sänger mit der erforderlichen Begeisterung zu begeistern. Seiner Erfahrung nach würde Schröder-Devrient in seiner Adele de Foix dieselbe Schlusspassage, mit der sie in Bellinis Romeo und Julia das Publikum in Ekstase versetzte, sehr gleichgültig wiedergeben. Der Grund dafür, so vermutete er, müsse im Thema liegen. Ich versprach ihm sofort, ihm ein Libretto zu liefern, in das er diese und ähnliche Melodien am besten einbringen könnte. Er stimmte dem gerne zu, und ich legte es daher zur Versifikation als geeigneten Text für Reissiger, meine Hohe Braut, beiseite, basierend auf König's Roman, den ich Scribe schon einmal vorgelegt hatte. Ich versprach, Reissiger zu jeder Klavierprobe eine Seite mit Versen zu bringen, und das tat ich gewissenhaft, bis das ganze Buch fertig war. Ich war sehr überrascht, als ich einige Zeit später erfuhr, dass Reissiger sich von einem Schauspieler namens Kriethe ein neues Libretto hatte schreiben lassen. Es hieß Der Untergang der Medusa. Dann erfuhr ich, dass die Frau des Dirigenten, die eine misstrauische Frau war, mit größter Besorgnis erfüllt war, als ich bereit war, ihrem Mann ein Libretto zu überlassen. Sie fanden beide das Buch gut und voller beeindruckender Effekte, aber sie vermuteten im Hintergrund eine Art Falle, aus der sie mit größter Vorsicht herauskommen mussten. Das Ergebnis war, dass ich mein Libretto wieder in den Besitz brachte und später meinem alten Freund Kittl in Prag dabei helfen konnte; er vertonte es selbst und nannte es Die Franzosen vor Nizza. Ich hörte, dass es in Prag häufig und mit großem Erfolg aufgeführt wurde, obwohl ich es nie selbst gesehen hatte; und gleichzeitig sagte mir ein lokaler Kritiker, dieser Text sei ein Beweis meiner wahren Begabung als Librettist und es sei ein Fehler, mich der Komposition zu widmen. Was meinen Tannhäuser dagegen anbelangte, erklärte Laube, es sei ein Unglück, dass ich keinen erfahrenen Dramatiker gefunden hätte, der mir einen anständigen Text für meine Musik liefern könnte.

Vorläufig jedoch hatte diese Arbeit der Verse den gewünschten Erfolg, und Reissiger blieb beständig beim Studium des Rienzi. Aber was ihn noch mehr ermutigte als meine Verse, war das wachsende Interesse der Sänger und vor allem die echte Begeisterung Tichatscheks. Dieser Mann, der so bereitwillig die Freuden des Theaterklaviers für eine Jagdgesellschaft aufgegeben hatte, betrachtete jetzt die Proben des Rienzi als ein wahres Vergnügen. Er besuchte sie stets mit strahlenden Augen und ausgelassener Gutmütigkeit. Ich fühlte mich bald in einem Zustand ständiger Erheiterung: Lieblingsstellen wurden bei jeder Probe von den Sängern mit Beifall begrüßt, und eine konzertierte Nummer des dritten Finales, die leider später wegen ihrer Länge weggelassen werden musste, wurde mir bei dieser Gelegenheit tatsächlich zu einer Quelle des Gewinns. Denn Tichatschek behauptete, dieses h-Moll sei so schön, dass jedes Mal etwas dafür bezahlt werden müsse, und er legte einen Silbergroschen hin und forderte die anderen auf, dasselbe zu tun, worauf sie alle fröhlich reagierten. Von diesem Tage an erklang bei den Proben jedesmal, wenn wir zu dieser Stelle kamen, der Ruf: „Jetzt kommt der Silbergroschenpart", und Schröder-Devrient, die ihre Börse hervorholte, meinte, diese Proben würden sie ruinieren. Dieses Trinkgeld wurde mir jedesmal gewissenhaft ausgehändigt, und niemand ahnte, daß diese als Scherz gegebenen Beiträge oft eine sehr willkommene Hilfe zur Deckung der Kosten unserer täglichen Nahrung waren. Denn Minna war Anfang August in Begleitung meiner Mutter aus Toplitz zurückgekehrt.

Wir lebten sehr sparsam in kühlen Unterkünften und warteten hoffnungsvoll auf den späten Tag unserer Erlösung. Die Monate August und September vergingen in Vorbereitung auf meine Arbeit unter häufigen Störungen, die durch das schwankende und spärliche Repertoire eines deutschen Opernhauses verursacht wurden, und erst im Oktober nahmen die gemeinsamen Proben einen solchen Charakter an, dass sie die Gewissheit einer schnellen Produktion versprachen. Von Beginn der allgemeinen Proben mit dem Orchester an teilten wir alle die Überzeugung, dass die Oper ohne Zweifel ein großer Erfolg werden würde. Schließlich erzeugten die Generalproben eine geradezu berauschende Wirkung. Als wir die erste Szene des zweiten Aktes mit vollständiger Kulisse versuchten und die Friedensboten eintraten, gab es einen allgemeinen Ausbruch der Emotionen, und selbst Schröder-Devrient, die bittere Vorurteile gegen ihre Rolle hatte, da es nicht die Rolle der Heldin war, konnte meine Fragen nur mit tränenerstickter Stimme beantworten. Ich glaube, dass die ganze Theatertruppe, bis hin zu ihren bescheidensten Funktionären, mich liebte, als wäre ich ein wahres Wunderkind, und ich liege wahrscheinlich nicht ganz falsch, wenn ich sage, dass vieles davon aus Sympathie und lebhaftem Mitgefühl für einen jungen Mann entstand, dessen außergewöhnliche Schwierigkeiten ihnen nicht unbekannt waren und der nun plötzlich aus völliger Unbekanntheit in die Pracht trat. Während der Pause bei der Generalprobe, als die anderen Mitglieder sich zerstreut hatten, um ihre strapazierten Nerven mit einem Mittagessen zu erfrischen, blieb ich auf einem Stapel Bretter auf der Bühne sitzen, damit niemand merkte, dass ich mich in der Zwickmühle befand, keine ähnliche Erfrischung zu bekommen. Eine kranke italienische Sängerin, die eine kleine Rolle in der Oper spielte, schien dies zu bemerken und brachte mir freundlicherweise ein Glas Wein und ein Stück Brot. Es tat mir leid, dass ich ihm im Laufe des Jahres sogar seine kleine Rolle vorenthalten musste, denn der Verlust desselben hatte eine solche Misshandlung durch seine Frau zur Folge, dass er durch eheliche Tyrannei in die Reihen meiner Feinde getrieben wurde. Als ich nach meiner Flucht aus Dresden im Jahre 1849 erfuhr, dass ich von eben diesem Sänger wegen angeblicher Mittäterschaft an dem Aufstand, der in dieser Stadt stattfand, bei der Polizei angezeigt worden war, dachte ich an dieses Frühstück während der Rienzi-Probe und fühlte mich für meine

Undankbarkeit bestraft, denn ich wusste, dass ich schuldig war, ihn in Schwierigkeiten mit seiner Frau gebracht zu haben.

Die Stimmung, in der ich der Uraufführung meines Werkes entgegensah, war ein einmaliges Erlebnis, das ich weder vorher noch nachher je empfunden habe. Meine liebe Schwester Clara teilte meine Gefühle vollkommen. Sie hatte in Chemnitz ein elendes bürgerliches Leben geführt, das sie gerade zu dieser Zeit verlassen hatte, um nach Dresden zu kommen und mein Schicksal zu teilen. Die arme Frau, deren unbestrittene künstlerische Begabung so früh erloschen war, schleppte sich mühsam als Ehefrau und Mutter durch ein bürgerliches Leben; aber jetzt, unter dem Einfluss meines wachsenden Erfolgs, begann sie freudig ein neues Leben zu atmen. Sie und ich und der würdige Chorleiter Fischer verbrachten unsere Abende mit der Familie Heine, immer noch bei Kartoffeln und Heringen und oft in wunderbar gehobener Stimmung. Am Abend vor unserer Uraufführung konnte ich unser Glück krönen, indem ich selbst eine Schüssel Punsch ausschöpfte. Mit gemischten Tränen und Lachen hüpften wir wie glückliche Kinder umher und bereiteten uns dann im Schlaf auf den triumphalen Tag vor, dem wir mit so viel Zuversicht entgegensahen .

Obwohl ich mir am Morgen des 20. Oktober 1842 vorgenommen hatte, keinen meiner Sänger durch einen Besuch zu stören, begegnete mir doch zufällig einer von ihnen, ein steifer Philister namens Risse, der einen kleinen Basspart auf langweilige, aber anständige Weise spielte. Der Tag war etwas kühl, aber wunderbar hell und sonnig, nach dem trüben Wetter, das wir gerade gehabt hatten. Wortlos grüßte mich dieses merkwürdige Wesen und blieb dann wie verzaubert stehen. Er sah mir nur mit Verwunderung und Entzücken ins Gesicht, um herauszufinden, und so gelang es ihm schließlich, es mir in seltsamer Verwirrung zu sagen, wie ein Mann aussah, der an diesem Tag ein so außergewöhnliches Schicksal erleiden sollte. Ich lächelte und dachte, dass es tatsächlich ein Tag der Krise war, und versprach ihm, bald mit ihm im Gasthof Stadt Hamburg ein Glas des ausgezeichneten Weines zu trinken, den er mir mit so viel Aufregung empfohlen hatte.

Kein späteres Erlebnis ist mit den Empfindungen vergleichbar, die den Tag der Uraufführung des Rienzi kennzeichneten. Bei allen späteren Uraufführungen meiner Werke war ich von einer nur allzu begründeten Besorgnis über ihren Erfolg so erfüllt, dass ich weder die Oper genießen noch mir eine wirkliche Einschätzung ihrer Aufnahme durch das Publikum machen konnte. Was meine späteren Erlebnisse bei der Generalprobe des Tristan und Isolde betrifft, so fand diese unter so außergewöhnlichen Umständen statt und ihre Wirkung auf mich unterschied sich so grundlegend von der der Uraufführung des Rienzi, dass zwischen beiden unmöglich ein Vergleich gezogen werden kann.

Der unmittelbare Erfolg des Rienzi war ohne Zweifel schon im voraus gesichert. Aber die nachdrückliche Art, in der das Publikum seine Anerkennung bekundete, war insofern außergewöhnlich, als in Städten wie Dresden die Zuschauer nie in der Lage sind, sich am ersten Abend endgültig für ein bedeutendes Werk zu entscheiden und daher gegenüber Werken unbekannter Autoren eine Haltung eisiger Zurückhaltung einnehmen. Aber dies war naturgemäß ein Ausnahmefall, denn das zahlreiche Personal des Theaters und die Musikertruppe hatten die Stadt im voraus mit so glühenden Berichten über meine Oper überschwemmt, daß die ganze Bevölkerung in fieberhafter Erwartung dem versprochenen Wunder entgegensah. Ich saß mit Minna, meiner Schwester Clara und der Familie Heine in einer Loge, und wenn ich mich an meinen Zustand an jenem Abend zu erinnern versuche, kann ich ihn mir nur mit dem ganzen Drum und Dran eines Traumes vorstellen. Von wirklicher Freude oder Aufregung fühlte ich überhaupt nichts: ich schien ganz abseits von meinem Werk zu stehen; während mich der Anblick des dicht gefüllten Zuschauerraumes so sehr erregte, daß ich nicht einmal einen Blick auf die Masse des Publikums werfen konnte, dessen Anwesenheit auf mich bloß wie eine Naturerscheinung, wie ein anhaltender Regenguß wirkte, vor dem ich mich in der hintersten Ecke meiner Loge wie unter einem schützenden Dache in Sicherheit brachte. Applaus nahm ich überhaupt nicht wahr, und wenn ich am Ende der Akte stürmisch aufgerufen wurde, mußte ich jedesmal von Heine mit Gewalt daran erinnert und auf die Bühne getrieben werden. Dagegen erfüllte mich eine große Sorge mit wachsender Besorgnis: ich bemerkte, daß die ersten beiden Akte so lange gedauert hatten wie z. B. der ganze Freischütz. Der dritte Akt beginnt wegen seiner kriegerischen Waffenrufe mit einem außerordentlichen Lärm, und als am Schluß die Uhr auf zehn zeigte, die Vorstellung also schon volle vier Stunden gedauert hatte, war ich vollkommen verzweifelt. Daß ich auch nach diesem Akt noch einmal laut gerufen wurde, betrachtete ich nur als letzte Höflichkeit des Publikums, das damit zu verstehen geben wollte, daß es für einen Abend genug hatte und nun geschlossen das Haus verlassen würde. Da wir noch zwei Akte vor uns hatten, hielt ich es für ausgemacht, daß wir das Stück nicht zu Ende bringen konnten, und entschuldigte mich für meine Unklugheit, nicht vorher die nötigen Kürzungen vorgenommen zu haben. Nun befand ich mich dank meiner Torheit in der unerhörten Lage, eine sonst so gut aufgenommene Oper einfach deshalb nicht zu Ende bringen zu können, weil sie absurd lang war. Den unverminderten Eifer der Sänger, insbesondere Tichatscheks, der mit zunehmender Dauer immer lustvoller und fröhlicher zu werden schien, konnte ich mir nur als einen liebenswürdigen Trick erklären, um mir die unvermeidliche Katastrophe zu verheimlichen. Aber mein Erstaunen, das Publikum auch im letzten Akt – gegen Mitternacht – noch in voller Stärke da zu finden, erfüllte mich mit grenzenloser Ratlosigkeit. Ich traute meinen Augen und Ohren nicht mehr und empfand den ganzen Abend als Alptraum. Es war schon nach Mitternacht, als ich zum letzten Mal Seite an Seite mit meinen treuen Sängern den donnernden Rufen des Publikums Folge leisten musste.

Meine Verzweiflung über die beispiellose Länge meiner Oper wurde noch verstärkt durch die Laune meiner Verwandten, die ich nach der Vorstellung noch kurz sah. Friedrich Brockhaus und seine Familie waren mit einigen Freunden aus Leipzig angereist und hatten uns ins Wirtshaus eingeladen, um bei einem netten Abendessen den erfreulichen Erfolg zu feiern und vielleicht auf mein Wohl anzustoßen. Aber als wir ankamen, waren Küche und Keller geschlossen und alle so erschöpft, dass man nur noch Geschrei über den beispiellosen Fall einer Oper hörte, die von sechs Uhr bis nach zwölf dauerte. Es wurden keine weiteren Worte gewechselt und wir stahlen uns ganz benommen davon.

Am nächsten Morgen gegen acht Uhr erschien ich im Büro, um im Falle einer zweiten Aufführung die notwendigen Kürzungen der Stimmen zu veranlassen. Hatte ich im vergangenen Sommer mit dem treuen Chorleiter Fischer um jeden Takt gestritten und bewiesen, dass sie alle unverzichtbar waren, so war ich jetzt von einer blinden Wut ergriffen, es nicht mehr zu tun . Kein einziger Teil meiner Partitur schien mehr notwendig – was das Publikum am Vorabend hatte schlucken müssen, erschien jetzt als ein Chaos schierer Unmöglichkeiten, von denen jede einzelne ohne den geringsten Schaden oder die Gefahr der Unverständlichkeit weggelassen werden konnte. Mein einziger Gedanke war jetzt, wie ich meine Ansammlung von Monstrositäten auf ein vernünftiges Maß reduzieren konnte. Durch schonungslose und rücksichtslose Abkürzungen, die ich dem Kopisten übergab, hoffte ich eine Katastrophe abzuwenden, denn ich erwartete nichts weniger, als daß der Generaldirektor, die Stadt und das Theater mir noch am selben Tage zu verstehen geben würden, daß so etwas wie die Aufführung meines Letzten Tribunen vielleicht einmal als Kuriosität gestattet werden könne, aber nicht öfter. Den ganzen Tag vermied ich es daher sorgfältig, in die Nähe des Theaters zu gehen, um meinen heroischen Abkürzungen Zeit zu geben, ihre heilsame Wirkung zu tun und die Kunde davon in der Stadt zu verbreiten. Mittags aber schaute ich noch einmal bei den Kopisten vorbei, um mich zu überzeugen, daß alles so ausgeführt worden sei, wie ich es befohlen hatte. Da erfuhr ich, daß auch Tichatschek dort gewesen war und nach Überprüfung der von mir angeordneten Auslassungen deren Ausführung verboten hatte. Auch Fischer, der Chorleiter, wollte mit mir darüber sprechen: die Arbeit ruhte, und ich sah große Verwirrung voraus. Ich verstand nicht, was das alles zu bedeuten hatte, und fürchtete, es könnte Unheil anrichten, wenn die mühselige Aufgabe sich verzögerte. Endlich suchte ich Tichatschek gegen Abend im Theater auf. Ohne ihm Gelegenheit zu geben, zu sprechen, fragte ich ihn barsch, warum er die Arbeit der

Kopisten unterbrochen habe. Mit halb erstickter Stimme erwiderte er kurz und trotzig: „Ich lasse mir nichts von meiner Rolle wegschneiden, sie ist zu himmlisch." Ich starrte ihn ausdruckslos an und fühlte mich dann wie verzaubert: Ein so unerhörtes Zeugnis meines Erfolgs konnte mich aus meiner seltsamen Angst reißen. Andere schlossen sich ihm an, Fischer strahlte vor Freude und lachte über die Lippen. Alle sprachen von der enthusiastischen Erregung, die die ganze Stadt erschütterte. Dann kam ein Dankesbrief des Kommissars, in dem er meine großartige Arbeit würdigte. Mir blieb jetzt nichts anderes übrig, als Tichatschek und Fischer zu umarmen und mich auf den Weg zu machen, um Minna und Clara zu informieren, wie die Dinge standen.

Nach ein paar Ruhetagen für die Schauspieler fand am 26. Oktober die zweite Vorstellung statt, allerdings mit verschiedenen Kürzungen, für die ich nur mit Mühe Tichatscheks Zustimmung einholen konnte. Obwohl die Vorstellung immer noch viel länger als gewöhnlich war, hörte ich keine besonderen Beschwerden und übernahm schließlich Tichatscheks Ansicht, dass, wenn er es aushalten könne, das Publikum es auch könne. Sechs Vorstellungen lang, die alle eine ähnliche Lawine von Applaus erhielten, ließ ich die Sache also ihren Lauf nehmen.

Meine Oper hatte jedoch auch das Interesse der älteren Prinzessinnen der königlichen Familie erregt. Sie empfanden ihre ermüdende Länge als Nachteil, wollten aber dennoch nichts davon missen. Lüttichau schlug mir daher vor, das Stück in voller Länge, aber jeweils zur Hälfte an zwei aufeinanderfolgenden Abenden aufzuführen. Dies gefiel mir sehr gut, und nach einer Pause von einigen Wochen kündigten wir für den ersten Tag Rienzis Größe und für den zweiten Sein Untergang an. Am ersten Abend spielten wir zwei Akte, am zweiten drei, und für den letzteren komponierte ich ein besonderes Vorspiel. Dies fand die volle Zustimmung unserer erlauchten Gönner und besonders der beiden ältesten, der Prinzessinnen Amalie und Augusta. Das Publikum dagegen betrachtete dies einfach als zwei Eintrittsgelder für eine Oper und erklärte die neue Anordnung für einen entschiedenen Betrug. Der Unmut über die Änderung war so groß, dass er dem Publikum tatsächlich zum Verhängnis zu werden drohte, und die Direktion sah sich nach drei Aufführungen des geteilten Rienzi gezwungen, zur alten Regelung zurückzukehren, was ich ihr durch die Wiedereinführung meiner Kürzungen gern ermöglichte.

Von da an füllte das Stück das Haus bis zum Bersten, so oft es aufgeführt werden konnte, und die Dauerhaftigkeit seines Erfolges wurde noch deutlicher, als ich zu erkennen begann, wie sehr es mich von vielen Seiten beneidete. Meine erste Erfahrung damit war wahrhaft schmerzlich und kam aus den Händen des Dichters Julius Mosen, und zwar am Tag nach der Uraufführung. Als ich im Sommer zum ersten Mal nach Dresden kam, hatte ich ihn aufgesucht, und da ich eine wirklich hohe Meinung von seinem Talent hatte, wurde unser Verkehr bald intimer und bereitete mir viel Freude und Belehrung. Er hatte mir einen Band seiner Dramen gezeigt, der mich im Großen und Ganzen außerordentlich ansprach. Darunter befand sich eine Tragödie, Cola Rienzi, die dasselbe Thema wie meine Oper behandelte, und zwar auf eine für mich teilweise neue Weise, die ich für wirkungsvoll hielt. In Bezug auf dieses Gedicht hatte ich ihn gebeten, mein Libretto nicht zu beachten, da es in der Qualität seiner Poesie unmöglich mit seinem eigenen verglichen werden konnte; und es kostete ihn wenig Opfer, der Bitte nachzukommen. Es traf sich, daß er kurz vor der ersten Aufführung meines Rienzi in Dresden Bernhard von Weimar, eines seiner unglücklichsten Stücke, aufgeführt hatte, dessen Ausgang ihm wenig Freude bereitet hatte. Dramatisch war es ein lebloses, nur auf politische Ansprachen abzielendes Ding und hatte das unvermeidliche Schicksal aller derartigen Verirrungen geteilt. Er hatte daher mit einiger Verdrossenheit dem Erscheinen meines Rienzi entgegengesehen und mir seinen bitteren Kummer darüber gestanden, daß er in Dresden mit seiner gleichnamigen Tragödie keinen Anklang finden konnte. Dies, so vermutete er, rühre von der etwas ausgeprägten politischen Tendenz her, die bei einem Sprechstück von ähnlichem Thema gewiß stärker auffallen würde als bei einer Oper, wo von vornherein niemand auf die Worte achtet. Ich hatte ihn in dieser Geringschätzung des Stoffes in der Oper freundlich bestätigt; und war daher umso verblüffter, als er mich, als ich ihn am Tag nach der ersten Vorstellung bei meiner Schwester Louisa fand, sofort mit einem verächtlichen Ausbruch der Verärgerung über meinen Erfolg überschüttete. Aber er entdeckte in mir ein seltsames Gefühl der grundlegenden Unwirklichkeit in der Oper eines solchen Themas wie jenem, das ich gerade mit so viel Erfolg in Rienzi illustriert hatte, so dass ich, von einem geheimen Gefühl der Scham bedrückt, keine ernsthafte Erwiderung auf seine offenkundig giftigen Beschimpfungen anzubieten hatte. Meine Verteidigungslinie war mir selbst noch nicht klar genug, um spontan zur Verfügung zu stehen, noch wurde sie durch ein so offensichtliches Produkt meiner eigenen besonderen Genialität gestützt, dass ich es wagen konnte, es zu zitieren. Außerdem war mein erster Impuls nur Mitleid mit dem unglücklichen Dramatiker, dem ich mich umso mehr verpflichtet fühlte, Ausdruck zu verleihen, weil sein Wutausbruch mir die innere Befriedigung gab, zu wissen, dass er meinen großen Erfolg anerkannte, dessen ich mir selbst noch nicht ganz bewusst war.

Aber diese Uraufführung des Rienzi bewirkte noch viel mehr. Sie gab Anlass zu Kontroversen und riss eine immer tiefere Kluft zwischen mich und die Zeitungskritiker. Herr Karl Bank, der eine Zeitlang der oberste Musikkritiker in Dresden gewesen war, kannte ich schon aus Magdeburg, wo er mich einmal besuchte und mit Entzücken meinem Spiel einiger ziemlich langer Passagen aus meinem Liebesverbot zuhörte. Als wir uns in Dresden wiedersahen, konnte mir dieser Mann nicht verzeihen, dass ich ihm keine Karten für die Uraufführung des Rienzi besorgen konnte. Dasselbe geschah mit einem gewissen Herrn Julius Schladebach, der sich ebenfalls etwa zu dieser Zeit als Kritiker in Dresden niederließ. Obwohl ich immer darauf bedacht war, allen gegenüber freundlich zu sein, empfand ich damals doch eine unüberwindliche Abneigung dagegen, jemandem besondere Ehrerbietung zu erweisen, nur weil er Kritiker war. Mit der Zeit trieb ich diese Regel bis zur fast systematischen Unhöflichkeit und war infolgedessen mein ganzes Leben lang das Opfer beispielloser Verfolgungen durch die Presse. Noch war dieser Groll jedoch nicht so groß, denn damals hatte der Journalismus in Dresden noch nicht begonnen, sich einen Namen zu machen. Es gingen so wenige Beiträge von dort an die Presse, daß unsere künstlerischen Tätigkeiten andernorts kaum Beachtung fanden, was für mich allerdings nicht ohne Nachteile blieb. So berührte mich die unangenehme Seite meines Erfolges vorläufig kaum, und ich fühlte mich für eine kurze Zeit zum ersten und einzigen Mal in meinem Leben so angenehm vom Atem des allgemeinen Wohlwollens getragen, daß alle meine früheren Sorgen reichlich belohnt schienen.

Denn weitere und ganz unerwartete Früchte meines Erfolges zeigten sich nun mit erstaunlicher Schnelligkeit, wenn auch nicht so sehr in Form von materiellem Gewinn, der sich vorläufig auf neunhundert Mark beläuft, die mir die Generalversammlung als außerordentliche Gage statt der üblichen zwanzig Goldlouis zahlte . Auch wagte ich nicht, die Hoffnung zu hegen, mein Werk gewinnbringend an einen Verleger zu verkaufen, bis es in einigen anderen bedeutenden Städten aufgeführt worden war. Aber das Schicksal wollte es, daß durch den plötzlichen Tod des königlichen Kapellmeisters Rastrelli, der kurz nach der Uraufführung des Rienzi eintrat, unerwartet eine Stelle frei wurde, zu deren Besetzung sich alle Augen sofort auf mich richteten.

Während die Verhandlungen über diese Angelegenheit langsam vor sich gingen, bewies der Generalrat noch in anderer Richtung ein geradezu leidenschaftliches Interesse an meinen Talenten. Er bestand darauf, die Uraufführung des „Fliegenden Holländers" auf keinen Fall der Berliner Oper zu überlassen, sondern Dresden als eine Ehre vorzubehalten. Da die Berliner Behörden keine Hindernisse erhoben, übergab ich auch mein neuestes Werk sehr gern dem Dresdner Theater. Wenn ich dabei auf Tichatscheks Beistand verzichten musste, da es in dem Stück keine führende Tenorrolle gab, so konnte ich um so sicherer auf die hilfreiche Mitarbeit Schröder-Devrients rechnen, der in der weiblichen Hauptrolle eine würdigere Aufgabe zugewiesen war als die, die sie in „Rienzi" gehabt hatte. Ich war froh, mich so ganz auf sie verlassen zu können, da sie infolge ihres geringen Anteils am Erfolg des „Rienzi" seltsam unlustig gegen mich geworden war. Die Vollständigkeit meines Vertrauens in sie bewies ich mit einer für meine eigene Arbeit keineswegs vorteilhaften Übertreibung, indem ich Wachter, einem einst fähigen, jetzt aber etwas zarten Bariton, die männliche Hauptrolle einfach aufdrängte. Er war in jeder Hinsicht für die Aufgabe völlig ungeeignet und nahm sie nur mit unverhohlenem Zögern an. Als ich mein Stück meiner angebeteten Primadonna vorlegte, war ich sehr erleichtert, festzustellen, dass seine Poesie sie besonders ansprach. Dank des echten persönlichen Interesses, das der Charakter und das Schicksal dieser außergewöhnlichen Frau unter ganz besonderen Umständen in mir erweckten, wurde unsere Einstudierung der Rolle der Senta, die uns oft in enge Berührung brachte, zu einer der aufregendsten und bedeutsamsten lehrreichsten Perioden meines Lebens.

Zwar zeigte die große Schauspielerin, besonders unter dem Einfluß ihrer berühmten Mutter Sophie Schröder, die gerade zu Besuch bei ihr war, unverhohlenen Ärger darüber, daß ich ein so glänzendes Werk wie den Rienzi für Dresden komponiert hatte, ohne ihr die Hauptrolle ausdrücklich zu überlassen. Doch siegte über diesen selbstsüchtigen Impuls die Großzügigkeit ihrer Gesinnung: sie bezeichnete mich laut als „Genie" und bedachte mich mit jenem besonderen Vertrauen, das, wie sie sagte, nur einem Genie gebühre. Als sie mich aber einlud, Mittäter und Ratgeber in ihren wirklich furchtbaren Liebesaffären zu werden, begann dieses Vertrauen freilich seine riskante Seite zu haben; dennoch gab es anfangs Gelegenheiten, bei denen sie sich vor aller Welt offen als meine Freundin erklärte und die schmeichelhaftesten Unterscheidungen zu meinen Gunsten machte.

Zunächst hatte ich sie auf einer Reise nach Leipzig zu begleiten, wo sie ein Benefizkonzert für ihre Mutter gab, das sie besonders reizvoll zu gestalten glaubte, indem sie zwei Stücke aus Rienzi in das Programm aufnahm – die Arie des Adriano und das Heldengebet (letzteres gesungen von Tichatschek), und beide unter meiner persönlichen Leitung. Mendelssohn, der ebenfalls sehr befreundet mit ihr war, hatte sich ebenfalls zu diesem Konzert verleiten lassen und brachte seine damals ganz neue Ouvertüre zu Ruy Blas auf die Bühne. Während der zwei arbeitsreichen Tage, die ich bei dieser Gelegenheit in Leipzig verbrachte, kam ich zum ersten Mal in nähere Berührung mit ihm, nachdem sich meine bisherigen Kenntnisse von ihm auf einige seltene und völlig nutzlose Besuche beschränkt hatten. Im Hause meines Schwagers Fritz Brockhaus gaben er und Devrient uns viel Musik, wobei er sie bei einer Reihe von Schubert-Liedern begleitete. Hier wurde mir die eigentümliche Unruhe und Aufregung bewusst, mit der dieser Musikmeister, der zwar noch jung, aber bereits auf dem Höhepunkt seines Ruhmes und Lebenswerkes angelangt war, mich beobachtete oder vielmehr beobachtete. Ich konnte deutlich erkennen, dass er von einem Erfolg in der Oper, und das nur in

Dresden, nur wenig hielt. Zweifellos schien ich in seinen Augen einer Klasse von Musikern anzugehören, die er nicht schätzte und mit denen er keinen Verkehr haben wollte. Dennoch hatte mein Erfolg gewisse charakteristische Züge, die ihm ein mehr oder weniger beunruhigendes Aussehen verliehen. Mendelssohns sehnlichster Wunsch war es seit langem gewesen, eine erfolgreiche Oper zu schreiben, und es war möglich, dass er sich jetzt darüber ärgerte, dass ihm, bevor ihm dies gelungen war, ein Triumph dieser Art plötzlich mit stumpfer Brutalität ins Gesicht geschleudert wurde und auf einem Musikstil basierte, den er mit Recht als arm bezeichnen konnte. Wahrscheinlich war es für ihn nicht weniger ärgerlich, dass Devrient, dessen Begabung er anerkannte und der sein ergebener Bewunderer war, mich jetzt so offen und laut lobte. Diese Gedanken formten sich dunkel in meinem Kopf, als Mendelssohn mich durch eine sehr bemerkenswerte Aussage fast mit Gewalt dazu zwang, diese Interpretation anzunehmen. Auf unserem gemeinsamen Heimweg nach der gemeinsamen Konzertprobe sprach ich sehr lebhaft über das Thema Musik. Obwohl er keineswegs ein gesprächiger Mann war, unterbrach er mich plötzlich in merkwürdig hastiger Erregung mit der Behauptung, die Musik habe nur einen großen Fehler, nämlich dass sie mehr als jede andere Kunst nicht nur unsere guten, sondern auch unsere schlechten Eigenschaften, wie zum Beispiel Eifersucht, stimuliere. Ich errötete vor Scham, diese Rede auf seine eigenen Gefühle mir gegenüber anwenden zu müssen; denn ich war mir meiner Unschuld zutiefst bewusst, dass ich es mir nie auch nur im entferntesten vorgestellt hatte, meine eigenen Talente oder Leistungen als Musiker mit seinen zu vergleichen. Doch seltsamerweise zeigte er sich gerade bei diesem Konzert in einem Licht, das ihn keineswegs über jede Vergleichbarkeit mit mir hinausstellen konnte. Eine Aufführung seiner Ouvertüre „Hebriden" hätte ihn so unermesslich über meine beiden Opernmelodien gestellt, dass mir jede Scheu, neben ihm stehen zu müssen, erspart geblieben wäre, da die Kluft zwischen unseren beiden Produktionen unüberbrückbar war. Doch bei seiner Wahl der Ouvertüre „Ruy Blas" scheint er von dem Wunsch getrieben gewesen zu sein, sich bei dieser Gelegenheit so nah an den Opernstil zu wagen, dass dessen Wirksamkeit auf sein eigenes Werk zurückfallen könnte. Die Ouvertüre war offensichtlich für ein Pariser Publikum gedacht, und das Erstaunen, das Mendelssohn durch sein Auftreten in einem solchen Zusammenhang hervorrief, zeigte Robert Schumann am Ende auf seine eigene unbeholfene Art. Er näherte sich dem Musiker im Orchester und drückte höflich und mit einem freundlichen Lächeln seine Bewunderung für das gerade gespielte „brillante Orchesterstück" aus .

Aber der Wahrheit halber möchte ich nicht vergessen, dass weder er noch ich den wahren Erfolg dieses Abends hatten. Wir wurden beide völlig übertroffen von der gewaltigen Wirkung, die die grauhaarige Sophie Schröder bei einer Rezitation von Burgers L enore erzeugte. Während die

Tochter in den Zeitungen verspottet worden war, weil sie auf unfaire Weise alle möglichen musikalischen Reize eingesetzt hatte, um den Musikliebhabern von Leipzig ein Benefizkonzert für eine Mutter abzuluchsen, die nie etwas mit dieser Kunst zu tun hatte, mussten wir, die wir als ihre musikalischen Helfer und Unterstützer dort waren, wie so viele müßige Zauberer dastehen, während diese alte und fast zahnlose Dame Burgers Gedicht mit wahrhaft furchterregender Schönheit und Erhabenheit rezitierte. Diese Episode, wie so vieles andere, was ich in diesen wenigen Tagen sah, gab mir reichlich Stoff zum Nachdenken und Meditieren.

Ein zweiter Ausflug, den ich ebenfalls mit Devrient unternahm, führte mich im Dezember desselben Jahres nach Berlin, wo der Sänger zu einem großen Staatskonzert eingeladen war. Ich für meinen Teil wollte mit Direktor Küstner ein Interview über den Fliegenden Holländer führen. Obwohl ich in Bezug auf meine persönlichen Angelegenheiten zu keinem endgültigen Ergebnis kam, war dieser kurze Besuch in Berlin wegen meiner Begegnung mit Franz Liszt denkwürdig, die sich später als sehr wichtig erwies. Sie fand unter merkwürdigen Umständen statt, die ihn und mich in eine Situation besonderer Verlegenheit brachten, die auf die mutwilligste Weise durch Devrients ärgerliche Laune herbeigeführt wurde.

Ich hatte meiner Gönnerin bereits die Geschichte meiner früheren Begegnung mit Liszt erzählt. Während jenes schicksalsträchtigen zweiten Winters meines Aufenthalts in Paris, als ich endlich dankbar für Schlesingers Schreibarbeit war, erhielt ich eines Tages von Laube, der mich immer im Gedächtnis hatte, die Nachricht, dass F. Liszt nach Paris kommen würde. Er hatte mich ihm erwähnt und empfohlen, als er in Deutschland war, und riet mir, keine Zeit zu verlieren, ihn aufzusuchen, da er „großzügig" sei und sicherlich Mittel und Wege finden würde, mir zu helfen. Sobald ich hörte, dass er wirklich angekommen war, begab ich mich ins Hotel, um ihn zu sehen. Es war früh am Morgen. Als ich eintrat, traf ich mehrere seltsame Herren im Salon an, wo nach einiger Zeit Liszt selbst zu uns kam, angenehm und umgänglich und in seinem Hausmantel. Das Gespräch wurde auf Französisch geführt und drehte sich um seine Erfahrungen während seiner letzten beruflichen Reise nach Ungarn. Da ich mich wegen der Sprache nicht beteiligen konnte, hörte ich eine Zeit lang zu und langweilte mich zutiefst, bis er mich schließlich freundlich fragte, was er für mich tun könne. Er schien sich nicht an Laubes Empfehlung erinnern zu können, und ich konnte ihm nur antworten, dass ich seine Bekanntschaft machen wollte. Dagegen hatte er offensichtlich nichts einzuwenden und teilte mir mit, dass er mir eine Eintrittskarte für seine große Matinee zukommen lassen würde, die in Kürze stattfinden sollte. Mein einziger Versuch, ein künstlerisches Gesprächsthema einzubringen, war die Frage, ob er Lowes Erlkönig ebenso gut kenne wie Schuberts. Seine verneinende Antwort vereitelte diesen etwas unbeholfenen

Versuch, und ich beendete meinen Besuch, indem ich ihm meine Adresse gab. Dorthin schickte mir sein Sekretär Belloni mit ein paar höflichen Worten eine Eintrittskarte für ein Konzert, das der Meister persönlich in der Salle Erard geben würde. Ich begab mich pflichtgemäß in den überfüllten Saal und sah die Plattform, auf der der Flügel stand, dicht umringt von der Elite der Pariser Frauengesellschaft, und wurde Zeuge ihrer begeisterten Ovationen für diesen Virtuosen, der damals das Wunder der Welt war. Außerdem hörte ich einige seiner brillantesten Stücke, wie „Variationen über Robert le Diable", aber ich hatte keinen wirklichen Eindruck davon, außer dem der Betäubung. Dies geschah gerade zu dem Zeitpunkt, als ich einen Weg verließ, der meiner wahren Natur zuwidergelaufen war und mich in die Irre geführt hatte und dem ich nun in stiller Bitterkeit nachdrücklich den Rücken kehrte. Ich war daher nicht in der richtigen Stimmung für eine angemessene Würdigung dieses Wunderkindes, das damals im gleißenden Licht des Tages glänzte, von dem ich aber mein Gesicht der Nacht zugewandt hatte. Ich besuchte Liszt nicht mehr.

Wie bereits erwähnt, hatte ich Devrient diese Geschichte in groben Zügen erzählt, aber sie hatte sie mit besonderer Aufmerksamkeit zur Kenntnis genommen, da ich zufällig ihren schwachen Punkt der beruflichen Eifersucht berührt hatte. Da Liszt auch vom König von Preußen beauftragt worden war, beim großen Staatskonzert in Berlin aufzutreten, kam es vor, dass Liszt sie bei ihrer ersten Begegnung mit großem Interesse über den Erfolg von Rienzi befragte. Sie bemerkte daraufhin, dass der Komponist dieser Oper ein völlig unbekannter Mann sei, und fuhr mit seltsamer Bosheit fort, ihn wegen seines offensichtlichen Mangels an Scharfsinn zu verspotten, was durch die Tatsache bewiesen wurde, dass der besagte Komponist, der jetzt so stark sein Interesse erregte, derselbe arme Musiker war, den er kürzlich in Paris „so verächtlich abgewiesen" hatte. All dies erzählte sie mir mit triumphierender Miene, was mich sehr betrübte, und ich machte mich sofort daran, den falschen Eindruck zu korrigieren, den mein früherer Bericht vermittelt hatte. Während wir in ihrem Zimmer noch über diesen Punkt diskutierten, erschraken wir, als wir von der nächsten den berühmten Basspart in der „Revenge"-Arie von Donna Anna hörten, der in Oktaven schnell auf dem Klavier gespielt wurde. „Das ist Liszt selbst", rief sie. Liszt betrat dann das Zimmer, um sie zur Probe zu holen. Zu meiner großen Verlegenheit stellte sie mich ihm mit boshafter Freude als den Komponisten von Rienzi vor, den Mann, dessen Bekanntschaft er jetzt machen wollte, nachdem er ihm zuvor in seinem herrlichen Paris die Tür gewiesen hatte. Meine feierlichen Beteuerungen, dass meine Gönnerin – zweifellos nur im Scherz – meinen Bericht über meinen früheren Besuch bei ihm absichtlich verdrehte, beruhigten ihn anscheinend meinerseits, und andererseits hatte er sich zweifellos bereits eine eigene Meinung über die impulsive Sängerin gebildet. Er bedauerte zwar, dass er sich nicht an meinen Besuch in Paris erinnern konnte, aber es schockierte und beunruhigte ihn dennoch, zu erfahren, dass jemand Grund hatte, sich über eine solche Behandlung durch ihn zu beschweren. Die herzliche Aufrichtigkeit von Listz' einfachen Worten über dieses Missverständnis, im Gegensatz zu dem seltsam leidenschaftlichen Spott der unverbesserlichen Dame, machte auf mich einen höchst angenehmen und fesselnden Eindruck. Das ganze Verhalten des Mannes und die Art, wie er den unbarmherzigen Spott ihrer Angriffe abzuwehren suchte, war etwas Neues für mich und gab mir einen tiefen Einblick in seinen Charakter, der so fest in seiner Liebenswürdigkeit und grenzenlosen Gutmütigkeit war. Schließlich neckte sie ihn wegen des Doktorgrades, den ihm die Universität Königsberg gerade verliehen hatte, und gab vor, ihn für einen Chemiker zu halten. Schließlich streckte er sich flach auf dem Boden aus, flehte sie um Gnade an und erklärte, er sei dem Sturm ihrer Beschimpfungen völlig schutzlos ausgeliefert. Dann wandte er sich mir zu mit der herzlichen Versicherung, er werde es sich zur Aufgabe machen, Rienzi anzuhören, und werde sich auf jeden Fall bemühen, mir eine bessere Meinung von sich zu vermitteln, als sein böser Stern es bisher zugelassen hatte, und wir trennten uns für diesen Anlass.

Die fast naive Einfachheit und Natürlichkeit jedes seiner Sätze und Worte und insbesondere seine emphatische Art hinterließen bei mir einen tiefsten Eindruck. Niemand konnte sich diesen Eigenschaften entziehen, und jetzt wurde mir zum ersten Mal bewusst, welche fast magische Macht Liszt auf alle ausübte, die in engen Kontakt mit ihm kamen, und ich sah, wie falsch meine bisherige Meinung über die Ursache dieser Macht gewesen war.

Diese beiden Ausflüge nach Leipzig und Berlin unterbrachen die Zeit, die wir zu Hause dem Studium des „Fliegenden Holländers" widmeten, nur kurz. Es war mir daher äußerst wichtig, Schröder-Devrients reges Interesse an ihrer Rolle aufrechtzuerhalten, da ich angesichts der Schwäche der übrigen Besetzung überzeugt war, dass ich nur von ihr eine angemessene Interpretation des Geistes meines Werkes erwarten konnte.

Die Rolle der Senta war ihr im Grunde auf den Leib geschrieben, und gerade in diesem Augenblick gab es besondere Umstände in ihrem Leben, die ihr von Natur aus emotionales Temperament in höchste Spannung brachten. Ich war erstaunt, als sie mir anvertraute, dass sie im Begriff war, eine langjährige feste Verbindung abzubrechen, um in leidenschaftlicher Eile eine andere, viel weniger wünschenswerte einzugehen. Der verlassene Liebhaber, der ihr zärtlich ergeben war, war ein junger Leutnant der königlichen Garde und der Sohn Müllers, des ehemaligen Bildungsministers; ihre neue Wahl, dessen Bekanntschaft sie bei einem kürzlichen Besuch in Berlin gemacht hatte, war Herr von Münchhausen. Er war ein großer, schlanker junger Mann, und ihre Vorliebe für ihn war leicht zu erklären, als ich näher über ihre Liebesaffären informiert wurde. Es schien mir, dass ihr Vertrauen mir in dieser Angelegenheit aus ihrem schlechten Gewissen entsprang; sie wusste, dass Müller, den ich wegen seines vorzüglichen Wesens mochte, sie mit der Ernsthaftigkeit einer ersten Liebe geliebt hatte und dass sie ihn jetzt unter einem nichtigen Vorwand auf die treuloseste Weise betrog. Sie musste gewusst haben, dass ihr neuer Liebhaber ihrer völlig unwürdig war und dass seine Absichten frivol und selbstsüchtig waren. Sie wusste auch, dass niemand, und schon gar keiner ihrer älteren Freunde, die sie am besten kannten, ihr Verhalten billigen würde. Sie sagte mir offen, dass sie sich gezwungen gefühlt hatte, sich mir anzuvertrauen, weil ich ein Genie war und die Anforderungen ihres Temperaments verstehen würde. Ich wusste kaum, was ich davon halten sollte. Ihre Leidenschaft und die damit verbundenen Umstände stießen mich gleichermaßen ab; aber zu meinem Erstaunen musste ich gestehen, dass die mir so abstoßende Verliebtheit diese seltsame Frau so fest im Griff hatte, dass ich ihr ein gewisses Maß an Mitleid, ja sogar echte Sympathie nicht verweigern konnte.

Sie war blass und verstört, aß kaum etwas, und ihre Sinne waren einer so außerordentlichen Belastung ausgesetzt, dass ich glaubte, sie würde einer schweren, vielleicht tödlichen Krankheit nicht entgehen. Sie hatte schon lange keinen Schlaf mehr, und wenn ich ihr meinen unglücklichen Fliegenden Holländer brachte, erschreckten mich ihre Blicke so sehr, dass ich an die geplante Probe nicht mehr dachte. Aber sie bestand darauf; sie ließ mich ans Klavier setzen und stürzte sich dann in das Studium ihrer Rolle, als ginge es um Leben und Tod. Das eigentliche Lernen der Rolle fiel ihr sehr schwer, und nur durch wiederholtes und beharrliches Proben meisterte sie ihre Aufgabe. Sie sang stundenlang mit solcher Leidenschaft, dass ich oft erschrocken aufsprang und sie bat, sich zu schonen; dann zeigte sie lächelnd auf ihre Brust und spannte die Muskeln ihrer noch immer prächtigen Person an, um mich zu versichern, dass sie sich nichts antut. Ihre Stimme erlangte damals wirklich eine jugendliche Frische und Ausdauerkraft. Ich mußte gestehen, was mich oft erstaunte: diese Vernarrtheit in einen faden Niemand kam meiner Senta sehr zugute. Ihr Mut unter dieser großen Belastung war so groß, daß sie, da die Zeit drängte, einwilligte, die Generalprobe noch am Tage der Uraufführung abzuhalten, und so eine Verzögerung vermieden wurde, die für mich sehr nachteilig gewesen wäre.

Die Aufführung fand am 2. Januar 1843 statt. Ihr Ausgang war für mich äußerst lehrreich und führte zu einer Wende meiner Laufbahn. Der Mißerfolg der Aufführung lehrte mich, wie viel Sorgfalt und Voraussicht erforderlich waren, um die angemessene dramatische Interpretation meiner neuesten Werke sicherzustellen. Ich erkannte, daß ich mehr oder weniger geglaubt hatte, meine Partitur würde sich von selbst erklären und meine Sänger würden von selbst auf die richtige Interpretation kommen. Mein guter alter Freund Wachter, der zur Zeit von Henriette Sontags erstem

Erfolg ein beliebter „Barbier von Sevilla" war, hatte von Anfang an diskret anders gedacht. Leider sah selbst Schröder-Devrient erst, als die Proben zu weit fortgeschritten waren, wie völlig unfähig Wachter war, das Grauen und das höchste Leiden meines Seemanns zu erfassen. Seine beängstigende Korpulenz, sein breites, fettes Gesicht, die merkwürdigen Bewegungen seiner Arme und Beine, die er wie bloße Stümpfe aussehen ließ, trieben meine leidenschaftliche Senta zur Verzweiflung. Bei einer Probe, als sie in der großen Szene des zweiten Aktes in Gestalt eines Schutzengels zu ihm kommt, um ihm die Heilsbotschaft zu überbringen, brach sie ab und flüsterte mir verzweifelt ins Ohr: „Wie soll ich es sagen, wenn ich in diese Knopfaugen blicke? Herrgott, Wagner, was hast du da für ein Durcheinander angerichtet!" Ich tröstete sie, so gut ich konnte, und vertraute im Geheimen auf Herrn von Münchhausen, der mir treu versprach, an diesem Abend in der ersten Reihe des Parketts zu sitzen, so daß Devrients Blick auf ihn fallen müsse. Und die großartige Darbietung meiner großen Künstlerin, obgleich sie schrecklich allein auf der Bühne stand, vermochte im zweiten Akt doch Begeisterung zu erregen. Der erste Akt bot dem Publikum nichts als ein langweiliges Gespräch zwischen Herrn Wachter und jenem Herrn Risse, der mich zur Premiere des Rienzi zu einem vorzüglichen Glas Wein eingeladen hatte, und im dritten weckte das lauteste Toben des Orchesters weder das Meer aus seiner toten Stille noch das Phantomschiff aus seinem vorsichtigen Schaukeln. Das Publikum fragte sich, wie ich nach Rienzi, in dem es in jedem Akt von Zwischenfällen wimmelte und Tichatschek in einer endlosen Vielfalt von Kostümen glänzte, dieses grobe, dürftige und düstere Werk aufführen konnte.

Da Schröder-Devrient Dresden bald auf längere Zeit verließ, erlebte der Fliegende Holländer nur vier Aufführungen, wobei der abnehmende Zuschauerzuspruch deutlich machte, daß ich damit dem Dresdner Geschmack nicht entsprochen hatte. Die Direktion war gezwungen, den Rienzi wiederaufzuführen, um mein Ansehen zu wahren, und der Triumph dieser Oper im Vergleich zum Mißerfolg des Holländers gab mir Anlass zum Nachdenken. Ich mußte, wenn auch mit einigem Bedenken, zugeben, daß der Erfolg meines Rienzi nicht allein der Besetzung und der Inszenierung zuzuschreiben war, obwohl ich mir der Mängel durchaus bewußt war, an denen der Fliegende Holländer in dieser Hinsicht litt. Obwohl Wachter weit davon entfernt war, meine Vorstellungen vom Fliegenden Holländer zu verwirklichen, konnte ich mir doch nicht verhehlen, daß Tichatschek ebenso weit vom idealen Rienzi entfernt war. Seine abscheulichen Irrtümer und Mängel in der Darstellung der Rolle waren mir nie entgangen; er hatte nie seine brillanten und heroischen Manieren als Haupttenor ablegen können, um jene düstere, dämonische Spannung in Rienzis Temperament wiederzugeben, auf die ich an den kritischen Stellen des Dramas unmissverständlichen Nachdruck gelegt hatte. Im vierten Akt, nach der

Verkündung des Fluches, fiel er auf die melancholischste Weise auf die Knie und beklagte in kläglichem Ton sein Schicksal. Als ich ihm nahelegte, Rienzi müsse, obwohl innerlich verzweifelt, eine Haltung statuenhafter Festigkeit vor der Welt einnehmen, wies er mich auf die große Popularität hin, die das Ende eben dieses Aktes in seiner Interpretation gewonnen hatte, und deutete an, dass er nichts daran ändern wolle.

Und als ich über die wirklichen Ursachen des Erfolgs von Rienzi nachdachte, fand ich, dass er auf der brillanten und außerordentlich frischen Stimme des schwebenden, fröhlichen Sängers, auf der erfrischenden Wirkung des Chors und auf der heiteren Bewegung und Farbenpracht auf der Bühne beruhte. Einen noch überzeugenderen Beweis dafür erhielt ich, als wir die Oper in zwei Teile teilten und feststellten, dass der zweite Teil, der sowohl vom dramatischen als auch vom musikalischen Standpunkt aus wichtiger war, erheblich schlechter besucht war als der erste, und zwar aus dem sehr offensichtlichen Grund, wie ich dachte, dass das Ballett im ersten Teil stattfand. Mein Bruder Julius, der aus Leipzig zu einer der Aufführungen von Rienzi herübergekommen war, gab mir ein noch naiveres Zeugnis über den wirklichen Sinn der Oper. Ich saß mit ihm in einer offenen Loge, in voller Sicht des Publikums, und hatte ihn daher gebeten, von jeglichem Applaus abzusehen, selbst wenn er nur den Bemühungen der Sänger galt; er hielt sich den ganzen Abend über zurück, aber seine Begeisterung für eine bestimmte Figur des Balletts war zu groß für ihn, und er klatschte laut, zur großen Belustigung des Publikums, und sagte mir, er könne sich nicht länger zurückhalten. Merkwürdigerweise sicherte dasselbe Ballett dem Rienzi, der sonst mit Gleichgültigkeit aufgenommen wurde, die bleibende Vorliebe des gegenwärtigen Königs von Preußen [11] , der viele Jahre später die Wiederaufführung dieser Oper anordnete, obwohl es ihr völlig misslungen war, durch ihre Verdienste als Drama das Interesse des Publikums zu erregen.

[11] Wilhelm der Erste.

Als ich später einer Aufführung derselben Oper in Darmstadt beiwohnen musste, stellte ich fest, dass zwar die besten Teile gänzlich gestrichen werden mussten, die Ballette jedoch durch Zusätze und Wiederholungen erweitert werden mussten. Diese Ballettmusik, die ich in Riga in wenigen Tagen ohne jede Inspiration mit verächtlicher Hast zusammengestellt hatte, erschien mir außerdem so auffallend schwach, dass ich mich ihrer sogar in jenen Tagen in Dresden zutiefst schämte, als ich mich gezwungen sah, ihr bestes Element, die tragische Pantomime, zu unterlassen. Darüber hinaus erlaubten die Mittel des Balletts in Dresden nicht einmal die Ausführung meiner Bühnenanweisungen für den Kampf in der Arena oder für die sehr bedeutsamen Reigentänze, die beide später in Berlin bewundernswert aufgeführt wurden. Ich musste mich mit der demütigenden Ersetzung durch einen langen, albernen Stepptanz zweier unbedeutender Tänzer zufrieden geben, der von einer heranmarschierenden Kompanie Soldaten beendet wurde, die ihre Schilde hoch erhoben, um ein Dach zu bilden und das Publikum an das römische Testudo zu erinnern; dann sprangen der Ballettmeister und sein Assistent in fleischfarbenen Strumpfhosen auf die Schilde und schlugen Purzelbäume, eine Vorgehensweise, die ihrer Meinung nach an Gladiatorenspiele erinnerte. An dieser Stelle brach im ganzen Haus immer stürmischer Applaus aus, und ich musste zugeben, dass dieser Moment den Höhepunkt meines Erfolgs darstellte.

Ich hatte also meine Zweifel hinsichtlich der inneren Diskrepanz zwischen meinen inneren Zielen und meinem äußeren Erfolg; gleichzeitig brachte meine Annahme der Dirigentenstelle in Dresden eine entscheidende und verhängnisvolle Wende in meinem Schicksal, unter ebenso verwirrenden Umständen wie jenen vor meiner Heirat. Ich war den Verhandlungen, die zu dieser Anstellung führten, mit Zögern und einer keineswegs geheuchelten Kühle begegnet. Ich empfand nichts als Verachtung für das Theaterleben; eine Verachtung, die durch eine nähere Bekanntschaft mit dem anscheinend angesehenen Führungsgremium eines Hoftheaters, dessen Glanz nur mit arroganter Unwissenheit die demütigenden Bedingungen verbirgt, die diesem und dem modernen Theater im Allgemeinen zu eigen sind, keineswegs gemindert wurde. Ich sah, wie jeder edle Impuls bei denen, die sich mit Theaterangelegenheiten beschäftigten , unterdrückt wurde und eine Kombination der eitelsten und frivolsten Interessen durch ein lächerlich starres und bürokratisches System aufrechterhalten wurde; ich war nun völlig davon überzeugt, dass die Notwendigkeit, die Geschäfte des Theaters zu führen, das Widerwärtigste war, was ich mir vorstellen konnte. Als nun durch Rastrellis Tod die Versuchung aufkam, meiner inneren Überzeugung in Dresden untreu zu werden, erklärte ich meinen alten und vertrauten Freunden, dass ich die vakante Stelle nicht annehmen sollte.

Aber alles, was die menschliche Entschlossenheit erschüttern konnte, schloss sich dieser Entscheidung entgegen. Die Aussicht, den Lebensunterhalt durch eine Festanstellung mit festem Gehalt zu sichern, war unwiderstehlich. Ich kämpfte gegen die Versuchung an, indem ich mich an meinen Erfolg als Opernkomponist erinnerte, von dem ich vernünftigerweise erwarten konnte, dass er mir genug einbringen würde, um meinen bescheidenen Bedarf in einer Zweizimmerwohnung zu decken, wo ich ungestört an neuen Kompositionen arbeiten konnte. Als Antwort darauf sagte man mir, dass meine Arbeit selbst besser durch eine Festanstellung ohne anstrengende Pflichten gefördert würde, da ich seit der Fertigstellung des Fliegenden Holländers unter den gegebenen Umständen ein ganzes Jahr lang überhaupt keine Zeit zum Komponieren gefunden hatte. Ich war immer noch davon überzeugt, dass Rastrellis Posten als musikalischer Leiter, der dem Dirigenten unterstellt war, meiner nicht würdig war, und lehnte das Angebot ab, so dass die Direktion sich anderswo nach jemandem umsehen musste, der die Stelle besetzen konnte.

Von diesem besonderen Posten war daher keine Rede mehr, aber dann erfuhr ich, dass durch den Tod Morlacchis eine Hofkapellmeisterstelle frei geworden war und man annahm, dass der König bereit wäre, mir die Stelle anzubieten. Meine Frau war von dieser Aussicht sehr begeistert, denn in Deutschland wird auf diese lebenslang gültigen Hofanstellungen der größte Wert gelegt, und die damit verbundene blendende Ehrwürdigkeit wird deutschen Musikern als Gipfel irdischen Glücks angesehen. Das Angebot eröffnete uns in vielerlei Hinsicht die Aussicht auf freundschaftliche Beziehungen in einer Gesellschaft, die wir bis dahin nicht kannten. Häuslicher Komfort und soziales Prestige waren sehr verlockend für die heimatlosen Wanderer, die sich in vergangenen Tagen des Elends oft nach dem Komfort und der Sicherheit einer gesicherten und dauerhaften Position gesehnt hatten, wie sie ihnen jetzt unter dem erhabenen Schutz des Hofes offen stand. Der Einfluss von Caroline von Weber trug auf lange Sicht viel dazu bei, meinen Widerstand zu schwächen. Ich war oft in ihrem Haus und genoss ihre Gesellschaft sehr, was mir die Persönlichkeit meines noch immer innig geliebten Meisters sehr lebhaft in Erinnerung rief. Sie bat mich mit wahrhaft rührender Zärtlichkeit, diesem offensichtlichen Schicksalsbefehl nicht zu widerstehen, und behauptete, sie habe das Recht, mich zu bitten, mich in Dresden niederzulassen, um die Stelle auszufüllen, die der Tod ihres Mannes hinterlassen hatte. „Denken Sie nur", sagte sie, „wie ich Weber bei meiner Rückkehr wieder ins Gesicht sehen kann, wenn ich ihm sagen muss, dass das Werk, für das er in Dresden so hingebungsvolle Opfer gebracht hat, vernachlässigt wird; stellen Sie sich nur meine Gefühle vor, wenn ich den trägen Reissiger an der Stelle meines edlen Weber stehen sehe und wenn ich seine Opern von Jahr zu Jahr mechanischer aufgeführt höre. Wenn Sie Weber geliebt haben, sind Sie es seinem Andenken schuldig, an seine Stelle zu treten und sein Werk fortzuführen." Als erfahrene Frau von Welt wies sie mich auch energisch und umsichtig auf die praktische Seite der Sache hin und schärfte mir die Pflicht ein, an meine Frau zu denken, die im Falle meines Todes ausreichend versorgt wäre, wenn ich die Stelle annähme.

Die Eingebungen der Zuneigung, der Klugheit und des gesunden Menschenverstandes hatten jedoch weniger Gewicht in mir als die enthusiastische, in keiner Zeit meines Lebens völlig zerstörte Überzeugung, dass ich, wohin auch immer mich das Schicksal führte, ob nach Dresden oder anderswo, die Gelegenheit finden würde, meine Träume durch Strömungen in die Wirklichkeit umzusetzen, die durch eine Veränderung der alltäglichen Ordnung der Ereignisse in Gang gesetzt wurden. Alles, was dazu nötig war, war die Ankunft einer leidenschaftlichen und ehrgeizigen Seele, die, mit viel Glück im Rücken, die verlorene Zeit wiedergutmachen und durch ihren veredelnden Einfluss die Befreiung der Kunst von ihren schändlichen Fesseln erreichen konnte. Die wunderbare und schnelle Veränderung, die in meinem Schicksal stattgefunden hatte, konnte eine solche Hoffnung nicht verfehlen, und ich war verführt, als ich die deutliche Veränderung bemerkte, die in der gesamten Haltung des Generaldirektors Lüttichau mir gegenüber stattgefunden hatte. Dieser seltsame Mensch zeigte mir eine Freundlichkeit, derer ihm bisher niemand zugetraut hätte, und dass er von einem echten Gefühl persönlicher Güte mir gegenüber getrieben war, davon konnte ich selbst zur Zeit meiner späteren unaufhörlichen Differenzen mit ihm absolut überzeugt sein.

Dennoch kam die Entscheidung überraschend. Am 2. Februar 1843 wurde ich sehr höflich in das Büro des Direktors eingeladen und traf dort den Generalstab des königlichen Orchesters, in dessen Gegenwart mir Lüttichau durch Vermittlung meines unvergessenen Freundes Winkler feierlich ein königliches Reskript vorlas, das mich ab sofort zum Dirigenten Seiner Majestät mit einem Lebensgehalt von 4.500 Mark jährlich ernannte. Nach der Verlesung dieses Dokuments hielt Lüttichau eine mehr oder weniger feierliche Rede, in der er annahm, dass ich die Gunst des Königs dankbar annehmen würde. Bei dieser höflichen Zeremonie entging mir nicht, dass jede Möglichkeit zukünftiger Verhandlungen über die Höhe des Gehalts ausgeschlossen war; andererseits war eine wesentliche Ausnahme zu meinen Gunsten, die Aufhebung der selbst Weber seinerzeit auferlegten Bedingung, ein Jahr Probezeit unter dem Titel eines bloßen Musikdirektors abzuleisten, geeignet, meine bedingungslose Annahme zu sichern. Meine neuen Kollegen gratulierten mir, und Lüttichau begleitete mich mit den höflichsten Worten bis zu meiner eigenen Tür, wo ich meiner armen Frau in die Arme fiel, die vor Freude ganz schwindlig war. Daher war mir völlig klar, dass ich die Sache so gut wie möglich darstellen musste, und wenn ich nicht unerhört beleidigen wollte, musste ich mir selbst zu meiner Ernennung zum königlichen Kapellmeister gratulieren.

Wenige Tage, nachdem ich in feierlicher Sitzung den Eid als Diener des Königs abgelegt und die Zeremonie der Vorstellung vor dem versammelten Orchester durch eine begeisterte Rede des Generaldirektors durchlaufen hatte, wurde ich zu einer Audienz bei Seiner Majestät gerufen. Als ich die Züge des freundlichen, höflichen und schlichten Monarchen sah, musste ich unwillkürlich an meinen jugendlichen Versuch einer politischen Ouvertüre zum Thema Friedrich und Freiheit denken. Unsere etwas verlegene Unterhaltung erheiterte sich, als der König seine Zufriedenheit mit den beiden meiner Opern zum Ausdruck brachte, die in Dresden aufgeführt worden waren. Er drückte mit höflichem Zögern seine Meinung aus, dass, wenn meine Opern etwas zu wünschen übrig ließen, es eine klarere

Definition der verschiedenen Charaktere in meinen Musikdramen sei. Er fand, das Interesse an den Personen werde von den elementaren Kräften überwältigt, die neben ihnen figurierten – in Hienzi der Pöbel, im Fliegenden Holländer das Meer. Ich glaubte, seine Bedeutung vollkommen zu verstehen, und dieser Beweis seiner aufrichtigen Anteilnahme und seines ursprünglichen Urteils gefiel mir sehr. Er entschuldigte sich auch im Voraus für einen möglichen, seltenen Besuch meiner Opern, und zwar ausschließlich mit einer besonderen Abneigung gegen Theaterbesuche. Diese Abneigung war das Ergebnis einer der Regeln seiner frühen Erziehung. Er und sein Bruder John, der eine ähnliche Abneigung entwickelt hatte, waren lange Zeit gezwungen, regelmäßig ins Theater zu gehen, während er, um die Wahrheit zu sagen, es oft vorgezogen hätte, in Ruhe gelassen zu werden und unabhängig von der Etikette seinen eigenen Beschäftigungen nachzugehen.

Als typisches Beispiel für den Geist eines Höflings erfuhr ich später, dass Lüttichau, der während dieser Audienz im Vorzimmer auf mich warten musste, über die lange Dauer der Audienz sehr verärgert war. Im Laufe meines Lebens wurde mir nur zweimal mehr die Möglichkeit gegeben, persönlich mit dem guten König zu verkehren und zu sprechen. Das erste Mal war, als ich ihm die Widmungskopie der Klavierpartitur meines Rienzi überreichte; und das zweite Mal war nach meiner sehr erfolgreichen Bearbeitung und Aufführung der Iphigenie in Aulis von Gluck, dessen Opern er besonders liebte, als er mich auf der Promenade anhielt und mir zu meiner Arbeit gratulierte.

Diese erste Audienz beim König markierte den Höhepunkt meiner hastig eingeschlagenen Laufbahn in Dresden; von da an machte sich die Angst auf vielfältige Weise bemerkbar. Ich erkannte sehr schnell die Schwierigkeiten meiner materiellen Lage, da es bald klar wurde, dass die Vorteile, die ich durch neue Anstrengungen und meine jetzige Anstellung erlangte, in keinem Verhältnis zu den schweren Opfern und Verpflichtungen standen, die ich auf mich nahm, sobald ich eine unabhängige Laufbahn einschlug. Der junge Musikdirektor von Riga, längst vergessen, erschien plötzlich in einer erstaunlichen Reinkarnation als königlicher Kapellmeister des Königs von Sachsen. Die ersten Früchte der allgemeinen Wertschätzung meines Glücks nahmen die Gestalt drängender Gläubiger und Drohungen mit Strafverfolgung an; dann folgten Forderungen der Königsberger Kaufleute, denen ich durch jene schrecklich elende und jämmerliche Flucht aus Riga entkommen war. Ich hörte auch von Leuten aus den entferntesten Gegenden, die glaubten, Ansprüche auf mich zu haben, sogar aus meiner Schüler-, ja Schulzeit , bis ich schließlich vor Erstaunen aufschrie, als ich als nächstes eine Rechnung von der Amme erwartete, die mich gestillt hatte. Das alles war keine sehr große Summe, und ich erwähne es nur wegen der bösen Gerüchte, die, wie ich Jahre später erfuhr, über die Höhe meiner

Schulden damals im Umlauf waren. Mit dreitausend Mark, die ich mir gegen Zinsen von Schröder-Devrient geliehen hatte, zahlte ich nicht nur diese Schulden zurück, sondern entschädigte auch die Opfer, die Kietz in den Tagen meiner Armut in Paris für mich erbracht hatte, ohne je eine Gegenleistung zu erwarten. Außerdem konnte ich ihm praktisch von Nutzen sein. Woher aber sollte ich auch diese Summe nehmen, da meine Not bisher so groß war, daß ich Schröder-Devrient zu einer Beschleunigung der Proben des „Fliegenden Holländers" drängen mußte, indem ich sie darauf hinwies, wie ungeheuer wichtig mir das Honorar für die Aufführung sei? Für die Ausgaben meiner Wohnung in Dresden, die meiner Stellung als Hofkapellmeister angemessen sein mußte, und auch für die Anschaffung einer lächerlichen und kostspieligen Hofuniform hatte ich keine Mittel, so daß ich, da ich über keinerlei private Mittel verfügte, ohne daß ich mir Geld gegen Zinsen borgen hätte, überhaupt nicht in der Lage gewesen wäre, damit anzufangen.

Aber niemand, der von dem außerordentlichen Erfolg des Rienzi in Dresden wusste, konnte sich des Glaubens erwehren, dass meine Opern auf den deutschen Bühnen sofort und lukrativ an Popularität gewinnen würden. Meine eigenen Verwandten, selbst die umsichtige Ottilie, waren davon so überzeugt, dass sie dachten, ich könne mit Sicherheit damit rechnen, mein Gehalt durch die Einnahmen aus meinen Opern mindestens zu verdoppeln. Ganz am Anfang schienen die Aussichten tatsächlich glänzend; die Partitur meines Fliegenden Holländers wurde vom Königlichen Theater in Kassel und vom Rigaer Theater bestellt, das ich aus alten Zeiten so gut kannte, weil sie darauf erpicht waren, bald etwas von mir aufzuführen, und gehört hatten, dass diese Oper kleiner war und weniger Anforderungen an die Bühnenleitung stellte als der Rienzi. Im Mai 1843 erhielt ich von beiden Orten gute Berichte über den Erfolg der Aufführungen. Aber das war vorläufig alles, und ein ganzes Jahr verging, ohne dass die geringste Nachfrage nach einer meiner Partituren aufkam. Man versuchte mir durch die Veröffentlichung der Klavierpartitur des „Fliegenden Holländers" einen Vorteil zu verschaffen, da ich mir den „Rienzi" nach den erzielten Erfolgen als nützliches Kapital für eine günstigere Gelegenheit aufheben wollte; aber der Plan wurde durch den Widerstand der Herren Härtel in Leipzig vereitelt, die zwar durchaus bereit waren, meine Oper zu veröffentlichen, dies aber nur unter der Bedingung tun wollten, dass ich darauf verzichtete, dafür ein Entgelt zu verlangen.

So musste ich mich vorläufig mit der moralischen Genugtuung meiner Erfolge begnügen, zu denen meine unverkennbare Popularität beim Dresdner Publikum und die mir entgegengebrachte Achtung und Aufmerksamkeit gehörten. Aber auch in dieser Hinsicht waren meine utopischen Träume dazu bestimmt, gestört zu werden. Ich glaube, mein

Auftreten in Dresden markierte den Beginn einer neuen Ära im Journalismus und in der Kritik, die in ihrem Ärger über meinen Erfolg Nahrung für ihre bis dahin nur wenig entwickelte Vitalität fand. Die beiden bereits erwähnten Herren, C. Bank und J. Schladebach, hatten, wie ich jetzt weiß, zu dieser Zeit erstmals ihren ständigen Wohnsitz in Dresden bezogen; ich weiß, dass sie, als Zweifel an der Dauerhaftigkeit von Banks Anstellung aufkamen, aufgrund der Zeugnisse und Empfehlungen meines jetzigen Kollegen Reissiger entlassen wurden. Der Erfolg meines Rienzi war diesen Herren, die nun als Musikkritiker der Dresdner Presse etabliert waren, eine große Verärgerung gewesen, weil ich keine Anstrengungen unternahm, ihre Gunst zu gewinnen; Sie waren daher nicht unzufrieden, als sich eine Gelegenheit bot, den Zorn ihres Hasses über den allseits beliebten jungen Musiker auszugießen, der die Sympathie des wohlwollenden Publikums gewonnen hatte, teilweise aufgrund der Armut und des Unglücks, die ihm bis dahin zuteilgeworden waren. Das Bedürfnis nach jeglicher Art menschlicher Rücksicht war mit meiner „unerhörten" Ernennung zum königlichen Dirigenten plötzlich verschwunden. Jetzt „ging es mir gut", „zu gut", um genau zu sein, und der Neid fand seine passende Nahrung; dies bot einen vollkommen klaren und verständlichen Angriffspunkt, und bald verbreitete sich in der deutschen Presse, in den Spalten der Dresden News, eine Einschätzung meiner Person, die sich bis heute, bis auf einen Punkt, nie grundlegend geändert hat. Diese einzige Änderung, die rein vorübergehend war und sich auf Zeitungen einer politischen Couleur beschränkte, erfolgte bei meiner ersten Ansiedlung als politischer Flüchtling in der Schweiz, hielt aber nur an, bis meine Opern durch Liszts Bemühungen trotz meiner Verbannung in ganz Deutschland aufgeführt wurden. Die unmittelbar nach der Dresdner Aufführung eingehenden Bestellungen zweier Theater für eine meiner Partituren waren lediglich der bis dahin noch geringen Tätigkeit meiner journalistischen Kritiker geschuldet. Die Einstellung aller Nachforschungen führte ich, gewiß nicht ohne Grund, vor allem auf die unwahren und verleumderischen Berichte in den Zeitungen zurück.

Mein alter Freund Laube versuchte tatsächlich, mich in der Presse zu verteidigen. Am Neujahrstag 1843 übernahm er wieder die Redaktion der Zeitung für die Elegante Welt und bat mich, ihm für die erste Nummer eine biographische Mitteilung über mich zu liefern. Es bereitete ihm offensichtlich große Freude, mich der literarischen Welt so triumphierend vorzustellen, und um dem Thema mehr Bedeutung zu verleihen, fügte er dieser Nummer eine Beilage in Form einer lithographischen Reproduktion meines Porträts von Kietz bei. Aber nach einiger Zeit wurde sogar er in seinem Urteil über meine Werke ängstlich und verwirrt, als er sah, wie systematisch und zunehmend bösartig sie verleumdet, herabgesetzt und verachtet wurden. Er gestand mir später, dass er sich nie eine so verzweifelte Lage wie die meine gegenüber den vereinten Kräften des Journalismus hätte vorstellen können, und als er meine Ansicht zu der Frage hörte, lächelte er und gab mir seinen Segen, als wäre ich eine verlorene Seele.

Außerdem war eine Veränderung in der Einstellung derjenigen zu beobachten, die in meiner Arbeit unmittelbar mit mir verbunden waren, und dies lieferte sehr akzeptables Material für die journalistische Kampagne. Ich war, wenn auch nicht aus ehrgeizigem Impuls, dazu verleitet worden, darum zu bitten, die Aufführungen meiner eigenen Werke dirigieren zu dürfen. Ich stellte fest, dass Reissiger bei jeder Aufführung von Rienzi in seinem Dirigat nachlässiger wurde und dass die gesamte Aufführung in die alte, vertraute, ausdruckslose und eintönige Aufführung zurückfiel; und da meine Ernennung bereits zur Debatte stand, hatte ich um Erlaubnis gebeten, die sechste Aufführung meines Werkes persönlich zu dirigieren. Ich dirigierte, ohne eine einzige Probe abgehalten zu haben und ohne vorherige Erfahrung, an der Spitze des Dresdner Orchesters. Die Aufführung verlief prächtig; Sänger und Orchester wurden mit neuem Leben erfüllt, und jeder musste zugeben, dass dies die beste Aufführung von Rienzi war, die je gegeben worden war. Die Proben und die Leitung des Fliegenden Holländers wurden mir bereitwillig übertragen, da Reissiger infolge des Todes des musikalischen Leiters Rastrelli mit Arbeit überhäuft war. Darüber hinaus wurde ich gebeten, Webers Euryanthe zu dirigieren, um damit meine Fähigkeit, auch andere Partituren als meine eigenen zu interpretieren, direkt unter Beweis zu stellen. Offenbar waren alle zufrieden, und es war der Ton dieser Aufführung, der Webers Witwe so sehr dazu bewegte, mich als Dirigent in Dresden zu verpflichten; sie erklärte, sie habe zum ersten Mal seit dem Tod ihres Mannes eine korrekte Interpretation seines Werkes gehört, sowohl was den Ausdruck als auch das Tempo angeht.

Daraufhin fühlte sich Reissiger, der lieber einen Musikdirektor unter sich gehabt hätte, aber stattdessen einen gleichberechtigten Kollegen erhalten hatte, durch meine Ernennung beleidigt. Obwohl seine eigene Trägheit ihn zu Frieden und gutem Einvernehmen mit mir geneigt hätte, sorgte seine ehrgeizige Frau dafür, seine Furcht vor mir zu schüren. Dies führte nie zu einer offen feindseligen Haltung seinerseits, aber ich bemerkte von da an gewisse Indiskretionen in der Presse, die mir zeigten, dass die Freundlichkeit meines Kollegen, der nie mit mir sprach, ohne mich vorher zu umarmen, nicht von der ehrenhaftesten Art war.

Ich erhielt auch einen ganz unerwarteten Beweis dafür, dass ich den bitteren Neid eines anderen Mannes auf mich gezogen hatte, dessen Gefühle ich nicht zu verdächtigen hatte. Es war Karl Lipinsky, ein zu seiner Zeit berühmter Violinist, der viele Jahre lang das Dresdner Orchester geleitet hatte. Er war ein Mann von feurigem Temperament und originellem Talent, aber von unglaublicher Eitelkeit, die sein emotionales, misstrauisches polnisches Temperament gefährlich machte. Ich war immer ärgerlich an ihm, denn so inspirierend und lehrreich sein Spiel für die technische Ausführung der Geiger auch war, so war er doch sicherlich nicht geeignet, der Leiter eines erstklassigen Orchesters zu sein. Dieser außergewöhnliche Mensch versuchte, das Lob des Direktors Lüttichau für sein Spiel zu rechtfertigen, das immer über dem Rest des Orchesters zu hören war; er kam ein wenig vor den anderen Geigen ins Spiel; er war ein Leiter im doppelten Sinne, da er immer ein wenig voraus war. In Bezug auf den Ausdruck verhielt er sich ähnlich und markierte seine leichten Variationen in den Klavierpassagen mit fanatischer Genauigkeit . Es war nutzlos, mit ihm darüber zu sprechen, da nichts außer der geschicktesten Schmeichelei eine Wirkung auf ihn hatte. So musste ich es so gut wie möglich ertragen und mir Mittel und Wege ausdenken, um seine negativen Auswirkungen auf die Orchesteraufführungen als Ganzes durch die höflichsten Umschreibungen zu vermindern. Trotzdem konnte er die höhere Wertschätzung, die die Aufführungen des Orchesters unter meiner Leitung erfuhren, nicht ertragen, weil er dachte, dass das Spiel eines Orchesters, dessen Leiter er war, immer ausgezeichnet sein musste, wer auch immer am Dirigentenpult stand. Nun geschah es, wie es immer der Fall ist, wenn ein neuer Mann mit frischen Ideen in sein Amt eingeführt wird, dass die Mitglieder des Orchesters mit den verschiedensten Vorschlägen für Verbesserungen zu mir kamen, die bisher vernachlässigt worden waren; und Lipinsky, der darüber bereits verärgert war, nutzte einen bestimmten Fall dieser Art zu einem besonders heimtückischen Zweck. Einer der ältesten Kontrabassisten war gestorben. Lipinsky drängte mich, dafür zu sorgen, dass die Stelle nicht auf die übliche Weise durch Beförderungen aus den Reihen unseres eigenen Orchesters besetzt, sondern auf seine Empfehlung hin einem angesehenen und talentierten Kontrabassisten aus Darmstadt namens Müller übertragen wird. Als der Musiker, dessen Dienstaltersrechte auf diese Weise bedroht waren, sich an mich wandte, hielt ich mein Versprechen gegenüber Lipinsky, erklärte meine Ansichten über den Missbrauch von Beförderungen aufgrund des Dienstalters und erklärte, dass ich es gemäß meinem Eid gegenüber dem König für meine oberste Pflicht halte, die Wahrung der künstlerischen Interessen der Institution vor allem anderen zu berücksichtigen. Zu meinem großen Erstaunen stellte ich dann fest, obwohl es dumm von mir war, überrascht zu sein, dass sich das gesamte Orchester wie ein Mann gegen mich wandte, und als sich die Gelegenheit zu einer Diskussion zwischen Lipinsky und mir über seine zahlreichen eigenen Beschwerden ergab, beschuldigte er mich tatsächlich, durch meine Bemerkungen im Fall des Kontrabassisten gedroht zu haben, die wohlverwurzelten Rechte der Orchestermitglieder zu untergraben, deren Wohlergehen zu schützen meine Pflicht war. Lüttichau, der im Begriff war, Dresden für einige Zeit zu verlassen, war äußerst beunruhigt, da Reissiger in den Ferien war und die musikalischen Angelegenheiten in einem so gefährlichen Zustand der

Unruhe zurücklassen wollte. Der Betrug und die Unverschämtheit, deren Opfer ich gewesen war, waren mir eine Offenbarung, und ich schöpfte aus dieser Erfahrung die nötige Ruhe, um den bedrängten Direktor durch die überzeugendsten Versicherungen zu beruhigen, dass ich die Leute verstünde, mit denen ich zu tun hatte, und entsprechend handeln würde. Ich hielt mein Wort treu und geriet nie wieder mit Lipinsky oder einem anderen Mitglied des Orchesters in Konflikt. Im Gegenteil, alle Musiker waren mir bald so fest zugetan, dass ich immer auf ihre Hingabe stolz sein konnte.

Von diesem Tag an war jedoch eines sicher: dass ich als Kapellmeister in Dresden nicht sterben würde. Mein Posten und meine Arbeit in Dresden wurden mir fortan zur Last, was ich durch die bisweilen hervorragenden Ergebnisse meiner Bemühungen umso deutlicher wahrnahm.

Meine Position in Dresden brachte mir jedoch einen Freund, dessen enge Beziehungen zu mir unsere künstlerische Zusammenarbeit in Dresden lange überdauerten. Jedem Dirigenten wurde ein musikalischer Leiter zugewiesen; er musste ein Musiker mit gutem Ruf, ein hart arbeitender, anpassungsfähiger und vor allem ein Katholik sein, denn die beiden Dirigenten waren Protestanten, was den Geistlichen der katholischen Kathedrale viel Ärger bereitete, da zahlreiche Positionen aus dem Orchester besetzt werden mussten. August Röckel, ein Neffe von Hummel, der sich aus Weimar um diese Position bewarb, lieferte Beweise für seine Eignung in all diesen Punkten. Er gehörte einer alten bayerischen Familie an; sein Vater war Sänger und hatte zur Zeit der Uraufführung von Beethovens Fidelio die Rolle des Florestan gesungen und war selbst mit dem Meister in engem Kontakt geblieben, über dessen Leben durch seine Fürsorge viele Einzelheiten erhalten geblieben sind. Seine spätere Stellung als Gesangslehrer führte ihn in die Theaterleitung und führte die deutsche Oper mit so großem Erfolg in Paris ein, dass die Popularität von Fidelio und Der Freischütz beim französischen Publikum, dem diese Werke völlig unbekannt waren, seinem bewundernswerten Unternehmungsgeist zugeschrieben werden muss, der auch für Schröder-Devrients Debüt in Paris verantwortlich war. August Röckel, sein Sohn, der noch ein junger Mann war, hatte durch die Hilfe seines Vaters bei diesen und ähnlichen Unternehmungen praktische Erfahrungen als Musiker gesammelt. Da sich das Geschäft seines Vaters seit einiger Zeit sogar bis nach England erstreckte, hatte August durch den Kontakt mit vielen Menschen und Dingen praktische Kenntnisse aller Art erworben und außerdem Französisch und Englisch gelernt. Aber die Musik war sein gewählter Beruf geblieben, und sein großes natürliches Talent rechtfertigte die höchsten Hoffnungen auf Erfolg. Er war ein ausgezeichneter Pianist, las Partituren mit größter Leichtigkeit, besaß ein außergewöhnlich feines Gehör und hatte in der Tat alle Voraussetzungen für einen praktischen Musiker. Als Komponist wurde er nicht so sehr von einem starken Schaffensdrang getrieben, sondern von dem Wunsch, zu zeigen, was er konnte; Der Erfolg, den er anstrebte, bestand eher darin, den Ruf eines klugen Opernkomponisten zu erlangen als die Anerkennung als herausragender Musiker, und er hoffte, sein Ziel durch die Produktion populärer Werke zu erreichen. Angetrieben von diesem bescheidenen Ehrgeiz hatte er eine Oper, Farinelli, fertiggestellt, für die er auch das Libretto geschrieben hatte, mit keinem anderen Ziel als dem, denselben Ruf wie sein Schwager Lortzing zu erlangen.

Er brachte mir diese Partitur und bat mich – es war sein erster Besuch, bevor er in Dresden eine meiner Opern gehört hatte –, ihm etwas aus Rienzi und dem Fliegenden Holländer vorzuspielen. Sein offenherziger, angenehmer Charakter veranlasste mich, seinen Wünschen nach Möglichkeit nachzukommen, und ich bin überzeugt, dass ich bald einen so großen und unerwartet starken Eindruck auf ihn machte, dass er von diesem Augenblick an beschloss, mich nicht weiter mit der Partitur seiner Oper zu belästigen. Erst als wir näher zusammengerückt waren und gemeinsame persönliche Interessen entdeckt hatten, veranlasste ihn der Wunsch, seine Arbeit zu nutzen, mich zu bitten, meine praktische Freundschaft zu beweisen, indem ich meine Aufmerksamkeit seiner Partitur zuwandte. Ich machte verschiedene Vorschläge, wie sie verbessert werden könnte, aber er war bald so hoffnungslos angewidert von seiner eigenen Arbeit, dass er sie völlig beiseite legte und sich nie wieder ernsthaft veranlasst fühlte, eine ähnliche Aufgabe zu übernehmen. Als er meine fertigen Opern und Pläne für neue Werke näher kennenlernte, erklärte er mir, er sehe es als seine Berufung an, die Rolle des Zuschauers zu spielen, mein treuer Helfer und Interpret meiner neuen Ideen zu sein und mich, soweit es seine Aufgabe sei, von allen Unannehmlichkeiten meiner offiziellen Stellung und meines Umgangs mit der Außenwelt vollständig zu befreien und zumindest so weit wie möglich zu entlasten. Er wolle, sagte er, vermeiden, in die lächerliche Lage zu geraten, selbst Opern zu komponieren, während er in enger Freundschaft mit mir lebe.

Dennoch versuchte ich, ihn zu ermuntern, sein Talent zu nutzen, und machte ihn zu diesem Zweck auf mehrere Handlungsstränge aufmerksam, die er meiner Meinung nach ausarbeiten sollte. Dazu gehörte auch die Idee eines kleinen französischen Dramas mit dem Titel Cromwells Tochter, das später als Stoff für einen sentimentalen Hirtenroman verwendet wurde und für dessen Ausarbeitung ich ihm einen ausführlichen Plan vorlegte.

Aber am Ende blieben alle meine Bemühungen vergebens, und es zeigte sich, dass sein produktives Talent schwach war. Dies lag vielleicht zum Teil an seinen äußerst dürftigen und schwierigen häuslichen Verhältnissen, die so waren, dass der arme Kerl sich aufreibte, um seine Frau und seine zahlreichen heranwachsenden Kinder zu ernähren. Tatsächlich beanspruchte er meine Hilfe und mein Mitgefühl auf ganz andere Weise, als indem er mein Interesse an seiner künstlerischen Entwicklung weckte. Er war ungewöhnlich klar im Kopf und besaß eine seltene Fähigkeit, sich auf allen Gebieten des Wissens und der Erfahrung zu lehren und zu bilden; er war außerdem so aufrichtig und gutherzig, dass er bald mein enger Freund und Kamerad wurde. Er war und blieb der einzige Mensch, der die einzigartige Natur meiner Stellung gegenüber der umgebenden Welt wirklich erkannte und mit dem ich die daraus resultierenden Sorgen und Nöte ausführlich und aufrichtig besprechen konnte. Welche schrecklichen Prüfungen und Erfahrungen, welche schmerzlichen Ängste unser gemeinsames Schicksal über uns bringen sollte, wird sich bald zeigen.

In der ersten Zeit meiner Niederlassung in Dresden lernte ich noch einen anderen treuen und lebenslangen Freund kennen, der jedoch aufgrund seiner Eigenschaften weniger entscheidenden Einfluss auf meine Karriere hatte. Es handelte sich um einen jungen Arzt namens Anton Pusinelli, der in meiner Nähe wohnte. Er nutzte die Gelegenheit einer Serenade, die der Dresdner Gesangverein zu meinem dreißigsten Geburtstag sang, um mir persönlich seine herzliche und aufrichtige Zuneigung auszudrücken. Wir schlossen bald eine stille Freundschaft, von der wir beide profitierten. Er wurde mein fürsorglicher Hausarzt, und während meines von zunehmenden Schwierigkeiten geprägten Aufenthalts in Dresden hatte er reichlich Gelegenheit, mir zu helfen. Seine finanzielle Lage war sehr gut, und seine bereitwillige Selbstaufopferung ermöglichte es ihm, mir beträchtlichen Beistand zu leisten und mich durch viele herzliche Verpflichtungen an ihn zu binden.

Eine weitere Entwicklung meiner Verbindung mit meinem Dresdner Kumpel wurde durch die freundlichen Annäherungsversuche der Familie des Kammerherrn von Konneritz ermöglicht. Seine Frau, Marie von Konneritz (geb. Fink), war eine Freundin der Gräfin Ida Hahn-Hahn und brachte ihre Wertschätzung für meinen Erfolg als Komponist mit großer Wärme, ich möchte fast sagen, mit Begeisterung zum Ausdruck. Ich wurde oft in ihr Haus eingeladen und schien durch diese Familie mit der höheren Aristokratie von Dresden in Kontakt zu kommen. Ich konnte jedoch nur die Randzone berühren, da wir wirklich nichts gemeinsam hatten . Freilich machte ich hier die Bekanntschaft der Gräfin Rossi, der berühmten Sontag, von der ich zu meinem echten Erstaunen aufs herzlichste begrüßt wurde, und ich erhielt dadurch das Recht, mich ihr später in Berlin mit einem gewissen Grad an Vertrautheit zu nähern. Die seltsame Art und Weise, in der ich bei dieser Gelegenheit über diese Dame desillusioniert wurde, wird zu gegebener Zeit erzählt. Ich möchte hier nur erwähnen, dass ich aufgrund meiner früheren Erfahrungen in der Welt ziemlich unempfindlich gegen Täuschungen geworden war und mein Wunsch, diese Kreise näher kennenzulernen, schnell einer völligen Hoffnungslosigkeit und einem völligen Unbehagen in ihrem Lebensbereich wich.

Obwohl das Ehepaar Konneritz während meines langen Aufenthaltes in Dresden freundschaftlich blieb, hatte die Verbindung doch nicht den geringsten Einfluss auf meine Entwicklung oder meine Stellung. Nur einmal, anlässlich eines Streits zwischen Lüttichau und mir, bemerkte Lüttichau, dass Frau von Konneritz mir durch ihre maßlosen Lobpreisungen den Kopf verdreht und mich meine Stellung ihm gegenüber vergessen ließ. Aber bei dieser Stichelei vergaß er, dass, wenn eine Frau aus den höheren Rängen der Dresdner Gesellschaft einen wirklichen und belebenden Einfluss auf meinen inneren Stolz ausgeübt hatte, diese Frau seine eigene Frau, Ida von Lüttichau (geb. von Knobelsdorf) war.

Die Macht, die diese kultivierte, sanfte und vornehme Dame über mein Leben ausübte, war von einer Art, die ich jetzt zum ersten Mal erlebte und die von großer Bedeutung sein könnte, wenn ich mit häufigerem und intimerem Verkehr begünstigt worden wäre. Aber es war weniger ihre Stellung als Frau des Generaldirektors als ihre ständige Krankheit und meine eigene besondere Abneigung, aufdringlich zu erscheinen, die unser Zusammentreffen, außer in seltenen Abständen, verhinderten. Meine Erinnerungen an sie vermischen sich in meiner Erinnerung etwas mit denen meiner eigenen Schwester Rosalie. Ich erinnere mich an den zarten Ehrgeiz, der mich beseelte, die ermutigende Sympathie dieser sensiblen Frau zu gewinnen, die in der rohesten Umgebung schmerzlich dahinsiechte. Meine früheste Hoffnung auf die Erfüllung dieses Ehrgeizes erwuchs aus ihrer Wertschätzung meines „Fliegenden Holländers", trotz der Tatsache, dass dieser, dicht gefolgt von „Rienzi", das Dresdner Publikum so verwirrt hatte. Auf diese Weise war sie sozusagen die Erste, die gegen den Strom schwamm und mir auf meinem neuen Weg entgegenkam. Diese Eroberung berührte mich so sehr, dass ich die Oper, als ich sie später veröffentlichte, ihr widmete. In meinem Bericht über meine späteren Jahre in Dresden werde ich noch ausführlicher von der warmen Sympathie für meine neue Entwicklung und meine liebsten künstlerischen Ziele berichten, die ich ihr zu verdanken hatte. Aber wir hatten keinen wirklichen Verkehr, und der Charakter meines Lebens in Dresden wurde durch diese Bekanntschaft, die sonst so wichtig wäre, nicht beeinflusst.

Andererseits drängten sich meine Theaterbekanntschaften mit unwiderstehlicher Aufdringlichkeit in den weiten Vordergrund meines Lebens, und tatsächlich blieb ich nach meinen glänzenden Erfolgen noch immer auf dieselbe beschränkte und vertraute Sphäre beschränkt, in der ich mich auf diese Triumphe vorbereitet hatte. Zu meinen alten Freunden Heine und Obergaffer Fischer gesellte sich nur noch Tichatschek mit seinem seltsamen häuslichen Kreis. Wer damals in Dresden lebte und den

Hoflithographen Fürstenau zufällig kannte, wird erstaunt sein zu hören, dass ich, ohne es selbst wirklich zu wissen, mit diesem Mann, der ein enger Freund Tichatscheks war, eine Vertrautheit einging, die sich als dauerhaft erweisen sollte. Die Bedeutung dieser sonderbaren Verbindung kann man daran ermessen, dass mein völliger Rückzug von ihm genau mit dem Zusammenbruch meiner bürgerlichen Stellung in Dresden zusammenfiel.

Meine gut gelaunte Annahme der Wahl in den Musikausschuss des Dresdner Gesangvereins brachte mir auch weitere Zufallsbekanntschaften. Dieser Verein bestand aus einer begrenzten Anzahl junger Kaufleute und Beamter, die mehr Sinn für gesellige Unterhaltung als für Musik hatten. Er wurde jedoch von einem bemerkenswerten und ehrgeizigen Mann, Professor Lowe, eifrig zusammengehalten, der ihn mit besonderen Zielen pflegte, für deren Erreichung er eine Autorität wie mich damals in Dresden für nötig hielt.

Unter anderem war ihm besonders und hauptsächlich daran gelegen, die Überführung der sterblichen Überreste Webers von London nach Dresden zu organisieren. Da dieses Vorhaben auch mich interessierte, unterstützte ich ihn, obwohl er in Wirklichkeit nur der Stimme seines persönlichen Ehrgeizes folgte. Außerdem wünschte er als Vorsitzender des – übrigens musikalisch völlig wertlosen – Gesangvereins alle sächsischen Männergesangvereine zu einer großen Galavorstellung nach Dresden einzuladen. Zur Durchführung dieses Plans wurde ein Komitee eingesetzt, und da es bald ziemlich heiß herging, verwandelte Löwe es in ein regelrechtes Revolutionstribunal, dem er, als der große Tag des Triumphs nahte, Tag und Nacht ohne Pause vorstand und sich durch seinen rasenden Eifer von mir den Spitznamen „Robespierre" einbrachte.

Trotz der Tatsache, dass ich an die Spitze dieses Unternehmens gestellt worden war, gelang es mir glücklicherweise, seinem Terror zu entgehen, da ich mit einer großen Komposition, die für das Fest versprochen worden war, vollauf beschäftigt war. Mir war die Aufgabe übertragen worden, ein bedeutendes Stück nur für Männerstimmen zu schreiben, das nach Möglichkeit eine halbe Stunde dauern sollte. Ich bedachte, dass die ermüdende Monotonie des Männergesangs, die selbst das Orchester nur wenig beleben konnte, nur durch die Einführung dramatischer Themen erträglich sei. Ich entwarf daher eine große Chorszene, deren Thema das apostolische Pfingstfest mit der Ausgießung des Heiligen Geistes war. Ich vermied dabei völlig wirkliche Soli, sondern arbeitete das Ganze so aus, dass es je nach Bedarf von getrennten Chormessen ausgeführt werden sollte. Aus dieser Komposition entstand mein „Liebesmahl der Apostel", das in letzter Zeit an verschiedenen Orten aufgeführt wurde.

Da ich es unbedingt in einer begrenzten Zeit fertigstellen musste, habe ich kein Problem damit, es in die Liste meiner uninspirierten Kompositionen aufzunehmen. Aber ich war nicht unzufrieden damit, als es fertig war, insbesondere als es bei den Proben der Dresdner Chorvereine unter meiner persönlichen Aufsicht gespielt wurde. Als sich daher zwölfhundert Sänger aus allen Teilen Sachsens in der Frauenkirche, wo die Aufführung stattfand, um mich versammelten, war ich erstaunt über die vergleichsweise schwache Wirkung, die dieses kolossale menschliche Klanggewirr auf mein Ohr hatte. Ich kam zu dem Schluss, dass diese enormen Chorunternehmungen Torheit sind, und fühlte mich nie wieder geneigt, das Experiment zu wiederholen.

Nur mit Mühe konnte ich mich aus dem Dresdner Gesangverein lösen, und dies gelang mir nur dadurch, daß ich dem Professor Löwen einen anderen ehrgeizigen Mann, Herrn Ferdinand Hiller, vorstellte. Meine glorreichste Leistung im Zusammenhang mit diesem Verein war die Überführung der Asche Webers, von der ich später noch sprechen werde, obwohl sie schon früher geschah. Ich will mich jetzt nur noch auf eine andere Auftragskomposition beziehen, die ich als königlicher Kapellmeister offiziell ausführen sollte. Am 7. Juni dieses Jahres (1843) wurde im Dresdner Zwinger [12] mit allem gebührenden Pomp und Zeremoniell die Statue König Friedrich Augusts von Rietschl enthüllt. Zu Ehren dieses Ereignisses wurde mir in Zusammenarbeit mit Mendelssohn aufgetragen, ein Festlied zu komponieren und die Festaufführung zu leiten. Ich hatte ein einfaches Lied für Männerstimmen von bescheidener Gestaltung geschrieben, während Mendelssohn die kompliziertere Aufgabe zugewiesen worden war, die Nationalhymne (das englische „God Save the King", das in Sachsen „Heil Dir im Rautenkranz" heißt) in den Männerchor einzuflechten, den er komponieren musste. Dies ließ er durch ein kunstvolles kontrapunktisches Werk erreichen, das so arrangiert war, dass die Blechblasinstrumente von den ersten acht Schlägen seiner Originalmelodie an gleichzeitig die angelsächsische Volksmelodie spielten. Mein einfacheres Lied scheint aus der Ferne sehr gut geklungen zu haben, während ich verstand, dass Mendelssohns gewagte Kombination ihre Wirkung völlig verfehlte, weil niemand verstehen konnte, warum die Sänger nicht dieselbe Melodie sangen, die die Blasinstrumente spielten. Trotzdem hinterließ mir Mendelssohn, der anwesend war, einen schriftlichen Dank für die Mühe, die ich mir bei der Erstellung seiner Komposition gemacht hatte. Außerdem erhielt ich vom Komitee der großen Gala eine goldene Schnupftabakdose , die vermutlich als Belohnung für meinen Männerchor gedacht war, doch die oben eingravierte Jagdszene war so schlecht gemacht, dass ich zu meiner Überraschung feststellte, dass das Metall an mehreren Stellen durchgeschnitten war.

[12] Unter diesem Namen sind die berühmten Dresdner Kunstgalerien bekannt. – Herausgeber.

Inmitten all der Ablenkungen dieses neuen und ganz anderen Lebenswandels bemühte ich mich eifrig, mich zu konzentrieren und meine Seele gegen diese Einflüsse zu wappnen, wobei ich an meine Erfolgserlebnisse aus der Vergangenheit dachte. Im Mai meines dreißigsten Lebensjahres hatte ich mein Gedicht Der Venusberg, wie ich damals Tannhäuser nannte, fertiggestellt. Ich hatte mir noch keine wirklichen Kenntnisse mittelalterlicher Poesie angeeignet. Die klassische Seite der Poesie des Mittelalters war mir bisher nur schwach bewusst geworden, teils aus meinen Jugenderinnerungen, teils aus der kurzen Bekanntschaft, die ich durch Lehrs' Unterricht in Paris damit gemacht hatte.

Jetzt, da ich mir eine königliche Anstellung gesichert hatte, die mein ganzes Leben lang anhalten sollte, wurde mir die Einrichtung eines festen häuslichen Herdes immer wichtiger; denn ich hoffte, dass es mir ermöglichen würde, meine ernsthaften Studien wieder aufzunehmen und sie produktiv zu gestalten – ein Ziel, das mein Theaterleben und das Elend meiner Jahre in Paris unmöglich gemacht hatten. Meine Hoffnung, dies erreichen zu können, wurde durch den Charakter meiner offiziellen Anstellung gestärkt, die nie sehr anstrengend war und bei der ich von der Generaldirektion außerordentliche Rücksichtnahme erfuhr. Obwohl ich meine Anstellung erst seit wenigen Monaten innehatte, wurde mir in diesem ersten Sommer ein Urlaub gewährt, den ich bei einem zweiten Besuch in Toplitz verbrachte, einem Ort, den ich liebgewonnen hatte und wohin ich meine Frau im Voraus geschickt hatte.

Ich war mir der Veränderung meiner Lage seit dem Vorjahr wirklich sehr bewusst . Ich konnte jetzt vier geräumige und gut ausgestattete Zimmer in demselben Haus – der Eiche in Schönau – beziehen, in dem ich zuvor in so beengten und dürftigen Verhältnissen gelebt hatte. Ich lud meine Schwester Clara zu einem Besuch ein, ebenso meine gute Mutter, die wegen ihrer Gicht jedes Jahr die Toplitz-Bäder nehmen musste. Ich nutzte auch die Gelegenheit, das Mineralwasser zu trinken, von dem ich hoffte, dass es eine wohltuende Wirkung auf die Magenbeschwerden haben könnte, an denen ich seit meinen Wechselfällen in Paris litt. Leider hatte der Kurversuch eine gegenteilige Wirkung, und als ich über die schmerzhafte Reizung klagte, erfuhr ich, dass meine Konstitution nicht für Wasserkuren geeignet war. Tatsächlich hatte man mich auf meinem Morgenspaziergang und während ich mein Wasser trank, dabei beobachtet, wie ich durch die schattigen Alleen der angrenzenden Thurn-Gärten rannte, und man machte mich darauf aufmerksam, dass eine solche Kur nur durch gemächliches, ruhiges und bequemes Bummeln richtig bewirkt werden könne. Es wurde auch bemerkt , dass ich normalerweise einen ziemlich dicken Band mit mir herumtrug und dass ich, bewaffnet mit diesem und meiner Flasche Mineralwasser, an einsamen Orten Rast machte .

Dieses Buch war J. Grimms Deutsche Mythologie. Jeder, der das Werk kennt, kann verstehen, wie der ungewöhnliche Reichtum seines von allen Seiten zusammengetragenen und fast ausschließlich für den Lernenden bestimmten Inhalts auf mich wirken musste, dessen Geist überall nach etwas Bestimmtem und Deutlichem suchte. Aus den spärlichen Fragmenten einer untergegangenen Welt geformt, von der kaum ein Denkmal noch erkennbar und unversehrt war, fand ich hier ein heterogenes Gebäude, das auf den ersten Blick nur ein schroffer, mit Dornengestrüpp bewachsener Felsen zu sein schien. Nichts war fertig, nur hier und da ließ sich die geringste Ähnlichkeit mit einer architektonischen Linie erkennen, so dass ich mich oft versucht fühlte, die undankbare Aufgabe aufzugeben, aus solchen Materialien zu bauen. Und doch war ich von einem wundersamen Zauber gefesselt. Die kahlste Legende sprach zu mir von ihrer alten Heimat, und bald durchzuckte meine ganze Phantasie Bilder; längst verlorene Formen, nach denen ich so eifrig gesucht hatte, formten sich immer klarer zu wieder lebendigen Wirklichkeiten. Bald tauchte vor meinem geistigen Auge eine ganze Welt von Gestalten auf, die sich als so seltsam plastisch und primitiv offenbarten, dass ich, als ich sie klar vor mir sah und ihre Stimmen in meinem Herzen hörte, die fast greifbare Vertrautheit und Sicherheit ihres Verhaltens nicht erklären konnte. Die Wirkung, die sie auf den inneren Zustand meiner Seele ausübten, kann ich nur als eine völlige Wiedergeburt beschreiben. So wie wir eine zärtliche Freude über das erste strahlende Lächeln eines Kindes empfinden, das es erkennt, so blitzten jetzt meine eigenen Augen vor Entzücken, als ich eine Welt sah, die sich mir wie durch ein Wunder offenbarte, in der ich mich bisher blind wie das Baby im Mutterleib bewegt hatte.

Aber das Ergebnis dieser Lektüre half mir zunächst nicht viel bei meinem Vorhaben, einen Teil der Tannhäusermusik zu komponieren. Ich hatte mir in meinem Zimmer in der Eiche ein Klavier aufstellen lassen, und obwohl ich alle Saiten zertrümmerte, kam nichts Befriedigendes dabei heraus. Mit viel Mühe und Mühe skizzierte ich die ersten Umrisse meiner Musik für den Venusberg, da ich glücklicherweise das Thema bereits im Kopf hatte. Inzwischen plagten mich Erregbarkeit und Blutandrang sehr. Ich bildete mir ein, krank zu sein, und lag ganze Tage im Bett, wo ich Grimms deutsche Sagen las oder mich der unangenehmen Mythologie zu bemächtigen suchte. Es war eine wahre Erleichterung, als ich auf den glücklichen Gedanken kam, mich durch einen Ausflug nach Prag von den Qualen meines Zustandes zu befreien. Inzwischen war ich mit meiner Frau schon einmal auf den Berg Millischau gestiegen, und in ihrer Begleitung machte ich nun die Reise nach Prag in einem offenen Wagen. Dort übernachtete ich noch einmal in meinem Stammgasthof, dem „Schwarzen Roß", traf meinen inzwischen dick und rund gewordenen Freund Kittl, unternahm verschiedene Ausflüge, schwelgte in den merkwürdigen Altertümern der Altstadt und erfuhr zu meiner Freude, dass die beiden reizenden Freundinnen meiner Jugend, Jenny und Auguste Pachta, glücklich mit Mitgliedern der höchsten Aristokratie verheiratet worden waren. Nachdem ich mich davon überzeugt hatte, dass alles in bester Ordnung war, kehrte ich nach Dresden zurück und nahm meine Tätigkeit als Kapellmeister des sächsischen Königs wieder auf.

Wir machten uns nun an die Vorbereitungen und Einrichtung eines geräumigen und gut gelegenen Hauses in der Ostraallee mit Blick auf den Zwinger. Alles war gut und solide, wie es sich für einen Dreißigjährigen gehört, der sich endlich für sein ganzes Leben niederlässt. Da ich für diese Ausgaben keine Subvention erhalten hatte, musste ich das Geld natürlich durch Darlehen aufbringen. Aber ich konnte mich auf eine gewisse Ernte aus meinen Opernerfolgen in Dresden freuen, und was lag näher, als dass ich bald mehr als genug verdienen würde? Die drei wertvollsten Schätze, die mein Haus schmückten, waren ein Konzertflügel von Breitkopf und Hartel, den ich mit viel Stolz gekauft hatte; ein stattlicher Schreibtisch, der sich jetzt im Besitz des Kammermusikers Otto Kummer befindet; und das Titelblatt von Cornelius für die Nibelungen in einem schönen gotischen Rahmen – das einzige Objekt, das mir bis heute treu geblieben ist. Aber was mein Haus vor allem heimelig und anziehend machte, war die Bibliothek, die ich nach einem systematischen Plan anschaffte, der sich durch mein geplantes Studium ergab. Nach dem Scheitern meiner Dresdener Laufbahn gelangte diese Bibliothek auf seltsame Weise in den Besitz von Herrn Heinrich Brockhaus, dem ich damals fünfzehnhundert Mark schuldete und der sie als Sicherheit für den Betrag nahm. Meine Frau wusste zum Zeitpunkt dieser Verpflichtung nichts, und es gelang mir nie, diese charakteristische Sammlung aus seinen Händen zurückzubekommen. In ihren Regalen war vor allem die alte deutsche Literatur gut vertreten, und auch die eng damit verbundene Arbeit des deutschen Mittelalters, darunter viele kostbare Bände, wie zum Beispiel das seltene alte Werk Romans des douze Paris. Daneben standen viele ausgezeichnete historische Werke über das Mittelalter sowie über das deutsche Volk im Allgemeinen. Gleichzeitig sorgte ich für die poetische und klassische Literatur aller Zeiten und Sprachen. Dazu gehörten die italienischen Dichter, Shakespeare und die französischen Schriftsteller, deren Sprache ich passabel beherrschte. All diese Dinge erwarb ich im Original, in der Hoffnung, eines Tages Zeit zu finden, um ihre vernachlässigten Sprachen zu meistern. Was die griechischen und römischen Klassiker anbelangt, musste ich mich mit Standardübersetzungen ins Deutsche begnügen. Als ich mich noch einmal mit meinem Homer befasste – den ich mir im griechischen Original besorgte –, erkannte ich bald, dass ich mehr Freizeit voraussetzen würde, als mir meine Dirigentenstelle wahrscheinlich lassen würde, wenn ich Zeit finden wollte, meine verlorenen Kenntnisse dieser Sprache wiederzuerlangen. Darüber hinaus sorgte ich gründlich für ein Studium der Weltgeschichte und versäumte es zu diesem

Zweck nicht, mich mit den umfangreichsten Werken auszustatten. So gewappnet glaubte ich, allen Prüfungen trotzen zu können, die, wie ich klar voraussah, unweigerlich mit meinem Beruf und meiner Position einhergehen würden. In der Hoffnung, dieses schwer verdiente Heim lange und in Frieden genießen zu können, bezog ich es im Oktober dieses Jahres (1843) mit bester Laune, und obwohl meine Dirigentenwohnung keineswegs prächtig war, war sie doch stattlich und solide.

Die erste freie Zeit in meinem neuen Zuhause, die ich von den Anforderungen meines Berufs und meiner Lieblingsstudien abziehen konnte, widmete ich der Komposition des Tannhäuser, dessen erster Akt im Januar des neuen Jahres 1844 fertiggestellt wurde. An meine Aktivitäten in Dresden während dieses Winters habe ich keine nennenswerten Erinnerungen. Die einzigen denkwürdigen Ereignisse waren zwei Unternehmungen, die mich von zu Hause wegführten, die erste Anfang des Jahres nach Berlin, um meinen „Fliegenden Holländer" aufzuführen, und die andere im März nach Hamburg, um Rienzi zu spielen.

Von diesen hat ersteres den stärkeren Eindruck auf mich gemacht. Der Intendant des Berliner Theaters, Küstner, überraschte mich völlig, als er die Uraufführung des „Fliegenden Holländers" für einen früheren Termin ankündigte.

Da das Opernhaus erst vor etwa einem Jahr niedergebrannt war und unmöglich wieder aufgebaut werden konnte, war es mir nicht in den Sinn gekommen, sie an die Produktion meiner Oper zu erinnern. Sie war in Dresden mit sehr dürftiger Bühnenausstattung aufgeführt worden, und da ich wusste, wie wichtig eine sorgfältige und künstlerische Ausführung der schwierigen Kulisse für meine dramatischen Seestücke war, hatte ich mich blind auf die bewundernswerten Management- und Inszenierungsfähigkeiten des Berliner Opernhauses verlassen. Daher war ich sehr verärgert, dass der Berliner Direktor meine Oper als Notlösung für die Produktion im Komödientheater auswählte, das als provisorisches Opernhaus genutzt wurde. Alle Einwände erwiesen sich als nutzlos, denn ich erfuhr, dass sie nicht nur daran dachten, das Werk zu proben, sondern dass es bereits tatsächlich geprobt wurde und in wenigen Tagen produziert werden würde. Es war offensichtlich, dass diese Vereinbarung bedeutete, dass meine Oper zu einer ziemlich kurzen Laufzeit in ihrem Repertoire verurteilt war, da nicht damit zu rechnen war, dass sie sie bei der Eröffnung des neuen Opernhauses wieder aufführen würden. Andererseits versuchte man mich zu beschwichtigen, indem man sagte, diese erste Produktion des „Fliegenden Holländers" sei mit einem besonderen Engagement Schröder-Devrients verbunden, das sofort in Berlin beginnen sollte. Man dachte natürlich, ich würde mich freuen, die große Schauspielerin in meinem eigenen Werk zu sehen. Aber das bestärkte mich nur in dem Verdacht, dass diese Oper nur als Notbehelf für die Dauer von Schröder-Devrients Besuch gebraucht wurde. Man befand sich offensichtlich in einem Dilemma hinsichtlich ihres Repertoires, das hauptsächlich aus sogenannten großen Opern – wie der von Meyerbeer – bestand, die ausschließlich für das Opernhaus bestimmt waren und speziell für die glänzende Zukunft des neuen Gebäudes reserviert wurden. Ich erkannte daher im Voraus, dass mein „Fliegender Holländer" in die Kategorie der Dirigentenopern verbannt werden würde und das übliche vorherbestimmte Schicksal solcher Produktionen ereilen würde. Die ganze Behandlung, die mir und meinen Werken zuteil wurde, wies alle in dieselbe Richtung; aber im Hinblick auf die erwartete Mitarbeit von Schröder-Devrient kämpfte ich gegen diese ärgerlichen Vorahnungen an und machte mich auf den Weg nach Berlin, um alles zu tun, was ich konnte, damit meine Oper ein Erfolg wurde. Ich sah sofort, dass meine Anwesenheit sehr notwendig war. Am Dirigentenpult fand ich einen Mann, der sich Dirigent Henning (oder Henniger) nannte, einen Beamten, der sich durch die aufrechte Befolgung der Gesetze des Dienstalters aus den Reihen der einfachen Musiker befördert hatte, der aber herzlich wenig über die Leitung eines Orchesters wusste und von meiner Oper nicht die leiseste Ahnung hatte. Ich nahm am Pult Platz und dirigierte eine Vollprobe und zwei Aufführungen, an denen jedoch Schröder-Devrient nicht teilnahm. Obwohl ich an der Schwäche der Streichinstrumente und dem daraus resultierenden dürftigen Klang des Orchesters viel zu bemängeln hatte, war ich doch mit den Schauspielern sowohl hinsichtlich ihrer Fähigkeiten als auch ihres Eifers sehr zufrieden. Darüber hinaus war die sorgfältige Inszenierung, die unter der Aufsicht des wirklich begabten Bühnenmanagers Blum und in Zusammenarbeit mit seiner geschickten und genialen Mechanik wirklich hervorragend war, eine äußerst angenehme Überraschung für mich.

Ich war nun sehr neugierig, welche Wirkung diese erfreulichen und ermutigenden Vorbereitungen auf das Berliner Publikum haben würden, wenn die Aufführung in voller Länge stattfand. Meine Erfahrungen in dieser Hinsicht waren sehr merkwürdig. Offenbar interessierte das große Publikum nur, meine schwachen Seiten zu entdecken. Während des ersten Aktes schien die vorherrschende Meinung zu sein, dass ich zu den Langweilern gehörte. Keine einzige Hand wurde bewegt, und ich wurde später darüber informiert, dass dies ein Glück war, da der geringste Versuch eines Applauses einer bezahlten Claque zugeschrieben und energisch bekämpft worden wäre. Nur Küstner versicherte mir, dass die Gelassenheit, mit der ich am Ende dieses Aktes mein Pult verließ und vor den Vorhang trat, ihn angesichts dieses völligen Ausbleibens jeglichen Applauses – so glücklich es auch gewesen zu sein schien – mit Erstaunen erfüllt habe. Aber solange ich selbst mit der Aufführung zufrieden war, war ich nicht geneigt, mich von der Apathie des Publikums entmutigen zu lassen, da ich wusste, dass die entscheidende Prüfung im zweiten Akt bevorstand.

Es lag mir daher viel mehr am Herzen, alles zu tun, was ich konnte, um das Gelingen dieser Aufführung zu ermöglichen, als nach den Gründen für diese Haltung des Berliner Publikums zu fragen. Und hier war das Eis nun wirklich gebrochen. Das Publikum schien jeden Gedanken, eine angemessene Nische für mich zu finden, aufzugeben und ließ sich zu Beifall hinreißen, der sich schließlich in die stürmischste Begeisterung steigerte. Am Schluss des Aktes führte ich unter einem Sturm von Rufen meine Sänger auf die Bühne, um die üblichen Verbeugungen des Dankes zu machen. Da der dritte Akt zu kurz war, um langweilig zu sein, und da die szenischen Effekte sowohl neu als auch eindrucksvoll waren, konnten wir nicht umhin, zu hoffen, dass wir einen wahren Triumph errungen hatten, zumal erneuter Beifall das Ende der Aufführung markierte. Mendelssohn, der sich zu dieser Zeit zufällig mit Meyerbeer in Berlin aufhielt, um die Generalleitung zu übernehmen, war während dieser Aufführung in einer Loge anwesend . Er verfolgte den Ablauf mit blassem Gesicht und kam hinterher zu mir und murmelte mit müder Stimme: „Nun, ich glaube, Sie sind jetzt zufrieden!" Ich traf ihn während meines kurzen Aufenthalts in Berlin mehrere Male und verbrachte auch einen Abend mit ihm, um verschiedene Kammermusikstücke anzuhören. Aber über den „Fliegenden Holländer" kam kein weiteres Wort über seine Lippen, abgesehen von der Frage nach der zweiten Aufführung und ob Devrient oder jemand anders darin auftreten würde. Ich hörte außerdem, dass er mit gleicher Gleichgültigkeit auf die aufrichtige Wärme meiner Anspielungen auf seine eigene Musik für den „Sommernachtstraum" reagiert hatte, die damals häufig gespielt wurde und die ich zum ersten Mal gehört hatte. Das einzige, worüber er ausführlich sprach, war der Schauspieler Gern, der in „Zettel" spielte und der seiner Meinung nach seine Rolle übertrieb.

Einige Tage später fand eine zweite Vorstellung mit derselben Besetzung statt. Meine Erlebnisse an diesem Abend waren noch überraschender als am ersten. Offenbar hatte ich mir durch die erste Vorstellung einige Freunde gewonnen, die wieder anwesend waren, denn sie begannen nach der Ouvertüre zu applaudieren. Andere antworteten jedoch mit Zischen, und für den Rest des Abends wagte niemand mehr zu applaudieren. Mein alter Freund Heine war inzwischen aus Dresden eingetroffen, von unserem eigenen Direktorium geschickt, um die szenischen Arrangements des Sommernachtstraums für unser Theater einzustudieren. Er war bei dieser zweiten Vorstellung anwesend und hatte mich überredet, die Einladung eines seiner Berliner Verwandten anzunehmen, nach der Vorstellung in einer Weinstube unter den Linden zu Abend zu essen. Sehr müde folgte ich ihm in ein hässliches und schlecht beleuchtetes Haus, wo ich den Wein mit hastiger Missstimmung hinunterstürzte, um mich aufzuwärmen, und der verlegenen Unterhaltung meines gutmütigen Freundes und seiner Begleiterin lauschte, während ich die Tageszeitungen durchblätterte. Ich hatte nun genügend Muße, die darin enthaltenen Kritiken zur Uraufführung meines „Fliegenden Holländers" zu lesen. Ein fürchterlicher Krampf durchzuckte mein Herz, als ich den verächtlichen Ton und die beispiellose Schamlosigkeit ihrer rasenden Unwissenheit über meinen eigenen Namen und mein Werk erkannte. Unser Berliner Freund und Gastgeber, ein echter Philister, sagte, er habe gewusst, wie es an diesem Abend im Theater laufen würde, nachdem er am Morgen diese Kritiken gelesen hatte. Die Berliner, fügte er hinzu, warten darauf, was Rellstab und seine Kumpels zu sagen haben, und dann wissen sie, wie sie sich zu benehmen haben. Der gute Kerl war bestrebt, mich aufzumuntern, und bestellte einen Wein nach dem anderen. Heine suchte seine Erinnerungen an unsere lustigen Rienzi-Zeiten in Dresden heraus, bis mich die beiden schließlich verwirrt dahinstolpernd zu meinem Hotel führten.

Es war bereits Mitternacht. Als ich vom Kellner durch die düsteren Korridore zu meinem Zimmer geleuchtet wurde, trat ein Herr in Schwarz mit einem blassen, vornehmen Gesicht auf mich zu und sagte, er würde gern mit mir sprechen. Er teilte mir mit, dass er seit dem Ende des Stücks dort gewartet hatte und, da er entschlossen war, mich zu sehen, bis jetzt geblieben war. Ich entschuldigte mich mit der Begründung, dass ich für das Geschäft nicht geeignet sei , und fügte hinzu, dass ich, obwohl ich nicht gerade zu Fröhlichkeit aufgelegt sei, wie er vielleicht bemerken könnte, etwas dummerweise ein wenig zu viel Wein getrunken hatte. Dies sagte ich mit stotternder Stimme; aber mein seltsamer Besucher schien sich nur noch weniger abweisen zu lassen. Er begleitete mich auf mein Zimmer und erklärte, dass es für ihn umso dringender sei, mit mir zu sprechen. Wir setzten uns in das kalte Zimmer, beim spärlichen Licht einer einzigen Kerze, und dann begann er zu reden. In ausdrucksstarker Sprache erzählte er mir, er sei an jenem Abend bei der Aufführung meines „Fliegenden Holländers" dabei gewesen und könne sich gut vorstellen, in welche Stimmung mich die Erlebnisse des Abends versetzt hätten. Gerade deshalb könne ihn nichts daran hindern, an jenem Abend mit mir zu sprechen und mir zu sagen, ich hätte mit dem „Fliegenden Holländer" ein Meisterwerk geschaffen, das seinesgleichen sucht. Außerdem habe die Bekanntschaft mit diesem Werk in ihm eine neue, ungeahnte Hoffnung für die Zukunft der deutschen Kunst geweckt, und es wäre sehr schade, wenn ich mich durch die unwürdige Aufnahme des Werkes durch das Berliner Publikum entmutigen ließe. Mir sträubten sich die Haare. Eine von Hoffmanns phantastischen Schöpfungen war körperlich in mein Leben getreten. Ich konnte nichts sagen, außer mich nach dem Namen meines Besuchers zu fragen, worüber er überrascht schien, da ich am Tag zuvor in Mendelssohns Haus mit ihm gesprochen hatte. Er sagte, meine Unterhaltung und mein Benehmen hätten dort einen so großen Eindruck auf ihn gemacht und ihn mit so plötzlichem Bedauern erfüllt, dass er seine Abneigung gegen die Oper im Allgemeinen nicht so weit überwunden hatte, dass er bei der ersten Vorstellung anwesend sein konnte, dass er sofort beschlossen hatte, die zweite nicht zu verpassen. Sein Name, fügte er hinzu, sei Professor Werder. Das nütze mir nichts, sagte ich, er müsse seinen Namen aufschreiben. Er holte Papier und Tinte, tat, was ich verlangte, und wir trennten uns. Ich warf mich unbewusst auf das Bett, um tief und stärkend zu schlafen. Am nächsten Morgen war ich frisch und wohlauf. Ich machte einen Abschiedsbesuch bei Schroeder-Devrient, die mir versprach, so bald wie möglich alles für den Fliegenden Holländer zu tun, zog mein Honorar von hundert Dukaten ein und machte mich auf den Heimweg. Auf meinem Weg durch Leipzig verwendete ich meine Dukaten zur Rückzahlung verschiedener Vorschüsse, die mir meine Verwandten während der früheren, von Armut geprägten Zeit meines Aufenthaltes in Dresden gewährt hatten, und setzte dann meine Reise fort, um mich bei meinen Büchern zu erholen und über den tiefen Eindruck nachzudenken, den Werders mitternächtlicher Besuch auf mich gemacht hatte.

Noch vor Ende dieses Winters erhielt ich eine echte Einladung nach Hamburg zur Aufführung des Rienzi. Der unternehmungslustige Direktor, Herr Cornet, durch den ich die Einladung erhielt, gestand, dass er mit der Leitung seines Theaters viele Schwierigkeiten zu kämpfen habe und einen großen Erfolg brauche. Diesen glaubte er nach dem Empfang, den das Stück in Dresden erfahren hatte, durch die Aufführung des Rienzi erreichen zu können. Ich begab mich also im Monat März dorthin. Die Reise war damals nicht leicht, da man von Hannover aus mit der Postkutsche weiterfahren musste und die Überquerung der Elbe, die voller Eisschollen war, ein riskantes Unterfangen war. Aufgrund eines großen Brandes, der vor kurzem ausgebrochen war, befand sich die Stadt Hamburg im Wiederaufbau und es gab noch viele weite Flächen voller Ruinen. Kaltes Wetter und ein immer trüber Himmel machen meine Erinnerungen an meinen etwas längeren Aufenthalt in dieser Stadt alles andere als angenehm. Ich wurde so sehr gequält, mit schlechtem Material proben zu müssen, das nur für den armseligsten Theaterkram geeignet war, dass ich, erschöpft und ständigen Erkältungen ausgesetzt, den größten Teil meiner Freizeit in der Einsamkeit meines Gasthofzimmers verbrachte. Meine früheren Erfahrungen mit schlecht organisierten und schlecht geführten Theatern kamen mir wieder in den Sinn. Besonders deprimiert war ich, als ich erkannte, dass ich mich unbewusst zum Komplizen der niederträchtigsten Interessen von Direktor Cornet gemacht hatte. Sein einziges Ziel war es, eine Sensation zu schaffen, von der er dachte, dass sie auch mir von großem Nutzen sein würde; und er vertröstete mich nicht nur mit einer geringeren Gage, sondern schlug sogar vor, sie in Raten zu zahlen. Die Würde der Bühnendekoration, von der er nicht die geringste Ahnung hatte, wurde vollständig der lächerlichsten und geschmacklosesten Pracht geopfert. Er bildete sich ein, dass Pomp alles war, was wirklich nötig war, um meinen Erfolg zu sichern. Also suchte er alle alten Märchenballettkostüme aus seinem Vorrat heraus und meinte, wenn sie nur fröhlich genug aussahen und sich viele Leute auf der Bühne tummelten, wäre ich zufrieden. Am traurigsten aber war der Sänger, den er für die Titelrolle zur Verfügung stellte. Es war ein Mann namens Wurda, ein älterer, schlaffer und stimmloser Tenor, der Rienzi mit dem Ausdruck eines Liebhabers sang – wie zum Beispiel Elvino in der Somnanibula. Er war so schrecklich, dass ich auf die Idee kam, das Kapitol im zweiten Akt einstürzen zu lassen, um ihn früher in seinen Ruinen zu begraben, ein Plan, der mehrere der Prozessionen, die dem Regisseur so am Herzen lagen, weggelassen hätte. Meinen einzigen Lichtblick fand ich in einer Sängerin, die mich durch das Feuer entzückte, mit dem sie die Rolle des Adriano spielte. Es war eine Frau. Fehringer, die später von Liszt für die Rolle der Ortrud in der Produktion von Lohengrin in Weimar engagiert wurde, aber zu diesem Zeitpunkt hatte ihr Können stark nachgelassen. Nichts könnte deprimierender sein als meine Verbindung mit dieser Oper unter solch düsteren Umständen. Und doch gab es keine äußeren Anzeichen eines Scheiterns. Der Manager hoffte auf jeden Fall, Rienzi in seinem Repertoire zu behalten, bis Tichatschek nach Hamburg kommen und den Menschen dieser Stadt eine wahre Vorstellung des Stücks vermitteln konnte. Dies geschah tatsächlich im folgenden Sommer.

Meine Entmutigung und schlechte Laune entgingen Herrn Cornet nicht, und als er erfuhr, dass ich meiner Frau einen Papagei schenken wollte, gelang es ihm, einen sehr schönen Vogel zu beschaffen, den er mir zum Abschied schenkte. Ich trug ihn in seinem engen Käfig auf meiner traurigen Heimreise mit mir und war gerührt, als ich sah, dass er meine Sorgfalt schnell belohnte und mir sehr anhing. Minna begrüßte mich mit großer Freude, als sie diesen schönen grauen Papagei sah, denn sie betrachtete ihn als einen selbstverständlichen Beweis dafür, dass ich etwas im Leben tun sollte. Wir hatten bereits einen hübschen kleinen Hund, der am Tage der ersten Rienzi-Probe in Dresden geboren wurde und der in jenen Jahren wegen seiner leidenschaftlichen Hingabe an mich von allen, die mich kannten und mein Haus besuchten, sehr gestreichelt wurde . Dieser gesellige Vogel, der keine Laster kannte und ein fähiger Schüler war, bildete nun eine Bereicherung unseres Haushalts, und das Paar trug viel dazu bei, unsere Wohnung in Abwesenheit von Kindern zu erhellen. Meine Frau brachte dem Vogel bald Liedfetzen aus Rienzi bei, mit denen er mich gutmütig von weitem begrüßte, wenn er mich die Treppe heraufkommen hörte.

Und so schien mein häuslicher Herd endlich errichtet zu sein, mit allen möglichen Aussichten auf ein angenehmes Leben.

Weitere Aufführungen meiner Opern fanden nicht mehr statt, aus dem einfachen Grund, dass keine solchen Aufführungen stattfanden. Da ich erkannte, dass die Verbreitung meiner Werke in der Theaterwelt sehr langsam vorangehen würde, schloss ich daraus, dass dies wahrscheinlich daran lag, dass keine Bearbeitungen für Klavier existierten. Ich dachte daher, dass ich gut daran täte, eine solche Veröffentlichung um jeden Preis voranzutreiben, und um die erwarteten Gewinne zu erzielen, kam ich auf die Idee, auf eigene Kosten zu veröffentlichen. Ich traf daher Vereinbarungen mit dem Hofmusikalienhändler F. Meser, der bisher nicht über die Veröffentlichung eines Walzers hinausgekommen war, und unterzeichnete mit ihm eine Vereinbarung, dass seine Firma als nomineller Verleger auftreten sollte, unter der Voraussetzung, dass sie eine Provision von zehn Prozent erhalten sollten, während ich das erforderliche Kapital bereitstellte.

Da zwei Opern herausgegeben werden sollten, darunter auch Rienzi, ein Werk von außerordentlichem Umfang, war es nicht wahrscheinlich, dass diese Veröffentlichungen sich als sehr profitabel erweisen würden, wenn ich nicht zusätzlich zu den üblichen Klavierstücken auch Bearbeitungen veröffentlichte, wie die Musik ohne Worte, für Duett oder Solo. Hierzu war ein ziemlich großes Kapital erforderlich. Ich benötigte auch Mittel zur Rückzahlung der bereits erwähnten Darlehen und zur Begleichung alter Schulden sowie zur Begleichung der restlichen Kosten meiner Wohnungseinrichtung. Ich war daher gezwungen, zu versuchen, viel größere Summen aufzutreiben. Ich legte mein Projekt und seine Motive Schröder-Devrient vor, die gerade Ostern 1844 nach Dresden zurückgekehrt war, um ein neues Engagement zu erfüllen. Sie glaubte an die Zukunft meiner Werke, erkannte die Besonderheit meiner Lage sowie die Richtigkeit meiner Berechnungen und erklärte sich bereit, das erforderliche Kapital für die Veröffentlichung meiner Opern bereitzustellen, ohne dies als ein Akt zu betrachten, der ein Opfer ihrerseits mit sich brachte. Dieses Geld wollte sie durch den Verkauf ihrer Investitionen in polnische Staatsanleihen beschaffen, und ich sollte den üblichen Zinssatz zahlen. Die Sache war so einfach zu erledigen und schien so selbstverständlich, dass ich sofort alle nötigen Vereinbarungen mit meinem Leipziger Drucker traf und mit der Veröffentlichung meiner Opern begann.

Als die Menge der abgelieferten Arbeiten die Forderung nach beträchtlichen Akontozahlungen mit sich brachte, bat ich meinen Freund um einen ersten Vorschuss. Und hier wurde ich mit einer neuen Phase im Leben dieser berühmten Dame konfrontiert, die mich in eine ebenso verhängnisvolle wie unerwartete Lage brachte. Nachdem sie sich vor einiger Zeit von dem unglücklichen Herrn von Münchhausen losgesagt hatte und, wie es schien , mit reumütiger Begeisterung zu ihrer früheren Verbindung mit meinem Freund Hermann Müller zurückgekehrt war, stellte sich nun heraus, dass sie in dieser neuen Beziehung keine wahre Befriedigung gefunden hatte. Im Gegenteil, der Stern ihres Wesens, den sie so lange und leidenschaftlich begehrt hatte, war nun endlich in der Person eines anderen Leutnants der Garde aufgegangen. Mit einer Heftigkeit, die ihren Verrat an ihrem alten

Freund verharmloste, wählte sie diesen schlanken jungen Mann, dessen moralische und intellektuelle Schwächen jedem Auge offenkundig waren, zum auserwählten Eckstein ihrer Lebensliebe. Er nahm das Glück, das ihm zuteil wurde, so ernst, dass er keinen Scherz duldete und sofort das Vermögen seiner zukünftigen Frau in die Hand nahm, da er es für ungünstig und unsicher angelegt hielt und glaubte, weitaus gewinnbringendere Möglichkeiten zu kennen, es zu verwenden. Meine Freundin erklärte mir daher mit großem Schmerz und offensichtlicher Verlegenheit, dass sie jede Verfügungsgewalt über ihr Kapital aufgegeben habe und ihr Versprechen mir gegenüber nicht halten könne.

Dadurch geriet ich in eine Reihe von Verwicklungen und Schwierigkeiten, die von da an mein Leben beherrschten und mich in Sorgen stürzten, die alle meine späteren Unternehmungen düster prägten. Es war klar, dass ich den geplanten Veröffentlichungsplan jetzt nicht aufgeben konnte. Die einzige zufriedenstellende Lösung meiner Verlegenheiten war die Durchführung meines Projekts und der Erfolg, den ich damit erhoffte. Ich war daher gezwungen, all meine Energien darauf zu verwenden, das Geld für die Veröffentlichung meiner beiden Opern aufzutreiben, zu denen aller Wahrscheinlichkeit nach bald noch Tannhäuser hinzukommen würde. Ich wandte mich zunächst an meine Freunde und musste in einigen Fällen sogar für kurze Laufzeiten exorbitante Zinsen zahlen. Für den Moment genügen diese Einzelheiten, um den Leser auf die Katastrophe vorzubereiten, der ich nun unweigerlich entgegentrieb.

Die Hoffnungslosigkeit meiner Lage offenbarte sich zunächst nicht. Es schien keinen Grund zu geben, an der späteren Verbreitung meiner Opernwerke auf den deutschen Theatern zu zweifeln, obwohl meine Erfahrungen mit ihnen zeigten, dass der Prozess langsam vonstatten gehen würde. Trotz der deprimierenden Erfahrungen in Berlin und Hamburg waren viele ermutigende Zeichen zu erkennen. Vor allem behauptete Rienzi seine Stellung in der Gunst der Bevölkerung Dresdens, einer Stadt, die zweifellos eine große Bedeutung hatte, insbesondere während der Sommermonate, wenn so viele Fremde aus allen Teilen der Welt durch sie hindurchkommen. Meine Oper, die nirgendwo sonst zu hören war, war sowohl bei den Deutschen als auch bei anderen Besuchern sehr gefragt und wurde immer mit ausgeprägter Zustimmung aufgenommen, was mich sehr überraschte. So wurde eine Aufführung von Rienzi, insbesondere im Sommer, zu einem geradezu dionysischen Fest, dessen Wirkung auf mich sicherlich ermutigend sein musste.

Einmal war auch Liszt unter diesen Besuchern. Da Rienzi bei seiner Ankunft gerade nicht im Repertoire stand, veranlaßte er die Direktion auf sein inständiges Ersuchen, eine Sonderaufführung zu arrangieren. Ich traf ihn zwischen den Akten in Tichatscheks Garderobe und war von seiner fast enthusiastischen, in seiner nachdrücklichsten Art ausgedrückten Anerkennung herzlich ermutigt und gerührt. Die Art des Lebens, zu der Liszt damals verurteilt war und die ihn an eine ständige Umgebung ablenkender und aufregender Elemente fesselte, schloss uns von jedem intimeren und fruchtbareren Verkehr aus. Doch erhielt ich von diesem Zeitpunkt an immer wieder Zeugnisse über den tiefen und bleibenden Eindruck, den ich auf ihn gemacht hatte, sowie über seine mitfühlende Erinnerung an mich. Aus verschiedenen Teilen der Welt, wohin auch immer sein triumphaler Weg ihn führte, kamen Menschen, hauptsächlich aus den oberen Klassen, nach Dresden, um Rienzi zu hören. Sie waren von Liszts Berichten über mein Werk und von seiner Interpretation verschiedener Ausschnitte daraus so fasziniert, dass sie alle mit der Erwartung gekommen waren, etwas von beispielloser Bedeutung zu erleben.

Außer diesen Anzeichen von Liszts begeisterter und freundschaftlicher Anteilnahme erschienen noch andere tief rührende Zeugnisse von verschiedenen Seiten. Dem überraschenden Anfang, den Werder anlässlich seines Mitternachtsbesuchs nach der zweiten Aufführung des „Fliegenden Holländers" in Berlin machte, folgte kurz darauf eine ebenso unaufgeforderte Annäherung in Form eines überschwänglichen Briefes einer ebenso unbekannten Persönlichkeit, Alwino Frommann, die später mein treuer Freund wurde. Nach meiner Abreise aus Berlin hörte sie Schröder-Devrient zweimal im „Fliegenden Holländer", und der Brief, in dem sie die Wirkung schilderte, die mein Werk auf sie ausgeübt hatte, vermittelte mir zum ersten Mal die kräftigen und tiefen Gefühle einer tiefen und vertrauensvollen Anerkennung, wie sie selbst dem größten Meister selten zuteil wird und unweigerlich einen gewichtigen Einfluss auf sein nach Selbstvertrauen lechzendes Gemüt und seine Seele ausübt.

Ich habe keine sehr lebhaften Erinnerungen an meine eigenen Aktivitäten während dieses ersten Jahres meiner Position als Dirigent in einem Wirkungsbereich, der mir allmählich immer vertrauter wurde. Zum Jahrestag meiner Ernennung und gewissermaßen als persönliche Anerkennung wurde ich beauftragt, Glucks Armida zu beschaffen. Wir führten diese im März 1843 unter Mitwirkung von Schröder-Devrient auf, kurz vor ihrer vorübergehenden Abreise aus Dresden. Dieser Produktion wurde große Bedeutung beigemessen, da Meyerbeer zur selben Zeit seine Generaldirektorstelle in Berlin mit einer Aufführung desselben Werks antrat. Tatsächlich hatte die außerordentliche Hochachtung, die man einer solchen Gluck-Gedenkfeier entgegenbrachte, ihren Ursprung in Berlin. Mir wurde erzählt, dass Meyerbeer mit der Partitur der Armida nach Rellstab ging, um Hinweise für die richtige Interpretation zu erhalten.

Da ich nicht lange danach auch eine seltsame Geschichte von zwei silbernen Leuchtern hörte, mit denen der berühmte Komponist den nicht minder berühmten Kritiker erleuchtet haben soll, als er ihm die Partitur seines „Feldlagers in Schlesien" zeigte, beschloss ich, den Anweisungen, die er möglicherweise erhalten hatte, keine große Bedeutung beizumessen, sondern mir selbst durch eine sorgfältige Behandlung dieser schwierigen Partitur zu helfen und durch möglichst viel Modulation der Tonvariationen etwas Weichheit hineinzubringen. Später hatte ich die Genugtuung, von Herrn Eduard Devrient, einem großen Gluck-Kenner, eine außerordentlich warme Anerkennung meiner Wiedergabe zu erhalten. Nachdem er diese Oper in unserer Aufführung gehört und sie mit der Berliner Aufführung verglichen hatte, lobte er herzlich den zart modulierten Charakter unserer Wiedergabe gewisser Teile, die, wie er sagte, in Berlin mit der gröbsten Unhöflichkeit wiedergegeben worden seien. Als ein schlagendes Beispiel hierfür erwähnte er einen kurzen Chor in C-Dur aus männlichen und weiblichen Nymphen im dritten Akt. Durch die Einführung eines gemäßigteren Tempos und eines sehr leisen Klaviers hatte ich versucht, es von der ursprünglichen Rauheit zu befreien, mit der Devrient es in Berlin gehört hatte – vermutlich in traditioneller Treue. Mein harmlosester Trick, den ich häufig anwandte, um die störende Steifheit oder die Orchesterbewegung im Original zu verbergen, war eine sorgfältige Modifikation des Basso continuo, der ununterbrochen im Viervierteltakt gespielt wurde. Dies musste ich teilweise durch Legato-Spiel und teilweise durch Pizzicato beheben.

Unser Management war großzügig bei der Ausgabe von Äußerlichkeiten, insbesondere der Dekoration, und als spektakuläre Oper zog das Stück ziemlich große Zuschauermengen an, was mir den Ruf einbrachte, ein sehr geeigneter Dirigent für Gluck zu sein und einer, der eng mit ihm sympathisierte. Dieses Ergebnis war umso bemerkenswerter, als Iphigenie auf Tauris, ein weitaus besseres Werk, in dem Devrient die Titelrolle bewundernswert interpretierte, vor leeren Rängen aufgeführt worden war.

Ich musste lange Zeit von diesem Ruf leben, da ich oft gezwungen war, minderwertige Aufführungen von Repertoirestücken, darunter auch Mozarts Opern, zu geben. Die Mittelmäßigkeit dieser Stücke war besonders enttäuschend für diejenigen, die nach meinem Erfolg in Armida viel von meiner Darbietung dieser Stücke erwartet hatten und infolgedessen sehr enttäuscht waren. Selbst mitfühlende Zuhörer versuchten, ihre Enttäuschung damit zu erklären, dass ich Mozart nicht schätze und ihn nicht verstehen könne. Aber sie erkannten nicht, wie unmöglich es für mich als bloßen Dirigenten war, einen wirklichen Einfluss auf solche planlosen Aufführungen auszuüben, die lediglich als Notbehelfe und oft ohne Probe gegeben wurden. Tatsächlich befand ich mich in dieser Angelegenheit oft in einer falschen Lage, die, da ich nicht in der Lage war, sie zu ändern, nicht wenig dazu beitrug, sowohl mein neues Amt als auch meine Abhängigkeit von den gemeinsten Motiven einer armseligen Theaterroutine, die bereits mit den Sorgen des Geschäfts überlastet war, unerträglich zu machen. Dies wurde tatsächlich schlimmer, als ich erwartet hatte, obwohl ich bereits vorher wusste, wie unsicher ein solches Leben ist. Mein Kollege Reissiger, dem ich von Zeit zu Zeit mein Leid über die mangelnde Aufmerksamkeit der Generaldirektion für unsere Forderungen nach korrekten Darstellungen im Bereich der Oper klagte, tröstete mich mit der Aussage, dass ich, wie er, früher oder später all diese Marotten aufgeben und mich dem unausweichlichen Schicksal eines Dirigenten unterwerfen würde. Daraufhin schlug er sich stolz auf den Bauch und hoffte, dass ich mich bald eines ebenso runden Bauches wie seines rühmen könnte.

Meine wachsende Abneigung gegen diese schleppenden Methoden wurde noch dadurch verstärkt, dass ich den Geist näher kennenlernte, mit dem selbst bedeutende Dirigenten die Wiedergabe unserer Meisterwerke vornahmen. In diesem ersten Jahr wurde Mendelssohn eingeladen, seine Paulusmusik für eines der Palmsonntagskonzerte in der damals berühmten Dresdner Kapelle zu dirigieren. Die Kenntnisse, die ich so unter so günstigen Umständen über dieses Werk erlangte, gefielen mir so sehr, dass ich einen erneuten Versuch unternahm, mich dem Komponisten in aufrichtiger und freundlicher Absicht zu nähern; aber ein bemerkenswertes Gespräch, das ich am Abend dieser Aufführung mit ihm führte, wehrte meinen Impuls schnell und seltsam ab. Nach dem Oratorium sollte Reissiger Beethovens Achte Symphonie aufführen. Mir war bei der vorangegangenen Probe aufgefallen, dass Keissiger den Fehler aller üblichen Dirigenten dieses Werks begangen hatte, indem er das Tempo di Minuetto des dritten Satzes in einem bedeutungslosen Walzertakt ansetzte, wodurch nicht nur das ganze Stück seinen imposanten Charakter verliert, sondern das Trio durch die Unmöglichkeit, den Violoncellopart in einem solchen Tempo zu interpretieren, geradezu lächerlich wird. Ich hatte Reissiger auf diesen Fehler aufmerksam gemacht, und er willigte meiner Meinung nach ein und versprach, den betreffenden Part in echtem Menuetttempo zu spielen. Ich erzählte dies Mendelssohn, als er sich nach seinem eigenen Auftritt in der Loge neben mir ausruhte und der Sinfonie lauschte. Auch er gab zu, dass ich Recht hatte, und meinte, dass es so gespielt werden sollte, wie ich es sagte. Und nun begann der dritte Satz. Reissiger, der allerdings nicht über die nötige Kraft verfügte, seinem Orchester einen so bedeutsamen Taktwechsel plötzlich und erfolgreich aufzuzwingen, folgte der üblichen Gewohnheit und spielte das Tempo di Menuetto im gewohnten Walzertakt. Gerade als ich meinen Ärger ausdrücken wollte, nickte mir Mendelssohn freundlich zu, als ob er dachte, dass ich dies gewollt und die Musik so verstanden hätte. Ich war so verblüfft über diese völlige Gefühllosigkeit des berühmten Musikers, dass es mir die Sprache verschlagen hatte, und von da an reifte allmählich meine eigene Meinung über Mendelssohn, eine Meinung, die später von R. Schumann bestätigt wurde. Letzterer drückte seine aufrichtige Freude aus, als er hörte, wie ich den ersten Satz von Beethovens Neunter Symphonie spielte, und erzählte mir, dass er gezwungen gewesen sei, ihn Jahr für Jahr von Mendelssohn in einer vollkommen ablenkenden Geschwindigkeit gespielt zu hören .

Inmitten meiner sehnsüchtigen Besorgnis, einen gewissen Einfluss auf den Geist auszuüben, in dem unsere edelsten Meisterwerke aufgeführt wurden, musste ich gegen die tiefe Unzufriedenheit ankämpfen, die ich mit meiner Beschäftigung mit dem gewöhnlichen Theaterrepertoire empfand. Erst am Palmsonntag des Jahres 1844, gleich nach meiner entmutigenden Expedition nach Hamburg, wurde mein Wunsch, die Pastorale zu dirigieren, erfüllt. Aber viele Mängel blieben noch immer ungelöst, und um diese zu beseitigen, musste ich indirekte Methoden anwenden, die mir viel Mühe bereiteten. Bei diesen berühmten Konzerten zum Beispiel war die Aufstellung des Orchesters, dessen Mitglieder in einer langen, schmalen, halbkreisförmigen Reihe um den Chor der Sänger saßen, so unfassbar dumm, dass ich erst die Erklärung von Reissiger brauchte, um mir diese Torheit verständlich zu machen. Er sagte mir, dass alle diese Aufstellungen aus der Zeit des verstorbenen Dirigenten Morlacchi stammten, der als italienischer Opernkomponist weder die Bedeutung des Orchesters noch seine Notwendigkeiten wirklich erkannt hatte. Als ich daher fragte, warum man ihm erlaubt habe, sich in Dinge einzumischen, die er nicht verstand, erfuhr ich, dass die Bevorzugung dieses Italieners durch den Hof und die Generaldirektion, selbst im Gegensatz zu Carl Maria von Weber, immer absolut gewesen sei und keinen Widerspruch duldete. Man warnte mich, dass es auch jetzt noch sehr schwer sein würde, diese ererbten Laster loszuwerden, da in den höchsten Kreisen noch immer die Meinung vorherrsche, dass er am besten verstanden haben müsse, was er tue.

Wieder einmal blitzten meine Kindheitserinnerungen an den Eunuchen Sassaroli in mir auf, und ich erinnerte mich an die Warnung der Witwe Webers hinsichtlich der Bedeutung meiner Nachfolge als Dirigent ihres Mannes in Dresden. Aber trotz alledem übertraf unsere Aufführung der Pastorale alle Erwartungen, und die unvergleichliche und wunderbar anregende Freude, die ich in Zukunft aus dem Umgang mit Beethovens Werken ziehen sollte, ließ mich jetzt erst seine fruchtbare Kraft erkennen. Kockel teilte diese Freude mit herzlicher Anteilnahme, er unterstützte mich mit Auge und Ohr bei jeder Probe, stand mir stets zur Seite und war in seiner Wertschätzung und seinen Zielen einig mit mir.

Nach diesem ermutigenden Erfolg sollte ich im Sommer die Genugtuung eines weiteren Triumphes genießen, der zwar musikalisch nicht von besonderer Bedeutung, aber von großer gesellschaftlicher Bedeutung war. Der König von Sachsen, zu dem ich mich, wie ich bereits sagte, innig hingezogen gefühlt hatte, als er noch Prinz Friedrich war, wurde von einem

langen Besuch in England zurückerwartet. Die Berichte über seinen
Aufenthalt dort hatten meine patriotische Seele sehr erfreut. Während dieser
schlichte Monarch, der vor allem Pomp und lautem Gepränge
zurückschreckte, in England weilte, traf Zar Nikolaus ganz unerwartet zu
einem Besuch bei der Königin ein. Ihm zu Ehren wurden große Feste und
Truppenschauen abgehalten, an denen unser König, sehr gegen seinen
Willen, teilnehmen musste, und er war daher gezwungen, die begeisterten
Beifallsbekundungen der englischen Menge entgegenzunehmen, die ihm
gegenüber dem unpopulären Zaren aufs Deutlichste ihre Vorliebe zeigte.
Diese Vorliebe spiegelte sich auch in den Zeitungen, so daß ein
schmeichelnder Duft von England nach unserem kleinen Sachsen
herüberwehte, der uns alle mit einem besonderen Stolz auf unseren König
erfüllte. Während ich mich in dieser Stimmung befand, die mich ganz in
Anspruch nahm, erfuhr ich, daß in Leipzig Vorbereitungen für einen
besonderen Empfang des Königs bei seiner Rückkehr getroffen wurden, der
durch ein musikalisches Fest, an dessen Leitung Mendelssohn teilnehmen
sollte, noch verschönert werden sollte. Ich erkundigte mich, was in Dresden
geschehen sollte, und erfuhr, daß der König gar nicht vorhatte, dort einen
Zwischenstopp einzulegen, sondern sich direkt nach seiner Sommerresidenz
in Pillnitz begeben wollte.

Nach kurzem Nachdenken wurde mir klar, dass dies meinem Wunsch, Seiner
Majestät einen angenehmen und herzlichen Empfang zu bereiten, nur zugute
kommen würde. Da ich ein Diener der Krone war, hätte jeder Versuch
meinerseits, in Dresden eine Huldigung zu erweisen, den Anschein einer
offiziellen Parade erwecken können, die nicht zulässig wäre. Ich fasste daher
den Gedanken, alle, die spielen oder singen konnten, in aller Eile
zusammenzurufen, damit wir ein eilig komponiertes Empfangslied zu Ehren
des Ereignisses aufführen könnten. Das Hindernis für meinen Plan war, dass
mein Direktor Lüttichau auf einem seiner Landsitze war. Eine Einigung mit
meinem Kollegen Reissiger hätte außerdem Verzögerungen mit sich
gebracht und dem Unternehmen den Anschein einer offiziellen Ovation
verliehen, die ich vermeiden wollte. Da keine Zeit verloren werden durfte,
wenn etwas getan werden sollte, das dem Anlass würdig war – da der König
in wenigen Tagen eintreffen sollte –, nutzte ich meine Position als Dirigent
des Gesangvereins und rief alle seine Sänger und Instrumentalisten zu
meiner Hilfe. Darüber hinaus lud ich die Mitglieder unserer Theatertruppe
und des Orchesters ein, sich uns anzuschließen. Danach fuhr ich schnell
nach Pillnitz, um die Angelegenheiten mit dem Oberhofmeister zu regeln,
der meinem Vorhaben wohlgesinnt war. Die einzige Muße, die ich mir für
die Komposition und Vertonung der Verse meines Liedes erübrigen konnte,
war die schnelle Hin- und Rückfahrt, denn bis ich zu Hause ankam, musste
ich alles für den Kopisten und Lithografen fertig haben. Das angenehme
Gefühl, durch die warme Sommerluft und das schöne Land zu rasen, gepaart

mit der aufrichtigen Zuneigung, die ich für unseren deutschen Prinzen empfand und die mich zu meiner Anstrengung veranlasst hatte, begeisterte mich und versetzte mich in eine hohe Spannung, in der ich mir nun die lyrischen Umrisse des „Tannhäusermarsches" klar vorstellte, der anlässlich dieses königlichen Empfangs zum ersten Mal das Licht der Welt erblickte. Bald darauf entwickelte ich dieses Thema und schuf so den Marsch, der die beliebteste der Melodien wurde, die ich bis dahin komponiert hatte.

Am nächsten Tage mußte es mit hundertzwanzig Instrumentalisten und dreihundert Sängern versucht werden. Ich hatte mir erlaubt, sie auf die Bühne des Hoftheaters einzuladen, wo alles vortrefflich lief. Alle waren entzückt, und ich nicht im geringsten, als ein Bote des eben in die Stadt zurückgekehrten Direktors eintraf und um eine sofortige Unterredung bat. Littichau war über die Maßen erzürnt über mein eigenmächtiges Vorgehen in dieser Angelegenheit, von dem er durch unseren guten Freund Reissiger unterrichtet worden war. Hätte er bei dieser Unterredung seine Freiherrenkrone auf dem Kopf gehabt, sie wäre ihm gewiß abgefallen. Daß ich meine Verhandlungen mit den Hofbeamten persönlich führte und von einem außerordentlich raschen Erfolg meiner Bemühungen berichten konnte, erregte seine tiefste Wut, denn die Hauptbedeutung seiner eigenen Stellung bestand darin, alles, was auf diese Weise erreicht werden sollte, stets als von den größten Hindernissen umgeben und von der strengsten Etikette umschlossen darzustellen. Ich bot ihm an, alles abzusagen, aber das brachte ihn nur noch mehr in Verlegenheit. Ich fragte ihn daraufhin, was ich tun solle, wenn der Plan noch durchgeführt werden sollte. Er schien in diesem Punkt unsicher, fand aber, dass ich einen großen Mangel an Mitgefühl gezeigt hätte, indem ich nicht nur ihn, sondern auch Reissiger ignoriert hatte. Ich antwortete, dass ich durchaus bereit sei, meine Komposition und die Leitung des Stückes Reissiger zu überlassen. Aber er konnte dies nicht schlucken, da er wirklich eine äußerst schlechte Meinung von Reissiger hatte, was mir sehr wohl bewusst war. Sein wirklicher Kummer war, dass ich die ganze Angelegenheit mit dem Oberhofmeister, Herrn von Reizenstein, abgesprochen hatte, der sein persönlicher Feind war, und er fügte hinzu, dass ich mir keine Vorstellung von der Unhöflichkeit machen könne, die er von diesem Beamten zu ertragen hatte. Dieser Vertrauensausbruch erleichterte es mir, eine fast aufrichtige Erregung zu zeigen, worauf er mit einem Achselzucken reagierte, was bedeutete, dass er sich in eine unangenehme Notwendigkeit ergeben müsse.

Aber noch ernster als durch diesen Sturm mit dem Direktor war mein Vorhaben durch das elende Wetter gefährdet; denn es regnete den ganzen Tag in Strömen. Wenn es anhielt, was nur allzu wahrscheinlich schien, konnte ich kaum wie geplant um fünf Uhr morgens mit meinen Hunderten von Helfern auf dem Spezialboot abfahren, um im zwei Stunden entfernten

Pillnitz ein Frühkonzert zu geben. Ich sah einem solchen Unglück mit aufrichtiger Bestürzung entgegen. Aber Röckel tröstete mich, indem er sagte, ich könne mich darauf verlassen, dass wir am nächsten Tag herrliches Wetter haben würden; denn ich hatte Glück! Dieser Glaube an mein Glück ist mir seitdem bis in meine letzten Tage gefolgt; und inmitten der großen Unglücksfälle, die meine Unternehmungen so oft behindert haben, habe ich diese Aussage als eine böse Beleidigung des Schicksals empfunden. Aber zumindest diesmal hatte mein Freund recht; der 12. August 1844 war von Sonnenaufgang bis spät in die Nacht der schönste Sommertag, an den ich mich in meinem ganzen Leben erinnern kann. Das Gefühl seliger Zufriedenheit, als ich meine unbeschwerte Legion fröhlich gekleideter Musiker und Sänger im glückverheißenden Morgennebel an Bord unseres Dampfers zusammenkommen sah, erfüllte meine Brust mit inbrünstigem Glauben an meinen Glücksstern.

Durch meine freundliche Ungestümheit war es mir gelungen, Reissigers schwelenden Groll zu überwinden und ihn zu überreden, die Ehre unseres Unterfangens zu teilen, indem er die Aufführung meiner Komposition selbst dirigierte. Als wir an den Ort kamen, verlief alles prächtig. Der König und die königliche Familie waren sichtlich gerührt, und in den darauffolgenden schlimmen Zeiten sprach die Königin von Sachsen, wie man mir erzählte, mit besonderer Ergriffenheit von diesem Anlass als dem schönsten Tag ihres Lebens. Nachdem Reissiger seinen Taktstock mit großer Würde geschwungen und ich mit den Tenören im Chor gesungen hatte, wurden wir beiden Dirigenten vor die königliche Familie gerufen. Der König sprach herzlich seinen Dank aus, während die Königin uns das große Kompliment machte, dass ich sehr gut komponiere und Reissiger sehr gut dirigiere. Seine Majestät bat uns, nur die letzten drei Strophen zu wiederholen, da er wegen eines schmerzhaften Geschwürs im Zahn nicht mehr lange im Freien bleiben könne. Ich ersann rasch eine kombinierte Evolution, auf deren bemerkenswert erfolgreiche Ausführung ich bis heute sehr stolz bin. Ich ließ das gesamte Lied wiederholen, aber gemäß dem Wunsch des Königs wurde nur eine Strophe in unserer ursprünglichen Halbmondformation gesungen. Zu Beginn der zweiten Strophe ließ ich meine vierhundert undisziplinierten Musiker und Sänger in einem Marsch durch den Garten abmarschieren, der, während sie sich allmählich zurückzogen, so angeordnet war, dass die letzten Töne das königliche Ohr nur als widerhallendes Traumlied erreichen konnten. Dank meiner beispiellosen Aktivität und allgegenwärtigen Hilfe wurde dieser Rückzug so stetig durchgeführt, dass weder im Takt noch in der Darbietung das geringste Stocken wahrnehmbar war und das Ganze für ein sorgfältig einstudiertes Theatermanöver gehalten werden konnte. Als wir den Schlosshof erreichten, stellten wir fest, dass dank der gütigen Voraussicht der Königin ein reichliches Frühstück für unsere Gruppe auf dem Rasen bereitgestellt worden war, wo die Tische bereits gedeckt waren.

Wir sahen oft unsere königliche Gastgeberin selbst, wie sie eifrig die Dienerschaft beaufsichtigte oder mit aufgeregtem Entzücken durch die Fenster und Korridore des Schlosses ging. Jedes Auge strahlte Verzückung in meine Seele, als erfolgreiche Urheberin des allgemeinen Glücks, und ich fühlte mich inmitten der Herrlichkeiten dieses Tages fast, als sei das Millennium verkündet worden. Nachdem wir in einer Gruppe durch die schönen Anlagen des Schlosses gewandert waren und nicht versäumten, dem Keppgrund einen Besuch abzustatten, der mir in meiner Jugend so lieb gewesen war, kehrten wir spät in der Nacht und in bester Stimmung nach Dresden zurück.

Am nächsten Morgen wurde ich wieder zum Direktor gerufen. Doch in der Nacht hatte sich bei ihm eine Veränderung vollzogen.

Als ich mich für die Angst, die ich ihm bereitet hatte, entschuldigen wollte, ergriff mich der große, dünne Mann mit dem harten, trockenen Gesicht bei der Hand und sprach mich mit einem verzückten Ausdruck an, den, da bin ich mir sicher, noch nie jemand in seinem Gesicht gesehen hatte. Er sagte mir, ich solle nichts mehr über diese Ängste sagen. Ich sei ein großer Mann, und bald würde niemand mehr etwas über ihn wissen, während ich allgemein bewundert und geliebt würde. Ich war zutiefst bewegt und wollte nur meine Verlegenheit über einen so unerwarteten Ausbruch ausdrücken, als er mich freundlich unterbrach und in gutmütigen Vertraulichkeiten einen Ausweg aus seiner eigenen Erregung suchte. Lächelnd erwähnte er die Selbstverleugnung, die einem unwürdigen Mann wie Reissiger bei einer so außergewöhnlichen Gelegenheit den Ehrenplatz überlassen hatte. Als ich ihm versicherte, dass mir diese Tat die größte Befriedigung verschafft und dass ich selbst meinen Kollegen überredet hatte, den Stab zu übernehmen, gestand er, dass er mich nun endlich zu verstehen beginne, aber überhaupt nicht begreife, wie der andere eine Position akzeptieren könne, auf die er kein Recht habe.

Lüttichaus veränderte Haltung mir gegenüber war derart, dass unser Umgang in Geschäftsangelegenheiten eine Zeitlang einen fast vertraulichen Ton annahm. Doch leider änderte sich dies im Laufe der Zeit zum Schlechteren, so dass unser Verhältnis zu offener Feindschaft wurde; dennoch war eine gewisse eigentümliche Zärtlichkeit dieses sonderbaren Mannes mir gegenüber immer deutlich spürbar. Ja, ich möchte fast sagen, dass viele seiner späteren Beschimpfungen mir gegenüber eher wie die seltsam perversen Klagen einer Liebe klangen, die keine Antwort fand.

Für meinen diesjährigen Urlaub fuhr ich Anfang September zu Fischers Weinberg in der Nähe von Loschwitz, nicht weit vom berühmten Firidlater-Weinberg, wo ich etwas später im Jahr eine Sommerresidenz mietete. Dort komponierte ich unter dem angenehmen und stärkenden Anreiz eines sechswöchigen Lebens im Freien meine Musik für den zweiten Akt des Tannhäuser, die ich am 15. Oktober abschloss. Während dieser Zeit fand eine Aufführung des Rienzi vor einem Publikum von nicht allzu großer Bedeutung statt. Zu diesem Anlass fuhr ich in die Stadt. Spontini, Meyerbeer und General Lwoff, der Komponist der russischen Nationalhymne, saßen zusammen in einer Bühnenloge. Ich suchte keine Gelegenheit, den Eindruck zu erfahren, den meine Oper auf diese gelehrten Richter und Magnaten der Musikwelt gemacht hatte. Es genügte mir die selbstgefällige Genugtuung zu wissen, dass sie mein oft wiederholtes Werk vor einem vollen Haus und unter überwältigendem Beifall gehört hatten. Zu meiner großen Freude brachte man mir am Ende der Oper meinen kleinen Hund Peps, der mir den ganzen Weg vom Land nachgelaufen war, und ohne abzuwarten, die europäischen Berühmtheiten zu begrüßen, fuhr ich mit ihm sofort zu unserem ruhigen Weinberg, wo Minna mit großer Erleichterung ihr kleines Haustier wiederfand, das sie stundenlang für verloren gehalten hatte.

Hier erhielt ich auch Besuch von Werder, dem Mann, dessen Freundschaft ich in Berlin unter so dramatischen Umständen geschlossen hatte. Diesmal erschien er jedoch in gewöhnlicher menschlicher Gestalt, unter dem freundlichen Licht des Himmels, und wir diskutierten in freundschaftlicher Weise über den wahren Wert des „Fliegenden Holländers", da ich mich seit Tannhäusers Kopf etwas gegen dieses Werk gewendet hatte. Es kam mir wirklich seltsam vor, in diesem Punkt von meinem Freund widerlegt zu werden und von ihm Belehrungen über die Bedeutung meines eigenen Werkes zu erhalten.

Als wir in unser Winterquartier zurückkehrten, versuchte ich, zwischen der Komposition des zweiten und dritten Aktes nicht so viel Zeit verstreichen zu lassen wie zwischen dem ersten und dem zweiten Akt. Trotz vieler Verpflichtungen, die mich in Anspruch nahmen, gelang es mir, mein Ziel zu erreichen. Indem ich mir sorgfältig die Gewohnheit aneignete, einsame Spaziergänge zu unternehmen, und dank ihrer wohltuenden Wirkung auf mich, gelang es mir, die Musik des dritten Aktes bis zum 29. Dezember, also vor Jahresende, fertigzustellen.

Während dieser Zeit war meine Zeit ansonsten sehr ernsthaft in Anspruch genommen durch einen Besuch, den uns Spontini im Zusammenhang mit einer geplanten Aufführung seiner Vestalin abstattete, deren Vorbereitungen gerade begonnen hatten. Die merkwürdigen Episoden und charakteristischen Züge des Umgangs, den ich auf diese Weise mit diesem bedeutenden und eisgrauen Meister pflegte, sind noch immer so lebhaft in meinem Gedächtnis eingeprägt, dass sie einen Platz in dieser Aufzeichnung wert zu sein scheinen.

Da wir uns mit der Mitwirkung von Schröder-Devrient im Großen und Ganzen auf eine bewundernswerte Aufführung der Oper verlassen konnten, hatte ich Lüttichau auf die Idee gebracht, Spontini einzuladen, die persönliche Leitung seines zu Recht berühmten Werkes zu übernehmen. Er hatte Berlin gerade für immer verlassen, nachdem er dort große Demütigungen erlitten hatte, und eine solche Einladung wäre in diesem Moment ein recht zeitgemäßer Respektsbeweis. Diese wurde entsprechend verschickt, und da ich selbst mit der Leitung der Oper betraut worden war, wurde mir die einzigartige Aufgabe übertragen, diesen Punkt mit dem Meister zu klären. Mein Brief, wie es scheint, obwohl auf Französisch geschrieben, weckte in ihm eine hohe Meinung von meinem Eifer für das Unternehmen, und in einer gnädigen Antwort teilte er mir seine besonderen Wünsche hinsichtlich der für seine Mitarbeit zu treffenden Vorkehrungen mit. Was die Sänger betraf, und da ein Schröder-Devrient unter den Mitwirkenden war, drückte er offen seine Zufriedenheit aus. Was Chor und Ballett betraf, so ging er davon aus, dass nichts zur Würde der Aufführung fehlen würde; und schließlich erwartete er, dass ihm auch das Orchester gefallen würde, da es seiner Annahme nach die notwendige Besetzung mit hervorragenden Instrumenten enthielt, die, um seine eigenen Worte zu verwenden, „er hoffte, die Aufführung mit zwölf guten Kontrabässen auszustatten!" (le tout garni de douze bonnes contre-basses). Dieser Satz haute mich um, denn die so unverblümt in Zahlen ausgedrückten Proportionen vermittelten mir eine so logische Vorstellung von seinen hohen Erwartungen, dass ich sofort zum Direktor eilte, um ihn zu warnen, dass das Unternehmen, auf das wir uns eingelassen hatten, sich letztlich doch nicht als so einfach erweisen würde, wie wir dachten. Er war sehr beunruhigt und sagte, man müsse sofort einen Plan aushecken, um das Engagement aufzulösen.

Als Schröder-Devrient, die Spontini gut kannte, von unserem Dilemma erfuhr, lachte sie , als könne sie sich über die naive Unverschämtheit, mit der wir unsere Einladung ausgesprochen hatten, nicht aufhalten. Eine kleine Unpässlichkeit, an der sie damals litt, war eine vernünftige Entschuldigung für eine mehr oder weniger lange Verzögerung, und diese stellte sie uns großzügig zur Verfügung. Spontini hatte uns tatsächlich gedrängt, unser Projekt so schnell wie möglich auszuführen, denn da er in Paris ungeduldig erwartet wurde, konnte er uns nur wenig Zeit lassen. Es fiel mir zu, das Gewebe unschuldiger Täuschungen zu spinnen, mit denen wir den Meister von einer definitiven Annahme unserer Einladung abbringen wollten. Jetzt konnten wir wieder aufatmen und begannen ordnungsgemäß mit den Proben. Aber am Tag zuvor hatten wir vorgeschlagen, unsere Generalprobe in aller Ruhe abzuhalten, und siehe da! Gegen Mittag fuhr eine Kutsche vor meine Tür, in der, in einen langen blauen Mantel aus Lotsenstoff gekleidet, niemand anders saß als der hochmütige Meister selbst, dessen Manieren denen eines spanischen Granden ähnelten. Völlig unbeaufsichtigt und höchst aufgeregt betrat er mein Zimmer, zeigte mir meine Briefe und bewies anhand unserer Korrespondenz, dass die Einladung nicht abgelehnt worden war, sondern dass er unseren Wünschen in allen Punkten genau entsprochen hatte. Ich vergaß für den Moment alle möglichen Verlegenheiten, die entstehen könnten, und in meiner aufrichtigen Freude, den wunderbaren Mann vor mir zu sehen und seine Arbeit von ihm selbst dirigieren zu hören, verpflichtete ich mich sofort, alles zu tun, was ich nur konnte, um seinen Wünschen nachzukommen. Diese Erklärung machte ich mit der größten Aufrichtigkeit des Eifers. Er lächelte mit fast kindlicher Freundlichkeit, als er mich hörte, und ich bat ihn sofort, die für den nächsten Tag angesetzte Probe zu leiten. Daraufhin wurde er plötzlich nachdenklich und begann die zahlreichen Nachteile eines solchen Vorgehens seinerseits abzuwägen. Seine Erregung wurde so groß, dass er große Schwierigkeiten hatte, sich in irgendeinem Punkt klar auszudrücken, und ich fand es nicht leicht, zu fragen, welche Vorkehrungen wir treffen würden, um ihn dazu zu bewegen, die Probe am nächsten Tag zu übernehmen. Nach kurzem Nachdenken fragte er, welche Art von Taktstock ich beim Dirigieren zu verwenden pflegte. Mit meinen Händen deutete ich die ungefähre Länge und Dicke eines mittelgroßen Holzstabs an, wie ihn unser Chorleiter gewöhnlich zur Verfügung stellte, und der frisch mit weißem Papier überzogen war. Er seufzte und fragte, ob ich es für möglich hielte, ihm bis morgen einen Taktstock aus schwarzem Ebenholz zu besorgen, dessen sehr ansehnliche Länge und Dicke er mit einer Geste anzeigte und an dessen beiden Enden ein ziemlich großer Elfenbeinknauf angebracht werden sollte. Ich versprach, für die nächste Probe einen vorzubereiten, der zumindest in der Optik dem ähneln sollte, was er wünschte, und rechtzeitig für die eigentliche Aufführung einen weiteren aus den angegebenen Materialien. Sichtlich erleichtert strich er sich dann mit der Hand über die Stirn und erteilte mir die Erlaubnis, seine Zusage zu verkünden, am nächsten Tag dirigieren zu wollen. Nachdem er seine Anweisungen bezüglich des Taktstocks noch einmal eindringlich bekräftigt hatte, ging er zurück in sein Hotel.

Ich schien mich wie im Traum zu bewegen und beeilte mich in einem Wirbelwind der Aufregung, die Neuigkeiten über das Geschehene und das Zu erwartende zu verbreiten. Wir saßen ziemlich in der Falle. Schröder-Devrient bot sich an, unser Sündenbock zu werden, während ich mit dem Theatertischler genaue Einzelheiten über den Taktstock besprach. Dieser stellte sich insoweit als richtig heraus, dass er die erforderliche Länge und Breite besaß, schwarz war und zwei große weiße Knöpfe hatte. Dann kam die schicksalshafte Probe. Spontini fühlte sich auf seinem Platz im Orchester offensichtlich unwohl. Zunächst wollte er die Oboisten hinter sich platzieren. Da diese teilweise Positionsänderung gerade in diesem Moment viel Verwirrung in der Disposition des Orchesters verursacht hätte, versprach ich, die Änderung nach der Probe vorzunehmen. Er sagte nichts mehr und nahm seinen Taktstock. Im Nu verstand ich, warum er so viel Wert auf seine Form und Größe legte. Er hielt ihn am Ende nicht wie andere Dirigenten, sondern umfasste ihn etwa in der Mitte mit der geballten Faust und schwenkte sie, um deutlich zu machen, dass er seinen Taktstock wie den Stab eines Feldmarschalls schwang, nicht um den Takt zu schlagen, sondern um zu befehligen.

Verwirrung entstand schon in der ersten Szene, die noch dadurch verstärkt wurde, dass die Anweisungen des Meisters an Orchester und Sänger durch seinen wirren Gebrauch der deutschen Sprache fast unverständlich wurden. So viel konnten wir jedenfalls bald begreifen, dass es ihm besonders darum ging, uns von der Vorstellung abzubringen, dass es sich hier um eine Generalprobe handelte, und uns zu zeigen, dass er von Anfang an auf eine gründliche Neustudie der Oper aus war. Groß war in der Tat die Verzweiflung meines guten alten Chorleiters und Bühnenmanagers Fischer, der zuvor enthusiastisch für die Einladung Spontinis eingetreten war, als er erkannte, dass die Umstellung unseres Repertoires nun unvermeidlich war. Dieses Gefühl schwoll allmählich zu offener Wut an, in deren Blindheit jeder neue Vorschlag Spontinis nur als frivole Nörgelei erschien, auf die er in rohem Deutsch unverblümt reagierte. Nach einem der Refrains winkte mich Spontini zu sich und flüsterte: „Mais savez-vous, vos chœurs ne chantent pas mal", worauf Fischer, der dies mit Argwohn betrachtete, mir wütend zurief: „Was will die alte Sau denn jetzt?" und ich einige Mühe hatte, den schnell bekehrten Enthusiasten zu beruhigen.

Unsere größte Verzögerung entstand jedoch im ersten Akt durch die Abläufe eines Triumphzuges. Mit lautstem Nachdruck drückte der Meister seine tiefe Unzufriedenheit mit dem apathischen Verhalten unserer Bevölkerung während der Prozession der Vestalinnen aus. Er war sich der Tatsache nicht bewusst, dass sie gemäß den Anweisungen unseres Bühnenmanagers beim Erscheinen der Priesterinnen auf die Knie gefallen waren; denn er war so aufgeregt und außerdem so schrecklich kurzsichtig, dass er nichts wahrnahm, was nur das Auge ansprach. Er verlangte, dass die römische Armee ihren ergebenen Respekt auf drastischere Weise zum Ausdruck bringen sollte, indem sie sich wie ein Mann zu Boden warf und dies durch einen krachenden Schlag ihrer Speere auf ihre Schilde bekundete. Endlose Versuche wurden unternommen, aber immer klapperte einer entweder zu früh oder zu spät. Dann wiederholte er die Aktion selbst mehrere Male mit seinem Stab auf dem Pult, aber alles ohne Zweck; der Schlag war nicht scharf und nachdrücklich genug. Dies erinnerte mich an den Eindruck, den ich einige Jahre zuvor in Berlin durch die wunderbare Präzision und fast beängstigende Wirkung gemacht hatte, mit der ich ähnliche Entwicklungen im Stück von Ferdinand Cortez ausgeführt gesehen hatte, und ich erkannte, dass es einer sofortigen und langwierigen Betonung unserer üblichen Sanftheit der Handlung in solchen Manövern bedurfte, um den Anforderungen des anspruchsvollen Meisters gerecht zu werden. Am Ende des ersten Aktes betrat Spontini selbst die Bühne, um ausführlich seine Gründe zu erläutern, warum er seine Oper für eine beträchtliche Zeit verschieben wollte, um sie durch zahlreiche Proben auf eine Aufführung nach seinem Geschmack vorzubereiten. Er erwartete, die Schauspieler des Dresdner Hoftheaters dort versammelt zu finden, um ihn zu hören; aber die Truppe hatte sich bereits zerstreut. Sänger und Bühnenmanager waren hastig in alle Richtungen zerstreut, um, jeder auf seine Weise, dem Elend der Situation Luft zu machen. Nur die Arbeiter, Lampenputzer und einige Chormitglieder versammelten sich im Halbkreis um Spontini, um einen Blick auf diesen bemerkenswerten Mann zu werfen, der mit wunderbarer Wirkung über die Anforderungen wahrer Theaterkunst sprach. Ich wandte mich der düsteren Szene zu, machte Spontini sanft und respektvoll auf die Nutzlosigkeit seiner Deklamation aufmerksam und versprach, dass schließlich alles genau so gemacht werden würde, wie er es wünschte.

Schließlich gelang es mir, ihn aus der unwürdigen Lage zu befreien, in die er sich zu meinem Entsetzen gebracht hatte, indem ich ihm sagte, Herr Eduard Devrient, der die Vestalin in Berlin gesehen hatte und jedes Detail der Aufführung im Kopf hatte, solle unseren Chor und unsere Statisten persönlich zu angemessener Feierlichkeit während des Empfangs der Vestalinnen schulen. Dies beruhigte ihn, und wir beschlossen, einen Plan für eine Reihe von Proben nach seinen Wünschen auszuarbeiten. Trotz alledem war ich der einzige, dem diese seltsame Wendung der Dinge nicht unwillkommen war; denn durch die burlesken Extravaganzen Spontinis und trotz seiner außergewöhnlichen Exzentrizitäten, die ich jedoch mit der Zeit zu verstehen lernte, konnte ich die wunderbare Energie erkennen, mit der er ein Ideal der Theaterkunst verfolgte und erreichte, wie es in unseren Tagen fast unbekannt geworden war.

Wir begannen also mit einer Klavierprobe, bei der der Meister es sich zur Aufgabe machte, den Sängern seine Wünsche mitzuteilen. Neues erzählte er uns jedoch nicht, denn über die Einzelheiten der Wiedergabe sprach er wenig; dagegen ging er ausführlich auf die allgemeine Auslegung ein, und ich bemerkte, dass er sich dabei angewöhnt hatte, den großen Sängern, besonders Schröder-Devrient und Tichatschek, die entschiedensten Zugeständnisse zu machen. Nur verbot er diesem, das Wort Braut zu gebrauchen, mit dem Licinius in der deutschen Übersetzung Julia anreden musste; dieses Wort klang in seinen Ohren grauenhaft, und er konnte nicht begreifen, wie man einen so vulgären Klang vertonen könne. Dem etwas groben und weniger begabten Sänger jedoch, der die Rolle des Oberpriesters übernahm, hielt er eine lange Vorlesung und erklärte ihm, wie man diese

Figur aus dem Dialog (im Rezitativ) zwischen ihm und Haruspex verstehen und interpretieren solle. Er sagte ihm, er müsse verstehen, dass das Ganze auf Priesterlist und Aberglaube beruhe. Pontifex muss klarstellen, dass er seinen Gegner an der Spitze des römischen Heeres nicht fürchtet, denn im schlimmsten Fall hält er seine Maschinen bereit, die, wenn nötig, das erloschene Feuer Vestas auf wundersame Weise wieder entfachen werden. Auf diese Weise wäre die Macht der Priesterschaft unangreifbar, selbst wenn Julia dem Opfer entgehen sollte.

Während einer der Proben fragte ich Spontini, warum er, der die Posaune sonst so wirkungsvoll einsetzte, sie im großartigen Triumphmarsch des ersten Aktes ganz weggelassen habe. Sehr erstaunt fragte er: „Hast du keine Posaunen?" Ich zeigte ihm die gedruckte Partitur und er bat mich dann, die Posaunen in den Marsch aufzunehmen, damit sie, wenn möglich, bei der nächsten Probe verwendet werden könnten. Er sagte auch: „Ich habe in deinem Orchester ein Instrument verstanden, das du als Basstuba bezeichnet hast; ich werde dieses Instrument nicht aus dem Orchester nehmen: Ich werde eine Partie für die Vestale spielen." Es war mir eine große Freude, diese Aufgabe mit aller Sorgfalt und aller Urteilskraft, die mir zur Verfügung stand, für ihn zu übernehmen. Als er bei der Probe die Wirkung zum ersten Mal hörte, warf er mir einen wirklich dankbaren Blick zu und schätzte die wirklich einfachen Ergänzungen, die ich seiner Partitur hinzugefügt hatte, so sehr, dass er mir wenig später einen sehr freundlichen Brief aus Paris schrieb, in dem er mich höflich bat, ihm die zusätzlichen Instrumentalstimmen zu schicken, die ich für ihn vorbereitet hatte. Sein Stolz erlaubte es ihm jedoch nicht, direkt nach etwas zu fragen, für das ich allein verantwortlich war, also schrieb er: „Sende mir eine Posaunenpartie für den Triumphbogen und die Basstuba, die sie unter meiner Leitung in Dresden ausführen wird." Abgesehen davon zeigte ich auch, wie sehr ich ihn respektierte, durch den Eifer, mit dem ich auf seinen besonderen Wunsch hin alle Instrumente des Orchesters neu gruppierte. Er wurde zu dieser Bitte mehr durch Gewohnheit als durch Prinzip gezwungen, und wie wichtig es ihm schien, nicht die geringste Änderung seiner üblichen Anordnungen vorzunehmen, bewies ich, als er mir seine Dirigiermethode erklärte. Er dirigierte das Orchester, sagte er, nur mit den Augen: „Mein linkes Auge ist die erste Geige, mein rechtes Auge die zweite, und wenn das Auge sehen soll, darf man keine Brille tragen (wie so viele schlechte Dirigenten), selbst wenn man kurzsichtig ist. Ich", gab er vertraulich zu, „kann nicht zwölf Zoll weit sehen, aber ich kann sie trotzdem so spielen lassen, wie ich will, indem ich sie einfach mit meinem Auge fixiere." In mancher Hinsicht war die willkürliche Art, in der er sein Orchester aufstellte, wirklich sehr irrational. Aus seinen alten Tagen in Paris hatte er die Gewohnheit beibehalten, die beiden Oboisten direkt hinter sich zu platzieren, und obwohl dies eine Modeerscheinung war, die ihren Ursprung einem bloßen Zufall verdankte, hielt er sich immer daran . Die

Folge war, dass diese Spieler das Mundstück ihrer Instrumente vom Publikum abwenden mussten, und unser ausgezeichneter Oboist war über diese Anordnung so verärgert, dass es mir nur durch große Diplomatie gelang, ihn zu beruhigen.

Im übrigen beruhte Spontinis Methode auf dem durchaus richtigen (und bis heute von manchen deutschen Orchestern mißverstandenen) System, das Streichquartett über das ganze Orchester zu verteilen. Dieses System bestand ferner darin, daß man die Blech- und Schlaginstrumente daran hinderte, in einem Punkt zu kulminieren (und sich gegenseitig zu übertönen), indem man sie auf beiden Seiten teilte, und daß man die zarteren Blasinstrumente in wohlüberlegter Entfernung voneinander aufstellte, so daß sie eine Kette zwischen den Violinen bildeten. Selbst einige große und berühmte Orchester der Gegenwart halten noch an der Sitte fest, die Masse der Instrumente in zwei Hälften, die Streich- und die Blasinstrumente, zu teilen, eine Anordnung, die von Rauheit und mangelndem Verständnis für den Klang des Orchesters zeugt, der harmonisch verschmelzen und ausgewogen sein sollte.

Ich war sehr froh, diese hervorragende Verbesserung in Dresden einführen zu können, denn da Spontini sie selbst initiiert hatte, war es ein Leichtes, den Befehl des Königs zu erhalten, die Änderung beizubehalten. Nach Spontinis Abreise blieb mir nichts anderes übrig, als gewisse Exzentrizitäten und Willkürlichkeiten in seinen Arrangements zu modifizieren und zu korrigieren; und von diesem Moment an erreichte ich mit meinem Orchester einen hohen Erfolg.

Mit all seinen Eigentümlichkeiten bei den Proben faszinierte dieser außergewöhnliche Mann Musiker und Sänger so sehr, dass die Aufführung eine ganz ungewöhnliche Aufmerksamkeit erregte. Sehr charakteristisch war die Energie, mit der er auf außerordentlich scharfe rhythmische Akzente bestand; durch seine Verbindung mit dem Berliner Orchester hatte er sich angewöhnt, die Note, die er hervorbringen wollte, mit dem für mich zunächst ganz unverständlichen Wort diese zu kennzeichnen. Dem großen Sänger Tichatschek, der ein wahres Genie für Rhythmus war, gefiel dies sehr; denn auch er hatte sich angewöhnt, den Chor bei sehr wichtigen Einsätzen zu großer Genauigkeit zu zwingen, und behauptete, wenn man nur die erste Note richtig akzentuiere, folge der Rest von selbst. Im Großen und Ganzen durchdrang daher allmählich ein Geist der Hingabe an den Meister das Orchester; nur die Bratschen hegten eine Zeitlang einen Groll gegen ihn, und zwar aus diesem Grunde. Bei der Begleitung der schwermütigen Kantilene der Julia am Ende des zweiten Aktes konnte er sich die Art und Weise nicht gefallen lassen, wie die Bratschen die grauenhaft sentimentale Begleitung spielten. Plötzlich wandte er sich ihnen zu und rief mit Grabesstimme: „Sterben die Bratschen?" Die beiden blassen und unheilbar melancholischen alten Männer, die trotz ihres Anspruchs auf eine Pension hartnäckig an ihren Posten im Orchester festhielten, starrten Spontini mit wahrer Angst an und lasen in seinen Worten eine Drohung, und ich musste Spontinis Wunsch in nüchternen Worten erklären, um sie wieder zum Leben zu erwecken.

Auf der Bühne half Herr Eduard Devrient sehr wesentlich, wunderbar unterschiedliche Ensembles zu bilden; er verstand es auch, einen gewissen Wunsch Spontinis zu erfüllen, der uns alle in große Verwirrung stürzte. Entsprechend den Kürzungen aller deutschen Theater beendeten auch wir die Oper mit dem feurigen, vom Chor unterstützten Duett zwischen Licinius und Julia nach ihrer Rettung. Der Meister bestand jedoch darauf, dem Finale einen lebhaften Chor und ein Ballett hinzuzufügen, nach der veralteten Schlussmethode der französischen Opera seria. Er war absolut dagegen, sein Werk mit einer düsteren Kirchhofepisode zu beenden; daher musste die ganze Szene geändert werden. Venus sollte in einer Rosenlaube glänzen, und die leidgeprüften Liebenden sollten an ihrem Altar unter lebhaftem Tanz und Gesang von rosengeschmückten Priestern und Priesterinnen getraut werden. Wir führten es so auf, aber leider nicht mit dem Erfolg, den wir alle erhofft hatten.

Im Laufe der Aufführung, die mit wunderbarer Genauigkeit und Schwung vor sich ging, stießen wir bei der Hauptrolle auf eine Schwierigkeit, auf die keiner von uns vorbereitet war. Unsere große Schröder-Devrient war offensichtlich nicht mehr in dem Alter, um als jüngste der Vestalinnen die gewünschte Wirkung zu erzielen; sie hatte matronenhafte Konturen angenommen, und ihr Alter wurde noch zusätzlich durch die äußerst mädchenhaft wirkende Hohepriesterin betont, mit der sie zu spielen hatte und deren Jugend man kaum verbergen konnte. Es war meine Nichte Johanna Wagner, die wegen ihrer wunderbaren Stimme und ihres großen schauspielerischen Talents in jedem Publikum den Wunsch weckte, die Rollen der beiden Frauen vertauscht zu sehen. Schröder-Devrient, die sich dieser Tatsache durchaus bewusst war, versuchte mit allen ihr zur Verfügung stehenden Mitteln, ihre schwierigste Lage zu überwinden; diese Anstrengung führte jedoch nicht selten zu großen Übertreibungen und Überanstrengungen der Stimme, und an einer sehr wichtigen Stelle wurde ihre Rolle traurig überspielt. Als sie nach dem großen Trio im zweiten Akt die Worte „Er ist frei" keuchend herausholen und sich von ihrem geretteten Geliebten weg nach vorne auf die Bühne bewegen musste, machte sie den Fehler, die Worte auszusprechen, anstatt sie zu singen.

Sie hatte oft die Wirkung eines entscheidenden Wortes unter Beweis gestellt, das mit einer übertriebenen und doch sorgfältigen Nachahmung der üblichen Akzente der gesprochenen Sprache ausgesprochen wurde, indem sie die wildeste Begeisterung des Publikums erregte, als sie in Fidelia die Worte „Noch einen Schritt und du bist tot!" fast flüsterte . Diese schreckliche Wirkung, die auch ich empfunden hatte, wurde durch den Schock hervorgerufen – wie von einem Henkersbeil –, den ich empfand, als ich plötzlich aus der idealen Sphäre, in die die Musik selbst die schrecklichsten Situationen erheben kann, auf die nackte Oberfläche der schrecklichen Realität herabstieg. Dieses Gefühl war einfach auf das Wissen um die höchste Höhe des Erhabenen zurückzuführen, und die Erinnerung an den Eindruck, den ich empfand, veranlasste mich, diesen bestimmten Moment den Moment des Blitzes zu nennen ; denn es war, als ob zwei verschiedene Welten, die sich treffen und doch getrennt sind, plötzlich wie durch einen Blitz erleuchtet und enthüllt würden. Einen solchen Moment richtig zu verstehen und ihn nicht falsch zu behandeln, war das ganze Geheimnis, und das wurde mir an diesem Tag klar, als es der großen Sängerin absolut nicht gelang, die richtige Wirkung zu erzielen. Die tonlose, heisere Art, in der sie die Worte aussprach, war wie ein kalter Wasserguss über das Publikum und mich, und keiner der Anwesenden konnte in dem Vorfall mehr als einen verpatzten Theatereffekt erkennen. Es ist möglich, dass das Publikum zu viel erwartet hatte, denn es war neugierig, Spontini dirigieren zu sehen, und die Preise waren entsprechend erhöht worden; es kann auch sein, dass der gesamte Stil des Werks mit seiner altmodischen französischen Handlung trotz der majestätischen Schönheit der Musik ziemlich veraltet schien; oder vielleicht machte das sehr zahme Ende den gleichen kalten Eindruck wie Devrients dramatisches Versagen. Von wirklicher Begeisterung war jedenfalls nichts zu spüren, und als einziges Zeichen der Zustimmung fiel ein eher lauwarmer Applaus für den gefeierten Meister, der, mit zahlreichen Orden geschmückt, auf mich einen traurigen Eindruck machte, als er sich beim Publikum für den sehr mäßigen Beifall bedankte.

Niemand war weniger blind für das etwas enttäuschende Ergebnis als Spontini selbst. Er beschloss jedoch, dem Schicksal zu trotzen, und griff zu diesem Zweck auf Mittel zurück, die er in Berlin oft angewandt hatte, um für seine Opernproduktionen volle Häuser zu bekommen. So gab er immer Sonntagsvorstellungen, denn die Erfahrung hatte ihn gelehrt, dass er an diesem Tag immer ein volles Haus haben konnte. Da der nächste Sonntag, an dem seine Vestalin aufgeführt werden sollte, noch eine Weile entfernt war, gab uns sein verlängerter Aufenthalt mehrere weitere Gelegenheiten, seine interessante Gesellschaft zu genießen. Ich habe eine so lebhafte Erinnerung an die Stunden, die ich mit ihm entweder bei Madame Devrient oder in meinem Haus verbrachte, dass ich gern einige Erinnerungen zitieren werde.

Ich werde nie ein Abendessen im Hause Schröder-Devrient vergessen, bei dem wir eine reizende Unterhaltung mit Spontini und seiner Frau (einer Schwester des berühmten Klavierbauers Erard) hatten. Spontini hörte im Allgemeinen respektvoll zu, was die anderen zu sagen hatten, und verhielt sich wie ein Mann, der erwartete, nach seiner Meinung gefragt zu werden. Als er am Ende doch sprach, geschah dies mit einer Art rhetorischer Feierlichkeit, in scharfen und präzisen Sätzen, kategorisch und gut betont, was Widerspruch von vornherein verbot. Herr Ferdinand Hiller war unter den geladenen Gästen und er begann, über Liszt zu sprechen. Nach einiger Zeit äußerte Spontini seine Meinung in seiner charakteristischen Art und Weise, aber in einem Geist, der nur zu deutlich zeigte, dass er von den Höhen seines Berliner Throns aus die Angelegenheiten der Welt weder unparteiisch noch wohlwollend beurteilt hatte. Während er in diesem Stil das Gesetz verkündete, konnte er keine Unterbrechung dulden. Als also beim Nachtisch die Unterhaltung lebhafter wurde und Madame Devrient mitten in einem langen Wortwechsel Spontinis zufällig mit ihrem Tischnachbarn lachte , warf er seiner Frau einen äußerst wütenden Blick zu. Madame Devrient entschuldigte sich sofort für sie, indem sie sagte, sie (Madame Devrient) sei es gewesen, die über einige Zeilen auf einer *Bonboniere gelacht habe* , woraufhin Spontini erwiderte: „*Pourtant je suis sûr que c'est ma femme qui a suscité ce rire; je ne veux pas que l'on rie devant moi, je ne rie jamais moi, j'aime le sérieux.*“ Trotzdem gelang es ihm manchmal, fröhlich zu sein. So amüsierte es ihn zum Beispiel, uns alle darüber zu wundern, wie er mit seinen wunderbaren Zähnen riesige Zuckerklumpen zermalmte. Nach dem Abendessen, wenn wir unsere Stühle näher zusammenrückten, wurde er normalerweise sehr aufgeregt.

Soweit er zu Zuneigung fähig war, schien er mich wirklich zu mögen; er erklärte offen, dass er mich liebte, und sagte, dass er dies am besten dadurch beweisen würde, dass er versuchte, mich vor dem Unglück zu bewahren, meine Karriere als Dramatiker fortzusetzen. Er sagte, er wisse, dass es schwierig sein würde, mich vom Wert dieses freundlichen Dienstes zu überzeugen, aber da er es als seine heilige Pflicht ansehe, für mein Glück in diesem speziellen Beruf zu sorgen, sei er bereit, noch ein halbes Jahr in Dresden zu bleiben. Während dieser Zeit schlug er vor, dass wir seine anderen Opern, insbesondere *Agnes von Hohenstaufen* , unter seiner Leitung aufführen sollten. Um seine Ansichten über den fatalen Fehler zu erklären, zu versuchen, „nach Spontini“ als Dramatiker erfolgreich zu sein, begann er, mich mit diesen Worten zu loben: „*Wenn ich deinen Rienzi verstehe, sage ich, dies ist ein Genie, aber ich habe mehr erlebt, als ich konnte.*“ Um mir zu zeigen, was er mit diesem Paradoxon meinte, ging er wie folgt vor: „*Nach Gluck habe ich die große Revolution mit der* Vestale *vollzogen; ich führe den* „ *Vorhalt des Sextums*“ (die Vorhaltung des Sextums) *in die Harmonie und die große Kammer im Orchester ein. mit* Cortez *habe ich vorne einen Pass mehr gemacht; dann habe ich mit* Olympic *drei gewonnen. Nurmahal, Alcidor und alles, was ich bei den ersten Gelegenheiten in Berlin erlebt habe, ich habe das Buch gelesen und gelegentlich Werke aufbewahrt. aber seitdem ich* Agnès von Hohenstaufen *nichts mehr zu sagen habe, habe ich mir eine Orchesterbesetzung vorgestellt, die die Orgel ersetzt.*‘

Inzwischen hatte er sich an einem neuen Werk versucht, Les Atheniennes; der Kronprinz (jetzt König von Preußen [13]) hatte ihn gedrängt, dieses Werk zu vollenden, und um die Wahrheit seiner Worte zu bezeugen, holte er aus seiner Brieftasche mehrere Briefe, die er von diesem Monarchen erhalten hatte, und überreichte sie uns zur Durchsicht. Erst nachdem er darauf bestanden hatte, dass wir sie sorgfältig durchlesen sollten, fuhr er fort und sagte, dass er trotz dieser schmeichelhaften Einladung die Idee, dieses hervorragende Thema zu vertonen, aufgegeben habe, weil er überzeugt sei, dass er seine Agnes von Hohenstaufen nie übertreffen und auch nichts Neues erfinden könne. Abschließend sagte er: „Oder, wenn Sie wissen, dass ich etwas Neues erfinden kann, Spontini, der erklärt, ich sei nicht in der Lage, meine früheren Werke zu übertreffen, und weise Sie andererseits darauf hin, dass die Vestalin keinen einzigen Punkt aufschreiben wird, der von ihren Teilungen nichts wissen wird."

[13] Wilhelm der Erste.

Um zu beweisen, dass diese Behauptung nicht bloßes Gerede war, sondern auf wissenschaftlichen Untersuchungen beruhte, zitierte er seine Frau, die mit ihm eine ausführliche Diskussion zu diesem Thema von einem berühmten Mitglied der französischen Akademie gelesen haben soll, und fügte hinzu, dass der betreffende Aufsatz aus irgendeinem mysteriösen Grund nie gedruckt worden sei. In dieser sehr wichtigen und wissenschaftlichen Abhandlung wurde nachgewiesen, dass ohne Spontinis Erfindung der Vorhaltsstimme in seinem Vestalin die gesamte moderne Melodie nicht existiert hätte und dass jede einzelne Melodieform, die seitdem verwendet wurde, aus seinen Kompositionen entlehnt worden war. Ich war wie vom Donner gerührt, hoffte aber dennoch, den unerbittlichen Meister zu einer besseren Einstellung zu bringen, insbesondere in Bezug auf gewisse Vorbehalte, die er gemacht hatte. Ich gab zu, dass der betreffende Akademiker in vielerlei Hinsicht Recht hatte, fragte ihn jedoch, ob er nicht glaube, dass, wenn ihm jemand ein dramatisches Gedicht voller völlig neuem und bisher unbekanntem Geist vorlegen würde, es ihn nicht zur Erfindung neuer musikalischer Kombinationen inspirieren würde? Mit einem Anflug von Mitleid in der Stimme antwortete er, meine Frage sei völlig falsch; worin bestehe denn das Neue? „Bei der Vestalin habe ich ein römisches Thema komponiert, bei Ferdinand Cortez ein spanisch-mexikanisches, bei Olympic ein griechisch-mazedonisches und schließlich bei Agnes von Hohenstaufen ein deutsches Thema: alles andere bleibt unerwähnt!" Er hoffte, ich hätte nicht an den sogenannten romantischen Stil à la Freischütz gedacht? Mit solch kindischem Zeug könne kein ernsthafter Mensch etwas anfangen; denn Kunst sei eine ernste Sache, und er habe die ernsthafte Kunst erschöpft! Und schließlich, welche Nation könne einen Komponisten hervorbringen, der IHN übertreffen könne? Sicherlich nicht die Italiener, die er einfach als

„cochons" bezeichnete; sicher nicht die Franzosen, die die Italiener nur nachgeahmt hätten; noch die Deutschen, die in der Musik nie über ihre Kindheit hinauskommen würden und denen, wenn sie jemals Talent besessen hätten, die Juden es ihnen völlig verdorben hätten? „Oh, vertrau mir, ich werde Deutschland meine Hoffnung geben, nachdem ich in Berlin Musikkönig geworden bin. aber seitdem der König von Preußen seine Musik aus Versehen von den beiden irrenden Seelen gelesen hat, die sich kleiden, ist alle Hoffnung verloren.'

Unsere reizende Wirtin hielt es nun für an der Zeit, das Thema zu wechseln und den Meister auf andere Gedanken zu bringen. Das Theater lag ganz in der Nähe ihres Hauses; sie lud ihn ein, mit unserem Freunde Heine, der unter den Gästen war, hinüberzugehen und sich die Antigone anzusehen, die gerade aufgeführt wurde und die ihn wegen der antiken Ausstattung der Bühne, die nach Sempers vortrefflichen Plänen ausgeführt worden war, gewiß interessieren würde. Anfangs wollte er ablehnen, mit der Begründung, er habe das alles bei der Aufführung seiner Olympia viel besser gesehen. Nach einer Weile willigte er ein; aber nach sehr kurzer Zeit kehrte er zu seiner ursprünglichen Meinung zurück und versicherte uns mit einem spöttischen Lächeln, er habe genug gesehen und gehört, um ihn in seinem Urteil zu bestärken. Heine erzählte uns, kurz nachdem er und Spontini in dem fast leeren Amphitheater Platz genommen hatten und sobald der Bacchus-Chor begonnen hatte, habe Spontini zu ihm gesagt: „C'est de la Berliner Sing-Academie, allons-nous-en." Durch eine offene Tür war ein Lichtstrahl auf eine einsame Gestalt hinter einer der Säulen gefallen; Heine hatte Mendelssohn erkannt und daraus geschlossen, dass er Spontinis Bemerkung mitgehört hatte.

Aus den sehr aufgeregten Gesprächen des Meisters erfuhren wir bald ganz deutlich, dass er beabsichtigte, länger in Dresden zu bleiben, um alle seine Opern aufführen zu lassen. Es war Schröder-Devrients Idee, Spontini in seinem eigenen Interesse vor der demütigenden Enttäuschung zu bewahren, all seine enthusiastischen Hoffnungen auf eine zweite Aufführung der Vestalin unbegründet zu finden, und diese zweite Aufführung, wenn möglich, während seines Aufenthalts in Dresden zu verhindern. Sie gab vor, krank zu sein, und der Direktor bat mich, Spontini davon zu unterrichten, dass seine Produktion auf unbestimmte Zeit verschoben werden müsse. Dieser Besuch war mir so unangenehm, dass ich froh war, ihn in Röckels Gesellschaft zu machen. Er war auch ein Freund Spontinis, und sein Französisch war außerdem viel besser als meines. Da wir durchaus auf einen schlechten Empfang vorbereitet waren, hatten wir wirklich Angst, hineinzugehen. Stellen Sie sich daher unser Erstaunen vor, als wir den Meister, der bereits durch einen Brief Devrients über die Neuigkeiten informiert worden war, in allerbester Stimmung vorfanden.

Er teilte uns mit, er müsse sofort nach Paris aufbrechen und von dort nach Rom reisen, da der Heilige Vater ihn dorthin beordert habe, um den Titel eines Grafen von San Andrea zu erhalten. Dann zeigte er uns ein zweites Dokument, in dem der König von Dänemark ihn in den dänischen Adelsstand erhoben haben soll. Dies bedeutete jedoch nur, dass ihm der Titel eines Ritters des Elephanten-Ordens verliehen worden war, und obwohl dies in der Tat eine hohe Ehre war, erwähnte er dabei nur das Wort Ritter, ohne sich auf den Orden zu beziehen, weil ihm dies für eine Person seiner Würde zu gewöhnlich erschien. Er war jedoch kindlich erfreut über die Sache und fühlte sich auf wunderbare Weise aus der engen Sphäre seiner Dresdner Vestalin-Produktion gerettet und plötzlich in herrliche Regionen versetzt, von denen aus er mit erhabener Selbstzufriedenheit auf die bedrückende Opernwelt herabblickte.

Röckel und ich dankten unterdessen im Stillen dem Heiligen Vater und dem König von Dänemark aus tiefstem Herzen. Wir verabschiedeten uns herzlich von dem seltsamen Meister, und um ihn aufzumuntern, versprach ich ihm, seinen freundlichen Rat hinsichtlich meiner Laufbahn als Opernkomponist ernsthaft zu überdenken.

Später hörte ich, was Spontini über mich gesagt hatte, als er hörte, ich sei aus politischen Gründen aus Dresden geflohen und in der Schweiz Zuflucht gesucht. Er glaubte, dies sei eine Folge meiner Beteiligung an einem Hochverrat gegen den König von Sachsen, den er als meinen Wohltäter betrachtete, weil ich zum Dirigenten des königlichen Orchesters ernannt worden war, und drückte seine Meinung über mich aus, indem er in tiefster Qual ausrief: „Quelle indankbarkeit!"

Von Berlioz, der bis zum Ende an Spontinis Sterbebett war, erfuhr ich, dass der Meister aufs Entschiedenste gegen den Tod gekämpft und wiederholt ausgerufen hatte: „Je ne veux pas mourir, je ne veux pas mourir!" Als Berlioz ihn mit den Worten zu trösten suchte: „Comment pouvez-vous penser mourir vous, mon maître, qui etes unsterblich!", entgegnete Spontini zornig: „Ne faites pas de mauvaises plaisanteries!" Trotz all der außergewöhnlichen Erlebnisse, die ich mit ihm gehabt hatte, berührte mich die Nachricht von seinem Tod, die ich in Zürich erhielt, zutiefst. Später drückte ich meine Gefühle ihm gegenüber und meine Meinung über ihn als Künstler in etwas gekürzter Form in der Eidgenössischen Zeitung aus, und in diesem Artikel lobte ich ihn besonders dafür, dass er im Gegensatz zu Meyerbeer, der damals der letzte Schrei war, und dem sehr betagten Rossini absolut an sich und seine Kunst glaubte. Trotzdem musste ich, und zu meinem etwas großen Missfallen, feststellen, dass dieser Glaube an sich selbst zu einem regelrechten Aberglauben verkommen war.

Ich erinnere mich nicht, damals meine Gefühle über Spontinis überaus sonderbare Individualität eingehend untersucht oder mich bemüht zu haben, inwieweit sie mit der hohen Meinung übereinstimmten, die ich mir nach näherer Bekanntschaft von ihm gebildet hatte. Offenbar hatte ich nur die Karikatur des Mannes gesehen, obwohl die Neigung zu solch offenkundig überheblichem Selbstbewusstsein jedenfalls schon früher im Leben vorhanden gewesen sein mag. Zugleich war in alledem der Einfluß des Verfalls des musikalischen und dramatischen Lebens jener Zeit zu spüren, den Spontini in Berlin gut miterleben konnte. Die überraschende Tatsache, daß er seine Hauptwerte in unwesentlichen Einzelheiten sah, zeigte deutlich, daß sein Urteil kindisch geworden war; meiner Ansicht nach tat dies dem großen Wert seiner Werke keinen Abbruch, so sehr er ihn auch übertrieb. In gewissem Sinne konnte ich sein grenzenloses Selbstbewusstsein rechtfertigen, das hauptsächlich aus dem Vergleich zwischen ihm und den großen Komponisten resultierte, die jetzt an seine Stelle traten; denn im tiefsten Innern teilte ich die Verachtung, die er diesen Künstlern gegenüber empfand, wenn ich es auch nicht offen auszusprechen wagte. Und so kam es, daß ich trotz seiner vielen, etwas absurden Eigenheiten bei dieser Begegnung in Dresden eine tiefe Sympathie für diesen Mann empfand, dem ich nie wieder wie ihm begegnen sollte.

Meine nächsten Erfahrungen mit bedeutenden Musikstars dieser Zeit waren ganz anderer Art. Zu den bedeutendsten unter ihnen gehörte Heinrich Marschner, der als sehr junger Mann von Weber zum Musikdirektor des Dresdner Orchesters ernannt worden war. Nach Webers Tod schien er gehofft zu haben, dieser würde dessen Platz ganz einnehmen, und weniger die Tatsache, dass sein Talent noch unbekannt war, als vielmehr sein abweisendes Wesen täuschten ihn in seinen Erwartungen. Seine Frau jedoch kam plötzlich zu etwas Geld, und dieser unerwartete Geldsegen ermöglichte es ihm, seine ganze Energie seiner Arbeit als Opernkomponist zu widmen, ohne eine feste Stelle innehaben zu müssen.

In meiner wilden Jugendzeit lebte Marschner in Leipzig, wo seine Opern Der Vampir und Templer und Judin uraufgeführt wurden. Meine Schwester Rosalie hatte mich einmal zu ihm geführt, um seine Meinung über mich zu hören. Er behandelte mich nicht unfreundlich, aber mein Besuch führte zu nichts. Ich war auch bei der Premiere seiner Oper Des Falkners Braut dabei, die jedoch keinen Erfolg hatte. Dann ging er nach Hannover. Seine Oper Hans Heiling, die ursprünglich in Berlin aufgeführt wurde, hörte ich zum ersten Mal in Würzburg; sie zeigte Schwankungen in der Tendenz und eine Abnahme der konstruktiven Kraft. Danach inszenierte er mehrere andere Opern, wie Das Schloss am Ätna und Der Babu, die nie populär wurden. Er wurde von der Direktion in Dresden immer vernachlässigt, als ob sie ihm etwas nachtragen würde, und nur sein Templer wurde überhaupt oft gespielt.

Mein Kollege Reissiger musste diese Oper dirigieren, und da ich in seiner Abwesenheit immer seinen Platz einnehmen musste, fiel es mir einmal zu, eine Aufführung dieses Werkes zu leiten.

Dies geschah während der Zeit, als ich an meinem Tannhäuser arbeitete. Ich erinnere mich, dass, obwohl ich diese Oper schon öfter in Magdeburg dirigiert hatte, mich diesmal die Wildheit der Instrumentation und ihre mangelnde Meisterschaft so sehr reizte, dass es mich buchstäblich krank machte, und ich daher Reissiger, sobald er zurückkam, um jeden Preis anflehte, die Leitung wieder zu übernehmen. Andererseits hatte ich gleich nach meiner Ernennung mit der Inszenierung von Hans Heiling begonnen, aber bloß der künstlerischen Ehre wegen. Die mangelhafte Verteilung der Stimmen jedoch, eine damals nicht zu überwindende Schwierigkeit, machte einen vollen Erfolg unmöglich. Jedenfalls aber erschien mir der ganze Geist des Werkes furchtbar altmodisch.

Ich hörte nun, dass Marschner eine weitere Oper mit dem Titel Adolph von Nassau fertiggestellt hatte, und in einer Kritik dieses Werkes, deren Echtheit ich nicht beurteilen konnte, wurde besonders auf die „patriotische und edle deutsche Atmosphäre" dieser neuen Schöpfung hingewiesen. Ich tat mein Bestes, um das Dresdner Theater zur Initiative zu bewegen und Lüttichau zu drängen, sich diese Oper zu sichern, bevor sie anderswo aufgeführt wurde. Marschner, der von den hannoverschen Opernbehörden offenbar nicht besonders rücksichtsvoll behandelt wurde, nahm die Einladung mit großer Freude an, schickte seine Partitur und erklärte sich bereit, zur Uraufführung nach Dresden zu kommen. Lüttichau war jedoch nicht begierig darauf, ihn an der Spitze des Orchesters zu sehen; während auch ich der Meinung war, dass das zu häufige Auftreten von Dirigenten auswärtiger Stellen, selbst wenn es zum Zwecke der Leitung ihrer eigenen Werke geschah, nicht nur zu Verwirrung führen, sondern auch weniger unterhaltsam und lehrreich sein könnte als Spontinis Besuch. Es wurde daher beschlossen, dass ich die neue Oper selbst dirigieren sollte. Und wie sehr habe ich es bereut!

Die Partitur traf ein: Zu einer schwachen Handlung von Karl Golmick hatte der Komponist des Templer-Theaters so oberflächliche Musik geschrieben, dass die Hauptwirkung in einem Trinklied für ein Quartett lag, in dem der deutsche Rhein und der deutsche Wein die übliche stereotype Rolle spielten, die solchen Männerquartetten eigen ist. Ich verlor allen Mut; aber wir mussten jetzt weitermachen, und alles, was ich tun konnte, war zu versuchen, durch eine ernste Haltung die Sänger für ihre Aufgabe zu interessieren; das war jedoch nicht leicht. Tichatschek und Mitterwurzer wurden die beiden männlichen Hauptrollen zugewiesen; da sie beide überaus musikalisch waren, sangen sie alles auf Anhieb und sahen nach jeder Nummer zu mir auf, als wollten sie sagen: „Was halten Sie von all dem?" Ich behauptete, es sei gute deutsche Musik; sie dürften sich nicht verwirren lassen. Aber sie starrten sich nur erstaunt an und wussten nicht, was sie von mir halten sollten. Trotzdem konnten sie es am Ende nicht mehr ertragen und als sie sahen, dass ich meinen Ernst nicht verlor, brachen sie in lautes Gelächter aus, in das ich mich ebenfalls einstimmen konnte.

Ich musste sie nun ins Vertrauen ziehen und sie versprechen lassen, meinem Beispiel zu folgen und so zu tun, als sei es ernst, denn es war unmöglich, die Oper in diesem Stadium aufzugeben. Eine Wiener Koloratursängerin des neuesten Stils – Madame Spatser Gentiluomo –, die aus Hannover zu uns kam und auf deren Dienste Marschner sich sehr verließ, war von ihrer Rolle ziemlich angetan, vor allem, weil sie die Gelegenheit hatte, „Brillanz" zu zeigen. Und tatsächlich gab es ein Finale, in dem mein „deutscher Meister" tatsächlich versucht hatte, Donizetti einen Marsch zu stehlen. Die Prinzessin war durch eine goldene Rose, ein Geschenk des bösen Bischofs von Mainz, vergiftet worden und im Delirium. Adolf von Nassau schwört mit den Rittern des Deutschen Reichs Rache und schüttet, begleitet vom Chor, seine Gefühle in einer Stretta von so unglaublicher Vulgarität und Dilettantikität aus, dass Donizetti sie jedem seiner Schüler an den Kopf geworfen hätte, der es gewagt hätte, so etwas zu komponieren. Marschner erschien nun zur Generalprobe; er war sehr erfreut und gab mir, ohne mich zur Lüge zu zwingen, genügend Gelegenheit, meine Fähigkeiten in der Kunst des Verbergens meiner wahren Gedanken zu üben. Jedenfalls mußte es mir einigermaßen gut gelungen sein, denn er hatte allen Grund, sich von mir rücksichtsvoll und freundlich behandelt zu fühlen.

Während der Aufführung verhielt sich das Publikum ganz ähnlich wie die Sänger bei den Proben. Wir hatten ein totgeborenes Kind zur Welt gebracht. Aber Marschner war getröstet, dass sein Trinkquartett als Zugabe gespielt wurde. Dies erinnerte an eines von Beckers Liedern: Sie sollen ihn nicht haben, den freien deutschen Rhein . Nach der Aufführung war der Komponist mein Gast bei einem Abendessen, an dem die Sänger, die genug davon hatten, leider nicht teilnehmen wollten. Herr Ferdinand Hiller hatte die Geistesgegenwart, in seinem Toast auf Marschner darauf zu bestehen, dass „was auch immer man sagen mag, der DEUTSCHE Meister und die DEUTSCHE Kunst im Mittelpunkt stehen müssen". Merkwürdigerweise widersprach ihm Marschner selbst, indem er sagte, dass mit den deutschen Opernkompositionen etwas nicht stimmte und dass man an die Sänger denken und wie man brillanter für ihre Stimmen schreiben könne, als ihm dies bisher gelungen sei.

So hochbegabt Marschner auch war, es kann kein Zweifel daran bestehen, dass der Niedergang seines Genies teilweise auf eine Tendenz zurückzuführen war, die selbst bei dem alternden Meister, wie er offen zugab, eine wichtige und höchst heilsame Veränderung bewirkte. In späteren

Jahren traf ich ihn noch einmal in Paris, zur Zeit meiner denkwürdigen Inszenierung des Tannhäuser. Ich fühlte mich nicht geneigt, die alten Beziehungen zu erneuern, denn, um die Wahrheit zu sagen, ich wollte mir die Unannehmlichkeit ersparen, Zeuge der Folgen seiner Meinungsänderung zu werden, deren Beginn wir in Dresden gesehen hatten. Ich erfuhr, dass er sich in einem Zustand fast hilfloser Kindlichkeit befand und dass er in den Händen einer jungen und ehrgeizigen Frau war, die einen letzten Versuch unternahm, Paris für ihn zu erobern. Unter anderen geflügelten Absätzen, die Marschners Ruhm verbreiten sollten, las ich einen, in dem es hieß, die Pariser dürften nicht glauben, dass ich (Wagner) ein Vertreter der deutschen Kunst sei; nein – wenn man Marschner nur zuhörte, würde man entdecken, dass er zweifellos besser zum französischen Geschmack passte, als ich es jemals könnte. Marschner starb, bevor es seiner Frau gelang, diesen Punkt festzustellen.

Ferdinand Hiller dagegen, der in Dresden weilte, benahm sich besonders zu dieser Zeit sehr charmant und freundlich. Auch Meyerbeer hielt sich von Zeit zu Zeit in derselben Stadt auf; warum genau, wusste niemand. Einmal hatte er für den Sommer ein kleines Haus in der Nähe des Pirnaischen Schlages gemietet und unter einem hübschen Baum im Garten dieses Ortes ein kleines Klavier aufstellen lassen, auf dem er in diesem idyllischen Rückzugsort in seinem Feldlager in Schlesien arbeitete. Er lebte sehr zurückgezogen, und ich sah ihn sehr selten. Ferdinand Hiller dagegen nahm eine beherrschende Stellung in der Dresdner Musikwelt ein, soweit diese nicht bereits von der königlichen Kapelle und ihren Meistern monopolisiert war, und arbeitete viele Jahre lang hart für deren Erfolg. Mit einem kleinen Privatkapital etablierte er sich bequem unter uns und war bald als angenehmer Gastgeber bekannt, der ein angenehmes Haus führte, das dank des Einflusses seiner Frau von einer zahlreichen polnischen Kolonie besucht wurde. Frau Hiller war in der Tat eine außergewöhnliche Jüdin polnischer Herkunft, und sie war vielleicht umso außergewöhnlicher, als sie, wie ihr Mann, in Italien evangelisch getauft worden war. Hiller begann seine Karriere in Dresden mit der Inszenierung seiner Oper Der Traum in der Christnacht. Seit der unerhörten Tatsache, dass Rienzi das Dresdner Publikum nachhaltig begeistern konnte, hatte sich so mancher Opernkomponist in unser „Elbflorenz" gezogen, von dem Laube einmal sagte, dass man sich, sobald man es betrete, entschuldigen müsse, weil man dort so viele gute Dinge vorfände, die man gleich wieder vergesse, sobald man es wieder verlasse.

Der Komponist von Der Traum in der Christnacht betrachtete dieses Werk als eine eigentümlich „deutsche Komposition". Hiller hatte ein grausames Stück von Raupach, Der Müller und sein Kind, vertont, in dem Vater und Tochter innerhalb kurzer Zeit an Schwindsucht sterben. Er erklärte, er habe den Dialog und die Musik dieser Oper in dem, was er den „populären Stil" nannte, konzipiert, aber dieses Werk erlitt das gleiche Schicksal wie das, das laut Liszt alle seine Kompositionen ereilte. Trotz seiner unbestrittenen musikalischen Verdienste, die sogar Rossini anerkannte, und ob er sie nun auf Französisch in Paris oder auf Italienisch in Italien darbot, war es seine traurige Erfahrung, dass seine Opern immer scheiterten. In Deutschland hatte er den Mendelssohnschen Stil ausprobiert und es war ihm gelungen, ein Oratorium mit dem Titel Die Zerstörung Jerusalems zu komponieren, das glücklicherweise vom launischen Theaterpublikum nicht beachtet wurde und das folglich den unanfechtbaren Ruf eines „soliden deutschen Werks" erhielt. Er übernahm auch Mendelssohns Platz als Leiter der Leipziger Gewandhauskonzerte, als dieser als Generaldirektor nach Berlin berufen wurde. Hillers Unglück verfolgte ihn jedoch weiterhin und er konnte seine Position nicht behalten, da allen zu verstehen gegeben wurde, dass dies daran lag, dass seine Frau als Konzert-Primadonna nicht ausreichend anerkannt wurde. Mendelssohn kehrte zurück und schickte Hiller fort, und Hiller prahlte damit, sich mit ihm gestritten zu haben.

Dresden und der Erfolg meines Rienzi belasteten ihn nun so sehr, dass er natürlich einen weiteren Versuch unternahm, als Opernkomponist erfolgreich zu sein. Aufgrund seiner großen Energie und seiner Stellung als Sohn eines reichen Bankiers (eine besondere Anziehungskraft selbst für den Direktor eines Hoftheaters) gelang es ihm, sie dazu zu bewegen, Farinelli meines armen Freundes Röckel (dessen Aufführung ihm versprochen worden war) zugunsten seines (Hillers) eigenen Werks Der Traum in der Christnacht beiseite zu legen. Er war der Meinung, dass neben Reissiger und mir ein Mann von größerem musikalischen Ruf als Röckel nötig sei. Lüttichau jedoch war ganz zufrieden damit, Reissiger und mich als Berühmtheiten zu haben, zumal wir uns so gut verstanden, und er blieb gegenüber Hillers Wünschen taub. Für mich war Der Traum in der Christnacht eine große Plage. Ich musste es ein zweites Mal dirigieren, und zwar vor leerem Haus. Hiller sah nun ein, dass er falsch gehandelt hatte, als er meinen Rat nicht befolgte, die Oper nicht um einen Akt kürzte und das Ende änderte, und er glaubte nun, mir einen großen Gefallen zu tun, indem er sich endlich bereit erklärte, meinem Vorschlag zu folgen, falls eine weitere Aufführung seiner Oper möglich sein sollte. Ich erreichte tatsächlich, dass sie noch einmal gespielt wurde. Dies sollte jedoch das letzte Mal sein, und Hiller, der mein Tannhäuser-Buch gelesen hatte, dachte, dass ich ihm gegenüber einen großen Vorteil hatte, da ich meine eigenen Texte schrieb. Er ließ mich daher versprechen, ihm bei der Auswahl und dem Schreiben eines Themas für seine nächste Oper zu helfen.

Kurz darauf war Hiller bei einer Aufführung des Rienzi anwesend, die wiederum vor einem voll besetzten und begeisterten Publikum stattfand. Als ich am Ende des zweiten Aktes und nach verzweifelten Rückrufen des Publikums das Orchester in einem Zustand großer Aufregung verließ, nutzte Hiller, der im Gang auf mich wartete, die Gelegenheit, seinen sehr hastigen Glückwünschen hinzuzufügen: „Geben Sie doch noch einmal meinen Traum!" Ich versprach ihm lachend, dies zu tun, wenn ich die Gelegenheit dazu hätte, aber ich kann mich nicht erinnern, ob es dazu kam oder nicht. Während er auf die Schaffung eines völlig neuen Plots für seine nächste Oper wartete, widmete sich Hiller dem Studium der Kammermusik, wozu sich sein großes und gut eingerichtetes Zimmer aufs Beste eignete.

Ein schönes und feierliches Ereignis verstärkte die Ernsthaftigkeit der Stimmung, in der ich gegen Ende des Jahres die Musik zu Tannhäuser beendete, und neutralisierte die oberflächlicheren Eindrücke, die die oben beschriebenen bewegenden Ereignisse auf mich gemacht hatten. Es handelte sich um die Überführung der sterblichen Überreste Carl Maria von Webers von London nach Dresden im Dezember 1844. Wie ich bereits sagte, hatte sich ein Komitee seit Jahren für diese Überführung eingesetzt. Aus den Informationen eines gewissen Reisenden war bekannt geworden, dass der unscheinbare Sarg, der Webers Asche enthielt, in einer abgelegenen Ecke von St. Paul's so nachlässig entsorgt worden war, dass man befürchtete, seine Identifizierung könnte bald unmöglich werden.

Mein energischer Freund, Professor Lowe, den ich bereits erwähnte, hatte diese Information ausgenutzt, um den Dresdner Gesangverein, der sein Steckenpferd war, zu drängen, die Sache in die Hand zu nehmen. Das zu diesem Zweck veranstaltete Konzert männlicher Sänger war finanziell ein ziemlicher Erfolg gewesen, und man wollte nun die Theaterleitung zu ähnlichen Bemühungen bewegen, als man plötzlich von eben dieser Seite auf ernsthaften Widerstand stieß. Die Leitung des Dresdner Theaters teilte dem Komitee mit, der König habe religiöse Skrupel, die Totenruhe zu stören. So sehr wir auch geneigt waren, an der Echtheit dieser Gründe zu zweifeln, ließ sich nichts tun, und man wandte sich als nächstes an mich, in der Hoffnung, meine einflussreiche Stellung würde meinem Appell Gewicht verleihen. Ich nahm den Geist des Unternehmens mit großem Eifer auf. Ich willigte ein, zum Präsidenten ernannt zu werden; Herr Hofrat Schulz, Direktor des Antiken-Cabinets, der eine bekannte Autorität in künstlerischen Angelegenheiten war, und ein weiterer Herr, ein christlicher Bankier, wurden ebenfalls zu Mitgliedern des Komitees gewählt, und die Bewegung erhielt so neues Leben. Prospekte wurden herumgeschickt, ausführliche Pläne gemacht und zahlreiche Versammlungen abgehalten. Auch hier stieß ich wieder auf den Widerstand meines Chefs Lüttichau; wenn er es gekonnt hätte, hätte er mir unter Ausnutzung der oben erwähnten Skrupel des Königs verboten, in der Sache tätig zu werden. Aber er war gewarnt worden, keinen Streit mit mir anzufangen, nach seinen Erfahrungen im Sommer, als die von mir zur Feier der Ankunft des Königs geschriebene Musik entgegen seiner Erwartung beim Monarchen Anklang gefunden hatte. Da seine Abneigung gegen das Vorhaben nicht so groß war, musste Lüttichau eingesehen haben, dass selbst der direkte Widerstand Seiner Majestät die Durchführung des Unternehmens im Privaten nicht verhindern konnte, und dass im Gegenteil der Hof eine traurige Figur abgeben würde, wenn das Königliche Hoftheater (dem einst Weber angehörte) eine feindliche Haltung einnehmen würde. Er suchte mich daher in einer scheinbar freundlichen Weise von der Förderung der Sache abzubringen, wohl wissend, dass der Plan ohne mich scheitern würde. Er versuchte mich zu überzeugen, daß es falsch wäre, Webers Andenken so übertrieben zu ehren, während doch niemand daran denke, die Asche Morlacchis aus Italien zu entfernen, obwohl dieser dem königlichen Orchester viel länger als Weber seine Dienste geleistet habe. Was würde die Folge sein? Als Argument sagte er: „Nehmen wir an, Reissiger stürbe auf der Reise zu einem Badeort – dann hätte seine Frau ebenso wie Frau von Weber (die ihn schon genug geärgert hatte) das Recht, die Leiche ihres Mannes mit Musik und Pomp nach Hause zu bringen." Ich versuchte ihn zu beruhigen, und wenn es mir nicht gelang, ihm den Unterschied zwischen Reissiger und Weber klarzumachen, so gelang es mir doch, ihm klarzumachen, daß die Sache ihren Lauf nehmen müsse, da das Berliner Hoftheater bereits eine Benefizvorstellung zugunsten unseres Vorhabens angekündigt hatte.

Meyerbeer, an den sich mein Komitee gewandt hatte, trug maßgeblich dazu bei, und tatsächlich wurde eine Aufführung der Euryanthe gegeben, die den stattlichen Betrag von sechstausend Mark einbrachte. Einige Theater von geringerer Bedeutung folgten nun unserem Beispiel. Das Dresdner Hoftheater konnte sich daher nicht länger zurückhalten, und da wir nun eine ziemlich große Summe auf der Bank hatten, konnten wir die Kosten für den Umzug sowie die Kosten für eine angemessene Gruft und ein Denkmal decken; wir hatten sogar einen Grundstock für eine Statue Webers, um die wir später kämpfen sollten. Der ältere der beiden Söhne des unsterblichen Meisters reiste nach London, um die sterblichen Überreste seines Vaters abzuholen. Er brachte sie mit dem Boot die Elbe hinunter und erreichte schließlich die Dresdner Anlegestelle, von wo aus sie auf deutschen Boden überführt werden sollten. Diese letzte Reise der sterblichen Überreste sollte nachts stattfinden. Ein feierlicher Fackelzug sollte gebildet werden, und ich hatte übernommen, für die Trauermusik zu sorgen.

Ich habe es aus zwei Motiven aus Euryanthe arrangiert, wobei ich den Teil der Musik der Ouvertüre verwendete, der sich auf die Vision von Geistern bezieht. Ich führte die Cavatina aus Euryanthe – Hier dicht am Quell – ein, die ich unverändert ließ, außer dass ich sie nach B-Dur transponierte, und beendete das Ganze, wie Weber seine Oper beendete, mit einer Rückkehr zum ersten erhabenen Motiv. Ich hatte dieses für diesen Zweck gut geeignete symphonische Stück für acht ausgewählte Blasinstrumente orchestriert und trotz des Klangvolumens die Sanftheit und Feinheit der Instrumentierung nicht vergessen. Das grausige Tremolo der Bratschen, das in dem von mir bearbeiteten Teil der Ouvertüre vorkommt, ersetzte ich durch zwanzig gedämpfte Trommeln und erreichte damit im Ganzen eine so überaus eindrucksvolle Wirkung, besonders auf uns, die wir voller Gedanken an Weber waren, dass selbst im Theater, wo wir probten, der anwesende Schröder-Devrient, der ein enger Freund Webers gewesen war, tief bewegt war. Nie hatte ich etwas aufgeführt, das dem Charakter des Stoffes besser entsprach; und der Umzug durch die Stadt war ebenso eindrucksvoll.

Da das sehr langsame Tempo ohne stark ausgeprägte Akzente zahlreiche Schwierigkeiten bot, hatte ich die Bühne für die Probe räumen lassen, um den Musikern genügend Raum zu geben, nachdem sie das Stück gründlich geübt hatten, um im Kreis um mich herumzugehen und dabei die ganze Zeit zu spielen. Mehrere, die die Prozession von ihren Fenstern aus beobachtet hatten, versicherten mir, dass die Wirkung der Prozession unbeschreiblich und erhaben feierlich gewesen sei. Nachdem wir den Sarg in die kleine Totenkapelle des katholischen Friedhofs in Friedrichstadt gestellt hatten, wo Madame Devrient ihn mit einem Blumenkranz empfing, führten wir am nächsten Morgen die feierliche Zeremonie durch, ihn in die Gruft hinabzulassen. Herr Hofrat Schulz und ich als Vorsitzende des Komitees hatten die Ehre, am Grab zu sprechen, und was mir ein passendes Thema für die wenigen, etwas ergreifenden Worte bot, die ich auszusprechen hatte, war die Tatsache, dass kurz vor der Überführung von Webers sterblichen Überresten der zweite Sohn des Meisters, Alexander von Weber, gestorben war. Die arme Mutter war durch den plötzlichen Tod dieses jungen Mannes, der so voller Leben und Gesundheit war, so furchtbar erschüttert, dass wir, wären wir nicht mitten in unseren Vorbereitungen gewesen, gezwungen gewesen wären, sie aufzugeben; denn die Witwe sah in diesem neuen Verlust ein Urteil Gottes, der ihrer Meinung nach die Entfernung der sterblichen Überreste als einen Akt der Frevelhaftigkeit betrachtete. Da die Öffentlichkeit besonders geneigt schien, dieselbe Ansicht zu vertreten, fiel es mir zu, die Natur unseres Vorhabens vor den Augen der Welt ins rechte Licht zu rücken. Und dies gelang mir insoweit, dass ich zu meiner Zufriedenheit von allen Seiten erfuhr, dass meine Rechtfertigung unseres Vorgehens die allgemeinste Zustimmung gefunden hatte.

Bei dieser Gelegenheit erlebte ich ein merkwürdiges Erlebnis mit mir selbst, als ich zum ersten Mal in meinem Leben eine feierliche öffentliche Rede halten musste. Seitdem habe ich immer spontan gesprochen; dieses Mal jedoch, da es mein erster Auftritt als Redner war, hatte ich meine Rede aufgeschrieben und sorgfältig auswendig gelernt. Da ich völlig unter dem Einfluss meines Themas stand, war ich meines Gedächtnisses so sicher, dass ich nicht daran dachte, mir Notizen zu machen. Durch dieses Versäumnis machte ich jedoch meinen Bruder Albert sehr unglücklich. Er stand bei der Zeremonie neben mir und erzählte mir später, dass er trotz seiner tiefen Ergriffenheit in einem Moment das Gefühl hatte, er hätte mich verfluchen können, weil ich ihn nicht gebeten hatte, mir eine Anleitung zu geben. Es geschah folgendermaßen: Ich begann meine Rede mit klarer und voller Stimme, aber plötzlich berührte mich der Klang meiner eigenen Worte und ihre besondere Betonung so sehr, dass ich, von meinen eigenen Gedanken mitgerissen, mir vor der atemlosen Menge nicht nur zu HÖREN, sondern auch zu SEHEN glaubte. Während ich mir selbst so objektiv erschien, blieb ich in einer Art Trance, in der ich darauf zu warten schien, dass etwas passierte, und fühlte mich als eine ganz andere Person als der Mann, der dort stehen und sprechen sollte. Es war weder Nervosität noch Geistesabwesenheit meinerseits; nur am Ende eines bestimmten Satzes gab es eine so lange Pause, dass sich diejenigen, die mich dort stehen sahen, gefragt haben mussten, was in aller Welt sie von mir halten sollten. Schließlich erinnerte mich mein eigenes Schweigen und die Stille um mich herum daran, dass ich nicht da war, um zuzuhören, sondern um zu sprechen. Ich nahm meine Rede sofort wieder auf und sprach bis zum Ende so flüssig, dass der berühmte Schauspieler Emil Devrient mir versicherte, dass er, abgesehen vom feierlichen Gottesdienst, einfach vom Standpunkt eines dramatischen Redners tief beeindruckt gewesen sei.

Die Zeremonie schloss mit einem Gedicht, das ich selbst geschrieben und vertont hatte. Obwohl es für Männerstimmen viele Schwierigkeiten bereitete, wurde es von einigen der besten Opernsänger vorzüglich vorgetragen. Der anwesende Lüttichau war nun nicht nur von der Rechtmäßigkeit des Vorhabens überzeugt, sondern auch ein starker Befürworter desselben. Ich war zutiefst dankbar, dass alles so gut gelungen war, und als mir Webers Witwe, die ich nach der Zeremonie besuchte, erzählte, wie tief sie ebenfalls bewegt war, verzog sich die einzige Wolke, die noch meinen Horizont verdunkelte. In meiner Jugend hatte ich durch meine Bewunderung für Webers Genie die Musik lieben gelernt, und die Nachricht seines Todes war für mich ein furchtbarer Schlag. Durch dieses zweite Begräbnis sozusagen wieder mit ihm in Berührung gekommen zu sein und zwar nach so vielen Jahren, war ein Ereignis, das mich bis ins Innerste erschütterte.

Aus all den Einzelheiten, die ich über meine Vertrautheit mit den großen Meistern meiner Zeitgenossen berichtet habe, ist leicht ersichtlich, aus welchen Quellen ich meinen Durst nach intellektueller Gemeinschaft stillen konnte. Es war keine sehr befriedigende Aussicht, mich von Webers Grab seinen lebenden Nachfolgern zuzuwenden; aber ich musste noch herausfinden, wie absolut hoffnungslos dies war.

Den Winter 1844/45 verbrachte ich teils damit, äußeren Reizen nachzugeben, teils damit, mich tiefster Meditation hinzugeben. Mit großer Energie und indem ich sogar im Winter sehr früh aufstand, gelang es mir, meine Partitur zu Tannhäuser Anfang April fertigzustellen, nachdem ich, wie bereits erwähnt, die Komposition Ende des Vorjahres beendet hatte. Beim Aufschreiben der Orchestrierung machte ich es mir besonders schwer, indem ich das speziell präparierte Papier verwendete, das für den Druckvorgang erforderlich ist und mich mit allerlei mühsamen Formalitäten konfrontierte. Ich ließ jede Seite sofort auf den Stein übertragen und von jeder Seite hundert Kopien drucken , in der Hoffnung, diese Druckfahnen für die schnelle Verbreitung meines Werks verwenden zu können. Ob sich meine Hoffnungen erfüllten oder nicht, ich hatte jedenfalls fünfzehnhundert Mark aus eigener Tasche, als alle Kosten der Veröffentlichung bezahlt waren.

Über diese Arbeit, die so viele Opfer forderte, so langsam und schwierig war, werde ich in meiner Autobiographie mehr Einzelheiten erfahren. Jedenfalls besaß ich im Mai hundert sauber gebundene Exemplare meines ersten neuen Werkes seit der Produktion des „Fliegenden Holländers", und Hiller, dem ich einige Teile davon zeigte, hatte einen ziemlich guten Eindruck von seinem Wert.

Diese Pläne zur raschen Verbreitung des Ruhmes meines Tannhäusers waren in der Hoffnung auf einen Erfolg geschmiedet, der mir angesichts meiner dürftigen Verhältnisse immer wünschenswerter erschien. Im Laufe des einjährigen Bestehens meiner eigenen Opernveröffentlichungen war in dieser Hinsicht bereits viel geschehen. Im September des Jahres 1844 hatte ich dem König von Sachsen ein seiner Majestät gewidmetes, reich gebundenes Sonderexemplar der vollständigen Klavierbearbeitung des Rienzi überreicht. Der Fliegende Holländer war ebenfalls fertig, und die Klavierbearbeitung des Rienzi für das Duo sowie einige ausgewählte Lieder aus beiden Opern waren bereits erschienen oder standen kurz vor der Veröffentlichung. Außerdem hatte ich von den Partituren dieser beiden Opern im sogenannten autographischen Übertragungsverfahren fünfundzwanzig Abschriften anfertigen lassen, allerdings nur von den Handschriften der Kopisten. Aufgrund dieser hohen Ausgaben war es unbedingt erforderlich, dass ich versuchte, meine Partituren an die verschiedenen Theater zu schicken und sie dazu zu bewegen, meine Opern aufzuführen, denn die Ausgaben für die Klavierauszüge waren hoch gewesen und diese konnten nur dann verkauft werden, wenn meine Werke durch die Theater genügend bekannt wurden.

Ich schickte nun die Partitur meines Rienzi an die bedeutenderen Theater, aber sie schickten mir alle mein Werk zurück, das Münchner Hoftheater sogar ungeöffnet! Ich wußte also, was mich erwartete, und ersparte mir die Mühe, meinen Holländer zu schicken. Spekulativ betriebswirtschaftlich war die Lage so: Der erhoffte Erfolg des Tannhäuser würde eine Nachfrage nach meinen früheren Werken nach sich ziehen. Der würdige Meser, mein Agent, der beauftragte Musikverleger des Hofes, hatte auch schon ein paar Zweifel geschöpft und sah ein, daß dies das einzig Mögliche war. Ich machte mich sofort an die Herausgabe einer Klavierbearbeitung des Tannhäuser und bereitete sie selbst vor, während Röckel den Fliegenden Holländer und ein gewisser Klink den Rienzi übernahm.

Das einzige, was Meser absolut ablehnte, war der Titel meiner neuen Oper, die ich soeben Der Venusberg genannt hatte; er behauptete, da ich nicht mit dem Publikum verkehrte, wisse ich nicht, welche scheußlichen Witze über diesen Titel gemacht würden. Er meinte, die Studenten und Professoren der Dresdner Medizinschule würden die ersten sein, die sich darüber lustig machten, da sie eine Vorliebe für derlei obszöne Witze hätten. Diese Einzelheiten ekelten mich so sehr, dass ich der Änderung zustimmte. Dem Namen meines Helden Tannhäuser fügte ich den Namen des Sagenthemas hinzu, das, obwohl ursprünglich nicht zur Tannhäuser-Sage gehörend, von mir aber mit ihr in Verbindung gebracht wurde, was mir später der von mir hochgeschätzte große Erforscher und Neuerer der Sagenwelt, Simrock, sehr übel nahm.

„Tannhäuser und der Sängerkrieg auf Wartburg" sollte fortan der Titel sein und um dem Werk ein mittelalterliches Aussehen zu geben, ließ ich den Text eigens in gotischen Lettern auf das Klavierarrangement drucken und machte das Werk auf diese Weise dem Publikum bekannt.

Die damit verbundenen Mehrkosten waren sehr hoch; aber ich bemühte mich sehr, Meser von meinem Glauben an den Erfolg meiner Arbeit zu überzeugen. Wir waren so tief in dieses Vorhaben verstrickt und die Opfer, die es uns abverlangte, waren so groß, dass uns nichts anderes übrig blieb, als auf eine besondere Wendung des Glücksrades zu vertrauen. Zufällig teilte die Theaterleitung mein Vertrauen in den Erfolg von Tannhäuser. Ich hatte Lüttichau dazu gebracht, die Kulissen für Tannhäuser von den besten Malern des großen Opernhauses in Paris malen zu lassen. Ich hatte ihre Arbeit auf der Dresdner Bühne gesehen: Sie gehörte zum Stil der deutschen Bühnenkunst, der damals in Mode war, und machte wirklich den Eindruck erstklassiger Arbeit.

Der Auftrag hierzu sowie die notwendigen Verhandlungen mit dem Pariser Maler Desplechin waren bereits im vergangenen Herbst geregelt worden. Die Direktion ging auf alle meine Wünsche ein, selbst auf die Bestellung schöner Kostüme mittelalterlichen Charakters, die mein Freund Heine entworfen hatte. Nur den Auftrag für den Liedersaal auf der Wartburg schob Lüttichau ständig auf; er behauptete, der erst kürzlich von französischen Malern gelieferte Saal für Kaiser Karl den Großen in Oberon würde dem

Zweck ebenso genügen. Mit übermenschlicher Anstrengung musste ich meinen Chef davon überzeugen, dass wir keinen glänzenden Thronsaal, sondern ein szenisches Bild einer bestimmten Figur, wie ich es vor meinem geistigen Auge sah, wollten und dass dieses nur nach meinen Anweisungen gemalt werden konnte. Als ich schließlich sehr gereizt und verärgert wurde, beruhigte er mich, indem er sagte, er habe nichts dagegen einzuwenden, diese Szene malen zu lassen, und er werde sofort damit beginnen lassen, fügte aber hinzu, er habe nicht sofort zugestimmt, nur um meine Freude zu vergrößern, denn was man ohne Mühe erhält, schätzt man selten. Das Schicksal dieser Halle des Liedes war es, mir später große Schwierigkeiten zu bereiten.

So war also alles in vollem Gange; die Umstände waren günstig und schienen die Aufführung meines neuen Werkes zu Beginn der Herbstsaison in hoffnungsvollem Licht erscheinen zu lassen. Auch das Publikum sah ihm entgegen, und zum ersten Mal sah ich meinen Namen in einer Mitteilung an die Allgemeine Zeitung in freundlichem Ton erwähnt. Man sprach geradezu von den großen Erwartungen, die man in mein neues Werk setzte, dessen Gedicht „mit unzweifelhaft poetischem Gefühl" geschrieben war.

Voller Hoffnung trat ich im Juli meinen Urlaub an, der aus einer Reise nach Marienbad in Böhmen bestand, wo meine Frau und ich die Kur machen wollten. Wieder befand ich mich auf dem „vulkanischen" Boden dieses außergewöhnlichen Landes Böhmen, das immer eine so inspirierende Wirkung auf mich hatte. Es war ein herrlicher Sommer, fast zu heiß, und ich war daher in Hochstimmung. Ich hatte vorgehabt, den gemütlichen Lebensstil zu pflegen, der ein notwendiger Teil dieser etwas anstrengenden Kur ist, und hatte meine Bücher mit Sorgfalt ausgewählt und die Gedichte von Wolfram von Eschenbach, herausgegeben von Simrock und San Marte, sowie das anonyme Epos Lohengrin mit seiner langen Einleitung von Görres mitgenommen. Mit meinem Buch unter dem Arm versteckte ich mich in den benachbarten Wäldern, und als ich in Gesellschaft von Titurel und Parcival mein Zelt am Bach aufschlug, verlor ich mich in Wolframs seltsamem, aber unwiderstehlich reizvollem Gedicht. Bald jedoch ergriff mich die Sehnsucht, der Inspiration, die dieses Gedicht auslöste, Ausdruck zu verleihen, so dass ich nur mit größter Mühe den Wunsch überwinden konnte, auf die mir verordnete Ruhe beim Genuss des Marienbader Wassers zu verzichten.

Das Ergebnis war ein immer größer werdender Zustand der Erregung. Lohengrin, dessen erste Konzeption aus der Zeit des Endes meiner Zeit in Paris stammte, stand plötzlich vor mir, in seiner dramatischen Konstruktion bis ins kleinste Detail vollständig. Die Sage vom Schwan, die einen so wichtigen Aspekt all der vielen Versionen dieser Mythenreihe bildet, die ich durch meine Studien kennengelernt hatte, übte eine einzigartige Faszination auf meine Vorstellungskraft aus.

Ich erinnerte mich an den Rat des Arztes, kämpfte tapfer gegen die Versuchung, meine Ideen niederzuschreiben, und griff zu den seltsamsten und energischsten Methoden. Aufgrund einiger Bemerkungen, die ich in Gervinus' Geschichte der deutschen Literatur gelesen hatte, hatten sowohl die Meistersinger von Nürnberg als auch Hans Sachs einen ganz besonderen Reiz für mich entwickelt. Allein der Marker und die Rolle, die er beim Meistergesang spielt, gefielen mir besonders, und auf einem meiner einsamen Spaziergänge dachte ich mir, ohne etwas Besonderes über Hans Sachs und seine poetischen Zeitgenossen zu wissen, eine humoristische Szene aus, in der der Schuster – als beliebter Handwerksdichter – mit dem Hammer auf dem Leisten dem Marker eine praktische Lektion erteilt, indem er ihn singen lässt und sich so an ihm für seine konventionellen Missetaten rächt. Für mich konzentrierte sich die Kraft der ganzen Szene auf die beiden folgenden Punkte: auf der einen Seite der Marker mit seiner mit Kreidestrichen bedeckten Schiefertafel und auf der anderen Hans Sachs, der die mit seinen Kreidestrichen bedeckten Schuhe hochhält, und jeder deutete dem anderen an, dass der Gesang ein Misserfolg gewesen sei. Zu diesem Bild fügte ich als Abschluss des zweiten Aktes eine Szene hinzu, die aus einer engen, krummen kleinen Straße in Nürnberg bestand, in der alle Leute in großer Aufregung umherlaufen und sich schließlich eine Straßenschlägerei liefern. So nahm plötzlich meine ganze Meistersinger-Komödie so lebendig vor mir Gestalt an, dass ich, da es ein besonders heiterer Stoff war und meine Nerven nicht im Geringsten überreizen würde, das Gefühl hatte, ich müsse ihn trotz der Anweisungen des Arztes niederschreiben. Ich ging also dazu über und hoffte, es könnte mich von der Knechtschaft der Idee von Lohengrin befreien; aber ich irrte mich; denn kaum war ich mittags in mein Bad gestiegen, als ich ein überwältigendes Verlangen verspürte, Lohengrin niederzuschreiben, und dieses Verlangen überwältigte mich so sehr, dass ich die vorgeschriebene Stunde für das Bad nicht abwarten konnte, sondern, als ein paar Minuten vergangen waren, heraussprang und, kaum Zeit zum Anziehen lassend, nach Hause lief, um niederzuschreiben, was mir im Kopf herumging. Ich wiederholte dies mehrere Tage lang, bis die vollständige Skizze von Lohengrin auf dem Papier stand.

Der Arzt sagte mir dann, ich solle besser auf die Bäder und Wässer verzichten, und betonte nachdrücklich, dass ich für derartige Kuren völlig ungeeignet sei. Meine Erregung war so groß geworden, dass selbst meine Bemühungen, zu schlafen, in der Regel nur in nächtlichen Abenteuern endeten. Unter einigen interessanten Ausflügen, die wir zu dieser Zeit machten, faszinierte mich einer nach Eger besonders wegen seiner Verbindung zu Wallenstein und der eigentümlichen Tracht der Einwohner.

Mitte August reisten wir nach Dresden zurück, wo meine Freunde sich freuten, mich so gut gelaunt zu sehen; ich selbst fühlte mich, als hätte ich

Flügel. Im September, als alle unsere Sänger aus den Sommerferien zurückgekehrt waren, nahm ich die Proben des Tannhäuser mit großem Ernst wieder auf. Wir waren jetzt zumindest mit dem musikalischen Teil der Aufführung so weit gekommen, dass der mögliche Zeitpunkt der Aufführung ganz nahe schien. Schröder-Devrient war eine der ersten, die die außerordentlichen Schwierigkeiten erkannte, die die Aufführung des Tannhäuser mit sich bringen würde. Und tatsächlich sah sie diese Schwierigkeiten so deutlich, dass sie sie mir zu meinem großen Verdruss alle vorlegen konnte. Als ich sie einmal besuchte, las sie die wichtigsten Passagen mit großem Gefühl und Nachdruck laut vor und fragte mich dann, wie ich so einfältig gewesen sein konnte, zu glauben, dass ein so kindisches Geschöpf wie Tichatschek die richtigen Töne für den Tannhäuser finden würde. Ich versuchte, ihre und meine Aufmerksamkeit auf die Art der Musik zu lenken, die so klar geschrieben war, um den nötigen Akzent zu setzen, dass meiner Meinung nach die Musik tatsächlich für den Interpreten der Passage sprach, selbst wenn er nur ein Musicalsänger und nichts weiter war. Sie schüttelte den Kopf und sagte, dass dies bei einem Oratorium in Ordnung sei.

Sie sang nun Elisabeths Gebet aus der Klavierpartitur und fragte mich, ob ich wirklich glaube, dass diese Musik meinen Absichten entsprechen würde, wenn sie von einer jungen und hübschen Stimme ohne Seele oder ohne jene Lebenserfahrung gesungen würde, die allein der Interpretation den wahren Ausdruck verleihen könnte. Ich seufzte und sagte, in diesem Fall müsse die Jugendlichkeit der Stimme und ihres Besitzers das Fehlende ausgleichen: Gleichzeitig bat ich sie um einen Gefallen, zu sehen, was sie tun könne, damit meine Nichte Johanna ihre Rolle verstünde. All dies löste jedoch das Tannhäuser-Problem nicht, denn jeder Versuch, Tichatschek zu unterrichten, hätte nur zu Verwirrung geführt. Ich war daher gezwungen, mich ganz auf die Energie seiner Stimme und auf den besonders scharfen „Sprech"-Ton des Sängers zu verlassen.

Devrients Sorge um die Hauptpartien entsprang teilweise der Sorge um ihre eigenen. Sie wusste nicht, was sie mit der Rolle der Venus anfangen sollte; sie hatte sie des Erfolgs der Aufführung wegen übernommen, denn obwohl es eine kleine Rolle war, hing so viel davon ab, dass sie ideal interpretiert wurde! Später, als das Werk in Paris aufgeführt wurde, wurde ich davon überzeugt, dass diese Rolle in einem zu skizzenhaften Stil geschrieben worden war, und dies veranlasste mich, sie durch umfangreiche Ergänzungen zu rekonstruieren und alles zu ergänzen, was mir fehlte. Im Moment jedoch schien es, als ob keine Kunst der Sängerin dieser Skizze etwas von dem geben könnte, was sie darstellen sollte. Das einzige, was zu einer zufriedenstellenden Darstellung der Venus hätte beitragen können, wäre das Vertrauen der Künstlerin in ihre eigene große körperliche

Anziehungskraft gewesen und in die Wirkung, die sie erzielen würde, wenn sie an die rein materiellen Sympathien des Publikums appellierte. Die Gewissheit, dass ihr diese Mittel nicht mehr zur Verfügung standen, lähmte diese große Sängerin, die ihr Alter und ihr matronenhaftes Aussehen nicht länger verbergen konnte. Sie wurde daher verlegen und konnte nicht einmal die üblichen Mittel einsetzen, um eine Wirkung zu erzielen. Einmal erklärte sie mit einem kleinen Lächeln der Verzweiflung, dass sie nicht in der Lage sei, Venus zu spielen, aus dem ganz einfachen Grund, dass sie nicht wie die Göttin gekleidet erscheinen könne. „Was in aller Welt soll ich als Venus tragen?“, rief sie aus. „Schließlich kann ich mich nicht nur mit einem Gürtel bekleiden. Ich würde aussehen wie eine nette Witzfigur, und Sie würden sich vor Lachen schlapplachen!“

Im ganzen baute ich meine Hoffnungen noch immer allein auf die Gesamtwirkung der Musik, deren große Verheißung mich bei den Proben sehr ermutigte. Hiller, der die Partitur durchgesehen und schon gelobt hatte, versicherte mir, die Instrumentation hätte nicht nüchterner ausgeführt werden können. Der charakteristische und zarte Klang des Orchesters entzückte mich und bestärkte mich in meinem Vorsatz, mit meinem Orchestermaterial äußerst sparsam umzugehen, um jene Fülle von Kombinationen zu erreichen, die ich für meine späteren Werke brauchte.

Nur meine Frau vermisste bei der Probe die Trompeten und Posaunen, die dem Rienzi so viel Glanz und Frische verliehen. Obwohl ich darüber lachte, konnte ich mich doch einer Besorgnis nicht erwehren, als sie mir anvertraute, wie groß ihre Enttäuschung gewesen sei, als sie bei der Theaterprobe den wirklich schwachen Eindruck bemerkte, den die Musik des Sängerkriegs machte. Aus der Sicht des Publikums, das immer irgendwie unterhalten oder erregt werden will, hatte sie damit mit Recht auf eine höchst fragwürdige Seite der Aufführung aufmerksam gemacht . Aber ich sah sofort, dass der Fehler weniger in der Konzeption lag, als vielmehr darin, dass ich die Aufführung nicht sorgfältig genug geleitet hatte.

Was die Konzeption dieser Szene anbelangt, stand ich buchstäblich vor einem Dilemma, denn ich musste mich ein für alle Mal entscheiden, ob dieser Sängerkrieg ein Arienkonzert oder ein Wettbewerb in dramatischer Poesie sein sollte. Es gibt auch heute noch viele Leute, die trotz einer vollkommen gelungenen Inszenierung dieser Szene nicht den richtigen Eindruck von ihrem Inhalt bekommen haben. Sie glauben, dass sie zum traditionellen Operngenre gehört, das verlangt, dass eine Reihe von Gesangsentwicklungen nebeneinander oder kontrastiert werden, und dass diese verschiedenen Lieder das Publikum durch ihre rein musikalischen Rhythmus- und Zeitwechsel nach dem Prinzip eines Konzertprogramms, d. h. durch verschiedene Stücke unterschiedlichen Stils, unterhalten und interessieren sollen. Das war überhaupt nicht meine Idee: Meine wahre

Absicht war, wenn möglich, den Zuhörer zum ersten Mal in der Geschichte der Oper zu zwingen, sich für eine poetische Idee zu interessieren, indem ich ihn dazu brachte, all ihren notwendigen Entwicklungen zu folgen. Denn nur durch dieses Interesse konnte er die Katastrophe verstehen lernen, die in diesem Fall nicht durch äußere Einflüsse herbeigeführt werden konnte, sondern einfach das Ergebnis der natürlichen geistigen Prozesse sein musste. Daher war große Mäßigung und Weite bei der Konzeption der Musik erforderlich; erstens, damit sie sich gemäß meinem Prinzip als hilfreich für das Verständnis der poetischen Zeilen erwies und nicht umgekehrt, und zweitens, damit der zunehmende rhythmische Charakter der Melodie, der das leidenschaftliche Wachstum der Leidenschaft kennzeichnet, nicht zu willkürlich durch unnötige Änderungen in Modulation und Rhythmus unterbrochen wurde. Daher auch die Notwendigkeit eines sehr sparsamen Einsatzes von Orchesterinstrumenten zur Begleitung und einer absichtlichen Unterdrückung all jener rein musikalischen Effekte, die genutzt werden müssen, und zwar allmählich, nur wenn die Situation so intensiv wird, dass man fast aufhört zu denken und nur noch die tragische Natur der Krise spüren kann. Niemand konnte leugnen, dass ich es geschafft hatte, die richtige Wirkung dieses Prinzips zu erzielen, als ich den Sängerkrieg auf dem Klavier spielte. Um alle meine zukünftigen Erfolge zu sichern, stand ich nun vor der außerordentlichen Schwierigkeit, den Opernsängern beizubringen, ihre Rollen genau so zu interpretieren, wie ich es wünschte. Ich erinnerte mich daran, wie ich aus Mangel an Erfahrung versäumt hatte, die Produktion des Fliegenden Holländers richtig zu beaufsichtigen, und als mir nun alle verheerenden Folgen dieser Versäumnis klar wurden, begann ich über Mittel nachzudenken, mit denen ich den Sängern meine eigene Interpretation beibringen könnte. Ich habe bereits gesagt, dass es unmöglich war, Tichatschek zu beeinflussen, denn wenn man ihn Dinge tun ließ, die er nicht verstand, wurde er nur nervös und verwirrt. Er war sich seiner Vorteile bewusst. Er wusste, dass er mit seiner metallischen Stimme mit großem musikalischen Rhythmus und Genauigkeit singen konnte, während seine Darbietung einfach perfekt war. Aber zu meinem großen Erstaunen sollte ich bald erfahren, dass all dies keineswegs ausreichte; denn zu meinem Entsetzen wurde mir bei der ersten Aufführung plötzlich das klar, was mir bei den Proben seltsamerweise entgangen war . Am Ende des Sängerkriegs, als Tannhäuser (in rasender Aufregung und ohne Rücksicht auf alle Anwesenden) Venus preisen musste und ich sah, wie Tichatschek auf Elisabeth zuging und seinen leidenschaftlichen Ausbruch an sie richtete, musste ich an Schröder-Devrients Warnung denken, ganz ähnlich wie Krösus gedacht haben muss, als er auf dem Scheiterhaufen „O Solon! Solon!" rief. Trotz der musikalischen Vortrefflichkeit Tichatscheks fehlte dem Sängerkrieg das enorme Leben und der melodische Charme völlig.

Andererseits gelang es mir, ein ganz neues Element ins Leben zu rufen, wie es in der Oper wahrscheinlich noch nie zuvor zu sehen war! Ich hatte den jungen Bariton Mitterwurzer in einigen seiner Rollen mit großem Interesse beobachtet – er war ein seltsam zurückhaltender und überhaupt nicht geselliger Mann, und ich hatte bemerkt, dass seine wunderbar weiche Stimme die seltene Eigenschaft besaß, den inneren Ton der Seele hervorzubringen. Ihm vertraute ich Wolfram an, und ich hatte allen Grund, mit seinem Eifer und dem Erfolg seiner Studien zufrieden zu sein. Wenn ich also wollte, dass meine Absicht und Methode bekannt wurde, insbesondere in Bezug auf diesen schwierigen Sängerkrieg, musste ich mich für die ordnungsgemäße Ausführung meiner Pläne und allem, was dazu gehörte, auf ihn verlassen. Ich begann damit, das Eröffnungslied dieser Szene mit ihm durchzugehen; aber nachdem ich mein Möglichstes getan hatte, um ihm verständlich zu machen, wie ich es wollte, war ich überrascht, wie schwierig ihm diese besondere Wiedergabe der Musik erschien. Er war absolut unfähig, es mir nachzusprechen, und mit jedem neuen Versuch wurde sein Gesang so alltäglich und mechanisch, dass mir klar wurde, dass er dieses Stück nicht mehr als eine Phrase in Rezitativform verstanden hatte, die er mit jeder gerade vorgeschriebenen Stimmmodulation wiedergeben oder je nach Lust und Laune so oder so singen konnte, wie es bei Opernstücken üblich war. Auch er war erstaunt über seine eigene Unfähigkeit, war aber von der Neuheit und der Richtigkeit meiner Ansichten so beeindruckt, dass er mich bat, es vorerst nicht weiter zu versuchen, sondern es ihm zu überlassen, selbst herauszufinden, wie er sich am besten mit dieser neu entdeckten Welt vertraut machen könne. Während mehrerer Proben sang er nur flüsternd, um die Schwierigkeit zu überwinden, aber bei der letzten Probe löste er seine Aufgabe so vortrefflich und stürzte sich so leidenschaftlich hinein, dass sein Werk mir bis heute der überzeugendste Grund geblieben ist, zu glauben, dass es trotz des unbefriedigenden Zustandes der heutigen Opernwelt möglich ist, den Sänger, den ich für eine richtige Interpretation meiner Werke als unentbehrlich ansehe, nicht nur zu finden, sondern auch richtig auszubilden. Durch den Eindruck, den Mitterwurzer machte, gelang es mir schließlich, dem Publikum mein ganzes Werk verständlich zu machen. Dieser Mann, der sich in Haltung, Aussehen und Erscheinung völlig verändert hatte, um sich der Rolle des Wolfram anzupassen, war durch diese Lösung des Problems nicht nur ein vollkommener Künstler geworden, sondern hatte sich durch seine Interpretation seiner Rolle auch als mein Retter erwiesen, gerade in dem Augenblick, als mein Werk durch das unbefriedigende Ergebnis der ersten Aufführung zu scheitern drohte.

An seiner Seite machte die Rolle der Elisabeth einen süßen Eindruck. Das jugendliche Aussehen meiner Nichte, ihre hohe und schlanke Gestalt, der entschieden deutsche Ausdruck ihrer Gesichtszüge sowie die unvergleichliche Schönheit ihrer Stimme mit ihrem Ausdruck fast kindlicher

Unschuld halfen ihr, die Herzen des Publikums zu gewinnen, obwohl ihr Talent eher theatralisch als dramatisch war. Durch ihre Verkörperung dieser Rolle erlangte sie bald Berühmtheit, und oft erzählte man mir in späteren Jahren, wenn man von Tannhäuser-Aufführungen sprach, in denen sie aufgetreten war, dass der Erfolg ganz ihr zu verdanken sei. Seltsamerweise bezog man sich in solchen Berichten hauptsächlich auf den Zauber ihres Spiels in dem Augenblick, als sie die Gäste im Wartburgsaal empfing; und ich erklärte mir dies immer mit der Erinnerung an die unermüdlichen Anstrengungen, mit denen mein talentierter Bruder und ich sie für diese Rolle ausgebildet hatten. Und doch war es nie möglich, ihr die richtige Auslegung des Gebets im dritten Akt verständlich zu machen, und ich fühlte mich geneigt zu sagen: „O Solon! Solon!" so hatte ich es bei Tichatschek getan, als ich nach der Uraufführung dieses Solo erheblich kürzen musste, wodurch seine Bedeutung für immer stark gemindert wurde. Später erfuhr ich, dass es Johanna, die tatsächlich eine Zeit lang den Ruf einer großen Sängerin hatte, nie gelungen war, das Gebet so zu singen, wie es gesungen werden sollte, während dies einer französischen Sängerin, Mademoiselle Marie Sax, in Paris zu meiner vollsten Zufriedenheit gelang.

Anfang Oktober waren wir mit den Proben so weit fortgeschritten, daß einer sofortigen Aufführung des Tannhäuser nichts mehr im Wege stand, außer der noch nicht vollendeten Kulisse. Von den aus Paris bestellten Kulissen waren nur einige wenige eingetroffen, und selbst diese kamen sehr spät. Das Wartburgtal war schön effektvoll und in allen Einzelheiten vollkommen. Das Innere des Venusbergs aber machte mir große Sorgen: der Maler hatte mich nicht verstanden; er hatte Baumgruppen und Statuen gemalt, die an Versailles erinnerten, und sie in eine wilde Höhle gestellt; er hatte offenbar nicht gewußt, das Unheimliche mit dem Verführerischen zu verbinden. Ich mußte auf umfangreiche Änderungen bestehen, vor allem auf das Herausmalen der Sträucher und Statuen, was alles Zeit erforderte. Die Grotte mußte halb verborgen in einer rosigen Wolke liegen, durch die in der Ferne das Wartburgtal auftauchen mußte; dies sollte streng nach meinen eigenen Vorstellungen geschehen.

Das größte Unglück jedoch befiel mich in Gestalt der verspäteten Lieferung des Bühnenbildes für den Saal des Liedes. Dies war auf große Nachlässigkeit seitens der Pariser Künstler zurückzuführen; und wir warteten und warteten, bis jedes Detail der Oper bis zum Überdruss studiert und wieder studiert worden war. Täglich ging ich zum Bahnhof und untersuchte alle Pakete und Kisten, die angekommen waren, aber es gab keinen Saal des Liedes. Schließlich ließ ich mich überreden, die erste Aufführung nicht länger hinauszuzögern, und beschloss, den Saal Karls des Großen aus Oberon zu verwenden, der mir ursprünglich von Lüttichau vorgeschlagen worden war, statt des echten. Angesichts der Bedeutung, die ich der praktischen Wirkung beimaß, bedeutete dies ein großes Opfer meiner persönlichen Gefühle. Und tatsächlich, als sich der Vorhang für den zweiten Akt hob, trug die Wiederkehr dieses Thronsaals, den das Publikum so oft gesehen hatte, erheblich zur allgemeinen Enttäuschung des Publikums bei, das in dieser Oper erstaunliche Überraschungen erwartet hatte.

Am 19. Oktober fand die Uraufführung statt. Am Morgen dieses Tages wurde mir vom Dirigenten Lipinsky eine sehr schöne junge Dame vorgestellt. Ihr Name war Mme. Ivalergis und sie war eine Nichte des russischen Kanzlers, des Grafen von Nesselrode. Liszt hatte ihr mit solcher Begeisterung von mir erzählt, dass sie eigens nach Dresden gereist war, um die Uraufführung meines neuen Werkes zu hören. Ich glaubte, diesen schmeichelhaften Besuch als gutes Omen zu werten. Aber obwohl sie sich bei dieser Gelegenheit von mir abwandte, etwas verwirrt und enttäuscht über die sehr unverständliche Aufführung und die etwas zweifelhafte Aufnahme, die sie fand, hatte ich in späteren Jahren genügend Anlass zu wissen, wie tief diese bemerkenswerte und energische Frau dennoch beeindruckt gewesen war.

Einen großen Kontrast zu diesem Besuch bildete der Besuch eines eigenartigen Mannes namens C. Gaillard. Er war der Herausgeber einer gerade erst erschienenen Berliner Musikzeitung, in der ich mit großem Erstaunen eine durchweg positive und wichtige Kritik meines „Fliegenden Holländers" gelesen hatte. Obwohl ich aus Notwendigkeit der Meinung der Kritiker gegenüber gleichgültig bleiben musste, bereitete mir diese besondere Mitteilung viel Freude, und ich lud meinen unbekannten Kritiker ein, sich die Uraufführung des „Tannhäuser" in Dresden anzuhören.

Dies tat er, und ich war zutiefst gerührt, als ich feststellte, dass ich es mit einem jungen Mann zu tun hatte, der trotz seiner Schwindsucht und seiner äußerst schlechten Lage meiner Einladung nur aus Pflicht- und Ehrengefühl und nicht aus Geldgier gefolgt war. Ich sah an seinem Wissen und seinen Fähigkeiten, dass er nie eine einflussreiche Position erreichen würde, aber seine Herzensgüte und sein außerordentlich aufnahmebereiter Geist erfüllten mich mit tiefem Respekt vor ihm. Einige Jahre später war ich sehr traurig, als ich hörte, dass er schließlich der schrecklichen Krankheit erlegen war, an der er, wie ich wusste, litt; denn bis zum Schluss blieb er mir trotz der schwierigsten Umstände treu und ergeben.

Inzwischen hatte ich die Bekanntschaft mit der Freundin wieder aufgenommen, die ich durch die Aufführung des „Fliegenden Holländers" in Berlin gewonnen hatte und die ich seit langem nicht mehr näher kennen lernen durfte. Das zweite Mal traf ich sie bei Schröder-Devrient, mit dem sie bereits befreundet war und von dem sie als „eine meiner größten Eroberungen" sprach.

Sie war schon über ihre erste Jugend hinaus und besaß keine Schönheiten im Gesicht, außer den auffallend durchdringenden und ausdrucksvollen Augen, die die Größe ihrer Seele zeigten. Sie war die Schwester des Jenaer Buchhändlers Frommann und konnte viele intime Dinge über Goethe erzählen, der bei ihrem Bruder gewohnt hatte, als er sich in Jena aufhielt. Sie war Vorleserin und Begleiterin der Prinzessin Augusta von Preußen gewesen, hatte sie also sehr gut gekannt und galt in ihrem eigenen Verkehr fast als eine Busenfreundin und Vertraute dieser großen Dame. Trotzdem lebte sie in äußerster Armut und schien stolz darauf, sich durch ihr Talent als Arabeskenmalerin eine gewisse Unabhängigkeit zu verschaffen. Sie blieb mir immer treu ergeben, da sie zu den wenigen gehörte, die von dem ungünstigen Eindruck, den die Uraufführung des Tannhäusers hervorrief, unbeeinflusst blieben und ihre Wertschätzung für mein neuestes Werk sogleich mit größter Begeisterung zum Ausdruck brachte.

Was die Inszenierung selbst betrifft, so waren meine Schlüsse daraus folgende: Die eigentlichen Mängel des Werkes, die ich bereits nebenbei erwähnt habe, lagen in der skizzenhaften und ungeschickten Darstellung der Rolle der Venus und damit der gesamten Einleitungsszene des ersten Aktes. Infolge dieses Mangels erreichte das Drama nie die Ebene echter Wärme, noch weniger erreichte es die Höhen der Leidenschaft, die nach der poetischen Konzeption der Rolle so stark auf die Gefühle des Publikums wirken sollten, dass sie es auf die unvermeidliche Katastrophe vorbereiten, in der die Szene kulminiert und so zum tragischen Ende führt. Diese große Szene war ein völliger Misserfolg, obwohl sie einer so großartigen Schauspielerin wie Schröder-Devrient und einem so außergewöhnlich begabten Sänger wie Tichatschek anvertraut wurde. Das Genie Devrient hätte in dieser Szene vielleicht noch den richtigen Ton der Leidenschaft getroffen, wenn sie nicht zufällig mit einem Sänger zusammengespielt hätte, der zu aller dramatischen Ernsthaftigkeit unfähig war und dessen natürliche Begabung ihn nur zu freudigen oder deklamatorischen Akzenten befähigte und der völlig unfähig war, Schmerz und Leiden auszudrücken. Erst als Wolframs ergreifendes Lied und die Schlussszene dieses Aktes erreicht waren, zeigte das Publikum Anzeichen von Emotionen. Tichatschek erzielte in der Schlussphrase mit der jubelnden Musik seiner Stimme eine so gewaltige Wirkung, dass, wie ich später erfuhr, das Ende dieses ersten Aktes das Publikum in einen Zustand großer Begeisterung versetzte. Dieser wurde im zweiten Akt beibehalten und sogar noch übertroffen, in dem Elizabeth und Wolfram einen sehr sympathischen Eindruck machten. Nur der Held des Tannhäuser verlor weiter an Boden und konnte das Publikum schließlich so überhaupt nicht fesseln, dass er in der Schlussszene fast selbst vor Niedergeschlagenheit zusammenbrach, als wäre das Versagen des Tannhäuser sein eigenes. Der fatale Mangel seiner Aufführung bestand darin, dass er nicht in der Lage war, den richtigen Ausdruck für das Thema der großen Adagio-Passage des Finales zu finden, die mit den Worten beginnt: „Um den Sünder zur Erlösung zu führen, nahte sich der vom Himmel gesandte Bote." Die Bedeutung dieser Passage habe ich in meinen späteren Anweisungen für die Aufführung des Tannhäuser ausführlich erläutert. Tatsächlich musste ich sie aufgrund der völlig ausdruckslosen Darstellung Tichatscheks, die sie furchtbar lang und langweilig erscheinen ließ, bei der zweiten Aufführung ganz weglassen. Da ich einen so ergebenen und auf seine Art so verdienstvollen Mann wie Tichatschek nicht beleidigen wollte, ließ ich verstehen, dass ich zu dem Schluss gekommen war, dass dieses Thema ein Misserfolg war. Da Tichatschek außerdem als ein von mir ausgewählter Schauspieler galt, der die Rollen der Helden in meinen Werken übernehmen sollte, wurde diese für die Oper so unermesslich wichtige Passage in allen späteren Aufführungen des Tannhäuser weiterhin weggelassen, als ob dieses Vorgehen von mir gebilligt und gefordert worden wäre. Ich machte mir daher keine Illusionen über den Wert des späteren weltweiten Erfolgs dieser Oper auf der deutschen Bühne. Mein Held, der in Verzückung wie in Trauer seine Gefühle stets mit grenzenloser Energie hätte zum Ausdruck bringen sollen, schlich am Ende des zweiten Aktes mit der demütigen Haltung eines reuigen Sünders davon, nur um im dritten mit einem Benehmen wiederzuerscheinen, das die wohltätige Anteilnahme des Publikums wecken sollte. Seine Aussprache der Exkommunikation des Papstes wurde jedoch mit seiner üblichen vollen rhetorischen Kraft wiedergegeben, und es war erfrischend, seine Stimme die begleitenden Posaunen dominieren zu hören. Zugegeben, dieser radikale Fehler in der Darstellung des Helden hatte das Publikum in einem zweifelnden und unbefriedigten Zustand der Ungewissheit über die Bedeutung des Ganzen zurückgelassen, doch trug der Fehler bei der Ausführung der Schlussszene, der aus meiner eigenen Unerfahrenheit auf diesem neuen Gebiet der dramatischen Schöpfung resultierte, zweifellos dazu bei, eine schaurige Unsicherheit über die wahre Bedeutung der szenischen Handlung zu erzeugen. In meiner ersten vollständigen Fassung hatte ich Venus bei ihrem zweiten Versuch, ihren treulosen Geliebten zurückzurufen, in einer Vision dem wahnsinnigen Tannhäuser erscheinen lassen, und die Schrecklichkeit der Situation wurde nur durch ein schwaches rosiges Leuchten auf dem fernen Horselberg angedeutet. Sogar die endgültige Ankündigung von Elisabeths Tod war eine plötzliche Eingebung Wolframs. Diese Idee wollte ich dem Publikum nur durch das Läuten fernen Glockengeläuts und durch ein schwaches Leuchten von Fackeln vermitteln, die ihre Augen auf die ferne Wartburg lenken sollten. Darüber hinaus fehlte es an Präzision und Klarheit im Auftreten des Chors der jungen Pilger, der das Wunder allein durch ihren Gesang verkünden sollte. Ich hatte ihnen damals keine knospenden Stäbe zum Tragen gegeben und ihren Refrain leider durch eine langweilige und ununterbrochene Monotonie der Begleitung verdorben.

Als schließlich der Vorhang fiel, hatte ich nicht so sehr aus dem Verhalten des Publikums, das freundlich war, als aus meiner eigenen inneren Überzeugung den Eindruck, dass der Misserfolg dieses Werkes auf das unreife und ungeeignete Material zurückzuführen war, das bei seiner Aufführung verwendet wurde. Ich war extrem deprimiert, und einige Freunde, die nach dem Stück anwesend waren, darunter meine liebe Schwester Clara und ihr Mann, waren ebenso betroffen. Noch am selben Abend beschloss ich, die Mängel der ersten Nacht vor der zweiten Aufführung zu beheben. Ich war mir bewusst, wo der Hauptfehler lag, wagte es jedoch kaum, meiner Überzeugung Ausdruck zu verleihen. Beim geringsten Versuch meinerseits, Tichatschek etwas zu erklären, musste ich es aufgeben, da ich die Unmöglichkeit des Erfolgs erkannte. Ich hätte ihn nur so in Verlegenheit und Ärger gebracht, dass er unter dem einen oder anderen Vorwand nie wieder Tannhäuser gesungen hätte. Um die Wiederholung meiner Oper sicherzustellen, wählte ich daher den einzigen Weg, der mir möglich war, indem ich mir alle Schuld für den Misserfolg anmaßte. Ich konnte also beträchtliche Kürzungen vornehmen, wodurch freilich die dramatische Bedeutung der Hauptrolle beträchtlich gemindert wurde; die übrigen Teile der Oper wurden jedoch dadurch nicht beeinträchtigt, da sie positiv aufgenommen worden waren. Ich hoffte daher, obwohl innerlich sehr gedemütigt, bei der zweiten Aufführung einige Vorteile für meine Arbeit zu erlangen, und wünschte insbesondere, daß diese möglichst ohne Verzug stattfände. Aber Tichatschek war heiser, und ich mußte meine Seele eine volle Woche lang in Geduld üben.

Ich kann kaum beschreiben, was ich während dieser Zeit litt; es schien, als ob diese Verzögerung mein Werk völlig ruinieren würde. Jeder Tag, der zwischen der ersten und der zweiten Aufführung verging, ließ das Ergebnis der ersten immer problematischer werden, bis es schließlich als allgemein anerkannter Misserfolg erschien. Während das Publikum als Ganzes sein wütendes Erstaunen darüber ausdrückte, dass ich nach der Zustimmung, die es meinem Rienzi entgegengebracht hatte, bei der Komposition meines neuen Werks nicht auf seinen Geschmack geachtet hatte, gab es viele freundliche und vernünftige Freunde, die über seine Unzulänglichkeit völlig verblüfft waren, deren Hauptteile sie nicht verstehen konnten oder die sie für unvollständig skizziert und ausgeführt hielten. Die Kritiker griffen es mit unverhohlener Freude an, wie Raben Aas angreifen, das man ihnen vorwirft. Sogar die Leidenschaften und Vorurteile der damaligen Zeit wurden in die Kontroverse hineingezogen, um die Menschen womöglich zu verwirren und sie gegen mich einzunehmen. Es war gerade zu der Zeit, als die deutsch-katholische Agitation, die von Czersky und Ronge als eine höchst verdienstvolle und liberale Bewegung in Gang gesetzt wurde, große Aufregung verursachte. Es wurde nun behauptet, ich hätte mit Tannhäuser eine reaktionäre Tendenz provoziert, und so wie Meyerbeer mit seinen

Hugenotten den Protestantismus verherrlicht habe, so würde ich mit meiner neuesten Oper den Katholizismus verherrlichen.

Das Gerücht, ich sei beim Schreiben des Tannhäuser von der katholischen Seite bestochen worden, wurde lange Zeit geglaubt. Während man versuchte, meine Popularität auf diese Weise zu zerstören, hatte ich die fragwürdige Ehre, zuerst per Brief und dann persönlich von einem gewissen Herrn Rousseau, dem damaligen Herausgeber der Preußischen Staatszeitung, kontaktiert zu werden, der meine Freundschaft und Hilfe wünschte. Ich kannte ihn nur im Zusammenhang mit einer beißenden Kritik meines Fliegenden Holländers. Er teilte mir mit, er sei aus Österreich geschickt worden, um die katholische Sache in Berlin zu fördern, aber er habe so viele traurige Erfahrungen mit der Fruchtlosigkeit seiner Bemühungen gemacht, dass er nun nach Wien zurückkehrte, um seine Arbeit in dieser Richtung ungestört fortzusetzen, mit der ich mich in meinem Tannhäuser völlig einverstanden erklärt hatte.

Diese bemerkenswerte Zeitung, der Dresdener Anzeiger, ein lokales Organ zur Beseitigung von Verleumdungen und Skandalen, veröffentlichte täglich neue Nachrichten zu meinem Nachteil. Schließlich bemerkte ich, dass diese Angriffe mit witzigen und eindringlichen kleinen Seitenhieben beantwortet wurden und dass auch ermutigende Kommentare zu meinen Gunsten erschienen, was mich eine Zeit lang sehr überraschte, da ich wusste, dass sich nur Feinde und nie Freunde für solche Fälle interessierten. Aber zu meiner Belustigung erfuhr ich von Röckel, dass er und mein Freund Heine diese inspirierende Kampagne zu meinem Vorteil durchgeführt hatten.

Die Abneigung gegen mich in dieser Richtung war nur deshalb lästig, weil ich in dieser unglücklichen Zeit daran gehindert war, mich durch meine Arbeit auszudrücken. Tichatschek blieb heiser, und es hieß, er würde nie wieder in meiner Oper singen. Ich hörte aus Lüttichau, dass er, erschrocken durch den Misserfolg von Tannhäuser, sich bereit hielt, die Bestellung des versprochenen Bühnenbildes für die Halle des Liedes zu widerrufen oder ganz zu annullieren. Ich war so erschrocken über die Feigheit, die sich so offenbarte, dass ich selbst begann, Tannhäuser als verloren anzusehen. Meine Aussichten und meine gesamte Lage, wenn man sie in dieser Stimmung betrachtet, können leicht aus meinen Mitteilungen erschlossen werden, insbesondere aus denen, die sich auf meine Verhandlungen über die Veröffentlichung meiner Werke beziehen.

Diese schreckliche Woche zog sich wie eine endlose Ewigkeit hin. Ich hatte Angst, irgendjemandem ins Gesicht zu sehen, aber eines Tages war ich gezwungen, in Mesers Musikalienladen zu gehen, wo ich Gottfried Semper traf, der gerade ein Tannhäuser-Lehrbuch kaufte. Nur kurze Zeit zuvor war ich sehr verärgert gewesen, als ich mit ihm über dieses Thema sprach; er wollte nichts von dem hören, was ich über die Minnesänger und Pilger des Mittelalters im Zusammenhang mit der Kunst zu sagen hatte, sondern gab mir zu verstehen, dass er mich wegen meiner Wahl dieses Materials verachtete.

Obwohl Meser mir versicherte, dass keinerlei Anfragen zu den bereits erschienenen Tannhäuser-Ausgaben eingegangen seien, war es seltsam, dass mein energischster Gegner der einzige war, der tatsächlich ein Exemplar gekauft und bezahlt hatte. In einer besonders ernsthaften und eindrucksvollen Art bemerkte er mir gegenüber, dass man sich gründlich mit dem Thema auskennen müsse, wenn man sich eine objektive Meinung darüber bilden wolle, und dass zu diesem Zweck leider nur der Text verfügbar sei. Dieses Treffen mit Semper war, so seltsam es auch erscheinen mag, das erste wirklich ermutigende Zeichen, an das ich mich erinnern kann.

Den größten Trost aber fand ich in jenen Tagen der Not und Angst in Röckel, der von da an eine lebenslange Vertrautheit mit mir verband . Er hatte, ohne daß ich es wußte, für mich gestritten, erklärt, gestritten, Bittgesuche eingereicht und sich dadurch zu einer wahren Begeisterung für den Tannhäuser gereizt. Am Abend vor der zweiten Vorstellung, die endlich stattfinden sollte, trafen wir uns bei einem Glas Bier, und sein heiteres Wesen wirkte so aufmunternd auf mich, daß wir sehr lebhaft wurden. Nachdem er einige Zeit meinen Kopf betrachtet hatte, schwor er, es sei unmöglich, mich zu vernichten, es liege etwas in mir, etwas wahrscheinlich in meinem Blut, da ähnliche Eigenschaften auch bei meinem Bruder Albert auftraten, der mir sonst so unähnlich war. Um es deutlicher zu sagen, er nannte es die eigentümliche Hitze meines Temperaments; diese Hitze, meinte er, könne andere verzehren, während ich mich am wohlsten zu fühlen schien, wenn sie am heftigsten glühte, denn er hatte mich mehrere Male richtig in Flammen gesehen. Ich lachte und wusste nicht, was ich von seinem Unsinn halten sollte. Nun, sagte er, ich würde bald verstehen, was er mit Tannhäuser meinte, denn es sei einfach absurd zu glauben, dass das Werk keinen Erfolg haben würde; und er sei sich seines Erfolgs absolut sicher. Auf dem Heimweg dachte ich über die Sache nach und kam zu dem Schluss, dass, wenn Tannhäuser tatsächlich seinen Weg finden und wirklich populär werden würde, unkalkulierbare Möglichkeiten erreicht werden könnten.

Endlich war die Zeit für unsere zweite Vorstellung gekommen. Ich glaubte, mich darauf vorbereitet zu haben, indem ich die Bedeutung der Hauptrolle verringerte und meine ursprünglichen Ideale hinsichtlich einiger der wichtigeren Teile zurücknahm, und hoffte, durch die Betonung bestimmter zweifellos attraktiver Passagen eine echte Wertschätzung des Ganzen zu erreichen. Ich war sehr erfreut über die Kulisse, die im zweiten Akt endlich für die Halle des Gesangs eingetroffen war, deren schöne und imposante Wirkung uns alle aufheiterte, denn wir betrachteten sie als ein gutes Omen.

Leider musste ich die Demütigung ertragen, das Theater fast leer zu sehen. Dies genügte mehr als alles andere, um mich von der wirklichen Meinung des Publikums in Bezug auf mein Werk zu überzeugen. Aber wenn das Publikum auch spärlich war, bestand die Mehrheit jedenfalls aus den ersten Freunden meiner Kunst, und das Stück wurde sehr herzlich aufgenommen. Besonders Mitterwurzer erregte die größte Begeisterung. Was Tichatschek anging, so hielten es meine besorgten Freunde Röckel und Heine für notwendig, ihn mit allen Mitteln bei Laune zu halten. Um die zweifellose Dunkelheit der letzten Szene zu verdeutlichen, hatten meine Freunde mehrere junge Leute, insbesondere Künstler, gebeten, bei den Stellen, die vom Opernpublikum im Allgemeinen nicht als Anlass für eine Demonstration angesehen werden, stürmischen Applaus auszustoßen. Seltsamerweise machte der so hervorgerufene Applausausbruch nach den Worten: „Ein Engel fliegt für dich zu Gottes Thron und wird seine Stimme vernehmen lassen; Heinrich, du bist gerettet", dem Publikum die ganze Situation plötzlich klar. Bei allen nachfolgenden Aufführungen blieb dies der wichtigste Moment für den Ausdruck der Sympathie des Publikums, obwohl es am ersten Abend völlig unbemerkt vorübergegangen war. Wenige Tage später fand eine dritte Vorstellung statt, diesmal jedoch vor ausverkauftem Haus. Schröder-Devrient verfolgte, deprimiert über den geringen Anteil, den sie am Erfolg meines Werkes haben durfte, von der kleinen Bühnenloge aus den Fortgang der Oper und teilte mir mit, Lüttichau sei mit strahlendem Gesicht zu ihr gekommen und hätte gesagt, seiner Meinung nach hätten wir den Tannhäuser nun glücklich durchgetragen.

Und das war auch wirklich so; wir wiederholten es im Laufe des Winters oft, bemerkten aber, daß, wenn zwei Aufführungen dicht aufeinander folgten, der Andrang auf die zweite nicht so groß war, woraus wir schlossen, daß ich noch nicht die Zustimmung des großen Opernpublikums gewonnen hatte, sondern nur die des gebildeteren Teils der Gemeinde. Unter diesen wirklichen Freunden Tannhäusers befanden sich, wie ich allmählich herausfand, viele, die in der Regel überhaupt nie das Theater und am allerwenigsten die Oper besuchten. Dieses Interesse eines ganz neuen Publikums steigerte sich immer mehr und äußerte sich auf eine reizvolle und bisher unbekannte Weise in einer starken Sympathie für den Autor. Besonders schmerzlich war es mir, Tichatscheks wegen nach fast jedem Akt allein den Zurufen des Publikums zu folgen; doch mußte ich mich schließlich fügen, da meine Weigerung den Sänger nur neuen Demütigungen ausgesetzt hätte, denn als er ohne mich mit seinen Kollegen auf der Bühne erschien, waren die lauten Rufe nach mir für ihn geradezu beleidigend. Mit welcher aufrichtigen Sehnsucht wünschte ich, das Gegenteil möge der Fall sein und die Vortrefflichkeit der Aufführung den Autor in den Schatten stellen. Die Überzeugung, dies mit meinem Tannhäuser in Dresden nie erreichen zu können, leitete mich bei allen meinen künftigen Unternehmungen. Aber immerhin war es mir durch die Aufführung des Tannhäuser in dieser Stadt gelungen, wenigstens dem gebildeten Publikum meine besonderen Neigungen bekannt zu machen, indem ich ihre geistigen Fähigkeiten stimulierte und die Aufführung aller realistischen Beigaben entkleidete. Es gelang mir jedoch nicht, diese Neigungen in einer dramatischen Aufführung so deutlich und so unwiderstehlich und überzeugend zu machen, dass auch der ungebildete Geschmack des gewöhnlichen Publikums sie auf der Bühne verkörpert sah.

Durch die Erweiterung meines Bekanntenkreises und die Aufnahme interessanter Freundschaften hatte ich im Winter gute Gelegenheit, auf lehrreiche und ermutigende Weise weitere Informationen zu diesem Thema zu erhalten. Sehr inspirierend war auch meine damalige Bekanntschaft und enge Vertrautheit mit Dr. Hermann Franck aus Breslau, der seit einiger Zeit ruhig in Dresden lebte. Er war sehr wohlhabend und gehörte zu jenen Männern, die sich durch umfassende Kenntnisse und gutes Urteilsvermögen, verbunden mit beträchtlichen schriftstellerischen Fähigkeiten, in einem großen und erlesenen Kreis privater Freunde einen ausgezeichneten Ruf erwarben, ohne sich jedoch in der Öffentlichkeit einen großen Namen zu machen. Er bemühte sich, seine Kenntnisse und Fähigkeiten zum Wohle der Allgemeinheit einzusetzen, und wurde von Brockhaus dazu überredet, gleich zu Beginn die Deutsche Allgemeine Zeitung herauszugeben . Diese Zeitung war einige Jahre zuvor von Brockhaus gegründet worden. Nachdem Franck sie jedoch ein Jahr lang herausgegeben hatte, gab er diesen Posten auf, und von da an ließ er sich nur noch bei den allerseltensten Gelegenheiten dazu überreden, sich mit irgendetwas zu befassen, das mit Journalismus zu tun hatte. Seine knappen und schwungvollen Bemerkungen über seine Erfahrungen bei der Deutschen Allgemeinen Zeitung rechtfertigten seine Abneigung gegen jegliche Arbeit im Zusammenhang mit der öffentlichen Presse. Umso größer war daher meine Wertschätzung, als er ohne mein Zutun einen ausführlichen Bericht über Tannhäuser für die Augsburger Allgemeine Zeitung schrieb. Dieser erschien im Oktober oder November 1845 in einer Beilage dieser Zeitung, und obwohl er den ersten Bericht über ein Werk enthielt, das seitdem so viel diskutiert wurde, halte ich ihn nach reiflicher Überlegung für den umfassendsten und erschöpfendsten, der jemals geschrieben wurde. Auf diese Weise tauchte mein Name zum ersten Mal in der großen europäischen politischen Zeitung auf, deren Spalten seither infolge einer bemerkenswerten, im Interesse der Eigentümer liegenden Änderung der Frontlinie jedem offen standen, der sich auf Kosten von mir oder meiner Arbeit lustig machen wollte.

Was mich an Dr. Franck besonders anzog, war die feine und taktvolle Kunst, die er in seiner Kritik und seinen Diskussionsmethoden an den Tag legte. Sie hatten etwas Besonderes an sich, das nicht so sehr das Ergebnis von Rang und sozialer Stellung war, sondern vielmehr das Ergebnis echter, weltweiter Kultur.

Die zarte Kälte und Zurückhaltung seines Benehmens bezauberte mich eher, als dass sie mich abstieß, da es sich um eine Eigenschaft handelte, die ich bis dahin nicht angetroffen hatte. Als ich feststellte, dass er sich mit einer gewissen Zurückhaltung gegenüber Personen äußerte, die einen Ruf genossen, den sie meiner Meinung nach nicht immer verdienten, war ich sehr erfreut, während meines Umgangs mit ihm zu sehen, dass ich in vielerlei Hinsicht einen entscheidenden Einfluss auf seine Meinung ausübte. Schon damals wollte ich es nicht unwidersprochen hinnehmen, wenn Leute der genauen Analyse des Werkes dieser oder jener Berühmtheit auswichen, indem sie in Lobreden auf seine „Gutmütigkeit" verwiesen. Ich brachte meinen weltgewandten Freund in diesem Punkt sogar in die Enge, als ich einige Jahre später die Genugtuung hatte, von ihm eine sehr präzise Erklärung von Meyerbeers „Gutmütigkeit" zu erhalten, von der er einmal gesprochen hatte, und er sich mit einem Lächeln an die außergewöhnlichen Fragen erinnerte, die ich ihm damals gestellt hatte. Er war jedoch ziemlich beunruhigt, als ich ihm eine sehr klare Erklärung für die Uneigennützigkeit und den auffälligen Altruismus Mendelssohns im Dienste der Kunst gab, von dem er begeistert gesprochen hatte. In einem Gespräch über Mendelssohn hatte er bemerkt, wie erfreulich es sei, einen Mann zu finden, der wirkliche Opfer bringen könne, um sich von einer falschen Position zu befreien, die der Kunst nicht dienlich sei. Es sei sicherlich eine großartige Sache, sagte er, auf ein gutes Gehalt von neuntausend Mark als Generalkapellmeister in Berlin verzichtet und sich als einfacher Dirigent der Gewandhauskonzerte nach Leipzig zurückgezogen zu haben, und Mendelssohn sei dafür sehr zu bewundern . Gerade zu dieser Zeit war ich in der Lage, einige richtige Einzelheiten über dieses scheinbare Opfer Mendelssohns zu geben, denn als ich unserer Generaldirektion einen ernsthaften Vorschlag zur Erhöhung der Gehälter einiger der ärmeren Orchestermitglieder unterbreitet hatte, wurde Lüttichau gebeten, mir mitzuteilen, dass gemäß den jüngsten Anordnungen des Königs die Ausgaben für die Staatskapellen so eingeschränkt werden sollten, dass die ärmeren Kammermusiker vorläufig keine Rücksichtnahme beanspruchen könnten, denn Herr von Falkenstein, der Gouverneur des Leipziger Distrikts, der ein leidenschaftlicher Verehrer Mendelssohns war, hatte den König dazu gebracht, den letzteren geheimen Kapellmeister mit einem geheimen Gehalt von sechstausend Mark zu ernennen. Diese Summe, zusammen mit dem ihm von der Direktion des Leipziger Gewandhauses offen gewährten Gehalt von dreitausend Mark, würde ihn für die Position, auf die er in Berlin verzichtet hatte, reichlich entschädigen, und er hatte sich daher bereit erklärt, nach Leipzig zu übersiedeln. Diese hohe Spende musste aus Anstandsgründen vom Vorstand, der die Gelder des Orchesters verwaltete, geheim gehalten werden, nicht nur, weil sie den Interessen der Institution abträglich war, sondern auch, weil sie diejenigen, die als Dirigenten mit niedrigerem Gehalt arbeiteten, beleidigen könnte, wenn sie wüssten, dass ein anderer Mann eine Pfründe erhalten hatte. Aus diesen Umständen zog Mendelssohn nicht nur den Vorteil, dass die Spende geheim gehalten wurde, sondern auch die Genugtuung, dass seine Freunde ihm als Musterbeispiel an aufopferndem Eifer für seine Reise nach Leipzig applaudieren konnten; was sie leicht tun konnten, obwohl sie wussten, dass er finanziell gut gestellt war. Als ich Franck dies erklärte, war er erstaunt und gab zu, dass dies einer der seltsamsten Fälle war, die ihm im Zusammenhang mit unverdientem Ruhm je begegnet waren.

Wir kamen bald zu einem gegenseitigen Einverständnis in unseren Ansichten über viele andere Künstlerberühmtheiten, mit denen wir damals in Dresden in Kontakt kamen. Dies war eine einfache Angelegenheit im Fall von Ferdinand Hiller, der als der Chef der „Gutmütigen" angesehen wurde. Bezüglich der berühmteren Maler der sogenannten Düsseldorfer Schule, denen ich durch Tannhäuser häufig begegnete, war es nicht ganz so einfach, zu einem Schluss zu kommen, da ich in hohem Maße von dem Ruhm beeinflusst wurde, der mit ihren bekannten Namen verbunden war; aber auch hier überraschte mich Franck mit passenden und schlüssigen Gründen zur Enttäuschung. Als es um eine Frage zwischen Bendemann und Hübner ging, schien es mir, dass Hübner sehr wohl Bendemann geopfert werden könnte. Letzterer, der gerade die Fresken für einen der Empfangsräume im königlichen Palast fertiggestellt hatte und von seinen Freunden mit einem Bankett belohnt worden war, schien mir das Recht zu haben, als großer Meister geehrt zu werden. Ich war daher sehr erstaunt, als Franck den König von Sachsen ruhig bemitleidete, weil Bendemann sein Zimmer „beschmiert" hatte! Dennoch war nicht zu leugnen, dass diese Leute „gutmütig" waren. Mein Umgang mit ihnen wurde häufiger und bot mir auf jeden Fall Gelegenheit, mich mit der kultivierteren Künstlergesellschaft zu vermischen , im Gegensatz zu den Theaterkreisen, mit denen ich normalerweise verkehrte; dennoch schöpfte ich daraus nie die geringste Begeisterung oder Inspiration. Letzteres scheint jedoch Hillers Hauptziel gewesen zu sein, und in jenem Winter organisierte er eine Art Gesellschaftskreis, der wöchentlich abwechselnd im Haus des einen oder anderen seiner Mitglieder zusammenkam. Reinecke, der sowohl Maler als auch Dichter war, trat dieser Gesellschaft zusammen mit Hübner und Bendemann bei und hatte das Pech, den neuen Text für eine Oper für Hiller zu schreiben, deren Schicksal ich später beschreiben werde. Robert Schumann, der Musiker, der zu dieser Zeit ebenfalls in Dresden war und an einer Oper arbeitete, aus der schließlich Genovefa wurde, machte Hiller und mir Avancen. Ich hatte Schumann bereits in Leipzig gekannt, und wir hatten beide etwa zur gleichen Zeit unsere musikalische Laufbahn begonnen. Ich hatte auch gelegentlich kleine Beiträge an die Neue Zeitschrift für Musik geschickt, deren Herausgeber er früher gewesen war, und in jüngster Zeit einen längeren Beitrag aus Paris über Rossinis Stabat Mater. Er war gebeten worden, bei einem Konzert im Theater dessen Paradies und Peri zu dirigieren; aber seine besondere Ungeschicklichkeit beim Dirigieren bei dieser Gelegenheit weckte meine Sympathie für den gewissenhaften und energischen Musiker, dessen Werk mich so sehr ansprach, und bald entwickelte sich ein freundliches und freundschaftliches Vertrauen zwischen uns. Nach einer Aufführung des Tannhäuser, bei der er anwesend war, besuchte er mich eines Morgens und sprach sich voll und ganz für mein Werk aus. Der einzige Einwand, den er vorzubringen hatte, war, dass die Stretta des zweiten Finales zu abrupt sei, eine Kritik, die seine scharfe Wahrnehmung bewies; und ich konnte ihm anhand der Partitur zeigen, wie ich gezwungen worden war, die Oper, sehr gegen meine Neigung, zu kürzen und dadurch die Situation zu schaffen, an der er Anstoß genommen hatte. Wir trafen uns oft beim Spazierengehen und tauschten, soweit das bei einem so wortkargen Menschen möglich war, Ansichten über musikalisch interessante Dinge aus. Er freute sich auf die Aufführung von Beethovens Neunter Symphonie unter meiner Leitung, da er die Aufführungen in Leipzig besucht hatte und von Mendelssohns Dirigat, das den Zeitpunkt des ersten Satzes völlig falsch eingeschätzt hatte, sehr enttäuscht war. Ansonsten inspirierte mich seine Gesellschaft nicht besonders, und dass er zu konservativ war, um von meinen Ansichten zu profitieren, zeigte sich bald, insbesondere in seiner Auffassung des Gedichts von Genovefa. Es war klar, dass mein Beispiel nur einen sehr flüchtigen Eindruck auf ihn gemacht hatte, gerade genug, um ihn für ratsam zu halten, selbst den Text einer Oper zu schreiben. Später lud er mich ein, ihm sein Libretto vorzulesen, das eine Mischung aus den Stilen von Hebbel und Tieck war. Als ich ihn jedoch aus einem echten Wunsch heraus, dass sein Werk Erfolg habe – was mich ernsthaft beunruhigte – auf einige gravierende Mängel darin aufmerksam machte und die notwendigen Änderungen vorschlug, wurde mir klar, wie es um diesen außergewöhnlichen Menschen stand: Er wollte lediglich, dass ich mich von ihm beeinflussen ließ, war aber zutiefst dagegen, dass er das Produkt seiner eigenen Ideale beeinträchtigte, so dass ich von da an die Sache auf sich beruhen ließ.

Im folgenden Winter erweiterte sich unser Kreis dank Hillers Fleiß beträchtlich, und er wurde nun zu einer Art Club, dessen Ziel es war, sich jede Woche in einem Raum in Engels Restaurant am Postplatz frei zu treffen. Ungefähr zu dieser Zeit wurde der berühmte Münchner J. Schnorr zum Direktor der Museen in Dresden ernannt, und wir bewirteten ihn bei einem Bankett. Ich hatte bereits einige seiner großen und gut ausgeführten Cartoons gesehen, die einen tiefen Eindruck auf mich machten, nicht nur wegen ihrer Größe, sondern auch wegen der Ereignisse aus der alten deutschen Geschichte, die sie darstellten und die mich damals besonders interessierten. Durch Schnorr lernte ich nun die „Münchner Schule" kennen, deren Meister er war. Mein Herz floss über, als ich daran dachte, was es für Dresden bedeutete, wenn sich dort solche Giganten der deutschen Kunst die Hand schüttelten. Schnorrs Aussehen und seine Unterhaltung beeindruckten mich sehr, und ich konnte seine weinerliche pädagogische Art nicht mit seinen mächtigen Cartoons in Einklang bringen; Ich hielt es jedoch für einen großen Glücksfall, als er auch samstags in Engels Restaurant zu verkehren begann. Er war in den alten deutschen Legenden gut bewandert, und ich freute mich, wenn sie das Gesprächsthema bildeten. Auch der berühmte Bildhauer Hänel besuchte diese Treffen, und sein wunderbares Talent flößte mir die größte Hochachtung ein, obwohl ich kein Kenner seiner Werke war und sie nur nach meinem eigenen Gefühl beurteilen konnte. Ich bemerkte bald, dass sein Benehmen und Auftreten gekünstelt waren; er äußerte sehr gern seine Meinung und sein Urteil über Fragen der Kunst, und ich war nicht in der Lage zu entscheiden, ob sie glaubwürdig waren oder nicht. Tatsächlich kam es mir oft vor, als hörte ich einem philisterhaften Prahler zu. Erst als mein alter Freund Pecht, der sich ebenfalls eine Zeitlang in Dresden niedergelassen hatte, mir Hänels Stellung als Künstler klar und nachdrücklich erklärte, überwand ich alle meine heimlichen Zweifel und versuchte, an seinen Werken etwas Gefallen zu finden. Rietschel, der ebenfalls Mitglied unserer Gesellschaft war, war das genaue Gegenteil von Hänel. Ich konnte oft kaum glauben, dass der blasse, zarte Mann mit der weinerlichen, nervösen Ausdrucksweise wirklich ein Bildhauer war; aber da mich ähnliche Eigenheiten bei Schnorr nicht daran hinderten, ihn als wunderbaren Maler zu erkennen, half mir dies, mich mit Rietschel anzufreunden, da er völlig frei von Affektiertheit war und eine warme, mitfühlende Seele hatte, die mich immer näher zu ihm zog. Ich erinnere mich auch, von ihm eine sehr enthusiastische Würdigung meiner Persönlichkeit als Dirigent gehört zu haben. Obwohl wir jedoch Mitglieder unseres vielseitigen Kunstclubs waren, erreichten wir nie eine echte Kameradschaft, denn schließlich hielt niemand viel von den Talenten anderer. Hiller hatte zum Beispiel einige Orchesterkonzerte veranstaltet, und zu ihrer Erinnerung wurde er von seinen Freunden beim üblichen Bankett bewirtet, wo seine Verdienste mit dem gebührenden rhetorischen Pathos dankbar gewürdigt wurden. Doch fand ich in meinem privaten Umgang mit Hillers Freunden nie die geringste Begeisterung für seine Arbeit; im Gegenteil, ich bemerkte lediglich zweifelnde Ausdrücke und besorgtes Achselzucken.

Diese gefeierten Konzerte gingen bald zu Ende. Bei unseren geselligen Abenden diskutierten wir nie über die Werke der anwesenden Meister; sie wurden nicht einmal erwähnt, und es wurde bald klar, dass keiner der Mitglieder wusste, worüber er sprechen sollte. Semper war der einzige Mann, der auf seine außergewöhnliche Art unsere Unterhaltungen oft so belebte, dass Rietschel, innerlich mitfühlend, wenn auch schmerzlich erschrocken, sich herzlich über die hemmungslosen Ausbrüche beschwerte, die nicht selten zu hitzigen Diskussionen zwischen Semper und mir führten. Seltsamerweise schienen wir beide immer von der Hypothese auszugehen, dass wir Antagonisten waren, denn er bestand darauf, mich als Vertreter des mittelalterlichen Katholizismus zu betrachten, den er oft mit wahrer Wut angriff. Schließlich gelang es mir, ihn davon zu überzeugen, dass meine Studien und Neigungen mich immer zur deutschen Antike und zur Entdeckung von Idealen in den frühen germanischen Mythen geführt hatten. Als wir zum Heidentum kamen und ich meiner Begeisterung für die echten heidnischen Sagen Ausdruck gab, wurde er ein ganz anderer Mensch, und eine tiefe und wachsende Anteilnahme fing nun an, uns so zu vereinen, daß wir uns von der übrigen Gesellschaft ganz isolierten. Es war jedoch unmöglich, je etwas ohne heftige Auseinandersetzung zu regeln, nicht nur weil Semper die eigentümliche Angewohnheit hatte, allem rundheraus zu widersprechen, sondern auch weil er wußte, daß seine Ansichten denen der ganzen Gesellschaft entgegengesetzt waren. Seine paradoxen Behauptungen, die offenbar nur Streit schüren sollten, ließen mich bald ohne jeden Zweifel erkennen, daß er der einzige Anwesende war, dem es mit allem, was er sagte, leidenschaftlich ernst war, während alle anderen sich damit begnügten, die Sache bei Gelegenheit fallen zu lassen. Ein Mann dieser letzteren Art war der oft bei uns weilende Gutzkow, der von der Generaldirektion unseres Hoftheaters nach Dresden berufen worden war, um als Dramatiker und Bearbeiter aufzutreten. Mehrere seiner Stücke hatten in letzter Zeit großen Erfolg gehabt: Zopf und Schwert, Das Urbild des Tartuffe und Uriel Acosta verliehen dem neuesten dramatischen Repertoire einen unerwarteten Glanz, und es schien, als würde Gutzkows Ankunft eine neue Ära des Ruhms für das Dresdner Theater einleiten, wo auch meine Opern uraufgeführt worden waren. Die guten Absichten der Direktion waren zweifellos unbestreitbar. Mein einziges Bedauern bei dieser Gelegenheit war, dass die Hoffnungen meines alten Freundes Laube, nach Dresden berufen zu werden, um diesen Posten zu besetzen, nicht erfüllt wurden. Auch er hatte sich mit Begeisterung in die Arbeit der dramatischen Literatur gestürzt. Schon in Paris war mir aufgefallen, wie eifrig er die Technik der dramatischen Komposition studierte, insbesondere die des Scribe, in der Hoffnung, sich die Fähigkeiten dieses Schriftstellers anzueignen, ohne die, wie er bald feststellte, kein poetisches Drama in deutscher Sprache erfolgreich sein konnte. Er behauptete, diesen Stil in seiner Komödie Rokoko gründlich gemeistert zu haben, und er hegte die Überzeugung, dass er jeden erdenklichen Stoff zu einem wirkungsvollen Bühnenstück verarbeiten konnte.

Gleichzeitig legte er großen Wert darauf, bei der Auswahl seines Stoffes ebenso viel Geschick an den Tag zu legen. Meiner Meinung nach war diese Theorie ein völliger Fehlschlag, da seine einzigen erfolgreichen Stücke diejenigen waren, bei denen das Interesse des Publikums durch Schlagworte geweckt wurde. Dieses Interesse war immer mehr oder weniger mit der Tagespolitik verbunden und beinhaltete im Allgemeinen einige offensichtliche Tiraden über „deutsche Einheit" und „deutschen Liberalismus". Da dieser wichtige Anreiz zunächst versuchsweise an die Abonnenten unseres Residenztheaters und später an das deutsche Publikum allgemein weitergegeben wurde, musste er, wie ich bereits sagte, mit der vollendeten Geschicklichkeit ausgearbeitet werden, die vermutlich nur von modernen französischen Autoren komischer Opern gelernt werden konnte.

Ich war sehr erfreut, das Ergebnis dieser Untersuchung in Laubes Stücken zu sehen, zumal er, wenn er uns in Dresden besuchte, was er oft bei einer Neuinszenierung tat, seine Schuld mit bescheidener Offenheit zugab und weit davon entfernt war, den Anspruch zu erheben, ein wirklicher Dichter zu sein. Außerdem zeigte er nicht nur bei der Vorbereitung seiner Stücke, sondern auch bei deren Aufführung großes Geschick und einen geradezu feurigen Eifer, so dass das ihm in Aussicht gestellte Angebot einer Stelle in Dresden zumindest in praktischer Hinsicht ein Gewinn für das Theater gewesen wäre. Schließlich fiel die Wahl jedoch auf seinen Nebenbuhler Gutzkow, trotz dessen offensichtlicher Untauglichkeit für die praktische Tätigkeit des Dramatikers. Es war offensichtlich, dass sein Triumph selbst hinsichtlich seiner erfolgreichen Stücke hauptsächlich seinem literarischen Geschick zu verdanken war, denn diesen wirkungsvollen Stücken folgten sogleich langweilige Inszenierungen, die uns zu unserem Erstaunen erkennen ließen, dass er selbst sich seines früheren Geschicks nicht bewusst gewesen sein konnte. Es waren jedoch gerade diese abstrakten Eigenschaften des echten Literaten, die ihm in den Augen vieler den Heiligenschein literarischer Größe verliehen; und als Lüttichau, der mehr an einen prunkvollen Ruf als an einen dauerhaften Nutzen für sein Theater dachte, beschloss, Gutzkow den Vorzug zu geben, glaubte er, seine Wahl würde der Sache der höheren Kultur einen besonderen Anstoß geben. Für mich war die Ernennung Gutzkows zum Direktor der dramatischen Kunst am Theater besonders anstößig, da ich schon bald von seiner völligen Unfähigkeit für diese Aufgabe überzeugt war und es wahrscheinlich der Offenheit zu verdanken war, mit der ich Lüttichau meine Meinung äußerte, dass unsere spätere Entfremdung ursprünglich fällig war. Ich musste mich bitter über den Mangel an Urteilsvermögen und die Leichtfertigkeit derjenigen beklagen, die so rücksichtslos Männer auswählten, um die Posten der Direktoren und Dirigenten in so kostbaren Kunstinstitutionen wie den deutschen königlichen Theatern zu besetzen. Um dem Misserfolg vorzubeugen, von dem ich überzeugt war, dass er diese wichtige Ernennung nach sich ziehen würde, bat ich ausdrücklich darum, dass Gutzkow nicht in die Leitung der Oper eingreifen dürfe; er gab bereitwillig nach und ersparte sich so große Demütigungen. Diese Handlung schuf jedoch ein Gefühl des

Misstrauens zwischen uns, obwohl ich durchaus bereit war, dieses so weit wie möglich zu beseitigen, indem ich an jenen Abenden, an denen sich die Künstler im Club zu treffen pflegten, wie bereits beschrieben, bei jeder sich bietenden Gelegenheit persönlich mit ihm in Kontakt trat. Ich hätte diesen seltsamen Mann, dessen Kopf ängstlich auf seine Brust gesenkt war, gern dazu gebracht, sich in seinen Gesprächen mit mir zu entspannen und sich zu entlasten, aber ich war aufgrund seiner ständigen Zurückhaltung und seines Misstrauens und seiner erlernten Zurückhaltung nicht erfolgreich. Eine Gelegenheit zu einer Diskussion zwischen uns ergab sich, als er wollte, dass das Orchester eine melodramatische Rolle in einer bestimmten Szene seines Uriel Acosta übernahm (was sie später taten), in der der Held seine angebliche Ketzerei widerrufen musste. Das Orchester musste für eine bestimmte Zeit das sanfte Tremolo auf bestimmten Akkorden ausführen, aber als ich die Aufführung hörte, erschien es mir absurd und sowohl für die Musik als auch für das Drama gleichermaßen abwertend.

An einem dieser Abende versuchte ich, mich mit Gutzkow über diese und die Verwendung der Musik als melodramatisches Hilfsmittel des Dramas überhaupt zu verständigen, und diskutierte meine Ansichten über diesen Gegenstand nach den höchsten Grundsätzen, die ich mir ausgedacht hatte. Er begegnete allen Hauptpunkten meiner Diskussion mit nervösem, misstrauischem Schweigen, erklärte mir aber schließlich, dass ich in der Bedeutung, die ich der Musik zusprach, wirklich zu weit ginge und dass er nicht begreifen könne, wie die Musik herabgewürdigt würde, wenn sie sparsamer im Drama eingesetzt würde, da die Ansprüche der Verse oft mit viel weniger Respekt behandelt würden, wenn sie als bloßes Hilfsmittel der Opernmusik verwendet würden. Um es praktisch auszudrücken, wäre es für den Librettisten ratsam, in dieser Angelegenheit nicht zu zimperlich zu sein; es sei nicht immer möglich, dem Schauspieler einen glänzenden Abgang zu verschaffen; zugleich könne jedoch nichts schmerzlicher sein, als wenn der Hauptdarsteller ohne Beifall abtrete. In solchen Fällen sei ein wenig störender Lärm im Orchester wirklich eine angenehme Abwechslung. Dies hörte ich Gutzkow tatsächlich sagen: außerdem sah ich, dass er es ernst meinte! Danach hatte ich das Gefühl, mit ihm fertig zu sein.

Es dauerte nicht lange, und ich hatte mit allen Malern, Musikern und anderen Kunsteiferern unserer Gesellschaft ebenso wenig zu tun. Gleichzeitig aber kam ich mit Berthold Auerbach in nähere Berührung. Alwine Frommann hatte mich schon mit großer Begeisterung auf Auerbachs Hirtengeschichten aufmerksam gemacht. Die Beschreibung dieser bescheidenen Werke (denn so charakterisierte sie sie) klang recht anziehend. Sie sagte, sie hätten auf ihren Berliner Freundeskreis dieselbe erfrischende Wirkung gehabt, wie wenn man das Fenster eines duftenden Boudoirs (mit dem sie die bisher gewohnte Literatur verglich) öffnete und die frische Waldluft hereinließe.

Daraufhin las ich die so schnell berühmt gewordenen Hirtengeschichten aus dem Schwarzwald und auch ich war stark angezogen von Inhalt und Ton dieser realistischen Anekdoten über das Leben der Menschen an einem Ort, den man durch die lebendigen Schilderungen leicht identifizieren konnte. Da Dresden in dieser Zeit immer mehr zum Treffpunkt der großen Namen unserer Literatur- und Kunstwelt zu werden schien, so fand sich auch Auerbach damit ab, in dieser Stadt Quartier zu nehmen, und wohnte längere Zeit bei seinem Freunde Hiller, der damit wieder eine ihm ebenbürtige Berühmtheit an seiner Seite hatte. Der kleine, stämmige jüdische Bauernjunge, als der er sich darstellen sollte, machte einen sehr angenehmen Eindruck. Erst später begriff ich die Bedeutung seiner grünen Jacke und vor allem seiner grünen Jagdmütze, die ihm genau das Aussehen gaben, das der Verfasser der Schwäbischen Hirtengeschichten haben sollte, und diese Bedeutung war alles andere als naiv. Der Schweizer Dichter Gottfried Keller erzählte mir einmal, dass Auerbach, als er in Zürich war und beschlossen hatte, ihn aufzunehmen, ihn darauf aufmerksam gemacht hatte, wie man seine literarischen Ergüsse am besten dem Publikum vorstellen und Geld verdienen könne, und er riet ihm vor allem, sich einen Mantel und eine Mütze wie seine eigenen zuzulegen, denn da er, wie er sagte, weder schön noch wohlgewachsen sei, sei es viel besser, sich absichtlich rau und seltsam aussehen zu lassen; während er das sagte, setzte er seine Mütze so auf den Kopf, dass er ein wenig verwegen aussah. Vorläufig bemerkte ich bei Auerbach keine wirkliche Affektiertheit; er hatte sich so viel vom Ton und den Gepflogenheiten der Menschen angeeignet und dies so glücklich getan, dass man sich jedenfalls fragen musste, warum er sich mit diesen entzückenden Eigenschaften mit so großer Leichtigkeit in Sphären bewegte, die ihm absolut feindlich erschienen. Auf jeden Fall schien er selbst in jenen Kreisen, die seinem angenommenen Charakter am meisten zu widersprechen schienen, immer in seinem wahren Element zu sein; Da stand er nun in seinem grünen Rock, lebhaft, empfindsam und natürlich, umgeben von der vornehmen Gesellschaft, die ihm schmeichelte, und er zeigte gern Briefe vor, die er vom Großherzog von Weimar erhalten hatte, und seine Antworten darauf, und betrachtete die Dinge dabei immer vom Standpunkt der schwäbischen Bauernnatur aus, die ihm so wunderbar lag.

Was mich besonders an ihm anzog, war die Tatsache, dass er der erste Jude war, mit dem ich jemals zusammentraf, mit dem man völlig frei über das Judentum sprechen konnte. Er schien sogar besonders darauf bedacht, in seiner angenehmen Art alle Vorurteile in dieser Hinsicht zu beseitigen; und es war wirklich rührend, ihn von seiner Kindheit sprechen zu hören und zu erklären, dass er vielleicht der einzige Deutsche war, der Klopstocks Messias vollständig gelesen hatte. Als er eines Tages in dieses Werk vertieft war, das er heimlich in seinem Häuschen las, hatte er die Schule geschwänzt, und als er schließlich zu spät in der Schule ankam, rief sein Lehrer wütend aus: „Du verdammter Judenjunge, wo warst du? Schon wieder Geld geliehen?" Solche Erlebnisse hatten ihn nur nachdenklich und melancholisch, aber nicht verbittert gemacht, und er hatte sogar echtes Mitleid mit der Grobheit seiner Peiniger gespürt. Dies waren Charakterzüge, die mich sehr stark zu ihm hinzogen. Mit der Zeit jedoch schien es mir eine ernste Angelegenheit zu sein, dass er sich nicht von der Atmosphäre dieser Ideen lösen konnte, denn ich begann zu fühlen, dass das Universum für ihn kein anderes Problem enthielt als die Aufklärung der jüdischen Frage. Eines Tages protestierte ich daher so gutmütig und vertraulich wie möglich und riet ihm, das ganze Problem des Judentums fallen zu lassen, da es schließlich viele andere Standpunkte gab, von denen aus die Welt kritisiert werden konnte. Seltsamerweise verlor er daraufhin nicht nur seinen Einfallsreichtum, sondern begann auch in ekstatischer Weise zu jammern, was mir nicht sehr echt erschien, und versicherte mir, dass dies für ihn unmöglich sei, da es im Judentum noch so viel gäbe, was sein ganzes Mitgefühl erforderte. Ich konnte nicht umhin, mich an die überraschende Qual zu erinnern, die er bei dieser Gelegenheit gezeigt hatte, als ich im Laufe der Zeit erfuhr, dass er wiederholt jüdische Ehen arrangiert hatte, über deren glückliches Ergebnis ich nichts hörte, außer dass er auf diese Weise ein ziemliches Vermögen gemacht hatte. Als ich ihn einige Jahre später in Zürich wiedersah, fiel mir auf, dass sich sein Äußeres leider in einer recht beunruhigenden Weise verändert hatte: er sah wirklich außerordentlich gewöhnlich und schmutzig aus; seine frühere erfrischende Lebhaftigkeit hatte sich in die übliche jüdische Unruhe verwandelt, und man konnte leicht erkennen, dass alle seine Worte so geäußert wurden, als bedauere er, dass seine Worte in einem Zeitungsartikel nicht besser verwertet werden konnten.

Während seiner Zeit in Dresden jedoch tat mir Auerbachs herzliche Zustimmung zu meinen künstlerischen Vorhaben wirklich gut, wenn auch vielleicht nur von seinem semitischen und schwäbischen Standpunkt aus; ebenso die Neuheit der Erfahrung, die ich damals als Künstler machte, indem ich immer mehr Achtung und Anerkennung bei bedeutenden, anerkannten und kultivierten Leuten fand. Wenn ich nach dem Erfolg von Rienzi noch im Kreis der wirklichen Theaterwelt blieb, brachte mich der größere Erfolg nach Tannhäuser sicherlich in Kontakt mit den oben genannten Leuten, die zwar meine Ideen erheblich erweiterten, mir gleichzeitig aber einen sehr ungünstigen Eindruck von dem machten, was anscheinend der Höhepunkt des künstlerischen Lebens jener Zeit war. Jedenfalls fühlte ich mich durch die Bekanntschaften, die ich durch die erste Aufführung meines Tannhäuser in jenem Winter gewann, weder belohnt noch, glücklicherweise, sogar abgelenkt. Im Gegenteil, ich verspürte ein unwiderstehliches Verlangen, mich in mich selbst zurückzuziehen und diese heitere Umgebung zu verlassen, in die ich seltsamerweise auf Betreiben Hillers eingeführt worden war, den ich bald als eine Unbekannte erkannte.

Ich hatte das Gefühl, ich müsse schnell etwas komponieren, denn nur so konnte ich all die beunruhigende und schmerzliche Erregung loswerden, die Tannhäuser in mir hervorgerufen hatte.

Nur wenige Wochen nach den ersten Aufführungen hatte ich den gesamten Text des Lohengrin ausgearbeitet. Im November hatte ich dieses Gedicht bereits meinen engen Freunden und bald darauf der Hiller-Gruppe vorgelesen. Es wurde gelobt und für „effektiv" erklärt. Schumann war ebenfalls vollauf damit einverstanden, obwohl er die musikalische Form, in der ich es ausführen wollte, nicht verstand, da er darin keine Ähnlichkeit mit der alten Methode sah, einzelne Soli für die verschiedenen Künstler zu schreiben. Ich hatte dann meinen Spaß daran, ihm verschiedene Teile meines Werkes in Form von Arien und Cavatinen vorzulesen, worauf er lachend seine Zufriedenheit erklärte.

Bei ernsthafter Überlegung kamen mir jedoch die schwersten Zweifel an dem tragischen Charakter des Stoffes, und zu diesen Zweifeln hatte mich Franck auf eine ebenso vernünftige wie taktvolle Weise geführt. Er fand es anstößig, Elsas Bestrafung durch Lohengrins Weggang zu bewirken; denn obgleich er verstand, daß gerade dieser höchst poetische Zug den Charakter der Sage ausdrückte, zweifelte er doch daran, ob er den Forderungen des tragischen Gefühls in seiner Beziehung zum dramatischen Realismus voll gerecht wurde. Er hätte Lohengrin lieber vor unseren Augen durch Elsas liebevollen Verrat sterben sehen. Da dies jedoch nicht möglich schien, hätte er Lohengrin gern durch ein mächtiges Motiv gebannt und an der Flucht gehindert gesehen. Obwohl ich natürlich keinem dieser Vorschläge zustimmen wollte, ging ich so weit, zu überlegen, ob ich nicht die grausame Trennung weglassen und doch den Vorfall von Lohengrins Weggang, der wesentlich war, beibehalten könnte. Ich suchte dann nach einem Weg, Elsa mit Lohengrin fortgehen zu lassen, als eine Art Buße, die sie auch von der Welt zurückziehen würde. Dies schien meinem begabten Freund vielversprechender. Während ich noch sehr zweifelhaft war, gab ich Frau von Lüttichau mein Gedicht, damit sie es lesen und den von Franck angesprochenen Punkt kritisieren konnte. In einem kleinen Brief, in dem sie ihre Freude über mein Gedicht zum Ausdruck brachte, ging sie kurz, aber sehr entschieden auf die heikle Frage ein und erklärte, Franck müsse aller Poesie entbehren, wenn er nicht begreife, dass Lohengrin genau auf dem von mir gewählten Weg und auf keinem anderen gehen müsse. Mir war, als sei eine Last vom Herzen gefallen. Triumphierend zeigte ich Franck den Brief, der, sehr beschämt und zur Entschuldigung, einen Briefwechsel mit Frau von Lüttichau begann, der sicherlich nicht ohne Interesse gewesen sein kann, obwohl ich nie etwas davon sehen konnte. Jedenfalls war das Ergebnis davon, dass Lohengrin so blieb, wie ich ihn ursprünglich konzipiert hatte. Merkwürdigerweise hatte ich einige Zeit später in derselben Angelegenheit ein ähnliches Erlebnis, das mich wieder in einen vorübergehenden Zustand der Unsicherheit versetzte. Als Adolf Stahr den gleichen Einwand gegen die Lösung der Lohengrin-Frage ernstlich erhob, war ich über die Einigkeit der Meinungen wirklich verblüfft; und da ich infolge einiger Aufregung gerade nicht mehr in derselben Stimmung war wie bei der Komposition des Lohengrin, war ich dumm genug, einen hastigen Brief an Stahr zu schreiben, in dem ich ihm mit nur wenigen kleinen Vorbehalten recht gab. Ich wusste nicht, dass ich damit Liszt, der sich nun Stahr gegenüber in derselben Lage befand wie Frau von Lüttichau gegenüber Franck, wirklichen Kummer bereitete. Glücklicherweise währte jedoch der Unmut meines großen Freundes über meinen vermeintlichen Verrat an mir selbst nicht lange; denn ohne zu erfahren, welche Schwierigkeiten ich ihm bereitet hatte, und dank der Qualen, die ich selbst erdulden musste, kam ich innerhalb weniger Tage zu der richtigen Entscheidung und erkannte sonnenklar, was für ein Wahnsinn das gewesen war. Ich konnte Liszt daher mit dem folgenden lakonischen Protest erfreuen, den ich ihm von meinem Schweizer Kurort aus schickte: „Stahr hat Unrecht, und Lohengrin hat Recht.“

Vorläufig blieb ich mit der Überarbeitung meines Gedichtes beschäftigt, denn von der Gestaltung der Musik dazu konnte jetzt keine Rede sein. Jene ruhige und harmonische Gemütsverfassung, die der schöpferischen Arbeit so günstig ist und die mir zum Komponieren stets so notwendig war, hatte ich mir jetzt mit größter Mühe zu verschaffen, denn sie war eines der Dinge, um die ich immer am härtesten zu kämpfen hatte. Da mich alle mit der Aufführung des Tannhäuser verbundenen Erlebnisse mit wahrer Verzweiflung über die ganze Zukunft meiner künstlerischen Tätigkeit erfüllt hatten, sah ich es als hoffnungslos an, an eine Ausdehnung seiner Aufführung auf andere deutsche Theater zu denken – denn dieses Ziel war mir selbst mit dem erfolgreichen Rienzi nicht gelungen. Es war also völlig klar, daß meinem Werk höchstens ein fester Platz im Dresdner Repertoire zugestanden werden würde. Als Folge all dessen waren meine bereits geschilderten finanziellen Verhältnisse so ernst geworden, daß eine Katastrophe unvermeidlich schien. Während ich mich darauf vorbereitete, diesem nach besten Kräften zu begegnen, suchte ich mich einerseits dadurch zu betäuben, daß ich mich in das Studium der Geschichte, Mythologie und Literatur vertiefte, die mir immer mehr ans Herz wuchsen, und andererseits dadurch, daß ich unablässig an meinen künstlerischen Unternehmungen arbeitete. Was erstere anbelangt, so interessierte mich vor allem das deutsche Mittelalter und ich suchte mich mit allen Einzelheiten dieser Zeit vertraut zu machen. Obwohl ich diese Aufgabe nicht mit philologischer Genauigkeit angehen konnte, ging ich doch mit solchem Ernst vor, daß ich die deutschen Urkunden, die z. B. von Grimm veröffentlicht wurden, mit größtem Interesse studierte. Da ich die Ergebnisse solcher Studien nicht unmittelbar in meine Szenen einfließen lassen konnte, gab es viele, die nicht verstehen konnten, warum ich als Opernkomponist meine Zeit mit solch fruchtloser Arbeit verschwenden sollte. Verschiedene Leute bemerkten später, daß die Persönlichkeit Lohengrins einen ganz eigenen Reiz habe; dies wurde jedoch der glücklichen Wahl des Themas zugeschrieben, und ich wurde für diese Wahl besonders gelobt. Material aus dem deutschen Mittelalter und später auch Themen aus dem skandinavischen Altertum wurden daher von vielen erwartet und wunderten sich schließlich, dass ich ihnen kein zufriedenstellendes Ergebnis meiner ganzen Arbeit lieferte. Vielleicht hilft es ihnen, wenn ich ihnen jetzt sage, sie sollen sich die alten Urkunden und dergleichen Werke zu Hilfe nehmen. Ich vergaß damals, Hiller auf meine Dokumente aufmerksam zu machen, und mit großem Stolz griff er ein Thema aus der Geschichte der Staufer auf. Da er jedoch mit seiner Arbeit keinen Erfolg hatte, mag er vielleicht denken, ich sei ein wenig hinterlistig gewesen, weil ich ihm die alten Urkunden verschwiegen habe.

Was meine sonstigen Pflichten anbelangt, so bestand meine Hauptaufgabe für diesen Winter in einer außerordentlich sorgfältig vorbereiteten Aufführung von Beethovens Neunter Symphonie, die im Frühjahr am Palmsonntag stattfand. Diese Aufführung war mit vielen Kämpfen verbunden, neben einer Menge von Erfahrungen, die einen starken Einfluss auf meine weitere Entwicklung ausüben sollten. Sie waren ungefähr folgende: Das königliche Orchester hatte nur einmal im Jahr Gelegenheit, seine Fähigkeiten selbständig in einer musikalischen Aufführung außerhalb der Oper oder der Kirche zu zeigen. Zum Nutzen der Pensionskasse für ihre Witwen und Waisen wurde das alte sogenannte Opernhaus einer großen Aufführung überlassen , die ursprünglich nur für Oratorien vorgesehen war. Schließlich wurde, um es attraktiver zu machen, dem Oratorium immer eine Symphonie hinzugefügt; und wie bereits erwähnt, hatte ich bei solchen Gelegenheiten einmal die Pastorale Symphonie und später Haydns Schöpfung aufgeführt. Letztere war mir eine große Freude, und bei dieser Gelegenheit lernte ich sie zum ersten Mal kennen. Da wir beiden Dirigenten abwechselnde Aufführungen vereinbart hatten, fiel mir die Sinfonie am Palmsonntag des Jahres 1846 zu. Ich hatte eine große Sehnsucht nach der Neunten Sinfonie und wurde zur Wahl dieses Werkes dadurch bewogen, dass es in Dresden fast unbekannt war. Als die Orchesterdirektoren, die Treuhänder des Pensionsfonds waren und dessen Vermehrung zu fördern hatten, davon erfuhren, erschraken sie so sehr, dass sie den Generaldirektor Lüttichau befragten und ihn kraft seiner hohen Autorität baten, mir von meinem Vorhaben abzuraten. Als Grund für diese Bitte gaben sie an, dass der Pensionsfonds unter der Wahl dieser Sinfonie sicherlich leiden würde, da das Werk im Ort in schlechtem Ruf stehe und die Leute sicherlich vom Konzertbesuch abhalten würde. Die Sinfonie war viele Jahre zuvor von Reissiger bei einem Wohltätigkeitskonzert aufgeführt worden und war, wie der Dirigent selbst ehrlich zugab, ein völliger Misserfolg gewesen. Nun bedurfte es meines ganzen Eifers und aller Beredsamkeit, die mir zur Verfügung stand, um die Bedenken unseres Auftraggebers zu überwinden. Mit den Orchesterleitern jedoch blieb mir nichts anderes übrig, als zu streiten, da ich hörte, dass sie sich in der ganzen Stadt über meine Indiskretion beklagten. Um ihre Not noch zu beschämen, nahm ich mir vor, das Publikum auf die von mir beschlossene Aufführung und auf das Werk selbst so vorzubereiten, dass wenigstens die dadurch hervorgerufene Sensation zu einem vollen Saal führen und so in sehr günstiger Weise einen zufriedenstellenden Ertrag garantieren und ihre Befürchtung, der Fonds sei bedroht, widerlegen würde. So war die Neunte Symphonie für mich in jeder erdenklichen Weise zu einer Ehrensache geworden, für deren Gelingen ich alle meine Kräfte mit aller Kraft einsetzen musste. Das Komitee hatte Bedenken hinsichtlich der Ausgaben für die Beschaffung der Orchesterstimmen, und so lieh ich sie mir von der Leipziger Concert-Gesellschaft.

Stellen Sie sich jedoch meine Gefühle vor, als ich nun zum ersten Mal seit meiner frühesten Kindheit die geheimnisvollen Seiten dieser Partitur sah, die ich gewissenhaft studiert hatte! Damals hatte mich der Anblick eben dieser Seiten mit den geheimnisvollsten Träumereien erfüllt, und ich war nächtelang aufgeblieben, um sie abzuschreiben. So wie ich damals, als ich in Paris unsicher war, als ich die Probe der ersten drei Sätze hörte, die vom unvergleichlichen Orchester des Konservatoriums aufgeführt wurde, durch Jahre des Irrtums und Zweifels in wunderbare Verbindung mit meinen frühesten Tagen gebracht worden war, während all meine innersten Bestrebungen in eine neue Richtung fruchtbar angeregt worden waren, so wurde jetzt in derselben Weise die Erinnerung an jene Musik heimlich in mir wach, als ich wieder vor meinen eigenen Augen sah, was in jenen frühen Tagen ebenfalls nur eine geheimnisvolle Vision gewesen war. Ich hatte inzwischen vieles erlebt, was mich in der Tiefe meiner Seele fast unbewusst zu einem Prozess des Zusammenfassens, zu einer fast verzweifelten Frage nach meinem Schicksal trieb. Was ich mir nicht eingestehen wollte, war die Tatsache der absoluten Unsicherheit meiner Existenz, sowohl in künstlerischer als auch in finanzieller Hinsicht; denn ich sah, dass ich sowohl meinem eigenen Lebensstil als auch meinem Beruf fremd war und keinerlei Aussichten hatte. Diese Verzweiflung, die ich vor meinen Freunden zu verbergen suchte, verwandelte sich nun in wahre Begeisterung, und zwar einzig und allein dank der Neunten Symphonie. Es ist unwahrscheinlich, dass das Herz eines Schülers jemals von so großer Begeisterung über das Werk eines Meisters erfüllt worden ist, wie meines beim ersten Satz dieser Symphonie. Wenn mich jemand unerwartet mit der offenen Partitur vor mir gesehen und gesehen hätte, wie ich das Werk in Tränen und Schluchzen durchging, um die beste Art der Wiedergabe zu erwägen, hätte er sich sicherlich erstaunt gefragt, ob dies wirklich ein angemessenes Verhalten für

den Königlich-Sächsischen Kapellmeister sei! Glücklicherweise blieben mir
bei solchen Gelegenheiten die Besuche unserer Orchesterdirektoren und
ihres verdienstvollen Dirigenten Reissiger, ja selbst des in der klassischen
Musik so bewanderten F. Hiller erspart.

Zunächst stellte ich ein Programm auf, wozu mir das stets nach Gewohnheit
geordnete Chortextbuch einen guten Vorwand lieferte. Ich tat dies, um eine
Anleitung zum einfachen Verständnis des Werkes zu geben, und hoffte
damit nicht an das kritische Urteil, sondern einzig an das Gefühl des
Publikums zu appellieren. Dieses Programm, bei dessen Gestaltung mir
einige der Hauptstellen aus Goethes Faust außerordentlich hilfreich waren,
fand nicht nur damals in Dresden, sondern auch später auch andernorts
großen Anklang. Außerdem bediente ich mich des Dresdner Anzeigers,
indem ich allerlei kurze und begeisterte anonyme Absätze schrieb, um dem
Publikum Geschmack an einem Werk zu machen, das in Dresden bis dahin
in schlechtem Rufe stand.

Diese rein äußerlichen Anstrengungen führten nicht nur dazu, dass die
Einnahmen jenes Jahres alle bis dahin erzielten Einnahmen bei weitem
übertrafen, sondern die Orchesterleiter selbst legten während der
verbleibenden Jahre meines Aufenthalts in Dresden Wert darauf, durch
wiederholte Aufführungen der berühmten Symphonie ähnlich hohe
Gewinne zu erzielen. Was die künstlerische Seite der Aufführung anbelangt,
so war ich bestrebt, das Orchester zu einer möglichst ausdrucksstarken
Wiedergabe zu bewegen, und machte zu diesem Zweck selbst allerlei
Notizen in die verschiedenen Stimmen, um sicherzustellen, dass ihre
Interpretation so klar und farbig wie nur möglich sein würde. Vor allem der
damals übliche Brauch, die Blasinstrumente zu verdoppeln, veranlasste mich
zu einer sehr sorgfältigen Abwägung der Vorteile dieses Systems, denn bei
Aufführungen im großen Maßstab galt folgende etwas grobe Regel: Alle mit
piano bezeichneten Passagen wurden von einem einzigen Instrumentensatz
ausgeführt, während die mit forte bezeichneten von einem doppelten Satz
ausgeführt wurden. Als Beispiel dafür, wie ich auf diese Weise für eine
verständliche Wiedergabe Sorge trug, möchte ich auf eine gewisse Stelle im
zweiten Satz der Symphonie hinweisen, wo die gesamten Streichinstrumente
zum ersten Mal die Haupt- und Rhythmusfigur in C-Dur spielen; sie ist in
drei Oktaven geschrieben, die ununterbrochen im Einklang spielen und
gewissermaßen als Begleitung des zweiten Themas dienen, das nur von
schwachen Holzinstrumenten gespielt wird. Da das Fortissimo für das
gesamte Orchester gleichermaßen angegeben ist, muss dies bei jeder
denkbaren Wiedergabe dazu führen, dass die Melodie für die
Holzinstrumente nicht nur vollständig verschwindet, sondern durch die
Streicher, die ja nur begleiten, nicht einmal gehört werden kann. Da ich
meine Frömmigkeit nie so weit trieb, Anweisungen absolut wörtlich zu

befolgen, ließ ich, statt die vom Meister wirklich beabsichtigte Wirkung den falschen Angaben zu opfern, die Streicher nur mäßig laut spielen, statt wirklich fortissimo, bis zu dem Punkt, an dem sie abwechselnd mit den Bläsern die Fortsetzung des neuen Themas aufnehmen: so war das Motiv, das von einem doppelten Satz Bläser so laut wie möglich vorgetragen wurde, meines Erachtens zum ersten Mal seit Bestehen der Symphonie mit wirklicher Deutlichkeit zu hören. Ich ging die ganze Zeit so vor, um die größte Genauigkeit der dynamischen Wirkungen des Orchesters zu gewährleisten. Es gab nichts, wie schwierig es auch sein mochte, das so aufgeführt werden durfte, dass es nicht die Gefühle des Publikums auf besondere Weise erregte. So hatte zum Beispiel das Fugato im 6/8-Takt, das nach dem Chor „Froh wie seine Sonnen fliegen" im Satz des Finales mit der Überschrift „alia marcia" kommt , viele Gehirne verwirrt. Angesichts der vorangegangenen, auf Kampf und Sieg vorbereitenden, beflügelnden Verse empfand ich dieses Fugato als ein wirklich heiteres, aber ernstes Kriegslied und nahm es in einem durchweg feurigen Tempo und mit größter Kraft vor. Am Tag nach der Uraufführung hatte ich die Genugtuung, einen Besuch des Freiburger Musikdirektors Anacker zu erhalten, der mir etwas reumütig mitteilte, dass er zwar bis dahin einer meiner Gegner gewesen sei, sich aber seit der Aufführung der Symphonie durchaus zu meinen Freunden zähle. Was ihn völlig überwältigt habe, sagte er, sei gerade meine Auffassung und Interpretation des Fugato. Darüber hinaus widmete ich jener außerordentlichen, einem Rezitativ für Celli und Bässe ähnlichen Stelle am Anfang des letzten Satzes, die meinem alten Freund Pohlenz einst in Leipzig so große Demütigung bereitet hatte, besondere Aufmerksamkeit. Dank der außerordentlichen Vortrefflichkeit unserer Bassisten war ich sicher, in dieser Stelle absolute Vollkommenheit zu erreichen. Nach zwölf Spezialproben allein der betreffenden Instrumente gelang es mir, ihnen ein Spiel zu entlocken, das nicht nur vollkommen frei klang, sondern auch erlesenste Zärtlichkeit und größte Energie auf durchaus eindrucksvolle Weise zum Ausdruck brachte.

Schon zu Beginn meines Vorhabens war mir klar, daß die einzige Möglichkeit, mit dieser Symphonie einen überwältigenden Erfolg beim Publikum zu erzielen, darin bestand, die außerordentlichen Schwierigkeiten, die die Chorpartien darstellten, auf ideale Weise zu überwinden. Ich erkannte, daß die Anforderungen, die diese Partien stellten, nur von einer großen und begeisterten Sängerschaft erfüllt werden konnten. Es war also vor allem notwendig, einen sehr guten und großen Chor zu gewinnen; und so nahm ich, abgesehen von der etwas schwachen Dreissig-Singakademie, die wir sonst im Theaterchor hatten, trotz großer Schwierigkeiten auch die Hilfe des Chores der Kreuzschule mit seinen schönen Knabenstimmen und des Chores des Dresdner Priesterseminars in Anspruch, der viel Erfahrung im Kirchengesang hatte. Auf meine ganz eigene Weise versuchte ich nun, diese dreihundert Sänger, die häufig zu Proben zusammenkamen, in einen Zustand wahrer Ekstase zu versetzen; So gelang es mir beispielsweise, den Bässen zu demonstrieren, dass die berühmte Passage Seid umschlungen, Millionen und besonders Bruder, über'm Sternenzelt muss ein guter Vater wohnen nicht auf gewöhnliche Weise gesungen werden konnten, sondern sozusagen mit größter Begeisterung verkündet werden mussten. Dabei übernahm ich die Führung auf eine so freudige Weise, dass ich wirklich glaube, ich habe sie buchstäblich für eine Weile in eine Welt der Gefühle versetzt, die ihnen völlig fremd war; und ich hörte nicht auf, bis meine Stimme, die klar über allen anderen zu hören war, selbst für mich nicht mehr zu unterscheiden war, sondern sozusagen im warmen Meer der Klänge ertrank.

Besonders viel Freude bereitete mir die Mitwirkung Mitterwurzers, das Rezitativ für Bariton: Freunde, nicht diese Tone, in überwältigendem Ausdruck wiederzugeben. Angesichts seiner außerordentlichen Schwierigkeiten konnte diese Stelle fast als unaufführbar gelten, und doch führte er sie auf eine Weise aus, die zeigte, welche Früchte unser gegenseitiger Gedankenaustausch getragen hatte. Ich sorgte auch dafür, durch die völlige Umgestaltung des Saales gute akustische Bedingungen für das Orchester zu schaffen, das ich nach einem ganz neuen, von mir selbst geschaffenen System arrangiert hatte. Wie man sich vorstellen kann, war das Geld dafür nur mit größter Mühe aufzutreiben; ich gab jedoch nicht auf und konnte durch eine völlig neue Konstruktion der Tribüne das gesamte Orchester in der Mitte konzentrieren und es amphitheaterartig von der Schar der Sänger umgeben, die auf sehr stark erhöhten Sitzen untergebracht waren. Dies war nicht nur für die kraftvolle Wirkung des Chores von großem Vorteil, sondern verlieh auch dem fein organisierten Orchester in den rein symphonischen Sätzen große Präzision und Energie.

Schon bei der Generalprobe war der Saal überfüllt. Reissiger beging die unglaubliche Dummheit, das Publikum gegen die Symphonie aufzuhetzen und auf Beethovens sehr bedauerlichen Fehler hinzuweisen. Gade dagegen, der aus Leipzig, wo er damals die Gewandhauskonzerte dirigierte, zu Besuch kam, versicherte mir nach der Generalprobe , er hätte gern den doppelten Eintrittspreis bezahlt, um das Rezitativ der Bässe noch einmal zu hören; Hiller hingegen meinte, ich sei mit der Tempoänderung zu weit gegangen. Was er damit meinte, erfuhr ich später, als ich ihn komplizierte Orchesterwerke dirigieren hörte; darauf werde ich aber später noch näher eingehen.

Es ließ sich nicht leugnen, dass die Aufführung im Großen und Ganzen ein Erfolg war; sie übertraf tatsächlich alle unsere Erwartungen und wurde besonders vom nichtmusikalischen Publikum gut aufgenommen. Unter diesen erinnere ich mich an den Philologen Dr. Kochly, der am Ende des

Abends zu mir kam und gestand, dass es das erste Mal war, dass er ein symphonisches Werk von Anfang bis Ende mit intelligentem Interesse verfolgen konnte. Diese Erfahrung hinterließ bei mir ein angenehmes Gefühl von Können und Kraft und bestärkte mich stark in dem Glauben, dass ich, wenn ich nur mit genügend Ernsthaftigkeit wünschte, es mit unwiderstehlichem und überwältigendem Erfolg erreichen konnte. Ich musste nun jedoch überlegen, welche Schwierigkeiten es gab, die bisher eine ebenso glückliche Aufführung meiner eigenen neuen Vorstellungen verhindert hatten. Beethovens Neunte Symphonie, die für so viele immer noch ein solches Problem war und jedenfalls nie Popularität erlangt hatte, hatte ich zu einem vollen Erfolg führen können; doch so oft sie auch auf die Bühne gebracht wurde, mein Tannhäuser lehrte mich, dass die Möglichkeiten ihres Erfolgs noch nicht entdeckt worden waren. Wie sollte dies geschehen? Dies war und blieb die geheime Frage, die meine gesamte weitere Entwicklung beeinflusste.

Ich wagte es jedoch nicht, damals über diesen Punkt nachzudenken, um zu einem bestimmten Ergebnis zu gelangen, denn die wahre Bedeutung meines Versagens, von dem ich innerlich überzeugt war, stand mir mit all seinen schrecklichen Lehren völlig offen vor Augen. Trotzdem konnte ich nicht länger zögern, selbst die unangenehmsten Schritte zu unternehmen, um die Katastrophe abzuwenden, die meine finanzielle Lage bedrohte.

Ich wurde durch den Einfluss eines lächerlichen Omens dazu geführt. Mein Agent, der rein nominelle Verleger meiner drei Opern – Rienzi, Fliegender Holländer und Tannhäuser –, der exzentrische Hofmusikverleger CF Meser, lud mich eines Tages in das Café „Verderber" ein, um unsere Geldangelegenheiten zu besprechen. Mit großer Besorgnis sprachen wir über die möglichen Ergebnisse des jährlichen Ostermarkts und fragten uns, ob sie einigermaßen gut oder ganz und gar schlecht sein würden. Ich machte ihm Mut und bestellte eine Flasche des besten Haut-Sauterne. Eine ehrwürdige Flasche erschien; ich füllte die Gläser und wir tranken auf den guten Erfolg des Markts; als wir plötzlich beide wie verrückt schrien, während wir voller Entsetzen versuchten, den starken Estragonessig aus unseren Mündern zu entfernen, der uns versehentlich serviert worden war. „Himmel!", rief Meser, „nichts könnte schlimmer sein!" „Das stimmt", antwortete ich, „zweifellos wird sich vieles für uns in Essig verwandeln." Meine gute Laune sagte mir blitzartig, dass ich meine Rettung auf eine andere Art und Weise versuchen musste als über den Ostermarkt .

Nicht nur war es notwendig, das durch immer größere Opfer angehäufte Kapital zurückzuzahlen, um die Kosten für die Veröffentlichung meiner Opern zu bestreiten; sondern da ich schließlich gezwungen war, die Wucherer um Hilfe zu bitten, hatte sich das Gerücht über meine Schulden so weit verbreitet, dass selbst die Freunde, die mir bei meiner Ankunft in

Dresden geholfen hatten, meinetwegen in Sorge gerieten. Zu dieser Zeit machte ich eine wirklich traurige Erfahrung mit Frau Schröder-Devrient, die durch ihre unbegreifliche Unvorsichtigkeit viel zu meinem endgültigen Untergang beitrug. Wie ich bereits erwähnt habe, lieh sie mir bei meiner ersten Ansiedlung in Dresden dreitausend Mark, nicht nur um mir bei der Tilgung meiner Schulden zu helfen, sondern auch, um mir zu ermöglichen, zum Unterhalt meines alten Freundes Kietz in Paris beizutragen. Die Eifersucht auf meine Nichte Johanna und der Verdacht, ich hätte sie (meine Nichte) nach Dresden verschlagen, um der Generaldirektion die Entbehrung des großen Künstlers zu erleichtern, hatten in dieser sonst so edel gesinnten Frau die gewöhnlichen, im Theaterstand so häufig anzutreffenden Feindseligkeiten gegen mich geweckt. Sie hatte nun ihr Engagement aufgegeben, ja offen erklärt, ich hätte zu ihrer Entlassung mitgewirkt, und indem sie jede freundschaftliche Rücksicht auf mich aufgab, wodurch sie mir in jeder Hinsicht tief Unrecht tat, legte sie den Schuldschein, den ich ihr gegeben hatte, in die Hände eines energischen Advokaten, der mich ohne weiteres auf Auszahlung des Geldes verklagte. So war ich genöthigt, Lüttichau alles zu gestehen und ihn zu bitten, für mich einzutreten und, wenn möglich, einen königlichen Vorschuß zu erwirken, der es mir ermöglichen würde, meine so schwer gefährdete Stellung zu sanieren.

Mein Auftraggeber erklärte sich bereit, jede Bitte zu unterstützen, die ich in dieser Angelegenheit an den König richten wollte. Zu diesem Zweck musste ich die Höhe meiner Schulden notieren; da ich jedoch bald feststellte, dass mir die erforderliche Summe nur als Darlehen des Theater-Pensionsfonds zu einem Zins von fünf Prozent zugewiesen werden konnte und dass ich außerdem das Kapital des Pensionsfonds durch eine Lebensversicherung absichern musste, die mich jährlich drei Prozent des geliehenen Kapitals kosten würde, war ich aus offensichtlichen Gründen versucht, alle meine Schulden aus meinem Gesuch herauszulassen, die nicht dringender Natur waren und für deren Bezahlung ich auf die Einnahmen zählen zu können glaubte, die ich schließlich aus meinen Verlagsaktivitäten erwarten konnte. Dennoch nahmen die Opfer, die ich bringen musste, um die mir angebotene Hilfe zurückzuzahlen, so stark zu, dass mein ohnehin schon sehr geringes Dirigentengehalt für einige Zeit erheblich zu sinken drohte. Ich war gezwungen, die mühsamsten Anstrengungen zu unternehmen, um die erforderliche Summe für die Lebensversicherung zusammenzubekommen, und war daher gezwungen, mich häufig an Leipzig zu wenden. Darüber hinaus hatte ich schreckliche Zweifel hinsichtlich meiner Gesundheit und meiner voraussichtlichen Lebenserwartung zu überwinden. Ich hatte die allerlei boshaften Befürchtungen gehört, die von Leuten geäußert wurden, die mich nur beiläufig in meinem elenden Zustand beobachtet hatten. Meinem Freund Pusinelli, einem Arzt, der sehr gut mit mir vertraut war, gelang es schließlich, mir so zufriedenstellende Informationen über meinen

Gesundheitszustand zu geben , dass ich mein Leben zu einem Satz von drei Prozent versichern konnte.

Die letzte dieser mühseligen Reisen nach Leipzig verlief jedenfalls unter angenehmen Umständen, dank einer freundlichen Einladung des alten Maestro Louis Spohr. Ich war darüber besonders erfreut, weil es für mich nichts weniger als einen Akt der Versöhnung bedeutete. Spohr hatte mir nämlich einmal geschrieben und erklärt, er habe sich, angeregt durch den Erfolg meines „Fliegenden Holländers" und seine eigene Freude daran, noch einmal entschlossen, die Laufbahn des Dramatikers einzuschlagen, die ihm in den letzten Jahren so wenig Erfolg gebracht hatte. Sein letztes Werk war eine Oper – „Der Kreuzfahrer" –, die er im Laufe des vorigen Jahres an das Dresdner Theater geschickt hatte, in der Hoffnung, wie er mir selbst versicherte, ich würde zu ihrer Aufführung drängen. Nachdem er mich um diese Gunst gebeten hatte, machte er mich darauf aufmerksam, dass er in diesem Werk einen völlig neuen Weg von seinen früheren Opern eingeschlagen und sich an die genaueste rhythmisch-dramatische Deklamation gehalten habe, was ihm durch das „vortreffliche Thema" sicherlich umso leichter gefallen sei. Ohne wirklich überrascht zu sein, war mein Entsetzen groß, als ich nach Studium nicht nur des Textes, sondern auch der Partitur entdeckte, dass der alte Maestro sich in der mir gegebenen Beschreibung seines Werkes völlig geirrt hatte. Die damals geltende Sitte, dass die Entscheidung über die Aufführung von Werken in der Regel nicht bei einem der Dirigenten allein liegen sollte, verringerte meine Furcht nicht, mich entschieden für dieses Werk auszusprechen. Hinzu kam, dass Reissiger, der, wie er oft geprahlt hatte, ein alter Freund Spohrs war, an die Reihe kam, ein neues Werk auszuwählen und aufzuführen. Leider hatte die Generaldirektion, wie ich später erfuhr, Spohrs Oper in einer für ihn beleidigenden, barschen Art an ihren Autor zurückgegeben, worüber er sich bei mir bitter beklagte. Ich war darüber aufrichtig beunruhigt und hatte ihn offenbar zu beruhigen und zu besänftigen vermocht, denn die oben erwähnte Einladung war offenbar eine freundliche Anerkennung meiner Bemühungen. Er schrieb, es sei ihm sehr peinlich, auf dem Weg zu einem der Bäder in Dresden anlegen zu müssen; da er aber ein wahres Verlangen verspüre, meine Bekanntschaft zu machen, so bitte er mich, ihn in Leipzig zu treffen, wo er einige Tage bleiben wolle.

Diese Begegnung mit ihm hinterließ bei mir einen bleibenden Eindruck. Er war ein großer, stattlicher Mann von vornehmer Erscheinung und von ernstem, ruhigem Wesen. Er gab mir in rührender, fast entschuldigender Weise zu verstehen, dass das Wesen seiner Erziehung und seiner Abneigung gegenüber den neuen Tendenzen in der Musik auf die ersten Eindrücke zurückzuführen sei , die er als ganz kleiner Junge beim Hören von Mozarts Zauberflöte erhalten hatte, einem Werk, das damals ganz neu war und großen Einfluss auf sein ganzes Leben hatte. Über mein Libretto zu Lohengrin, das ich ihm zum Lesen hinterlassen hatte, und den allgemeinen Eindruck, den meine persönliche Bekanntschaft auf ihn gemacht hatte, äußerte er sich mit fast überraschender Wärme gegenüber meinem Schwager Hermann Brockhaus, bei dem wir zum Essen eingeladen waren und wo während des Essens die Unterhaltung sehr lebhaft war. Außerdem hatten wir uns auf wirklichen Musikabenden bei dem Dirigenten Hauptmann sowie bei Mendelssohn getroffen, wo ich den Meister in einem seiner eigenen Quartette die Violine spielen hörte. Gerade in diesen Kreisen beeindruckte mich die rührende und ehrwürdige Würde seines absolut ruhigen Wesens. Später erfuhr ich von Zeugen – für deren Aussagen ich allerdings nicht bürgen kann –, dass Tannhäuser bei der Aufführung in Kassel ihn so verwirrt und betrübt habe, dass er erklärte, er könne mir nicht mehr folgen und fürchte, ich sei auf dem falschen Weg.

Um mich von all den Strapazen und Sorgen zu erholen, gelang es mir nun, von der Direktion eine besondere Gunst zu erlangen, nämlich drei Monate Urlaub, um in ländlicher Zurückgezogenheit meine Gesundheit zu verbessern und bei der Komposition neuer Werke reine Luft zu atmen. Zu diesem Zweck hatte ich mir ein Bauernhaus im Dorf Groß-Graupen ausgesucht, das auf halbem Wege zwischen Pillnitz und der Grenze der sogenannten Sächsischen Schweiz liegt. Häufige Ausflüge auf den Porsberg, ins benachbarte Liebethaler und auf die weit entfernte Bastei halfen, meine angespannten Nerven zu stärken. Während ich zunächst die Musik zu Lohengrin plante, störten mich unaufhörlich die Echos einiger Melodien aus Rossinis Wilhelm Tell, der letzten Oper, die ich dirigieren musste. Endlich fiel mir ein wirksames Mittel ein, diese lästige Aufdringlichkeit zu unterbinden: Während meiner einsamen Spaziergänge sang ich mit großem Nachdruck das erste Thema aus der Neunten Symphonie, das mir ebenfalls erst vor kurzem wieder in Erinnerung gekommen war. Dies gelang! In Pirna, wo man im Fluss baden kann, war ich bei einem meiner fast regelmäßigen Abendspaziergänge überrascht, die Melodie des Pilgerchors aus dem Tannhäuser von einem für mich unsichtbaren Badegast pfeifen zu hören. Dieses erste Anzeichen für die Möglichkeit der Popularisierung des Werkes, dessen Aufführung ich in Dresden mit so großer Mühe durchgesetzt hatte, machte auf mich einen Eindruck, den kein ähnliches Erlebnis später je übertreffen konnte. Manchmal bekam ich Besuch von Freunden aus Dresden, und unter ihnen kam der damals sechzehnjährige Hans von Bülow in Begleitung von Lipinsky. Dies bereitete mir große Freude, da ich bereits bemerkt hatte, wie sehr er sich für mich interessierte. Im Allgemeinen war ich jedoch nur auf die Gesellschaft meiner Frau angewiesen und musste mich bei meinen langen Spaziergängen mit meinem kleinen Hund Peps begnügen. Während dieser Sommerferien, die ich zunächst zum größten Teil mit der unerfreulichen Ordnung meiner geschäftlichen Angelegenheiten und auch mit der Besserung meiner Gesundheit zu verbringen hatte, gelang es mir dennoch, eine Skizze der Musik zu allen drei Akten des „Lohengrin" anzufertigen, wenngleich diese nur eine sehr flüchtige Skizze darstellte.

Mit diesem Gewinn kehrte ich im August nach Dresden zurück und nahm meine Dirigentenpflichten wieder auf, die mir von Jahr zu Jahr lästiger zu werden schienen. Außerdem stürzte ich mich sofort wieder in die Schwierigkeiten, die ich gerade erst vorübergehend gelindert hatte. Das Geschäft der Veröffentlichung meiner Opern, auf deren Erfolg ich noch immer als das einzige Mittel rechnete, mich aus meiner schwierigen Lage zu befreien, forderte immer neue Opfer, wenn das Unternehmen lohnend sein sollte. Da aber mein Einkommen jetzt sehr verringert war, führten mich selbst die kleinsten Ausgaben notwendigerweise in immer neue und schmerzlichere Verwicklungen, und ich verlor erneut allen Mut.

Andererseits suchte ich mich zu stärken, indem ich wieder energisch am Lohengrin arbeitete. Dabei ging ich in einer Weise vor, die ich seither nicht wiederholt habe. Ich vollendete zunächst den dritten Akt, und im Hinblick auf die bereits erwähnte Kritik an den Personen und am Schluß dieses Aktes beschloß ich, ihn zum Mittelpunkt der ganzen Oper zu machen. Ich wollte dies schon des musikalischen Motivs wegen tun, das in der Gralsgeschichte aufscheint; im übrigen aber schien mir der Plan vollkommen zufriedenstellend.

Auf Grund früherer Anregungen meinerseits sollte Glucks Iphigenie in Aulis noch in diesem Winter aufgeführt werden. Ich fühlte mich verpflichtet, diesem Werk, das mich besonders wegen seines Themas interessierte, mehr Aufmerksamkeit und Sorgfalt zu widmen, als ich es dem Studium der Armida gewidmet hatte. Zunächst störte mich die Übersetzung, in der uns die Oper mit der Berliner Partitur vorgelegt wurde. Um nicht durch die in dieser Partitur meiner Ansicht nach sehr schlecht angewandten Instrumentalzusätze zu falschen Interpretationen verleitet zu werden, bestellte ich die Originalausgabe aus Paris. Nachdem ich die Übersetzung gründlich, nur auf die Richtigkeit der Deklamation hin, überarbeitet hatte, spornte mich mein wachsendes Interesse an, auch die Partitur selbst zu überarbeiten. Ich suchte das Gedicht so weit wie möglich mit Euripides' gleichnamigem Schauspiel in Übereinstimmung zu bringen, indem ich alles wegließ, was aus Rücksicht auf den französischen Geschmack das Verhältnis zwischen Achill und Iphigenie zu einem zärtlichen Liebesverhältnis machte. Die wichtigste Änderung war die Weglassung der unvermeidlichen Heirat am Ende. Um der Lebendigkeit des Dramas willen suchte ich die Arien und Chöre, die meist ohne Sinn und Verstand unmittelbar aufeinander folgten, durch Verbindungsglieder, Prologe und Epiloge zu verbinden. Dabei bemühte ich mich, durch Verwendung von Glucks Themen die Einschübe eines fremden Komponisten möglichst unmerklich zu machen. Allein im dritten Akte war ich genötigt, Iphigenie sowie der von mir eingeführten Artemis Rezitative aus meiner Komposition zu geben. Im übrigen überarbeitete ich die ganze Instrumentation mehr oder weniger gründlich, aber nur mit dem Ziel, die vorhandene Fassung zu der von mir gewünschten Wirkung zu bringen. Erst gegen Ende des Jahres konnte ich diese ungeheure Arbeit vollenden und musste die bereits begonnene Vollendung des dritten Aktes des Lohengrin auf das neue Jahr verschieben.

Das erste, was mich zu Beginn des Jahres (1847) beschäftigte, war die Aufführung der Iphigenie. Ich hatte hier als Bühnenmeister zu fungieren und war sogar verpflichtet, den Bühnenmalern und Mechanikern bei den kleinsten Einzelheiten zu helfen. Da die Szenen dieser Oper im allgemeinen etwas ungeschickt und ohne sichtbaren Zusammenhang aneinandergereiht waren, war es notwendig, sie völlig neu zu besetzen, um die Aufführung so zu beleben, daß der dramatischen Handlung das fehlende Leben verliehen wurde. Ein großer Teil dieser Konstruktionsfehler schien mir auf die vielen konventionellen Praktiken zurückzuführen zu sein, die zu Glucks Zeiten an der Pariser Oper vorherrschten. Mitterwurzer war der einzige Schauspieler in der ganzen Besetzung, der mir einige Freude bereitete. In der Rolle des Agamemnon zeigte er eine gründliche Beherrschung dieser Figur und führte meine Anweisungen und Vorschläge aufs Wort aus, so daß es ihm gelang, eine wirklich großartige und intelligente Darstellung der Rolle zu geben. Der Erfolg der gesamten Aufführung übertraf meine Erwartungen bei weitem, und selbst die Direktoren waren von der außergewöhnlichen Begeisterung, die eine von Glucks Opern hervorrief, so überrascht, dass sie mich bei der zweiten Aufführung von sich aus als „Revisor" ins Programm setzen ließen. Dies lenkte sofort die Aufmerksamkeit der Kritiker auf dieses Werk, und diesmal wurde mir beinahe gerecht; meine Behandlung der Ouvertüre, des einzigen Teils der Oper, den diese Herren in der üblichen trivialen Weise vorgetragen hörten, war das Einzige, was sie bemängeln konnten. Alles, was damit zusammenhängt, habe ich in einem besonderen Artikel über „Glucks Ouvertüre zu Iphigenie in Aulis" besprochen und genau wiedergegeben, und ich möchte hier nur hinzufügen, dass der Musiker, der bei dieser Gelegenheit so seltsame Bemerkungen machte, Ferdinand Hiller war.

Wie in früheren Jahren fanden die von Hiller ins Leben gerufenen Wintertreffen der verschiedenen künstlerischen Elemente Dresdens weiterhin statt; sie nahmen jetzt jedoch mehr den Charakter von „Salons" in Hillers eigenem Hause an und schienen mir einzig und allein dem Zweck zu dienen, die Grundlagen für eine allgemeine Anerkennung von Hillers künstlerischer Größe zu legen. Er hatte bereits unter den reicheren Kunstmäzenen, deren oberster der Bankier Kaskel war, eine Gesellschaft zur Veranstaltung von Abonnementkonzerten gegründet. Da es unmöglich war, ihm das königliche Orchester zu diesem Zweck zur Verfügung zu stellen, musste er sich mit Mitgliedern der Stadt- und Militärkapellen für sein Orchester begnügen, und es lässt sich nicht leugnen, dass er dank seiner Beharrlichkeit ein lobenswertes Ergebnis erzielte. Da er viele Kompositionen hervorbrachte, die in Dresden noch unbekannt waren, insbesondere aus dem Bereich der neueren Musik, war ich oft versucht, seine Konzerte zu besuchen. Sein größter Köder für das breite Publikum schien jedoch darin zu liegen, dass er unbekannte Sänger (unter denen Jenny Lind leider nicht zu finden war) und Virtuosen präsentierte, von denen ich einen, den damals noch sehr jungen Joachim, kennenlernte.

Hillers Behandlung jener mir bereits gut bekannten Werke zeigte, was seine musikalische Kraft wirklich wert war. Die nachlässige und gleichgültige Art, mit der er ein Tripelkonzert von Sebastian Bach interpretierte, versetzte mich geradezu in Erstaunen. Im Tempo di Minuetto der Achten Symphonie Beethovens fand ich Hillers Wiedergabe noch erstaunlicher als die von Reissiger und Mendelssohn. Ich versprach ihm, bei der Aufführung dieser Symphonie anwesend zu sein, wenn ich mich auf seine richtige Wiedergabe des Tempos des sonst so schmerzlich verzerrten dritten Satzes verlassen könne. Er versicherte mir, er stimme mir darin durchaus zu, und meine Enttäuschung über die Aufführung war um so größer, als ich den bekannten Walzertakt wieder aufgenommen fand. Als ich ihn deswegen zur Rechenschaft zog, entschuldigte er sich lächelnd mit den Worten, er sei gerade zu Beginn des betreffenden Satzes von einem Anfall vorübergehender Geistesabwesenheit befallen worden, der ihn sein Versprechen vergessen ließ. Zur Eröffnung dieser Konzerte, die tatsächlich nur zwei Saisons dauerten, wurde Hiller ein Bankett gegeben, an dem auch ich das große Vergnügen hatte, teilzunehmen.

Die Leute in diesen Kreisen waren damals überrascht, mich oft mit großer Lebhaftigkeit über griechische Literatur und Geschichte sprechen zu hören, nie aber über Musik. Im Laufe meiner Lektüre, die ich eifrig betrieb und die mich von meiner beruflichen Tätigkeit in die Einsamkeit und Zurückgezogenheit führte, wurde ich damals von meinen geistigen Bedürfnissen getrieben, meine Aufmerksamkeit wieder einem systematischen Studium dieser so wichtigen Quelle der Kultur zuzuwenden, mit dem Ziel, die spürbare Lücke zwischen meiner Jugendkenntnis der ewigen Elemente der menschlichen Kultur und der Vernachlässigung dieses Wissensgebietes aufgrund des Lebens, das ich führen musste, zu schließen. Um dem eigentlichen Ziel meiner Wünsche, dem Studium des Alt- und Mittelhochdeutschen, in der richtigen Geisteshaltung näher zu kommen, begann ich wieder von Anfang an mit der griechischen Antike und war jetzt von einer so überwältigenden Begeisterung für dieses Thema erfüllt, dass ich, wann immer ich in ein Gespräch eintrat und es auf Biegen und Brechen geschafft hatte, es auf dieses Thema zu bringen, nur mit der stärksten

Erregung sprechen konnte. Gelegentlich traf ich jemanden, der mir zuzuhören schien; im ganzen aber sprach man mit mir lieber nur über das Theater, weil man mich seit meiner Inszenierung von Glucks Iphigenie für einen Kenner dieses Faches halten durfte. Besondere Anerkennung erfuhr ich von einem Manne, dem ich mit Recht zutraute, in der Materie mindestens ebenso bewandert zu sein wie ich. Es war dies Eduard Devrient, der damals seine Stelle als Oberinspektor wegen eines Komplotts der Schauspieler, angeführt von seinem eigenen Bruder Emil, gegen ihn aufgeben musste. Die Gespräche hierüber brachten uns näher zusammen und führten ihn zu Abhandlungen über die Trivialität und völlige Hoffnungslosigkeit unseres ganzen Theaterlebens, besonders unter dem verderblichen, nie zu überwindenden Einfluss unwissender Hofinspektoren.

Wir wurden auch durch sein intelligentes Verständnis für meine Rolle bei der Inszenierung der Iphigenie zusammengeführt, die er mit der Berliner Inszenierung des gleichen Stücks verglich, die er aufs Schärfste verurteilt hatte. Er war lange Zeit der einzige Mann, mit dem ich ernsthaft und ausführlich über die wirklichen Bedürfnisse des Theaters und die Mittel zur Behebung seiner Mängel diskutieren konnte. Dank seiner längeren und spezialisierteren Erfahrung konnte er mir vieles sagen und erklären; insbesondere half er mir erfolgreich, die Vorstellung zu überwinden, dass bloße literarische Vortrefflichkeit für das Theater ausreicht, und bestätigte meine Überzeugung, dass der Weg zu wahrem Erfolg nur über die Bühne selbst und die Schauspieler des Dramas führt.

Von diesem Zeitpunkt an bis zu meiner Abreise aus Dresden wurde mein Umgang mit Eduard Devrient immer freundschaftlicher, obwohl mich seine trockene Art und seine offensichtlichen Grenzen als Schauspieler zuvor kaum angezogen hatten. Sein höchst verdienstvolles Werk „Die Geschichte der deutschen Schauspielkunst", das er etwa zu dieser Zeit fertigstellte und veröffentlichte, warf ein neues und lehrreiches Licht auf viele Probleme, die mich beschäftigten, und half mir, sie zum ersten Mal zu meistern.

Endlich gelang es mir, die mitten in der Brautszene unterbrochene Komposition des dritten Aktes des Lohengrin wieder aufzunehmen und bis zum Ende des Winters zu vollenden. Nachdem mich die auf besonderen Wunsch erfolgte Wiederholung der 9. Symphonie im Konzert am Palmsonntag wieder aufgemuntert hatte, suchte ich mir durch einen diesmal unerlaubten Wechsel meines Wohnsitzes Trost und Erfrischung für die weitere Fortführung meiner neuen Arbeit zu verschaffen. Das alte Palais Marcolini mit einem sehr großen, zum Teil im französischen Stil angelegten Garten lag in einer abgelegenen und dünn besiedelten Vorstadt Dresdens.

Es war an die Stadtverwaltung verkauft worden und ein Teil davon sollte vermietet werden. Der Bildhauer Hänel, den ich seit langem kannte und der mir als Zeichen der Freundschaft ein Ornament in Form eines perfekten Gipsabdrucks eines der Flachreliefs von Beethovens Denkmal, das die Neunte Symphonie darstellt, geschenkt hatte, hatte die großen Räume im Erdgeschoss eines Seitenflügels dieses Palastes als Wohnung und Atelier genommen. Zu Ostern zog ich in die geräumigen Wohnungen über ihm, deren Miete äußerst niedrig war, und stellte fest, dass der große, mit herrlichen Bäumen bepflanzte Garten, der mir zur Verfügung gestellt wurde, und die angenehme Stille des gesamten Ortes nicht nur geistige Nahrung für den müden Künstler boten, sondern gleichzeitig , indem sie meine Ausgaben verringerten, meine knappen Finanzen aufbesserten. Wir ließen uns bald ganz bequem in der langen Reihe angenehmer Räume nieder, ohne unnötige Ausgaben zu verursachen, da Minna bei ihren Vorkehrungen sehr praktisch war. Der einzige wirkliche Nachteil, den mein neues Zuhause im Laufe der Zeit aufwies, war seine übermäßige Entfernung vom Theater. Nach den anstrengenden Proben und den ermüdenden Aufführungen war das eine große Herausforderung für mich, da die Taxikosten eine ernste Überlegung darstellten. Aber wir hatten das Glück eines außergewöhnlich schönen Sommers, der mich in eine glückliche Stimmung versetzte und mir half, alle Unannehmlichkeiten bald zu überwinden.

Ich bestand damals mit aller Entschiedenheit darauf, mich von jeder weiteren Beteiligung an der Leitung des Theaters fernzuhalten, und hatte die stichhaltigsten Gründe, um mein Verhalten zu verteidigen. Alle meine Bemühungen, das mutwillige Chaos, das bei der Verwendung der kostbaren künstlerischen Mittel, die dieser königlichen Institution zur Verfügung standen, herrschte, in Ordnung zu bringen, wurden wiederholt vereitelt, bloß weil ich etwas Methode in die Einrichtungen bringen wollte. In einer sorgfältig geschriebenen Broschüre, die ich im vergangenen Winter neben meiner sonstigen Arbeit zusammengestellt hatte, hatte ich einen Plan zur Reorganisation des Orchesters entworfen und gezeigt, wie wir die Produktivkraft unseres künstlerischen Kapitals steigern könnten, indem wir die für seine Unterhaltung vorgesehenen königlichen Mittel systematischer verwenden und bei der Bezahlung größere Zurückhaltung walten lassen. Diese Steigerung der Produktivkraft würde sowohl den künstlerischen Geist heben als auch die wirtschaftliche Lage der Orchestermitglieder verbessern, denn ich hätte es gern gesehen, wenn sie gleichzeitig eine unabhängige Konzertgesellschaft gegründet hätten. In dieser Eigenschaft wäre es ihre Aufgabe gewesen, den Dresdnern eine Musik, die sie bisher kaum genießen konnten, in bestmöglicher Weise näherzubringen. Es wäre einer solchen Vereinigung, die, wie ich schon sagte, viele äußere Umstände zu ihren Gunsten hatte, möglich gewesen, Dresden mit einem geeigneten Konzertsaal auszustatten. Ich höre jedoch, dass ein solcher bis heute fehlt.

Zu diesem Zweck trat ich in enge Verbindung mit Architekten und Bauleuten, und die Pläne wurden fertiggestellt, wonach die skandalösen Gebäude gegenüber einem Flügel des berühmten Gefängnisses gegenüber der Ostra-Allee, bestehend aus einem Schuppen für die Mitglieder des Theaters und einem öffentlichen Waschhaus, abgerissen und durch ein schönes Gebäude ersetzt werden sollten, das neben einem großen, unseren Bedürfnissen entsprechenden Konzertsaal auch andere große Räume enthalten sollte, die mit Gewinn vermietet werden konnten. Die Zweckmäßigkeit dieser Pläne wurde von niemandem bestritten, da selbst die Verwalter der Witwenkasse des Orchesters darin eine Möglichkeit zur sicheren und vorteilhaften Kapitalanlage sahen; dennoch wurden sie mir nach langer Überlegung seitens der Generaldirektion mit Dank und Anerkennung meiner sorgfältigen Arbeit und der knappen Antwort, dass man es für besser halte, wenn alles so bliebe, wie es war, an mich zurückgesandt.

Alle meine Vorschläge, der nutzlosen Verschwendung und Erschöpfung unseres künstlerischen Kapitals durch eine methodischere Vorgehensweise zu begegnen, waren in allen Einzelheiten, die ich vorschlug, von gleichem Erfolg gekrönt. Ich hatte auch durch langjährige Erfahrung erfahren, dass jeder Vorschlag, der in den ermüdendsten Ausschusssitzungen diskutiert und beschlossen werden musste, wie zum Beispiel die Zusammenstellung eines Repertoires, jederzeit durch die Laune eines Sängers oder den Plan eines jungen Wirtschaftsinspektors zunichte gemacht und zum Schlechteren verändert werden konnte. Ich war daher gezwungen, meine vergeblichen Bemühungen aufzugeben, und nach vielen stürmischen Diskussionen und freimütigen Äußerungen meiner Gefühle zog ich mich von jeglicher Beteiligung an irgendeinem Zweig der Leitung zurück und beschränkte mich ausschließlich darauf, Proben abzuhalten und Aufführungen der mir zugeteilten Opern zu dirigieren.

Obwohl sich mein Verhältnis zu Lüttichau dadurch immer mehr verschlechterte, spielte es im Augenblick keine große Rolle, ob ihm mein Verhalten gefiel oder nicht. Ansonsten hatte ich aufgrund der immer größeren Popularität von Tannhäuser und Rienzi, die im Sommer vor mit angesehenen Besuchern voll besetzten Häusern aufgeführt und ausnahmslos für die Festvorstellungen ausgewählt wurden, eine respektable Stellung.

Indem ich so meinen eigenen Weg ging und mich nicht stören ließ, gelang es mir, in der angenehmen und vollkommenen Abgeschiedenheit meiner neuen Heimat diesen Sommer eine der Vollendung meines Lohengrin überaus günstige Stimmung zu bewahren. Meine Studien, die ich, wie schon erwähnt, mit Eifer neben der Arbeit an meiner Oper betrieb, ließen mich unbeschwerter fühlen als je zuvor. Zum erstenmal bewältigte ich jetzt Aeschylos mit wirklichem Gefühl und Verständnis. Insbesondere Droysens

beredte Kommentare halfen mir, die berauschende Wirkung der Aufführung
einer athenischen Tragödie vor meine Vorstellungskraft zu bringen, so daß
ich die Orestie wie in Wirklichkeit vor meinem geistigen Auge sehen konnte,
und ihre Wirkung auf mich war unbeschreiblich. Nichts aber konnte die
erhabene Erregung übertreffen, die mir die Agamemnon-Trilogie einflößte,
und bis zum letzten Wort der Eumeniden lebte ich in einer der Gegenwart
so fernen Atmosphäre, daß ich mich mit der modernen Literatur nie mehr
recht habe versöhnen können. Meine Vorstellungen von der ganzen
Bedeutung des Dramas und des Theaters waren ohne Zweifel von diesen
Eindrücken geprägt. Ich arbeitete mich durch die anderen Tragiker und
gelangte schließlich zu Aristophanes. Wenn ich den Morgen emsig mit der
Vollendung der Musik zu Lohengrin verbracht hatte, pflegte ich mich in die
Tiefen eines dichten Gebüsches in meinem Teil des Gartens zu verkriechen,
um mich vor der von Tag zu Tag intensiver werdenden Sommerhitze zu
schützen. Grenzenlos war meine Freude an den Komödien des
Aristophanes, als mich einst seine Vögel in den vollen Strom des Genies
dieses lüsternen Lieblings der Grazien, wie er sich mit bewußter Kühnheit
zu nennen pflegte, stürzten. Seite an Seite mit diesem Dichter las ich die
wichtigsten Dialoge Platons, und durch das Symposion gewann ich einen so
tiefen Einblick in die wunderbare Schönheit des griechischen Lebens, dass
ich mich im antiken Athen wohler fühlte als in allen Bedingungen, die die
moderne Welt zu bieten hat.

Da ich einen festgelegten Weg der Selbsterziehung verfolgte, wollte ich
meinen Weg nicht weiter in den Fäden einer literarischen Geschichte
verfolgen und wandte mich daher von den historischen Studien ab, die mein
eigenes Spezialgebiet zu sein schienen und in denen Droysens
Alexandergeschichte und die hellenistische Zeit sowie Niebuhr und Gibbon
mir eine große Hilfe waren, und griff für das Studium des deutschen
Altertums wieder auf meinen alten und zuverlässigen Führer Jakob Grimm
zurück. Bei meinen Bemühungen, die Mythen Deutschlands gründlicher zu
beherrschen, als es mir bei meiner früheren Lektüre des Nibelungen und des
Heldenbuchs möglich gewesen war, erfüllte mich Mones besonders
suggestiver Kommentar zu dieser Heldensage mit Entzücken, obwohl
strengere Gelehrte dieses Werk wegen der Kühnheit einiger seiner Aussagen
mit Argwohn betrachteten. Auf diese Weise wurde ich unwiderstehlich zu
den nordischen Sagen hingezogen; und ich versuchte nun, soweit dies ohne
fließende Kenntnisse der skandinavischen Sprachen möglich war, mich mit
der Edda sowie mit der Prosaversion vertraut zu machen, die von einem
beträchtlichen Teil der Heldensage vorlag.

Die Wolsungasaga, die ich im Lichte von Mones Kommentaren las, hatte
einen entscheidenden Einfluss auf meine Art, mit diesem Material
umzugehen. Meine Vorstellungen von der inneren Bedeutung dieser

Legenden der alten Welt, die sich schon seit langer Zeit entwickelt hatten, gewannen allmählich an Stärke und nahmen die plastischen Formen an, die meine späteren Werke inspirierten.

All dies drang in mein Gedächtnis ein und reifte langsam, während ich mit unverhohlener Freude die Musik der ersten beiden Akte von Lohengrin vollendete, die nun endlich abgeschlossen waren. Es gelang mir nun, die Vergangenheit auszublenden und mir eine neue Welt der Zukunft aufzubauen, die sich mir mit immer größerer Klarheit als Zufluchtsort vorstellte, wohin ich mich vor all dem Elend des modernen Opern- und Theaterlebens zurückziehen konnte. Gleichzeitig beruhigten sich meine Gesundheit und mein Gemüt in eine Stimmung fast ungetrübter Gelassenheit, die mich für lange Zeit alle Sorgen meiner Lage vergessen ließ. Ich pflegte jeden Tag in die benachbarten Hügel zu wandern, die sich vom Ufer der Elbe bis zum Plauenscher Grand erhoben. Normalerweise ging ich allein, abgesehen von der Gesellschaft unseres kleinen Hundes Peps, und meine Ausflüge führten immer zu einer zufriedenstellenden Anzahl von Ideen. Gleichzeitig stellte ich fest, dass ich eine nie zuvor besessene Fähigkeit zum gut gelaunten Umgang mit den Freunden und Bekannten entwickelt hatte, die von Zeit zu Zeit gerne in den Marcolini-Garten kamen, um mein einfaches Abendessen mit mir zu teilen. Meine Besucher fanden mich oft auf einem hohen Ast eines Baumes sitzend oder auf dem Hals des Neptuns, der die zentrale Figur einer großen Statuengruppe inmitten eines alten, leider immer trockenen Brunnens war, der aus den Glanzzeiten des Marcolini-Anwesens stammte. Ich ging gern mit meinen Freunden den breiten Fußweg der Auffahrt auf und ab, die zum eigentlichen Palast führte, der im verhängnisvollen Jahr 1813 speziell für Napoleon angelegt worden war, als er dort sein Hauptquartier aufgeschlagen hatte.

Im August, dem letzten Sommermonat, hatte ich die Komposition von „Lohengrin" vollständig abgeschlossen und hatte das Gefühl, dass es für mich höchste Zeit dafür war, da die Erfordernisse meiner Stellung es zwingend erforderten, dass ich der Verbesserung des Werks meine größte Aufmerksamkeit widmete. Zudem wurde es für mich erneut zu einer Angelegenheit von höchster Wichtigkeit, Schritte zu unternehmen, um meine Opern auf den deutschen Theatern aufführen zu lassen.

Selbst der von Tag zu Tag deutlicher werdende Erfolg des Tannhäuser in Dresden erregte nirgends die geringste Aufmerksamkeit. Berlin war der einzige Ort, der in der deutschen Theaterwelt irgendeinen Einfluß hatte, und dieser Stadt hätte ich schon längst meine ungeteilte Aufmerksamkeit widmen müssen. Nach allem, was ich über den besonderen Geschmack Friedrich Wilhelms IV. gehört hatte, war ich durchaus berechtigt anzunehmen, daß er meinen späteren Werken und Konzeptionen wohlwollend gegenübertreten würde, wenn es mir nur gelänge, sie ihm im rechten Lichte nahezubringen.

Unter dieser Voraussetzung hatte ich schon daran gedacht, ihm den Tannhäuser zu widmen, und um die Erlaubnis dazu zu erhalten, mußte ich mich an den Hofkapellmeister Graf Redern wenden. Von ihm erfuhr ich, daß der König nur die Widmung von Werken annehmen könne, die in seiner Gegenwart tatsächlich aufgeführt worden und ihm daher persönlich bekannt seien. Da mein Tannhäuser von der Leitung des Hoftheaters abgelehnt worden war, weil er als zu episch angesehen wurde, fügte der Graf hinzu, wenn ich an meinem Entschluss festhalten wolle, gäbe es nur einen Ausweg aus der Schwierigkeit, und zwar, meine Oper so weit wie möglich für eine Militärkapelle anzupassen und zu versuchen, sie dem König bei einer Parade zur Kenntnis zu bringen. Dies veranlasste mich, einen weiteren Angriffsplan auf Berlin zu schmieden.

Nach dieser Erfahrung sah ich ein, dass ich meinen Feldzug dort mit der Oper beginnen musste, die in Dresden den entschiedensten Triumph errungen hatte. Ich verschaffte mir daher eine Audienz bei der Königin von Sachsen, der Schwester des Königs von Preußen, und bat sie, ihren Einfluss bei ihrem Bruder geltend zu machen, um auf königlichen Befehl eine Aufführung meines „Rienzi" in Berlin zu erreichen, der auch am sächsischen Hof beliebt war. Dieses Manöver war erfolgreich, und bald erhielt ich eine Mitteilung von meinem alten Freund Küstner, in der er mir mitteilte, dass die Aufführung des „Rienzi" für einen sehr frühen Zeitpunkt im Berliner Hoftheater angesetzt sei, und gleichzeitig die Hoffnung ausdrückte, dass ich mein Werk persönlich dirigieren würde. Da dieses Theater auf Veranlassung Küstners anlässlich der Aufführung der Oper „Katharina von Cornaro" seines alten Münchner Freundes Lachner eine sehr stattliche Autorentantieme gezahlt hatte, hoffte ich, meine Finanzen erheblich verbessern zu können, wenn der Erfolg des „Rienzi" in dieser Stadt nur in gewissem Maße dem in Dresden ebenbürtig wäre. Mein größter Wunsch aber war, den König von Preußen kennenzulernen, um ihm den Text meines Lohengrin vorzulesen und sein Interesse für mein Werk zu wecken. Dies war, wie ich mir aufgrund verschiedener Anzeichen einbildete, durchaus möglich, und ich wollte ihn in diesem Fall bitten, die erste Aufführung des Lohengrin in seinem Hoftheater zu veranlassen.

Nach meinen merkwürdigen Erfahrungen mit der Art und Weise, wie mein Erfolg in Dresden vor dem Rest Deutschlands geheimgehalten worden war, schien es mir von größter Wichtigkeit, den künftigen Mittelpunkt meiner künstlerischen Unternehmungen zum einzigen Ort zu machen, der irgendeinen Einfluss auf die Außenwelt ausübte, und als solcher war ich gezwungen, Berlin in Betracht zu ziehen. Beflügelt durch den Erfolg meiner Empfehlung an die Königin von Preußen hoffte ich, Zugang zum König selbst zu erhalten, was ich als einen äußerst wichtigen Schritt betrachtete. Voller Zuversicht und in bester Stimmung brach ich im September, auf eine günstige Wendung des Glücksrades vertrauend, nach Berlin auf, in erster Linie zu den Proben von Rienzi, obwohl mein Interesse nicht mehr auf dieser Arbeit lag.

Berlin machte auf mich denselben Eindruck wie bei meinem letzten Besuch, als ich es nach meiner langen Abwesenheit in Paris wiedersah. Professor Werder, mein Freund vom Fliegenden Holländer, hatte mir im Voraus ein Quartier am berühmten Gensdarmeplatz besorgt, aber wenn ich jeden Tag aus meinen Fenstern den Ausblick betrachtete, konnte ich nicht glauben, dass ich mich in einer Stadt befand, die mitten in Deutschland lag. Bald jedoch war ich ganz von den Sorgen der mir bevorstehenden Aufgabe in Anspruch genommen.

Über die offiziellen Vorbereitungen für Rienzi hatte ich nichts zu beklagen, aber ich merkte bald, dass man diese Oper lediglich als Dirigentenoper betrachtete, das heißt, mir wurden zwar alle verfügbaren Materialien ordnungsgemäß zur Verfügung gestellt, aber die Direktion hatte nicht die geringste Absicht, mehr für mich zu tun. Alle Vorbereitungen für meine Proben wurden völlig durcheinandergebracht, als ein Besuch von Jenny Lind angekündigt wurde, die die Royal Opera für einige Zeit ausschließlich besetzte.

Während der so verursachten Verzögerung tat ich alles, was ich konnte, um mein Hauptziel zu erreichen – eine Einführung in den König – und bediente mich zu diesem Zweck meiner früheren Bekanntschaft mit dem Hofkapellmeister, dem Grafen Redern. Dieser Herr empfing mich sofort mit der größten Freundlichkeit, lud mich zu einem Abendessen und einer Soiree ein und begann mit mir eine herzliche Diskussion über die zur Erreichung meines Ziels notwendigen Schritte, wobei er versprach, mir nach Kräften zu helfen. Ich besuchte auch Sans-Souci häufig, um der Königin meine Aufwartung zu machen und ihr meinen Dank auszusprechen. Aber ich kam nie über eine Unterredung mit den Hofdamen hinaus, und mir wurde geraten, mich mit Herrn Illaire, dem Vorsitzenden des königlichen Geheimen Rates, in Verbindung zu setzen. Dieser Herr schien von der Ernsthaftigkeit meines Anliegens beeindruckt zu sein und versprach, alles in seiner Macht Stehende zu tun, um meinen Wunsch nach einer persönlichen Einführung in den König zu fördern. Er fragte mich, was mein eigentliches Ziel sei, und ich sagte ihm, es sei die Erlaubnis des Königs, ihm mein Libretto Lohengrin vorzulesen. Bei einem meiner oft wiederholten Besuche aus Berlin fragte er mich, ob ich es nicht für ratsam hielte, eine Empfehlung meiner Arbeit von Tieck mitzubringen. Ich konnte ihm sagen, daß ich bereits das Vergnügen gehabt hätte, dem alten Dichter, der als königlicher Pensionär in der Nähe von Potsdam lebte, meinen Fall vorzutragen.

Ich erinnerte mich sehr gut daran, dass Frau von Lüttichau vor einigen Jahren die Themen Lohengrin und Tannhäuser an ihren alten Freund geschickt hatte, als diese Dinge zum ersten Mal zwischen uns erwähnt wurden. Als ich Tieck besuchte, wurde ich von ihm fast wie ein Freund begrüßt, und ich empfand meine langen Gespräche mit ihm als außerordentlich wertvoll. Obwohl Tieck vielleicht einen etwas zweifelhaften Ruf für die Nachsicht erworben hatte, mit der er seine Empfehlungen für die dramatischen Werke derjenigen gab, die sich an ihn wandten, freute ich mich doch über die echte Abneigung, mit der er von unserer neuesten dramatischen Literatur sprach, die sich am Stil der modernen französischen Bühnenkunst orientierte, und seine Klage über den völligen Mangel an wahrem poetischen Gefühl darin kam von Herzen. Er erklärte, er sei entzückt von meinem Gedicht Lohengrin, konnte aber nicht verstehen, wie all dies vertont werden sollte, ohne die herkömmliche Struktur einer Oper völlig zu ändern, und aus diesem Grund wandte er sich gegen Szenen wie die zwischen Ortrud und Friedrich zu Beginn des zweiten Aktes. Ich glaubte, ihn zu wahrer Begeisterung angeregt zu haben, als ich ihm erklärte, wie ich diese scheinbaren Schwierigkeiten zu lösen gedenke, und ihm auch meine eigenen Ideale über das musikalische Drama schilderte. Aber je höher ich stieg, desto trauriger wurde er, als ich ihm einmal meine Hoffnung kundtat, für diese Vorstellungen und die Ausarbeitung meines Plans für ein ideales Drama die Schirmherrschaft des Königs von Preußen zu gewinnen. Er zweifelte nicht daran, daß der König mir mit dem größten Interesse zuhören und meine Ideen sogar mit Wärme aufgreifen werde; nur dürfe ich nicht die geringste Hoffnung auf ein praktisches Ergebnis hegen, wenn ich mich nicht der bittersten Enttäuschung aussetzen wolle. „Was können Sie von einem Mann erwarten, der heute von Glucks Iphigenie auf Tauris begeistert ist und morgen von Donizettis Lucrezia Borgia vernarrt?", sagte er. Tiecks Unterhaltung über diese und ähnliche Themen war viel zu unterhaltsam und reizend, als daß ich der Bitterkeit seiner Ansichten ernsthaftes Gewicht beimessen konnte. Er versprach mir gern, mein Gedicht vor allem dem Geheimrat Illaire zu empfehlen, und entließ mich mit herzlicher Güte und seinem aufrichtigen, wenn auch besorgten Segen. Das einzige Ergebnis all meiner Bemühungen war, daß die ersehnte Einladung des Königs noch in der Schwebe blieb. Da die wegen Jenny Linds Besuch verschobenen Proben zu Rienzi wieder ernsthaft in Gang gesetzt wurden, beschloß ich, vor der Aufführung meiner Oper keine weiteren Mühen zu machen, da ich mich jedenfalls berechtigt glaubte, mit der Anwesenheit des Monarchen am ersten Abend zu rechnen, da das Stück auf seinen ausdrücklichen Befehl gespielt wurde, und zugleich hoffte, daß dies zur Erfüllung meines Hauptzwecks beitragen würde. Je näher wir jedoch dem Ereignis kamen, desto geringer sanken meine darauf gesetzten Hoffnungen. Für die Rolle des Helden mußte ich mich mit einem völlig talentlosen, weit unter dem Durchschnitt stehenden Tenor zufrieden geben. Er war ein gewissenhafter, gewissenhafter Mann, und war mir überdies von meinem gütigen Wirt, dem berühmten Meinhard, wärmstens empfohlen worden. Nachdem ich mich mit ihm unendlich viel Mühe gegeben und mir dabei, wie so oft, gewisse Illusionen über das, was ich von seiner Darstellung erwarten könne, gemacht hatte, war ich gezwungen, bei der letzten Probe der Generalprobe meine wahre Meinung zu gestehen. Ich erkannte, dass Bühne, Chor, Ballett und Nebenrollen im Großen und Ganzen ausgezeichnet waren, dass aber die Hauptfigur, um die sich in dieser Oper alles drehte, zu einem unbedeutenden Phantom verblasste. Die Aufnahme, die diese Oper bei ihrer Aufführung im Oktober beim Publikum fand, war zwar auch ihm zu verdanken; aber aufgrund der recht guten Wiedergabe einiger brillanter Stellen und insbesondere aufgrund der begeisterten Anerkennung von Frau Koster in der Rolle des Adriano konnte man aus allen äußeren Anzeichen schließen, dass die Oper ziemlich erfolgreich gewesen war. Dennoch wusste ich sehr wohl, dass dieser scheinbare Triumph keine wirkliche Substanz haben konnte, da nur die immateriellen Teile meines Werkes die Augen und Ohren des Publikums erreichen konnten; sein wesentlicher Geist war nicht in ihre Herzen gelangt. Darüber hinaus begannen die Berliner Kritiker sofort in ihrer üblichen Art mit ihren Angriffen, mit der Absicht, den eventuellen Erfolg meiner Oper zunichte zu machen, so dass ich nach der zweiten Aufführung, die ich auch selbst leitete, anfing, mich zu fragen, ob meine verzweifelten Bemühungen wirklich der Mühe wert waren.

Als ich die wenigen engen Freunde, die ich kannte, nach ihrer Meinung zu diesem Punkt fragte, erhielt ich viele wertvolle Informationen. Unter diesen Freunden muss ich an erster Stelle Hermann Franck erwähnen, den ich wiederfand. Er hatte sich kürzlich in Berlin niedergelassen und tat viel, um mich zu ermutigen. Ich verbrachte den angenehmsten Teil dieser traurigen zwei Monate in seiner Gesellschaft, von der ich jedoch nur zu wenig hatte. Unsere Unterhaltung drehte sich meist um Erinnerungen an die alten Tage und um Themen, die nichts mit dem Theater zu tun hatten, so dass ich mich fast schämte, ihn mit meinen Klagen zu diesem Thema zu belästigen, besonders da es um meine Sorgen über ein Werk ging, von dem ich nicht behaupten konnte, dass es von praktischer Bedeutung für die Bühne war. Er seinerseits kam bald zu dem Schluss, dass es dumm von mir gewesen sei, für diesen Anlass meinen Rienzi auszuwählen, da es eine Oper war, die nur das breite Publikum ansprach, und nicht meinen Tannhäuser, der eine für meine höheren Ziele nützliche Partei in Berlin hätte erziehen können. Er behauptete, dass allein die Natur dieses Werks ein neues Interesse für das Drama bei Menschen geweckt hätte, die wie er selbst nicht mehr zu den regelmäßigen Theaterbesuchern zählten, weil sie alle Hoffnung aufgegeben hatten, jemals edlere Ideale auf der Bühne zu finden.

Die merkwürdigen Informationen über den Charakter der Berliner Kunst in anderer Hinsicht, die Werder mir von Zeit zu Zeit gab, waren äußerst entmutigend. In Bezug auf das Publikum sagte er mir einmal, dass es bei der Aufführung eines unbekannten Werkes völlig sinnlos sei, von einem einzigen Zuschauer vom Parkett bis zur Galerie zu erwarten, dass er seinen Platz mit einem besseren Ziel einnehme, als so viele Fehler wie möglich in der Aufführung zu finden. Obwohl Werder mich in keinem meiner Bemühungen entmutigen wollte, fühlte er sich verpflichtet, mich ständig zu warnen, von der kultivierten Gesellschaft Berlins nichts über dem Durchschnitt zu erwarten. Er wollte, dass den wirklich beträchtlichen Gaben des Königs der gebührende Respekt gezollt wurde; und als ich ihn fragte, wie dieser seiner Meinung nach meine Ideen zur Veredelung der Oper aufnehmen würde, antwortete er, nachdem er einer langen und hitzigen Tirade meinerseits aufmerksam zugehört hatte: „Der König würde zu Ihnen sagen: ‚Gehen Sie und konsultieren Sie Stawinsky!‘“ Das war der Operndirektor, ein dickes, selbstgefälliges Geschöpf, das beim Befolgen der trabendsten Routine eingerostet war. Kurz, alles, was ich erfuhr, war dazu bestimmt, mich zu entmutigen. Ich suchte Bernhard Marx auf, der vor einigen Jahren meinem „Fliegenden Holländer“ freundliches Interesse entgegengebracht hatte, und wurde von ihm höflich empfangen. Dieser Mann, der mir in seinen früheren Schriften und Musikkritiken von einem Feuer der Energie erfüllt schien, erschien mir jetzt außerordentlich schlaff und kraftlos, als ich ihn an der Seite seiner jungen, strahlend und bezaubernd schönen Frau sah. Aus seiner Unterhaltung erfuhr ich bald, dass auch er wegen der unfassbaren Oberflächlichkeit aller mit der Oberbehörde verbundenen Beamten jede Hoffnung auf Erfolg für alle Bemühungen auf das uns beiden so teure Ziel aufgegeben hatte. Er erzählte mir von dem außerordentlichen Schicksal eines von ihm dem König zur Kenntnis gebrachten Plans zur Gründung einer Musikschule. In einer besonderen Audienz war der König mit dem größten Interesse auf die Sache eingegangen und hatte die kleinsten Einzelheiten zur Kenntnis genommen, so dass Marx sich berechtigt fühlte, die allergrößten Hoffnungen auf Erfolg zu hegen. Doch all seine Bemühungen und Verhandlungen über das Geschäft, in deren Verlauf er von Pontius zu Pilatus getrieben wurde, erwiesen sich als völlig vergeblich, bis man ihm schließlich ein Gespräch mit einem gewissen General befahl. Dieser ließ sich, ebenso wie der König, Marx' Vorschläge bis ins kleinste Detail erklären und drückte seine wärmste Sympathie für das Unternehmen aus. „Und damit“, sagte Marx am Ende dieses langen Geschwätzes, „war die Sache erledigt, und ich habe nie wieder ein Wort darüber gehört.“

Eines Tages erfuhr ich, dass Gräfin Rossi, die berühmte Henriette Sontag, die in Berlin in ruhiger Abgeschiedenheit lebte, angenehme Erinnerungen an mich in Dresden hatte und mich zu einem Besuch einlud. Sie war zu diesem

Zeitpunkt bereits in die unglückliche Lage geraten, die ihrer künstlerischen Laufbahn so abträglich war. Auch sie beklagte sich bitter über die allgemeine Apathie der einflussreichen Klassen in Berlin, die die Verwirklichung künstlerischer Ziele wirksam verhinderte. Ihrer Meinung nach fand der König eine Art Genugtuung darin, zu wissen, dass das Theater schlecht geführt wurde, denn obwohl er sich nie gegen Kritiken zu diesem Thema wandte, unterstützte er auch nie Vorschläge zu dessen Verbesserung. Sie äußerte den Wunsch, etwas über meine neuesten Arbeiten zu erfahren, und ich gab ihr mein Gedicht von Lohengrin zur Durchsicht. Bei meinem nächsten Morgenbesuch sagte sie mir, sie werde mir eine Einladung zu einem musikalischen Abend schicken, den sie zu Ehren des Großherzogs von Mecklenburg-Strelitz, ihres alten Gönners, in ihrem Hause veranstalten werde, und gab mir auch das Manuskript des Lohengrin zurück mit der Versicherung, es habe ihr sehr gefallen und sie habe beim Lesen oft die kleinen Feen und Elfen vor sich herumtanzen sehen. Wie ich früher durch die warme und freundliche Anteilnahme dieser naturgebildeten Frau herzlich ermutigt worden war, so fühlte ich mich jetzt, als ob mir plötzlich kaltes Wasser über den Rücken gegossen worden wäre. Ich verabschiedete mich bald und sah sie nie wieder. Ich hatte auch keine besondere Absicht damit, da die versprochene Einladung nie kam. Auch Herr E. Kossak suchte mich auf, und obwohl unsere Bekanntschaft nicht viel bewirkte , wurde ich von ihm so freundlich aufgenommen, dass ich ihm mein Gedicht des Lohengrin zu lesen gab. Eines Tages ging ich nach Verabredung zu ihm und fand sein Zimmer soeben mit kochendem Wasser geschrubbt vor. Der Dampf dieser Operation war so unerträglich, dass er davon bereits Kopfschmerzen bekommen hatte, und war für mich nicht weniger unangenehm. Er sah mir mit fast zärtlichem Ausdruck ins Gesicht, als er mir das Manuskript meines Gedichts zurückgab, und versicherte mir in einem Tonfall, der keinen Zweifel an seiner Aufrichtigkeit zuließ, dass er es „sehr hübsch" fände.

Der Umgang mit H. Truhn war für mich etwas unterhaltsamer. Ich lud ihn bei Lutter und Wegener, wohin ich wegen der Verbindung mit Hoffmann gelegentlich ging, auf ein gutes Glas Wein ein, und er hörte dann mit scheinbar wachsendem Interesse meinen Gedanken über die mögliche Entwicklung der Oper und das anzustrebende Ziel zu. Seine Kommentare waren im allgemeinen witzig und sehr treffend, und seine lebhafte und lebhafte Art gefiel mir sehr. Nach der Aufführung des Rienzi schloss er sich jedoch auch als Kritiker der Mehrzahl der Spötter und Verleumder an. Der einzige Mensch, der mich durch dick und dünn tapfer, aber nutzlos unterstützte, war mein alter Freund Gaillard. Seine kleine Musikalienhandlung war kein Erfolg, seine Musikzeitschrift war bereits gescheitert, so dass er mir nur noch in geringem Maße helfen konnte. Leider erfuhr ich nicht nur, dass er der Autor zahlreicher höchst zweifelhafter Dramen war, für die er meine Unterstützung gewinnen wollte, sondern auch, dass er sich offenbar im letzten Stadium der Krankheit befand, an der er litt, so dass der wenige Verkehr, den ich mit ihm hatte, trotz all seiner Treue und Ergebenheit nur einen melancholischen und deprimierenden Einfluss auf mich ausübte.

Da ich mich jedoch entgegen all meinen innersten Wünschen auf dieses Berliner Unternehmen eingelassen hatte und es lediglich von dem Wunsch getrieben war, den für meine Stellung so wichtigen Erfolg zu erzielen, entschloss ich mich, mich persönlich an Rellstab zu wenden.

Da er beim Fliegenden Holländer vor allem an dessen „Nebulösität" und „Formlosigkeit" Anstoß genommen hatte, dachte ich, ich könnte ihm mit Vorteil die helleren und klareren Umrisse von Rienzi zeigen. Er schien erfreut darüber zu sein, dass ich glaubte, ich könnte etwas aus ihm herausbekommen, teilte mir aber sofort mit, dass er fest davon überzeugt sei, dass nach Gluck jede neue Kunstform völlig unmöglich sei und dass das Einzige, was mit viel Glück und harter Arbeit entstehen könne, bedeutungsloser Schwülstigkeit sei. Da wurde mir klar, dass man in Berlin alle Hoffnung aufgegeben hatte. Man sagte mir, dass Meyerbeer der einzige Mann war, der die Situation einigermaßen meistern konnte.

Diesen ehemaligen Gönner traf ich in Berlin wieder, und er erklärte, er interessiere sich noch immer für mich. Sobald ich ankam, besuchte ich ihn, aber im Vorzimmer fand ich seinen Diener beim Packen von Koffern und erfuhr, dass Meyerbeer gerade abreisen würde. Sein Herr bestätigte diese Behauptung und bedauerte, dass er nichts für mich tun könne, also musste ich ihm gleichzeitig Lebewohl und Guten Tag sagen. Eine Zeitlang glaubte ich, er sei wirklich abwesend, aber nach einigen Wochen erfuhr ich zu meiner Überraschung, dass er sich noch immer in Berlin aufhielt, ohne sich von irgendjemandem sehen zu lassen, und schließlich erschien er wieder bei einer der Proben von Rienzi. Was das bedeutete, erfuhr ich erst später aus einem Gerücht, das unter Eingeweihten die Runde machte und das mir Eduard von Bülow, der Vater meines jungen Freundes, mitteilte. Ohne die geringste Ahnung davon zu haben, wie es zustande kam, erfuhr ich etwa in der Mitte meines Aufenthaltes in Berlin von dem Kapellmeister Taubert, er habe aus sehr guter Quelle gehört, ich bewerbe mich um eine Direktorenstelle am Hoftheater und hege gute Hoffnungen, diese Stelle nebst besonderen Privilegien zu erlangen. Um mit Taubert in gutem Einvernehmen zu bleiben, was für mich sehr notwendig war, mußte ich ihm die feierlichste Versicherung geben, daß mir ein solcher Gedanke nie in den Sinn gekommen sei und daß ich eine solche Stelle, wenn sie mir angeboten würde, nicht annehmen würde. Dagegen blieben alle meine Bemühungen, an den König heranzukommen, weiterhin fruchtlos. Mein Hauptvermittler, an den ich mich stets wandte, war noch immer Graf Redern, und obgleich ich auf seine feste Anhänglichkeit an Meyerbeer aufmerksam gemacht worden war, bestärkte mich sein außerordentlich offenes und freundliches Wesen immer wieder in meinem Glauben an seine Ehrlichkeit. Endlich blieb mir nur noch die Tatsache offen, daß der König der auf seinen ausdrücklichen Befehl hin gegebenen Aufführung des Rienzi unmöglich fernbleiben konnte, und auf diese Überzeugung gründete ich alle weitere Hoffnung, an ihn heranzukommen. Daraufhin teilte mir Graf Redern mit einem Ausdruck tiefster Verzweiflung mit, daß der Monarch am Tage der ersten Vorstellung auf Jagd sein werde. Ich bat ihn noch einmal, sich alle Mühe zu geben, um die Anwesenheit des Königs wenigstens bei der zweiten Vorstellung zu erreichen , und endlich sagte mir mein unermüdlicher Gönner, er könne sich keinen Reim darauf machen, aber Seine Majestät scheine eine völlige Abneigung zu empfinden, meinem Wunsche nachzukommen; er selbst habe die harten Worte von den Lippen des Königs fallen hören: „O du Mist! Du bist schon wieder mit deinem Rienzi zu mir gekommen?“

Bei dieser zweiten Vorstellung machte ich ein angenehmes Erlebnis. Nach dem eindrucksvollen zweiten Akte machte das Publikum Anzeichen, mich rufen zu wollen, und als ich vom Parkett ins Vestibül ging, um mich notfalls bereitzuhalten, rutschte mein Fuß auf dem glatten Parkett aus, und ich hätte vielleicht einen schweren Sturz erlitten, wenn ich nicht gespürt hätte, wie mich eine starke Hand am Arm packte. Ich wandte mich um und erkannte den Kronprinzen von Preußen [14] , HYPERLINK "https://www.gutenberg.org/cache/epub/5197/pg5197-images.html" \l "fn14" der aus seiner Loge herausgetreten war und sofort die Gelegenheit ergriff, mich einzuladen, ihm zu seiner Frau zu folgen, die meine Bekanntschaft machen wollte. Sie war eben erst in Berlin angekommen und erzählte mir, dass sie meine Oper an diesem Abend zum ersten Mal gehört und ihre Wertschätzung dafür zum Ausdruck gebracht habe. Sie hatte jedoch schon vor langer Zeit von einer gemeinsamen Freundin, Alwine Frommann, sehr günstige Berichte über mich und meine künstlerischen Ziele erhalten. Der ganze Ton dieser Unterredung, bei der der Prinz zugegen war, war ungewöhnlich freundlich und angenehm.

[14] Dieser Prinz wurde später Kaiser Wilhelm I. Er erhielt den Titel eines Kronprinzen im Jahre 1840 nach dem Tod seines Vaters Friedrich Wilhelm III., da er zu diesem Zeitpunkt mutmaßlicher Erbe seines Bruders Friedrich Wilhelm IV. war, dessen Ehe ohne Kinder war. – HERAUSGEBER.

Es war ja meine alte Freundin Alwine, die in Berlin nicht nur alle meine Schicksale mit der größten Anteilnahme verfolgt, sondern auch alles getan hatte, um mir Trost und Mut zum Durchhalten zu geben. Fast jeden Abend, wenn es die Geschäfte des Tages erlaubten, pflegte ich sie zu einer Stunde der Erholung zu besuchen und aus ihren erhebenden Gesprächen Kraft für den Kampf gegen die Rückschläge des nächsten Tages zu schöpfen. Besonders erfreut war ich über die warme und verständnisvolle

Anteilnahme, die sie und unser gemeinsamer Freund Werder Lohengrin, dem Gegenstand all meiner damaligen Bemühungen, entgegenbrachten. Bei der bis jetzt verzögerten Ankunft ihrer Freundin und Gönnerin, der Kronprinzessin, hoffte sie, etwas Genaueres über meine Verhältnisse beim König zu erfahren, obgleich sie mir zu verstehen gab, daß auch diese große Dame in tiefer Ungnade stehe und nur durch Beachtung der strengsten Etikette ihren Einfluß auf den König geltend machen könne. Aber auch von dieser Seite erreichte mich keine Nachricht, bis ich Berlin zu verlassen hatte und meine Abreise nicht länger hinauszögern konnte.

Da ich eine dritte Aufführung von Rienzi dirigieren musste und immer noch die Möglichkeit bestand, dass ich plötzlich nach Sans-Souci versetzt werden würde, legte ich dementsprechend einen Termin fest, der so spät wie möglich sein würde, um das Schicksal der Projekte, die mir am Herzen lagen, in Erfahrung zu bringen. Diese Zeit verging, und ich musste erkennen, dass meine Hoffnungen auf Berlin völlig zerstört waren.

Als ich zu diesem Entschluß kam, war ich in einer sehr deprimierten Verfassung. Ich kann mich erinnern, selten so sehr unter dem Einfluß von nasskaltem Wetter und ewig grauem Himmel gelitten zu haben wie in jenen letzten elenden Wochen in Berlin, als alles, was ich hörte, zusätzlich zu meinen eigenen privaten Sorgen, mich mit einer bleiernen Last der Entmutigung belastete.

Meine Gespräche mit Hermann Franck über die soziale und politische Lage hatten einen besonders düsteren Ton angenommen, da die Bemühungen des Königs von Preußen, eine gemeinsame Konferenz einzuberufen, gescheitert waren. Ich gehörte zu denen, die zunächst geneigt waren, diesem Unterfangen eine hoffnungsvolle Bedeutung beizumessen, aber es war ein Schock, als mir ein so gut informierter Mann wie Franck alle intimen Einzelheiten des Projekts klar vorlegte. Seine leidenschaftslosen Ansichten zu diesem Thema sowie insbesondere zum preußischen Staat, der als repräsentativ für die deutsche Intelligenz angesehen wurde und allgemein als Musterbeispiel für Ordnung und gute Regierung galt, desillusionierten mich so vollständig und zerstörten alle positiven und hoffnungsvollen Meinungen, die ich mir über ihn gebildet hatte, so dass ich das Gefühl hatte, ins Chaos gestürzt zu sein, und mir bewusst wurde, wie völlig sinnlos es war, von dieser Seite eine erfolgreiche Lösung der deutschen Frage zu erwarten. Wenn ich mir in meinem Elend in Dresden auch große Hoffnungen gemacht hatte, beim König von Preußen Sympathie für meine Ideen zu gewinnen, so konnte ich doch nicht länger die Augen vor der furchtbaren Leere verschließen, die mir die Lage der Dinge von allen Seiten offenbarte.

In dieser verzweifelten Stimmung empfand ich nur wenig Rührung, als mir Graf Redern, als ich ihm Abschied nehmen wollte, mit tieftraurigem Gesicht die eben eingetroffene Nachricht von Mendelssohns Tod mitteilte. Ich ahnte diesen Schicksalsschlag freilich nicht, der mir erst durch Rederns sichtliche Trauer zu Ohren kam. Eine ausführlichere und herzlichere Erklärung meiner eigenen Angelegenheiten, die ihm so am Herzen lagen, blieb ihm jedenfalls erspart.

In Berlin blieb mir nur noch übrig, zu versuchen, meinen materiellen Erfolg durch meinen materiellen Verlust auszugleichen. Während eines zweimonatigen Aufenthaltes, während dessen meine Frau und meine Schwester Clara bei mir gewesen waren, angelockt von der Hoffnung, die Aufführung des Rienzi in Berlin werde ein glänzender Erfolg werden, fand ich meinen alten Freund, den Direktor Küstner, keineswegs geneigt, mich zu entschädigen. Aus seiner Korrespondenz mit mir konnte er bis ins kleinste Detail beweisen, dass er rechtlich nur den Wunsch nach meiner Mitarbeit bei der Einstudierung des Rienzi geäußert, mich aber nicht ausdrücklich eingeladen hatte. Da mich Graf Rederns Trauer über Mendelssohns Tod daran hinderte, ihn in diesen trivialen Privatangelegenheiten um Hilfe zu bitten, blieb mir nichts anderes übrig, als Küstners Wohlwollen, mir die Tantiemen für die drei bereits stattgefundenen Aufführungen sofort auszuzahlen, mit Freuden anzunehmen. Die Dresdner Behörden waren überrascht, als ich mich gezwungen sah, sie um einen Vorschuss an Einnahmen zu bitten, um dieses glänzende Unterfangen in Berlin zu vollenden.

Als ich mit meiner Frau bei furchtbarstem Wetter durch das öde Land nach Hause fuhr, verfiel ich in eine Stimmung tiefster Verzweiflung, die ich vielleicht einmal im Leben, aber nie wieder zu überstehen glaubte. Trotzdem amüsierte es mich, als ich schweigend aus dem Wagen in den grauen Nebel blickte, meine Frau in eine lebhafte Diskussion mit einem Handelsreisenden verwickeln zu hören, der im Laufe eines freundschaftlichen Gesprächs abschätzig über die „neue Oper Rienzi" gesprochen hatte. Meine Frau korrigierte mit großer Hitze und sogar Leidenschaft verschiedene Fehler dieses feindseligen Kritikers und brachte ihn zu ihrer großen Genugtuung dazu, zu gestehen, dass er die Oper nicht selbst gehört, sondern seine Meinung nur auf Hörensagen und Kritiken gestützt habe. Worauf meine Frau ihn mit größtem Ernst darauf hinwies, dass „er unmöglich wissen könne, wessen Zukunft er durch solch verantwortungslose Bemerkungen nicht schädigen könnte."

Das waren die einzigen erheiternden und tröstenden Eindrücke, die ich mit nach Dresden nahm, wo ich in den Beileidsbekundungen meiner Bekannten die unmittelbaren Folgen der Rückschläge, die ich in Berlin erlitten hatte, bald zu spüren bekam. Die Zeitungen hatten die Nachricht verbreitet, dass meine Oper ein kläglicher Misserfolg gewesen sei. Das Peinlichste an der ganzen Angelegenheit war, dass ich diesen Beileidsbekundungen mit einem heiteren Gesicht begegnen musste und mit der Versicherung, dass es keineswegs so schlimm sei, wie man es dargestellt habe, sondern dass ich im Gegenteil viele angenehme Erfahrungen gemacht habe.

Diese ungewohnte Anstrengung brachte mich in eine Lage, die der von Hiller bei meiner Rückkehr nach Dresden merkwürdig ähnlich war. Er hatte hier gerade zu dieser Zeit eine Aufführung seiner neuen Oper Conradin von Hohenstaufen gegeben. Er hatte die Komposition dieses Werks vor mir geheim gehalten und gehofft, damit nach den drei Aufführungen, die in meiner Abwesenheit stattfanden, einen entscheidenden Erfolg zu erzielen. Sowohl der Dichter als auch der Komponist dachten, dass sie in diesem Werk die Tendenzen und Wirkungen meines Rienzi mit denen meines Tannhäuser in einer Weise kombiniert hätten, die dem Dresdner Publikum besonders angemessen war. Als er gerade nach Düsseldorf aufbrach, wo er zum Konzertdirektor ernannt worden war, empfahl er sein Werk mit großem Vertrauen meiner zärtlichen Güte und bedauerte, dass er nicht die Macht hatte, mich zum Dirigenten zu ernennen. Er gab zu, dass er seinen großen Erfolg teilweise der wunderbar glücklichen Darstellung der männlichen Rolle des Conradin durch meine Nichte Johanna verdankte. Sie wiederum sagte mir mit gleicher Zuversicht, dass Hillers Oper ohne sie keinen so außergewöhnlichen Triumph gehabt hätte. Ich war nun wirklich begierig, dieses glückliche Werk und seine wunderbare Inszenierung selbst zu sehen; und dies konnte ich tun, da eine vierte Aufführung angekündigt wurde, nachdem Hiller und seine Familie Dresden endgültig verlassen hatten. Als ich zu Beginn der Ouvertüre das Theater betrat, um meinen Platz im Parkett einzunehmen, war ich erstaunt, alle Plätze, mit wenigen kaum wahrnehmbaren Ausnahmen, absolut leer vorzufinden. Am anderen Ende meiner Reihe sah ich den Dichter, der das Libretto geschrieben hatte, den sanften Maler Reinike. Wir bewegten uns natürlich in die Mitte des Raumes und diskutierten die seltsame Lage, in der wir uns befanden. Er schüttete mir melancholische Klagen über Hillers Vertonung seiner Gedichte aus; das Geheimnis des Irrtums, den Hiller hinsichtlich des Erfolgs seines Werkes begangen hatte, erklärte er nicht und war offensichtlich sehr bestürzt über den auffälligen Misserfolg der Oper. Von anderer Seite erfuhr ich, wie es Hiller möglich gewesen war, sich selbst auf so außergewöhnliche Weise zu täuschen. Frau Hiller, die polnischer Abstammung war, hatte es bei den häufigen polnischen Zusammenkünften in Dresden verstanden, eine größere Anzahl ihrer Landsleute, die begeisterte Theatergänger waren, zum Besuch der Oper ihres Mannes zu bewegen. Diese Freunde hatten am ersten Abend mit ihrer gewohnten Begeisterung das Publikum zum Beifall angestachelt, hatten aber selbst so wenig Freude an dem Werk gefunden, dass sie der zweiten Vorstellung fernblieben, die auch sonst schlecht besucht war, so dass die Oper nur als Misserfolg gelten konnte. Indem man alle Hilfe, die man von den Polen durch Beifall bekommen konnte, in Anspruch nahm, bemühte man sich nach Kräften, eine dritte Vorstellung an einem Sonntag zu erreichen, an dem sich das Theater normalerweise von selbst füllte. Dieses Ziel wurde erreicht, und die polnische Theateraristokratie erfüllte mit der ihr eigenen Mildtätigkeit ihre Pflicht gegenüber dem bedürftigen Paar, in dessen Salon sie oft so angenehme Abende verbracht hatte.

Noch einmal wurde der Komponist vor den Vorhang gerufen, und alles ging gut. Hiller vertraute daraufhin auf das Urteil der dritten Aufführung, wonach seine Oper ein unzweifelhafter Erfolg war, genau wie es bei meinem Tannhäuser der Fall gewesen war. Die Künstlichkeit dieses Vorgehens wurde jedoch durch diese vierte Aufführung entlarvt, bei der ich anwesend war und bei der niemand dem verstorbenen Komponisten gegenüber verpflichtet war, anwesend zu sein. Sogar meine Nichte war angewidert davon und meinte, dass der beste Sänger der Welt eine so langweilige Oper nicht zum Erfolg führen könne. Während wir dieser miserablen Aufführung zusahen, gelang es mir, den Dichter auf einige Schwächen und Fehler hinzuweisen, die im Stoff zu finden waren. Dieser berichtete Hiller meine Kritik, worauf ich einen herzlichen und freundlichen Brief aus Düsseldorf erhielt, in dem Hiller den Fehler einräumte, den er begangen hatte, indem er meinen Rat in diesem Punkt abgelehnt hatte. Er gab mir deutlich zu verstehen, dass es nicht zu spät sei, die Oper nach meinen Vorschlägen zu ändern; Ich hätte somit den unschätzbaren Vorteil gehabt, ein so offensichtlich gut gemeintes und auf seine Art so bedeutendes Werk im Repertoire zu haben, doch soweit bin ich nie gekommen.

Dagegen empfand ich die kleine Genugtuung, als ich die Nachricht vernahm, daß in Berlin zwei Aufführungen meines Rienzi stattgefunden hatten, an deren Erfolg Dirigent Taubert, wie er mir selbst mitteilte, durch die von ihm arrangierten, überaus wirkungsvollen Kombinationen einiges Verdienst zu haben glaubte. Trotzdem war ich fest davon überzeugt, daß ich jede Hoffnung auf einen dauernden und gewinnbringenden Erfolg von Berlin aus aufgeben müsse, und konnte Lüttichau nicht länger verhehlen, daß ich, wenn ich meine Pflichten mit der nötigen guten Laune weiter erfüllen wollte, auf eine Gehaltserhöhung bestehen müsse, da ich außer meinem regelmäßigen Einkommen keinen wesentlichen Erfolg zu erwarten hatte, mit dem ich meine unglücklichen Verlagsgeschäfte bestreiten konnte. Mein Einkommen war so gering, daß ich nicht einmal davon leben konnte, aber ich verlangte nichts weiter, als die mir von Anfang an in Aussicht gestellte Gleichstellung mit meinem Kollegen Reissiger.

In diesem Augenblick sah Lüttichau eine günstige Gelegenheit, mich meine Abhängigkeit von seinem Wohlwollen spüren zu lassen, die ich nur dadurch erlangen konnte, daß ich seinen Wünschen gebührende Rücksicht entgegenbrachte. Nachdem ich dem König in einer persönlichen Unterredung meine Sache dargelegt und um die Gunst der angestrebten bescheidenen Einkommenserhöhung gebeten hatte, versprach Lüttichau, den Bericht, den er über mich abzugeben hatte, so günstig wie möglich zu gestalten. Wie groß war meine Bestürzung und Demütigung, als er eines Tages unsere Unterredung mit der Mitteilung eröffnete, sein Bericht sei vom König zurückgekommen. Darin wurde dargelegt, daß ich aufgrund des törichten Lobes verschiedener hochgestellter Freunde (zu denen er Frau v. Konneritz zählte) mein Talent leider überschätzt und daher zu der Ansicht gekommen sei, ich hätte ein ebenso gutes Recht auf Erfolg wie Meyerbeer. Ich hatte dadurch so schweres Vergehen verursacht, daß es vielleicht ratsam erschien, mich ganz zu entlassen. Andererseits könnten mein Fleiß und meine lobenswerten Leistungen bei der Überarbeitung von Glucks Iphigenie, die der Direktion zur Kenntnis gebracht worden waren, es rechtfertigen, mir noch eine Chance zu geben, wobei dann meine materielle Lage gebührend berücksichtigt werden mußte. Ich konnte jetzt nicht weiterlesen und gab meinem Gönner, verblüfft vor Erstaunen, die Zeitung zurück. Er suchte den offensichtlich schlechten Eindruck, den sie auf mich gemacht hatte, sofort zu beseitigen, indem er mir mitteilte, mein Wunsch sei erfüllt worden und ich könne die mir gebührenden neunhundert Mark sofort von der Bank abheben. Ich verabschiedete mich schweigend und überlegte, was ich angesichts dieser Schande tun müsse, da es für mich ganz und gar nicht in Frage kam, die neunhundert Mark anzunehmen.

Aber mitten in diese Widrigkeiten wurde eines Tages ein Besuch des Königs von Preußen in Dresden angekündigt und zugleich auf seinen besonderen Wunsch eine Aufführung des Tannhäuser arrangiert. Er erschien wirklich bei dieser Aufführung in Begleitung der sächsischen Königsfamilie im Theater und blieb von Anfang bis Ende mit sichtlichem Interesse. Bei dieser Gelegenheit gab der König eine merkwürdige Erklärung für sein Fernbleiben von den Aufführungen des Rienzi in Berlin ab, von der ich später berichtete. Er sagte, er habe sich das Vergnügen versagt, eine meiner Opern in Berlin zu spielen, weil es wichtig sei, einen guten Eindruck davon zu bekommen, und er wisse, dass sie in seinem eigenen Theater nur schlecht aufgeführt würden. Dieses seltsame Ereignis hatte jedenfalls zur Folge, dass ich genügend Selbstvertrauen zurückerhielt, um die neunhundert Mark anzunehmen, die ich so dringend brauchte.

Auch Lüttichau schien es wichtig zu sein, mein Vertrauen einigermaßen zurückzugewinnen, und ich schloß aus seiner ruhigen Freundlichkeit, daß dieser ganz ungebildete Mann sich der mir angetanen Beleidigung nicht bewußt war. Er kam auf die Idee zurück, Orchesterkonzerte zu veranstalten, gemäß den Vorschlägen, die ich in meinem abgelehnten Bericht über das Orchester gemacht hatte, und um mich zu bewegen, solche musikalischen Darbietungen im Theater zu veranstalten, sagte er, die Initiative sei von der Direktion und nicht vom Orchester selbst ausgegangen. Sobald ich erfuhr, daß die Gewinne dem Orchester zufließen sollten, ging ich bereitwillig auf den Plan ein. Durch einen besonderen Einfall, den ich selbst hatte, wurde die Bühne des Theaters durch einen das ganze Orchester umschließenden Resonanzboden zu einem Konzertsaal (der später als erstklassig galt) umgestaltet, was sich als großer Erfolg erwies. In Zukunft sollten während der Wintermonate sechs Aufführungen stattfinden. Diesmal jedoch, da es Ende des Jahres war und wir erst die zweite Hälfte des Winters vor uns hatten, wurden nur für drei Konzerte Subskriptionskarten ausgegeben, und der gesamte verfügbare Raum im Theater war mit Publikum gefüllt. Die Vorbereitungen hierfür empfand ich als recht unterhaltsam und begann das Schicksalsjahr 1848 in einer etwas versöhnlicheren und liebenswürdigeren Stimmung.

Zu Beginn des neuen Jahres fand das erste dieser Orchesterkonzerte statt, das mir aufgrund seines ungewöhnlichen Programms große Popularität einbrachte. Ich hatte entdeckt, dass wir uns, wenn diesen Konzerten im Gegensatz zu den Konzerten, die aus heterogenen Musikfetzen aller möglichen Arten der Sonne bestehen und jedem ernsthaften künstlerischen Geschmack so zuwiderlaufen, eine wirkliche Bedeutung beimessen wollten, nur leisten konnten, abwechselnd zwei Arten echter Musik zu spielen, wenn eine gute Wirkung erzielt werden sollte. Dementsprechend platzierte ich zwischen zwei Symphonien ein oder zwei längere Gesangsstücke, die sonst nirgendwo zu hören waren, und diese waren die einzigen Stücke des gesamten Konzerts. Nach Mozarts Symphonie in D-Dur ließ ich alle Musiker ihre Plätze verlassen, um einem imposanten Chor Platz zu machen, der Palestrinas Stabat Mater aus einer von mir sorgfältig überarbeiteten Adaption des Originalrezitativs und Bachs achtstimmigen Motet Singet dem Herrn ein neues Lied singen musste; Daraufhin ließ ich das Orchester wieder seinen Platz einnehmen, um Beethovens Sinfonia Eroica zu spielen und damit das Konzert zu beenden.

Dieser Erfolg war sehr ermutigend und eröffnete mir eine einigermaßen tröstliche Aussicht auf eine Ausweitung meines Einflusses als musikalischer Dirigent zu einer Zeit, als mein Ekel vor der ständigen Einmischung in unser Opernrepertoire täglich stärker wurde und ich dadurch gegenüber den Wünschen meiner Möchtegern-Primadonna-Nichte, die sogar Tichatschek unterstützte, immer mehr an Einfluss einbüßte. Ich hatte gleich nach meiner Rückkehr aus Berlin mit der Instrumentierung des Lohengrin begonnen und mich auch sonst einer größeren Resignation hingegeben, die mich meinem Schicksal gelassen entgegensehen ließ, als ich plötzlich eine sehr beunruhigende Nachricht erhielt.

Anfang Februar wurde mir der Tod meiner Mutter mitgeteilt. Ich eilte sofort zu ihrer Beerdigung nach Leipzig und war von tiefer Ergriffenheit und Freude erfüllt über den wunderbar ruhigen und süßen Ausdruck ihres

Gesichts. Sie hatte die letzten Jahre ihres Lebens, die vorher so geschäftig und ruhelos gewesen waren, in heiterer Gelassenheit und am Ende in friedlicher und fast kindlicher Freude verbracht. Auf ihrem Sterbebett rief sie in demütiger Bescheidenheit und mit strahlendem Lächeln im Gesicht aus: „Oh! Wie schön! Wie lieblich! Wie göttlich! Warum verdiene ich solche Gunst?" Es war ein bitterkalter Morgen, als wir den Sarg in das Grab auf dem Kirchhof hinabließen, und die harten, gefrorenen Erdklumpen, die wir statt der üblichen Handvoll Staub auf den Deckel streuten, erschreckten mich durch das laute Geräusch, das sie machten. Auf dem Heimweg zum Haus meines Schwagers Hermann Brockhaus, wo die ganze Familie für eine Stunde zusammenkommen sollte, war Laube, die meine Mutter sehr lieb gehabt hatte, meine einzige Gesellschaft. Er äußerte seine Besorgnis über mein ungewöhnlich erschöpftes Aussehen, und als er mich später zum Bahnhof begleitete, sprachen wir über die unerträgliche Last, die uns wie ein totes Gewicht auf jeder edlen Anstrengung zu liegen schien, die wir unternommen hatten, um der Tendenz der Zeit zu widerstehen, in völlige Wertlosigkeit zu versinken. Als ich nach Dresden zurückkehrte, überkam mich das Bewusstsein meiner völligen Einsamkeit zum ersten Mal mit vollem Bewusstsein, da ich nicht umhin konnte zu wissen, dass mit dem Verlust meiner Mutter jedes natürliche Band der Verbindung mit meinen Brüdern und Schwestern gelockert worden war, von denen jeder mit seinen eigenen Familienangelegenheiten beschäftigt war. So stürzte ich mich stumpf und kalt in das Einzige, was mich aufheitern und wärmen konnte, die Ausarbeitung meines Lohengrin und meine Studien der deutschen Antike.

So brachen die letzten Tage des Februars an, die Europa erneut in eine Revolution stürzen sollten. Ich gehörte zu denen, die am wenigsten mit einem wahrscheinlichen oder auch nur möglichen Umsturz der politischen Welt rechneten. Meine ersten Erfahrungen mit solchen Dingen hatte ich in meiner Jugend zur Zeit der Julirevolution und der langen und friedlichen Reaktion, die ihr folgte, gemacht. Seitdem hatte ich Paris kennengelernt, und nach all den Zeichen des öffentlichen Lebens, die ich dort sah, dachte ich, dass alles, was geschehen war, nur die Vorläufer einer großen revolutionären Bewegung gewesen waren. Ich war bei der Errichtung der Forts detaches um Paris anwesend gewesen, die Louis Philippe durchführen ließ, und war über den strategischen Wert der verschiedenen festen Wachposten unterrichtet worden, die über Paris verstreut waren, und ich stimmte mit denen überein, die der Ansicht waren, dass alles bereit war, um selbst einen Aufstandsversuch der Pariser Bevölkerung völlig unmöglich zu machen. Als also der Schweizer Unabhängigkeitskrieg Ende des vorigen Jahres und die siegreiche sizilianische Revolution zu Beginn des neuen Jahres die Augen aller Menschen mit großer Spannung auf die Wirkung dieser Aufstände auf Paris richteten, nahm ich an den geweckten Hoffnungen und Befürchtungen nicht das geringste Interesse. Nachrichten von der wachsenden Unruhe in der französischen Hauptstadt drangen zwar zu uns, aber ich bezweifelte Röckels Annahme, daß man ihnen irgendeine Bedeutung beimessen könne. Ich saß gerade bei einer Probe von Martha am Dirigentenpult, als mir Röckel in einer Pause mit der besonderen Freude, im Recht zu sein, die Nachricht von Louis Philippes Flucht und der Ausrufung der Republik in Paris überbrachte. Dies machte einen seltsamen, fast erstaunlichen Eindruck auf mich, obwohl mir zugleich der Zweifel an der wahren Bedeutung dieser Ereignisse ein Lächeln ins Gesicht gestattete. Auch ich wurde von dem Fieber der Aufregung angesteckt, das sich überall ausgebreitet hatte. Die deutschen Märztage nahten, und von allen Seiten trafen immer alarmierendere Nachrichten ein. Sogar im engen Umkreis meiner sächsischen Heimat wurden ernste Petitionen formuliert, denen der König lange Zeit widerstand; selbst er täuschte sich, wie er bald erkennen sollte, über den Sinn dieser Aufregung und der im Lande herrschenden Stimmung.

An einem dieser wirklich beunruhigenden Tage, als die Luft schwer und voller Donner war, gaben wir unser drittes großes Orchesterkonzert, bei dem wie bei den beiden vorhergehenden Gelegenheiten der König und sein Hofstaat anwesend waren. Zur Eröffnung dieses Konzerts hatte ich Mendelssohns Symphonie in a-Moll gewählt, die ich anlässlich seiner Beerdigung gespielt hatte. Die Stimmung dieses Stückes, das selbst in den vermeintlich freudigen Phrasen immer zart melancholisch ist, korrespondierte seltsam mit der Angst und Niedergeschlagenheit des gesamten Publikums, die sich besonders im Verhalten der königlichen Familie äußerte. Ich verbarg gegenüber Lipinsky, dem Dirigenten des Orchesters, nicht mein Bedauern über den Fehler, den ich bei der Gestaltung des Programms für diesen Tag begangen hatte, da dieser Moll-Symphonie Beethovens Fünfte Symphonie, ebenfalls in Moll, folgen sollte. Mit einem fröhlichen Funkeln in den Augen tröstete mich der exzentrische Pole mit dem Ausruf: „Oh, spielen wir nur die ersten beiden Sätze der Symphonie in c-Moll, dann weiß niemand, ob wir Mendelssohn in Dur oder in Moll gespielt haben." Glücklicherweise erhob sich zu unserer großen Überraschung vor Beginn dieser beiden Sätze ein lauter Schrei aus dem Publikum, ein patriotischer Geist rief „Lang lebe der König!", und dieser Ruf wurde sofort mit ungewöhnlicher Begeisterung und Energie von allen Seiten wiederholt. Lipinsky hatte vollkommen recht: Die Symphonie schwoll mit der leidenschaftlichen und stürmischen Erregung des ersten Themas wie ein Orkan der Freude an und hatte selten eine solche Wirkung auf das Publikum ausgeübt wie an diesem Abend. Dies war das letzte der neu eröffneten Konzerte, die ich jemals in Dresden dirigierte.

Bald darauf traten die unvermeidlichen politischen Veränderungen ein. Der König entließ sein Ministerium und wählte ein neues, das teils aus Liberalen, teils sogar aus wirklich begeisterten Demokraten bestand, die sogleich die bekannten, in der ganzen Welt gleichen Bestimmungen zur Schaffung einer durch und durch demokratischen Verfassung verkündeten. Ich war von diesem Ergebnis und von der herzlichen Freude, die sich in der ganzen Bevölkerung ausbreitete, sehr gerührt und hätte viel darum gegeben, wenn ich hätte Zugang zum König erlangen und mich von seinem herzlichen Vertrauen in die Liebe des Volkes zu ihm überzeugen können, die mir als eine so begehrenswerte Vollendung erschien. Abends war die Stadt heiter erleuchtet, und der König fuhr in einem offenen Wagen durch die Straßen. In der größten Aufregung ging ich unter die dichten Menschenmengen und folgte seinen Bewegungen, oft dorthin laufend, wo ich es für wahrscheinlich hielt, dass ein besonders herzlicher Ruf das Herz des Monarchen erfreuen und versöhnen könnte. Meine Frau war ganz erschrocken, als sie mich spät in der Nacht müde und vom Schreien ganz heiser zurückkommen sah.

Die Ereignisse in Wien und Berlin mit ihren offenbar bedeutsamen Folgen berührten mich nur so sehr, wie interessante Zeitungsberichte und die Sitzung eines Frankfurter Parlaments an Stelle des aufgelösten Bundestages seltsam angenehm in meinen Ohren klangen. Doch konnten mich all diese bedeutsamen Ereignisse keinen einzigen Tag von meiner regelmäßigen Arbeit abbringen. Mit ungeheurer, fast überheblicher Befriedigung vollendete ich in den letzten Tagen dieses ereignisreichen und historischen Monats März die Partitur des Lohengrin mit der Instrumentierung der Musik bis zum Verschwinden des Ritters vom Heiligen Gral in die ferne, mystische Ferne.

Etwa zu dieser Zeit erschien eines Tages eine junge Engländerin, Madame Jessie Laussot, die in Bordeaux einen Franzosen geheiratet hatte, in meinem Haus in Begleitung des kaum achtzehnjährigen Karl Ritter. Dieser junge Mann, der in Russland als Sohn deutscher Eltern geboren worden war, gehörte zu einer jener nordischen Familien, die sich wegen der angenehmen künstlerischen Atmosphäre dieses Ortes dauerhaft in Dresden niedergelassen hatten. Ich erinnerte mich, dass ich ihn kurz nach der Uraufführung des Tannhäuser schon einmal gesehen hatte, als er mich um mein Autogramm für eine Kopie der Partitur dieser Oper bat, die im Musikalienladen zum Verkauf stand. Ich erfuhr nun, dass diese Kopie in Wirklichkeit Frau Laussot gehörte, die bei diesen Aufführungen anwesend gewesen war und die mir nun vorgestellt wurde. Von Schüchternheit überwältigt, drückte die junge Dame ihre Bewunderung auf eine Weise aus, die ich noch nie zuvor erlebt hatte, und erzählte mir gleichzeitig, wie sehr sie bedauerte, durch Familienangelegenheiten aus ihrem Lieblingshaus in Dresden bei der Familie Ritter fortgerufen worden zu sein, die, wie sie mir zu verstehen gab, mir zutiefst ergeben war. Mit einem seltsamen und auf seine Art ganz neuen Gefühl verabschiedete ich mich von dieser jungen Dame. Dies war das erste Mal seit meiner Begegnung mit Alwine Frommann und Werder, als der „Fliegende Holland " aufgeführt wurde, dass ich diesen sympathischen Tonfall hörte, der wie ein Echo aus einer alten, vertrauten Vergangenheit zu klingen schien, den ich jedoch nie in der Nähe hörte. Ich lud den jungen Ritter ein, mich zu besuchen, wann immer er wollte, und mich manchmal auf meinen Spaziergängen zu begleiten. Seine außergewöhnliche Schüchternheit schien ihn jedoch daran zu hindern, und ich erinnere mich nur, ihn sehr gelegentlich bei mir zu Hause gesehen zu haben. Er tauchte häufiger mit Hans von Bülow auf, den er ziemlich gut zu kennen schien und der bereits als Jurastudent an der Universität Leipzig eingeschrieben war. Dieser gut informierte und gesprächige junge Mann zeigte seine warme und herzliche Hingabe mir gegenüber offener, und ich fühlte mich verpflichtet, seine Zuneigung zu erwidern. Er war der erste Mensch, der mir den echten Charakter der neuen politischen Begeisterung bewusst machte. Auf seinem Hut, ebenso wie auf dem seines Vaters, prangte vor meinen Augen die schwarz-rot-goldene Kokarde.

Nachdem ich nun meinen Lohengrin beendet hatte und Zeit hatte, den Lauf der Dinge zu studieren, konnte ich nicht länger umhin, mit der Gärung, die durch die Geburt deutscher Ideale und die mit ihrer Verwirklichung verbundenen Hoffnungen ausgelöst wurde, zu sympathisieren. Mein alter Freund Franck hatte mir bereits ein ziemlich gesundes politisches Urteilsvermögen vermittelt, und wie viele andere hatte ich ernste Zweifel, ob das jetzt zusammentretende deutsche Parlament irgendeinen nützlichen Zweck erfüllen würde. Dennoch konnten die Stimmung der Bevölkerung, von der es keinen Zweifel gab, obwohl sie vielleicht nicht sehr deutlich zum Ausdruck kam, und die überall vorherrschende Überzeugung, dass es unmöglich sei, zu den alten Verhältnissen zurückzukehren, ihren Einfluss auf mich nicht verfehlen. Aber ich wollte Taten statt Worte, und Taten, die unsere Fürsten zwingen würden, für immer mit ihren alten Traditionen zu brechen, die der Sache des deutschen Gemeinwesens so abträglich waren. Zu diesem Zweck fühlte ich mich inspiriert, einen Volksaufruf in Versen zu verfassen, in dem ich die deutschen Fürsten und Völker aufforderte, einen großen Kreuzzug gegen Russland zu starten, das Land, das der Hauptinitiator jener Politik in Deutschland war, die die Monarchen so verhängnisvoll von ihren Untertanen getrennt hatte. Einer der Verse lautete wie folgt:

Der alte Kampf gegen den Osten
findet heute erneut statt. Das Schwert des Volkes, das sich ewige Freiheit
wünscht, darf nicht rosten.

Da ich mit politischen Zeitschriften nichts zu tun hatte und durch Zufall erfahren hatte, dass Berthold Auerbach in der Redaktion einer Zeitung in Mannheim arbeitete, wo die revolutionären Wogen hoch gingen, sandte ich ihm mein Gedicht mit der Bitte, damit zu machen, was er für richtig hielt, und von diesem Tag an habe ich nie wieder etwas davon gehört oder gesehen.

Während das Frankfurter Parlament Tag für Tag tagte und es müßig schien, zu spekulieren, wohin dieses große Gerede kleiner Leute führen würde, beeindruckten mich die Nachrichten, die uns aus Wien erreichten, sehr. Im Mai dieses Jahres war ein Reaktionsversuch, wie er in Neapel gelungen und in Paris ergebnislos geblieben war, durch die Begeisterung und Energie des Wiener Volkes unter der Führung der Studentenbande, die mit so unerwarteter Entschlossenheit vorgegangen war, triumphierend im Keim erstickt worden. Ich war zu dem Schluss gekommen, dass man sich in Angelegenheiten, die das Volk direkt betrafen, nicht auf Vernunft oder Weisheit verlassen konnte, sondern nur auf schiere Gewalt, die von Fanatismus oder absoluter Notwendigkeit unterstützt wurde; aber der Verlauf der Ereignisse in Wien, wo ich die Jugend der gebildeten Klassen Seite an Seite mit dem Arbeiter arbeiten sah, erfüllte mich mit besonderer Begeisterung, der ich in einem weiteren Volksaufruf in Versen Ausdruck verlieh. Diesen schickte ich an die Österreichische Zeitung, wo er mit meiner vollen Unterschrift in ihren Spalten abgedruckt wurde.

In Dresden waren infolge der großen Veränderungen zwei politische Vereinigungen gegründet worden. Die erste hieß Deutscher Verein, dessen Programm auf „eine konstitutionelle Monarchie auf breitester demokratischer Grundlage" abzielte. Die Namen seiner wichtigsten Führer, unter denen trotz der breiten demokratischen Grundlage meine Freunde Eduard Devrient und Professor Rietschel den Mut hatten, offen aufzutreten, garantierten die Sicherheit seiner Ziele. Diese Vereinigung, die jedes Element einzubeziehen suchte, das eine wirkliche Revolution mit Abscheu betrachtete, rief einen Oppositionsklub ins Leben, der sich Vaterlands-Verein nannte. In diesem schien die „demokratische Grundlage" die Hauptgrundlage zu sein, und die „konstitutionelle Monarchie" bot nur den notwendigen Deckmantel.

Röckel warb leidenschaftlich für Letzteres, da er anscheinend jedes Vertrauen in die Monarchie verloren hatte. Der arme Kerl war in der Tat in einer sehr schlechten Verfassung. Er hatte schon vor langer Zeit jede Hoffnung aufgegeben, in der Musikwelt zu irgendeiner Position aufzusteigen; seine Dirigentenstelle war zu einer reinen Plackerei geworden und wurde leider so schlecht bezahlt, dass er sich und seine jährlich wachsende Familie unmöglich von den Einkünften ernähren konnte, die er aus seiner Stelle bezog. Er hatte immer eine unüberwindliche Abneigung gegen das Unterrichten, was in Dresden unter den vielen wohlhabenden Besuchern eine ziemlich lukrative Beschäftigung war. So ging es ihm immer schlechter, er verschuldete sich jämmerlich und sah lange Zeit keine Hoffnung für seine Position als Familienvater, außer in der Auswanderung nach Amerika, wo er glaubte, durch Handarbeit seinen Lebensunterhalt für sich und seine Angehörigen und durch die Arbeit als Landwirt, aus der Klasse, aus der er ursprünglich stammte, für seinen praktischen Verstand zu sichern. Dies war zwar mühsam, aber zumindest sicher. Auf unseren Spaziergängen unterhielt er mich in letzter Zeit fast ausschließlich mit Ideen, die er aus Büchern über Landwirtschaft gewonnen hatte, Lehren, die er mit Eifer zur Verbesserung seiner belasteten Lage anwandte. In dieser Stimmung befand er sich während der Revolution von 1848, und er wechselte sofort zu den extremen Sozialisten, die aufgrund des Beispiels von Paris ernsthaft zu werden drohten. Alle, die ihn kannten, waren völlig verblüfft über die scheinbar so plötzliche Veränderung, die in ihm vor sich ging, als er erklärte, er habe endlich seine wahre Berufung gefunden – die eines Agitators.

Seine Überzeugungskraft, auf die er sich jedoch für Reden nicht genügend verlassen konnte, entwickelte sich im Privatverkehr zu einer betäubenden Energie. Sein Redefluss war durch keinen Einwand zu unterbinden, und diejenigen, die er nicht für seine Sache gewinnen konnte, schob er für immer beiseite. In seiner Begeisterung für die Probleme, die ihn Tag und Nacht beschäftigten, schärfte er seinen Verstand zu einer Waffe, die jeden törichten Einwand zunichte machen konnte, und stand plötzlich wie ein Prediger in der Wildnis mitten unter uns. Er war auf allen Gebieten des Wissens zu Hause. Der Vaterlands-Verein hatte ein Komitee gewählt, um einen Plan zur Bewaffnung der Bevölkerung in die Tat umzusetzen; dazu gehörten Röckel und andere überzeugte Demokraten, außerdem einige Militärexperten, unter denen sich mein alter Freund Hermann Müller befand, der Gardeleutnant, der einst mit Schröder-Devrient verlobt gewesen war. Er und ein anderer Offizier namens Zichlinsky waren die einzigen Angehörigen der sächsischen Armee, die sich der politischen Bewegung anschlossen. Meine Rolle in den Sitzungen dieses Komitees war wie alles andere auch von künstlerischen Motiven bestimmt. Soweit ich mich erinnern kann, bildeten die Einzelheiten dieses Plans, der schließlich zu einem Ärgernis wurde, eine sehr solide Grundlage für eine wirkliche Bewaffnung des Volkes, obwohl es während der politischen Krise unmöglich war, ihn durchzuführen.

Mein Interesse und meine Begeisterung für die sozialen und politischen Probleme, die die ganze Welt beschäftigten, wuchsen von Tag zu Tag, bis mir öffentliche Versammlungen und private Gespräche sowie die seichten Plattitüden, die die Standardberedsamkeit der Redner der damaligen Zeit bildeten, die schreckliche Oberflächlichkeit der gesamten Bewegung bewiesen.

Könnte ich nur sicher sein, daß sich bei solch sinnlosem Durcheinander die in diesen Dingen bewanderten Leute jeder Demonstration enthalten würden (was ich zu meinem großen Bedauern bei Hermann Franck bemerkte und ihm offen mitteilte), dann würde ich mich im Gegenteil genötigt fühlen, sobald sich die Gelegenheit dazu bietet, den Inhalt solcher Fragen und Probleme nach meinem Ermessen zu erörtern. Es versteht sich von selbst, daß die Zeitungen bei dieser Gelegenheit eine spannende und bedeutende Rolle spielten. Als ich einmal nebenbei (wie ich ins Theater gehen würde) eine Versammlung des Vaterlands-Vereins besuchte, die in einem öffentlichen Garten versammelt war, wählten sie als Diskussionsthema „Republik oder Monarchie?" Ich war erstaunt zu hören und zu lesen, mit welcher unglaublichen Banalität sie darüber sprachen und wie ihre Erklärung im Grunde lautete, daß zwar eine Republik das Beste sei, man aber im schlimmsten Fall eine Monarchie ertragen könne, wenn sie gut geführt werde. Als Ergebnis vieler hitziger Diskussionen über diesen Punkt sah ich mich veranlasst, meine Ansichten zu diesem Thema in einem Artikel darzulegen, den ich im DRESDENER ANZEIGER veröffentlichte, den ich jedoch nicht unterzeichnete. Mein besonderes Ziel war es, die Aufmerksamkeit der wenigen, die die Sache wirklich ernst nahmen, von der äußeren Form der Regierung auf ihren inneren Wert zu lenken. Als ich die äußerst idealistischen Schlussfolgerungen all dessen verfolgt und konsequent diskutiert hatte, was meiner Meinung nach notwendig und untrennbar vom perfekten Staat und von der sozialen Ordnung war, fragte ich, ob es nicht möglich wäre, all dies mit einem König an der Spitze zu verwirklichen, und ging so tief in die Sache ein, dass ich den König in einer Weise darstellte, dass er noch mehr als jeder andere darauf bedacht schien, dass sein Staat nach wirklich republikanischen Grundsätzen organisiert werden sollte, damit er zur Erfüllung seiner eigenen höchsten Ziele gelangen könne. Ich muss jedoch gestehen, dass ich mich verpflichtet fühlte, diesen König zu drängen, eine viel vertrautere Haltung gegenüber seinem Volk einzunehmen, als die Hofatmosphäre und die fast ausschließliche Gesellschaft seiner Adligen dies zu ermöglichen schienen. Schließlich wies ich auf den König von Sachsen hin, der vom Schicksal auserwählt worden war, in der von mir angegebenen Richtung voranzugehen und allen anderen deutschen Fürsten ein Beispiel zu geben. Röckel hielt diesen Artikel für eine wahre Inspiration des Sühneengels, aber da er befürchtete, dass er in der Zeitung nicht die gebührende Anerkennung und Würdigung finden würde, drängte er mich, in der nächsten Versammlung des Vaterlands-Vereins öffentlich darüber zu sprechen, da er großen Wert darauf legte, dass ich persönlich über das Thema spreche. Ganz unsicher, ob ich mich wirklich dazu überreden könnte, besuchte ich die Versammlung, und dort beschloss ich leidenschaftlich, aufgrund des unerträglichen Unsinns eines gewissen Advokaten namens Blode und eines Kürschnermeisters Klette, die damals in Dresden als Demosthenes und Kleon verehrt wurden, vor diesem außerordentlichen Tribunal mit meinem Artikel zu erscheinen und ihn vor etwa dreitausend Personen sehr lebhaft vorzutragen.

Der Erfolg, den ich hatte, war einfach entsetzlich. Das erstaunte Publikum schien sich an nichts von der Rede des königlichen Dirigenten zu erinnern, außer an den beiläufigen Angriff, den ich auf die Hofseufzer gemacht hatte. Die Nachricht von diesem unglaublichen Ereignis verbreitete sich wie ein Lauffeuer. Am nächsten Tag probte ich Rienzi, das am nächsten Abend aufgeführt werden sollte. Ich wurde von allen Seiten zu meiner aufopfernden Kühnheit beglückwünscht. Am Tag der Aufführung jedoch wurde ich von Eisolt, dem Orchesterdirigenten, informiert, dass die Pläne geändert worden waren, und er gab mir zu verstehen, dass damit eine Geschichte verbunden sei. Tatsächlich wurde die schreckliche Sensation, die ich verursacht hatte, so groß, dass die Direktoren die unerhörtesten Demonstrationen bei einer Aufführung von Rienzi befürchteten. Dann brach in der Presse ein Sturm von Hohn und Beschimpfungen los, und ich wurde von allen Seiten so belagert, dass es sinnlos war, an Selbstverteidigung zu denken. Ich hatte sogar die Kommunalgarde von Sachsen beleidigt und wurde vom Kommandanten aufgefordert, mich vollständig zu entschuldigen. Die unerbittlichsten Feinde machte ich mir jedoch die Hofbeamten , besonders die in niederen Ämtern, und bis heute werde ich von ihnen verfolgt. Ich erfuhr, dass sie, soweit es in ihrer Macht stand, den König und schließlich den Direktor unablässig baten, mich sofort meines Amtes zu entheben. Aus diesem Grund hielt ich es für notwendig, dem Monarchen persönlich zu schreiben, um ihm zu erklären, dass mein Handeln eher als gedankenlose Indiskretion denn als strafbares Vergehen zu betrachten sei. Ich sandte diesen Brief an Herrn von Lüttichau und bat ihn, ihn dem König zu überbringen und gleichzeitig einen kurzen Urlaub für mich zu vereinbaren, damit die provozierende Unruhe während meiner Abwesenheit von Dresden abklingen könne. Die auffallende Freundlichkeit und das Wohlwollen, die Herr von Lüttichau mir bei dieser Gelegenheit entgegenbrachte, machten auf mich keinen geringen Eindruck, und ich bemühte mich nicht, dies vor ihm zu verbergen. Als aber im Laufe der Zeit seine unkontrollierte Wut über verschiedene Dinge, insbesondere über vieles, was er in meiner Broschüre missverstanden hatte, ausbrach, erfuhr ich, dass er nicht aus menschlichen Motiven so versöhnlich zu mir gesprochen hatte, sondern vielmehr auf Wunsch des Königs selbst. Darüber erhielt ich die genauesten Informationen und hörte, dass der König, als alle und sogar von Lüttichau selbst den König bedrängten, mich mit Strafe zu heimsuchen, jedes weitere Gespräch über diesen Gegenstand verboten hatte. Nach dieser sehr ermutigenden Erfahrung schmeichelte ich mir, dass der König nicht nur meinen Brief, sondern auch meine Broschüre besser verstanden hatte als viele andere.

Um meine Meinung ein wenig zu ändern, beschloß ich, für den Augenblick (es war Anfang Juli) die mir gewährte kurze Urlaubszeit zu einer Reise nach Wien auszunützen. Ich reiste über Breslau, wo ich einen alten Freund meiner

Familie, den Musikdirektor Mosewius, aufsuchte, bei dem ich einen Abend verbrachte. Wir unterhielten uns sehr lebhaft, konnten uns aber leider nicht von den rührenden politischen Fragen des Tages fernhalten. Was mich am meisten interessierte, war seine außerordentlich umfangreiche, ja, wenn ich mich recht erinnere, vollständige Sammlung der Kantaten Sebastian Bachs in vorzüglichsten Abschriften. Außerdem erzählte er mit einem ganz ihm eigenen Humor einige vergnügliche musikalische Anekdoten, die mir noch viele Jahre lang eine angenehme Erinnerung waren. Als Mosewius im Laufe des Sommers in Dresden meinen Besuch erwiderte, spielte ich ihm eine Stelle aus dem ersten Akt des Lohengrin auf dem Klavier vor, und der Ausdruck seines aufrichtigen Erstaunens über diese Vorstellung war mir sehr erfreulich. In späteren Jahren fand ich jedoch, daß er etwas spöttisch über mich gesprochen hatte; aber ich dachte nicht über die Wahrheit dieser Mitteilung nach oder über den wirklichen Charakter des Mannes, denn nach und nach hatte ich mich an die unvorstellbarsten Dinge gewöhnen müssen. In Wien suchte ich zunächst Professor Fischhof auf, da ich wußte, daß er bedeutende Manuskripte, vor allem von Beethoven, in seinem Besitz hatte, unter denen ich besonders neugierig war, das Original der c-Moll-Sonate, Opus 111, zu sehen. Durch diesen neuen Freund, den ich etwas trocken fand, lernte ich Herrn Vesque von Puttlingen kennen, der als Komponist einer höchst unbedeutenden Oper (Jeanne d'Arc), die in Dresden aufgeführt worden war, mit vorsichtigem Geschmack nur die letzten beiden Silben von Beethovens Namen übernommen hatte – Haven. Eines Tages waren wir bei ihm zum Essen, und da erkannte ich in ihm einen ehemaligen Vertrauten des Fürsten Metternich, der jetzt mit seinem schwarz-rot-goldenen Ordensband, anscheinend ganz überzeugt, dem Strom der Zeit folgte. Eine weitere interessante Bekanntschaft machte ich in der Person des russischen Staatsrats und Attachés an der russischen Botschaft in Wien, Herrn von Fonton. Ich traf diesen Mann häufig, sowohl bei Fischhof als auch auf Ausflügen in die Umgebung, und es war für mich interessant, zum ersten Mal einem Mann zu begegnen, der so stark seinen Glauben an den pessimistischen Standpunkt bekundete, dass ein konsequenter Despotismus die einzige Ordnung der Dinge garantiert, die toleriert werden kann. Nicht ohne Interesse und sicherlich nicht ohne Intelligenz – denn er rühmte sich, an den aufgeklärtesten Schulen der Schweiz erzogen worden zu sein – hörte er meiner begeisterten Erzählung des Kunstideals zu, das ich im Sinn hatte und das einen großen und entscheidenden Einfluss auf die Menschheit ausüben sollte. Da er zugeben musste, dass die Verwirklichung dieses Ideals nicht durch die Kraft des Despotismus erreicht werden konnte, und da er keine Belohnung für meine Anstrengungen voraussehen konnte, taute er, als wir zum Champagner kamen, zu einem Grad leutseliger Gutmütigkeit auf, um mir viel Erfolg zu wünschen. Wie ich später erfuhr, war das letzte Mal von diesem Mann, von dessen Talent und Tatkraft ich damals keine geringe Meinung hatte, gehört worden, dass er sich in großer Not befand.

Da ich nie etwas ohne ein ernstes Ziel unternahm, hatte ich mich entschlossen, diesen Besuch in Wien zu nutzen, um meine Ideen zur Reform des Theaters auf praktische Weise voranzutreiben. Wien schien mir für diesen Zweck besonders geeignet, da es damals fünf Theater von völlig unterschiedlichem Charakter gab, die ein klägliches Dasein fristeten. Ich arbeitete rasch einen Plan aus, wonach diese verschiedenen Theater zu einer Art Genossenschaftsorganisation zusammengeschlossen und einer Verwaltung unterstellt werden könnten, die nicht nur aus aktiven Mitgliedern, sondern auch aus all jenen bestehen sollte, die irgendeine literarische Verbindung zum Theater hatten. Um ihnen meinen Plan vorzulegen, erkundigte ich mich dann nach Personen mit den entsprechenden Fähigkeiten, die meinen Anforderungen am ehesten zu entsprechen schienen. Außer Herrn Friedrich Uhl, den ich von Anfang an durch Fischer kennengelernt hatte und der mir sehr gute Dienste leistete, wurde mir ein Herr Franck genannt (derselbe, nehme ich an, der später ein großes Epos namens Tannhäuser veröffentlichte) und ein Dr. Pacher, ein Agent Meyerbeers und ein Winkeladvokat, auf dessen Bekanntschaft ich später keinen Grund hatte, stolz zu sein. Der sympathischste und sicherlich wichtigste der von mir für die Konferenzsitzung im Hause Fischhof ausgewählten Personen war zweifellos Dr. Becher, ein leidenschaftlicher und äußerst kultivierter Mann. Er war der einzige Anwesende, der die Verlesung meines Plans ernsthaft verfolgte, obwohl er natürlich keineswegs mit allem einverstanden war. Ich bemerkte bei ihm eine gewisse Wildheit und Heftigkeit, deren Eindruck mir einige Monate später sehr lebhaft wiederkam, als ich hörte, dass er als Rebell, der am Oktoberaufstand in Wien teilgenommen hatte, erschossen worden war. Für den Augenblick musste ich mich also damit zufrieden geben, den Plan meiner Theaterreform einigen aufmerksamen Zuhörern vorgelesen zu haben. Alle schienen überzeugt, daß die Zeit nicht günstig sei, solche friedlichen Reformpläne vorzuschlagen. Uhl dagegen hielt es für richtig, mir eine Vorstellung von dem zu geben, was in Wien gegenwärtig in Mode war, indem er mich eines Abends in einen politischen Klub der fortgeschrittensten Richtungen mitnahm. Dort hörte ich eine Rede von Herrn Sigismund Englander, der bald darauf in den politischen Monatsblättern große Beachtung fand; die unverschämte Kühnheit, mit der er und andere sich an diesem Abend über die gefürchtetsten Personen der öffentlichen Macht äußerten, erstaunte mich fast ebenso sehr wie die Armut der politischen Ansichten, die bei dieser Gelegenheit geäußert wurden. Einen sehr angenehmen Eindruck dagegen machte mir Herr Grillparzer, der Dichter, dessen Name mir wie eine Fabel vorkam, da er von frühester Kindheit an mit seiner „Ahnfrau" verbunden war. Ich trat auch in Bezug auf meine Theaterreform an ihn heran. Er schien durchaus geneigt, mir freundlich zuzuhören; er versuchte jedoch nicht, seine Überraschung über meine direkten Appelle und die persönlichen Forderungen, die ich an ihn stellte, zu verbergen. Er war der erste Dramatiker, den ich jemals in einer offiziellen Uniform gesehen habe.

Nachdem ich Herrn Bauernfeld in derselben Angelegenheit einen erfolglosen Besuch abgestattet hatte, kam ich zu dem Schluss, dass Wien für den Augenblick nicht mehr von Nutzen war, und überließ mich den außerordentlich anregenden Eindrücken des öffentlichen Lebens des bunten Volks, das in letzter Zeit so merklich verändert worden war. Hatte mich schon die Studentenkapelle, die immer in großer Zahl auf den Straßen vertreten war, durch die außerordentliche Beständigkeit, mit der ihre Mitglieder die deutschen Farben trugen, amüsiert, so war ich doch höchst amüsiert über die Wirkung, die sie machte, als ich in den Theatern sogar das Eis von Dienern in den Farben Schwarz, Rot und Gold Österreichs serviert sah. Im Karlstheater im Leopoldsviertel der Stadt sah ich eine neue Farce von Nestroy, die tatsächlich die Figur des Fürsten Metternich einführte und in der dieser Staatsmann auf die Frage, ob er den Herzog von Reichstadt vergiftet habe, als entlarvter Sünder hinter die Kulissen fliehen musste. Im ganzen machte das Erscheinungsbild dieser sonst so vergnügungssüchtigen Kaiserstadt den Eindruck jugendlicher und kraftvoller Zuversicht. Und dieser Eindruck wurde in mir wieder lebendig, als ich von der energischen Beteiligung der jugendlichen Bevölkerung an der Verteidigung Wiens gegen die Truppen des Fürsten Windischgrätz in jenen schicksalsträchtigen Oktobertagen hörte.

Auf der Rückreise legte ich in Prag an, wo ich meinen alten Freund Kittl (der sehr viel dicker geworden war) noch immer in der schrecklichsten Angst vor den dortigen aufrührerischen Ereignissen vorfand. Er schien der Meinung zu sein, dass die Revolte der tschechischen Partei gegen die österreichische Regierung gegen ihn persönlich gerichtet war, und er hielt es für angebracht, sich die schreckliche Aufregung der Zeit vorzuwerfen, die er besonders durch seine Komposition meines Operntextes Die Franzosen vor Nizza angefacht zu haben glaubte, aus dem eine Art revolutionärer Luft sehr populär geworden zu sein schien. Zu meiner großen Freude begleitete mich auf meiner Rückreise der Bildhauer Hänel, den ich auf dem Dampfer kennenlernte. Mit uns reiste auch ein Graf Albert Nostitz, mit dem er gerade seine Geschäfte über die Statue Kaiser Karls IV. abgewickelt hatte, und er war in der heitersten Stimmung, da der äußerst unsichere Zustand des österreichischen Papiergeldes dazu geführt hatte, dass er gemäß seiner Vereinbarung mit großem Gewinn in Silbermünzen bezahlt wurde. Zu meiner großen Freude stellte ich fest, daß er dadurch so zuversichtlich und vorurteilsfrei gestimmt war, daß er mich bei meiner Ankunft in Dresden die ganze, sehr weite Strecke von der Anlegestelle, an der wir den Dampfer verlassen hatten, bis zu meinem Haus im offenen Wagen begleitete, und das, obwohl er ganz genau wußte, daß ich noch vor wenigen Wochen in eben dieser Stadt für furchtbares Aufsehen gesorgt hatte.

Was die Öffentlichkeit anbelangte, schien sich der Sturm vollständig gelegt zu haben, und ich konnte ohne weitere Schwierigkeiten meine gewohnten Beschäftigungen und meinen gewohnten Lebensstil wieder aufnehmen. Leider muss ich jedoch sagen, dass meine alten Sorgen und Ängste wieder aufkamen; ich brauchte dringend Geld und hatte nicht die leiseste Ahnung, wo ich es suchen sollte. Dann untersuchte ich sehr gründlich die Antwort, die ich im vergangenen Winter auf meine Bitte um Gehaltserhöhung erhalten hatte. Ich hatte sie ungelesen gelassen, da mich die darin vorgenommenen Änderungen bereits angewidert hatten. Wenn ich bisher geglaubt hatte, dass Herr von Lüttichau die von mir geforderte Gehaltserhöhung in Form einer Zulage herbeigeführt hatte, die ich jährlich erhalten sollte – an sich schon eine demütigende Sache –, so sah ich jetzt zu meinem Entsetzen, dass die ganze Zeit über nur von einer einzigen Zulage die Rede war und dass nichts darauf hinwies, dass dies jährlich wiederholt werden sollte. Als ich dies erfuhr, sah ich, dass ich nun in dem hoffnungslosen Nachteil sein würde, mit einer Einrede zu spät zu kommen, wenn ich versuchen sollte, eine zu erheben; so blieb mir nichts übrig, als eine unter diesen Umständen ganz beispiellose Beleidigung hinzunehmen. Meine Gefühle Herrn von Lüttichau gegenüber, die noch vor kurzem aufgrund seiner angeblichen Freundlichkeit mir gegenüber während der letzten Unruhen recht warm gewesen waren, machten jetzt eine ernste Veränderung durch, und ich hatte bald einen neuen (eigentlich mit der oben erwähnten Affäre zusammenhängenden) Grund, meine positive Meinung von ihm zu ändern und mich endgültig und für immer gegen ihn zu wenden. Er hatte mir mitgeteilt, die Mitglieder des kaiserlichen Orchesters hätten ihm eine Deputation geschickt, die meine sofortige Entlassung forderte, da sie der Ansicht seien, es betreffe ihre Ehre, noch länger unter einem Dirigenten zu stehen, der sich politisch so kompromittiert habe wie ich. Er teilte mir auch mit, er habe sie nicht nur sehr streng gerügt, sondern sich auch sehr bemüht, sie in Bezug auf mich zu beruhigen. All dies, was Lüttichau in ein sehr günstiges Licht gerückt hatte, hatte mich ihm gegenüber in letzter Zeit sehr freundlich gestimmt. Dann jedoch erfuhr ich durch Nachforschungen zufällig durch Mitglieder des Orchesters, dass der Sachverhalt fast genau umgekehrt liege. Was geschehen war, war dies, daß die Mitglieder der kaiserlichen Kapelle von allen Seiten von den Hofbeamten angesprochen und nicht nur inständig aufgefordert worden waren, das zu tun, was Lüttichau nach eigener Aussage von sich aus getan hatte, sondern auch mit dem Mißfallen des Königs und dem stärksten Verdacht bedroht worden waren, wenn sie sich weigerten, dieser Aufforderung nachzukommen. Um sich gegen diese Intrige zu schützen und alle bösen Folgen zu vermeiden, falls sie den erforderlichen Schritt nicht taten, hatten sich die Musiker an ihren Chef gewandt und ihm eine Abordnung geschickt, durch die sie erklärten, daß sie sich als Künstlervereinigung nicht im geringsten berufen fühlten, sich in eine Angelegenheit einzumischen, die sie nichts anging. So verschwand endlich der Heiligenschein, der meine frühere Zuneigung zu Herrn von Lüttichau um ihn gehüllt hatte, für immer und ewig, und es war vor allem meine Scham, durch sein falsches Benehmen so sehr beleidigt worden zu sein, die mir nun für immer so bittere Gefühle für diesen Mann einflößte. Was dieses Gefühl noch mehr ausmachte als die erlittenen Beleidigungen, war die Erkenntnis der Tatsache, dass ich nun absolut nicht mehr in der Lage war, seinen Einfluss jemals für die Sache der Theaterreform zu gewinnen, die mir so am Herzen lag. Es war natürlich, dass ich lernte, der bloßen Beibehaltung des Postens als Orchesterdirigent mit einem so außerordentlich unzureichenden und reduzierten Gehalt immer weniger Bedeutung beizumessen; und indem ich dieses Amt behielt, beugte ich mich lediglich dem unvermeidlichen, wenn auch rein zufälligen Umstand eines elenden Schicksals. Ich tat nichts, um den Posten unerträglicher zu machen, aber gleichzeitig rührte ich keinen Finger, um seine Dauerhaftigkeit zu gewährleisten.

Als allernächstes musste ich versuchen, meine bisher so traurig zum Scheitern verurteilten Hoffnungen auf ein höheres Einkommen auf eine viel solidere Basis zu stellen. In dieser Hinsicht kam mir die Idee, meinen Freund Liszt zu konsultieren und ihn zu bitten, mir ein Mittel gegen meine beklagenswerte Lage vorzuschlagen. Und siehe da, kurz nach jenen schicksalshaften Märztagen und nicht lange vor der Fertigstellung meiner Lohengrin-Partitur betrat zu meiner großen Freude und Überraschung genau der Mann, den ich gesucht hatte, mein Zimmer. Er war aus Wien gekommen, wo er die „Barrikadentage" erlebt hatte, und reiste weiter nach Weimar, wo er sich dauerhaft niederlassen wollte. Wir verbrachten einen Abend zusammen bei Schumann, musizierten ein wenig und begannen schließlich eine Diskussion über Mendelssohn und Meyerbeer, in der Liszt und Schumann so grundlegend unterschiedlicher Meinung waren, dass letzterer völlig die Fassung verlor und sich wütend für längere Zeit in sein Schlafzimmer zurückzog. Dieser Vorfall brachte uns zwar in eine etwas unangenehme Lage gegenüber unserem Gastgeber, lieferte uns aber ein höchst amüsantes Gesprächsthema für den Heimweg . Selten habe ich Liszt so überschwänglich heiter gesehen wie an jenem Abend, als er trotz der Kälte und der Tatsache, dass er nur ein gewöhnliches Abendkleid trug, zuerst den Musikdirektor Schubert und dann mich nach unseren jeweiligen Häusern begleitete. Anschließend nutzte ich einige Ferientage im August für einen Ausflug nach Weimar, wo ich Liszt dauerhaft vorfand, der, wie allgemein bekannt ist, ein Leben in engstem Verkehr mit dem Großherzog führte. Obwohl er mir in meinen Angelegenheiten nicht helfen konnte, außer indem er mir eine Empfehlung gab, die sich schließlich als nutzlos erwies, war sein

Empfang bei diesem kurzen Besuch so herzlich und so außerordentlich anregend, dass ich zutiefst erheitert und ermutigt war. Nach meiner Rückkehr nach Dresden versuchte ich, meine Ausgaben so weit wie möglich einzuschränken und im Rahmen meiner Möglichkeiten zu leben; und da mir alle Mittel der Hilfe fehlten, griff ich auf das Mittel zurück, ein Rundschreiben an alle meine übrigen Gläubiger zu schicken, die eigentlich alle Freunde waren. Darin teilte ich ihnen meine Lage offen mit und forderte sie auf, auf unbestimmte Zeit auf ihre Forderungen zu verzichten, bis sich meine Lage zum Besseren wendete, denn ohne dies würde ich sicherlich nie in der Lage sein, sie zufriedenzustellen. Auf diese Weise würden sie jedenfalls in der Lage sein, meinem Generaldirektor entgegenzutreten, den ich aller Gründe hatte, böse Absichten zu verdächtigen, und der nur zu gern jedes Anzeichen von Feindseligkeit meiner Gläubiger mir gegenüber als Vorwand für die schlimmsten Schritte gegen mich aufgefasst hätte. Die Zusicherung, die ich brauchte, wurde mir ohne Zögern gegeben; mein Freund Pusinelli und Frau Klepperbein (eine alte Freundin meiner Mutter) gingen sogar so weit, zu erklären, dass sie bereit seien, alle Ansprüche auf das Geld, das sie mir geliehen hatten, aufzugeben. So einigermaßen beruhigt und da sich meine Lage gegenüber Lüttichau so weit gebessert hatte, dass ich nach eigenem Ermessen entscheiden konnte, ob und wann ich meine Stelle ganz aufgeben sollte, erfüllte ich nun mit so viel Geduld und Gewissen wie möglich weiterhin meine Pflichten als Kapellmeister und nahm zugleich mit großem Eifer meine Studien wieder auf, die mich immer weiter in die Ferne führten.

So beruhigt, begann ich nun die wundersamen Entwicklungen im Schicksal meines Freundes Röckel zu beobachten. Da jeder Tag neue Gerüchte über drohende reaktionäre Staatsstreiche und ähnliche Gewaltausbrüche brachte, die Röckel zu verhindern für richtig hielt, verfasste er einen Aufruf an die Soldaten der sächsischen Armee, in dem er jedes Detail der Sache darlegte, für die er eintrat, und den er dann drucken und im Rundfunk verbreiten ließ. Dies war ein zu eklatantes Vergehen für die Staatsanwälte: Er wurde daher sofort verhaftet und musste drei Tage im Gefängnis bleiben, während eine Anklage wegen Hochverrats gegen ihn erhoben wurde. Er wurde erst freigelassen, als der Anwalt Minkwitz die erforderlichen 3.000 Mark (entspricht 150 Pfund) Kaution stellte. Diese Heimkehr zu seiner besorgten Frau und seinen Kindern wurde durch ein kleines Volksfest gefeiert, das das Komitee des Vaterlands-Vereins zu seinen Ehren veranstaltet hatte, und der Befreite wurde als Vorkämpfer der Volkssache begrüßt. Andererseits entließ ihn die Generaldirektion des Hoftheaters, die ihn zuvor vorübergehend suspendiert hatte, nun endgültig. Röckel ließ sich einen Vollbart wachsen und begann mit der Herausgabe einer populären Zeitschrift namens Volksblatt, deren alleiniger Herausgeber er war. Er musste auf den Erfolg dieses Blattes als Entschädigung für den Verlust seines Gehalts als

Musikdirektor gerechnet haben, denn er mietete sofort ein Büro in der Brudergasse für sein Unternehmen. Dieses Blatt konnte die Aufmerksamkeit vieler Leute auf seinen Herausgeber lenken und seine Talente in einem ganz neuen Licht erscheinen lassen. Er verwickelte sich nie in seinen Stil oder gab sich einer Ausarbeitung der Worte hin, sondern beschränkte sich auf Dinge von unmittelbarer Bedeutung und allgemeinem Interesse; erst nachdem er sie in ruhiger und nüchterner Weise besprochen hatte, gelangte er zu weiteren, noch interessanteren Schlussfolgerungen, die damit verbunden waren. Die einzelnen Artikel waren kurz und enthielten nie etwas Überflüssiges, außerdem waren sie so klar geschrieben, dass sie selbst den ungebildetsten Geist lehrreich und überzeugend ansprachen. Indem er immer auf den Kern der Sache ging, statt sich in Umschreibungen zu ergehen, die in der Politik so große Verwirrung in den Köpfen der ungebildeten Massen verursacht haben, hatte er bald einen großen Leserkreis, sowohl unter gebildeten als auch unter ungebildeten Leuten. Der einzige Nachteil war, dass der Preis der kleinen Wochenzeitung zu niedrig war, um ihm einen entsprechenden Gewinn zu bringen. Außerdem musste man ihn warnen, dass die reaktionäre Partei, sollte sie jemals wieder an die Macht kommen, ihm diese Zeitung niemals verzeihen würde. Sein jüngerer Bruder Edward, der zu dieser Zeit in Dresden zu Besuch war, erklärte sich bereit, eine Stelle als Klavierlehrer in England anzunehmen, die ihm zwar höchst unangenehm war, aber lukrativ sein und ihn in die Lage versetzen würde, Röckels Familie zu helfen, wenn er, wie es wahrscheinlich schien, seine Belohnung im Gefängnis oder am Galgen erhielt. Infolge seiner Verbindung mit verschiedenen Vereinen war seine Zeit so sehr in Anspruch genommen, dass mein Verkehr mit ihm auf Spaziergänge beschränkt war, die immer seltener wurden. Bei diesen Gelegenheiten verlor ich mich oft in den wildesten spekulativen und tiefgründigsten Diskussionen, während dieser wunderbar erregbare Mann immer ruhig und nachdenklich und klar im Kopf blieb. In erster Linie hatte er eine drastische soziale Reform der Mittelklasse – wie sie sich gegenwärtig zusammensetzt – geplant, indem er auf eine völlige Veränderung der Grundlagen ihrer Lage abzielte. Er konstruierte eine völlig neue moralische Ordnung der Dinge, die auf den Lehren Proudhons und anderer Sozialisten über die Vernichtung der Macht des Kapitals durch unmittelbar produktive Arbeit unter Verzicht auf den Mittelsmann beruhte. Nach und nach überzeugte er mich mit äußerst verführerischen Argumenten von seinen eigenen Ansichten, und zwar in einem solchen Ausmaß, dass ich begann, meine Hoffnungen auf die Verwirklichung meines Ideals in der Kunst auf sie aufzubauen. So gab es zwei Fragen, die mich sehr beschäftigten: Er wollte die Ehe im üblichen Sinne des Wortes ganz und gar abschaffen. Daraufhin fragte ich ihn, was seiner Meinung nach die Folgen des promiskuitiven Verkehrs mit Frauen zweifelhafter Natur sein würden. Mit liebenswürdiger Entrüstung gab er mir zu verstehen, dass wir keine Vorstellung von der Reinheit der Sitten im Allgemeinen und der Beziehungen der Geschlechter im Besonderen haben könnten, solange wir nicht imstande seien, die Menschen vollständig vom Joch der Berufe, Gilden und ähnlicher Zwangseinrichtungen zu befreien. Er bat mich, zu überlegen, welches der einzige Beweggrund sein würde, der eine Frau dazu bewegen würde, sich einem Mann hinzugeben, wenn nicht nur die Erwägungen von Geld, Vermögen, Stellung und familiären Vorurteilen, sondern auch die verschiedenen Einflüsse, die sich daraus zwangsläufig ergeben, verschwunden wären. Als ich ihn wiederum fragte, woher er Personen von großem Intellekt und künstlerischer Begabung nehmen würde, wenn alle in die Arbeiterklasse eingingen, begegnete er meinem Einwand mit der Antwort, dass die Arbeit gerade dadurch, dass jeder nach Maßgabe seiner Kraft und Fähigkeit an der notwendigen Arbeit teilnehmen würde, keine Last mehr wäre und einfach zu einer Beschäftigung würde, die schließlich einen völlig künstlerischen Charakter annehmen würde. Er bewies dies mit dem Grundsatz, daß, wie bereits bewiesen, ein von einem einzelnen Bauern mühsam bearbeitetes Feld unendlich weniger ertragreich sei, als wenn es von mehreren Personen auf wissenschaftliche Weise bebaut werde. Diese und ähnliche Anregungen, die Röckel mir mit einer geradezu entzückenden Begeisterung mitteilte, veranlaßten mich zu weiteren Überlegungen und brachten neue Pläne hervor, auf denen sich meiner Ansicht nach eine mögliche Organisation des Menschengeschlechts, die meinen höchsten Idealen in der Kunst entspräche, allein gründen ließ. In dieser Beziehung wandte ich meine Gedanken sofort dem Nahen zu und richtete meine Aufmerksamkeit auf das Theater. Der Anlaß dazu kam nicht nur aus meinem eigenen Gefühl, sondern auch aus äußeren Umständen. Nach den neuesten demokratischen Wahlgesetzen schien in Sachsen eine allgemeine Wahl bevorzustehen; die Wahl der äußersten Radikalen, die inzwischen fast überall stattgefunden hatte, zeigte uns, daß, wenn die Bewegung anhielte, selbst in der Verwaltung der Steuereinnahmen die außerordentlichsten Veränderungen eintreten würden. Offenbar war allgemein beschlossen worden, die Zivilliste einer strengen Revision zu unterziehen; alles, was im königlichen Haushalt als überflüssig galt, sollte abgeschafft werden; dem Theater, als unnötiger Unterhaltungsort für einen verdorbenen Teil des Publikums, drohte die Streichung der ihm aus der Zivilliste gewährten Subventionen. Ich entschloß mich nun, im Hinblick auf die Bedeutung, die ich dem Theater beimaß, den Ministern vorzuschlagen, die Abgeordneten davon in Kenntnis zu setzen, daß das Theater, wenn es in seinem jetzigen Zustand kein Opfer des Staates wert sei, noch bedenklichere Bahnen einschlagen und sogar der öffentlichen Moral gefährlich werden könne, wenn es jener staatlichen Kontrolle beraubt würde, die das Ideal zum Ziel habe und sich zugleich berufen fühle, Kultur und Bildung unter ihren wohltuenden Schutz zu stellen. Es war mir von größter Wichtigkeit, eine

Organisation des Theaters zu erreichen, die die Verwirklichung seiner höchsten Ideale nicht nur möglich, sondern auch sicher mache. Demgemäß entwarf ich einen Plan, wonach dieselbe Summe, die aus der Zivilliste zur Unterstützung eines Hoftheaters bewilligt wurde, zur Gründung und Unterhaltung eines Nationaltheaters für das Königreich Sachsen verwendet werden sollte. Ich legte die praktischen Einzelheiten meines wohldurchdachten Plans so genau dar, dass ich überzeugt war, meine Arbeit werde den Ministern als nützlicher Leitfaden dienen, wie sie diese Angelegenheit dem Parlament vorlegen sollten. Es ging nun darum, ein persönliches Gespräch mit einem der Minister zu führen, und mir kam der Gedanke, dass Herr von der Pfordten, der Minister für Bildung, der beste Mann dafür wäre. Obwohl er bereits den Ruf eines politischen Überläufers genoss und angeblich darum kämpfte, den Ursprung seiner politischen Beförderung zu vertuschen, die in einer Zeit großer Unruhe erfolgt war, genügte die bloße Tatsache, dass er früher Professor gewesen war, um mich vermuten zu lassen, dass er ein Mann war, mit dem ich die Frage diskutieren konnte, die mir so sehr am Herzen lag. Ich erfuhr jedoch, dass die wirklichen Kunstinstitutionen des Königreichs, wie zum Beispiel die Akademie der Schönen Künste, zu der ich so sehnlichst das Theater hinzufügen wollte, zum Ressort des Innenministers gehörten. Diesem Manne, dem ehrenwerten, wenn auch nicht sehr kultivierten und künstlerischen Herrn Oberländer, legte ich meine Pläne vor, nicht ohne mich jedoch vorher bei Herrn von der Pfordten bekannt gemacht zu haben, um ihm aus den oben angeführten Gründen mein Vorhaben vorzutragen. Dieser Mann, der offenbar sehr beschäftigt war, empfing mich höflich und beruhigend; aber sein ganzes Benehmen, ja selbst der Ausdruck seines Gesichts schienen alle Hoffnungen zu zerstören, die ich je gehegt haben mochte, bei ihm das erwartete Verständnis zu finden. Der Minister Oberländer dagegen gewann mein Vertrauen durch den geraden Ernst, mit dem er eine gründliche Untersuchung der Sache versprach. Unglücklicherweise teilte er mir jedoch zugleich mit der einfachsten Offenheit mit, dass er nur sehr wenig Hoffnung hegen könne, die Genehmigung des Königs zu einer ungewöhnlichen Behandlung einer bisher der Routine überlassenen Frage zu erhalten. Man muss verstehen, dass die Beziehungen des Königs zu seinen Ministern sowohl gespannt als auch nicht vertraulich waren, und dass dies insbesondere im Fall Oberlanders der Fall war, der sich nie in anderen Angelegenheiten an den Monarchen wandte als in solchen, die die strengste Erfüllung seiner laufenden Pflichten unabdingbar machte. Er dachte daher, es wäre besser, wenn mein Plan zunächst von der Abgeordnetenkammer vorgebracht werden könnte. Da ich im Falle der Diskussion der neuen Zivilliste besonders darauf bedacht war, zu vermeiden, dass die Frage der Fortsetzung des Hoftheaters in der am meisten zu befürchtenden unwissenden und kurzsichtigen radikalen Art behandelt würde, verzweifelte ich nicht daran, einige der einflussreichsten unter den neuen Abgeordneten kennenzulernen. Auf diese Weise tauchte ich plötzlich in eine ganz neue und seltsame Welt ein und lernte Personen und Meinungen kennen, von deren Existenz ich bis dahin nicht einmal etwas geahnt hatte. Es war mir etwas mühsam, diese Herren immer bei ihrem Bier und eingehüllt in die dichten Wolken ihres Tabakrauchs treffen zu müssen und mit ihnen Dinge zu besprechen, die mir zwar sehr lieb waren, ihnen aber doch ein wenig phantastisch vorgekommen sein mussten. Nachdem mir ein gewisser Herr von Trutschler, ein sehr schöner, energischer Mann mit fast düsterem Ernst, eine Zeitlang ruhig zugehört und mir erzählt hatte, er wisse nichts mehr vom Staat, sondern nur noch von der Gesellschaft, und diese wisse auch ohne seine oder meine Hilfe, wie sie sich in bezug auf Kunst und Theater zu verhalten habe, erfüllten mich so außerordentliche Gefühle, halb vermischt mit Scham, daß ich auf der Stelle nicht nur alle meine Anstrengungen, sondern auch alle meine Hoffnungen aufgab. Die einzige Erinnerung an die ganze Angelegenheit kam erst später, als ich bei der Begegnung mit Herrn von Lüttichau aus seinem Verhalten mir gegenüber schnell schloß, daß er von der Episode Wind bekommen hatte und daß sie ihm nur neue Feindseligkeit gegen mich einflößte.

Während meiner Spaziergänge, die ich jetzt ganz allein unternahm, dachte ich immer tiefer – und zu meiner großen Erleichterung – über meine Ideen über jenen Zustand der menschlichen Gesellschaft nach, für den mir die kühnsten Hoffnungen und Bemühungen der Sozialisten und Kommunisten, die damals eifrig damit beschäftigt waren, ihr System aufzubauen, nur die rohe Grundlage boten. Diese Bemühungen konnten für mich erst dann Bedeutung und Wert erlangen, wenn sie die politische Revolution und den Wiederaufbau erreicht hatten, die sie anstrebten; denn erst dann konnte ich meinerseits mit meinen Reformen in der Kunst beginnen.

Gleichzeitig beschäftigten sich meine Gedanken mit einem Drama, in dem Kaiser Friedrich I. (mit dem Beinamen „Barbarossa") der Held sein sollte. Darin wurde der vorbildliche Herrscher auf eine Weise dargestellt, die ihm die größte und mächtigste Bedeutung verlieh. Seine würdevolle Resignation angesichts der Unmöglichkeit, seine Ideale durchzusetzen, sollte nicht nur ein getreues Abbild der willkürlichen Vielfältigkeit der Dinge dieser Welt darstellen, sondern auch Sympathie für den Helden erregen. Ich wollte dieses Drama in volkstümlichen Reimen und im Stil des Deutschen aufführen, das unsere epischen Dichter des Mittelalters verwendeten, und in dieser Hinsicht schien mir das Gedicht Alexander des Priesters Lambert ein gutes Beispiel zu sein; aber ich kam mit diesem Stück nie weiter, als seine Umrisse so grob wie möglich zu skizzieren. Die fünf Akte waren folgendermaßen geplant: I. Akt. Reichstag auf den Feldern von Roncaglia, eine Demonstration der Bedeutung der kaiserlichen Macht, die sich sogar auf die Belehnung mit

Wasser und Luft erstrecken sollte; II. Akt. Die Belagerung und Einnahme Mailands; Dritter Akt: Aufstand Heinrichs des Löwen und sein Sturz bei Ligano; IV. Akt: Reichstag in Augsburg, Demütigung und Bestrafung Heinrichs des Löwen; V. Akt: Reichstag und große Hofversammlung in Mainz; Frieden mit den Lombarden, Versöhnung mit dem Papst, Annahme des Kreuzes und Aufbruch nach Osten. Ich verlor jedoch jedes Interesse an der Durchführung dieses dramatischen Plans, als ich seine Ähnlichkeit mit dem Stoff der Nibelungen- und Siegfried-Mythen entdeckte, die für mich eine stärkere Anziehungskraft besaßen. Die Ähnlichkeiten, die ich zwischen der Geschichte und der betreffenden Legende erkannte, veranlassten mich dann, eine Abhandlung über das Thema zu schreiben; und dabei halfen mir einige anregende Monographien (die ich in der königlichen Bibliothek fand), die von Autoren geschrieben wurden, deren Namen mir inzwischen entfallen sind, die mich jedoch auf sehr ansprechende Weise viel über das alte ursprüngliche Königreich Deutschland lehrten. Diesen recht umfangreichen Aufsatz habe ich später unter dem Titel „Die Nibelungen" veröffentlicht, doch verlor ich bei der Ausarbeitung schließlich jede Lust, den historischen Stoff zu einem eigentlichen Drama auszuarbeiten.

In unmittelbarem Anschluß daran begann ich, die Form, die der alte ursprüngliche Nibelungenmythos in seiner unmittelbaren Verbindung mit der mythologischen Göttersage in meinem Geiste angenommen hatte, in einer zwar ausführlichen, aber in ihren Hauptzügen doch sehr verdichteten Form in klarer Zusammenfassung zu skizzieren. Dank dieser Arbeit gelang es mir, den Hauptteil des Stoffes selbst in ein musikalisches Drama umzusetzen. Erst allmählich und nach langem Zögern wagte ich es jedoch, tiefer in meine Pläne für dieses Werk einzudringen; denn der Gedanke an die praktische Verwirklichung eines solchen Werkes auf unserer Bühne entsetzte mich buchstäblich. Ich muß gestehen, daß erst die ganze Verzweiflung, die ich damals empfand, je wieder etwas für unser Theater tun zu können, mir den nötigen Mut gab, dieses neue Werk in Angriff zu nehmen. Bis dahin ließ ich mich einfach treiben und grübelte lustlos darüber nach, wie die Dinge unter den gegebenen Umständen ihren weiteren Lauf nehmen könnten. Was den Lohengrin anbelangt, so war ich soweit gekommen, daß ich nichts weiter als die bestmögliche Aufführung desselben im Dresdner Theater erhoffte und fühlte, daß ich in jeder Hinsicht und für alle Zeit zufrieden sein müßte, wenn mir auch dies gelingen sollte. Die Fertigstellung der Partitur hatte ich Herrn von Lüttichau gehörig gemeldet, aber in Anbetracht der ungünstigen Verhältnisse, in denen ich damals lebte, hatte ich ihm die Entscheidung über den Zeitpunkt der Aufführung meines Werkes ganz überlassen.

Inzwischen war der Zeitpunkt gekommen, da der Archivar der Königlichen Kapelle daran erinnerte, daß die Gründung dieser königlichen Institution gerade dreihundert Jahre zurückliege und daher ein Jubiläum gefeiert werden müsse. Zu diesem Zwecke wurde ein großes Konzertfest geplant, dessen Programm aus den Kompositionen aller seit der Gründung der Institution lebenden sächsischen Orchesterdirigenten bestehen sollte. Die gesamte Musikerschaft, mit ihren beiden Dirigenten an der Spitze, sollte zunächst in Pillnitz dem König ihre dankbare Huldigung darbieten; bei dieser Gelegenheit sollte zum erstenmal ein Musiker zum Ritter des Sächsischen Zivilverdienstordens erhoben werden. Dieser Musiker war mein Kollege Reissiger. Er war bis dahin vom Hof und vom Direktor selbst auf das Höhnischste behandelt worden, hatte aber durch seine in dieser kritischen Zeit besonders mir gegenüber auffallende Loyalität in den Augen unserer Gremien außerordentliche Gunst gefunden. Als er mit dem wunderbaren Orden ausgezeichnet vor das Publikum trat, wurde er von dem treuen Publikum, das am Abend des Festkonzertes das Theater füllte, mit großem Jubel begrüßt. Auch seine Ouvertüre zu Yelva wurde mit einem lauten, begeisterten Beifall aufgenommen, wie er ihm noch nie zuteil geworden war; während das Finale des ersten Aktes aus Lohengrin, das als Werk des jüngsten Dirigenten aufgeführt wurde, nur gleichgültig aufgenommen wurde. Dies war umso merkwürdiger, als ich eine solche Kühle des Dresdner Publikums gegenüber meiner Arbeit ganz ungewohnt war. Im Anschluss an das Konzert gab es ein festliches Abendessen, und als dieses vorbei war, während allerlei Reden gehalten wurden, verkündete ich dem Orchester in lautem und entschiedenem Ton meine Ansichten darüber, was für ihre künftige Vervollkommnung wünschenswert sei. Daraufhin äußerte Marschner, der als ehemaliger Dresdner Kapellmeister zu den Jubiläumsfeierlichkeiten eingeladen worden war, die Meinung, dass ich mir selbst sehr schaden würde, wenn ich eine zu hohe Meinung von den Musikern hätte. Er sagte, ich solle doch einmal bedenken, wie ungebildet diese Leute seien, mit denen ich zu tun hätte; er wies darauf hin, daß sie nur für das eine Instrument ausgebildet seien, das sie spielten; und fragte mich, ob ich nicht glaube, daß ich, wenn ich mit ihnen über die Bestrebungen der Kunst spreche, nicht nur Verwirrung, sondern vielleicht sogar böses Blut stiften würde? Weit angenehmer als diese Festlichkeiten ist mir die Erinnerung an die stille Gedenkfeier, die uns am Morgen des Jubiläumstages zusammenführte, um Kränze an Webers Grab niederzulegen. Da niemand ein Wort fand und selbst Marschner nur die allertrockensten und banalsten Reden über den verstorbenen Meister zu halten vermochte, fühlte ich mich verpflichtet, einige herzliche Worte über die Gedenkfeier zu sagen, zu der wir zusammengekommen waren. Diese kurze Zeit künstlerischer Betätigung wurde bald durch neue Aufregungen unterbrochen, die immer wieder aus der politischen Welt auf uns einströmten. Die Oktoberereignisse in Wien weckten unsere lebhafteste Anteilnahme, und unsere Wände waren täglich mit roten und schwarzen Plakaten, mit Aufrufen zum Marsch auf Wien, mit dem Fluch der „Roten Monarchie" im Gegensatz zur verhassten „Roten

Republik“ und mit anderen ebenso aufsehenerregenden Dingen geschmückt. Außer bei denjenigen, die am besten über den Verlauf der Ereignisse informiert waren – und die sich sicherlich nicht in unseren Straßen tummelten –, erregten diese Ereignisse überall große Unruhe. Mit dem Einzug von Windischgrätz in Wien, dem Freispruch Fröbels und der Hinrichtung Blums schien es, als stünde selbst Dresden am Vorabend einer Explosion. Für Blum wurde eine große Trauerdemonstration mit einem endlosen Umzug durch die Straßen organisiert. An der Spitze marschierte das Ministerium, unter denen die Menschen besonders froh waren, Herrn von der Pfordten an der Zeremonie mitfühlend teilnehmen zu sehen, da er für sie bereits zum Gegenstand des Verdachts geworden war. Von diesem Tag an verbreiteten sich von allen Seiten düstere Vorahnungen des Unheils. Man ging sogar so weit, ohne viel Umschweife zu sagen, die Hinrichtung Blums sei ein Akt der Freundschaft der Erzherzogin Sophie mit ihrer Schwester, der Königin von Sachsen, gewesen, denn während seiner Agitation in Leipzig hatte sich der Mann sowohl gehasst als auch gefürchtet gemacht. Truppen von Wiener Flüchtlingen, als Mitglieder der Studentenkapellen verkleidet, begannen in Dresden anzukommen und verstärkten die Bevölkerung, die von da an mit immer größerer Zuversicht durch die Straßen marschierte, in beträchtlichem Maße. Eines Tages, als ich auf dem Weg zum Theater war, um eine Aufführung von Rienzi zu dirigieren, teilte mir der Chorleiter mit, dass mehrere ausländische Herren nach mir gefragt hätten. Daraufhin stellten sich ein halbes Dutzend Personen vor, begrüßten mich als Demokratenbruder und baten mich, ihnen Freikarten zu besorgen. Unter ihnen erkannte ich einen ehemaligen Literatur-Dilettanten, einen Mann namens Hafner, einen kleinen Buckligen mit einem furchtbar schief aufgesetzten kalabrischen Hut, den mir Uhl bei meinem Besuch im Wiener politischen Club vorgestellt hatte. So groß meine Verlegenheit über diesen Besuch war, der unsere Musiker offenbar in Erstaunen versetzte, so fühlte ich mich doch keineswegs zu einem kompromittierenden Eingeständnis gezwungen, sondern ging ruhig zur Kasse, nahm sechs Karten und überreichte sie meinen seltsamen Besuchern, die sich vor aller Welt mit vielen herzlichen Händeschütteln von mir verabschiedeten. Ob dieser abendliche Besuch meine Stellung als Musikdirigent in Dresden in den Augen der Theaterbeamten und anderer verbesserte, mag wohl bezweifelt werden; jedenfalls wurde ich bei keiner Gelegenheit nach jedem Akt so verzweifelt gerufen wie bei dieser besonderen Aufführung von Rienzi.

Tatsächlich schien ich zu dieser Zeit eine Partei von geradezu leidenschaftlichen Anhängern unter dem Theaterpublikum auf meine Seite gezogen zu haben, im Gegensatz zu der Clique, die bei dem oben erwähnten Galakonzert so ausgeprägte Kälte gezeigt hatte. Egal, ob Tannhäuser oder Rienzi gespielt wurden, ich wurde stets mit besonderem Beifall begrüßt; und wenn die politischen Tendenzen dieser Partei auch unsere Direktion einigermaßen beunruhigten, so zwangen sie sie doch, mir gegenüber eine gewisse Ehrfurcht zu empfinden. Eines Tages schlug Lüttichau vor, meinen Lohengrin bald aufzuführen. Ich erklärte ihm meine Gründe, warum ich ihm dies nicht früher angeboten hatte, erklärte mich aber bereit, seinen Wünschen nachzukommen, da ich die Operngesellschaft jetzt für stark genug hielt. Der Sohn meines alten Freundes, F. Heine, war gerade aus Paris zurückgekehrt, wohin er von der Dresdner Direktion geschickt worden war, um bei den Künstlern Desplechin und Dieterle Bühnenmalerei zu studieren. Um seine Fähigkeiten im Hinblick auf ein Engagement am Dresdner Königlichen Theater zu erproben, wurde ihm die Aufgabe übertragen, für diese Oper ein geeignetes Bühnenbild zu schaffen. Er hatte bereits auf Betreiben Lüttichaus, der auf mein neuestes Werk aufmerksam machen wollte, um Erlaubnis gebeten, dies für Lohengrin zu tun. Folglich wurde dem jungen Heine mit meiner Einwilligung der Wunsch erfüllt.

Ich betrachtete diese Wendung der Ereignisse mit nicht geringer Genugtuung, da ich glaubte, dass ich im Studium dieses besonderen Werkes eine gesunde und wirksame Ablenkung von all der Aufregung und Verwirrung der jüngsten Ereignisse finden würde. Mein Entsetzen war daher umso größer, als der junge Wilhelm Heine eines Tages in mein Zimmer kam und mir mitteilte, dass die Kulisse für Lohengrin plötzlich widerrufen und ihm die Anweisung gegeben worden sei, eine andere Oper vorzubereiten. Ich machte keine Bemerkung und fragte auch nicht nach dem Grund für dieses merkwürdige Verhalten. Die Versicherungen, die Lüttichan später meiner Frau machte – wenn sie wirklich wahr waren – ließen mich bedauern, dass ich ihm die Hauptschuld an dieser Demütigung in die Schuhe geschoben und ihm dadurch meine Sympathie unwiderruflich entzogen hatte. Als sie ihn viele Jahre später danach fragte, versicherte er ihr, dass er festgestellt habe, dass der Hof mir gegenüber aufs heftigste feindselig eingestellt sei und dass seine gut gemeinten Versuche, mein Werk aufzuführen, auf unüberwindliche Hindernisse gestoßen seien.

Wie dem auch sei, die Bitterkeit, die ich jetzt empfand, hatte eine entscheidende Wirkung auf meine Gefühle. Ich gab nicht nur jede Hoffnung auf, mich durch eine glänzende Aufführung meines Lohengrin mit den Theaterbehörden zu versöhnen, sondern beschloss auch, dem Theater für immer den Rücken zu kehren und keinen weiteren Versuch zu unternehmen, mich in seine Angelegenheiten einzumischen. Mit dieser Tat drückte ich nicht nur meine völlige Gleichgültigkeit darüber aus, ob ich meine Position als musikalischer Leiter behielt oder nicht, sondern meine künstlerischen Ambitionen schnitten mich auch völlig von jeder Möglichkeit ab, jemals wieder moderne Theaterbedingungen zu kultivieren.

Ich machte mich sofort daran, meine lang gehegten Pläne für Siegfrieds Tod auszuführen, vor denen ich mich vorher halb gefürchtet hatte. Bei dieser Arbeit dachte ich nicht mehr an das Dresdner oder irgendein anderes Hoftheater der Welt; meine einzige Sorge war, etwas zu schaffen, das mich ein für alle Mal von dieser irrationalen Unterwürfigkeit befreien sollte. Da ich in dieser Hinsicht nichts mehr von Röckel bekommen konnte, korrespondierte ich jetzt ausschließlich mit Eduard Devrient über Angelegenheiten, die mit Theater und dramatischer Kunst zu tun hatten. Als ich ihm mein Gedicht nach der Fertigstellung vorlas, hörte er erstaunt zu und erkannte sofort, dass eine solche Produktion auf dem modernen Theatermarkt eine absolute Droge sein würde, und er konnte natürlich nicht damit einverstanden sein, dass es so blieb. Andererseits versuchte er sich so weit mit meinem Werk zu versöhnen, dass er versuchte, es weniger überraschend und für die tatsächliche Aufführung geeigneter zu machen. Er bewies die Aufrichtigkeit seiner Absichten, indem er mich auf meinen Fehler hinwies, zu viel vom Publikum zu verlangen und von ihm zu verlangen, aus seinem eigenen Wissen viele Dinge zu liefern, die zum richtigen Verständnis meines Themas notwendig sind, auf die ich nur in kurzen und verstreuten Andeutungen hingewiesen hatte. Er zeigte mir zum Beispiel, dass Siegfried und Brunhilda, bevor sie in einer Position bitterer Feindschaft zueinander dargestellt werden, zuerst in ihrer wahren und ruhigeren Beziehung hätten dargestellt werden müssen. Tatsächlich hatte ich das Gedicht SIEGFRIEDS TOD mit jenen Szenen eröffnet, die jetzt den ersten Akt der GOTTERDAMMERUNG bilden. Die Einzelheiten von Siegfrieds Beziehung zu Brunhilda waren den Zuhörern lediglich in einem lyrisch-episodischen Dialog zwischen der Frau des Helden, die er in Einsamkeit zurückgelassen hatte, und einer Schar von Walküren, die an ihrem Felsen vorbeizogen, umrissen worden. Zu meiner großen Freude lenkte Devrients Hinweis auf diesen Punkt meine Gedanken auf jene Szenen, die ich später im Prolog dieses Dramas ausarbeitete.

Diese und andere Angelegenheiten ähnlicher Art brachten mich in engen Kontakt mit Eduard Devrient und machten unseren Verkehr viel lebendiger und angenehmer. Er lud oft einen ausgewählten Kreis von Freunden zu dramatischen Lesungen in sein Haus ein, an denen ich gerne teilnahm, denn zu meiner Überraschung stellte ich fest, dass sein Talent für Deklamation, das ihm auf der Bühne völlig fehlte, hier besonders hervortrat. Außerdem war es ein Trost, meine Sorgen über meine wachsende Unbeliebtheit beim Direktor in ein mitfühlendes Ohr zu schütten. Devrient schien besonders darauf bedacht, einen endgültigen Bruch zu verhindern; aber darauf bestand wenig Hoffnung. Mit dem Herannahen des Winters war der Hof in die Stadt zurückgekehrt und besuchte wieder das Theater, und in hohen Kreisen begannen sich verschiedene Anzeichen der Unzufriedenheit mit meinem Verhalten als Dirigent zu zeigen. Einmal dachte die Königin, ich hätte

NORMA schlecht dirigiert, und bei einer anderen Gelegenheit, ich hätte in ROBERT DER TEUFEL „das Tempo falsch gewählt". Da Lüttichau mir diese Rügen mitteilen musste, war es natürlich, dass unser Umgang in solchen Momenten kaum dazu geeignet war, unsere gegenseitige Zufriedenheit wiederherzustellen.

Trotz alledem schien es noch möglich, eine Krise zu verhindern, obwohl alles in einem Zustand der aufwühlenden Ungewissheit und Gärung verharrte. Jedenfalls waren die sich überall bereithaltenden Gegenkräfte noch nicht so überzeugt, dass die Stunde ihres Triumphes gekommen war, als dass sie es nicht für ratsam hielten, zumindest für den Augenblick jede Provokation zu vermeiden. Daher mischte sich unsere Leitung nicht in die Angelegenheiten der Musiker des königlichen Orchesters ein, die sich, dem Geist der Zeit gehorchend, zu einer Vereinigung zur Debatte und zum Schutz ihrer künstlerischen und bürgerlichen Interessen zusammengeschlossen hatten. In dieser Angelegenheit war einer unserer jüngsten Musiker, Theodor Uhlig, besonders aktiv gewesen. Er war ein junger Mann, noch Anfang zwanzig, und spielte Violine im Orchester. Sein Gesicht war auffallend milde, intelligent und edel, und er fiel unter seinen Mitmenschen durch seine große Ernsthaftigkeit und seinen ruhigen, aber ungewöhnlich festen Charakter auf. Er war mir mehrmals besonders durch seine schnelle Auffassungsgabe und seine umfassenden musikalischen Kenntnisse aufgefallen. Da ich in ihm einen nach allen Seiten hin lebhaft wachen und ungewöhnlich bildungsbegierigen Geist erkannte, dauerte es nicht lange, bis ich ihn zu meinem Begleiter für meine regelmäßigen Spaziergänge erwählte – eine Gewohnheit, die ich bis heute beibehielt – und auf der mich Roeckel bisher begleitet hatte. Er bewog mich, zu einer Versammlung dieser Vereinigung der Orchestergesellschaft zu kommen, um mir eine Meinung darüber zu bilden und eine so lobenswerte Bewegung zu fördern und zu unterstützen. Bei dieser Gelegenheit teilte ich den Mitgliedern den Inhalt meines vor einem Jahr verworfenen Memorandums an den Direktor mit, in dem ich Vorschläge für Reformen im Orchester gemacht hatte, und erläuterte auch die weiteren daraus folgenden Absichten und Pläne. Zugleich musste ich gestehen, dass ich jede Hoffnung aufgegeben hatte, derartige Vorhaben durch die Generaldirektion durchführen zu können, und ihr daher empfehlen musste, die Initiative energisch in die Hand zu nehmen. Sie empfingen die Idee mit begeisterter Zustimmung. Obwohl Lüttichau, wie gesagt, diese Musiker in ihrer mehr oder weniger demokratischen Vereinigung unbehelligt ließ, sorgte er doch dafür, sich durch Spione über die Vorgänge bei ihren höchst verräterischen Zusammenkünften unterrichten zu lassen. Sein Hauptinstrument war ein Hornist namens Lewy, der zum großen Verdruss aller seiner Orchesterkameraden in besonders hoher Gunst beim Direktor stand. Er erhielt daher genaue oder vielmehr übertriebene Berichte über mein

Auftreten dort und fand, es sei nun höchste Zeit, mich noch einmal das Gewicht seiner Autorität spüren zu lassen. Ich wurde offiziell zu ihm vorgeladen und musste mir eine lange und zornige Tirade anhören, die er seit einiger Zeit über verschiedene Dinge in sich aufgestaut hatte. Ich erfuhr auch, dass er über den Plan der Theaterreform, den ich dem Ministerium vorgelegt hatte, Bescheid wusste. Dieses Wissen verriet er in einer populären Dresdner Redensart, die ich bis dahin noch nie gehört hatte: Er wisse sehr wohl, sagte er, dass ich ihn in einer Denkschrift über das Theater „an den Laden gelegt" hätte. Ich ließ es mir nicht nehmen, ihm zu sagen, wie ich mich rächen wollte, und als er drohte, mich beim König anzuzeigen und meine Entlassung zu verlangen, erwiderte ich ruhig, er könne tun, was er wolle, denn ich sei fest davon überzeugt, dass ich mich auf die Gerechtigkeit Seiner Majestät verlassen könne, die nicht nur seine Anklagen, sondern auch meine Verteidigung anhören werde. Außerdem, fügte ich hinzu, sei dies die einzig angemessene Art für mich, mit dem König die vielen Punkte zu besprechen, über die ich mich zu beklagen habe, nicht nur in meinem eigenen Interesse, sondern auch in dem des Theaters und der Kunst. Das war für Lüttichau keine angenehme Anhörung, und er fragte, wie es ihm möglich sei, mit mir zusammenzuarbeiten, da ich meinerseits offen erklärt habe (um seinen eigenen Ausdruck zu verwenden), dass alle Mühe für ihn vergeblich sei (Hopfen und Malz verloren seien). Wir mussten uns schließlich mit gegenseitigem Achselzucken trennen. Mein Verhalten schien meinen früheren Gönner zu beunruhigen, und er nahm deshalb Eduard Devrients Takt und Mäßigung in seine Dienste und bat ihn, seinen Einfluss bei mir geltend zu machen, um eine weitere Vereinbarung zwischen uns herbeizuführen. Aber trotz all seines Eifers musste Devrient nach der Besprechung seiner Botschaft lächelnd zugeben, dass nicht viel getan werden könne; und da ich mich weiterhin weigerte, den Direktor noch einmal zu treffen, um über die Dienste des Theaters zu beraten, musste er schließlich erkennen, dass ihm seine eigene Weisheit aus der Verlegenheit helfen müsse.

Während der ganzen Zeit, in der ich die Stelle des Kapellmeisters in Dresden innehaben sollte, machten sich die Auswirkungen dieser Abneigung des Hofes und des Direktors in allen Dingen bemerkbar. Die Orchesterkonzerte, die ich im vorigen Winter organisiert hatte, wurden in diesem Jahr Reissiger unterstellt und sanken sofort auf das übliche Niveau gewöhnlicher Konzerte herab. Das öffentliche Interesse ließ rasch nach, und das Unternehmen konnte nur mit Mühe am Leben erhalten werden. In der Oper konnte ich die geplante Wiederaufnahme des Fliegenden Holländers nicht durchführen, für die ich in Mitterwurzers reiferem Talent einen bewundernswerten und vielversprechenden Vertreter gefunden hatte. Meine Nichte Johanna, die ich für die Rolle der Senta vorgesehen hatte, mochte die Rolle nicht, da sie wenig Gelegenheit für prächtige Kostüme bot. Sie bevorzugte ZAMPA und FAVORITA, teils um ihrem neuen Beschützer, meinem ehemaligen

RIENZI-Enthusiasten Tichatschck, zu gefallen, teils um der DREI GROßARTIGEN KOSTÜME willen, die die Direktion für jede dieser Rollen zu stellen hatte. Tatsächlich hatten diese beiden Rädelsführer der damaligen Dresdner Oper ein Bündnis der Rebellion gegen meine energische Herrschaft in Sachen Opernrepertoire geschlossen. Ihr Widerstand war zu meinem großen Verdruss von Erfolg gekrönt, als sie die Aufführung dieser FAVORITA Donizettis durchsetzten, deren Arrangement ich einst für Schlesinger in Paris übernehmen musste. Ich hatte zunächst entschieden abgelehnt, etwas mit dieser Oper zu tun zu haben, obwohl ihre Hauptrolle selbst nach dem Urteil ihres Vaters vorzüglich zur Stimme meiner Nichte passte. Aber jetzt, da sie von meiner Fehde mit dem Direktor und meinem freiwilligen Verlust meines Einflusses und schließlich von meiner offensichtlichen Schande wussten, hielten sie die Gelegenheit für gekommen, mich zu zwingen, dieses lästige Werk selbst zu dirigieren, da ich gerade an der Reihe war.

Außerdem bestand meine Hauptbeschäftigung am königlichen Theater während dieser Zeit darin, Flotows Oper MARTHA zu dirigieren, die zwar kein Publikum anzog, aber wegen ihrer günstigen Besetzung doch übermäßig häufig aufgeführt wurde. Als ich die Ergebnisse meiner Arbeit in Dresden – wo ich nun schon fast sieben Jahre verbrachte – Revue passieren ließ, konnte ich mich nicht des Gefühls der Demütigung erwehren, wenn ich daran dachte, wie stark und energisch ich dem Hoftheater in vielerlei Hinsicht Impulse gegeben hatte, und ich sah mich gezwungen zu gestehen, dass, wenn ich Dresden jetzt nicht verließe, die geringste Spur meines Einflusses zurückbleiben würde. Aus verschiedenen Anzeichen schloss ich auch, dass, wenn es jemals zu einem Prozess vor dem König zwischen dem Direktor und mir kommen sollte, selbst wenn Seine Majestät zu meinen Gunsten wäre, das Urteil aus Rücksicht auf den Hofmann gegen mich ausfallen würde.

Dennoch erhielt ich am Palmsonntag des neuen Jahres 1849 reichliche Wiedergutmachung. Um großzügige Einnahmen zu gewährleisten, hatte unser Orchester beschlossen, erneut Beethovens Neunte Symphonie aufzuführen. Jeder tat sein Möglichstes, um diese Aufführung zu einer unserer besten zu machen, und das Publikum nahm die Sache mit wahrer Begeisterung auf. Michael Bakunin, der der Polizei unbekannt war, war bei der öffentlichen Probe anwesend gewesen. Am Ende der Probe trat er ohne zu zögern auf mich im Orchester zu und sagte mit lauter Stimme, wenn wir alle jemals geschriebene Musik in dem erwarteten weltweiten Brand verlorengehen würden, müssten wir uns verpflichten, diese Symphonie zu retten, selbst wenn wir dabei unser Leben riskieren würden. Wenige Wochen nach dieser Aufführung schien es tatsächlich so, als würde dieser weltweite Brand tatsächlich in den Straßen Dresdens entfacht werden und Bakunin, mit dem ich inzwischen durch seltsame und ungewöhnliche Umstände enger verbunden war, das Amt des Oberheizers übernehmen.

Lange vor diesem Datum machte ich zum ersten Mal die Bekanntschaft dieses bemerkenswerten Mannes. Jahrelang war ich in den Zeitungen auf seinen Namen gestoßen, und zwar immer unter außergewöhnlichen Umständen. Er erschien in Paris bei einer polnischen Versammlung, aber obwohl er Russe war, erklärte er, es sei wenig wichtig, ob ein Mann Russe oder Pole sei, solange er ein freier Mann sein wolle, und das sei alles, was zählte. Später erfuhr ich durch George Herwegh, dass er als Mitglied einer einflussreichen russischen Familie auf alle seine Einkommensquellen verzichtet hatte und dass er eines Tages, als sein gesamtes Vermögen aus zwei Francs bestand, diese einem Bettler auf dem Boulevard verschenkt hatte, weil es ihm lästig war, durch diesen Besitz an den nächsten Tag gebunden zu sein. Eines Tages wurde mir von Röckel seine Anwesenheit in Dresden mitgeteilt, nachdem dieser ein übermütiger Republikaner geworden war. Er hatte den Russen in sein Haus aufgenommen und mich eingeladen, ihn kennenzulernen. Bakunin wurde damals von der österreichischen Regierung wegen seiner Beteiligung an den Ereignissen, die im Sommer 1848 in Prag stattfanden, und weil er Mitglied des vorangegangenen Slawenkongresses war, verfolgt. Er hatte deshalb in unserer Stadt Zuflucht gesucht, da er sich nicht zu weit von der böhmischen Grenze entfernt niederlassen wollte. Die außerordentliche Sensation, die er in Prag hervorrief, rührte daher, dass er die Tschechen, als sie den Schutz Russlands gegen die gefürchtete Germanisierungspolitik Österreichs suchten, dazu beschwor, sich mit Feuer und Schwert gegen eben jene Russen und tatsächlich gegen jedes andere Volk zu verteidigen, das unter der Herrschaft eines Despotismus wie dem der Zaren lebte. Diese oberflächliche Bekanntschaft mit Balumins Zielen hatte genügt, um die rein nationalen Vorurteile der Deutschen gegen ihn in Sympathie zu verwandeln. Als ich ihn daher im bescheidenen Schutz von Röckels Dach traf, war ich sofort von seiner einzigartigen und insgesamt imposanten Persönlichkeit beeindruckt. Er war in der vollen Blüte seines Mannesalters, irgendwo zwischen dreißig und vierzig Jahre alt. Alles an ihm war kolossal, und er war voll von ursprünglicher Ausgelassenheit und Kraft. Ich hatte nie den Eindruck, dass er viel von meiner Bekanntschaft hielt. Tatsächlich schien er sich nicht für bloß intellektuelle Menschen zu interessieren; was er verlangte, waren Menschen mit unbekümmerter Energie. Wie ich später begriff, war ihm in diesem Fall die Theorie wichtiger als rein persönliche Gefühle; und er redete viel und breitete sich frei über das Thema aus. Seine allgemeine Art der Diskussion war die sokratische Methode , und er schien sich ganz wohl zu fühlen, wenn er, ausgestreckt auf dem harten Sofa seines Gastgebers, mit einer Menge aller Arten von Menschen über die Probleme der Revolution diskutieren konnte. Bei diesen Gelegenheiten behielt er ausnahmslos die

Oberhand. Es war unmöglich, gegen seine Meinungen zu triumphieren, die er mit äußerster Überzeugung vortrug und die in jeder Hinsicht selbst die äußersten Grenzen des Radikalismus überschritt. Er war so mitteilsam, dass er mir gleich am ersten Abend unseres Treffens alle Einzelheiten über die verschiedenen Stadien seiner Entwicklung erzählte. Er war ein russischer Offizier von hoher Geburt, litt aber unter dem Joch der engsten Kriegstyrannei und hatte sich durch das Studium der Schriften Rousseaus dazu verleiten lassen, unter dem Vorwand eines Urlaubs nach Deutschland zu fliehen. In Berlin hatte er sich mit der Begeisterung eines gerade zur Zivilisation erwachten Barbaren in das Studium der Philosophie gestürzt. Hegels Philosophie war damals der letzte Schrei, und er wurde bald ein solcher Experte darin, dass er die berühmtesten Schüler dieses Meisters mit einer These, die in den Begriffen der strengsten Hegelschen Dialektik formuliert war, aus dem Sattel ihrer eigenen Philosophie werfen konnte. Nachdem er sich, wie er es ausdrückte, die Philosophie von der Seele geredet hatte, begab er sich in die Schweiz, wo er den Kommunismus predigte, und wanderte von dort über Frankreich und Deutschland zurück ins Grenzland der slawischen Welt, von wo er eine Erneuerung der Menschheit erwartete, da die Slawen durch die Zivilisation weniger entnervt waren. Seine Hoffnungen in dieser Hinsicht konzentrierten sich auf den stärker ausgeprägten slawischen Typus, der für die russische Bauernklasse charakteristisch war. In der natürlichen Abneigung des russischen Leibeigenen gegenüber seinem grausamen Unterdrücker, dem Adligen, glaubte er eine Grundlage einfältiger brüderlicher Liebe und jenes Instinkts zu erkennen, der Tiere dazu bringt, die Menschen zu hassen, die sie jagen. Zur Unterstützung dieser Idee führte er die kindliche, fast dämonische Freude des russischen Volkes am Feuer an, eine Eigenschaft, auf die Rostopschin bei seiner strategischen Verbrennung Moskaus kalkulierte. Er argumentierte, dass alles, was nötig sei, um eine weltweite Bewegung in Gang zu setzen, darin bestehe, die russischen Bauern, in denen die natürliche Güte der unterdrückten menschlichen Natur ihre kindlichsten Eigenschaften bewahrt habe, davon zu überzeugen, dass es vollkommen richtig und Gott wohlgefällig sei, wenn sie die Schlösser ihrer Herren mit allem, was sich darin und um sie herum befand, niederbrannten. Das Mindeste, was aus einer solchen Bewegung resultieren könnte, wäre die Zerstörung all jener Dinge, die, richtig betrachtet, selbst den philosophischsten Denkern Europas als die wahre Quelle allen Elends der modernen Welt erscheinen müssen. Diese zerstörerischen Kräfte in Aktion zu setzen, schien ihm das einzige Ziel zu sein, das der Aktivität eines vernünftigen Menschen würdig sei. (Während er diese schrecklichen Lehren predigte, bemerkte Bakunin, dass meine Augen mich quälten, und schirmte sie trotz meiner Proteste eine ganze Stunde lang mit seiner ausgestreckten Hand vor dem bloßen Licht ab.) Diese Vernichtung aller Zivilisation war das Ziel, das ihm am Herzen lag.

Inzwischen machte es ihm Spaß, jedes Mittel der politischen Agitation zu nutzen, das ihm zur Verfügung stand, um dieses Ziel zu erreichen, und dabei fand er oft Anlass zu ironischer Heiterkeit. In seinem Rückzugsort empfing er Menschen jeder Art revolutionären Denkens. Am nächsten standen ihm die slawischen Nationalitäten, weil er dachte, diese wären die bequemsten und wirksamsten Waffen, die er zur Ausrottung des russischen Despotismus einsetzen könnte. Trotz ihrer Republik und ihres Sozialismus à la Proudhon hielt er nichts von den Franzosen, und was die Deutschen anging, erwähnte er sie mir gegenüber nie. Demokratie, Republikanismus und alles andere dieser Art hielt er für einer ernsthaften Betrachtung unwürdig.

Jeder Einwand derjenigen, die auch nur den geringsten Wunsch hegten, das Zerstörte wieder aufzubauen, stieß auf überwältigende Kritik. Ich erinnere mich noch gut an eine Gelegenheit, bei der ein Pole, der von seinen Theorien überrascht war, behauptete, es müsse einen organisierten Staat geben, der dem Einzelnen den Besitz der von ihm bestellten Felder garantieren würde. „Was?", antwortete er, „würden Sie Ihr Feld sorgfältig einzäunen, um der Polizei wieder ein Auskommen zu verschaffen?" Damit war dem verängstigten Polen der Mund versperrt. Er tröstete sich mit der Bemerkung, dass die Schöpfer der neuen Ordnung der Dinge von selbst entstehen würden, dass unsere einzige Aufgabe in der Zwischenzeit jedoch darin bestünde, die Macht zur Zerstörung zu finden. War einer von uns so verrückt, dass er glaubte, er würde die gewünschte Zerstörung überleben? Wir sollten uns vorstellen, dass ganz Europa mit St. Petersburg, Paris und London in einen riesigen Schutthaufen verwandelt wäre. Wie könnten wir erwarten, dass die Zünder eines solchen Feuers nach einer so großen Verwüstung noch ein Bewusstsein behalten würden? Er brachte jeden, der seine Opferbereitschaft bekundete, in Verlegenheit, indem er ihnen sagte, es seien nicht die sogenannten Tyrannen, die so abscheulich seien, sondern die selbstgefälligen Philister. Als ein Beispiel für diese verwies er auf einen protestantischen Pfarrer und erklärte, er könne nicht glauben, dass dieser wirklich die volle Größe eines Mannes erreicht habe, bis er sähe, wie er sein eigenes Pfarrhaus mit Frau und Kind den Flammen überantworte.

Ich war angesichts dieser furchtbaren Ideen eine Zeitlang um so verblüffter, als Bakunin sich sonst als ein wirklich liebenswürdiger und weichherziger Mensch erwies. Er kannte meine Angst und Verzweiflung über die Gefahr, meine Ideale und Hoffnungen für die Zukunft der Kunst für immer zu zerstören. Allerdings lehnte er jede weitere Belehrung über diese künstlerischen Pläne ab und wollte meine Arbeit über die Nibelungensage nicht einmal ansehen. Ich war gerade durch eine Evangelienstudie zu dem Plan einer Tragödie für die ideale Bühne der Zukunft angeregt worden, die den Titel Jesus von Nazareth trug. Bakunin bat mich, ihm Einzelheiten zu ersparen; und als ich ihn durch einige verbale Andeutungen für mein

Vorhaben zu gewinnen suchte, wünschte er mir viel Glück, bestand aber darauf, dass ich Jesus um jeden Preis als schwache Figur erscheinen lassen müsse. Was die Musik des Stücks angeht, riet er mir, bei all den Variationen nur eine einzige Phrasenfolge zu verwenden, nämlich: für den Tenor: „Kopf ab! "; für den Sopran: „Hängt ihn!"; und für den Basso continuo: „Feuer! Feuer !" Und dennoch fühlte ich mich diesem Wunderkind von einem Mann gegenüber noch sympathischer, als ich ihn eines Tages dazu brachte, mir die ersten Szenen meines „Fliegenden Holländers" spielen und singen zu hören. Nachdem er aufmerksamer zugehört hatte als die meisten Leute, rief er während einer kurzen Pause aus: „Das ist unglaublich gut!" und wollte mehr hören.

Da sein Leben in der ständigen Verborgenheit sehr langweilig war, lud ich ihn gelegentlich ein, einen Abend bei mir zu verbringen. Zum Abendessen setzte ihm meine Frau fein geschnittene Wurst- und Fleischscheiben vor, die er sofort in großen Mengen verschlang, statt sie nach sächsischer Art sparsam auf sein Brot zu streichen. Als ich Minnas Schrecken hierüber bemerkte, beging ich die Schwäche, ihm zu erzählen, wie wir an den Verzehr solcher Speisen gewöhnt waren, worauf er mich lachend beruhigte, indem er sagte, es sei völlig genug, nur wolle er das, was ihm vorgesetzt werde, auf seine Weise essen. Ebenso erstaunte mich die Art, wie er Wein aus unseren kleinen Gläsern gewöhnlicher Größe trank. Tatsächlich verabscheute er Wein, der sein Verlangen nach alkoholischen Erregern nur in so geringen, langwierigen und unterteilten Dosen befriedigte, während ein starkes Glas Branntwein, in einem Zug hinuntergeschluckt, sofort denselben Effekt hervorrief, der allerdings nur vorübergehend eintrat. Vor allem aber verachtete er die Einstellung, durch Mäßigung den Genuss zu verlängern, und argumentierte, ein wahrer Mensch solle sich nur darum bemühen, die Begierden der Natur zu stillen, und die einzige wahre Freude im Leben, die eines Menschen würdig sei, sei die Liebe.

Diese und andere ähnliche kleine Züge zeigten deutlich, daß in diesem merkwürdigen Manne die reinsten Impulse einer idealen Humanität in seltsamem Widerspruch zu einer jeder Zivilisation völlig feindseligen Wildheit standen, so daß meine Gefühle im Verkehr mit ihm zwischen unwillkürlichem Entsetzen und unwiderstehlicher Anziehung schwankten. Ich rief ihn oft zu mir, um meine einsamen Wanderungen zu teilen. Er tat dies gern, nicht nur um der notwendigen körperlichen Ertüchtigung willen, sondern auch, weil er dies in diesem Teil der Welt tun konnte, ohne Verfolger fürchten zu müssen. Meine Versuche, ihn während unserer Gespräche ausführlicher über meine künstlerischen Ziele zu unterrichten, blieben völlig vergeblich, solange wir das Feld der bloßen Diskussion nicht verlassen konnten. All dies schien ihm verfrüht. Er wollte nicht zugeben, daß aus den Bedürfnissen der bösen Gegenwart selbst alle Gesetze für die

Zukunft entwickelt werden müßten und daß diese überdies nach ganz anderen Ideen der sozialen Kultur geformt werden müßten. Da er immer wieder Zerstörung und Zerstörung forderte, mußte ich schließlich fragen, wie mein wunderbarer Freund dieses Zerstörungswerk in Gang setzen wollte. Bald wurde mir klar, wie ich es vermutet hatte und wie sich bald herausstellte, dass bei diesem Mann von grenzenloser Aktivität alles auf den unmöglichsten Hypothesen beruhte. Zweifellos schien ich mit meinen Hoffnungen auf eine zukünftige künstlerische Umgestaltung der menschlichen Gesellschaft in öder Luft zu schweben; doch wurde mir bald klar, dass seine Annahmen über die unvermeidliche Zerstörung aller kulturellen Institutionen mindestens ebenso visionär waren. Meine erste Idee war, dass Bakunin der Mittelpunkt einer internationalen Verschwörung war; aber seine praktischen Pläne scheinen sich ursprünglich auf ein Projekt zur Revolutionierung Prags beschränkt zu haben, bei dem er sich lediglich auf eine Vereinigung einer Handvoll Studenten stützte. In der Überzeugung, dass nun die Zeit gekommen sei, einen Schlag zu führen, bereitete er sich eines Abends darauf vor, hierher zu gehen. Dieses Vorgehen war nicht ungefährlich, und er reiste unter dem Schutz eines Passes ab, der auf einen englischen Kaufmann ausgestellt war. Zunächst aber musste er, um sich der philisterhaftesten Kultur anzupassen, seinen riesigen Bart und sein buschiges Haar der zärtlichen Gnade des Rasiermessers und der Schere unterwerfen. Da kein Barbier verfügbar war, musste Röckel diese Aufgabe übernehmen. Eine kleine Gruppe von Freunden beobachtete die Operation, die mit einem stumpfen Rasiermesser durchgeführt werden musste, was nicht wenig Schmerzen verursachte, unter denen niemand außer dem Opfer selbst passiv blieb. Wir verabschiedeten uns von Bakunin in der festen Überzeugung, dass wir ihn nie wieder lebend sehen würden. Aber nach einer Woche war er wieder da, da er sofort erkannt hatte, was für einen verzerrten Bericht er über den Zustand der Dinge in Prag erhalten hatte, wo er nur eine Handvoll kindischer Studenten vorgefunden hatte. Diese Eingeständnisse machten ihn zum Ziel von Röckels gutmütiger Hänseleien, und danach erlangte er bei uns den Ruf eines bloßen Revolutionärs, der sich mit theoretischer Verschwörung begnügte. Ganz ähnlich seinen Erwartungen an die Prager Studenten waren seine Annahmen in Bezug auf das russische Volk. Auch diese erwiesen sich später als völlig unbegründet und beruhten lediglich auf unbegründeten Annahmen, die aus der vermeintlichen Natur der Dinge gezogen wurden. Ich sah mich daher gezwungen, den allgemeinen Glauben an die schreckliche Gefährlichkeit dieses Mannes durch seine theoretischen Ansichten zu erklären, die hier und anderswo zum Ausdruck kamen, und nicht durch eine tatsächliche Erfahrung seiner praktischen Tätigkeit. Doch bald wurde ich beinahe Augenzeuge der Tatsache, dass sein persönliches Verhalten keinen Augenblick lang von der Vorsicht beeinflusst war, wie man es bei Menschen zu erleben pflegt, deren Theorien nicht ernst gemeint sind. Dies sollte sich bald im folgenschweren Aufstand vom Mai 1849 beweisen.

Der Winter dieses Jahres bis zum Frühjahr 1849 verlief in einer vielschichtigen Entwicklung meiner Lage und Stimmung, wie ich sie geschildert habe, das heißt in einer Art dumpfer Erregung. Meine letzte künstlerische Beschäftigung war das eben erwähnte fünfaktige Drama Jesus von Nazareth gewesen. Von da an verharrte ich in einem Zustand grübelnder Unbeständigkeit, voller Erwartung, doch ohne festen Wunsch. Ich fühlte mich völlig überzeugt, dass meine künstlerische Tätigkeit in Dresden zu Ende sei, und wartete nur noch darauf, dass der Druck der Umstände mich freirüttelte. Andererseits strebte die ganze politische Lage in Sachsen wie im übrigen Deutschland unweigerlich einer Katastrophe entgegen. Diese rückte von Tag zu Tag näher, und ich schmeichelte mir, mein persönliches Schicksal mit dieser allgemeinen Unruhe verwoben zu sehen. Jetzt, da die Mächte der Reaktion sich überall immer offener zum Kampfe rüsteten, schien der letzte Entscheidungskampf tatsächlich nahe bevorzustehen. Meine Parteilichkeit war nicht so stark, dass ich den Wunsch verspürte, aktiv an diesen Konflikten teilzunehmen. Ich verspürte lediglich den Impuls, mich rücksichtslos dem Lauf der Ereignisse zu überlassen, wohin auch immer er führen würde.

Gerade in diesem Augenblick aber drängte sich ein ganz neuer Einfluss auf höchst seltsame Weise in mein Schicksal, dem ich zunächst mit einem Lächeln der Skepsis begegnete. Liszt kündigte eine baldige Aufführung meines Tannhäuser in Weimar unter seiner eigenen Leitung an – die erste, die außerhalb Dresdens stattfand – und fügte mit großer Bescheidenheit hinzu, dass dies lediglich die Erfüllung seines persönlichen Wunsches sei. Um den Erfolg sicherzustellen, hatte er Tichatschek eine besondere Einladung geschickt, bei den beiden ersten Aufführungen sein Gast zu sein. Als dieser zurückkam, sagte er, die Aufführung sei im Großen und Ganzen ein Erfolg gewesen, was mich sehr überraschte. Ich erhielt vom Großherzog eine goldene Schnupftabakdose als Andenken, die ich bis zum Jahre 1864 benutzte. All dies war neu und fremd für mich, und ich war noch geneigt, dieses sonst angenehme Ereignis aufgrund des freundlichen Gefühls eines großen Künstlers als eine flüchtige Episode zu betrachten. „Was bedeutet das für mich?“, fragte ich mich. „Kommt es zu früh oder zu spät?“ Ein sehr herzlicher Brief von Liszt veranlasste mich jedoch, einige Tage später nach Weimar zu kommen, um dort eine dritte Aufführung des Tannhäusers zu erleben, die ausschließlich von einheimischen Talenten aufgeführt werden sollte, mit der Absicht, diese Oper dauerhaft in das Repertoire aufzunehmen. Zu diesem Zweck erhielt ich von meiner Leitung Urlaub für die zweite Maiwoche.

Bis zur Ausführung dieses kleinen Planes vergingen nur noch wenige Tage, aber es sollten folgenreiche werden. Am 1. Mai wurden die Kammern von dem neuen Ministerium Beust aufgelöst, das der König mit der Durchführung seiner beabsichtigten reaktionären Politik betraut hatte. Dieses Ereignis legte mir die freundliche Aufgabe auf, für Röckel und seine Familie zu sorgen. Bisher hatte ihn seine Stellung als Abgeordneter vor der Gefahr einer Strafverfolgung geschützt; aber sobald die Kammern aufgelöst waren, fiel dieser Schutz weg, und er musste einer erneuten Verhaftung durch Flucht entgehen. Da ich ihm in dieser Angelegenheit wenig helfen konnte, versprach ich ihm wenigstens, für die weitere Herausgabe seines populären Volksblattes zu sorgen, vor allem weil der Erlös daraus seine Familie ernähren würde. Kaum war Röckel sicher über die böhmische Grenze, während ich noch unter großen Unannehmlichkeiten in der Druckerei schuftete, um Material für eine Ausgabe seines Blattes zu beschaffen, als der lange erwartete Sturm über Dresden losbrach. Dringliche Deputationen, nächtliche Pöbeldemonstrationen, stürmische Versammlungen der verschiedenen Gewerkschaften und alle anderen Zeichen, die einer raschen Entscheidung auf der Straße vorausgehen, zeigten sich. Am 3. Mai zeigte das Verhalten der Menschenmengen, die sich durch unsere Durchgangsstraßen bewegten, deutlich, dass dieser Vollzug bald erreicht werden würde, wie es zweifellos erwünscht war. Jede örtliche Deputation, die die Anerkennung der deutschen Verfassung beantragte, was der allgemeine Ruf war, wurde von der Regierung abgelehnt, und dies mit einer Entschiedenheit, die schließlich erschreckend wurde. Ich war eines Nachmittags bei einer Ausschusssitzung des Vaterlands-Vereins anwesend, allerdings nur als Vertreter von Röckels Volksblatt , für dessen Fortbestand ich mich sowohl aus wirtschaftlichen als auch aus humanitären Gründen verpflichtet fühlte. Hier war ich sofort damit beschäftigt, das Verhalten und Benehmen der Männer zu beobachten, die die Gunst des Volkes an die Spitze solcher Gewerkschaften erhoben hatte. Es war ganz offensichtlich, dass die Ereignisse außerhalb der Kontrolle dieser Personen lagen; insbesondere waren sie völlig ratlos, wie sie mit jenem eigentümlichen Terror der unteren Klassen umgehen sollten, der immer so bereit ist, auf die Vertreter demokratischer Theorien zurückzufallen. Von allen Seiten hörte ich ein Durcheinander wilder Vorschläge und zögerlicher Antworten. Eines der Hauptthemen der Debatte war die Notwendigkeit, sich auf die Verteidigung vorzubereiten. Waffen und ihre Beschaffung wurden eifrig diskutiert, aber alles inmitten großer Unordnung; und als sie schließlich feststellten, dass es Zeit war, aufzubrechen, war der einzige Eindruck, den ich erhielt, der wildeste der Verwirrungen. Ich stand mit einem jungen Maler namens Kaufmann im Saal, von dessen Hand ich zuvor eine Reihe von Karikaturen in der Dresdner Kunstausstellung gesehen hatte, die „Die Geschichte des Geistes" illustrierten. Eines Tages hatte ich den König von Sachsen vor einer dieser Karikaturen stehen sehen, die die Folter eines Ketzers unter der spanischen Inquisition darstellte, und beobachtet, wie er sich mit einem missbilligenden Kopfschütteln von einem so abstrusen Thema abwandte. Ich war auf dem Heimweg und in ein Gespräch mit diesem Mann vertieft, dessen blasses Gesicht und besorgter Blick verrieten, dass er die bevorstehende Katastrophe voraussah, als wir gerade den Postplatz erreichten, in der Nähe des nach Sempers Plänen errichteten Brunnens, plötzlich das Glockengeläut vom benachbarten Turm der St. Anna-Kirche die Sturmglocke läutete. Mit einem entsetzten Schrei: „Guter Gott, es hat begonnen!" verschwand mein Begleiter von meiner Seite. Er schrieb mir später, dass er als Flüchtling in Bern lebte, aber ich sah sein Gesicht nie wieder.

Auch auf mich machte der Klang dieser Glocke aus so unmittelbarer Nähe einen tiefen Eindruck. Es war ein sehr sonniger Nachmittag, und ich bemerkte sofort dasselbe Phänomen, das Goethe beschreibt, als er versuchte, seine eigenen Empfindungen während des Beschusses von Valmy zu schildern. Der ganze Platz schien von einem dunkelgelben, fast braunen Licht erhellt zu sein, wie ich es schon einmal in Magdeburg während einer Sonnenfinsternis gesehen hatte. Darüber hinaus war mein ausgeprägtestes Gefühl eine große, fast überschwängliche Befriedigung. Ich verspürte plötzlich ein seltsames Verlangen, mit etwas zu spielen, das ich bisher als gefährlich und wichtig angesehen hatte. Meine erste Idee, die wahrscheinlich durch die Nähe des Platzes angeregt wurde, war, in Tichatscheks Haus nach dem Gewehr zu fragen, das er als begeisterter Sonntagssportler zu benutzen pflegte. Ich fand nur seine Frau zu Hause, da er auf einer Urlaubsreise war. Ihre offensichtliche Angst vor dem, was passieren würde, brachte mich zu unkontrollierbarem Gelächter. Ich riet ihr, das Gewehr ihres Mannes an einem sicheren Ort aufzubewahren und es gegen eine Quittung dem Komitee des Vaterlands-Vereins zu übergeben, da es sonst bald vom Pöbel beschlagnahmt werden könnte. Ich habe später erfahren, dass mein exzentrisches Verhalten bei dieser Gelegenheit später als schweres Verbrechen gegen mich angerechnet wurde. Dann kehrte ich auf die Straße zurück, um zu sehen, ob in der Stadt außer Glockengeläut und einer gelblichen Sonnenfinsternis noch etwas anderes vor sich ging. Zuerst machte ich mich auf den Weg zum Alten Marktplatz, wo ich eine Gruppe von Männern bemerkte, die sich um einen lautstarken Redner versammelt hatten. Es war auch eine angenehme Überraschung für mich, Schröder-Devrient an der Tür eines Hotels aussteigen zu sehen. Sie war gerade von Merlin angekommen und war sehr aufgeregt über die Nachricht, die sie erreicht hatte, dass bereits auf die Bevölkerung geschossen worden war. Da sie erst vor kurzem in Berlin einen gescheiterten Aufstand mit Waffengewalt niedergeschlagen hatte, war sie empört, als sie feststellte, dass in ihrem „friedlichen Dresden", wie sie es nannte, dasselbe geschah.

Als sie sich von der stummen Menge, die ihren leidenschaftlichen Ergüssen selbstgefällig zugehört hatte, zu mir umdrehte, schien sie erleichtert, jemanden gefunden zu haben, an den sie sich wenden konnte, um diesen grausamen Vorgängen mit aller Kraft entgegenzutreten. Ich traf sie bei einer anderen Gelegenheit im Haus meines alten Freundes Heine, wo sie Zuflucht gesucht hatte. Als sie meine Gleichgültigkeit bemerkte, beschwor sie mich erneut, alles Mögliche zu unternehmen, um den sinnlosen, selbstmörderischen Konflikt zu verhindern. Später erfuhr ich, dass gegen Schröder-Devrient wegen ihres Verhaltens in dieser Angelegenheit Anklage wegen Hochverrats wegen Volksverhetzung erhoben worden war. Sie musste ihre Unschuld vor Gericht beweisen, um ihren Anspruch auf die Pension, die ihr für ihre langjährige Tätigkeit als Opernsängerin in Dresden vertraglich zugesagt worden war, unumstößlich geltend zu machen.

Am 3. Mai begab ich mich direkt in jenes Stadtviertel, in dem ich unangenehme Gerüchte über einen blutigen Konflikt vernahm. Später erfuhr ich, dass der eigentliche Anlass für den Streit zwischen der Zivil- und Militärmacht bei einem Wachwechsel vor dem Arsenal entstanden war. In diesem Moment hatte der Mob unter einem kühnen Anführer die Gelegenheit ergriffen, das Waffenlager gewaltsam in Besitz zu nehmen. Es kam zu einer Demonstration militärischer Macht und die Menge wurde von einigen mit Kartätschen geladenen Kanonen beschossen. Als ich mich durch die Rampische Gasse dem Schauplatz des Geschehens näherte, traf ich auf eine Kompanie der Dresdner Kommunalgarde, die, obwohl sie völlig unschuldig war, anscheinend diesem Feuer ausgesetzt war. Ich bemerkte, dass einer der Bürgergardisten, schwer auf den Arm eines Kameraden gestützt, versuchte, schneller voranzukommen, obwohl sein rechtes Bein hilflos hinter ihm herzuschleifen schien. Einige aus der Menge, die das Blut auf dem Pflaster hinter ihm sahen, riefen: „Er blutet." Mitten in dieser Aufregung hörte ich plötzlich von allen Seiten den Ruf: „Auf die Barrikaden! Auf die Barrikaden!" Von einem mechanischen Impuls getrieben folgte ich dem Strom der Menschen, der sich wieder in Richtung des Rathauses am Alten Markt bewegte. Inmitten des furchtbaren Tumults fiel mir besonders eine bedeutende Gruppe auf, die sich quer über die Straße erstreckte und die Rosmaringasse entlangschritt . Sie erinnerte mich, obwohl der Vergleich etwas übertrieben war, an die Menge, die einst vor den Türen des Theaters stand und freien Eintritt zu Rienzi verlangte; unter ihnen war ein Buckliger, der sofort an Goethes Vansen in Egmont dachte, und als der revolutionäre Schrei um seine Ohren drang, sah ich, wie er sich vor Freude über die lang ersehnte Ekstase der Revolte, die er endlich verwirklicht hatte, die Hände rieb.

Ich erinnere mich noch genau, dass mich von diesem Augenblick an Überraschung und Interesse an dem Drama gefangen nahmen, ohne dass ich den Wunsch verspürte, mich den Kämpfenden anzuschließen. Die Aufregung, die ich als bloßer Zuschauer durch mein Mitgefühl verursachte, wuchs jedoch mit jedem Schritt, den ich zu tun fühlte. Ich konnte mich in die Räume des Stadtrates drängen, ohne in der lärmenden Menge bemerkt zu werden, und es kam mir vor, als hätten die Beamten mit dem Pöbel gemeinsame Sache gemacht. Ich gelangte unbemerkt in den Ratssaal; was ich dort sah, war völlige Unordnung und Verwirrung. Als es dunkel wurde, wanderte ich langsam durch die hastig errichteten Barrikaden, die hauptsächlich aus Marktständen bestanden, zurück zu meinem Haus in der entfernten Friedrichstraße, und am nächsten Morgen beobachtete ich diese erstaunlichen Vorgänge erneut mit mitfühlendem Interesse.

Am Donnerstag, dem 4. Mai, konnte ich sehen, dass das Rathaus allmählich zum unzweifelhaften Mittelpunkt der Revolution wurde. Der Teil des Volkes, der auf eine friedliche Verständigung mit dem Monarchen gehofft hatte, wurde durch die Nachricht, dass der König und sein gesamter Hof auf Anraten seines Ministers Beust das Schloss verlassen und mit dem Schiff die Elbe hinab zur Festung Königstein gefahren waren, in höchste Bestürzung versetzt. Unter diesen Umständen sah der Stadtrat, dass er der Situation nicht mehr gewachsen war, und beteiligte sich daraufhin an der Einberufung der noch in Dresden verbliebenen Mitglieder der sächsischen Kammer. Diese versammelten sich nun im Rathaus, um zu entscheiden, welche Schritte zum Schutz des Staates unternommen werden sollten. Eine Deputation wurde zum Ministerium geschickt, kehrte jedoch mit der Meldung zurück, dass sie nirgends zu finden sei. Im selben Moment traf von allen Seiten die Nachricht ein, dass die Truppen des Königs von Preußen gemäß einem früheren Abkommen vorrücken würden, um Dresden zu besetzen. Sofort erhob sich ein allgemeiner Aufschrei nach Maßnahmen, um diesen Einfall ausländischer Truppen zu verhindern.

Gleichzeitig kam die Nachricht vom nationalen Aufstand in Württemberg, wo die Truppen selbst durch ihre Treueerklärung gegenüber dem Parlament die Absichten der Regierung vereitelt hatten und das Ministerium gegen seinen Willen gezwungen worden war, die alldeutsche Verfassung anzuerkennen. Die Meinung unserer Politiker, die zu einer Beratung zusammengekommen waren, war, dass die Angelegenheit noch auf friedlichem Wege geregelt werden könnte, wenn es gelänge, die sächsischen Truppen zu einer ähnlichen Haltung zu bewegen, da der König auf diese Weise zumindest in die heilsame Notwendigkeit versetzt würde, der preußischen Besetzung seines Landes patriotischen Widerstand zu leisten.

Alles schien darauf abzuhängen, den sächsischen Bataillonen in Dresden die überragende Bedeutung ihres Handelns klarzumachen. Da mir dies in diesem sinnlosen Chaos die einzige Hoffnung auf einen ehrenvollen Frieden zu sein schien, gestehe ich, dass ich mich bei dieser einen Gelegenheit tatsächlich so weit verleiten ließ, eine Demonstration zu organisieren, die sich jedoch als sinnlos erwies.

Ich veranlasste den Drucker von Röckels Volksblatt, das im Augenblick stillstand, alle Schrifttypen, die er für seine nächste Nummer verwendet hätte, zu verwenden und in riesigen Lettern auf Papierstreifen die Worte „Seid Ihr mit uns gegen fremde Truppen?" zu drucken. Plakate mit diesen Worten wurden an den Barrikaden angebracht, die vermutlich als erste angegriffen würden, und sollten die sächsischen Truppen zum Stehen bringen, falls sie den Befehl erhielten, die Revolutionäre anzugreifen. Natürlich nahm niemand von diesen Plakaten Notiz, außer den Informanten. An diesem Tag fanden nur wirre Verhandlungen und wilde Aufregung statt, die kein Licht auf die Lage warfen. Die Altstadt von Dresden mit ihren Barrikaden bot für die Zuschauer einen interessanten Anblick. Ich schaute mit Erstaunen und Abscheu zu, aber meine Aufmerksamkeit wurde plötzlich abgelenkt, als ich sah, wie Bakunin aus seinem Versteck hervortrat und in einem schwarzen Gehrock zwischen den Barrikaden umherwanderte. Aber ich täuschte mich gewaltig in meiner Annahme, dass er mit dem, was er sah, zufrieden sein würde. Er erkannte die kindische Unwirksamkeit aller Maßnahmen, die zur Verteidigung getroffen worden waren, und erklärte, die einzige Genugtuung, die er angesichts der Lage der Dinge empfinden könne, sei, dass er sich nicht um die Polizei kümmern müsse, sondern in aller Ruhe die Frage erwägen könne, woanders hinzugehen, da er keinen Anreiz fände, an einem Aufstand teilzunehmen, der so schlampig geführt werde. Während er umherging, seine Zigarre rauchte und sich über die Naivität der Dresdner Revolution lustig machte, beobachtete ich, wie sich die Kommunalgarden auf Befehl ihres Kommandanten bewaffnet vor dem Rathaus versammelten. Aus den Reihen ihres beliebtesten Korps, der Schützen-Compagnie, wurde ich von Rietschel angesprochen, der sich über die Art des Aufstands große Sorgen machte, und auch von Semper. Rietschel, der zu glauben schien, ich sei besser über die Fakten informiert als er, versicherte mir, er fühle, dass seine Lage sehr schwierig sei. Er sagte, die erlesene Gesellschaft, der er angehörte, sei sehr demokratisch, und da seine Professur an der Akademie der Schönen Künste ihn in eine besondere Lage versetze, wisse er nicht, wie er die Gefühle, die er mit seiner Gesellschaft teile, mit seiner Pflicht als Bürger in Einklang bringen könne. Das Wort „Bürger" amüsierte mich; ich warf Semper einen scharfen Blick zu und wiederholte das Wort „Bürger". Semper antwortete mit einem eigenartigen Lächeln und wandte sich ohne weiteren Kommentar ab.

Am nächsten Tag (Freitag, 5. Mai), als ich wieder meinen Platz als leidenschaftlich interessierter Zuschauer der Vorgänge im Rathaus einnahm, nahmen die Ereignisse eine entscheidende Wendung. Die dort versammelten

Überreste der Führer des sächsischen Volkes hielten es für ratsam, sich zu einer provisorischen Regierung zusammenzuschließen, da es keine sächsische Regierung gab, mit der man hätte verhandeln können. Professor Kochly, ein beredter Redner , wurde ausgewählt, die neue Regierung zu verkünden. Er führte diese feierliche Zeremonie vom Balkon des Rathauses aus durch, gegenüber den treuen Überresten der Kommunalgarde und der nicht sehr zahlreichen Menge. Gleichzeitig wurde die rechtliche Existenz der alldeutschen Verfassung verkündet und die bewaffneten Streitkräfte der Nation schworen Treue darauf. Ich erinnere mich, dass mir diese Vorgänge nicht imposant erschienen, und Bakunins wiederholte Meinung über ihre Trivialität wurde allmählich verständlicher. Auch technisch waren diese Überlegungen berechtigt, als zu meiner großen Belustigung und Überraschung Semper in voller Bürgergardeuniform, mit einem mit den Nationalfarben geschmückten Hut, im Rathaus nach mir fragte und mich über die äußerst fehlerhafte Konstruktion der Barrikaden in der Wilden Strufergasse und der benachbarten Brudergasse informierte. Um sein künstlerisches Gewissen als Ingenieur zu beruhigen, verwies ich ihn an das Büro der „Militärischen Verteidigungskommission". Er folgte meinem Rat mit gewissenhafter Zufriedenheit; möglicherweise erhielt er die erforderliche Ermächtigung, Anweisungen für den Bau geeigneter Verteidigungswerke an diesem vernachlässigten Punkt zu geben. Danach sah ich ihn nie wieder in Dresden; aber ich nehme an, dass er die ihm von diesem Komitee anvertrauten strategischen Arbeiten mit der Gewissenhaftigkeit eines Michelangelo oder Leonardo da Vinci ausführte.

Der Rest des Tages verging mit ununterbrochenen Verhandlungen über den Waffenstillstand, der nach Absprache mit den sächsischen Truppen bis zum Mittag des nächsten Tages dauern sollte. Dabei fiel mir die sehr ausgeprägte Aktivität eines ehemaligen Studienfreundes, des Marschalls von Bieberstein, eines Rechtsanwalts auf, der sich in seiner Eigenschaft als ranghöchster Offizier der Dresdner Kommunalgarde durch seinen grenzenlosen Eifer unter dem Geschrei einer mächtigen Schar von Mitrednern auszeichnete. An diesem Tag wurde ein gewisser Heinz, ein ehemaliger griechischer Oberst, zum Oberbefehlshaber der Streitkräfte ernannt. Diese Vorgänge schienen Bakunin, der gelegentlich erschien, überhaupt nicht zufriedenstellend. Während die provisorische Regierung alle Hoffnungen darauf setzte, den Konflikt durch moralische Überredung friedlich beizulegen, sah er im Gegenteil mit seiner klaren Vision einen wohlgeplanten militärischen Angriff der Preußen voraus und dachte, dass diesem nur durch gute strategische Maßnahmen begegnet werden könne. Er drängte daher dringend auf die Anwerbung einiger erfahrener polnischer Offiziere, die sich zufällig in Dresden befanden, da den sächsischen Revolutionären militärische Taktiken völlig zu fehlen schienen. Jeder fürchtete sich vor diesem Weg; andererseits verbanden sich große Erwartungen mit den Verhandlungen mit der in den letzten Zügen liegenden Frankfurter Landesversammlung. Alles sollte möglichst in gesetzlicher Form abgewickelt werden. Die Zeit verging recht angenehm. Elegante Damen mit ihren Kavalieren flanierten an diesen schönen Frühlingsabenden durch die verbarrikadierten Straßen. Es schien kaum mehr als ein unterhaltsames Drama zu sein. Die ungewohnte Erscheinung der Dinge bereitete mir sogar echte Freude, verbunden mit dem Gefühl, dass die ganze Sache nicht ganz ernst gemeint war und eine freundliche Proklamation der Regierung ihr ein Ende bereiten würde. So schlenderte ich zu später Stunde gemütlich durch die zahlreichen Barrikaden nach Hause und dachte dabei an den Dramastoff „Achilleus", mit dem ich mich seit einiger Zeit beschäftigt hatte.

Zu Hause fand ich meine beiden Nichten, Clara und Ottilie Brockhaus, die Töchter meiner Schwester Louisa. Sie hatten seit einem Jahr bei einer Gouvernante in Dresden gelebt, und ihre wöchentlichen Besuche und ihre ansteckende gute Laune erfreuten mich. Alle waren in heller Freude über die Revolution; sie alle billigten die Barrikaden von ganzem Herzen und hatten keine Skrupel, ihren Verteidigern den Sieg zu wünschen. Geschützt durch den Waffenstillstand blieb diese Stimmung den ganzen Freitag (5. Mai) ungestört. Von allen Seiten kamen Nachrichten, die uns an einen allgemeinen Aufstand in ganz Deutschland glauben ließen. Baden und die Pfalz befanden sich in den Wehen eines Aufstands im Namen ganz Deutschlands. Ähnliche Gerüchte kamen aus freien Städten wie Breslau. In Leipzig hatten freiwillige Studentenkorps Truppen für Dresden versammelt, die unter dem Jubel der Bevölkerung eintrafen. Im Rathaus wurde eine voll ausgestattete Verteidigungsabteilung organisiert, und der junge Heine, der wie ich in seinen Hoffnungen auf die Aufführung von Lohengrin enttäuscht war, war ebenfalls dieser Organisation beigetreten. Aus dem sächsischen Erzgebirge kamen energische Unterstützungsversprechen sowie Ankündigungen, dass bewaffnete Kontingente in Kürze anrücken würden. Jeder dachte daher, dass die Altstadt, wenn sie nur gut verbarrikadiert bliebe, der Bedrohung durch ausländische Besatzung sicher trotzen könnte. Am frühen Samstag, dem 6. Mai, war es offensichtlich, dass die Situation ernster wurde. Preußische Truppen waren in die Neustadt einmarschiert, und die sächsischen Truppen, die man nicht für einen Angriff für ratsam gehalten hatte, blieben der Flagge treu. Der Waffenstillstand lief mittags aus, und die Truppen, unterstützt von mehreren Kanonen, eröffneten sofort den Angriff auf eine der Hauptpositionen der Bevölkerung auf dem Neumarkt.

Bisher war ich davon überzeugt, dass die Sache auf die schnellste Art und Weise entschieden werden würde, sobald es zu einem tatsächlichen Konflikt käme, denn in meiner eigenen Gefühlslage (oder auch in dem, was ich unabhängig davon erkennen konnte) gab es keinen Hinweis auf jene leidenschaftliche Ernsthaftigkeit der Absicht, ohne die so harte Prüfungen wie diese noch nie erfolgreich überstanden wurden. Es ärgerte mich, dass ich, während ich das scharfe Knattern des Feuers hörte, nichts von dem mitbekam, was vor sich ging, und ich dachte, dass ich durch das Erklimmen des Kreuzturms eine gute Sicht bekommen könnte. Selbst von dieser Höhe aus konnte ich nichts klar erkennen, aber ich erkannte genug, um mich davon zu überzeugen, dass sich die vorgeschobene Artillerie der preußischen Truppen nach einer Stunde schweren Feuers zurückgezogen hatte und schließlich völlig zum Schweigen gebracht worden war, was durch laute Jubelrufe der Bevölkerung signalisiert wurde. Offenbar hatte sich der erste Angriff erschöpft, und nun begann mein Interesse an dem, was vor sich ging, eine immer lebhaftere Farbe anzunehmen. Um genauere Informationen zu erhalten, eilte ich zurück zum Rathaus. Ich konnte jedoch aus der grenzenlosen Verwirrung, die ich vorfand, nichts herauslesen, bis ich endlich inmitten der Hauptgruppe der Redner auf Bakunin stieß. Er konnte mir einen außerordentlich genauen Bericht über die Ereignisse geben. Von einer Barrikade am Neumarkt, wo der Angriff am heftigsten war, war die Nachricht ins Hauptquartier gelangt, dass dort vor dem Ansturm der Truppen alles in Unordnung gewesen sei; mein Freund Marschall von Bieberstein hatte daraufhin zusammen mit Leo von Zichlinsky, die Offiziere des Bürgerkorps waren, einige Freiwillige herbeigerufen und sie an den Ort der Gefahr geführt. Kreisamtmann Heubner aus Freiberg, ohne Waffe zur Verteidigung und mit entblößtem Kopf, sprang sofort auf die Spitze der Barrikade, die gerade von allen Verteidigern verlassen worden war. Er war das einzige Mitglied der provisorischen Regierung, das an Ort und Stelle blieb, während die Führer Todt und Tschirner beim ersten Anzeichen einer Panik verschwunden waren. Heubner wandte sich um, um die Freiwilligen zum Vorrücken aufzufordern, und wandte sich mit aufrüttelnden Worten an sie. Sein Erfolg war vollkommen, die Barrikade wurde wieder eingenommen und ein ebenso unerwartetes wie heftiges Feuer auf die Truppen gerichtet, die, wie ich selbst sah, zum Rückzug gezwungen wurden. Bakunin war bei dieser Aktion eng mit dabei, er war den Freiwilligen gefolgt, und jetzt erklärte er mir, dass Heubner, so engstirnig seine politischen Ansichten auch sein mochten (er gehörte der gemäßigten Linken der Sächsischen Kammer an), ein Mann von edlem Charakter war, in dessen Dienst er sofort sein eigenes Leben gestellt hatte.

Bakunin hatte nur dieses Beispiel gebraucht, um seine eigene Vorgehensweise zu bestimmen; er hatte beschlossen, sein Leben aufs Spiel zu setzen und keine weiteren Fragen zu stellen. Auch Heubner musste nun die Notwendigkeit extremer Maßnahmen anerkennen und schreckte vor keinem Vorschlag Bakunins zurück, der auf dieses Ziel gerichtet war. Der Kommandant, dessen Unfähigkeit sich schnell gezeigt hatte, wurde von erfahrenen polnischen Offizieren militärisch beraten; Bakunin, der offen zugab, nichts von reiner Strategie zu verstehen, verließ das Rathaus nicht, sondern blieb an Heubners Seite und erteilte mit wunderbarer Kaltblütigkeit in alle Richtungen Ratschläge und Informationen. Für den Rest des Tages beschränkte sich die Schlacht auf Scharfschützengefechte aus den verschiedenen Stellungen. Ich brannte darauf, wieder auf den Kreuzturm zu steigen, um einen möglichst umfassenden Überblick über das gesamte Kampffeld zu erhalten. Um diesen Turm vom Rathaus aus zu erreichen, musste man durch einen Raum gehen, der im Kreuzfeuer der Gewehrschüsse der im königlichen Palast postierten Truppen lag. In einem Moment, als dieser Platz völlig verlassen war, gab ich meinem kühnen Impuls nach und überquerte ihn langsam auf dem Weg zum Kreuzturm, wobei ich daran dachte, dass man jungen Soldaten in solchen Situationen rät, sich nie zu beeilen, weil sie sonst das Feuer auf sich ziehen könnten. Als ich diesen Aussichtspunkt erreichte, fand ich dort mehrere Leute versammelt, einige von ihnen getrieben von der gleichen Neugier wie ich, andere in Gehorsam gegenüber einem Befehl des Hauptquartiers der Revolutionäre, die Bewegungen des Feindes auszukundschaften. Unter ihnen machte ich die Bekanntschaft eines Schulmeisters namens Berthold, eines Mannes von ruhigem und sanftem Gemüt, aber voller Überzeugung und Entschlossenheit. Ich verlor mich in einer ernsthaften philosophischen Diskussion mit ihm, die sich auf die weitesten Bereiche der Religion erstreckte. Gleichzeitig zeigte er eine schlichte Sorge, uns vor den kegelförmigen Kugeln der preußischen Scharfschützen zu schützen, indem er uns geschickt hinter einer Barrikade aus einer der Strohmatratzen platzierte, die er dem Wärter abgerungen hatte. Die preußischen Scharfschützen waren auf dem entfernten Turm der Frauenkirche postiert und hatten die von uns eingenommene Höhe als Ziel gewählt. Bei Einbruch der Nacht konnte ich mich nicht dazu entschließen, nach Hause zu gehen und meinen interessanten Zufluchtsort zu verlassen, also überredete ich den Wärter, einen Untergebenen mit ein paar Zeilen an meine Frau nach Friedrichstadt zu schicken und sie zu bitten, mir einige notwendige Vorräte zu geben. So verbrachte ich eine der außergewöhnlichsten Nächte meines Lebens, abwechselnd mit Berthold Wache haltend und schlafend, dicht unter der großen Glocke mit ihrem schrecklichen, ächzenden Läuten und begleitet vom ununterbrochenen Rasseln der preußischen Kugeln, die gegen die Turmmauern schlugen.

Sonntag (7. Mai) war einer der schönsten Tage des Jahres. Ich wurde vom Gesang einer Nachtigall geweckt, der aus dem nahegelegenen Schütze-Garten zu unseren Ohren drang. Eine heilige Ruhe und Friedlichkeit lag über der Stadt und den weiten Vororten Dresdens, die von meinem Aussichtspunkt aus sichtbar waren. Gegen Sonnenaufgang legte sich ein Nebel über die Außenbezirke, und plötzlich konnten wir durch seine Falten die Musik der Marseillaise klar und deutlich aus dem Viertel der Tharanderstraße hören. Als der Klang näher und näher kam, lichtete sich der

Nebel, und der Glanz der aufgehenden Sonne warf ein glitzerndes Licht auf die Waffen einer langen Kolonne, die sich in Richtung Stadt schlängelte. Es war unmöglich, beim Anblick dieser ununterbrochenen Prozession nicht tief beeindruckt zu sein. Plötzlich wurde mir in all seiner wesentlichen Frische und Lebensfarbe das Element bewusst, das ich im deutschen Volk so lange vermisst hatte. Die Tatsache, dass ich mich bis zu diesem Moment mit seiner Abwesenheit abfinden musste, hatte nicht wenig zu den Gefühlen beigetragen, die mich beeinflusst hatten. Hier sah ich einige tausend Männer aus dem Erzgebirge, hauptsächlich Bergleute, gut bewaffnet und organisiert, die sich zur Verteidigung Dresdens versammelt hatten. Bald sahen wir sie den Altmarkt gegenüber dem Rathaus hinaufmarschieren und nach einem freudigen Empfang dort ihr Biwak aufschlagen, um sich von ihrer Reise zu erholen. Den ganzen Tag lang strömten Verstärkungen ein, und die heroische Leistung des Vortages wurde nun in Form einer allgemeinen Hochstimmung belohnt. Der Angriffsplan der preußischen Truppen schien sich geändert zu haben. Dies ließ sich daran erkennen, dass zahlreiche gleichzeitige, aber weniger konzentrierte Angriffe auf verschiedene Stellungen durchgeführt wurden. Die Truppen, die uns zur Verstärkung gekommen waren, brachten vier kleine Kanonen mit, die Eigentum eines gewissen Herrn Thade von Burgk waren, den ich schon einmal anlässlich der Jahrestagsfeier der Gründung des Dresdner Gesangvereins kennengelernt hatte, als er eine gut gemeinte, aber bis zur Lächerlichkeit ermüdende Rede gehalten hatte. Die Erinnerung an diese Rede kam mir mit eigentümlicher Ironie wieder in den Sinn, jetzt, da seine Kanonen von der Barrikade aus auf den Feind abgefeuert wurden. Einen noch tieferen Eindruck empfand ich jedoch, als ich gegen elf Uhr das alte Opernhaus, in dem ich vor einigen Wochen die letzte Aufführung der Neunten Symphonie dirigiert hatte, in Flammen aufgehen sah. Wie ich schon früher Gelegenheit hatte zu erwähnen, war die Brandgefahr, der dieses mit Holz und allerlei Textilgeweben vollgestopfte und ursprünglich nur für einen vorübergehenden Zweck errichtete Gebäude ausgesetzt war, für diejenigen, die es besuchten, immer ein Grund für Schrecken und Besorgnis gewesen.

Man erzählte mir, das Opernhaus sei aus strategischen Gründen in Brand gesteckt worden, um einem gefährlichen Angriff von dieser exponierten Seite abzuwehren und auch um die berühmte „Semper"-Barrikade vor einem übermächtigen Überraschungsangriff zu schützen. Daraus schloss ich, dass Gründe dieser Art weitaus mächtigere Motive sind als ästhetische Erwägungen. Lange Zeit hatten Männer mit Geschmack vergeblich die Abschaffung dieses hässlichen Gebäudes gefordert, das neben den eleganten Proportionen der benachbarten Zwinger-Galerie ein solcher Schandfleck war. In wenigen Augenblicken war das Opernhaus (das von seiner Größe her allerdings ein imposantes Gebäude war) mitsamt seinem leicht entflammbaren Inhalt ein riesiges Flammenmeer. Als dieses die Metalldächer der benachbarten Flügel des Zwingers erreichte und sie in wundervolle bläuliche Feuerwellen hüllte, waren unter den Zuschauern die ersten Ausdrücke des Bedauerns zu hören. Welch eine Katastrophe! Einige dachten, die Naturhistorische Sammlung sei in Gefahr; andere behaupteten, es sei das Waffenlager gewesen, worauf ein Soldat aus der Zivilbevölkerung erwiderte, wenn das der Fall sei, wäre es ein sehr gutes Geschäft, wenn die „ausgestopften Edelleute" zu Asche verbrannt würden. Aber es schien, als wisse ein ausgeprägter Sinn für den Wert der Kunst die Gier des Feuers nach weiterer Herrschaft zu zügeln, und tatsächlich richtete es in diesem Viertel nur wenig Schaden an. Schließlich füllte sich unser Beobachtungsposten, der bis jetzt verhältnismäßig ruhig geblieben war, mit Scharen bewaffneter Männer, die dorthin beordert worden waren, um den Zugang von der Kirche zum Altmarkt zu verteidigen, auf den man einen Angriff von der Seite der schlecht gesicherten Kreuzgasse befürchtete. Jetzt waren unbewaffnete Männer im Weg; außerdem hatte ich eine Nachricht von meiner Frau erhalten, die mich nach der langen und schrecklichen Angst, die sie erlitten hatte, nach Hause rief.

Endlich, nach unzähligen Hindernissen und unter Überwindung einer Menge Schwierigkeiten, gelang es mir auf allen möglichen Umwegen, meine entlegene Vorstadt zu erreichen, von der ich durch die befestigten Teile der Stadt und besonders durch eine vom Zwinger aus gelenkte Kanonade abgeschnitten war. Meine Wohnung war bis zum Bersten mit aufgeregten Frauen gefüllt, die sich um Minna versammelt hatten; unter ihnen die in Panik geratene Frau Röckels, die ihren Mann im Kampfgetümmel vermutete, da sie dachte, er würde wahrscheinlich nach Erhalt der Nachricht, dass Dresden aufgestanden war, zurückgekehrt sein. Tatsächlich hatte ich ein Gerücht gehört, dass Röckel an diesem Tag angekommen war, aber ich hatte ihn noch nicht zu Gesicht bekommen. Meine jungen Nichten halfen mir noch einmal, meine Stimmung zu heben. Das Feuer hatte sie in einen Zustand großer Freude versetzt, der meine Frau in gewissem Maße ansteckte, sobald sie sich meiner persönlichen Sicherheit versichert hatte. Sie alle waren wütend auf den Bildhauer Hänel, der immer wieder betonte, es sei ratsam, das Haus zu verriegeln, um ein Eindringen der Revolutionäre zu verhindern. Alle Frauen, ohne Ausnahme, machten Witze über seine blanke Angst, als er einige mit Sensen bewaffnete Männer auf der Straße erscheinen sah. So verging der Sonntag wie eine Art Familienfest.

Am nächsten Morgen (Montag, 8. Mai) versuchte ich mich noch einmal über den Stand der Dinge zu informieren, indem ich mir von meinem vom Ort des Geschehens abgeschnittenen Hause aus den Weg zum Rathaus bahnte. Als ich unterwegs eine Barrikade bei der St.-Anna-Kirche überwand, rief mir ein Kommunalwächter zu: „Hallo, Dirigent, Ihr ‚der Freude schöner Götterfunken' [15] hat tatsächlich Feuer gelegt. Das morsche Gebäude ist dem

Erdboden gleichgemacht." Offenbar war der Mann ein begeisterter Zuhörer meiner letzten Aufführung der 9. Symphonie. Dieser pathetische Gruß, der mich so unerwartet traf, erfüllte mich mit einem sonderbaren Gefühl von Kraft und Freiheit. Etwas weiter, in einer einsamen Gasse in der Vorstadt Plauen, begegnete ich dem Musiker Hiebendahl, dem ersten Oboisten der königlichen Kapelle, einem Mann, der noch immer ein sehr hohes Ansehen genoss; er trug die Uniform der Kommunalwächter, trug jedoch kein Gewehr und plauderte mit einem Bürger in ähnlicher Kleidung. Als er mich sah, hatte er das Gefühl, er müsse mich sofort bitten, meinen Einfluss gegen Röckel geltend zu machen, der in Begleitung von Waffenoffizieren der revolutionären Partei in diesem Viertel eine Waffensuche einleitete. Als er merkte, dass ich mitfühlende Fragen nach Röckel stellte, wich er erschrocken zurück und sagte in tiefster Besorgnis zu mir: „Aber, Herr Schaffner, denken Sie denn nicht an Ihre Lage und daran, was Sie verlieren könnten, wenn Sie sich auf diese Weise bloßstellen?" Diese Bemerkung hatte die drastischste Wirkung auf mich; ich brach in lautes Lachen aus und sagte ihm, meine Lage sei so oder so keinen Gedanken wert. Dies war in der Tat der Ausdruck meiner wahren Gefühle, die ich lange unterdrückt hatte und die nun in fast jubelnden Äußerungen ausbrachen. In diesem Moment erblickte ich Röckel, der mit zwei Männern der Bürgerwehr, die einige Waffen trugen, auf mich zukam. Er begrüßte mich sehr freundlich, wandte sich aber sofort an Hiebendahl und seinen Begleiter und fragte ihn, warum er hier in Uniform herumlungere, statt auf seinem Posten zu sein. Als Hiebendahl sich damit entschuldigte, dass sein Gewehr beschlagnahmt worden sei, rief Röckel ihm zu: „Ihr seid ein schmucker Haufen!" und ging lachend davon. Er erzählte mir im weiteren Verlauf kurz, was mit ihm geschehen war, seit ich ihn aus den Augen verloren hatte, und ersparte mir so die Verpflichtung, ihm einen Bericht aus seinem Volksblatt zu geben. Wir wurden von einer imposanten Truppe gut bewaffneter junger Gymnasiasten unterbrochen, die gerade in die Stadt gekommen waren und sicheres Geleit zu ihrem Appellplatz wünschten. Der Anblick dieser geschlossenen Reihen jugendlicher Gestalten, mehrere Hundert an der Zahl, die tapfer ihrer Pflicht nachkamen, machte auf mich den erhabensten Eindruck. Röckel übernahm es, sie sicher über die Barrikade zum Übungsplatz vor dem Rathaus zu begleiten. Er nutzte die Gelegenheit, um den völligen Mangel an wahrem Geist zu beklagen, den er bisher bei den Befehlshabern erlebt hatte. Er hatte vorgeschlagen, im Notfall die am stärksten bedrohten Barrikaden mit Pechbränden zu schützen; auf das bloße Wort hin war die provisorische Regierung in einen wahren Panikzustand verfallen. Ich ließ ihn ziehen, um das Privileg eines Einsamen zu genießen und das Rathaus auf einem kurzen Weg zu erreichen, und erst dreizehn Jahre später sah ich ihn wieder.

[15] Diese Worte beziehen sich auf den Beginn des Refrains der Neunten Sinfonie: „Freude, Freude, Freude, schöner götterfunken Tochter aus

Elysium" – (Lobt sie, lobt, oh lobt Freude, die von Gott herabgestiegene Tochter aus Elysium). Englische Version von Natalia Macfarren. – Herausgeberin.

Im Rathaus erfuhr ich von Bakunin, daß die provisorische Regierung auf seinen Rat hin beschlossen hatte, die von Anfang an völlig vernachlässigte und daher auf längere Zeit unhaltbare Stellung in Dresden aufzugeben. Dieser Beschluß schlug einen bewaffneten Rückzug ins Erzgebirge vor, wo die von allen Seiten, besonders aus Thüringen, einströmenden Verstärkungen so stark konzentriert werden konnten, daß die vorteilhafte Lage zur Eröffnung eines deutschen Bürgerkrieges ausgenutzt werden konnte, der von Anfang an ohne Zögern anschlagen würde. Die beharrliche Verteidigung einzelner verbarrikadierter Straßen Dresdens konnte dagegen dem Kampf, obwohl er mit größtem Mut geführt wurde, kaum mehr als den Charakter eines städtischen Aufruhrs verleihen. Ich muß gestehen, daß mir dieser Gedanke großartig und bedeutungsvoll erschien. Bis zu diesem Augenblick hatte mich nur ein Gefühl der Sympathie für eine Vorgehensweise bewegt, die zunächst mit fast ironischer Ungläubigkeit begonnen und dann mit der Kraft der Überraschung verfolgt wurde. Jetzt aber entfaltete sich alles, was mir vorher unverständlich schien, vor meinen Augen in Form einer großen und hoffnungsvollen Lösung. Ohne mich in irgendeiner Weise gezwungen zu fühlen oder zu fühlen, dass es meine Berufung war, mir in diesen Ereignissen irgendeine Rolle oder Funktion zuzuweisen, ließ ich jetzt endgültig jede Rücksicht auf meine persönliche Lage fallen und beschloss, mich dem Strom der Entwicklungen hinzugeben, der in die Richtung floss, in die mich meine Gefühle mit einer Wonne voller Verzweiflung getrieben hatten. Doch wollte ich meine Frau nicht hilflos in Dresden zurücklassen und ersann rasch einen Weg, sie auf den von mir gewählten Weg zu ziehen, ohne ihr sofort mitzuteilen, was mein Entschluss bedeutete. Während meiner hastigen Rückkehr nach Friedrichstadt erkannte ich, dass dieser Teil der Stadt durch die Besetzung der preußischen Truppen fast vollständig von der Innenstadt abgeschnitten war; ich sah vor meinem geistigen Auge unsere eigene Vorstadt besetzt und die Folgen eines militärischen Belagerungszustands in ihrem abstoßendsten Licht. Es war ein leichtes Unterfangen, Minna zu überreden, mich auf einem Besuch über die noch freie Tharanderstraße nach Chemnitz zu begleiten, wo meine verheiratete Schwester Clara lebte. Es war nur eine Frage des Augenblicks, bis sie ihre Haushaltsordnung geordnet hatte, und sie versprach, mir in einer Stunde mit dem Papagei in das nächste Dorf zu folgen. Ich ging mit meinem kleinen Hund Peps voraus, um einen Wagen zu mieten, in dem wir unsere Reise nach Chemnitz fortsetzen konnten. Es war ein lächelnder Frühlingsmorgen, als ich zum letzten Mal die Wege durchschritt, die ich auf meinen einsamen Spaziergängen so oft betreten hatte, in dem Wissen, dass ich sie nie wieder beschreiten würde. Während die Lerchen in schwindelnden

Höhen über meinem Kopf schwebten und in den Furchen der Felder sangen, hörte die leichte und schwere Artillerie nicht auf, durch die Straßen Dresdens zu donnern. Der Lärm dieser Schießerei, der mehrere Tage ununterbrochen angehalten hatte, hatte sich so unauslöschlich auf meine Nerven gehämmert, dass er noch lange in meinem Gehirn nachhallte; genauso wie die Bewegung des Schiffes, das mich nach London gebracht hatte, mich noch einige Zeit danach taumeln ließ. Begleitet von dieser schrecklichen Musik warf ich den Türmen der Stadt, die hinter mir lagen, meinen Abschiedsgruß zu und sagte mir lächelnd, dass, wenn meine Ankunft vor sieben Jahren unter völlig unklaren Vorzeichen stattgefunden hatte, mein Abgang jedenfalls mit einigem Pomp und Zeremoniell durchgeführt werden würde.

Als ich mich schließlich mit Minna in einem Einspänner auf dem Wege nach dem Erzgebirge befand, begegneten wir häufig bewaffneten Verstärkungen, die nach Dresden unterwegs waren. Ihr Anblick entfachte immer eine unwillkürliche Freude in uns; selbst meine Frau konnte es nicht unterlassen, den Leuten aufmunternde Worte zuzusprechen; es schien jetzt keine einzige Barrikade verloren zu sein. Einen düsteren Eindruck machte dagegen eine Kompanie Stammmannschaft, die schweigend nach Dresden marschierte. Wir fragten einige von ihnen, wohin sie wolle; ihre Antwort: „Ihre Pflicht zu erfüllen“, war ihnen offenbar auf Befehl eingeschärft worden. Endlich erreichten wir meine Verwandten in Chemnitz. Ich erschreckte alle meine Lieben, als ich meine Absicht erklärte, am nächsten Tage so früh wie möglich nach Dresden zurückzukehren, um mich dort nach den Verhältnissen zu erkundigen. Trotz aller Versuche, mich davon abzubringen, führte ich meinen Entschluß aus, verfolgt von der Ahnung, ich werde auf der Landstraße den bewaffneten Kräften der Dresdner auf dem Rückzug begegnen. Je näher ich der Hauptstadt kam, desto mehr bestätigten sich die Gerüchte, dass in Dresden noch nicht an Kapitulation oder Rückzug gedacht wurde, sondern dass im Gegenteil der Kampf für die nationale Partei sehr günstig ausfiel. All dies erschien mir wie ein Wunder nach dem anderen. An diesem Tag, Dienstag, dem 9. Mai, bahnte ich mir in höchster Erregung wieder meinen Weg durch immer unzugänglicher gewordenes Gelände. Alle Landstraßen mussten gemieden werden, und man konnte nur durch die Häuser vordringen, die durchbrochen worden waren. Endlich erreichte ich das Rathaus in der Altstadt, gerade als es dunkel wurde. Ein wahrhaft furchtbares Schauspiel bot sich meinen Augen, denn ich durchquerte jene Teile der Stadt, in denen Vorbereitungen für einen Häuserkampf getroffen worden waren. Das unaufhörliche Ächzen großer und kleiner Geschütze übertönte alle anderen Geräusche, die von bewaffneten Männern kamen, die sich unaufhörlich von Barrikade zu Barrikade und von einem Haus zum anderen, das sie durchbrochen hatten, gegenseitig zuriefen, zu einem unheimlichen Gemurmel. Hier und da brannten Pechscheite, bleiche

Gestalten lagen halb tot vor Erschöpfung um die Wachposten herum, und jeder unbewaffnete Wanderer, der sich seinen Weg bahnte, wurde heftig angegriffen. Nichts, was ich je erlebt habe, kann jedoch mit dem Eindruck verglichen werden, den ich beim Betreten der Räume des Rathauses empfing. Hier war eine düstere, aber dennoch ziemlich kompakte und ernste Menschenmasse; auf allen Gesichtern lag ein Ausdruck unsäglicher Erschöpfung; keine einzige Stimme hatte ihren natürlichen Ton behalten. Es herrschte ein heiseres Durcheinander von Gesprächen, das von einem Zustand höchster Anspannung inspiriert war. Der einzige vertraute Anblick, der noch übrig blieb, waren die alten Bediensteten des Rathauses in ihren seltsam altmodischen Uniformen und Dreispitzhüten. Diese großen Männer, die sonst ein Gegenstand beträchtlicher Angst waren, fand ich teils damit beschäftigt, Brotscheiben zu buttern und Scheiben von Schinken und Wurst zu schneiden, teils damit, riesige Vorräte an Proviant für die Boten, die von den Verteidigern der Barrikaden zur Versorgung geschickt worden waren, in Körbe zu packen. Diese Männer hatten sich zu wahren Ammen der Revolution entwickelt.

Als ich weiterging, stieß ich endlich auf die Mitglieder der provisorischen Regierung, unter denen sich Todt und Tschirner nach ihrer ersten panischen Flucht wieder finster wie Gespenster hin und her schwebten, jetzt, da sie an die Erfüllung ihrer schweren Pflichten gefesselt waren. Nur Heubner hatte seine volle Energie bewahrt; aber er bot einen wirklich erbärmlichen Anblick: ein gespenstisches Feuer brannte in seinen Augen, die seit sieben Nächten kein Auge zugetan hatten. Er freute sich, mich wiederzusehen, da er meine Ankunft als gutes Omen für die Sache betrachtete, die er vertrat; andererseits war er in der raschen Abfolge der Ereignisse mit Elementen in Berührung gekommen, über die sich keine Schlussfolgerung zu seiner vollen Zufriedenheit herausbilden konnte. Bakunins Ansichten fand ich ungestört und seine Haltung fest und ruhig. Er zeigte nicht die geringste Veränderung in seinem Aussehen, obwohl er während der ganzen Zeit keinen Schlaf gehabt hatte, was, wie ich später erfuhr, eine Tatsache war. Mit einer Zigarre im Mund empfing er mich auf einer der Matratzen, die auf dem Boden des Rathauses verteilt lagen . An seiner Seite saß ein sehr junger Pole (ein Galicier) namens Haimberger, ein Geiger, den er mich einmal gebeten hatte, Lipinsky zu empfehlen, damit er ihm Unterricht geben könne, da er nicht wollte, dass dieser unerfahrene und unerfahrene Junge, der sich leidenschaftlich an ihn gewöhnt hatte, in den Strudel der gegenwärtigen Umwälzungen hineingezogen würde. Als Haimberger nun ein Gewehr geschultert und sich zum Dienst an den Barrikaden gemeldet hatte, hatte Bakunin ihn dennoch freudig begrüßt. Er hatte ihn auf das Sofa neben sich gezogen, und jedes Mal, wenn der Junge vor dem heftigen Geräusch des Kanonenschusses vor Angst erzitterte, schlug er ihm heftig auf den Rücken und rief: „Du bist hier nicht in der Gesellschaft deiner Geige, mein Freund.

Schade, dass du nicht geblieben bist, wo du warst!" Bakinin gab mir dann einen kurzen und präzisen Bericht über das, was geschehen war, seit ich ihn am Vormittag verlassen hatte. Der damals beschlossene Rückzug erwies sich bald als nicht ratsam, da er die zahlreichen Verstärkungen, die an diesem Tag bereits eingetroffen waren, entmutigt hätte. Außerdem war die Kampflust so groß und die Stärke der Verteidiger so beträchtlich gewesen, dass es möglich gewesen war, den feindlichen Truppen bisher erfolgreich entgegenzutreten. Da diese aber ebenfalls große Verstärkungen erhalten hatten, war es ihnen erneut möglich gewesen, einen wirksamen gemeinsamen Angriff auf die starke Wildstruf-Barrikade durchzuführen. Die preußischen Truppen hatten den Straßenkampf vermieden und stattdessen die Methode des Kampfes von Haus zu Haus gewählt, indem sie die Mauern durchbrachen. Dies hatte deutlich gemacht, dass jede Verteidigung durch Barrikaden nutzlos geworden war und dass es dem Feind langsam, aber sicher gelingen würde, sich dem Rathaus, dem Sitz der provisorischen Regierung, zu nähern. Bakunin hatte nun vorgeschlagen, alle Pulvervorräte in den unteren Räumen des Rathauses zusammenzubringen und es bei der Annäherung des Feindes in die Luft zu sprengen. Der Stadtrat, der noch in einem Hinterzimmer beriet, hatte mit größter Vehemenz protestiert. Bakunin jedoch hatte mit großer Entschiedenheit auf der Durchführung der Maßnahme bestanden, war aber schließlich durch die Entfernung aller Pulvervorräte völlig überlistet worden. Außerdem war Heubner, dem Bakunin nichts abschlagen konnte, auf die andere Seite überredet worden. Es wurde nun beschlossen, da alles bereit war, den ursprünglich für den Vortag vorgesehenen Rückzug ins Erzgebirge auf den frühen Morgen festzulegen. Der junge Zichlinsky hatte bereits den Befehl erhalten, die Straße nach Plauen zu decken, um sie strategisch sicher zu machen. Auf meine Frage nach Röckel antwortete Bakunin schnell, er sei seit dem Vorabend nicht mehr gesehen worden und habe sich wahrscheinlich fangen lassen: er sei in einem so nervösen Zustand. Ich berichtete nun von meinen Beobachtungen auf dem Weg von und nach Chemnitz und beschrieb die großen Verstärkungsmassen, darunter die mehrere tausend Mann starke Gemeindewache des Ortes. In Freiberg hatte ich vierhundert Reservisten getroffen, die in hervorragender Verfassung gekommen waren, um die Bürgerarmee zu unterstützen, aber nicht weiter vorrücken konnten, da sie durch ihren Gewaltmarsch erschöpft waren. Es schien offensichtlich, dass dies ein Fall war, in dem die notwendige Energie zur Beschlagnahme von Wagen gefehlt hatte und dass, wenn die Grenzen der Loyalität in dieser Angelegenheit überschritten würden , der Zustrom frischer Kräfte erheblich gefördert würde. Ich wurde gebeten, sofort zurückzukehren und den Leuten, deren Bekanntschaft ich gemacht hatte, die Meinung der provisorischen Regierung mitzuteilen. Mein alter Freund Marschall von Bieberstein bot sofort an, mich zu begleiten. Ich begrüßte sein Angebot, da er ein Offizier der provisorischen Regierung war und daher besser geeignet war als ich, Befehle zu übermitteln. Dieser Mann, der zuvor in seinem Enthusiasmus fast übertrieben gewesen war, war jetzt durch Schlaflosigkeit völlig erschöpft und konnte kein weiteres Wort mehr aus seiner heiseren Kehle hervorbringen. Er begab sich nun mit mir auf den uns angegebenen Umwegen vom Rathaus zu seinem Haus in der Vorstadt Plauen, um dort bei einem ihm bekannten Kutscher einen Wagen für unsere Zwecke zu requirieren und sich von seiner Familie zu verabschieden, von der er sich, wie er annahm, aller Wahrscheinlichkeit nach für einige Zeit trennen müsse.

Während wir auf den Kutscher warteten, tranken wir Tee und Abendessen und unterhielten uns dabei ziemlich ruhig und gelassen mit den Damen des Hauses. Am nächsten Morgen kamen wir nach verschiedenen Abenteuern früh in Freiberg an, und ich machte mich sofort auf den Weg, um die mir bereits bekannten Führer des Reservistenkontingents zu finden. Marschall riet ihnen, in den Dörfern, wo immer sie dies tun konnten, Pferde und Wagen zu requirieren. Als sie alle in Marschordnung nach Dresden aufgebrochen waren und ich mich durch mein leidenschaftliches Interesse am Schicksal dieser Stadt gezwungen fühlte, noch einmal dorthin zurückzukehren, empfand Marschall den Wunsch, seinen Auftrag weiter in die Ferne zu tragen, und bat zu diesem Zweck, mich verlassen zu dürfen. Daraufhin kehrte ich den Höhen des Erzgebirges wieder den Rücken und reiste mit einer Sonderkutsche in Richtung Tharand, als auch ich vom Schlaf überwältigt wurde und nur durch heftiges Geschrei und das Geräusch einer Unterredung mit dem Postillon geweckt wurde. Als ich die Augen öffnete, stellte ich zu meinem Erstaunen fest, dass die Straße voller bewaffneter Revolutionäre war, die nicht nach Dresden, sondern von Dresden weg marschierten. Einige von ihnen versuchten, die Kutsche zu kapern, um auf der Rückfahrt ihrer Müdigkeit zu entfliehen.

„Was ist los?", rief ich. „Wohin gehst du?"

„Nach Hause", war die Antwort. „In Dresden ist alles vorbei. Die Provinzialregierung ist in dem Wagen dort unten dicht hinter uns."

Ich schoss wie ein Pfeil aus der Kutsche, überließ sie den müden Männern und eilte weiter, die steile Straße hinunter, um die unglückselige Gruppe zu treffen. Und dort fand ich sie tatsächlich – Heubner, Bakunin und Martin, den energischen Postbeamten, die beiden letzteren mit Musketen bewaffnet – in einer schicken Mietkutsche aus Dresden, die langsam den Hügel hinaufkam. Auf dem Bock saßen, wie ich annahm, die Sekretäre, während so viele wie möglich von der müden Nationalgarde um Sitzplätze dahinter kämpften. Ich beeilte mich, mich in die Kutsche zu schwingen, und kam so zu einem Gespräch, das daraufhin zwischen dem Kutscher, der zugleich der Besitzer der Kutsche war, und der provisorischen Regierung stattfand. Der

Mann flehte sie an, seine Kutsche zu schonen, die, wie er sagte, sehr schwach gefedert und für eine solche Last völlig ungeeignet sei; er bat darum, den Leuten zu sagen, sie sollten sich nicht hinten und vorne niederlassen. Bakunin aber blieb ganz unbekümmert und beschloß, mir einen kurzen Bericht über den Rückzug aus Dresden zu geben, der ohne Verluste erfolgreich durchgeführt worden war. Er hatte die Bäume in der neugepflanzten Maximiliansallee am frühen Morgen fällen lassen, um eine Barrikade gegen einen möglichen Flankenangriff der Kavallerie zu bilden, und hatte sich sehr über die Klagen der Einwohner unterhalten, die währenddessen nichts anderes taten, als ihre Scheene *Beeme zu beklagen* . [16] Während dieser ganzen Zeit wurden die Klagen unseres Kutschers über seine Kutsche immer aufdringlicher. Schließlich brach er in lautes Schluchzen und Weinen aus, worauf Bakunin, der ihn mit geradezu Vergnügen ansah, ausrief: „Die Tränen eines Philisters sind Nektar für die Götter." Er wollte ihm kein Wort zukommen lassen, aber Heubner und ich fanden die Szene ermüdend, woraufhin er mich fragte, ob wir beide nicht wenigstens aussteigen sollten, da er es von den anderen nicht verlangen könne. Tatsächlich war es höchste Zeit, den Wagen zu verlassen, denn einige neue Kontingente von Revolutionären hatten sich entlang der Autobahn in Reih und Glied aufgestellt, um die provisorische Regierung zu begrüßen und Befehle entgegenzunehmen. Heubner schritt mit großer Würde die Reihe entlang, informierte die Führer über den Stand der Dinge und ermahnte sie, ihr Vertrauen in die Rechtmäßigkeit der Sache, für die so viele ihr Blut vergossen hatten, beizubehalten. Alle sollten sich nun nach Freiberg zurückziehen, um dort auf weitere Befehle zu warten.

[16] Sächsische Verballhornung von „schöne *Bäume*". – HERAUSGEBER.

Ein junger Mann mit ernster Miene trat nun aus den Reihen der Aufständischen hervor, um sich dem besonderen Schutz der provisorischen Regierung zu unterstellen. Es war ein gewisser Menzdorff, ein deutscher katholischer Priester, den ich in Dresden kennengelernt hatte. (Er war es, der mich im Laufe eines bedeutungsvollen Gesprächs zum ersten Mal dazu gebracht hatte, Feuerbach zu lesen.) Er war als Gefangener mitgeschleppt und auf diesem Marsch von der Chemnitzer Stadtwache scheußlich behandelt worden, da er ursprünglich der Anstifter einer Demonstration gewesen war, um diese Truppe zu zwingen, die Waffen zu ergreifen und nach Dresden zu marschieren. Seine Freiheit verdankte er nur der zufälligen Begegnung mit anderen, besser gesinnten Freiwilligentruppen. Wir sahen diese Chemnitzer Stadtwache selbst, die weit entfernt auf einem Hügel stationiert war. Sie schickten Vertreter, um Heubner zu bitten, ihnen mitzuteilen, wie die Dinge standen. Als sie die erforderlichen Informationen erhalten hatten und man ihnen gesagt hatte, dass der Kampf entschlossen fortgesetzt würde, luden sie die provisorische Regierung ein, sich in

Chemnitz einzuquartieren. Sobald sie sich wieder ihrem Haupttrupp anschlossen, sahen wir, wie sie kehrtmachten und umkehrten.

Unter vielen ähnlichen Unterbrechungen erreichte der etwas unorganisierte Zug Freiberg. Hier kamen ihm einige Freunde auf der Straße entgegen mit der dringenden Bitte, ihren Heimatort nicht durch die Errichtung der provisorischen Regierung in das Elend verzweifelter Straßenkämpfe zu stürzen. Heubner antwortete darauf nicht, sondern bat Bakunin und mich, ihn zu einer Beratung in sein Haus zu begleiten. Zunächst mussten wir die schmerzliche Begegnung zwischen Heubner und seiner Frau miterleben; in wenigen Worten wies er auf die Schwere und Wichtigkeit der ihm übertragenen Aufgabe hin und erinnerte sie daran, dass er sein Leben für Deutschland und das hohe Schicksal seines Landes aufs Spiel setze.

Dann wurde das Frühstück zubereitet, und nach dem Essen, bei dem eine ziemlich heitere Stimmung herrschte, hielt Heubner eine kurze Rede an Bakunin, wobei er ruhig, aber bestimmt sprach. „Mein lieber Bakunin“, sagte er (seine frühere Bekanntschaft mit Bakunin war so flüchtig, dass er nicht einmal wusste, wie man seinen Namen ausspricht), „bevor wir irgendetwas Weiteres entscheiden, muss ich Sie bitten, klar zu sagen, ob Ihr politisches Ziel wirklich die Rote Republik ist, von der man mir sagt, dass Sie ein Anhänger sind. Sagen Sie es mir offen, damit ich weiß, ob ich in Zukunft auf Ihre Freundschaft zählen kann?“

Bakunin erklärte kurz, dass er keinerlei Pläne für eine politische Regierungsform habe und für keine davon sein Leben riskieren würde. Was seine eigenen weitreichenden Wünsche und Hoffnungen betraf, so hatten sie überhaupt nichts mit den Straßenkämpfen in Dresden und allem, was diese für Deutschland bedeuteten, zu tun. Er hatte den Aufstand in Dresden als eine törichte, lächerliche Bewegung betrachtet, bis er die Wirkung von Heubners edlem und mutigem Beispiel erkannte. Von diesem Moment an waren alle politischen Überlegungen und Ziele durch seine Sympathie für diese heroische Haltung in den Hintergrund gerückt, und er hatte sofort beschlossen, diesem hervorragenden Mann mit der ganzen Hingabe und Energie eines Freundes zu helfen. Er wusste natürlich, dass er der sogenannten gemäßigten Partei angehörte, über deren politische Zukunft er sich keine Meinung bilden konnte, da er aus seinen Möglichkeiten, die Position der verschiedenen Parteien in Deutschland zu studieren, nicht viel Nutzen gezogen hatte.

Heubner erklärte sich mit dieser Antwort zufrieden und fragte Bakunin nach seiner Meinung zum gegenwärtigen Stand der Dinge – ob es nicht gewissenhaft und vernünftig wäre, die Männer zu entlassen und einen Kampf aufzugeben, der als aussichtslos angesehen werden könnte. In seiner Antwort beharrte Bakunin mit seiner üblichen ruhigen Zuversicht darauf, dass Heubner, wer auch immer sonst das Handtuch werfen würde, dies auf keinen Fall tun dürfe. Er sei das erste Mitglied der provisorischen Regierung gewesen und er sei es gewesen, der den Ruf zu den Waffen gegeben habe. Der Ruf sei befolgt worden und Hunderte von Menschenleben seien geopfert worden; die Menschen erneut zu zerstreuen, würde aussehen, als seien diese Opfer aus nutzloser Torheit gebracht worden. Selbst wenn sie die einzigen beiden wären, die übrig blieben, sollten sie ihre Posten nicht verlassen. Wenn sie untergingen, könnten sie ihr Leben verlieren, aber ihre Ehre müsse unbefleckt bleiben, damit ein ähnlicher Appell in der Zukunft nicht alle zur Verzweiflung treibe.

Dies genügte Heubner völlig. Er ließ sofort eine Vorladung zur Wahl einer sächsischen Volksvertretung ausstellen, die in Chemnitz stattfinden sollte. Er glaubte, mit Hilfe der Bevölkerung und der zahlreichen aufständischen Banden, die von allen Seiten eintrafen, die Stadt als Sitz einer provisorischen Regierung halten zu können, bis sich die allgemeine Lage in Deutschland beruhigt habe. Mitten in diesen Diskussionen betrat Stephan Born das Zimmer und berichtete, er habe die bewaffneten Banden in guter Ordnung und ohne Verluste bis nach Freiberg gebracht. Dieser junge Mann war ein Schriftsetzer, der in den letzten drei Tagen in Dresden durch die Übernahme des Oberkommandos sehr zu Heubners Seelenfrieden beigetragen hatte. Seine Einfachheit in seinem Benehmen machte auf uns einen sehr ermutigenden Eindruck, besonders als wir seinen Bericht hörten. Als Heubner jedoch fragte, ob er die Verteidigung Freibergs gegen die Truppen übernehmen wolle, die jeden Moment mit einem Angriff zu rechnen seien, erklärte er, dies sei die Aufgabe eines erfahrenen Offiziers, und er selbst sei kein Soldat und wisse nichts von Strategie. Unter diesen Umständen schien es besser, schon allein um Zeit zu gewinnen, in die dichter besiedelte Stadt Chemnitz zurückzukehren. Zunächst galt es jedoch, für die Versorgung der Revolutionäre zu sorgen, die sich in großer Zahl in Freiberg versammelt hatten, und Born machte sich sofort auf den Weg, um die vorbereitenden Vorbereitungen zu treffen. Auch Heubner verabschiedete sich von uns und erholte sein müdes Gehirn durch eine Stunde Schlaf. Ich blieb allein auf dem Sofa mit Bakunin zurück, der sich bald, von unwiderstehlicher Schläfrigkeit überwältigt, auf mich zusenkte und die schreckliche Last seines Kopfes auf meine Schulter fallen ließ. Als ich sah, dass er nicht aufwachen würde, wenn ich diese Last abschüttelte, stieß ich ihn mit einiger Mühe beiseite und verabschiedete mich sowohl von dem Schläfer als auch von Heubners Haus; denn ich wollte, wie ich es seit vielen Tagen getan hatte, selbst sehen, welchen Verlauf diese außergewöhnlichen Ereignisse nahmen. Ich ging daher zum Rathaus, wo ich feststellte, dass die Stadtbewohner nach Kräften eine lärmende Horde aufgeregter Revolutionäre sowohl innerhalb als auch außerhalb der Mauern unterhielten. Zu meiner Überraschung fand ich dort Heubner mitten in der Arbeit. Ich dachte, er schlafe zu Hause, aber der

Gedanke, die Leute auch nur für eine Stunde ohne Berater zu lassen, hatte jeden Gedanken an Ruhe vertrieben. Er hatte keine Zeit verloren, die Organisation einer Art Kommandantur zu überwachen, und war inmitten des Aufruhrs, der von allen Seiten tobte, wieder damit beschäftigt, Dokumente zu entwerfen und zu unterzeichnen. Es dauerte nicht lange, bis auch Bakunin auftauchte, hauptsächlich auf der Suche nach einem guten Offizier – der sich jedoch nicht meldete. Der Kommandant eines großen Kontingents aus dem Vogtland, ein älterer Mann, weckte Bakunins Hoffnungen durch die leidenschaftliche Energie seiner Reden, und er hätte ihn auf der Stelle zum Generalkommandanten ernennen lassen. Aber es schien, als sei in diesem Chaos und dieser Verwirrung jede wirkliche Entscheidung unmöglich, und da die einzige Hoffnung, es zu meistern, darin zu liegen schien, Chemnitz zu erreichen, gab Heubner den Befehl, in Richtung dieser Stadt weiterzumarschieren, sobald alle etwas zu essen gehabt hatten. Als dies geklärt war, sagte ich meinen Freunden, ich solle ihrer Kolonne nach Chemnitz vorausgehen, wo ich sie am nächsten Tag wiederfinden würde; denn ich sehnte mich danach, dieses Chaos hinter mir zu lassen. Ich erreichte tatsächlich die Kutsche, deren Abfahrt für diese Zeit festgelegt war, und bekam einen Platz darin. Aber die Revolutionäre marschierten gerade auf derselben Straße ab, und man sagte uns, wir müssten warten, bis sie vorbei seien, um nicht in den Strudel zu geraten. Das bedeutete eine beträchtliche Verzögerung, und lange Zeit beobachtete ich das eigenartige Verhalten der Patrioten beim Ausmarschieren. Insbesondere fiel mir ein vogtländisches Regiment auf, dessen Marschschritt ziemlich orthodox war und das dem Takt eines Trommlers folgte, der versuchte, die Monotonie seines Instruments auf künstlerische Weise zu variieren, indem er abwechselnd mit dem Trommelfell auf den Holzrahmen schlug. Der dabei entstehende unangenehme Rasselton erinnerte mich auf gespenstische Weise an das Rasseln der Skelettknochen beim nächtlichen Tanz um den Galgen, das Berlioz mir bei der Aufführung des letzten Satzes seiner Sinfonie fantastique in Paris mit so erschreckendem Realismus vor Augen geführt hatte.

Plötzlich überkam mich der Wunsch, die zurückgebliebenen Freunde wieder aufzusuchen und wenn möglich in ihrer Begleitung nach Chemnitz zu reisen. Ich erfuhr, dass sie das Rathaus verlassen hatten, und als ich Heubners Haus erreichte, sagte man mir, dass er schlafe. Ich ging also zurück zur Kutsche, die jedoch ihre Abfahrt noch immer hinauszögerte, da die Straße mit Truppen gesperrt war. Ich ging eine Zeit lang nervös auf und ab, dann verlor ich den Glauben an die Reise mit der Kutsche und ging noch einmal zu Heubners Haus zurück, um mich definitiv als Reisegefährte anzubieten. Aber Heubner und Bakunin waren bereits von zu Hause weg, und ich konnte keine Spur von ihnen finden. In meiner Verzweiflung kehrte ich noch einmal zur Kutsche zurück und fand sie zu diesem Zeitpunkt wirklich abfahrbereit vor. Nach verschiedenen Verzögerungen und Abenteuern brachte sie mich spät in der Nacht nach Chemnitz, wo ich ausstieg und mich in das nächste Gasthaus begab. Am nächsten Morgen stand ich um fünf Uhr auf (nach einigen Stunden Schlaf) und machte mich auf den Weg zum Haus meines Schwagers Wolfram, das etwa eine Viertelstunde Fußmarsch von der Stadt entfernt lag. Unterwegs fragte ich einen Wachposten der Stadtwache, ob er etwas über die Ankunft der provisorischen Regierung wisse.

„Provisorische Regierung?" war die Antwort. „Na, damit ist es vorbei." Ich verstand ihn nicht und konnte auch nichts über den Stand der Dinge erfahren, als ich das Haus meiner Verwandten erreichte, denn mein Schwager war als Hilfspolizist in die Stadt geschickt worden. Erst als er am Nachmittag nach Hause kam, erfuhr ich, was sich in einem Hotel in Chemnitz zugetragen hatte, während ich in einem anderen Gasthof ausgeruht hatte. Heubner, Bakunin und der bereits erwähnte Mann namens Martin waren, wie es schien, vor mir in einer Droschke vor den Toren von Chemnitz angekommen. Auf die Frage nach ihren Namen hatte sich Heubner in autoritärem Ton gemeldet und die Stadträte gebeten, zu ihm in ein bestimmtes Hotel zu kommen. Sie waren kaum im Hotel angekommen, als sie alle drei vor übermäßiger Müdigkeit zusammenbrachen. Plötzlich drang die Polizei in das Zimmer ein und verhaftete sie im Namen der Stadtverwaltung, worauf sie nur um ein paar Stunden ruhigen Schlaf baten und darauf hinwiesen, dass in ihrem gegenwärtigen Zustand an Flucht nicht zu denken sei. Ich hörte weiter, dass sie unter starker militärischer Eskorte nach Altenburg gebracht worden waren. Mein Schwager musste gestehen, dass die Chemnitzer Stadtwache, die sich gegen ihren Willen nach Dresden hatte aufmachen müssen und von vornherein beschlossen hatte, sich dort den königlichen Truppen zur Verfügung zu stellen, Heubner durch die Einladung nach Chemnitz getäuscht und in die Falle gelockt hatte. Sie waren lange vor Heubner in Chemnitz angekommen und hatten die Wache vor den Toren übernommen, um ihn ankommen zu sehen und seine sofortige Verhaftung vorzubereiten. Mein Schwager war auch um mich sehr besorgt gewesen, da ihm die Führer der Stadtwache in wütendem Ton erzählt hatten, dass ich in enger Verbindung mit den Revolutionären gesehen worden sei. Er hielt es für eine wunderbare Fügung der Vorsehung, dass ich nicht mit ihnen in Chemnitz angekommen und in dasselbe Gasthaus gegangen war, denn dann wäre ihr Schicksal sicherlich meines gewesen. Die Erinnerung daran, wie ich in meiner Studentenzeit in Duellen mit den erfahrensten Schwertkämpfern dem fast sicheren Tod entronnen war, durchzuckte mich wie ein Blitz. Dieses letzte schreckliche Erlebnis machte einen derartigen Eindruck auf mich, dass ich nicht imstande war, ein Wort über das Geschehene zu verlieren. Mein Schwager verpflichtete sich, mich auf dringende Bitten – insbesondere meiner Frau, die sich große Sorgen um meine persönliche Sicherheit machte –, nachts in seiner Kutsche nach

Altenburg zu bringen. Von dort setzte ich meine Reise mit der Kutsche nach Weimar fort, wo ich ursprünglich meine Ferien verbringen wollte, ohne zu ahnen, dass ich auf so umständlichen Wegen ankommen würde.

Die träumerische Unwirklichkeit meines damaligen Gemütszustandes erklärt sich am besten aus der scheinbaren Ernsthaftigkeit, mit der ich, als ich Liszt wieder traf, sofort begann, das einzige Thema zu besprechen, das ihn in Bezug auf mich wirklich zu interessieren schien – die bevorstehende Wiederaufführung des Tannhäuser in Weimar. Es fiel mir sehr schwer, diesem Freund zu gestehen, dass ich Dresden nicht wie vorgeschrieben verlassen hatte, um Dirigent der königlichen Oper zu werden. Ehrlich gesagt hatte ich eine sehr verschwommene Vorstellung von meinem Verhältnis zum Gesetz meines Landes (im engeren Sinne). Hatte ich in den Augen des Gesetzes etwas Verbrecherisches getan oder nicht? Ich konnte mir darüber keine Meinung bilden. Unterdessen erreichten Weimar weiterhin alarmierende Nachrichten über die schrecklichen Zustände in Dresden. Insbesondere der Bühnenmanager Genast erregte große Aufregung, indem er das Gerücht verbreitete, Röckel, der in Weimar wohlbekannt war, habe sich der Brandstiftung schuldig gemacht. Aus meiner Unterhaltung, in der ich mich nicht zu verstellen bemühte, mußte Liszt bald ersehen, daß auch ich verdächtig mit diesen schrecklichen Ereignissen in Verbindung stand, obwohl ihn meine Einstellung zu ihnen eine Zeitlang täuschte. Denn ich war keineswegs bereit, mich als Kämpfer an den jüngsten Kämpfen zu bezeichnen, und zwar aus ganz anderen Gründen, als sie vor dem Gesetz gültig erschienen. Mein Freund wurde daher durch die unbeabsichtigte Wirkung meiner Einstellung in seinem Wahn bestärkt. Als wir uns im Hause der Fürstin Caroline von Wittgenstein trafen, der ich im Jahr zuvor bei ihrem Kurzbesuch in Dresden vorgestellt worden war, konnten wir anregende Gespräche über allerlei künstlerische Themen führen. So entbrannte eines Nachmittags eine lebhafte Diskussion über eine von mir gegebene Schilderung einer Tragödie mit dem Titel Jesus von Nazareth. Liszt bewahrte nach meinen Ausführungen diskretes Schweigen, während die Fürstin energisch gegen meinen Vorschlag protestierte, ein solches Thema auf die Bühne zu bringen. Anhand meines halbherzigen Versuchs, die von mir aufgestellten paradoxen Theorien zu untermauern, wurde mir klar, in welchem Zustand ich mich damals befand. Obwohl es für Außenstehende nicht sehr offensichtlich war, war ich durch meine jüngsten Erlebnisse bis ins Innerste erschüttert und war es immer noch.

Zu gegebener Zeit fand eine Orchesterprobe des Tannhäuser statt, die den Künstler in mir auf verschiedene Weise neu stimulierte. Liszts Dirigat, obwohl es sich mehr auf die musikalische als auf die dramatische Seite bezog, erfüllte mich zum ersten Mal mit der schmeichelnden Wärme der Gefühle, die das Bewusstsein hervorrief, von einem anderen Geist verstanden zu werden, der mit meinem eigenen völlig sympathisierte. Gleichzeitig konnte ich trotz meines verträumten Zustandes das Können der Sänger und ihres Chorleiters kritisch beobachten. Nach der Probe folgte ich zusammen mit dem musikalischen Leiter Stohr und dem Sänger Götze Liszts Einladung zu einem einfachen Abendessen in einem anderen Gasthof als dem, in dem er wohnte. Ich hatte also Gelegenheit, über einen mir völlig neuen Zug in seinem Charakter zu erschrecken. Nachdem er bis zu einem gewissen Grad aufgeregt worden war, wurde seine Stimmung geradezu beunruhigend, und er knirschte fast mit den Zähnen in einer Wut, die sich gegen einen bestimmten Teil der Gesellschaft richtete, der auch meine tiefste Empörung erregt hatte. Ich war von diesem seltsamen Erlebnis mit diesem wunderbaren Menschen sehr berührt, konnte aber den Gedankenzusammenhang, der zu seinem furchtbaren Ausbruch geführt hatte, nicht erkennen. Ich blieb daher in einem Zustand des Erstaunens zurück, während Liszt sich in der Nacht von einem heftigen Nervenanfall erholen musste, den seine Erregung hervorgerufen hatte. Eine weitere Überraschung erwartete mich am nächsten Morgen, als ich meinen Freund für eine Reise nach Karlsruhe voll ausgerüstet vorfand – die Umstände, die diese Reise erforderlich machten, waren mir völlig unverständlich. Liszt lud den Direktor Stohr und mich ein, ihn bis nach Eisenach zu begleiten. Auf dem Weg dorthin wurden wir von Beaulieu, dem Oberkämmerer, angehalten, der wissen wollte, ob ich bereit wäre, von der Großherzogin von Weimar, einer Schwester des Kaisers Nikolaus, auf dem Eisenacher Schloss empfangen zu werden. Da meine Entschuldigung wegen unpassender Reisekleidung nicht anerkannt wurde, nahm Liszt in meinem Namen an, und tatsächlich wurde ich an diesem Abend von der Großherzogin überraschend freundlich empfangen, die aufs Freundlichste mit mir plauderte und mich mit aller gebührenden Zeremonie ihrem Kämmerer vorstellte. Liszt behauptete später, seine edle Gönnerin sei informiert worden, dass ich in den nächsten Tagen von den Behörden in Dresden gesucht würde, und habe sich deshalb beeilt, sofort meine persönliche Bekanntschaft zu machen, wohl wissend, dass sie sich dadurch später zu sehr kompromittieren würde.

Liszt setzte seine Reise von Eisenach aus fort und ließ mich von Stohr und dem Musikdirektor Kuhmstedt unterhalten und betreuen, einem eifrigen und geschickten Meister des Kontrapunkts, mit dem ich meinen ersten Besuch auf der damals noch nicht restaurierten Wartburg abstattete. Seltsame Gedanken über mein Schicksal erfüllten mich bei meinem Besuch dieser Burg. Hier war ich tatsächlich im Begriff, das für mich so bedeutungsvolle Gebäude zum ersten Mal zu betreten; auch hier musste ich mir sagen, dass die Tage meines weiteren Aufenthalts in Deutschland gezählt waren. Und tatsächlich waren die Nachrichten aus Dresden, als wir am nächsten Tag nach Weimar zurückkehrten, in der Tat ernst. Liszt fand bei seiner Rückkehr am dritten Tag einen Brief meiner Frau vor, die nicht gewagt hatte, mir direkt zu schreiben. Sie berichtete, dass die Polizei mein Haus in Dresden, in das sie zurückgekehrt war, durchsucht hatte und dass sie außerdem gewarnt worden war, mich auf keinen Fall in diese Stadt zurückkehren zu lassen, da ein Haftbefehl gegen mich erlassen worden war und ich in Kürze einen Haftbefehl erhalten und verhaftet werden sollte. Liszt, der sich jetzt nur noch um meine persönliche Sicherheit sorgte, rief einen Freund mit einiger juristischer Erfahrung zu sich, um zu überlegen, was getan werden sollte, um mich aus der Gefahr zu retten, die mir drohte. Von Watzdorf, der Minister, den ich bereits besucht hatte, war der Meinung, dass ich mich, falls erforderlich, ruhig der Überführung nach Dresden unterziehen sollte und dass die Reise in einer anständigen Privatkutsche erfolgen würde. Andererseits waren uns Berichte über die brutale Art und Weise zu Ohren gekommen, mit der die preußischen Truppen in Dresden den Belagerungszustand verhängt hatten, so alarmierend, dass Liszt und seine Freunde im Rat mich drängten, Weimar so schnell wie möglich zu verlassen, da es unmöglich wäre, mich zu schützen. Ich bestand jedoch darauf, vor meiner Abreise aus Deutschland von meiner Frau, die in großer Sorge war, Abschied zu nehmen, und bat darum, wenigstens noch ein wenig in der Nähe von Weimar bleiben zu dürfen. Dies wurde in Erwägung gezogen, und Professor Siebert schlug mir vor, vorübergehend bei einem freundlichen Verwalter im drei Stunden entfernten Dorf Magdala Unterschlupf zu suchen. Ich fuhr am nächsten Morgen dorthin, um mich diesem freundlichen Verwalter und Beschützer als Professor Werder aus Berlin vorzustellen, der mit einem Empfehlungsschreiben von Professor Siebert gekommen war, um seine Finanzstudien in die Praxis umzusetzen und bei der Verwaltung dieser Güter zu helfen. Hier in ländlicher Abgeschiedenheit verbrachte ich drei Tage, wobei mir die Versammlung einer Volksversammlung, die aus den Resten des nach Dresden marschierten und nun in Unordnung zurückgekehrten Kontingents von Revolutionären bestand, eine Unterhaltung besonderer Art bot. Mit neugierigen Gefühlen, die fast an Verachtung grenzten, hörte ich den Reden bei dieser Gelegenheit zu, die von jeder Art und Beschreibung waren. Am zweiten Tag meines Aufenthaltes kam die Frau meines Gastgebers aus Weimar (wo Markttag war) zurück und erzählte eine merkwürdige Geschichte: Der Komponist einer Oper, die dort an diesem Tag aufgeführt wurde, hatte Weimar plötzlich verlassen müssen, weil ein Haftbefehl aus Dresden gegen ihn eingetroffen war. Mein Gastgeber, der von Professor Seibert in mein Geheimnis eingeweiht worden war, fragte scherzhaft, wie er heiße. Da seine Frau es nicht zu wissen schien, kam er ihr mit dem Vorschlag zu Hilfe, dass es vielleicht Röckel sei, dessen Name in Weimar bekannt sei.

„Ja", sagte sie, „Röckel, so hieß er, ganz richtig."

Mein Gastgeber lachte laut und meinte, er wäre nicht so dumm, sich trotz seiner Oper erwischen zu lassen.

Endlich, am 22. Mai, meinem Geburtstag, traf Minna tatsächlich in Magdala ein. Sie war nach Erhalt meines Briefes nach Weimar geeilt und von dort weisungsgemäß weitergegangen, um mich um jeden Preis zu einer sofortigen und endgültigen Flucht aus dem Lande zu bewegen. Kein Versuch, sie auf meine Stimmungslage zu bringen, war erfolgreich; sie beharrte darauf, mich für einen unklugen, rücksichtslosen Menschen zu halten, der sich und sie in die schrecklichste Lage gebracht habe. Es war vereinbart, dass ich mich am nächsten Abend im Hause des Professors Wolff in Jena treffen sollte, um ein letztes Lebewohl zu sagen. Sie sollte über Weimar gehen, während ich den Fußweg von Magdala nahm. So trat ich meinen etwa sechsstündigen Spaziergang an und gelangte bei Sonnenuntergang über die Hochebene in das Universitätsstädtchen, das mich jetzt zum ersten Mal gastfreundlich empfing. Meine Frau fand ich bei Professor Wolff wieder, der durch Liszt bereits mein Freund war, und mit einem gewissen Professor Widmann wurde eine weitere Besprechung über meine weitere Flucht abgehalten. Es lag nämlich ein Haftbefehl gegen mich vor, da ich der Teilnahme am Dresdner Aufstand stark verdächtig war, und ich konnte unter keinen Umständen auf eine sichere Zuflucht in einem der deutschen Bundesstaaten rechnen. Liszt bestand darauf, dass ich nach Paris ginge, wo ich ein neues Arbeitsfeld finden könnte, während Widmann mir riet, den direkten Weg über Frankfurt und Baden nicht zu nehmen, da der Aufstand dort noch in vollem Gange sei und die Polizei gewiß eine lobenswerte Wachsamkeit gegenüber Einreisenden mit verdächtigen Pässen walten lassen würde. Der Weg über Bayern sei der sicherste, da dort wieder alles ruhig sei; ich könne dann in die Schweiz gehen, und von dort aus sei die Reise nach Paris ohne jede Gefahr zu bewerkstelligen. Da ich für die Reise einen Pass benötigte, bot mir Professor Widmann seinen eigenen an, der in Tübingen ausgestellt und nicht auf den neuesten Stand gebracht worden war. Meine Frau war ganz verzweifelt, und der Abschied von ihr schmerzte mich sehr. Ich machte mich mit der Postkutsche auf den Weg und reiste ohne weitere Hindernisse durch viele Städte (darunter Rudolstadt, ein Ort voller Erinnerungen für mich) bis zur bayerischen Grenze. Von dort setzte ich meine Reise mit der Postkutsche geradewegs nach Lindau fort. Am Tor wurde ich zusammen mit den anderen Passagieren nach meinem Pass gefragt. Ich verbrachte die Nacht in einem Zustand seltsamer, fieberhafter Aufregung, der bis zur Abfahrt des Dampfers auf dem Bodensee am frühen Morgen anhielt. Mein Kopf war voll des schwäbischen Dialekts, wie ihn Professor Widmann sprach, mit dessen Pass ich reiste. Ich malte mir aus, was ich mit der bayerischen Polizei zu tun haben würde, wenn ich mich gemäß den oben erwähnten Unregelmäßigkeiten in diesem Dokument mit ihr unterhalten müsste. In fieberhafter Unruhe verbrachte ich die ganze Nacht damit, meine schwäbischen Dialektkenntnisse zu vervollkommnen, aber, wie ich zu meiner Belustigung feststellte, ohne den geringsten Erfolg. Ich hatte mich auf den entscheidenden Moment am nächsten Morgen eingestellt, als der Polizist in mein Zimmer kam und mir, da er nicht wusste, wem die Pässe gehörten, drei nach dem Zufallsprinzip zur Auswahl gab. Mit Freude im Herzen ergriff ich meinen eigenen und verabschiedete den gefürchteten Boten auf die freundlichste Art. Als ich an Bord des Dampfers war, stellte ich mit wahrer Befriedigung fest, dass ich nun Schweizer Territorium betreten hatte. Es war ein schöner Frühlingsmorgen; über den weiten See hinweg konnte ich die Alpenlandschaft betrachten, die sich vor meinen Augen ausbreitete. Als ich in Rorschach republikanischen Boden betrat, nutzte ich die ersten Augenblicke, um ein paar Zeilen nach Hause zu schreiben, um von meiner sicheren Ankunft in der Schweiz und meiner Rettung aus aller Gefahr zu berichten. Die Kutschenfahrt durch die liebliche St. Galler Landschaft nach Zürich erheiterte mich wunderbar, und als ich am Abend des letzten Maitages um sechs Uhr von Oberstrass nach Zürich hinunterfuhr und zum ersten Mal die Glarner Alpen, die den See umgeben, im Abendrot glänzen sah, fasste ich sofort, ohne mir dessen aber recht bewusst zu sein, den Entschluss, alles zu vermeiden, was meine Ansiedlung hier behindern könnte.

Ich war dem Vorschlag meiner Freunde, den Schweizer Weg nach Paris zu nehmen, umso bereitwilliger gefolgt, als ich wusste, dass ich in Zürich einen alten Bekannten, Alexander Müller, finden würde. Ich hoffte, mit seiner Hilfe einen Pass nach Frankreich zu erhalten, da ich darauf bedacht war, nicht als politischer Flüchtling dorthin zu gelangen. Ich war einst in Würzburg mit Müller sehr befreundet gewesen. Er war seit langem als Musiklehrer in Zürich ansässig; das erfuhr ich von einem seiner Schüler, Wilhelm Baumgartner, der mich vor einigen Jahren in Dresden besucht hatte, um mir einen Gruß dieses alten Freundes zu überbringen. Bei dieser Gelegenheit vertraute ich dem Schüler zur Erinnerung eine Kopie der Partitur des Tannhäuser für seinen Meister an, und diese freundliche Aufmerksamkeit war nicht auf unfruchtbaren Boden gefallen: Müller und Baumgartner, die ich sofort besuchte, stellten mich sofort Jacob Sulzer und Franz Hagenbuch vor, zwei Kantonalsekretären, die unter all ihren guten Freunden am ehesten die unmittelbare Erfüllung meines Wunsches erreichen konnten. Diese beiden Menschen, zu denen sich noch einige Vertraute gesellt hatten, empfingen mich mit so respektvoller Neugier und Sympathie, dass ich mich sofort bei ihnen zu Hause fühlte. Die große Sicherheit und Mäßigung, mit der sie die Verfolgungen kommentierten, die mich von ihrem üblichen einfachen republikanischen Standpunkt aus ereilt hatten, eröffnete mir eine Auffassung des bürgerlichen Lebens, die mich in eine ganz neue Sphäre zu erheben schien. Ich fühlte mich hier so sicher und beschützt, während ich in meinem eigenen Land, ohne es ganz zu merken, aufgrund der besonderen Verbindung zwischen meiner Abneigung gegen die öffentliche Haltung gegenüber der Kunst und den allgemeinen politischen Unruhen als Verbrecher angesehen wurde . Um die beiden Sekretäre ganz für mich zu gewinnen (einer von ihnen, Sulzer, hatte eine ausgezeichnete klassische Ausbildung genossen), arrangierten meine Freunde ein Treffen für einen Abend, bei dem ich mein Gedicht über den Tod Siegfrieds vorlesen sollte. Ich bin bereit zu schwören, dass ich unter Menschen nie aufmerksamere Zuhörer hatte als an diesem Abend. Die unmittelbare Folge meines Erfolges war die Ausstellung eines vollgültigen Bundespasses für den armen, mit Haftbefehl belegten Deutschen, mit dem ich nach kurzem Aufenthalt in Zürich heiter die Reise nach Paris antrat. Von Straßburg, wo mich der Zauber des weltberühmten Münsters bezauberte, reiste ich mit dem damals besten Fortbewegungsmittel, der sogenannten Malle-Poste, nach Paris. Ich erinnere mich an eine merkwürdige Erscheinung im Zusammenhang mit diesem Transportmittel. Bis dahin hatte mir der Lärm der Kanonen und Musketen der Kämpfe bei Dresden, besonders im Halbschlaf, ständig in den Ohren gehallt; jetzt aber bezauberte mich das Summen der Räder, während wir rasch über die Landstraße rollten, so sehr, dass ich während der ganzen Fahrt die Melodie von „Freude, schöner Götterfunken“ [17] aus der Neunten Symphonie zu hören glaubte, die auf tiefen Bässen gespielt wurde.

[17] Siehe Anmerkung auf Seite 486 .

Von meiner Ankunft in der Schweiz bis zu meiner Ankunft in Paris stieg meine Stimmung, die in eine traumartige Apathie versunken war, allmählich auf ein Niveau der Freiheit und des Wohlbefindens, das ich nie zuvor genossen hatte. Ich fühlte mich wie ein Vogel in der Luft, dessen Schicksal es ist, nicht im Morast zu versinken; doch bald nach meiner Ankunft in Paris, in der ersten Juniwoche, setzte eine sehr spürbare Reaktion ein. Liszt hatte mich seinem ehemaligen Sekretär Belloni vorgestellt, der es als seine Pflicht ansah, mich, um den erhaltenen Anweisungen treu zu bleiben, mit einem Literaten, einem gewissen Gustave Vaisse, in Verbindung zu bringen, mit dem Ziel, den Auftrag zu erhalten, ein Opernlibretto für eine Aufführung in Paris zu schreiben. Ich machte jedoch keine persönliche Bekanntschaft mit Vaisse. Die Idee gefiel mir nicht, und ich fand eine ausreichende Entschuldigung, die Verhandlungen abzuwehren, indem ich sagte, ich fürchtete mich vor der Choleraepidemie, die angeblich in der Stadt wütete. Ich wohnte in der Rue Notre Dame de Lorette, um in der Nähe von Belloni zu sein. Durch diese Straße zogen praktisch stündlich Trauerzüge, angekündigt durch die gedämpften Trommelschläge der Nationalgarde. Obwohl die Hitze drückend war, war es mir streng verboten, Wasser zu berühren, und man riet mir, in jeder Hinsicht äußerste Vorsicht bei der Ernährung walten zu lassen. Neben dieser Last der Unruhe, die auf meiner

Seele lastete, hatte das gesamte äußere Erscheinungsbild von Paris, wie es sich damals präsentierte, eine äußerst deprimierende Wirkung auf mich. Das Motto „Liberté, égalité, fraternité" war noch an allen öffentlichen Gebäuden und anderen Einrichtungen zu sehen, aber andererseits war ich beunruhigt, als ich die ersten Garcons Caissiers sah, die mit ihren langen Geldsäcken über der Schulter und ihren großen Mappen in den Händen von der Bank kamen. Ich war ihnen noch nie so häufig begegnet wie jetzt, gerade als das alte kapitalistische Regime nach seinem triumphalen Kampf gegen die einst gefürchtete sozialistische Propaganda energisch versuchte, das Vertrauen der Öffentlichkeit durch seinen fast beleidigenden Pomp zurückzugewinnen. Ich war wie mechanisch in Schlesingers Musikalienladen gegangen, wo inzwischen ein Nachfolger eingesetzt war, ein viel ausgeprägterer Typus Jude namens Brandus, von sehr schmutzigem Aussehen. Der einzige, der mich dort freundlich begrüßte, war der alte Angestellte, Monsieur Henri. Nachdem ich eine Zeitlang laut mit ihm gesprochen hatte, da der Laden anscheinend leer war, fragte er mich schließlich etwas verlegen, ob ich meinen Herrn (*votre maître*) Meyerbeer nicht gesehen hätte.

„Ist Monsieur Meyerbeer hier?", fragte ich.

„Sicher", war die noch verlegenere Antwort. „Ganz in der Nähe, dort drüben hinter dem Schreibtisch."

Und tatsächlich, als ich zum Schreibtisch ging, kam Meyerbeer heraus, ganz verwirrt. Er lächelte und entschuldigte sich mit dem Pressen von Korrekturabzügen. Er hatte sich dort seit über zehn Minuten ruhig versteckt, seit er meine Stimme zum ersten Mal gehört hatte. Ich hatte genug nach meiner seltsamen Begegnung mit dieser Erscheinung. Sie erinnerte mich an so viele Dinge, die mich betrafen, die den Mann verdächtig machten, insbesondere die Bedeutung seines Verhaltens mir gegenüber in Berlin beim letzten Mal. Da ich nun jedoch nichts mehr mit ihm zu tun hatte, begrüßte ich ihn mit einer gewissen unbeschwerten Fröhlichkeit, die von dem Bedauern herrührte, das ich empfand, als ich seine offensichtliche Verwirrung sah, als ich von meiner Ankunft in Paris erfuhr. Er nahm es als selbstverständlich an, dass ich dort erneut mein Glück suchen würde, und schien sehr überrascht, als ich ihm im Gegenteil versicherte, dass mir die Vorstellung, dort Arbeit zu haben, zuwider sei.

„Aber Liszt hat im *Journal des Débats einen so brillanten Artikel über Sie veröffentlicht* ", sagte er.

„Ach", antwortete ich, „mir ist wirklich nicht in den Sinn gekommen, dass die enthusiastische Hingabe eines Freundes als gegenseitige Spekulation angesehen werden könnte."

„Aber der Artikel hat eine Sensation gemacht. Es ist unglaublich, dass Sie nicht versuchen, daraus Profit zu schlagen."

Diese beleidigende Einmischung veranlasste mich dazu, Meyerbeer gegenüber ziemlich heftig zu protestieren, dass es mir um alles andere als die Produktion künstlerischer Werke ginge, und zwar gerade zu einem Zeitpunkt, als der Lauf der Dinge darauf hinzudeuten schien, dass die ganze Welt in eine Reaktion verfiel.

„Aber was erhoffen Sie sich von der Revolution?", antwortete er. „Werden Sie Partituren für die Barrikaden schreiben?"

Ich versicherte ihm, dass ich überhaupt nicht daran denke, Partituren zu schreiben. Wir trennten uns, offensichtlich ohne zu einem gegenseitigen Einverständnis gekommen zu sein.

Auf der Straße wurde ich auch von Moritz Schlesinger angehalten, der, ebenso wie er unter dem Eindruck von Liszts brillantem Artikel stand, mich offensichtlich für ein wahres Wunderkind hielt. Auch er meinte, ich müsse damit rechnen, in Paris Erfolg zu haben, und war überzeugt, dass ich sehr gute Chancen dazu hätte.

„Würden Sie meinen Auftrag übernehmen?", fragte ich ihn. „Ich habe kein Geld. Glauben Sie wirklich, dass die Aufführung einer Oper eines unbekannten Komponisten etwas anderes sein kann als eine Frage des Geldes?"

„Da hast du ganz recht", sagte Moritz und ließ mich stehen.

Ich wandte mich von diesen unangenehmen Begegnungen in der von der Pest heimgesuchten Welthauptstadt ab, um mich nach dem Schicksal meiner Dresdner Gefährten zu erkundigen, denn einige meiner Vertrauten waren ebenfalls in Paris angekommen, als ich Desplechins besuchte, der die Kulissen für Tannhäuser gemalt hatte. Dort traf ich Semper, der wie ich in dieser Stadt abgesetzt worden war. Wir trafen uns mit nicht geringer Freude wieder, obwohl wir über unsere groteske Lage ein Lächeln nicht unterdrücken konnten. Semper hatte sich aus der Schlacht zurückgezogen, als die berühmte Barrikade, die er in seiner Eigenschaft als Architekt unter genauer Beobachtung hielt, umzingelt worden war. (Er hielt es für unmöglich, sie einzunehmen.) Trotzdem war er der Ansicht, dass er sich ausreichend exponiert hatte, um den Belagerungszustand auszulösen und Dresden zu besetzen. Er hielt es für glücklich, als gebürtiger Holsteiner nicht auf die deutsche, sondern auf die dänische Regierung angewiesen zu sein, was einen Pass anging, da dieser ihm geholfen hatte, ohne Schwierigkeiten nach Paris zu gelangen. Als ich mein aufrichtiges und tiefempfundenes Bedauern über die Wendung der Dinge zum Ausdruck brachte, die ihn von einem beruflichen Vorhaben abgebracht hatte, das er gerade begonnen hatte

– der Fertigstellung des Dresdner Museums –, weigerte er sich, dies allzu ernst zu nehmen, da es ihm große Sorgen bereitet hatte. Trotz unserer schwierigen Lage verbrachte ich mit Semper die einzigen schönen Stunden meines Aufenthalts in Paris. Bald gesellte sich ein weiterer Flüchtling zu uns, der junge Heine, der einst meine Lohengrin-Landschaft malen wollte. Er hatte keine Bedenken hinsichtlich seiner Zukunft, denn sein Meister Desplechins war bereit, ihn zu beschäftigen. Ich allein hatte das Gefühl, völlig ziellos nach Paris geworfen worden zu sein. Ich hatte ein leidenschaftliches Verlangen, diese cholerageschwängerte Atmosphäre zu verlassen, und Belloni bot mir eine Gelegenheit, die ich sofort und freudig ergriff. Er lud mich ein, ihm und seiner Familie auf ein Landgut in der Nähe von La Ferte-sous-Jouarre zu folgen, wo ich mich an der frischen Luft und in absoluter Ruhe erfrischen und auf eine Verbesserung meiner Lage warten konnte. Nach einer weiteren Woche in Paris machte ich die kurze Reise nach Rueil und nahm vorläufig eine armselige Unterkunft (ein Zimmer mit Nischen) im Haus von Monsieur Raphael, einem Weinhändler, in der Nähe des Dorfrats, wo die Familie Belloni wohnte. Hier wartete ich auf weitere Entwicklungen. Während der Zeit, als alle Nachrichten aus Deutschland aufhörten, versuchte ich mich so weit wie möglich mit Lesen zu beschäftigen. Nachdem ich Proudhons Schriften und insbesondere sein De la propriété auf eine Weise durchgearbeitet hatte, die mir auf merkwürdig vielfältige Weise Trost für meine Lage verschaffte, unterhielt ich mich längere Zeit mit Lamartines Histoire des Girondins, einem äußerst verlockenden und anziehenden Werk. Eines Tages brachte mir Belloni Nachrichten über den unglücklichen Aufstand in Paris, den die Republikaner unter Ledru-Rollin am 13. Juni gegen die provisorische Regierung versucht hatten, die sich damals in voller Reaktion befand. So groß auch die Empörung war, mit der diese Nachricht bei meinem Wirt und dem Bürgermeister des Ortes (einem Verwandten von ihm, an dessen Tisch wir unser bescheidenes Tagesmahl einnahmen) aufnahm, so machte sie doch im ganzen wenig Eindruck auf mich, da meine Aufmerksamkeit noch immer in großer Aufregung auf die Ereignisse gerichtet war, die sich am Rhein abspielten, und besonders auf das Großherzogtum Baden, das einer provisorischen Regierung zugefallen war. Als mich aber auch von hier die Nachricht erreichte, daß es den Preußen gelungen sei, eine Bewegung niederzuschlagen, die zunächst nicht aussichtslos schien, war ich außerordentlich niedergeschlagen.

Ich war gezwungen, meine Lage sorgfältig zu überdenken, und die Notwendigkeit, meine Schwierigkeiten zu überwinden, half mir, die Aufregung zu lindern, der ich ausgesetzt war. Die Briefe meiner Weimarer Freunde sowie die meiner Frau brachten mich nun völlig zur Besinnung. Die ersteren äußerten sich sehr knapp über mein Verhalten in Bezug auf die jüngsten Ereignisse. Man war der Ansicht, dass es für mich im Moment nichts zu tun gäbe, und schon gar nicht in Dresden oder am großherzoglichen Hof, „da man nicht sehr gut an zerschlagene Türen klopfen könne"; „on ne frappe pas a des portes enfoncees" (Fürstin von Wittgenstein an Belloni).

Ich wusste nicht, was ich antworten sollte, denn ich hätte nie im Traum erwartet, dass sie sich in dieser Hinsicht für mich einsetzen würden. Daher war ich ganz zufrieden, dass sie mir vorübergehend finanzielle Hilfe schickten. Mit diesem Geld beschloss ich, nach Zürich zu gehen und Alex Müller zu bitten, mir für eine Weile Unterschlupf zu gewähren, da sein Haus groß genug war, um einen Gast aufzunehmen. Mein traurigster Moment kam, als ich nach langem Schweigen endlich einen Brief von meiner Frau erhielt. Sie schrieb, sie könne nicht davon träumen, wieder mit mir zusammenzuleben; nachdem ich so skrupellos eine Verbindung und Position weggeworfen hatte, die mir nie wieder in den Sinn kommen würde, könne man vernünftigerweise von keiner Frau erwarten, dass sie sich weiterhin für meine zukünftigen Unternehmungen interessierte.

Ich war mir der misslichen Lage meiner Frau durchaus bewusst und konnte ihr in keiner Weise helfen, außer indem ich ihr zum Verkauf unserer Dresdner Möbel riet und mich in ihrem Namen an meine Verwandten in Leipzig wandte.

Bis dahin hatte ich das Elend ihrer Lage leichter sehen können, einfach weil ich mir eingebildet hatte, sie hätte mehr Mitgefühl für das, was mich aufwühlte. Während der jüngsten außerordentlichen Ereignisse hatte ich oft sogar geglaubt, sie verstehe meine Gefühle. Jetzt jedoch hatte sie mich in diesem Punkt desillusioniert: Sie konnte in mir nicht mehr sehen, als das Publikum sah, und der einzige tröstende Aspekt ihres strengen Urteils war, dass sie mein Verhalten mit der Begründung entschuldigte, ich sei rücksichtslos gewesen. Nachdem ich Liszt gebeten hatte, für meine Frau zu tun, was er konnte, begann ich bald, ihrem unerwarteten Verhalten mit mehr Gleichmut zu begegnen. Auf ihre Ankündigung, dass sie mir vorläufig nicht mehr schreiben würde, antwortete ich, ich hätte mir auch vorgenommen, ihr jede weitere Sorge über mein sehr zweifelhaftes Schicksal zu ersparen, indem ich den Verkehr mit ihr einstellte. Ich überblickte das Panorama unserer langjährigen Verbindung kritisch vor meinem geistigen Auge, beginnend mit jenem ersten stürmischen und so kummervollen Jahr unseres Ehelebens . Unsere Jugendzeit voller Sorgen und Nöte in Paris war uns beiden ohne Zweifel von Nutzen gewesen. Der Mut und die Geduld, mit der sie unsere Schwierigkeiten ertragen hatte, während ich sie meinerseits durch harte Arbeit zu überwinden suchte, hatten uns wie ein eisernes Band miteinander verbunden. Minna wurde für alle diese Entbehrungen durch die Erfolge in Dresden und insbesondere durch die höchst beneidenswerte Stellung, die ich dort innehatte, belohnt. Ihre Stellung als Frau der Kapellmeisterin hatte ihr die Erfüllung ihrer sehnlichsten Wünsche gebracht, und alles, was mir meine Arbeit in diesem Amte so unerträglich machte, war für sie nichts weiter als Drohungen gegen ihre selbstgefällige Zufriedenheit. Schon mein Verhalten gegenüber dem Tannhäuser hatte sie an meinem Erfolg auf den Theatern zweifeln lassen und ihr allen Mut und alle Zuversicht für unsere Zukunft geraubt. Je mehr ich von dem Weg abwich, den sie für den einzig lohnenden hielt – teils aufgrund der Änderung meiner Ansichten (die ich ihr immer weniger mitteilen wollte), teils aufgrund der veränderten Einstellung zur Bühne –, desto mehr entfernte sie sich von der engen Kameradschaft, die sie in früheren Jahren mit mir genossen hatte und die sie in gewisser Weise mit meinen Erfolgen in Verbindung zu bringen glaubte.

Sie sah in meinem Verhalten in bezug auf die Katastrophe von Dresden die Folge dieser Abweichung vom rechten Wege und schrieb es dem Einfluß gewissenloser Personen (insbesondere des unglücklichen Röckel) zu, die mich durch ihre Anspielung auf meine Eitelkeit ins Verderben mitgerissen haben sollten. Tiefer als alle diese Meinungsverschiedenheiten, die sich ja nur auf äußere Umstände bezogen, war jedoch das Bewußtsein unserer grundsätzlichen Unvereinbarkeit, das mir seit dem Tage unserer Versöhnung immer deutlicher geworden war. Von Anfang an hatten wir Szenen der heftigsten Art gehabt; nie hatte sie nach diesen häufigen Streitereien eingestanden, daß sie im Unrecht war, oder wieder versucht, Freunde zu werden.

Die Notwendigkeit, den häuslichen Frieden so schnell wie möglich wiederherzustellen, sowie meine durch jeden ihrer überspannten Ausbrüche bestätigte Überzeugung, daß es mir bei der großen Verschiedenheit unserer Charaktere und vor allem unserer Erziehung obliege, durch größte Vorsicht in meinem Verhalten solche Szenen zu verhindern, veranlaßten mich immer, die ganze Schuld an dem Geschehenen auf mich zu nehmen und Minna durch Bedauern zu besänftigen. Leider und zu meinem tiefsten Kummer mußte ich erkennen, daß ich durch dieses Verhalten alle Macht über ihre Gefühle und vor allem über ihren Charakter verlor. Nun befanden wir uns in einer Lage, in der ich unmöglich zu denselben Mitteln der Versöhnung greifen konnte, denn das hätte bedeutet, daß ich in allen meinen Ansichten und Handlungen inkonsequent gewesen wäre. Und dann sah ich mich einer solchen Härte der Frau gegenüber, die ich durch meine Nachsicht verdorben hatte, daß ich von ihr nicht erwarten konnte, das mir angetane Unrecht einzugestehen. Es genügt zu sagen, dass das Scheitern meines Ehelebens nicht unerheblich zum Ruin meiner Position in Dresden und zu der nachlässigen Art und Weise beigetragen hatte, wie ich sie behandelte, denn anstatt zu Hause Hilfe, Kraft und Trost zu finden, fand ich meine Frau unwissentlich gegen mich konspirierend, im Bunde mit all den anderen feindseligen Umständen, die mich damals bedrängten. Nachdem ich den ersten Schock ihres herzlosen Verhaltens überwunden hatte, war mir dies völlig klar. Ich erinnere mich, dass ich keinen großen Kummer empfand, sondern dass im Gegenteil, mit der Überzeugung, jetzt völlig hilflos zu sein, eine fast erhabene Ruhe über mich kam, als ich erkannte, dass mein Leben bis jetzt auf einem Fundament aus Sand und nichts anderem aufgebaut war. Auf jeden Fall trug die Tatsache, dass ich völlig allein war, viel dazu bei, meinen Seelenfrieden wiederherzustellen, und in meiner Not fand ich jetzt Kraft und Trost sogar in der Tatsache meiner bitteren Armut. Endlich traf Hilfe aus Weimar ein. Ich nahm sie eifrig an, und sie war das Mittel, mich aus meinem gegenwärtigen nutzlosen Leben und meinen verlorenen Hoffnungen zu befreien.

Mein nächster Schritt war, einen Zufluchtsort zu finden, der mich allerdings wenig anzog, da ich dort nicht die geringste Hoffnung hatte, auf den Wegen, auf denen ich mich bisher bewegt hatte, weiter vorankommen zu können. Dieser Zufluchtsort war Zürich, eine Stadt ohne jede Kunst im öffentlichen Sinne, wo ich zum ersten Mal auf einfältige Menschen traf, die mich als Musiker nicht kannten, sich aber, wie es schien, nur durch meine Persönlichkeit zu mir hingezogen fühlten. Ich kam in Müllers Haus an und bat ihn, mir ein Zimmer zu überlassen, wobei ich ihm den Rest meines Kapitals, nämlich zwanzig Franken, gab. Ich merkte bald, dass mein alter Freund durch mein völlig offenes Vertrauen zu ihm in Verlegenheit gebracht wurde und dass er mit seinem Latein am Ende war und nicht wusste, was er mit mir anfangen sollte. Ich gab bald das große Zimmer mit dem Flügel auf, das er mir spontan zugeteilt hatte, und zog mich in ein bescheidenes kleines Schlafzimmer zurück. Die Mahlzeiten waren meine große Prüfung, nicht weil ich wählerisch war, sondern weil ich Dornen nicht verdauen konnte. Vor dem Hause meines Freundes dagegen genoss ich den, für die Sitten der Gegend, luxuriösesten Empfang. Dieselben jungen Leute, die mich auf meiner ersten Reise durch Zürich so freundlich behandelt hatten, zeigten sich wieder bemüht, ständig in meiner Gesellschaft zu sein, und dies war besonders bei einem jungen Mann namens Jakob Sulzer der Fall. Er musste dreißig Jahre alt sein, bevor er das Recht hatte, Mitglied der Zürcher Regierung zu werden, und hatte daher noch mehrere Jahre zu warten. Trotz seiner Jugend machte er jedoch auf alle, mit denen er in Kontakt kam, den Eindruck eines Mannes reiferen Alters, dessen Charakter geformt war. Als ich lange danach gefragt wurde, ob ich jemals einen Mann getroffen hätte, der moralisch gesehen das Ideal eines echten Charakters und einer Aufrichtigkeit war, konnte ich beim Nachdenken an niemand anderen als diesen neugewonnenen Freund, Jakob Sulzer, denken.

Seine frühe Ernennung zum ständigen Staatsschreiber, einem der vorzüglichsten Regierungsposten im Kanton Zürich, verdankte er der kürzlich zurückgekehrten liberalen Partei unter Führung von Alfred Escher.

Da diese Partei die erfahreneren Mitglieder der älteren konservativen Seite nicht in den öffentlichen Ämtern einsetzen konnte, bestand ihre Politik darin, außergewöhnlich begabte junge Männer für diese Positionen auszuwählen. Sulzer zeigte außerordentliche Verheißungen, und ihre Wahl fiel dementsprechend bald auf ihn. Er war gerade erst von den Universitäten Berlin und Bonn zurückgekehrt, mit der Absicht, sich als Professor für Philologie an der Universität seiner Heimatstadt zu etablieren, als er zum Mitglied der neuen Regierung ernannt wurde. Um sich für seinen Posten vorzubereiten, musste er sechs Monate in Genf bleiben, um seine Kenntnisse der französischen Sprache zu vervollkommnen, die er während seines Philologiestudiums vernachlässigt hatte. Er war schlagfertig und fleißig, aber auch unabhängig und entschlossen, und er ließ sich nie von Parteitaktiken beeinflussen. Infolgedessen stieg er sehr schnell in hohe Ämter in der Regierung auf, denen er wertvolle und wichtige Dienste leistete, zunächst als Finanzminister, ein Amt, das er viele Jahre innehatte, und später mit besonderer Auszeichnung als Mitglied des Schulbundes. Seine unerwartete Bekanntschaft mit mir schien ihn in eine Art Dilemma zu bringen; von den philologischen und klassischen Studien, die er aus eigener Wahl begonnen hatte, wurde er plötzlich auf die verwirrendste Weise durch diese unerwartete Vorladung der Regierung weggerissen. Es schien fast, als hätte ihn die Begegnung mit mir bereut, die Ernennung angenommen zu haben. Da er ein Mensch von großer Bildung war, offenbarte ihm mein Gedicht Siegfrieds Tod natürlich meine Kenntnisse der deutschen Antike. Er hatte dieses Thema ebenfalls studiert, aber mit größerer philologischer Genauigkeit, als ich es jemals hätte anstreben können. Als er später meine Art des Komponierens kennenlernte, interessierte sich dieser sonst so ernste und verschlossene Mann so sehr für mein von seinem eigenen Arbeitsfeld so weit entferntes künstlerisches Gebiet, dass er es, wie er selbst bekannte, für seine Pflicht hielt, diese störenden Einflüsse durch absichtliche Schroffheit und Knappheit mir gegenüber zu bekämpfen. Zu Beginn meines Aufenthaltes in Zürich jedoch erfreute er sich daran, sich ein wenig in die Kunstwelt entführen zu lassen. Die altmodische Amtswohnung des ersten Kantonssekretärs war oft Schauplatz einzigartiger Zusammenkünfte, zu denen Leute zusammenkamen, wie ich sie sicher anziehen würde. Man könnte sogar sagen, dass diese gesellschaftlichen Veranstaltungen etwas häufiger stattfanden, als es für das Ansehen eines Beamten dieses kleinen Spießerstaates ratsam war. Was den Musiker Baumgartner zu diesen Zusammenkünften besonders anzog, waren die Produkte der Sulzers Weinberge in Winterthur, zu denen unsere Gastgeber seine Gäste mit größter Großzügigkeit behandelten. Wenn ich in meinen Anfällen wahnsinniger Überschwänglichkeit in dithyrambischen Ergüssen meinen extremsten Ansichten über Kunst und Leben Luft machte, reagierten meine Zuhörer oft auf eine Art und Weise, die ich, wie ich mit Recht sagen konnte, meistens mehr der Wirkung des Weines als der Kraft meiner Begeisterung zuschrieb. Als der Germanist und Edda-Forscher Professor Ettmüller einmal zu einer Lesung meines Siegfrieds eingeladen und in schwermütiger Begeisterung nach Hause geführt worden war, kam es unter den Zurückgebliebenen zu regelrechten Ausbrüchen ausgelassener Laune. Ich kam auf den absurden Gedanken, alle Türen des Beamtenhauses aus den Angeln zu heben.

Herr Hagenbuch, ein weiterer Staatsdiener, sah, welche Anstrengung mich das kostete, und bot mir seine riesige Statur an, und mit relativer Leichtigkeit gelang es uns, jede einzelne Tür zu entfernen und beiseite zu legen, ein Vorgang, über den Sulzer nur gutmütig lächelte. Als wir am nächsten Tag jedoch nachfragten, erzählte er uns, dass er die ganze Nacht damit verbracht hatte, diese Türen wieder anzubringen (was eine schreckliche Belastung für seine zarte Konstitution gewesen sein musste), da er sich vorgenommen hatte, dem Sergeanten, der immer sehr früh am Morgen eintraf, nichts von unseren Orgien zu erzählen.

Die außergewöhnliche vogelgleiche Freiheit meiner Existenz erregte mich immer mehr. Ich war oft erschrocken über die übermäßigen Ausbrüche der Begeisterung, zu denen ich neigte – egal, mit wem ich zusammen war – und die mich dazu brachten, in meinen Gesprächen die außergewöhnlichsten Paradoxien zu ertragen. Bald nachdem ich mich in Zürich niedergelassen hatte, begann ich, meine verschiedenen Ideen über Dinge niederzuschreiben, zu denen ich durch meine privaten und künstlerischen Erfahrungen sowie durch den Einfluss der politischen Unruhen des Tages gelangt war. Da ich keine andere Wahl hatte, als nach besten Kräften zu versuchen, mit meiner Feder etwas zu verdienen, dachte ich daran, eine Reihe von Artikeln an eine große französische Zeitschrift wie den National zu schicken, die es damals noch gab. In diesen Artikeln wollte ich (auf meine revolutionäre Art) meine Ideen zum Thema der modernen Kunst in ihrer Beziehung zur Gesellschaft darlegen. Ich schickte sechs davon an einen älteren Freund von mir, Albert Franck, mit der Bitte, sie ins Französische übersetzen und veröffentlichen zu lassen. Dieser Franck war der Bruder des bekannteren Hermann Franck, der jetzt Chef des deutsch-französischen Buchhandels war, der ursprünglich meinem Schwager Avenarius gehört hatte. Er schickte mir meine Arbeit mit der ganz selbstverständlichen Bemerkung zurück, man könne nicht erwarten, dass das Pariser Publikum meine Artikel verstünde oder würdige, insbesondere in einem so kritischen Augenblick.

Ich versah das Manuskript mit dem Titel „Kunst und Revolution" und schickte es an Otto Wigand in Leipzig, der es tatsächlich in Form einer Broschüre zu veröffentlichen übernahm und mir dafür fünf Louisdor zukommen ließ. Dieser unerwartete Erfolg bewog mich, meine literarischen Talente weiter auszuschöpfen. Ich suchte in meinen Papieren nach dem

Aufsatz, den ich im Jahr zuvor als Ergebnis meiner historischen Studien zur Nibelungensage geschrieben hatte; ich gab ihm den Titel „Die Nibelungen-Weltgeschichte aus der Sage" und versuchte mein Glück erneut, indem ich ihn an Wigand schickte.

Der sensationelle Titel „Kunst und Revolution" und die Bekanntheit, die der „königliche Dirigent" als politischer Flüchtling erlangt hatte, hatten den radikalen Verleger hoffen lassen, dass der Skandal, der durch die Veröffentlichung meiner Artikel entstehen würde, ihm zugute kommen würde! Ich erfuhr bald, dass er im Begriff war, eine zweite Ausgabe von „Kunst und Revolution" herauszugeben, ohne mich jedoch davon zu benachrichtigen. Er übernahm auch meine neue Broschüre für weitere fünf Louis d'or. Dies war das erste Mal, dass ich durch Veröffentlichungen Geld verdiente, und ich begann nun zu glauben, dass ich den Punkt erreicht hatte, an dem ich mein Unglück überwinden konnte. Ich dachte darüber nach und beschloss, im kommenden Winter in Zürich öffentliche Vorträge über Themen zu halten, die mit meinen Schriften in Zusammenhang standen, und hoffte, auf diese freie und zufällige Weise für eine Weile Leib und Seele beisammen zu halten, obwohl ich keine feste Anstellung hatte und nicht beabsichtigte, mich mit Musik zu beschäftigen.

Es schien mir notwendig, zu diesen Mitteln zu greifen, da ich nicht wusste, wie ich mich sonst am Leben erhalten sollte. Kurz nach meiner Ankunft in Zürich hatte ich den Einmarsch der über Schweizer Gebiet verstreuten Trümmer der badischen Armee, begleitet von flüchtigen Freiwilligen, miterlebt, was einen schmerzlichen und unheimlichen Eindruck auf mich gemacht hatte. Die Nachricht von der Kapitulation Görgeys bei Villagos lähmte die letzten Hoffnungen auf den Ausgang des großen europäischen Freiheitskampfes, der bis dahin völlig ungeklärt geblieben war. Mit einiger Besorgnis und Angst wandte ich nun meine Augen von all diesen Ereignissen in der Außenwelt nach innen auf meine eigene Seele.

Ich war es gewohnt, das Café litteraire zu besuchen, wo ich nach meinem schweren Mittagessen in einer rauchigen Atmosphäre, umgeben von einer fröhlichen und scherzhaften Schar von Männern, die Domino und Fasten spielten, meinen Kaffee trank. Eines Tages starrte ich auf die gewöhnliche Tapete mit antiken Motiven, die mich auf unerklärliche Weise an ein bestimmtes Aquarell von Genelli erinnerte, das „Die Erziehung des Dionysos durch die Musen" darstellte. Ich hatte es in jungen Jahren im Haus meines Schwagers Brockhaus gesehen, und es hatte damals einen tiefen Eindruck auf mich gemacht. An diesem selben Ort hatte ich die ersten Ideen zu meinem Kunstwerk der Zukunft, und es schien mir ein bedeutendes Omen, als ich eines Tages aus einem meiner postprandialen Träume durch die Nachricht aufgeschreckt wurde, dass Schröder-Devrient in Zürich weilte. Ich machte mich sofort auf, um sie im benachbarten Hotel „Zum Schwerte" zu besuchen, hörte aber zu meinem großen Entsetzen, dass sie soeben mit dem Dampfer abgereist war. Ich sah sie nie wieder und erfuhr lange danach nur noch von meiner Frau, die sie in späteren Jahren in Dresden ziemlich gut kannte, von ihrem qualvollen Tod.

Nachdem ich zwei bemerkenswerte Sommermonate auf diese wilde und außergewöhnliche Weise verbracht hatte, erhielt ich endlich beruhigende Nachrichten von Minna, die in Dresden geblieben war. Obwohl ihre Art, sich von mir zu verabschieden, sowohl hart als auch verletzend gewesen war, konnte ich mich nicht dazu durchringen, zu glauben, dass ich mich vollständig von ihr getrennt hatte. In einem Brief, den ich an eine ihrer Verwandten schrieb und von dem ich annahm, dass sie ihn weiterleiten würde, erkundigte ich mich mitfühlend nach ihr, während ich bereits durch wiederholte Appelle an Liszt alles getan hatte, was in meiner Macht stand, um sicherzustellen, dass sie gut versorgt war. Ich erhielt nun eine direkte Antwort, die mir neben der Tatsache, dass sie von der Kraft und Aktivität zeugte, mit der sie ihre Schwierigkeiten bekämpft hatte, gleichzeitig zeigte, dass sie sich ernsthaft wünschte, wieder mit mir vereint zu sein. Fast in Worten der Verachtung drückte sie ihre ernsten Zweifel darüber aus, ob ich in Zürich meinen Lebensunterhalt verdienen könnte, fügte jedoch hinzu, dass sie mir, da sie meine Frau sei, eine zweite Chance geben wolle. Sie schien es auch als selbstverständlich anzunehmen, dass ich Zürich nur vorübergehend zu unserem Wohnsitz machen und meine Karriere als Opernkomponist in Paris nach Kräften fördern wollte. Daraufhin kündigte sie ihre Absicht an, an einem bestimmten Tag im September desselben Jahres in Begleitung des kleinen Hundes Peps, des Papageis Papo und ihrer sogenannten Schwester Nathalie in Rorschach in der Schweiz anzukommen. Nachdem ich zwei Zimmer für unser neues Heim gemietet hatte, machte ich mich nun bereit, zu Fuß durch das schöne und berühmte Toggenburg und Appenzell nach St. Gallen und Rorschach aufzubrechen, und war doch sehr gerührt, als die sonderbare Familie, die zur Hälfte aus Haustieren bestand, im Hafen von Rorschach landete. Ich muss ehrlich gestehen, dass mich das kleine Hündchen und der Vogel sehr glücklich machten. Meine Frau schüttete jedoch sofort kaltes Wasser auf meine Gefühle, indem sie erklärte, dass sie im Falle meines erneuten Fehlverhaltens jederzeit bereit sei, nach Dresden zurückzukehren, und dass sie dort zahlreiche Freunde habe, die ihr gern Schutz und Beistand leisten würden, wenn sie gezwungen wäre, ihre Drohung wahr zu machen. Wie dem auch sei, ein Blick auf sie überzeugte mich davon, wie sehr sie in dieser kurzen Zeit gealtert war und wie sehr ich Mitleid mit ihr haben sollte, und dieses Gefühl vertrieb alle Bitterkeit aus meinem Herzen.

Ich tat mein Möglichstes, um ihr Vertrauen zu geben und sie glauben zu machen, dass unser gegenwärtiges Unglück nur vorübergehend sei. Das war keine leichte Aufgabe, da sie ständig das winzige Aussehen der Stadt Zürich mit der edleren Majestät Dresdens verglich und sich offenbar bitter gedemütigt fühlte. Die Freunde, die ich ihr vorstellte, fanden keine Gunst in ihren Augen. Sie betrachtete den Kantonssekretär Sulzer als „einfachen Stadtschreiber, der in Deutschland nichts zu bedeuten hätte"; und die Frau meines Gastgebers Müller widerte sie absolut an, als sie auf Minnas Klagen über meine schreckliche Lage antwortete, dass meine Größe gerade darin liege, dass ich sie durchgestanden habe. Dann wieder beruhigte Minna mich, indem sie mir die voraussichtliche Ankunft einiger meiner Dresdener Habseligkeiten ankündigte, die ihrer Meinung nach für unser neues Zuhause unverzichtbar sein würden.

Der Besitz, von dem sie sprach, bestand aus einem Flügel von Breitkopf und Hartel, der besser aussah als er klang, und aus dem „Titelblatt" der Nibelungen von Cornelius in einem gotischen Rahmen, das früher über meinem Schreibtisch in Dresden hing.

Mit diesem Kern von Hausrat beschlossen wir nun, eine kleine Wohnung in den sogenannten „hinteren Escherhäusern" im Zeltweg zu nehmen. Mit großer Geschicklichkeit war es Minna gelungen, die Dresdner Möbel zu einem günstigen Preis zu verkaufen, und vom Erlös dieses Verkaufs hatte sie dreihundert Mark mit nach Zürich genommen, um uns bei der Einrichtung unseres neuen Heims zu helfen. Sie erzählte mir, dass sie meine kleine, aber sehr erlesene Bibliothek für mich gerettet hatte, indem sie sie dem Verleger Heinrich Brockhaus (Bruder des Mannes meiner Schwester und Mitglied des sächsischen Landtags) übergab, der darauf bestanden hatte, sie zu betreuen. Groß war daher ihre Bestürzung, als ich diesen freundlichen Freund bat, ihr die Bücher zu schicken, und er antwortete, dass er sie als Sicherheit für eine Schuld von fünfzehnhundert Mark behalte, die ich während meiner schwierigen Tage in Dresden bei ihm eingegangen sei, und dass er beabsichtige, sie bis zur Rückzahlung dieser Summe aufzubewahren. Da es mir auch nach vielen Jahren unmöglich war, dieses Geld zurückzuzahlen, waren diese für meine eigenen speziellen Bedürfnisse gesammelten Bücher für mich für immer verloren.

Ganz besonders dank meinem Freund Sulzer, dem Kantonssekretär, den meine Frau wegen seines von ihr falsch verstandenen Titels anfangs so sehr verachtete und der, obwohl er selbst alles andere als wohlhabend war, es für selbstverständlich hielt, mir, wenn auch nur bescheiden, aus meiner Not zu helfen, gelang es uns bald, unser kleines Heim so gemütlich zu machen, dass meine einfachen Zürcher Freunde sich darin ganz zu Hause fühlten. Meine Frau mit all ihren unbestreitbaren Talenten fand reichlich Gelegenheit, sich hervorzutun, und ich erinnere mich noch, wie sie aus der Schachtel, in der sie freundlicherweise meine Noten und mein Manuskript nach Zürich gebracht hatte, ein kleines Dingsbums bastelte.

Doch bald war es an der Zeit, darüber nachzudenken, wie wir genug Geld verdienen könnten, um für uns alle zu sorgen. Meine Frau begegnete meinem Plan, öffentliche Vorträge zu halten, mit Verachtung, da sie dies als Beleidigung ihres Stolzes betrachtete. Sie konnte nur einem Plan zustimmen, dem von Liszt vorgeschlagenen, nämlich dass ich eine Oper für Paris schreiben sollte. Um sie zufriedenzustellen und da ich in der näheren Umgebung keine Aussicht auf eine einträgliche Beschäftigung sah, nahm ich in dieser Angelegenheit tatsächlich wieder einen Briefwechsel mit meinem guten Freund und seinem Sekretär Belloni in Paris auf. In der Zwischenzeit konnte ich nicht untätig sein und nahm daher eine Einladung der Züricher Musikgesellschaft an, bei einem ihrer Konzerte eine klassische Komposition zu dirigieren, und zu diesem Zweck arbeitete ich mit ihrem sehr armen Orchester an Beethovens Symphonie in A-Dur. Obwohl das Ergebnis erfolgreich war und ich für meine Mühe fünf Napoleons erhielt, machte es meine Frau sehr unglücklich, denn sie konnte das hervorragende Orchester und das viel dankbarere Publikum nicht vergessen, das kurz zuvor in Dresden ähnliche Bemühungen meinerseits unterstützt und belohnt hätte. Ihr einziges Ideal für mich war, dass ich mir auf Biegen und Brechen und unter völliger Missachtung aller künstlerischen Skrupel in Paris einen glänzenden Ruf erarbeiten sollte. Während wir beide absolut nicht wussten, woher wir die notwendigen Mittel für unsere Reise nach Paris und unseren Aufenthalt dort nehmen sollten, stürzte ich mich wieder in mein philosophisches Kunststudium, da dies der einzige Bereich war, der mir noch offen blieb.

Von den Sorgen eines furchtbaren Existenzkampfes geplagt, schrieb ich das ganze „Kunstwerk der Zukunft" in der frostigen Atmosphäre eines sonnenlosen kleinen Zimmers im Erdgeschoß während der Monate November und Dezember jenes Jahres. Minna hatte keine Einwände gegen diese Beschäftigung, als ich ihr vom Erfolg meiner ersten Broschüre erzählte und von der Hoffnung, für diese umfangreichere Arbeit noch bessere Bezahlung zu erhalten.

So genoss ich eine Zeitlang verhältnismäßige Ruhe, obwohl in meinem Herzen eine Unruhe zu herrschen begann, die auf meine wachsende Bekanntschaft mit Feuerbachs Werken zurückzuführen war. Ich hatte schon immer den Drang verspürt, die Tiefen der Philosophie zu ergründen, so wie mich der mystische Einfluss von Beethovens Neunter Symphonie dazu geführt hatte, die tiefsten Winkel der Musik zu erforschen. Meine ersten Versuche, diese Sehnsucht zu befriedigen, waren gescheitert. Keinem der Leipziger Professoren war es gelungen, mich mit seinen Vorlesungen über fundamentale Philosophie und Logik zu faszinieren. Ich hatte mir Schellings Werk Transzendentaler Idealismus besorgt, das mir Gustav Schlesinger, ein Freund Laubes, empfohlen hatte, aber vergeblich zerbrach ich mir den Kopf darüber, ob ich aus den ersten Seiten etwas machen könnte, und kehrte immer wieder zu meiner Neunten Symphonie zurück.

Während der letzten Zeit meines Aufenthaltes in Dresden hatte ich diese alten Studien, deren Sehnsucht plötzlich in mir auflebte, wieder aufgenommen und ihnen die tieferen historischen Studien hinzugefügt, die mich schon immer fasziniert hatten. Als Einführung in die Philosophie wählte ich nun Hegels Philosophie der Geschichte. Vieles davon machte einen tiefen Eindruck auf mich, und es schien mir nun, als ob ich auf diesem Wege endgültig ins Allerheiligste vordringen würde. Je unverständlicher mir manche seiner spekulativen Schlüsse erschienen, desto mehr sehnte ich mich danach, die Frage nach dem „Absoluten" und allem, was damit zusammenhängt, bis ins Innerste zu ergründen. Denn ich bewunderte Hegels mächtigen Geist so sehr, dass er mir als der eigentliche Schlussstein allen philosophischen Denkens erschien.

Die Revolution kam dazwischen; die praktischen Tendenzen eines sozialen Umbaus lenkten meine Aufmerksamkeit ab, und wie ich bereits sagte, war es ein deutscher katholischer Priester und politischer Agitator (ehemals ein Theologiestudent namens Menzdorff, der einen kalabrischen Hut trug) [18], der meine Aufmerksamkeit auf „den einzigen wirklichen Philosophen der Neuzeit", Ludwig Feuerbach, lenkte. Mein neuer Zürcher Freund, der Klavierlehrer Wilhelm Baumgartner, schenkte mir Feuerbachs Buch über Tod und Unsterblichkeit. Der bekannte und mitreißende lyrische Stil des Autors faszinierte mich als Laie sehr. Die verwickelten Fragen, die er in diesem Buch vorbringt, als ob er sie zum ersten Mal bespreche, und die er auf bezaubernd erschöpfende Weise behandelt, hatten mich seit den ersten Tagen meiner Bekanntschaft mit Lehrs in Paris oft beschäftigt, so wie sie das Denken jedes phantasievollen und ernsthaften Menschen beschäftigen. Bei mir war dies jedoch nicht von Dauer und ich hatte mich mit den poetischen Anregungen zu diesen wichtigen Themen zufrieden gegeben, die hier und da in den Werken unserer großen Dichter auftauchen.

[18] Ein breitkrempiger, hoher, spitz zulaufender weißer Filzhut, der ursprünglich von den Einwohnern Kalabriens getragen wurde und 1848 ein Zeichen des Republikanismus war. – HERAUSGEBER.

Die Offenheit, mit der Feuerbach in den reiferen Teilen seines Buches seine Ansichten zu diesen interessanten Fragen darlegt, gefiel mir sowohl wegen ihrer tragischen als auch wegen ihrer sozialradikalen Tendenzen. Es schien mir richtig, dass die einzige wahre Unsterblichkeit die erhabener Taten und großer Kunstwerke sein sollte. Es war schwieriger, das Interesse an „Das Wesen des Christentums" desselben Autors aufrechtzuerhalten, denn es war unmöglich, beim Lesen dieses Werks, wenn auch unwillkürlich, die weitschweifige und ungeschickte Art und Weise zu bemerken, in der er sich über die einfache und grundlegende Idee auslässt, nämlich die Religion, die von einem rein subjektiven und psychologischen Standpunkt aus erklärt wird. Dennoch betrachtete ich Feuerbach von diesem Tag an immer als den idealen Vertreter der radikalen Befreiung des Individuums von der Knechtschaft akzeptierter Vorstellungen, die auf dem Glauben an Autorität beruhen. Die Eingeweihten werden sich daher nicht wundern, dass ich mein „Kunstwerk der Zukunft" Feuerbach widmete und sein Vorwort an ihn richtete.

Mein Freund Sulzer, ein gründlicher Schüler Hegels, bedauerte sehr, dass ich mich so für Feuerbach interessierte, den er nicht einmal als Philosophen anerkannte. Er sagte, das Beste, was Feuerbach für mich getan habe, sei, dass er meine Ideen geweckt habe, obwohl er selbst keine hatte. Aber was mich wirklich dazu veranlasst hatte, Feuerbach so viel Bedeutung beizumessen, war die Schlussfolgerung, mit der er sich von seinem Meister Hegel abgewandt hatte, nämlich, dass die beste Philosophie darin bestehe, keine Philosophie zu haben – eine Theorie, die das, was ich früher als ein sehr furchterregendes Studium betrachtet hatte, sehr vereinfachte – und zweitens, dass nur das real sei, was durch die Sinne festgestellt werden könne.

Daß er das, was wir Geist nennen, als ästhetische Sinneswahrnehmung proklamierte, und seine Behauptung von der Nutzlosigkeit der Philosophie – das waren die beiden Dinge an ihm, die mir bei meinen Vorstellungen von einem allumfassenden Kunstwerk, einem vollendeten Drama, das die einfachsten und reinsten menschlichen Gefühle ansprechen sollte, gerade in dem Augenblick, da es seiner Vollendung als Kunstwerk der Zukunft entgegenging, so nützlich halfen. Das mußte Sulzer im Sinn gehabt haben, als er abschätzig von Feuerbachs Einfluß auf mich sprach. Jedenfalls konnte ich nach einiger Zeit nicht mehr zu seinen Werken zurückkehren, und ich erinnere mich, daß sein neu erschienenes Buch Über das Wesen der Religion mich allein durch die Langweiligkeit seines Titels so sehr erschreckte, daß ich es, als Herwegh es für mich aufschlug, mit einem Knall vor seiner Nase zuklappte.

Zu dieser Zeit arbeitete ich mit großem Enthusiasmus am Entwurf eines zusammenhängenden Aufsatzes und freute mich eines Tages über den Besuch des Romanschriftstellers und Tieck-Forschers Eduard von Bülow (des Vaters meines jungen Freundes Bülow), der gerade durch Zürich reiste. In meinem winzigen Zimmerchen las ich ihm mein Kapitel über Poesie vor und bemerkte dabei, wie sehr er von meinen Ideen über das literarische Drama und die Entstehung des neuen Shakespeare überrascht war. Ich dachte, das sei ein weiterer Grund, warum der Verleger Wigand mein neues revolutionäres Buch annehmen sollte, und erwartete von ihm eine Gebühr, die dem Umfang des Werkes angemessen wäre. Ich verlangte zwanzig Louisdor , und er willigte ein, mir diese Summe zu zahlen.

Die Aussicht auf diesen Betrag veranlasste mich, den Plan auszuführen, zu dem mich die Not gezwungen hatte, nach Paris zu reisen und dort mein Glück als Opernkomponist zu versuchen. Dieser Plan hatte sehr ernste Nachteile; ich hasste nicht nur die Idee, sondern wusste auch, dass ich mir selbst Unrecht tat, wenn ich an den Erfolg meines Unternehmens glaubte, denn ich fühlte, dass ich mich niemals ernsthaft mit Leib und Seele darauf einlassen könnte. Alles zusammen veranlasste mich jedoch, das Experiment zu wagen, und es war insbesondere Liszt, der überzeugt war, dass dies mein einziger Weg zum Ruhm war, und darauf bestand, dass ich die Verhandlungen wieder aufnahm, die Belloni und ich im vergangenen Sommer aufgenommen hatten. Um zu zeigen, mit welchem Ernst ich versuchte, die Chancen der Durchführung meines Plans zu erwägen, entwarf ich die Handlung der Oper, die der französische Dichter nur in Verse fassen musste, denn ich hätte mir nie vorgestellt, dass es ihm möglich sein würde, ein Libretto auszudenken und zu schreiben, für das ich nur die Musik komponieren müsste. Als Thema wählte ich die Sage von Wieland dem Schmied, die ich am Ende meines soeben fertiggestellten „Kunstwerk der Zukunft“ mit einigem Nachdruck kommentiert hatte, und deren Version von Simrock, die der Wilkyna-Sage entlehnt war, mich sehr angesprochen hatte.

Ich entwarf das komplette Szenario mit präziser Angabe der Dialoge für drei Akte und beschloss schweren Herzens, es meinem Pariser Autor zur Ausarbeitung zu übergeben. Liszt glaubte, durch seine Beziehungen zu Seghers, dem musikalischen Leiter einer Gesellschaft namens „Concerts de St. Cecile“, eine Möglichkeit zu sehen, meine Musik bekannt zu machen. Im Januar des folgenden Jahres sollte die Tannhäuser-Ouvertüre unter seiner Leitung aufgeführt werden, und es schien daher ratsam, dass ich einige Zeit vor diesem Ereignis in Paris eintraf. Dieses Unterfangen, das aufgrund meines völligen Mangels an Geldmitteln so schwierig schien, wurde schließlich auf völlig unerwartete Weise erleichtert.

Ich hatte nach Hause geschrieben und um Hilfe gebeten und alle alten Freunde, die mir einfielen, um Hilfe gebeten, aber vergebens. Besonders von der Familie meines Bruders Albert, dessen Tochter vor kurzem eine glänzende Theaterkarriere begonnen hatte, wurde ich so behandelt, wie man einen Kranken behandelt, von dem man Angst hat, sich anzustecken. Im Gegensatz zu ihrer Härte war ich tief berührt von der Hingabe der in Dresden gebliebenen Familie Ritter; denn abgesehen von meiner Bekanntschaft mit dem jungen Karl kannte ich diese Leute kaum. Durch die Freundlichkeit meines alten Freundes Heine, der über meine Lage informiert worden war, hatte Frau Julie Ritter, die ehrwürdige Mutter der Familie, es für ihre Pflicht gehalten, mir durch einen Geschäftsfreund die Summe von fünfzehnhundert Mark zur Verfügung zu stellen. Etwa zur gleichen Zeit erhielt ich einen Brief von Frau Laussot, die mich im Jahr zuvor in Dresden besucht hatte und mir nun in den ergreifendsten Worten ihr anhaltendes Mitgefühl versicherte.

Dies waren die ersten Anzeichen jener neuen Phase meines Lebens, die ich von diesem Tag an durchlief und in der ich mich daran gewöhnte, die äußeren Umstände meines Daseins als bloße Unterordnung unter meinen Willen zu betrachten. Und auf diese Weise konnte ich der hinderlichen Enge meines häuslichen Lebens entfliehen.

Die angebotene finanzielle Hilfe war mir im Augenblick sehr zuwider, da sie mir jede weitere Einwendung gegen die Verwirklichung der verabscheuten Pariser Pläne zu verbieten schien. Als ich jedoch auf Grund dieser günstigen Wendung meiner Verhältnisse meiner Frau vorschlug, wir könnten uns doch mit dem Verbleib in Zürich begnügen, geriet sie in die heftigste Wut über meine Schwäche und Geistesschwäche und erklärte, wenn ich mich nicht entschließen sollte, in Paris etwas zu erreichen, würde sie allen Glauben an mich verlieren. Sie sagte außerdem, sie wolle unbedingt nicht Zeugin meines Elends und Kummers als jämmerlicher Literat und unbedeutender Dirigent der Lokalkonzerte in Zürich sein.

Wir waren in das Jahr 1850 eingetreten; ich hatte beschlossen, schon des Friedens wegen nach Paris zu gehen, musste meine Reise aber wegen einer Krankheit verschieben. Die Reaktion auf die schrecklichen Aufregungen der letzten Zeit hatte ihre Wirkung auf meine überreizten Nerven nicht verfehlt, und ein Zustand völliger Erschöpfung war die Folge. Die fortwährenden Erkältungen, trotz derer ich in meinem sehr ungesunden Zimmer hatte arbeiten müssen, hatten schließlich beunruhigende Symptome hervorgerufen. Eine gewisse Schwäche der Brust machte sich bemerkbar, und der Arzt (ein politischer Flüchtling) versuchte, sie durch das Anlegen von Pechpflastern zu heilen. Infolge dieser Behandlung und der reizenden Wirkung, die sie auf meine Nerven hatte, verlor ich für eine Weile meine Stimme vollständig, woraufhin man mir sagte, ich müsse zur Abwechslung weggehen. Als ich hinausging, um mein Reiseticket zu kaufen, fühlte ich mich so schwach und brach in so schrecklichen Schweiß aus, dass ich eilig zu meiner Frau zurückkehrte, um sie zu fragen, ob es unter diesen Umständen ratsam sei, die Idee der Expedition ganz aufzugeben. Sie jedoch beharrte (und vielleicht zu Recht) nicht nur darauf, dass mein Zustand nicht gefährlich sei, sondern dass er größtenteils auf meiner Einbildung beruhte und dass ich mich, sobald ich am richtigen Ort wäre, bald erholen würde.

Eine unsägliche Bitterkeit reizte meine Nerven, als ich in Zorn und Verzweiflung eilig das Haus verließ, um die verfluchte Fahrkarte zu kaufen und mich Anfang Februar tatsächlich auf den Weg nach Paris machte. Ich war erfüllt von den merkwürdigsten Gefühlen, aber der Funke der

Hoffnung, der sich damals in meiner Brust entzündete, hatte freilich nicht das geringste mit dem von außen eingeflößten Glauben zu tun, ich würde in Paris als Opernkomponist Erfolg haben.

Ich war besonders darauf bedacht, ruhige Zimmer zu finden, denn Ruhe war jetzt mein erstes Bedürfnis geworden, ganz gleich, wo ich mich gerade aufhielt. Der Kutscher, der mich von Straße zu Straße durch die abgelegensten Viertel fuhr und dem ich schließlich vorwarf, er halte sich immer in den belebtesten Teilen der Stadt auf, beteuerte schließlich verzweifelt, man käme nicht nach Paris, um in einem Kloster zu leben. Schließlich kam mir die Idee, das, was ich suchte, in einer der Städte zu suchen , durch die anscheinend kein Auto fuhr, und ich beschloss, ein Zimmer in der Cité de Provence zu mieten.

Getreu dem mir aufgezwungenen Plan suchte ich sofort Herrn Seghers wegen der Aufführung der Tannhäuser-Ouvertüre auf.

Es stellte sich heraus, dass ich trotz meiner Verspätung nichts verpasst hatte, denn man zerbrach sich noch den Kopf darüber, wie man die nötigen Orchesterstimmen beschaffen könnte.

Ich musste also Liszt schreiben und ihn bitten, die Kopien zu bestellen, und musste auf ihre Ankunft warten. Belloni war nicht in der Stadt, die Dinge waren also ins Stocken geraten, und ich hatte viel Zeit, über den Zweck meines Besuchs in Paris nachzudenken, während meine Meditationen unaufhörlich von den Drehorgeln begleitet wurden, die in den Städten von Paris allgegenwärtig sind.

Es fiel mir sehr schwer, einen Regierungsagenten, von dem ich bald nach meiner Ankunft Besuch bekam, davon zu überzeugen, dass meine Anwesenheit in Paris künstlerische Gründe hatte und nicht auf meine zweifelhafte Lage als politischer Flüchtling zurückzuführen war.

Glücklicherweise war er von der Partitur, die ich ihm zeigte, sowie von Liszts Artikel über die Tannhäuser-Ouvertüre, den er im Jahr zuvor im Journal des Debats geschrieben hatte, beeindruckt und verließ mich mit der höflichen Aufforderung, meinen Beschäftigungen in Ruhe und fleißig nachzugehen, da die Polizei nicht die Absicht habe, mich zu stören.

Ich suchte auch meine älteren Pariser Bekannten auf. Im gastfreundlichen Hause Desplechins traf ich Semper, der seine Lage durch das Schreiben einiger minderwertiger künstlerischer Werke so erträglich wie möglich zu machen suchte. Er hatte seine Familie in Dresden zurückgelassen, aus der uns bald die beunruhigendsten Nachrichten erreichten. Die Gefängnisse füllten sich dort allmählich mit den unglücklichen Opfern der jüngsten sächsischen Bewegung. Von Röckel, Bakunin und Heubner erfuhren wir nur, dass sie des Hochverrats angeklagt worden waren und das Todesurteil erwartete.

Angesichts der immer wieder eintreffenden Nachrichten über die Grausamkeit und Brutalität, mit der die Soldaten die Gefangenen behandelten, konnten wir nicht umhin, unser eigenes Schicksal als ein sehr glückliches zu betrachten.

Mein Verkehr mit Semper, den ich häufig sah, war im allgemeinen von einer Heiterkeit belebt, die zuweilen etwas riskanter Natur war; er war entschlossen, zu seiner Familie nach London zurückzukehren, wo ihm verschiedene Anstellungen in Aussicht standen. Meine letzten schriftstellerischen Versuche und die in meinen Werken zum Ausdruck gebrachten Gedanken interessierten ihn sehr und gaben Anlaß zu lebhaften Gesprächen, an denen sich auch Kietz gesellte, der anfangs amüsant war, Semper aber offenbar sehr langweilte. Ich fand ersteren in derselben Lage, in der ich ihn vor vielen Jahren zurückgelassen hatte: er war mit seiner Malerei nicht vorangekommen und wäre froh gewesen, wenn die Revolution eine entschiedenere Wendung genommen hätte, so daß er im Schutz der allgemeinen Verwirrung aus seiner verlegenen Lage mit seinem Gutsherrn hätte herauskommen können. Er fertigte damals ein recht gutes Pastellporträt von mir in seinem allerbesten und frühesten Stil an. Während ich so saß, sprach ich unglücklicherweise mit ihm über mein „Kunstwerk der Zukunft" und legte damit den Grundstein für jahrelange Schwierigkeiten, da er versuchte, meine neuen Ideen der Pariser Bourgeoisie beizubringen, an deren Tischen er bisher ein gern gesehener Gast gewesen war. Trotzdem blieb er wie immer ein guter, zuvorkommender, aufrichtiger Kerl, und selbst Semper konnte nicht anders, als ihn fröhlich zu ertragen. Ich suchte auch meinen Freund Anders auf. Es war schwierig, ihn zu irgendeiner Stunde des Tages zu finden, da er sich außerhalb der Schlafenszeit in der Bibliothek einschloss, wo er niemanden empfangen konnte, und sich danach in den Lesesaal zurückzog, um seine Ruhestunden zu verbringen, und normalerweise bei gewissen bürgerlichen Familien zu Abend aß, wo er Musikunterricht gab. Er war beträchtlich gealtert, aber ich war froh, ihn vergleichsweise bei besserer Gesundheit vorzufinden, als der Zustand, in dem ich ihn das letzte Mal gesehen hatte, mich hoffen ließ, denn als ich Paris verließ, schien er sich auf einem absteigenden Ast zu befinden. Merkwürdigerweise hatte ein gebrochenes Bein seine Gesundheit wieder gebessert; die dafür notwendige Behandlung hatte ihn in ein Hydro gebracht, wo sich sein Zustand sehr gebessert hatte. Er wollte nur sehen, wie ich in Paris großen Erfolg hatte, und wollte sich im Voraus einen Platz für die Uraufführung meiner Oper sichern, von der er annahm, dass sie stattfinden würde, und wiederholte ständig, dass es für ihn sehr anstrengend wäre, einen Platz in einem Teil des Theaters einzunehmen, wo wahrscheinlich Gedränge herrschen würde. Er konnte keinen Nutzen in meinem derzeitigen literarischen Werk erkennen; trotzdem beschäftigte ich mich wieder ausschließlich damit, da ich bald feststellte, dass meine Ouvertüre zu Tannhäuser wahrscheinlich nicht aufgeführt würde. Liszt hatte den größten Eifer bei der Beschaffung und Weiterleitung der Orchesterstimmen gezeigt; Herr Seghers teilte mir jedoch mit, dass er sich, was sein eigenes Orchester betreffe, in einer republikanischen Demokratie befinde, in der jedes Instrument das gleiche Recht habe, seine Meinung zu äußern, und dass einstimmig beschlossen worden sei, dass für den Rest der Wintersaison, die sich nun dem Ende zuneige, auf mein Angebot verzichtet werden könne. Ich begriff aus dieser Wendung der Dinge genug, um zu erkennen, wie prekär meine Lage war.

Allerdings war das Ergebnis meiner Schriften kaum weniger entmutigend. Man schickte mir ein Exemplar der Wigand-Ausgabe meines Kunstwerkes der Zukunft zu, das voller furchtbarer Druckfehler steckte, und statt der erwarteten Vergütung von zwanzig Louisdor erklärte mir mein Verleger, er könne mir vorläufig nur die Hälfte dieser Summe zahlen, da er aufgrund des anfänglich sehr schnellen Verkaufs von Kunst und Revolution meinen Schriften einen zu hohen Handelswert beimaß, ein Fehler, den er bald bemerkte, als er feststellte, dass für Die Nibelungen keine Nachfrage bestand.

Andererseits erhielt ich ein Angebot für eine bezahlte Arbeit von Adolph Kolatschek, der ebenfalls ein Flüchtling war und gerade eine deutsche Monatszeitschrift als Organ der Fortschrittspartei herausbringen wollte. Als Antwort auf diese Einladung schrieb ich einen langen Aufsatz über Kunst und Klima, in dem ich die Ideen ergänzte, die ich bereits in meinem Kunstwerk der Zukunft angerissen hatte. Außerdem hatte ich seit meiner Ankunft in Paris eine vollständigere Skizze von Wieland der Schmied ausgearbeitet. Allerdings hatte diese Arbeit keinen Wert mehr, und ich fragte mich voller Besorgnis, was ich meiner Frau nach Hause schreiben könnte, nachdem die letzte kostbare Überweisung so ziellos geopfert worden war. Der Gedanke, nach Zürich zurückzukehren, war mir ebenso unangenehm wie die Aussicht, noch länger in Paris zu bleiben. Meine Gefühle hinsichtlich der letzteren Alternative wurden durch den Eindruck verstärkt, den Meyerbeers Oper Der Prophet auf mich gemacht hatte, die gerade aufgeführt worden war und die ich vorher noch nicht gehört hatte. Auf den Ruinen der Hoffnungen auf neue und edlere Bestrebungen, die die besseren Werke des vergangenen Jahres beseelt hatten – das einzige Ergebnis der Verhandlungen der provisorischen französischen Republik zur Förderung der Kunst – sah ich dieses Werk Meyerbeers über die Welt hereinbrechen wie die Morgenröte, die diesen Tag der schändlichen Verwüstung ankündigte. Diese Aufführung widerte mich so an, dass ich, obwohl ich unglücklicherweise in der Mitte des Parketts saß und die Störung, die zwangsläufig durch eine Bewegung eines Zuschauers mitten im Akt verursacht werden würde, gern vermieden hätte, selbst diese Überlegung mich nicht davon abhielt, aufzustehen und das Haus zu verlassen. Als die berühmte Mutter des Propheten schließlich in der bekannten Reihe lächerlicher Rouladen ihrem Kummer Ausdruck verleiht, erfüllte mich der Gedanke, dass ich aufgefordert werden sollte, mir so etwas anzuhören, mit Wut und Verzweiflung, und ich schenkte dieser Oper nie wieder die geringste Beachtung.

Was aber sollte ich nun tun? Wie mich während meines ersten unglücklichen Aufenthalts in Paris die südamerikanischen Republiken angezogen hatten, so richtete sich jetzt meine Sehnsucht nach dem Osten, wo ich fernab dieser modernen Welt ein menschenwürdiges Leben führen konnte. Während ich mich in dieser Stimmung befand, wurde ich aufgefordert, eine weitere Anfrage von Frau Laussot aus Bordeaux nach meinem Gesundheitszustand zu beantworten. Es stellte sich heraus, dass meine Antwort sie dazu veranlasste, mir eine freundliche und dringende Einladung zu schicken, wenigstens für kurze Zeit in ihrem Haus zu bleiben, um mich auszuruhen und meine Sorgen zu vergessen. Jedenfalls konnte eine Reise in südlichere Regionen, die ich noch nicht gesehen hatte, und ein Besuch bei Menschen, die mir zwar völlig fremd waren, mir aber so freundliches Interesse entgegenbrachten, nicht umhin, sich als reizvoll und schmeichelhaft zu erweisen. Ich nahm das Angebot an, regelte meine Angelegenheiten in Paris und fuhr mit der Kutsche über Orleans, Tours und Angoulême die Gironde hinunter in die unbekannte Stadt, wo ich von dem jungen Weinhändler Eugène Laussot mit großer Höflichkeit und Herzlichkeit empfangen und meiner sympathischen jungen Freundin, seiner Frau, vorgestellt wurde. Eine nähere Bekanntschaft mit der Familie, zu der nun auch Mrs. Taylor, die Mutter von Mme. Laussot, gehörte, führte zu einem klareren Verständnis des Charakters der Sympathie, die mir von mir bis dahin unbekannten Menschen auf so herzliche und unerwartete Weise entgegengebracht wurde. Jessie, wie die junge Frau zu Hause genannt wurde, war während eines längeren Aufenthalts in Dresden mit der Familie Ritter sehr vertraut geworden, und ich hatte keinen Grund, an der mir gegebenen Versicherung zu zweifeln, dass das Interesse der Laussots an mir und meiner Arbeit hauptsächlich auf diese Vertrautheit zurückzuführen war. Nach meiner Flucht aus Dresden wurde, sobald die Nachricht von meinen Schwierigkeiten die Ritters erreicht hatte, ein Briefwechsel zwischen Dresden und Bordeaux geführt, um herauszufinden, wie man mir am besten helfen könnte. Jessie schrieb die ganze Idee Frau Julie Ritter zu, die, obwohl sie selbst nicht wohlhabend genug war, um mir ein ausreichendes Unterhaltsgeld zu zahlen, versuchte, zu einer Einigung mit Jessies Mutter zu kommen, der wohlhabenden Witwe eines englischen Anwalts, deren Einkommen das junge Paar in Bordeaux vollständig ernährte. Dieser Plan war soweit erfolgreich, dass mir Mrs. Taylor kurz nach meiner Ankunft in Bordeaux mitteilte, dass die beiden Familien sich zusammengeschlossen hatten und dass beschlossen worden war, mich zu bitten, die Hilfe von dreitausend Francs pro Jahr anzunehmen, bis bessere Tage zurückkehrten. Mein einziges Ziel war nun, meine Wohltäter über die genauen Bedingungen aufzuklären, unter denen ich eine solche Hilfe annehmen sollte. Ich konnte nicht länger damit rechnen, als Opernkomponist weder in Paris noch anderswo Erfolg zu haben; welchen Weg ich stattdessen einschlagen sollte, wusste ich nicht; aber auf jeden Fall war ich entschlossen, mich vor der Schande zu schützen, die mein ganzes Leben überschatten würde, wenn ich solche Mittel wie dieses Angebot anwandte, um Erfolg zu haben. Ich bin sicher, dass ich mich nicht täusche, wenn ich glaube, dass Jessie die einzige war, die mich verstand, und obwohl ich vom Rest der Familie nur Freundlichkeit erfuhr, entdeckte ich bald die Kluft, die sie ebenso wie mich von ihrer Mutter und ihrem Mann trennte. Während der Mann, ein hübscher junger Mann, den größten Teil des Tages seinen Geschäften nachging und die Taubheit der Mutter sie weitgehend von unseren Gesprächen ausschloss, stellten wir bald durch einen schnellen Gedankenaustausch fest, dass wir in vielen wichtigen Angelegenheiten die gleiche Meinung hatten, und dies führte zu einem großen Gefühl der Freundschaft zwischen uns. Jessie, die damals etwa zweiundzwanzig war, hatte wenig Ähnlichkeit mit ihrer Mutter und kam zweifellos nach ihrem Vater, über den ich die schmeichelhaftesten Berichte hörte. Eine große und vielfältige Büchersammlung, die dieser Mann seiner Tochter schenkte, zeigte seinen Geschmack, denn neben seiner lukrativen Tätigkeit als Anwalt hatte er sich dem Studium der Literatur und der Wissenschaften gewidmet. Von ihm hatte Jessie als Kind auch Deutsch gelernt, und sie sprach diese Sprache sehr fließend. Sie war mit Grimms Märchen aufgewachsen und kannte außerdem die deutsche Poesie sowie die englische und französische, und ihre Kenntnisse in diesen Bereichen waren so gründlich, wie es die fortgeschrittenste Bildung nur verlangen konnte. Die französische Literatur gefiel ihr nicht besonders. Ihre schnelle Auffassungsgabe war erstaunlich. Alles, was ich ansprach, erfasste und verarbeitete sie sofort. Dasselbe galt für Musik: Sie las mit größter Leichtigkeit vom Blatt und war eine versierte Spielerin. Während ihres Aufenthalts in Dresden hatte man ihr erzählt, dass ich immer noch auf der Suche nach einem Pianisten sei, der Beethovens große Sonate in B-Dur spielen könne, und jetzt überraschte sie mich mit ihrer vollendeten Wiedergabe dieses äußerst schwierigen Stücks. Die Erregung, die mich bei der Entdeckung eines so außergewöhnlich entwickelten Talents weckte, verwandelte sich plötzlich in Angst, als ich sie singen hörte. Ihre scharfe, schrille Stimme, in der Kraft, aber keine wirkliche Tiefe des Gefühls lag, schockierte mich so sehr, dass ich nicht umhin konnte, sie zu bitten, in Zukunft nicht mehr zu singen. Was die Ausführung der Sonate anbelangte, hörte sie eifrig meinen Anweisungen zu, wie sie interpretiert werden sollte, obwohl ich nicht das Gefühl hatte, dass es ihr gelingen würde, sie nach meinen Vorstellungen wiederzugeben. Ich las ihr meine neuesten Aufsätze vor, und sie schien selbst die außergewöhnlichsten Beschreibungen perfekt zu verstehen. Mein Gedicht über Siegfrieds Tod berührte sie tief, aber meine Skizze von Wieland dem Schmied zog sie vor. Sie gab später zu, dass sie sich lieber vorstellen würde, die Rolle von Wielands würdiger Braut zu übernehmen, als sich in der Lage zu befinden und gezwungen zu sein, das Schicksal von Gutrune in Siegfried zu ertragen. Es folgte unvermeidlich, dass die Anwesenheit der anderen Mitglieder der Familie sich als peinlich erwies, als wir über diese verschiedenen Themen sprechen und diskutieren wollten. Wenn es uns schon ein wenig beunruhigte, uns eingestehen zu müssen, dass Mrs. Taylor sicher nie verstehen würde, warum man mir Hilfe anbot, so war ich noch mehr bestürzt, als ich nach einiger Zeit die völlige Uneinigkeit zwischen dem jungen Paar, insbesondere in geistiger Hinsicht, erkannte. Dass Laussot sich der Abneigung seiner Frau gegen ihn seit einiger Zeit durchaus bewusst war, zeigte sich deutlich, als er sich eines Tages so weit vergaß, laut und bitter darüber zu klagen, dass sie nicht einmal ein Kind von ihm lieben würde, wenn sie eines hätte, und dass er es deshalb für ein Glück hielte, dass sie keine Mutter sei. Erstaunt und betrübt blickte ich plötzlich in einen Abgrund, der sich hier, wie so oft, unter dem Schein eines einigermaßen glücklichen Ehelebens verbarg. Ungefähr zu dieser Zeit, und gerade als sich mein Besuch, der bereits drei Wochen gedauert hatte, dem Ende zuneigte, erhielt ich einen Brief von meiner Frau, der sich nicht unglücklicher auf meinen Gemütszustand hätte auswirken können. Sie war im Großen und Ganzen erfreut, dass ich neue Freunde gefunden hatte, erklärte mir aber gleichzeitig, dass sie nicht wüsste, was sie von mir halten solle, wenn ich nicht sofort nach Paris zurückkehrte und dort versuchte, die Produktion meines Angebots mit den erwarteten Ergebnissen zu erreichen, und mich sicherlich nicht verstehen würde, wenn ich unverrichteter Dinge nach Zürich zurückkehrte. Gleichzeitig wurde meine Depression auf schreckliche Weise durch eine Zeitungsnotiz verstärkt, in der bekannt gegeben wurde, dass Röckel, Bakunin und Heubner zum Tode verurteilt worden waren und dass der Tag ihrer Hinrichtung festgelegt worden war. Ich schrieb den beiden zuerst einen kurzen, aber bewegenden Abschiedsbrief, und da ich keine Möglichkeit sah, ihn den Gefangenen zu übermitteln, die in der Festung Königstein eingesperrt waren, beschloss ich, ihn an Frau von Lüttichau zu schicken, damit sie ihn ihnen weiterleitete, weil ich dachte, sie sei die einzige Person, in deren Macht es läge, dies für mich zu tun, während sie gleichzeitig genügend Großzügigkeit und Unabhängigkeit des Geistes besaß, um meine Wünsche zu respektieren und auszuführen, ungeachtet aller möglichen Meinungsverschiedenheiten, die sie hegen mochte. Einige Zeit später wurde mir gesagt, Lüttichau habe den Brief in die Hände bekommen und ins Feuer geworfen. Dieser schmerzliche Eindruck verhalf mir vorläufig zu dem Entschluss, mit allem und jedem zu brechen, jede Lust, mehr über das Leben oder die Kunst zu erfahren, aufzugeben und, selbst auf die Gefahr hin, die größten Entbehrungen ertragen zu müssen, dem Zufall zu vertrauen und mich außerhalb der Reichweite aller zu begeben. Das kleine Einkommen, das mir meine Freunde zugesprochen hatten, wollte ich zwischen mir und meiner Frau aufteilen und mit meiner Hälfte nach Griechenland oder Kleinasien gehen und dort, nur der Himmel wusste wie, versuchen, zu vergessen und vergessen zu werden. Ich teilte diesen Plan der einzigen Vertrauten mit, die mir noch blieb, hauptsächlich damit sie meinen Wohltätern erklären konnte, wie ich das Einkommen, das sie mir angeboten hatten, zu verwenden gedenke. Sie schien mit der Idee zufrieden zu sein, und der Entschluss, sich demselben Schicksal zu überlassen, schien ihr in ihrem Groll gegen ihre Stellung ebenfalls eine ganz leichte Sache zu sein. Sie drückte uns vieles durch Andeutungen und ein paar Worte aus. Ohne mir klar zu sein, wohin das führen würde, und ohne zu einer Einigung mit ihr zu kommen, verließ ich Bordeaux gegen Ende April, mehr aufgeregt als beruhigt und voller Bedauern und Angst. Ich kehrte vorerst betäubt und voller Ungewissheit darüber, was ich als nächstes tun sollte, nach Paris zurück. Ich fühlte mich sehr unwohl, erschöpft und gleichzeitig aufgeregt, weil ich nicht geschlafen hatte. Ich erreichte mein Ziel und stieg im Hotel Valois ab, wo ich eine Woche blieb und darum kämpfte, meine Selbstbeherrschung wiederzuerlangen und mich mit meiner seltsamen Lage abzufinden. Selbst wenn ich die Pläne, die mich nach Paris geführt hatten, wieder aufnehmen wollte, überzeugte ich mich bald davon, dass wenig oder gar nichts getan werden konnte. Ich war voller Kummer und Wut darüber, dass ich aufgefordert wurde, meine Energien in eine Richtung zu verschwenden, die meinem Geschmack zuwiderlief, nur um die unvernünftigen Anforderungen zu erfüllen, die an mich gestellt wurden. Schließlich war ich gezwungen, die letzte dringende Mitteilung meiner Frau zu beantworten, und schrieb ihr einen langen und ausführlichen Brief, in dem ich freundlich, aber gleichzeitig offen unser gesamtes gemeinsames Leben Revue passieren ließ und erklärte, dass ich fest entschlossen sei, sie von jeder unmittelbaren Beteiligung an meinem Schicksal zu befreien, da ich mich völlig außerstande fühlte, es so zu arrangieren, dass es ihre Zustimmung fand. Ich versprach ihr die Hälfte der Mittel, die mir jetzt oder in Zukunft zur Verfügung stehen würden, und sagte ihr, sie müsse diese Vereinbarung mit Freuden annehmen, da sich nun die Gelegenheit ergeben habe, den Schritt der Trennung von mir zu tun, zu dem sie sich bei unserem ersten Wiedersehen in der Schweiz bereit erklärt hatte. Ich beendete meinen Brief, ohne mich endgültig von ihr zu verabschieden. Daraufhin schrieb ich sofort nach Bordeaux, um Jessie von meinem Schritt zu unterrichten, obwohl meine Mittel es mir noch nicht erlaubten, einen konkreten Plan zu schmieden, den ich ihr für meine vollständige Flucht aus der Welt mitteilen könnte. Im Gegenzug teilte sie mir mit, dass sie entschlossen sei, dasselbe zu tun, und bat um meinen Schutz, unter den sie sich stellen wollte, sobald sie frei wäre. Ich war sehr beunruhigt und tat alles, was in meiner Macht stand, um ihr klarzumachen, dass es eine Sache war, wenn ein Mann wie ich in einer so verzweifelten Lage war, sich angesichts unüberwindlicher Schwierigkeiten allein zu lassen, aber eine ganz andere, wenn eine junge Frau, die zumindest nach außen hin glücklich sesshaft war, sich aus Gründen, die wahrscheinlich niemand außer mir verstehen konnte, entschloss, ihr Heim aufzugeben. In Bezug auf die Unkonventionalität ihres Entschlusses in den Augen der Welt versicherte sie mir, dass er so leise wie möglich durchgeführt werden würde und dass sie vorläufig nur daran dachte, einen Besuch bei ihren Freunden, den Ritters, in Dresden zu arrangieren. Ich war von all dem so beunruhigt, dass ich meinem Verlangen nach Rückzug nachgab und ihn nicht weit von Paris entfernt suchte. Gegen Mitte April ging ich nach Montmorency, von dem ich viele angenehme Geschichten gehört hatte, und suchte dort ein bescheidenes Versteck. Mit großer Mühe schleppte ich mich an den Rand des Städtchens, wo die Landschaft noch winterlich aussah, bog in den kleinen Gartenstreifen eines Weinhändlers ein, der nur sonntags von Besuchern besucht wurde, und erfrischte mich dort mit etwas Brot und Käse und einer Flasche Wein. Eine Schar Hühner umringte mich, und ich warf ihnen unaufhörlich Brotstücke zu und war gerührt über die aufopfernde Enthaltsamkeit, mit der der Hahn seinen Frauen alles gab, obwohl ich es besonders auf ihn abgesehen hatte. Sie wurden immer dreister und flogen schließlich auf den Tisch und machten sich über meine Vorräte her; der Hahn flog hinter ihnen her, und als er merkte, dass alles auf den Kopf gestellt war, stürzte er sich mit der Gier eines lange ungestillten Verlangens auf den Käse. Als ich merkte, dass mich dieses Chaos flatternder Flügel vom Tisch trieb, erfüllte mich eine Fröhlichkeit, die mir lange fremd gewesen war. Ich lachte herzlich und sah mich nach dem Schild des Gasthofs um. Dabei erfuhr ich, dass mein Gastgeber sich über den Namen Homo freute. Dies schien ein Wink des Schicksals zu sein, und ich fühlte, dass ich hier um jeden Preis Zuflucht suchen musste. Man zeigte mir ein außerordentlich kleines und enges Schlafzimmer, das ich sofort bezog. Außer dem Bett standen dort ein grober Tisch und zwei Stühle mit Rohrboden. Einen davon stellte ich als Waschtisch auf, und auf den Tisch legte ich einige Bücher, Schreibzeug und die Partitur von Lohengrin und stieß trotz meiner äußerst beengten Verhältnisse beinahe einen Seufzer der Zufriedenheit aus. Obwohl das Wetter weiterhin unsicher war und die Wälder mit ihren kahlen Bäumen nicht gerade die Aussicht auf sehr verlockende Spaziergänge boten, fühlte ich doch, dass hier die Möglichkeit bestand, dass ich vergessen würde und dass ich wiederum die Ereignisse vergessen könnte, die mich in letzter Zeit mit verzweifelter Angst erfüllt hatten. Mein alter künstlerischer Instinkt erwachte wieder. Ich sah meine Lohengrin-Partitur durch und beschloss schnell, sie an Liszt zu schicken und es ihm zu überlassen, sie so gut wie möglich herauszubringen. Nachdem ich auch diese Rechnung losgeworden war, fühlte ich mich frei wie ein Vogel und so sorglos wie Diogenes, was mir zustoßen könnte. Ich lud sogar Kietz ein, bei mir zu bleiben und die Freuden meines Rückzugs zu teilen. Er kam tatsächlich, wie er es während meines Aufenthalts in Mendon getan hatte; aber er fand mich noch bescheidener untergebracht vor als dort. Er war jedoch durchaus bereit, sich mit einem Potluck zufrieden zu geben, und schlief fröhlich auf einem improvisierten Bett und versprach, die Welt nach seiner Rückkehr nach Paris mit mir in Verbindung zu halten. Ich wurde plötzlich aus meinem Zustand der Selbstzufriedenheit durch die Nachricht aufgeschreckt, dass meine Frau nach Paris gekommen war, um mich zu besuchen. Ich musste eine Stunde lang mühsam mit mir selbst ringen, um zu entscheiden, welchen Weg ich einschlagen sollte, und beschloss, den Schritt, den ich ihr gegenüber unternommen hatte, nicht als unüberlegte und entschuldbare Laune anzusehen. Ich verließ Montmorency und begab mich nach Paris, bestellte Kietz in mein Hotel und wies ihn an, meiner Frau, die bereits versucht hatte, zu ihm vorgelassen zu werden, zu sagen, er wisse nichts weiter von mir, als dass ich Paris verlassen hätte. Der arme Kerl, der für Minna ebenso viel Mitleid empfand wie für mich, war bei dieser Gelegenheit so verwirrt, dass er erklärte, er fühle sich, als sei er die Achse, um die sich alles Elend der Welt drehe. Aber er erkannte offenbar die Bedeutung und Wichtigkeit meines Entschlusses, wie es notwendig war, und verhielt sich in dieser heiklen Angelegenheit mit Intelligenz und gutem Gefühl. In dieser Nacht verließ ich Paris mit dem Zug nach Clermont-Tonnerre, von wo ich nach Genf weiterreiste, um dort Nachrichten von Frau Ritter in Dresden abzuwarten. Meine Erschöpfung war so groß, dass ich, selbst wenn ich die nötigen Mittel gehabt hätte, noch nicht daran gedacht hätte, die Strapazen einer langen Reise auf mich zu nehmen. Um Zeit für weitere Entwicklungen zu gewinnen, zog ich mich nach Villeneuve am anderen Ende des Genfersees zurück, wo ich im Hotel Byron abstieg, das zu dieser Zeit völlig leer war. Hier erfuhr ich, dass Karl Ritter, wie angekündigt, in Zürich eingetroffen war, um mich zu besuchen. Ich machte ihm die Notwendigkeit strengster Geheimhaltung deutlich und lud ihn ein, mich an den Genfer See zu begleiten, und in der zweiten Maiwoche trafen wir uns im Hotel Byron. Was mir an ihm gefiel, war seine unbedingte Hingabe, sein schnelles Verständnis meiner Lage und der Notwendigkeit meiner Entschlüsse sowie seine Bereitschaft, sich allen meinen Anordnungen, auch wenn es um ihn selbst ging, ohne Fragen zu unterwerfen. Er war voll von meinen neuesten literarischen Bemühungen, erzählte mir, welchen Eindruck sie auf seine Bekannten gemacht hatten, und bewog mich dadurch, die wenigen Tage der Ruhe, die ich genoss, damit zu verbringen, mein Gedicht Siegfrieds Tod für die Veröffentlichung vorzubereiten.

Ich schrieb ein kurzes Vorwort, in dem ich dieses Gedicht meinen Freunden widmete, als Erinnerung an die Zeit, als ich gehofft hatte, mich ganz der Kunst und insbesondere der Komposition von Musik zu widmen. Ich schickte dieses Manuskript an Herrn Wigand in Leipzig, der es mir nach einiger Zeit mit der Bemerkung zurückschickte, dass er kein einziges Exemplar davon verkaufen könne, wenn ich darauf bestehe, dass es in lateinischen Buchstaben gedruckt werde. Später erfuhr ich, dass er sich absichtlich weigerte, mir die zehn Louis d'or zu zahlen, die mir für „Das Kunstwerk der Zukunft" zustehen und die ich ihm angewiesen hatte, meiner Frau zu schicken. So enttäuschend das alles auch war, ich konnte mich dennoch keiner weiteren Arbeit widmen, da sich nur wenige Tage nach Karls Ankunft die Realitäten des Lebens auf unerwartete Weise bemerkbar machten und meine Seelenruhe höchst störten. Ich erhielt einen wild aufgeregten Brief von Frau … Laussot, um mir zu sagen, dass sie nicht widerstehen konnte, ihrer Mutter von ihren Absichten zu erzählen, dass sie dadurch sofort den Verdacht geweckt hatte, dass ich schuld sei, und dass ihre Enthüllung infolgedessen an M. Laussot weitergegeben worden war, der schwor, er würde überall nach mir suchen, um mir eine Kugel durch den Körper zu jagen. Die Situation war klar genug, und ich beschloss, sofort nach Bordeaux zu gehen, um mich mit meinem Gegner zu verständigen. Ich schrieb sofort ausführlich an M. Eugene und versuchte, ihm die Dinge in ihrem wahren Licht zu zeigen, erklärte aber gleichzeitig, dass ich nicht verstehen könne, wie ein Mann es über sich bringen könne, eine Frau mit Gewalt bei sich zu behalten, wenn sie nicht länger bleiben wolle. Abschließend teilte ich ihm mit, dass ich zur selben Zeit wie mein Brief in Bordeaux eintreffen würde und ihm sofort nach meiner Ankunft mitteilen würde, in welchem Hotel er mich finden könne; auch, dass ich seiner Frau nichts von meinem Schritt erzählen würde und dass er daher ohne Hemmungen handeln könne. Ich verbarg ihm nämlich nicht, dass ich diese Reise unter großen Schwierigkeiten antrat, da ich es unter diesen Umständen für unmöglich hielt, auf die Bestätigung meines Passes durch den französischen Gesandten zu warten. Gleichzeitig schrieb ich einige Zeilen an Frau Laussot, in denen ich sie ermahnte, ruhig und gelassen zu bleiben, verzichtete aber, meinem Vorhaben getreu, darauf, auch nur eine Andeutung irgendeiner Bewegung meinerseits zu machen. (Als ich Liszt Jahre später diese Geschichte erzählte, erklärte er, ich hätte sehr dumm gehandelt, indem ich Frau Laussot nichts von meinen Absichten erzählte.) Ich verabschiedete mich noch am selben Tag von Karl, um am nächsten Morgen von Genf aus meine langwierige Reise durch Frankreich anzutreten. Aber ich war von all dem so erschöpft, dass ich den Gedanken nicht unterdrücken konnte, ich würde sterben. In derselben Nacht schrieb ich in diesem Sinne an Frau Ritter nach Dresden und schilderte ihr kurz die unglaublichen Schwierigkeiten, in die ich geraten war. Tatsächlich hatte ich wegen meines Passes an der französischen Grenze große Unannehmlichkeiten; Ich musste meinen genauen Zielort angeben und erst als ich versicherte, dass dringende Familienangelegenheiten meine sofortige Anwesenheit erforderten, zeigten die Behörden außerordentliche Nachsicht und erlaubten mir die Weiterreise.

Ich reiste drei Tage und zwei Nächte mit der Postkutsche von Lyon durch die Auvergne, bis ich schließlich Bordeaux erreichte. Es war Mitte Mai, und als ich im Morgengrauen von einer Anhöhe aus die Stadt überblickte, sah ich, dass sie von einem ausgebrochenen Feuer erleuchtet war. Ich stieg im Hotel Quatre Soeurs aus und schickte sofort eine Nachricht an M. Laussot, in der ich ihm mitteilte, dass ich ihm zur Verfügung stehe und den ganzen Tag da bleiben würde, um ihn zu empfangen. Es war neun Uhr morgens, als ich ihm diese Nachricht schickte. Ich wartete vergeblich auf eine Antwort, bis ich schließlich am späten Nachmittag eine Vorladung von der Polizeistation erhielt, mich sofort zu melden. Dort wurde ich zunächst gefragt, ob mein Pass in Ordnung sei. Ich gestand die Schwierigkeiten ein, in denen ich mich in Bezug darauf befand, und erklärte, dass familiäre Angelegenheiten mich in diese Lage gebracht hatten.

Daraufhin wurde mir mitgeteilt, dass gerade diese Familienangelegenheit, die mich zweifellos dorthin geführt hatte, der Grund dafür war, dass sie mir die Erlaubnis, länger in Bordeaux zu bleiben, verweigern mussten. In ihrer Antwort auf meine Frage verbargen sie nicht die Tatsache, dass dieses Verfahren gegen mich auf ausdrücklichen Wunsch der betreffenden Familie durchgeführt wurde. Diese außergewöhnliche Enthüllung stellte meine gute Laune sofort wieder her. Ich fragte den Polizeiinspektor, ob man mir nach einer so anstrengenden Reise nicht ein paar Tage Ruhe vor der Rückkehr gestatten könnte; dieser Bitte kam er bereitwillig nach und teilte mir mit, dass es auf jeden Fall keine Chance gäbe, dass ich die betreffende Familie treffen würde, da sie Bordeaux am Mittag verlassen hatte. Ich nutzte diese zwei Tage, um mich von meiner Müdigkeit zu erholen, und schrieb auch einen Brief an Jessie, in dem ich ihr genau erzählte, was geschehen war, ohne meine Verachtung für das Verhalten ihres Mannes zu verbergen, der die Ehre seiner Frau durch eine Denunziation bei der Polizei gefährden könnte. Ich fügte auch hinzu, dass unsere Freundschaft sicherlich nicht andauern könne, bis sie sich aus einer so demütigenden Lage befreit habe. Das nächste war, diesen Brief sicher zuzustellen. Die Informationen, die ich von den Polizeibeamten erhielt, reichten nicht aus, um mir zu sagen, was genau in der Familie Laussot vorgefallen war, ob sie für längere Zeit oder nur für einen Tag das Haus verlassen hatten, also beschloss ich einfach, zu ihrem Haus zu gehen. Ich klingelte und die Tür sprang auf; ohne jemandem zu begegnen, ging ich in die Wohnung im ersten Stock, deren Tür offen stand, und ging von Zimmer zu Zimmer, bis ich Jessies Boudoir erreichte, wo ich meinen Brief in ihren Arbeitskorb legte und den Weg zurückging, den ich gekommen war. Ich erhielt keine Antwort und machte mich sofort nach Ablauf der mir gewährten Ruhezeit auf den Rückweg. Das schöne Maiwetter wirkte aufmunternd auf mich, und das klare Wasser sowie der angenehme Name der Dordogne, an deren Ufern die Postkutsche ein Stück weit entlangfuhr, bereiteten mir große Freude.

Auch die Unterhaltung zweier Mitreisender, eines Priesters und eines Offiziers, über die Notwendigkeit, der französischen Republik ein Ende zu bereiten, amüsierte mich. Der Priester zeigte sich viel menschlicher und aufgeschlossener als sein militärischer Gesprächspartner, der nur den einen Refrain wiederholen konnte: „Il faut en finir". Ich sah mir nun Lyon an und versuchte bei einem Spaziergang durch die Stadt, mir die Szenen aus Lamartines Histoire des Girondins ins Gedächtnis zu rufen, wo er die Belagerung und Übergabe der Stadt während der Zeit des Nationalkonvents so anschaulich beschreibt. Endlich kam ich in Genf an und kehrte in das Hotel Byron zurück, wo Karl Hitter auf mich wartete. Während meiner Abwesenheit hatte er von seiner Familie gehört, die sehr freundlich über mich schrieb. Seine Mutter hatte ihn sofort über meinen Zustand beruhigt und darauf hingewiesen, dass bei Menschen mit Nervenleiden der Gedanke an den nahenden Tod ein häufiges Symptom sei und dass es daher keinen Grund gebe, sich um mich zu sorgen. Sie kündigte auch ihre Absicht an, uns in einigen Tagen mit ihrer Tochter Emilie in Villeneuve zu besuchen. Diese Nachricht machte mir wieder Mut; diese ergebene Familie, die so sehr um mein Wohlergehen besorgt war, schien von der Vorsehung gesandt, um mich, wie ich es mir so sehr wünschte, in ein neues Leben zu führen. Beide Damen kamen rechtzeitig, um meinen 37. Geburtstag am 22. Mai zu feiern. Besonders die Mutter, Frau Julie, machte einen tiefen Eindruck auf mich. Ich war ihr zuvor nur einmal in Dresden begegnet, als Karl mich eingeladen hatte, der Aufführung eines Quartetts seiner eigenen Komposition im Hause seiner Mutter beizuwohnen. Bei dieser Gelegenheit hatte mich die Achtung und Hingabe , die mir jedes Mitglied der Familie entgegenbrachte, entzückt. Die Mutter hatte kaum mit mir gesprochen, aber als ich ging, war sie zu Tränen gerührt, als sie mir für meinen Besuch dankte. Ich konnte ihre Erregung damals nicht verstehen, aber als ich sie jetzt daran erinnerte, war sie überrascht und erklärte, dass sie von meiner unerwarteten Freundlichkeit gegenüber ihrem Sohn so gerührt gewesen sei.

Sie und ihre Tochter blieben etwa eine Woche bei uns. Wir suchten Zerstreuung in Ausflügen in das schöne Wallis, konnten aber Frau Hitters Traurigkeit nicht vertreiben, die ihr durch die Kenntnis der jüngsten Ereignisse, von denen sie nun erfahren hatte, und durch ihre Besorgnis über den Verlauf meines Lebens verursacht wurde. Wie ich später erfuhr, hatte es die nervöse, zarte Frau große Überwindung gekostet, diese Reise zu unternehmen, und als ich sie drängte, ihr Haus zu verlassen und mit ihrer Familie in die Schweiz zu kommen, damit wir alle vereint sein könnten, machte sie mich schließlich darauf aufmerksam, dass ich bei diesem ihr so exzentrisch erscheinenden Vorhaben auf eine Kraft und Energie rechnete, die sie nicht mehr besaß. Vorläufig empfahl sie mir ihren Sohn, den sie bei mir lassen wollte, und gab mir die nötigen Mittel, um uns beide vorläufig zu versorgen. Was ihre Vermögenslage anbelangte, sagte sie mir, ihr Einkommen sei beschränkt, und da sie nun keine Hilfe von den Laussots mehr annehmen könne, wisse sie nicht, wie sie mir so weit helfen könne, dass ich unabhängig sei. Tief bewegt verabschiedeten wir uns nach einer Woche von dieser ehrwürdigen Frau, und sie kehrte mit ihrer Tochter nach Dresden zurück, und ich sah sie nie wieder.

Immer noch darauf aus, einen Weg zu finden, von der Welt zu verschwinden, dachte ich daran, einen wilden Bergort zu wählen, wohin ich mich mit Karl zurückziehen könnte. Zu diesem Zweck suchten wir das einsame Visper Thal im Kanton Wallis auf und gelangten nicht ohne Schwierigkeiten auf den unpassierbaren Straßen nach Zermatt. Dort, am Fuße des kolossalen und schönen Matterhorns, konnten wir uns tatsächlich als von der Außenwelt abgeschnitten betrachten. Ich versuchte, es mir in dieser primitiven Wildnis so bequem wie möglich zu machen, entdeckte aber nur zu bald, dass Karl sich mit seiner Umgebung nicht abfinden konnte. Schon am zweiten Tag gab er zu, dass er sie schrecklich fand, und meinte, es wäre angenehmer in der Nähe eines der Seen. Wir studierten die Karte der Schweiz und wählten Thun als unser nächstes Ziel. Leider befand ich mich wieder in einem Zustand extremer nervöser Erschöpfung, in dem die geringste Anstrengung einen starken und schwächenden Schweiß verursachte. Nur mit größter Willenskraft konnte ich mich aus dem Tal hinausbegeben; aber schließlich erreichten wir Thun, mieteten mit neuem Mut ein paar bescheidene, aber freundliche Zimmer zur Straße hin und schlugen vor, abzuwarten und zu sehen, wie es uns gefiel. Trotz der Zurückhaltung, die noch immer seine Schüchternheit verriet, empfand ich die Unterhaltung mit meinem jungen Freund immer als angenehm und belebend. Ich erkannte jetzt die fließende und überströmende Lebhaftigkeit, die der junge Mann erreichen konnte, besonders nachts vor dem Schlafengehen, wenn er sich neben mein Bett hockte und in dem angenehmen, reinen Dialekt der deutschen Ostseeprovinzen frei darüber sprach, was sein Interesse erregte. Die Lektüre der Odyssee, die ich so lange nicht gelesen hatte und die mir zufällig in die Hände gefallen war, erheiterte mich in diesen Tagen außerordentlich. Homers langmütiger Held, der immer Heimweh hatte, aber zum ewigen Umherirren verurteilt war und immer tapfer alle Schwierigkeiten überwand, war mir seltsam sympathisch. Plötzlich wurde der friedliche Zustand, den ich kaum erreicht hatte, durch einen Brief gestört, den Karl von Frau Laussot erhalten hatte. Er wusste nicht, ob er ihn mir zeigen sollte, da er dachte, Jessie sei verrückt geworden. Ich riss ihn ihm aus der Hand und fand, dass sie geschrieben hatte, sie fühle sich gezwungen, meiner Freundin mitzuteilen, dass sie ausreichend über mich aufgeklärt worden sei, um meine Bekanntschaft völlig aufzugeben. Später fand ich, hauptsächlich mit Hilfe von Frau Ritter, heraus, dass Herr Laussot infolge meines Briefes und meiner Ankunft in Bordeaux zusammen mit Frau Taylor Jessie sofort aufs Land gebracht hatte, in der Absicht, dort zu bleiben, bis die Nachricht von meiner Abreise eintraf, um deren Beschleunigung er sich bei den Polizeibehörden bemüht hatte. Während ihrer Abwesenheit hatten sie, ohne ihr von meinem Brief und meiner Reise zu erzählen, von der jungen Frau das Versprechen erhalten, sich ein Jahr lang ruhig zu verhalten, ihre Besuche in Dresden aufzugeben und vor allem jegliche Korrespondenz mit mir einzustellen; da ihr unter diesen Bedingungen nach Ablauf dieser Zeit ihre völlige Freiheit versprochen wurde, hatte sie es für besser gehalten, ihr Wort zu geben. Damit nicht zufrieden, hatten die beiden Verschwörer jedoch sofort begonnen, mich von allen Seiten und schließlich auch bei Mme. Laussot selbst zu verleumden, indem sie behaupteten, ich sei der Initiator dieses Fluchtplans. Mrs. Taylor hatte meiner Frau geschrieben und sich über meine Absicht, Ehebruch zu begehen, beschwert, ihr gleichzeitig ihr Mitleid ausgedrückt und ihre Unterstützung angeboten; die unglückliche Minna, die nun glaubte, einen bisher ungeahnten Grund für meinen Entschluss, von ihr getrennt zu bleiben, gefunden zu haben, schrieb zurück und beschwerte sich bei Mrs. Taylor über mich. Die Bedeutung einer unschuldigen Bemerkung, die ich einmal gemacht hatte, war seltsam missverstanden worden, und die Sache wurde nun noch schlimmer, indem es so aussah, als hätte ich absichtlich gelogen. Im Laufe eines lockeren Gesprächs hatte Jessie mir einmal erzählt, dass sie keiner anerkannten Religion angehöre, da ihr Vater einer bestimmten Sekte angehöre, die weder nach protestantischem noch nach römisch-katholischem Ritual taufe. Daraufhin hatte ich sie getröstet, indem ich ihr versicherte, dass ich mit viel fragwürdigeren Sekten in Kontakt gekommen sei, da ich kurz nach meiner Hochzeit in Königsberg erfahren hatte, dass sie von einem Heuchler vollzogen worden war. Gott allein weiß, in welcher Form dies der ehrenwerten britischen Matrone wiederholt worden war, aber jedenfalls erzählte sie meiner Frau, dass ich gesagt hätte, ich sei „nicht rechtmäßig mit ihr verheiratet". Auf jeden Fall hatte die Antwort meiner Frau darauf zweifellos weiteres Material geliefert, mit dem sie Jessie gegen mich aufhetzen konnte, und dieser Brief an meine junge Freundin war das Ergebnis. Ich muss gestehen, dass mich in diesem Lichte die Art und Weise, wie meine Frau behandelt worden war, am meisten empörte, und obwohl es mir vollkommen gleichgültig war, was die übrigen Gäste von mir dachten, nahm ich Karls Angebot, nach Zürich zu fahren und sie zu besuchen, sofort an, um ihr die Erklärung zu geben, die sie zu ihrer Beruhigung brauchte. Während ich auf seine Rückkehr wartete, erhielt ich einen Brief von Liszt, in dem er mir von dem tiefen Eindruck berichtete, den meine Lohengrin-Partitur auf ihn gemacht hatte und der ihn dazu veranlasst hatte, sich über die Zukunft, die mir bevorstand, Gedanken zu machen. Gleichzeitig teilte er mir mit, dass er, da ich ihm die Erlaubnis dazu gegeben hatte, alles in seiner Macht Stehende tun wolle, um die Aufführung meiner Oper bei den bevorstehenden Herder-Festspielen in Weimar zu ermöglichen. Etwa zu dieser Zeit hörte ich auch von Frau Ritter, die sich aufgrund von Ereignissen, die ihr wohl bekannt waren, verpflichtet fühlte, mich zu bitten, mir die Sache nicht zu sehr zu Herzen zu nehmen. In diesem Moment kam auch Karl aus Zürich zurück und sprach mit großer Wärme über die Haltung meiner Frau. Da sie mich in Paris nicht gefunden hatte, hatte sie sich mit bemerkenswerter Energie zusammengerissen und, einem früheren Wunsch von mir nachgekommen, ein Haus am Zürichsee gemietet, sich bequem eingerichtet und war dort geblieben in der Hoffnung, endlich wieder von mir zu hören. Außerdem hatte er mir viel über Sulzers Vernunft und Freundlichkeit zu erzählen, da diese meiner Frau zur Seite gestanden und ihr großes Mitgefühl gezeigt hatte. Mitten in seiner Erzählung rief Karl plötzlich aus: „Ach! Diese Leute könnte man vernünftig nennen; aber mit so einer verrückten Engländerin war nichts zu machen." Zu alledem sagte ich kein Wort, sondern fragte ihn schließlich lächelnd, ob er nach Zürich fahren wolle. Er sprang auf und rief: „Ja, und zwar so bald wie möglich." „Sie sollen Ihren Willen haben", sagte ich, „lassen Sie uns packen. Ich kann weder hier noch dort einen Sinn darin erkennen." Ohne eine weitere Silbe über alles zu verlieren, was geschehen war, fuhren wir am nächsten Tag nach Zürich.

9 789359 944661